AUER Sie lebten für Gott

LUDWIG AUER

SIE LEBTEN FÜR GOTT

HEILIGENLEGENDEN

VERLAG LUDWIG AUER DONAUWÖRTH

Elfte Auflage. 1983

Kirchliche Druckerlaubnis. Augsburg, den 27. August 1965. Generalvikar M. Achter
Bilder: Lieselotte Mende, Düsseldorf
Einband und Umschlag: Erich Utsch
Gesamtherstellung: Druckerei Ludwig Auer, Donauwörth
ISBN 3-403-00**004**-4

VORWORT

In einer heilsgeschichtlichen Stunde der Kirchengeschichte erscheint die neue Auflage der Heiligen-Legende. Das Ökumenische II. Vatikanische Konzil, das der charismatische Papst JOHANNES XXIII. im Gehorsam gegen Gottes Wink einberufen hat, erstrebt eine zeitgemäße Erneuerung der Kirche. Papst PAUL VI., der das Konzil im Geiste seines Vorgängers fortzusetzen und zum erhofften Ziele zu führen entschlossen ist, schreibt in seiner Enzyklika „Ecclesiam suam": „Wir sind also von dem Wunsch erfüllt, daß die Kirche Gottes so sei, wie Christus sie will: einig, heilig, ganz hingewandt auf die Vollkommenheit, zu der er sie gerufen und befähigt hat. Da sie nach der Idee Gottes vollkommen ist, muß die Kirche in ihrer Verwirklichung, in ihrem irdischen Dasein nach Vollkommenheit streben. Dies ist die große sittliche Aufgabe im Leben der Kirche, die sie prüft, anspornt, anklagt, aufrecht hält, mit Klagen und Gebeten erfüllt, mit Reue und Hoffnung, mit Kraft und Zuversicht, mit Verantwortung und Verdiensten" (Rom, bei St. Peter, 6. Aug. 1964).

Mancher wird sich fragen, ob die Neuauflage einer Heiligenlegende ein Beitrag zur Erneuerung der Kirche ist; vielleicht befürchten andere, Auswahl und Darstellungen der Heiligenleben lenken von dem ab, der Ursprung, Weg und Ziel des Gläubigen ist, JESUS CHRISTUS. Wer bedenkt, daß die vom Ökumenischen Konzil erstrebte Reform „der Kirche das Antlitz erhalten, das Christus ihr verlieh, ja darüber hinaus sie immer mehr auf ihre vollkommene Form bringen" will (a. a. O.), die in den Heiligen beispielhaft aufleuchtet, wird die neue Auflage der Heiligen-Legende begrüßen, die der Verlag Ludwig Auer/Cassianeum Donauwörth herausbringt.

Die Erneuerung der Kirche muß — wie Papst PAUL VI. in seiner oben genannten Kirchen-Enzyklika betont — damit beginnen, daß die Gläubigen nach geistiger und sittlicher Vervollkommnung streben: „Der brennende Wunsch, die Wege des Herrn kennenzulernen, ist und muß ständig in der Kirche sein, und Wir möchten, daß die fruchtbare und reichhaltige Diskussion, die über die Fragen der Vollkommenheit, die von Jahrhundert zu Jahrhundert im Schoße der Kirche geführt wird, daß sie wiederum das vorherrschende Interesse wecke, das sie verdient, und das nicht, um neue Theorien aufzustellen, sondern um neue Energien zu wecken, jene Heiligkeit anzustreben, die Christus uns lehrte und die er durch sein Beispiel, sein Wort, seine Gnade und durch seine Schule, die von der kirchlichen Überlieferung getragen, durch gemeinschaftliches Tun zusammengehalten und durch die einzigartigen Gestalten der Heiligen veranschaulicht wird, zu erkennen, zu verlangen und auch zu erreichen uns ermöglicht" (a. a. O.).

Gerade für die pastorale Zielsetzung des Konzils vermag das Vorbild der Heiligen, das Tag für Tag von der Heiligen-Legende geboten wird, einen wertvollen Beitrag zu leisten. Hören wir nochmals die Stimme des Papstes: „Das Konzil weckt tatsächlich bei Hirten und Gläubigen den Wunsch, dem christlichen Leben seinen Charakter übernatürlicher Echtheit zu erhalten und zu mehren; es erinnert alle an die Pflicht, diesen Charakter positiv und stark der eigenen Lebensführung einzuprägen; es erzieht die Schwachen, gut zu sein, die Guten, besser zu werden, die Besseren, hochherzig zu sein, die Hochherzigen, heilig zu werden. Es öffnet der Heiligkeit neue Ausdrucksformen, weckt die Liebe, daß sie genial werde, bringt neuen Aufschwung von Tugend und christlichem Heroismus" (a. a. O.).

Sieht man mit den Augen des Statthalters Christi den innersten Kern der kirchlichen Erneuerung, die das Wehen des Heiligen Geistes in Gang gebracht hat, in der Vollkommenheit des Evangeliums, d. h. in der treuen Nachfolge Jesu Christi, welche die Heiligen widerspiegeln, dann ist die vorliegende Heiligen-Legende ein echtes „Christusbuch".

Die Lebensbilder der Heiligen sind ein einzigartiger Lobpreis auf die Gnade Christi, die in sündhaften Menschen „nicht unwirksam geblieben" (1 Cor 15, 10) ist. Christus ist verherrlicht in seinen Heiligen. Christus wohnt in ihnen durch den Glauben, durch die Gesinnung des Gehorsams, durch die tätige Liebe, durch den Heiligen Geist (vgl. Eph. 4, 17; Phil 2, 6ff.; 1 Cor 12, 3f.). Christi Herrlichkeit leuchtet auf ihrem Antlitz, Christi Leben tritt in Erscheinung an ihrem Leibe (vgl. 2 Cor 4, 6. 10). Christus überwindet die Welt in seinen Aposteln, die „sich freuten, daß sie gewürdigt worden waren, um des Namens Jesu willen Schmach zu leiden" (Apg 5, 41), in den Martyrern, die „jetzt" Verfolgung leiden um der Gerechtigkeit willen (Mt 5, 10), in den Jungfrauen, „die seinem Erscheinen in Liebe entgegenharren" (2 Tim 4, 8), in den Bekennern, „die das Wort hören, es in empfänglichem, gutem Herzen bewahren und Frucht bringen in Geduld" (Lk 8, 15). Das Antlitz eines jeden Heiligen ist verschieden vom andern; aber hinter all den verschiedenen Gestalten scheint das unverwechselbare Antlitz des verklärten Herrn auf, der seine Auserwählten gekrönt hat. Wie das eine Licht der Sonne sich in den verschiedenen Farben des Regenbogens bricht, so künden ungezählte Heilige von der Fülle Christi, so setzt sich aus allen Heiligen wie in einem Mosaik der ganze Christus zusammen.

Die Legende der Heiligen ist ein zweites Evangelium, Gottes Wort, geschrieben „mit dem Geist des lebendigen Gottes . . . auf menschlichen Herzen"

(2 Cor 3, 3). Ignatius hat nach schwerer Verwundung auf der Festung Pamplona die Zeit des Krankenlagers damit verbracht, in den Heiligenleben zu lesen; es war der Anfang seiner Bekehrung, der Begegnung mit dem Herrn. Bald reifte in ihm der Entschluß, keinem andern als seinem himmlischen König zu dienen. Er wurde ein Großer im Reiche Gottes, ein Heiliger.

So rufe ich den Segen Gottes herab auf diese Heiligen-Legende und auf alle, die darin lesen werden. Möge sich der Herr allen offenbaren, die Ihn von Herzen suchen!

Augsburg, den 18. August 1965

+ Josef

Bischof von Augsburg

Name	Neuer Gedenktag	Lebensbeschreibung in „Sie lebten für Gott“ am
Alfons v. Liguori	1. August	2. August
Basilius der Große	2. Januar	14. Juni
Benedikt v. Nursia	11. Juli	21. März
Birgitta v. Schweden	23. Juli	8. Oktober
Bonaventura	15. Juli	14. Juli
Dominikus	8. August	4. August
Florian	4. Mai	3. Mai
Franz v. Sales	24. Januar	29. Januar
Gabriel Erzengel	29. September	24. März
Gallus	16. Oktober	17. Oktober
Gertrud v. Helfta	17. November	16. November
Godehard (Gotthard)	5. Mai	6. Mai
Gregor d. Große	3. September	12. März
Gregor v. Nazianz	2. Januar	9. Mai
Heinrich (Kaiser)	13. Juli	15. Juli
Hermann Josef	21. Mai	7. April
Hilarius v. Poitiers	13. Januar	14. Januar
Johann Bapt. de la Salle	7. April	15. Mai
Johann Capistran	23. Oktober	28. März
Johann Chrysostomus	13. September	27. Januar
Johann Maria Vianney	4. August	8. August
Johann v. Kreuz	14. Dezember	24. November
Johanna v. Chantal	12. Dezember	21. August
Klara	11. August	12. August
Laurentius v. Brindisi	21. Juli	23. Juli
Leo IX.	19. April	22. April
Leopold	15. November	21. November
Luzius	2. Dezember	8. Dezember
Margarete v. Schottland	16. November	10. Juni
Maria Goretti	6. Juli	20. November
Martin I.	13. April	12. November
Martyrer v. Uganda	3. Juni	17. April
Monika	27. August	4. Mai
Otto	30. Juni	2. Juli
Paulus Ap.	29. Juni	30. Juli
Petrus Damianus	21. Februar	23. Februar
Pirmin	3. November	29. Oktober
Pius V.	30. April	5. Mai
Pius X.	21. August	3. September
Polykarp	23. Februar	26. Januar
Raimund v. Pennafort	7. Januar	23. Januar
Raphael, Erzengel	29. September	24. Oktober
Romuald	19. Juni	7. Februar
Rosa v. Lima	23. August	30. August
Rupert v. Salzburg	24. September	27. März
Severin	8. Januar	19. Januar
Stephan v. Ungarn	16. August	2. September
Theresia v. K. Jesu	1. Oktober	3. Oktober
Thomas Ap.	3. Juli	21. Dezember
Thomas v. Aquin	28. Januar	7. März
Thomas Morus	22. Juni	3. April
Vinzenz v. Paul	23. September	19. Juli
Virgilius v. Salzburg	24. September	27. November

1. JANUAR Odilo

Das neue Jahr bringt als ersten Heiligen den großen Abt Odilo von Cluny. Warum beginnt die Heiligenreihe gerade mit einem Mönch? Der Sinn ist wohl: wir sollen schon beim Jahresbeginn durch ein Beispiel umfassender Nächstenliebe darauf hingewiesen werden, daß neben der Gottesliebe die Nächstenliebe das wichtigste im Christenleben ist. Gerade dieses Beispiel gibt uns Odilo. Er lebte im zehnten und elften Jahrhundert. Seine Jugendzeit und seine adelige Abstammung – die Eltern waren Edle aus der Auvergne – deuteten nicht darauf hin, daß er einmal im Ordensleben des Abendlandes eine Rolle spielen würde. Zudem war er kränklich und teilweise gelähmt. Aber vielleicht waren gerade diese körperliche Behinderung und die Schmerzen der Ansporn, sein eigenes naturgegebenes Ich zu überwinden und sich eine vor Gott wertvolle Lebensaufgabe zu stellen. Er überwand in zähem Kampf seine zum Sinnlichen geneigte Natur, läuterte seine Seele durch viele körperliche Leiden und gelangte so auf der Höhe seines Lebens zu christlicher Vollkommenheit in Weisheit und Gottes- und Menschenliebe.

Schließlich trat er in das Kloster Cluny ein, um ganz der Verehrung und Anbetung Gottes zu leben. Als er endlich Abt dieses strengen Kartäuserordens wurde, erhielt er auch die nötigen materiellen Mittel, um im großen für die notleidenden Mitmenschen sorgen zu können. Ja, im Jahre 1016, da große Hungersnot herrschte, verkaufte er aus Barmherzigkeit sogar die wertvollen kirchlichen Geräte, um Geld für seine Armen zu erhalten. Denn er wußte wohl, daß ein hungernder Mensch sehr leicht in Verzweiflung gerät und Gott vergißt. Sehen wir in diesem Tun nicht etwas Ähnliches wie heute, da auch von der Kirche alles getan wird, um der großen Not unter unseren Mitmenschen zu steuern? Odilos Liebe und Mitleid gingen aber noch weiter. Besonders dachte er an die Seelen der Abgeschiedenen. Um ihnen im Ort der Läuterung zu helfen, hielt er jeweils am zweiten November einen feierlichen Gottesdienst für die Verstorbenen. Diese Gebetshilfe blieb vorbildlich durch Jahrhunderte und führte schließlich zur Feier des Allerseelentages.

Als Odilo im Jahre 1049 in hohem Alter starb, stand sein Name schon in hohen Ehren. Er blieb und bleibt es über die Jahrhunderte hin als der eines heiligen Mannes, der uns mit seinem Leben und seinem Werk mahnt: Du sollst deinen Nächsten lieben wie dich selbst!

TAGESHEILIGE: Eugendus A – Euphrosyne J, Alexandrien – Frobert A – Liutburg J in Michaelstein (Braunschweig) – Almachius, Konkordius, Magnus M – Fulgentius, Justin B.

2. JANUAR *Makarius*

Können wir im zwanzigsten Jahrhundert es überhaupt begreifen, daß ein lebensfroher junger Mensch allen Annehmlichkeiten und Freuden des Lebens entsagt, in die Einsamkeit geht, und sechzig Jahre lang in Armut und Selbstzucht lebt? Wenn wir aber hören, daß auch in unserer Zeit geistig oder gesellschaftlich bedeutende Menschen das Ordenskleid anziehen und sich einer harten Regel unterordnen, daß zum Beispiel gerade in Nordamerika strengste Orden die meisten Novizen haben, dann verstehen wir vielleicht doch in etwa das Wort unseres Heilandes: „Wenn du vollkommen sein willst, so gehe hin und verkaufe alles, was du hast, gib den Erlös den Armen und folge mir nach!“

Es war im vierten Jahrhundert, kurz nachdem die Kirche ihre Freiheit gewonnen und die Christenverfolgung fast aufgehört hatte, da gab es viele tieffromme Männer, die sich jenes Wort des Herrn besonders zu Herzen nahmen und die Welt verließen. Keineswegs ist es eine Überraschung, daß gerade der Orient mit seiner einst hochentwickelten Kultur die ersten Blüten mönchischen Lebens trieb. Diese zurückgezogene Lebenshaltung gab es schon im Judentum. Vielleicht war auch der in Großstädten sich breitmachende Luxus des Heidentums ein Anlaß dafür. Und auch die Wogen der vergangenen Verfolgungszeit ließen Gedanken entstehen über die Unzulänglichkeit des menschlichen Lebens und Besitzes. Aber wie vielgestaltig auch die Ursachen waren: für einen jungen, lebensvollen Menschen ist der volle Verzicht auf alle Annehmlichkeiten des Lebens ein großes und bewunderungswürdiges Opfer.

Mit dreißig Jahren verließ Makarius sein erlerntes Bäckerhandwerk in Alexandrien und zog sich in die Einsamkeit der weiten Wüste zurück, um ganz allein Gott und seinem Seelenheil in tiefster Armut zu leben. In stetem Gebet strebte er nach Vollkommenheit und Überwindung der bösen Begierlichkeit. Fasten, Arbeit und Gebet, das war der Dreiklang seiner Tätigkeit. Mit eigener Hand bearbeitete er den spärlichen Boden rings um seine Zelle oder Höhle und erntete dort das Notwendigste für seine Nahrung. Der Betrachtung des Ewigen galt sein Sinn. Und als sein Beispiel andere nachzog, weihte ihn der Patriarch von Alexandrien zum Priester, damit er zur Führung anderer Menschen die nötigen Gnaden habe. Daher wird Makarius auch als Abt bezeichnet. Fünfundsechzig Jahre lang führte er sein abtötungs- und entbehrungsreiches Leben mit Gottes Hilfe; er starb im Jahre 398 nach einem heiligmäßigen Leben.

Nach dem Maßstab der Welt war sein Leben sinn- und zwecklos, nach

Gottes Maß aber war es heilig und ein Beispiel für viele. Wir können von ihm lernen, daß das eigentliche Glück des Menschen im Entsagen, im Opfer, in dem letzten Kampf um das Heil der Seele besteht.

TAGESHEILIGE: Isidor BM von Antiochien – Martinian B von Mailand – Adelhard A, Gründer von Corvey und Herford, † 826 – Odino A von Roth, † 1182 – Argeus, Narzissus, Marzellin M – Siridion E – Basilius M.

3. JANUAR *Genoveva*

Im fünften Jahrhundert erschütterte der Sturm der Völkerwanderung ganz Europa. Vom Osten und Norden waren Volksstämme aufgebrochen, um neue Besiedlungsgebiete zu suchen. Die Franken waren als erste ansässig geworden und hatten gar bald unter der Führung der Merowinger im heutigen Frankreich ein mächtiges Reich aufgebaut. Doch brach nun auch über sie ein neues Unheil herein. Der Hunnenkönig Attila, als König Etzel in die Heldensage eingegangen, kam auf seinen Eroberungszügen auch ins Frankenreich. Paris war damals schon eine stark befestigte Stadt. Aber als Flüchtlinge aus dem Osten von der Gewalt und der Grausamkeit Attilas erzählten, da bemächtigte sich der Bevölkerung von Paris panische Angst. Alle wollten flüchten und sich über die Seine nach Orleans in Sicherheit bringen. In diesem entscheidenden Augenblick gelang es einer frommen Jungfrau namens Genoveva, die verängstigten Gemüter zu beruhigen. Es war ihr von Gott geoffenbart worden, daß Paris verschont bleiben würde. Das Volk wollte ihr zuerst nicht glauben. Jedoch Bischof Germanus, ein verehrter und heiligmäßiger Mann, stand ihr zur Seite. Die Einwohner von Paris beruhigten sich und rüsteten zur Verteidigung. Merkwürdigerweise zog Attila mit seinen Scharen vorbei nach Orleans, das er eroberte und vernichtete.

Wir fragen uns erstaunt, woher dieses Mädchen solch eine Macht der Überzeugung hatte. – Genoveva war das Kind unbemittelter Leute, die in Nanterre wohnten; dort wurde sie Hirtin. Sie war schon als Kind sehr fromm. Das Hirtendasein mit seiner Einsamkeit ließ sie viel über Gott und Glauben nachdenken. Und so faßte sie schon mit fünfzehn Jahren den Entschluß, allein für Gott zu leben. Bischof Germanus reichte ihr nach der Sitte jener Zeit den Schleier zum äußeren Ausdruck ihres Gelübdes ewiger Jungfräulichkeit. Als ihre Eltern starben, zog sie nach Paris, um unter der Leitung des Bischofs eine Art klösterlichen Lebens zu führen. Das Beispiel, das sie gab, wurde auch der Grund für ihr Ansehen bei den einfachen Leuten und für ihre Macht über diese. Als der Frankenkönig Chlodwig nach der Schlacht bei Zülpich (496) sich taufen ließ, nahm er Genoveva als Beraterin zu sich an den Hof.

Dort verband sie eine innige Freundschaft mit Königin Chlothilde. Hochangesehen und hochgeachtet starb Genoveva im Jahre 512 und wurde im Grab des Königs beigesetzt. Für Gott und die Heimat zu leben und zu wirken war das Grundanliegen ihres Daseins. Darum ist Genoveva insbesondere den Frauen und Mädchen unserer Tage ein Vorbild dafür, wie sich die Liebe zur Kirche und die zum Vaterland gar wohl vereinen lassen und daß fromme Frauen für die Ausbreitung und Bewährung des Christentums im öffentlichen Leben sehr viel beizutragen vermögen.

TAGESHEILIGE: Anteros PM, † 236 – Florentius BM in Vienne – Petrus, Cyrinus, Primus, Theogens M – Gordius M in Cäsarea – Zosimus, Athanasius, Theopemptus, Theonas M – Daniel M in Padua – Berthilde JE – Zdislawa Berkiana, W, Stifterin des Klosters in Deutschgabel – Salvator B.

4. JANUAR *Angela von Foligno*

Nach katholischer Lehre ist der Mensch, der eine schwere Sünde begangen hat, verpflichtet, diese in aufrichtiger Beichte zu bekennen, damit sie nachgelassen wird. Denn Christus hat zu Petrus gesprochen: „Alles, was du auf Erden lösen wirst, wird auch im Himmel gelöst sein." Und nach seiner Auferstehung setzte er das heilige Sakrament der Buße ein mit den Worten: „Empfanget den Heiligen Geist! Welchen ihr die Sünden nachlasset, denen sind sie nachgelassen." Nun mag es manchem Menschen schwerfallen, vor dem Priester demütig, offen, ohne Rückhalt seine Schuld zu bekennen. Wer dies aber nicht tut, der beichtet ungültig; die Sünde wird ihm nicht erlassen. Und wenn er so zur heiligen Kommunion geht, begeht er ein Sakrileg. Nun hat Gott aber dem Menschen das Gewissen gegeben, das gerade in einem solchen Fall stets mahnt und bohrt und ihm keine Ruhe läßt. In diesem traurigen Zustand befand sich Angela von Foligno. Sie war von ihren Eltern gut erzogen worden, heiratete einen vornehmen Mann, dem sie mehrere Kinder schenkte. Einst beging sie eine schwere Sünde, verschwieg sie aber in der Beichte und ging trotzdem zur heiligen Kommunion. Das Gewissen regte sich. Sie beichtete wieder, aber sie wollte die auferlegte Buße nicht verrichten, da sie ihr zu hart schien. So kam Angela in die große Gefahr, leichtsinnig und stumpf zu werden. Doch Gott hatte mit dieser Seele Besonderes vor. Im Traum sah sie den leidenden Heiland am Kreuz; sie erkannte, daß er auch ihrer Sünde wegen so viel erdulden mußte. Dieser Traum und diese Erkenntnis brachten die Wende in Angelas Schicksal: von da an strebte sie mit allen Kräften nach christlicher Vollkommenheit. Daß ihr Beispiel nun auch gute Früchte trug, ist begreiflich – Beispiele reißen hin. Angela änderte ihr Leben von Grund auf. Sie tat wirklich das, was einst Johannes der Täufer seinen Zuhörern zurief: Metanoeite! Kehret euch inwendig um! Angela erzog nun ihre Kinder mit viel Liebe zu frommen Christen, sie war eine ebenso gute wie kluge Hausfrau und Mutter. Ihrem Gatten half sie auf dem Todeslager zu einem guten Sterben. Gott prüfte sie noch sehr hart: Alle ihre Kinder gingen ihr im Tod voraus. Da machte sie sich auf den Weg, ihren sehnlichsten Wunsch zu erfüllen. Sie wollte ganz dem Heiland nachfolgen. Zuerst schenkte sie ihr ganzes Hab und Gut den Armen, dann bat sie in Assisi um Aufnahme in den Dritten Orden des heiligen Franziskus. In strengster Askese verbrachte sie dort ihre letzten Lebensjahre. Des öfteren wurde sie großer himmlischer Erleuchtungen gewürdigt. Als sie im Jahre 1309 starb, konnten ihre Mitschwestern bezeugen, daß Angela eine Heilige war.

Bußfertiges Leben und seliges Sterben sind die Durchgangsstationen heiligmäßiger Seelen. Und wie Angela Hilfe fand im Aufblick zum Kreuz, im Gedanken an das Leiden des Herrn, so kann jeder schmerzgebeugte Mensch dort Trost finden und zugleich Kraft im Kampf um sein ewiges Seelenheil.

TAGESHEILIGE: Dafrosa M – Rigobert B von Reims – Titus B von Kreta, ein Schüler des heiligen Paulus – Libentius B von Bremen – Farhilde J, Herzogstochter von Lothringen, † 750 – Magnerikus B von Trier. – Priskus, Priszillianus, Benedikta, Hermes, Aggäus, Cajus, Marillus, Aquilin, Geminus, Eugen, Marzian, Quinktus, Theodot, Tryphon M – Gregor E in Lenggries.

5. JANUAR Gerlach

Zu Beginn des dreizehnten Jahrhunderts wurde bei Tauberbischofsheim ein Chorfrauenstift gegründet, das den Namen Gerlachsheim erhielt. Später wurde dieses Frauenkloster in ein Prämonstratenserkloster umgewandelt. Seinen Namen erhielt es aus Verehrung für den heiligen Gerlach, der als Einsiedler und Büßer am 5. Januar 1170 in der Nähe von Houthem bei Valkenberg in Holland gestorben war. Was hat dieser Heilige Besonderes an sich gehabt, daß seine Verehrung bis nach Deutschland drang? Wenn wir seine Lebensgeschichte hören, so erfassen uns Staunen und Erschütterung über Gottes Langmut und Gnade.

Um 1120 war Gerlach als Sohn vornehmer Eltern in Maastricht geboren. Seine Mutter suchte ihn fromm zu erziehen. Die standesmäßige Ausbildung zum Ritter brachte den jungen Mann aber leider bald auf Abwege. Er war sehr geschickt im Waffenhandwerk und wurde stolz auf seine Erfolge. Damals zogen die Ritter von Burg zu Burg, von Turnier zu Turnier. Gerlach gab sich allmählich wüsten Schwelgereien und einem ausschweifenden Leben hin; auch grausam und roh wurde er. Es wird berichtet, daß er sogar seine eigene Mutter schlug. Als reicher Ritter fand er ein edles Burgfräulein, das ihn zur Ehe nahm. Die junge Gattin hatte unter seiner Roheit zu leiden. Dieser Ehestand wurde für sie ein Wehestand. Zudem verletzte er oft die eheliche Treue. Kurz: Gerlach schien den Weg des Verderbens zu gehen. Da griff Gott ein. Während eines Turniers in Jülich wurde ihm der plötzliche Tod seiner Gemahlin gemeldet. Dieser Blitzstrahl des Geschickes warf ihn zu Boden. Er mußte daran denken, wie es ihm ergangen wäre, wenn er statt seiner frommen Frau plötzlich, ohne Zeit für Reue und Umkehr, hätte sterben müssen. Sein Gewissen war trotz seines leichtfertigen Lebens nicht ganz abgestorben. Es ist bezeichnend für die Geisteshaltung der mittelalterlichen Christen, daß sie, war erst einmal ein guter Entschluß gefaßt, diesen ohne Zögern verwirklichten. So beschloß Gerlach, ein anderes Leben zu beginnen. Zum äußeren Zeichen seiner inneren Umkehr verließ er das Turnier nicht mehr zu Pferd, sondern auf einem Esel, und mit einem Narrengewand angetan zog er unter allgemeinem Hohngelächter fort. Zuallererst ging er nach Rom und erflehte die Absolution für seine vielen Missetaten. Papst Eugen III. legte ihm zur Sühne eine siebenjährige Bußzeit auf und verlangte eine Wallfahrt nach Jerusalem. Dort diente Gerlach als Helfer in einem Spital und pflegte sieben Jahre lang die Kranken. Nach dem Ablauf seiner Bußzeit kehrte er in die Heimat zurück und führte nun das Leben eines Einsiedlers. Eine alte, ausgehöhlte Eiche war seine Wohnung. Sein strenges, stilles Bußleben und seine tägliche Liebe für die Mitmenschen wurden für manchen Irrenden, manchen Sünder eine Mahnung zur Besinnung. Als er im Jahre 1170 starb, hatte er Zeugnis abgelegt für den Sinn des Wortes in der Heiligen Schrift: „Es ist im Himmel mehr Freude über einen Sünder, der sich bekehrt, als über 99 Gerechte, die der Buße nicht bedürfen."

Wenige Jahrzehnte später entstanden über seinem Grabe ein Kloster und ein Wallfahrtsort. Als Bischof Johann Bernhard von Münster in der Kulturkampfzeit als Verbannter in Houthem (1879 bis 1884) lebte, verehrte er den Büßer sehr und brachte eine große Reliquie des Heiligen nach Münster.

Den Menschen unserer Tage, deren Hauptgebrechen das eilige Dahinleben in gottfernem Streben nach Lebensgenuß ist, gibt St. Gerlach ein erhabenes Beispiel dafür, daß der Himmel in jedem Augenblick offen ist für den Sünder, den Schwachen, der in echter Reue und Buße mit aufrichtiger Sehnsucht sich in die Gnade Gottes begibt.

TAGESHEILIGE: Telesphor PM, † 136 – Aemiliana J in Rom – Apollinaris J in Ägypten – Amata Ae – Alrachin B und Legat in Deutschland, † 1216 – Baldrich A in Salzburg – Simeon der Säulensteher – Synkletika J – Edward – Kunolf.

Die Heiligen Drei Könige

Getreu der Überlieferung nennen wir die Heiligen dieses Tages Kaspar, Melchior und Balthasar. Der Apostel Thomas soll sie getauft haben. Nach ihrem Tod sollen die Gebeine nach Konstantinopel gekommen sein, dann nach Mailand, von wo sie Rainald von Dassel, der Erzbischof von Mainz und Kanzler des Heiligen Römischen Reiches Deutscher Nation, nach Köln brachte. Über ihren Reliquien (in dem wunderschönen Dreikönigsschrein) erhebt sich der mächtigste Dom Deutschlands ...

Legende und Wirklichkeit gehen in diesem Bericht ineinander über. Gewiß ist, daß jene uns in der Person unbekannten Männer die ersten aus der Heidenwelt waren, die dem Gotteskind huldigten; wahrscheinlich waren es nicht im heutigen Begriff Könige, sicher aber weise, erleuchtete Männer. Von ihrem weiten Weg nach Bethlehem und ihrer Anbetung berichten schon Malereien in den römischen Katakomben. Es sind da meistens vier abgebildet. Später aber ist im Blick auf die drei Gaben, die sie brachten (Gold, Weihrauch und Myrrhe) immer von drei Weisen die Rede. Der Evangelist Matthäus erzählt im zweiten Kapitel seines Evangeliums:

Als Jesus in den Tagen des Königs Herodes zu Bethlehem in Juda geboren war, kamen Weise aus dem Morgenland nach Jerusalem und fragten: „Wo ist der neugeborene *König der Juden*? Wir haben seinen Stern gesehen und sind gekommen, ihn anzubeten.“ Als König Herodes das hörte, erschrak er und ganz Jerusalem mit ihm. Er rief alle Hohenpriester und Schriftgelehrten zusammen und befragte sie, wo Christus geboren werden solle. Sie antworteten ihm: „Zu Bethlehem im Lande Juda, denn so steht geschrieben beim Propheten: Du, Bethlehem im Lande Juda, bist keineswegs die geringste unter den Fürstenstädten Judas, denn aus dir wird der Führer hervorgehen, der mein Volk Israel regieren soll.“ Da ließ Herodes die Weisen heimlich zu sich kommen und erkundigte sich bei ihnen genau, um welche Zeit der Stern ihnen erschienen war. Dann sandte er sie nach Bethlehem und sprach: „Geht und forscht sorgfältig nach dem Kinde; und sobald ihr es gefunden habt, meldet es mir, dann will auch ich hingehen und es anbeten.“ Nachdem sie den König gehört hatten, machten sie sich auf den Weg. Und sieh, der Stern, den sie im Morgenland gesehen hatten, zog vor ihnen her, bis er über dem Orte stehen blieb, wo das Kind war. Da sie den Stern sahen, hatten sie eine überaus große Freude. Und sie traten in das Haus, fanden das Kind mit Maria, seiner Mutter, fielen nieder und beteten es an. Dann öffneten sie ihre Schätze und brachten ihm Geschenke dar: Gold, Weihrauch und Myrrhe. Nachdem sie durch ein Traumgesicht die Weisung erhalten hatten, nicht mehr

zu Herodes zurückzukehren, zogen sie auf einem andern Weg in ihre Heimat zurück.

TAGESHEILIGE: Wiltrudis, bayr. H, Gründerin des Klosters Bergen (Baring) bei Neuburg/Donau, † 990 – Gertrud v. Oosten aus Holland, zuerst Dienstmagd, dann N, † 1358 – Warin B in Sitten (Schweiz) – Erminold A – Makra JM – Melanius B – Nilammon B.

7. JANUAR *Valentin*

Auch in Passau hatte das Christentum schon in den Jahren der Römerherrschaft Eingang gefunden. Als dann während der Völkerwanderung die Feste der Zerstörung anheimfiel, ging zwar die römische Kultur zugrunde, aber der Same der Lehre Christi blieb bestehen. Doch bedurfte es noch jahrhundertelanger, mühevoller Arbeit, bis das Kreuz den Sieg davontrug. Es waren damals, am Beginn des fünften Jahrhunderts, meist sogenannte Wanderbischöfe, die von Land zu Land zogen und die verschütteten Quellen des Glaubens wieder ausgruben und neues geistliches und geistiges Leben weckten. Durch Predigt, Gebet und Opfer schlossen diese Männer vielen Menschen Augen und Herzen auf für die Botschaft Christi. Manchmal war aber ihre Mühe umsonst. So ging es auch Valentin. Um das Jahr 435 kam er vom Bodensee her, wo er als Mönch und Einsiedler sich auf seinen Predigerberuf vorbereitet hatte, in die Passauer Gegend. Mit Feuereifer ging er ans Werk. Doch die Leute wollten ihr gewohntes Denken und Fühlen nicht ändern. In seiner seelischen Not über die Mißerfolge reiste er nach Rom und berichtete dem Papst. Dieser weihte ihn zum Bischof und sandte ihn wieder nach Passau. Inzwischen hatten sich aber die Verhältnisse dort noch weit mehr verschlechtert. Als Valentin sein bischöfliches Werk beginnen wollte, wurde er von den Einwohnern der Stadt vertrieben. Die Überlieferung berichtet, daß er sich weiter nach Westen wandte zu den Schwaben, im heutigen Ries. Dort soll er ziemlich vielen die Taufe gespendet haben. Zuletzt finden wir Valentin in Südtirol, in der Nähe von Meran. Als Einsiedler ließ er sich in dieser Gegend nieder. Er wollte in stiller Betrachtung und Gebet seinen Lebensabend verbringen. Doch waren hier die Menschen sehr aufgeschlossen für Christi Lehre. Die einfachen Bergbauern kamen zu ihm und holten sich Rat, vor allem in seelischen Nöten, doch auch in ihren irdischen Sorgen. Valentin konnte viel Gutes wirken. Als er um die Wende vom fünften zum sechsten Jahrhundert starb, wurde er im Schloß Mais beigesetzt. Sein Andenken aber erhielt sich durch alle Jahrhunderte als das eines großen Wundertäters und Helfers in vielen Nöten. Seine Gebeine wurden später nach Trier überführt. Herzog Thassilo von Bayern brachte sie im Jahre 764 nach Passau. Mit großer Feierlichkeit empfing das Volk der Stadt die Reliquien seines ehemaligen Bischofs und versuchte dadurch das Unrecht wiedergutzumachen, das die Vorfahren dem heiligen Mann angetan hatten. Dort wird auch heute noch St. Valentin hoch verehrt.

Uns gibt das Leben St. Valentins einen Hinweis auf die ehrwürdige Geschichte des Christentums in unserem Vaterland: Vor ungefähr 1500 Jahren haben sich Männer gefunden, die ihre ganze Lebenskraft an die Verbreitung des Christentums wendeten. – Wie damals, so ist heute die Verwirrung der Geister groß, bedarf die Christenheit besonders dringlich der Menschen, die unermüdlich in Leben, Wort und Tat die rechte Ordnung der Welt verkünden.

TAGESHEILIGE: Luzian PrM – Julian M – Krispin B v. Pavia – Niketas B in der Walachei – Reinhold MöM in Köln, † 960 – Tillo (Tilmann) A – Knut, H in Schleswig, M, † 1131 – Klerus, Felix, Januarius M – Theodor Bk – Albert v. Siena E.

8. JANUAR *Alois Grozde*

Es ist ein „Zeichen der Zeit", des leichtfertigen Sinnes der Menschen unserer Welt, daß die bitterste Tragödie der Gegenwartsgeschichte nicht oder kaum je die Herzen der Menschen bewegt: die Verfolgung der christlichen Kirche hinter dem Eisernen Vorhang. In den Ländern, in denen der Kommunismus die Herrschaft errang und seine Ziele mit brutaler Gewalt zu erreichen sucht, gibt es keine Ehrfurcht vor Christus, kein Verständnis für das Christentum. Ein paar Zeitungen und Zeitschriften, die wirklich christlich eingestellt sind, bringen hie und da Berichte, die eigentlich das Gewissen der freien Welt aufrütteln müßten. Und manchmal zucken wie helle Lichter heldenhafte Gesinnung und Martyrermut aus dem geheimnisvollen Dunkel trostloser Verlassenheit und Wirrnis. – Ein glänzendes Beispiel solchen Christentums wird uns berichtet aus dem nächsten Grenzgebiet Österreichs, das nach dem Krieg durch Jugoslawien besetzt wurde, aus Slowenien. Dort fanden, in der Nähe des Dorfes Mirna, am 23. Februar 1943 Kinder in einem Wald die gräßlich verstümmelte aber noch unverweste Leiche eines jungen Mannes, der am 1. Januar im Dorfwirtshaus von Mirna auf grauenvolle Weise ermordet worden war. Die Zunge war ihm herausgerissen, die Kopfhaut abgezogen und der Schädel eingeschlagen worden. Wer war der Tote? Erst allmählich sickerte die schreckliche Wahrheit durch: es war der Student Alois Grozde. Sein Leben zeigt deutlich das Wirken der Gnade Gottes und den Wert eines starken und guten Willens. Alois hatte kein gutes Erbe mitbekommen. Seine Mutter war eine arme Dienstmagd, die ihm am 27. Mai 1923 das Leben schenkte. Eine Tante zog ihn auf und legte den Keim des Christenglaubens in seine Seele. Der Knabe, der als Hirte lebte, zeigte bald sehr gute Begabung. Daher verhalf ihm der Ortspfarrer zum Studium in Laibach. Eine mildtätige Geschäftsfrau sorgte für ihn. Unter der geistlichen Beratung seines Lehrers, Professor Dr. Strle, der später ebenfalls ermordet wurde, suchte und fand er den Weg zu tiefempfundenem und echtem Christentum. Durch eifrigen Empfang der hl. Sakramente stärkte er sich im Kampf gegen seine sinnliche Natur und errang den Sieg; mit inniger Liebe verehrte er die Mutter Gottes: in der Marianischen Kongregation mitzuhelfen, war ihm ein Herzensbedürfnis. Schon damals suchte er auch auf seine Mitschüler einzuwirken, und namentlich lag ihm die Bekehrung abgefallener Studenten sehr am Herzen. Sein Lebenswunsch war, Priester zu werden. Als er noch nicht zwanzig Jahre alt war, kam die Stunde der Bewährung für ihn. Am 1. Januar 1943 empfing er noch die heilige Kommunion. Es sollte seine letzte sein. Mit dem Autobus fuhr er in seine Heimat. In Mirna wurde er von einem ehemaligen Mitschüler, den er einst hatte bekehren wollen, an die bolschewistischen Partisanen verraten und im Dorfwirtshaus auf bestialische Weise ermordet. Sämtliche Henker wahrten Stillschweigen. Doch Kinder fanden seine Leiche und so erfuhr man vom heldenhaften Sterben Grozdes.

Christentum muß immer etwas Lebendiges sein, sonst versagt es in den Stürmen des Lebens. Daß unser Christentum trotz seiner bald zweitausendjährigen Geschichte immer noch lebendig in die Zeit wirkt, das zeigt besser als alles andere das stille, von der Welt kaum je beachtete Heldentum der modernen Bekenner und Martyrer.

TAGESHEILIGE: Maximus B von Pavia – Patiens B v. Metz – Severin A, Ap der Ostmark – Garibald (Gaubald) B von Regensburg, † 761 – Luzillus Pr – Erhard B v. Regensburg, Gründer von Niedermünster, † 720 – Gudula J, † 712 – Luzian, Maximinian, Julian Pr M in Frankreich – Eugenian, Theophil, Helladius M – Apollinaris B – Maximus Pr M.

9. JANUAR Erhard

In Regensburg ist heute noch das Andenken an Bischof Erhard nicht erloschen. Denn das altehrwürdige Kloster Niedermünster verdankt ihm sein Entstehen. Der Heilige lebte in der Zeit kurz nach der Völkerwanderung. Daher ist es begreiflich, daß wir Erhard zuerst als einen sogenannten Wanderbischof sehen. Auch er — wie sehr viele Missionare jener Tage — kam aus dem fernen Schottland nach Germanien. Die Berichte über ihn sind mangelhaft, zum Teil legendär. Zuerst soll er sich bei seinem Bruder Hidolf, der Bischof in Trier war, auf sein Werk vorbereitet haben. Als er dann selbst die Bischofsweihe empfangen hatte, begann er in verschiedenen Gebieten zu predigen. Überall, wo seine Predigten Erfolg hatten, gründete er Klöster, die als Träger der Kultur Zellen für die Ausbreitung des Christentums wurden. Vierzehn Klöster entstanden auf solche Weise, das bedeutendste, das sich bis auf unsere Zeit erhielt, ist Niedermünster. Erhard leitete selbst einige Zeit dieses Kloster als Abt und wurde nach dem Tode des heiligen Emmeram Bischof von Regensburg.

Die Überlieferung berichtet, daß Erhard sich auszeichnete durch seinen Seelsorgseifer und seine Askese. So ging er mit gutem Beispiel allen seinen Klerikern voran. Man muß angesichts seiner Lebensgeschichte immer daran denken, daß die christliche Lehre damals kaum Wurzeln geschlagen hatte. Ein großer Teil der Bevölkerung war noch heidnisch. Daher war gerade das Amt eines Bischofs mit großen Mühen und Drangsalen verbunden. Aber Gott segnete seine Arbeit. Denn einige Jahrzehnte später konnte Bonifatius, der Apostel der Deutschen, der im Auftrag des Papstes die Organisation der deutschen Bistümer aufbaute, das Bistum Regensburg als eines der ersten Süddeutschlands in seine segensreiche Arbeit aufnehmen.

Erhard blieb nicht immer in seiner Bischofsstadt. Das Verlangen, möglichst viele Seelen für Christus zu gewinnen, wies ihm den Weg zu weiterem Wirken.

Es wird von ihm erzählt, daß er bis ins Elsaß wanderte. Dort kam er in das Kloster Palma, in dem die blindgeborene Tochter des Herzogs Ethico als Verstoßene lebte. Erhard unterrichtete das Kind in den Glaubenswahrheiten und taufte es auf den Namen Ottilia. Bei dieser Taufe wurde das Kind sehend. Ottilia blieb im Kloster und starb als Heilige.

Bischof Erhard wanderte an seinem Lebensabend wieder zurück nach Regensburg; dort starb er um das Jahr 720. In Niedermünster ist sein Grab. Papst Leo IX. sprach ihn 1052 heilig.

Leben und Wirken dieses Wanderbischofs zeigen, was der Eifer für Gottes Sache zu vollbringen vermag. Erhard war erfüllt von heiliger Sehnsucht, das Reich Gottes auszubreiten; so fand er die rechten Worte, so konnte er überall als echter Nachfolger der Apostel die Gemüter gewinnen. Es gab auch damals schon Materialisten wie heute. Aber es gab auch Menschen, die erfaßt wurden und sich erfassen ließen durch die Frohbotschaft des Christentums.

TAGESHEILIGE: Julia, Basilissa M in Antiochien – Marziana J M in Algier – Bertwald A – Egilfried A – Filan A – Murcherad E zu Regensburg, † 1080. – Vitalis, Revokatus, Fortunat, Felix M – Petrus B in Sebaste – Marzellin B in Ankona.

Gudula

Im 7. Jahrhundert war der christliche Glaube im heutigen Belgien schon in Blüte. Das fränkische Königshaus mühte sich kräftig und nachhaltig, das Christentum in seinen Machtgebieten auszubreiten. Es entstanden damals zahlreiche Kirchen und Klöster. Und es gab viele edle Jungfrauen, die sich ganz Gott weihten. Eine von ihnen war Gudula, die Tochter eines brabantischen Fürsten. Über ihr Leben ist nur wenig bekannt. Doch wird sie durch alle Jahrhunderte bis in unsere Zeit verehrt als Landesheilige, ja, ihre Verehrung drang weit über die Grenzen bis ins Deutsche Reich herein. Das meiste, was über Gudula berichtet wird, ist legendär. Doch eines ist gewiß: daß sie ein äußerst strenges Leben führte, daß sie neben tiefer Frömmigkeit besonders aber der Nächstenliebe lebte und viel Gutes tat. Deshalb blieb sie auch unvergessen. Ihre Erziehung muß sehr gut gewesen sein. Ihr Vater ging — nachdem er für die Seinen gesorgt hatte — ins Kloster, ihre Schwester Reineldis starb als Nonne und Martyrerin, ihr Bruder als Bischof von Arras und Cambray. Beide werden als Heilige verehrt. Gudula selbst zog sich zuerst ins Kloster Nivelles zurück, trat aber später wieder aus und lebte in ihrem elterlichen Haus, vor allem den Armen dienend. Und dann entschloß sie sich, als Inkluse zu leben — als Einsiedlerin in einer vermauerten Zelle, nahe der Kirche von Moorsel. Dort starb sie nach einem langen, entbehrungsreichen und asketischen Leben im Jahre 712. Da nach ihrem Tod viele Erhörungen auf ihre Anrufung sich ereigneten, wurde ihr Leib erhoben und in der Kirche zu Moorsel beigesetzt. In all den Jahrhunderten, die seither vergingen, wurde die Heilige verehrt — sie wird es auch heute.

Was Gudulas Leben groß und denkwürdig macht, das ist ihr Ringen um christliche Vollkommenheit auf den Wegen der Entsagung, des Opfers, der geistlichen Konzentration, der Nächstenliebe. Könnte nicht unsere Welt der Sattheit und des Überdrusses von ihr lernen, daß die wahre „Chance" des Lebens in seiner Überhöhung, Erleuchtung durch den Glauben liegt? Wer aus Liebe zu Gott sich vieles Irdische versagt, dem wird viel Überirdisches gegeben. (Der Gedenktag der heiligen Gudula wird am 8. Januar gefeiert.)

TAGESHEILIGE: Marzian Pr, † um 500 – Nikanor DiM – Agatho P., † 681 – Wilhelm B in Bourges – Johannes Bonus B in Mailand – Petrus Orseoli Bk – Gregor X. P, † 1276 – Walarich E – Oringa J – Paul E.

Grimo

Als Dominikus Ringeisen im Jahre 1884 die Anstalt Ursberg gründete, übernahm er ein weitläufiges Gebäude, das seit 1803, dem Jahr der Säkularisation, leergestanden hatte. Mit der Kraft seines Gottvertrauens schuf er ein Werk wahrhafter Caritas: Er nahm die Ärmsten der Armen auf und pflegte sie. Und er gründete die Kongregation der St. Josefsschwestern. Ringeisen übernahm damit das Erbe jener Zeit, da in fast siebenhundert Jahren Prämonstratensermönche sich im Geist Christi dem Wohl der Mitmenschen geopfert hatten. Im Jahre 1125, in der Hochblüte des Mittelalters, war Ursberg als erstes deutsches Prämonstratenserkloster gegründet worden. Die Klöster nach der strengen Regel von Citeaux wuchsen als Kulturträger und Erneuerer des Christentums in ganz Europa empor. Der zweite Propst des Klosters Ursberg, der heute noch hoch verehrt wird, war Abt Grimo. Von 1136 bis 1173 war er seinen Mönchen ein sorgender Vater. Die Überlieferung berichtet, daß der Ruf seines heiligmäßigen Lebens in jenen Tagen der Staufenkaiser das ganze Mindeltal erfüllte. Seine Bußstrenge aus Liebe zum Gekreuzigten soll einst wunderbar belohnt worden sein. Abt Grimo trank nämlich am Karfreitag nie etwas anderes als Wasser. Als aber sein Diener ihm einen Becher Wasser vom Brunnen holte, sei es in Wein verwandelt worden. Nach seinem Tode wurde zum Andenken an diese wunderbare Begebenheit jeweils am Karfreitag dieser Becher – mit Wasser gefüllt – den Mönchen bei der Mahlzeit zum Trinken gereicht.

Aber nicht um dieses Wunders willen ist Grimo in den Ruf eines auserwählten Dieners Gottes gekommen. Er war ein Heiliger durch Sittenreinheit, sein mitreißendes Beispiel, seine Sanftmut und Güte, durch gewissenhafte Amtsführung. Selbst der Papst, der Kaiser, verschiedene Bischöfe waren auf ihn aufmerksam geworden. Die Bischöfe von Bamberg und Freising erbaten von ihm Ursberger Mönche für die ihnen unterstellten Klöster Osterhofen, Schäftlarn und Neustift. Und überall in diesen Niederlassungen des Prämonstratenserordens trieb in der Folge das Werk der sittlichen Erneuerung reiche Blüten. Doch auch schweres Leid war Grimo nicht erspart. Im Jahre 1142 brannte Ursberg nieder. Es kostete ihm harte Mühe, das Kloster wieder aufzubauen – er trug diese Heimsuchung kraft seiner Gottesliebe in Geduld. Als er am 2. März 1173 starb, trauerten um ihn nicht bloß seine Mitbrüder, sondern auch viele Arme, Witwen und Waisen, denen er stets mit großer Liebe geholfen hatte.

Wenn das Leben dieses Seligen auch schon 800 Jahre zurückliegt – was vermag die Zeit über echte Größe? Wahres Tugendstreben und tätige Nächstenliebe sind und bleiben die Fundamente rechten Christentums. Und gerade Zeiten voll großer leiblicher und seelischer Not bedürfen solcher Vorbilder.

TAGESHEILIGE: Hyginus P M, † 140 – Salvius B M von Amiens – Honorata J in Pavia – Luzillus Pr, † 490 – Alexander B M – Petrus, Severus, Leukius M – Theodosius Bk – Palämon A – Anastasius Bk – Werner Bk – Egwin Bk – Tasso A.

12. JANUAR *Arkadius*

Wohl gab es in allen Jahrhunderten, seit Gott Mensch wurde, Blutzeugen für die Wahrheit, die Wirklichkeit, daß Christus für die Erlösung der von Adam her sündig gewordenen Menschheit am Kreuz gestorben ist — aber erst dieses unser eigenes Zeitalter rückt dem wachen und nachdenkenden Menschen die Zeit des Früh-Christentums mit seiner Fülle von opfer- und todesmutigen Glaubenszeugen wieder ganz nahe: bis tief nach Mitteleuropa herein reicht die bolschewistisch - kommunistische Welt mit ihrem fanatisch-menschenfeindlichen Drang zur Unterdrückung alles Glaubens an Gott und seine Ordnung ... „Wer hören kann, der höre“ nun mit einem neuen Verständnis auf die Berichte aus der großen Christenverfolgung:

Arkadius lebte im dritten Jahrhundert als einer der angesehensten Männer der Stadt Cäsarea in Mauretanien zur Zeit des Kaisers Valerian. Er war ein eifriger Christ, der sein Christentum ernst nahm. Als Valerian im Jahre 253 seine ersten Unterdrückungs- und Verfolgungsedikte herausgab, zog sich Arkadius in die Einöde zurück, um sich durch Nachdenken und Willensschulung, Gebet und Buße auf das mögliche Martyrium vorzubereiten. Seine Güter und sein Vermögen übergab er einem Freunde zur Verwaltung. Als nun bei den vorgeschriebenen Götteropfern seine Abwesenheit auffiel, wurden Soldaten in sein Haus geschickt, um ihn zu holen. Diese nahmen den Verwalter an seiner Statt gefangen. Arkadius hörte davon. Sogleich stellte er sich, um den Freund zu entlasten, dem Richter. Er sagte: „Wenn mein Freund um meinetwillen im Kerker liegt, so bitte ich, entlasse ihn! Denn er ist unschuldig. Hier bin ich, freiwillig, und bin bereit, Rechenschaft zu geben.“ Der Richter, erfreut über diesen Edelmut, entgegnete: „Ich verzeihe dir deine Flucht, wenn du dich jetzt entschließest, den Göttern zu opfern.“ Arkadius erwiderte ganz unerschrocken: „Wie? Meinst du, daß die Diener Gottes aus Furcht, dieses elende Leben zu verlieren, sich erschrecken und zur Abgötterei verleiten lassen?“ Dem Richter erschien dieses klare Wort als ein Verbrechen gegen Kaiser und Staat, die ja göttlich verehrt werden sollten, und er befahl,

Arkadius Glied um Glied abzuhauen. Sogleich ergriffen ihn die Henkersknechte und führten den Befehl aus. Arkadius mußte wohl stöhnen in den gräßlichen Qualen, zuweilen verlor er auch die Besinnung, aber mit der Macht seines Wollens, seines Glaubens zwang er sich zum Wachsein und zum Gebet. Zu ihrer Verwunderung und vielleicht auch zu ihrem Entsetzen hörten ihn die Henker endlich sprechen: „Glückliche Glieder, jetzt seid ihr mir erst recht lieb und teuer geworden, weil ihr nun wahrhaft meinem Gott angehört, da ihr ihm zum Opfer gebracht seid!" Mit der letzten Kraft wandte er sich an das Volk: „Ihr Zuschauer dieses blutigen Schauspiels, lernt, daß alle Qualen klein sind für den, dessen Blick auf die ewige Krone gerichtet ist!" Nach diesen Worten starb er. – Gesinnung und Methoden der selbstherrlichen Gottesfeinde sind gleichgeblieben in allen Jahrhunderten, so verschieden die Art des Martyriums sein kann. Geblieben aber sind auch christlicher Heldenmut, der Glaube an das ewige Leben und die ewige Gerechtigkeit. Und wie die Kirche in jener dunklen Zeit von ihren Feinden nicht überwältigt wurde, so wenig wird sie in unseren Tagen zerstört werden können.

TAGESHEILIGE: Tatiana J M – Zotikus, Rogat, Modest, Kastulus M – Johann B v. Ravenna – Probus B v. Verona – Ernst M – Ailrad A, † 1166 – Volkold E sel. in Sonnenburg im Pustertal, † 1041. – Satyr, Tigrius, Eutropius M – Benedikt (Bennet) A in England – Käsaria Ae.

13. JANUAR *Gottfried*

Besitz, Genuß, Ansehen, das sind die treibenden Kräfte, die das Leben vieler Menschen erfüllen. Und nur wenige denken an das Wort des Heilandes: „Was nützt es dem Menschen, wenn er die ganze Welt gewinnt, an seiner Seele aber Schaden leidet?" Habgier, Eitelkeit, Denkfaulheit übertönen diese mahnende Stimme. Und doch hat es zu allen Zeiten Menschen gegeben, die Rang und Namen, Geld und Gut dahingaben um Gottes willen – oft waren es Menschen, reich an Macht, Geld und Besitz; auch sie hatten erkannt, daß alles irdische Glück nicht das Herz zu befriedigen vermag.

Ein solches Beispiel gibt das Leben des Grafen Gottfried von Kappenberg. Gottfried war jung und reich; er hatte viel Land und lebte in glücklicher Ehe mit seiner Gemahlin Jutta von Arnsberg. Seinen Untergebenen war er ein guter Herr. Die Bauern, die ihm zinspflichtig waren, liebten ihn sehr, denn er war gerecht. Er war gerade fünf Jahre verheiratet, da hörte er zu Köln die Predigt des heiligen Norbert von Xanten, der nach einem zuerst sehr weltlichen Leben sich bekehrte und den strengen Prämonstratenserorden gegründet hatte. Gottfried wurde von dessen Predigt tief erschüttert, und er fand danach in seiner Seele keine Ruhe mehr. Mit seiner Gattin pflegte er ernste Unterredungen, die schließlich darauf hinausgingen, daß beide der Welt entsagten. Jutta erbaute am Fuße des Hügels, auf dem die Burg lag, ein Frauenkloster und nahm selbst den Schleier. Gottfried machte sein Schloß zu einem Prämonstratenserkloster und trat dort als Novize ein. Der Bischof von Münster weihte das Kloster im Jahre 1122. Nach dem Probejahr ging Gottfried nach Prémontré, dem Stammkloster. Dort empfing er die Priesterweihe. Norbert, der inzwischen Erzbischof von Magdeburg geworden war, übertrug ihm die Abtwürde auf Schloß Kappenberg. Aber er sollte sein Stammschloß nicht mehr wiedersehen. Auf der Reise dorthin erkrankte er schwer und starb, erst dreißig Jahre alt, im Kloster Ilbenstadt am 12. Januar 1127 eines seligen Todes. Unter großer Beteiligung seiner einstmaligen Untertanen wurde er in Kappenberg begraben.

In den Augen der Welt war sein Leben unbedeutend; in den Augen Gottes aber hatte es großen Wert. Hat doch der Heiland selbst gesagt: „Wer Vater oder Mutter, Hab und Gut um meinetwillen verläßt, der wird alles hundertfach wieder erhalten im ewigen Leben." Soll uns solch ein Beispiel nicht anspornen, um des Himmelreiches willen auch auf manches zu verzichten, was wir gerne haben möchten? Hab und Gut müssen wir im Tode auf dieser Welt zurücklassen; unsere guten Werke aber folgen uns ins jenseitige Leben zu Gott und den Menschen —, sie allein sind mächtig genug, des Materialismus, der Gier, des Machtstrebens der „Welt" Herr zu werden.

TAGESHEILIGE: Agritius B von Trier, † 335 – Veronika v. Binasko J in Mailand – Jutha E in Belgien – Heinrich E – Valentinian B v. Chur, † 548 – Hildemar E – Potitus, Hermylus, Stratonikus, Gumesind, Servideus M – Leontius B – Viventius B von Mailand – Claphyra J – Walter Bk – Berno A – Kantigernus Bk.

14. JANUAR *Hilarius*

Im Anfang des vierten christlichen Jahrhunderts lehrte der alexandrinische Priester Arius, daß Christus nicht Gott sei, sondern nur Mensch. Trotz des nicänischen Konzils im Jahre 325 gewann diese Irrlehre durch Intrigen und Gewalt immer mehr an Boden. Es kam schließlich zu einer regelrechten Verfolgung der kirchentreuen Bischöfe des Römischen Reiches. Unter den Opfern dieser Verfolgung war auch Bischof Hilarius von Poitiers.

Hilarius entstammte einer vornehmen heidnischen Familie in Poitiers. Reichtum und Macht standen an seiner Wiege Pate. Für seine geistige Entwicklung sorgte eine vorzügliche und standesgemäße Erziehung. Er verheiratete sich und konnte bald eine Tochter sein eigen nennen. Als kluger und strebsamer Geist las er viel, so auch die Heilige Schrift. Je mehr er sich in sie vertiefte, desto klarer erkannte er die Hohlheit seiner heidnischen Vorstellung von Welt und Leben. Er zog als aufrechter Mann die Konsequenzen aus dieser Einsicht und ging den Weg, auf den ihn sein Gewissen zwang: Mit Frau und Tochter ließ er sich taufen. Mit Taufe und Firmung empfing Hilarius eine solche Fülle göttlicher Erleuchtung, daß er nun mit allen Kräften gegen die Irrlehren des Heidentums und des Arianismus kämpfte. Er war aber nicht bloß gewaltig in Worten, sondern ging durch seinen lauteren Lebenswandel mit dem denkbar besten Beispiel allen voran. Als der Bischof von Poitiers starb, wählte das christliche Volk seiner Vaterstadt Hilarius zu diesem Amt. Seine Frau trat in ein Kloster ein und Hilarius empfing die Priester- und Bischofsweihe. Er kam mitten in den Kampf gegen den Arianismus hinein. In dem abgefallenen Bischof Saturnin von Arles entstand ihm ein boshafter Feind. Dessen Anschuldigungen am kaiserlichen Hof bewirkten, daß Hilarius als Staatsverbrecher nach Phrygien verbannt wurde. Doch gerade diese Zeit scheinbar seelsorglicher Untätigkeit war für ihn sehr segensreich: in den vier Jahren, die er als Bekenner in der Verbannung leben mußte, erwuchs er zu einem der größten geistigen Schriftsteller seiner Zeit — wurde er zum Kirchenlehrer. 364 durfte er wieder nach Poitiers zurückkehren. Unter dem Jubel seiner Christengemeinde zog er ein; nach dem endgültigen Sieg der wahren Lehre der Kirche über den Arianismus konnte er noch eine kurze Zeit sein hohes Amt führen. Im Jahre 367 starb Hilarius hochbetagt. Es war eine Zeit des erbitterten Kampfes, in der Hilarius lebte. Durch die Staatsmacht hatte die Irrlehre Gewalt erlangt. Dennoch, die Wahrheit siegte — damals in ziemlich kurzer Frist; doch wir wissen, Gottes Mühlen mahlen oft langsam ... Arius starb plötzlich und seine Lehre zerfiel im Lauf der Jahrhunderte. Hilarius aber wird heute noch als großer heiliger Bischof verehrt, dem es vergönnt war, um der Gerechtigkeit und Wahrheit willen Unrecht zu leiden. Von ihm gilt das Wort des Heilandes: „Selig sind, die Verfolgung leiden um meinetwillen, denn ihrer ist das Himmelreich."

TAGESHEILIGE: Felix Pr M in Nola – Engelmar E M bei Passau, † 1100 – Vinzentia Sabater J – Oderich Mö – Maximiliana N in München, † 1638 – Statius B – Euphrasius B – Julian Sabas Bk – Makrina J in Kleinasien.

Romedius

In unseren Kirchen brennt beständig das „Ewige" Licht. Es ist Sinnbild dafür, daß Christus, der Gottessohn und Welterlöser, immerfort im hochheiligen Sakrament des Altares wirklich und wesentlich zugegen ist. Man sollte nun meinen, daß dieses erhabene Wunder, diese göttliche Liebestat die Gläubigen — wie ein Lichtstrahl im Dunkel — mindestens einmal am Tag zu einer sogenannten Besuchung in die Kirche ziehen müßte. Daher die alte gute Regel: „Du sollst nie an einer Kirche vorbeigehen, ohne Jesus zu grüßen!" Die rastlosen Menschen unserer Tage vermeinen, sie könnten sich nicht einmal solche Minuten der Besinnung und der Andacht absparen. Nun, sie wissen nicht, was sie aus Hast und Torheit versäumen.

Welch ein Beispiel gibt da der heilige Romedius! Sein Leben liegt weit in der Vergangenheit; wir müssen 1500 Jahre zurückschauen. Und trotzdem liegt es, wenn auch vieles legendenhaft und unsicher ist, heute noch offen vor uns: die Verehrung des heiligen Romedius wurde im Jahre 1907 auch von Rom feierlich gebilligt.

Woher Romedius stammt, ist nicht ganz sicher; die einen behaupten, aus Thauer bei Innsbruck, die altbayerische Überlieferung läßt ihn einen Grafen von Hohenwart sein. Bestimmt überliefert ist nur sein tugendhaftes und Gott wohlgefälliges Leben. Er wurde vornehm erzogen, lernte aber weder Lesen noch Schreiben. Auf seinem Schloß hielt er sich einen Hausgeistlichen und ließ sich von ihm vorlesen aus der Heiligen Schrift und aus dem Leben der Heiligen. Als er einst die Worte hörte: „Wenn du vollkommen sein willst, so gehe hin, verkaufe alles was du hast, gib den Erlös den Armen und folge mir nach!" da wurde er, wie dann viele nach ihm, ergriffen von der Wucht dieser Forderung. Er faßte den Entschluß, im vollen Ernst dem Anruf Christi zu gehorchen. Sein Schloß machte er zu einer Art klösterlicher Niederlassung und begab sich auf Wallfahrten. Sein Ziel waren die heiligen Orte in Palästina. Zwei Begleiter, namens David und Abraham, schlossen sich ihm an. Bei seinen vielen Wanderungen ging er nie an einer Kirche vorbei, ohne den Heiland zu grüßen; das war ihm Pflicht und Freude zugleich. Dadurch ist er vielen Christen zum Beispiel geworden. Die drei Wanderer kamen nach Rom und erbaten vom Papst die Erlaubnis, sich als Einsiedler irgendwo niederlassen zu dürfen. Der Ort, den sie wählten, war in Südtirol. In einem Seitental des Nonstals, eine Stunde entfernt vom Ort San Zeno, südlich des Mendelpasses, lebte Romedius in einer hoch über der Talsohle liegenden Höhle. Später wurde über dieser Stätte ein Kloster erbaut, San Romedio, das wie eine gewaltige Burg auf steilem Fels liegt. Noch heute sieht man dort seine

Einsiedlerzelle und das armselige Steinlager, das ihm als Schlafstätte diente. Auch wird dort seit unvordenklichen Zeiten in einem Zwinger ein Bär gehalten. Dies kommt daher, weil in seiner Legende erzählt wird, daß auf seiner Wanderung durch die rauhen Berge der Brenta ein Bär seinen Esel gerissen habe, der Heilige aber im Namen Gottes dem wilden Tier gebot, an des Esels Statt ihm zu dienen.

Romedius lebte hier noch einige Jahrzehnte als Einsiedler. Seine Tage füllte er aus mit Bußübungen und Gebet und half in Krankheit und Not bei Mensch und Tier. Romedius starb in der Mitte des fünften Jahrhunderts. Sein Andenken aber erhielt sich in Südtirol und in Bayern durch all die Jahrhunderte.

Sollten wir „Heutigen" in unserer Hast und Unrast nicht ein wenig lernen aus diesem Heiligenleben: daß die Zeit am besten angewendet ist, da man vor Gott verweilt?

TAGESHEILIGE: Paulin E – Maximus B von Nola – Makarius A in Ägypten – Johannes Calybita Bk in Rom – Rosamunde Ae – Ephisius M – Sekundina J M in Anagni – Bonitus B in Clermont – Isidor Bk – Roland – Alexander Bk.

16. JANUAR *Tosso*

Als elfter im Verzeichnis der Bischöfe von Augsburg wird Tosso (oder Tozzo) genannt. Er dürfte im achten Jahrhundert gelebt haben. Sein ganzes Dasein und sein Mühen im Dienste Gottes ist von zahlreichen Legenden umrankt — und das ist immer ein Zeichen dafür, daß das Volk einem heiligmäßigen Mann von Herzen zugetan ist. Tosso war ein Zeitgenosse des großen Allgäuer Missionars, des heiligen Magnus. Mit ihm gemeinsam sei er in die Gegend von Füssen gekommen und habe dort ebenso wie Magnus durch seinen Segen die Dämonen der Heidenzeit vertrieben. Daher wird er mit Schlangen und Drachen dargestellt. Er soll zuerst als junger Priester in der Kemptener Gegend sehr viel Gutes gewirkt haben. Später wurde Tosso zum Bischof von Augsburg geweiht, als Nachfolger des Bischofs Wikterp (Wigo). Was ihn vor allem auszeichnete, war die Lauterkeit seines Wesens und die innere Kraft seines Glaubens — beide Eigenschaften ließen ihn viele Werke der Nächstenliebe üben und damit die Seelen auch für die Lehre Christi aufschließen. — Gegen Ende des achten Jahrhunderts starb er und wurde in Augsburg begraben.

Wenn auch sehr wenig aus dem Leben des Heiligen bekannt ist, sicher ist, daß sein Andenken deshalb erhalten blieb, weil er als Bischof viel Gutes tat, ein alle und alles umsorgender Hirte war — das weckte die Liebe des Volkes. Es war die Zeit der verhältnismäßig schnell um sich greifenden Christianisierung Bayerns durch das Herzogshaus der Agilolfinger.

Zu seiner Zeit leuchtete Tosso als heller Stern, heute nach mehr als 1100 Jahren blinkt das Licht seines Lebens nur wie ein sehr weit entfernter Stern. Aber, ein Leitstern ist er geblieben. Sein Beispiel kann und soll fortwirken auch in unseren Tagen, für Priester und Laien. Denn Gottes- und Nächstenliebe sind und bleiben das, wonach der Christ vor allem anderen streben muß.

TAGESHEILIGE: Marzellus P M, † 309 – Honorat B in Arles – Priszilla M in Rom – Otto Gr. – Berard, Petrus, Akkursius, Adjutus, Otho M in Marokko – Titian B – Melas Bk – Honorat A – Furseus Bk – Karl der Dicke K – Jakob E. – Thusnelda.

17. JANUAR *Antonius*

Der Herr hat einmal gesagt: „Das Himmelreich leidet Gewalt, und nur jene werden es besitzen, die Gewalt anwenden." Dieses Wort ist schon deswegen so wichtig, weil es deutlich macht, daß im Christen Sanftmut *und* Stärke, Demut *und* Kraft sich verbinden, ja vereinen sollen. Es ist ein banaler Spruch, daß des Menschen Leben ein Kampf sei, aber der Spruch verliert seine Banalität, wenn man ihn ergänzt: ein Kampf um seine höchsten Güter! Die drei Hauptfeinde in diesem Widerstreit von Gut und Böse sind Augenlust, Fleischeslust und Hoffart des Lebens. Gewiß, diese Versuchungen sind nicht für jeden gleich groß. Auch hier gilt: der eine geht leicht, der andere schwer durch das Leben. Aber die Geschichte der Christenheit ist reich an Gestalten, die trotz schwerster Anfechtungen in einem harten, erbitterten Kampf Sieger blieben. Dazu braucht es freilich manchmal die härtesten Mittel. — Vielleicht das größte Beispiel für einen solchen riesenhaften Kampf gibt uns der heilige Einsiedler Antonius, den man den „Vater des Mönchtums" nennt. Obwohl sein Leben 1600 Jahre zurückliegt, ist es doch offenbar und nahe. Denn seine Zeitgenossen Athanasius († 373 als Patriarch von Alexandrien) und Hieronymus († 420 zu Bethlehem), beide als Kirchenväter zu Säulen der christlichen Glaubenslehre geworden und später mit dem Titel Kirchenlehrer geziert, haben seine Lebensgeschichte auf das genaueste aufgezeichnet.

Antonius stammt aus Koma in Mittelägypten. Dort kam er im Jahre 251 zur Welt. Seine Eltern waren reiche und angesehene Bürger. Antonius selbst genoß, herangewachsen, großes Ansehen und sein Rat wurde vielfach in Anspruch genommen, denn er war ein Mann von hoher geistiger und religiöser Bildung. Er las viel in der Heiligen Schrift. Und so wurde er allmählich – wie so viele nach ihm – ergriffen von den Worten über die Vollkommenheit der Nachfolge Christi. Mit heiligem Radikalismus setzte Antonius des Heilands Wort in die Tat um. Er verkaufte sein Hab und Gut und schenkte das Geld den Armen. Nur zwei Schaffelle, eine rauhe Kutte, einen Mantel und eine Hacke behielt er – und mit diesem wenigen ging er in die kahle Unendlichkeit der Libyschen Wüste. In einer armseligen Höhle hauste er als Einsiedler und bebaute den Boden ringsum, um sich den nötigsten Lebensunterhalt zu schaffen. Durch Gebet und Askese wollte er sein Leben zur Reinheit und seine Seele zur Anschauung Gottes führen. Es wurde ihm nicht leicht gemacht. Denn Diabolus (= der Durcheinanderwerfer), der Teufel, versuchte, ihn auf die vielfältigste und schrecklichste Weise zum Abfall zu bringen. Zwanzig Jahre lang kämpfte er gegen seine böse Begierlichkeit und die Anwandlungen zu geistigem Hochmut und zur Verzweiflung. Endlich bestand Antonius mit der Gnade Gottes diesen bitteren Streit. In der Zeit der Christenverfolgung des Kaisers Maximian zog er offen nach Alexandrien und predigte ohne Scheu. Aber niemand wagte den von einem inwendigen Glanz strahlenden Eremiten anzugreifen. Und so wanderte er dann nach dem Jahre 311 wiederum in die Wüste hinaus. Es war ihm diesmal nicht vergönnt, allein zu bleiben. Zahlreiche begeisterte Männer wanderten mit ihm; sie wollten von ihm in der christlichen Askese unterwiesen werden. Schließlich hatten sich an die 6000 Menschen um ihn gesammelt; so wurde er, ohne daß sein Wille eigentlich dahin ging, zum „Patriarchen des Mönchtums". In den letzten Jahrzehnten seines Lebens mußte er noch in der bösen Auseinandersetzung um die Irrlehre des Arius, der die Gottheit Christi leugnete, zum Rechten mahnen. Endlich durfte er im Jahre 356, also 105 Jahre alt, in den ewigen Frieden eingehen.

Sollte das Leben dieses großen Asketen und wahrhaftigen Zeugen Christi nicht gerade unsere moderne Welt mit ihrer Ausschweifung, ihrem übertriebenen Luxus, ihrer Gottlosigkeit etwas zu sagen haben? Wir sehen den Satan zwar nicht, aber er ist hier und dort und überall. Und darum wird jeder Christ, der es ernst meint mit seinem Glauben, in etwa diesen Meister der Selbstzucht und des Schauens auf das eine Ziel nachahmen müssen, wenn er den Kampf um seine Seele gewinnen will.

TAGESHEILIGE: Gamelbert Pr sel., † 800 in Michaelsbuch (Ndby.) – Widukind, Sachsenherzog, † 807 – Antonius Maria Ubaldini Mö – Joseph, B von Freising, sel., † 764 – Euphemia N in Ratibor, † 1359, sel. – Mildwida J – Speusippus, Eleusippus, Meleusippus, Diodor, Maria M – Sulpizius B von Bourges – Wilhelm – Rigomer – Fulrad A – Fial.

18. JANUAR *Maria von Brabant*

Auch den Großen dieser Welt bleiben Leiden und Ungemach nicht erspart. Das ehemalige Benediktinerkloster Heilig Kreuz in Donauwörth (heute Cassianeum) behütet seit Jahrhunderten das Grabmal der Herzogin Maria, der Gemahlin Ludwigs des Strengen. Sie lebte und starb in der kaiserlosen Zeit des dreizehnten Jahrhunderts – der Zeit des Raubrittertums und der Fehden. Nach dem Tode des deutschen Königs Konrad IV., 1254, übernahm Herzog Ludwig von Bayern als Vormund des unmündigen Staufers Konradin die Herrschaft über die Staufischen Länder. Man könnte sagen, er war im eigentlichen Sinn Reichsverweser. In diesem Amt hatte er auch, soweit es ihm möglich war, in den Staufischen Erblanden für Ruhe und Ordnung zu sorgen. Die Umstände des grauenhaften Endes seiner Gemahlin am 18. Januar 1256, die ihm den Beinamen „der Strenge" einbrachten, sind zum großen Teil sehr undurchsichtig. Doch haben christliche Überlieferungen und die Chronik des Kaisheimer Mönches Knebel (aus dem 16. Jahrhundert) ein Bild gestaltet, das uns erbaut und zugleich erschüttert.

Konnte es sein? Maria, die so edle und wohltätige Frau, eine Ehebrecherin? Unmöglich! Es mußte ein schrecklicher Irrtum, wenn nicht Schlimmeres geschehen sein – man kannte des Herzogs jähen Sinn.

Ja, es war ein „Irrtum". Und die Reue kam zu spät. Maria war tot.

Im Alter von achtzehn Jahren hatte die Herzogin von Brabant dem Herzog von Bayern die Hand zur Ehe gereicht (1255). Das Glück der beiden war groß; es sollte aber nur sehr kurz dauern. Denn kaum war Ludwig mit seiner jungen und schönen Gattin in seine Burg am Mangoldstein eingezogen, da rief ihn die Pflicht als Reichsverweser in die ferne Pfalz zur Bekämpfung des Raubritterunwesens. Maria blieb auf dem Schloß. Die Zeit wurde ihr nicht lang. Ihr frommer Sinn zog sie immer wieder in die Klosterkirche zum heiligen Kreuz, dessen eifrige Verehrerin sie war. Zugleich gab sie das Beispiel einer wahrhaft christlichen Frau. Die Armen und Kranken und besonders die Kinder der Stadt fanden in ihr eine liebe Freundin und Helferin. Sie suchte in allem ihre Tante, die heilige Elisabeth von Thüringen, nachzuahmen. Aber gerade dies sollte ihr Verderben werden. Die Chronik erzählt, daß der Hofmarschall, der ein ungetreuer und eigensüchtiger Verwalter war, von ihr streng getadelt wurde. Um sich selbst zu retten, verleumdete er die Herrin bei ihrem Gemahl. Maria hatte zwei Briefe geschrieben; einen an den Herzog, worin sie ihn bat, er möge doch recht bald heimkehren und dem Treiben des Marschalls ein Ende machen; den anderen an einen Freund des Herzogs, in dem sie diesen bat, auf den Herzog einzuwirken, daß er bald komme; dann würde sie gerne seinen Wunsch erfüllen, den er einst ausgesprochen hatte, daß sie ihn doch mit ‚Du' anreden möge, wie es der Brauch damals war. Diese beiden Briefe ließ der Marschall verwechseln. Als der Herzog den Brief an den Freund erhielt, vermeinte er, nun den Beweis für eheliche Untreue zu haben. Er glaubte den Verleumdungen des Marschalls, geriet in blinden Zorn, ritt heim und ließ die Herzogin enthaupten. Als Ludwig am nächsten Morgen sein Unrecht erkannte, überkam ihn bittere Reue; er stiftete zur Sühne das Kloster Fürstenfeldbruck.

Am Grabe der Herzogin aber, die von den Einwohnern der Stadt als eine Heilige verehrt wurde, brennen heute noch am Allerseelentag die Kerzen. Die Gebeine wurden 1897 in die herrliche Heilig-Kreuz-Kirche überführt.

TAGESHEILIGE: Priska J M – Ammonius, Moseus M – Wolfrad (Wolfredis) Pr M in Schweden, † 1028 – Ursula Pöck, Kind, sel., in Lienz, † 1443 – Athenogenes M – Volusian B von Tours – Deikola A in England – Leobard E in Tours – Liberata, Beatrix J – Facius Bk.

19. JANUAR *Severin*

Von größter Bedeutung für die Kenntnis der Kirchengeschichte des fünften Jahrhunderts in den heutigen österreichischen Gebieten zwischen Wiener Wald und Inn ist die „Lebensbeschreibung des heiligen Severin", von seinem Schüler Eugippius um das Jahr 510 verfaßt. Er gibt in dieser Schrift ein deutliches Bild von den kirchlichen und kulturellen Verhältnissen jener unruhigen Zeit der Völkerwanderung. Nur in den festen Städten konnten sich die ehemalige römische Besatzung und Bevölkerung gerade noch halten. Wie ein Orkan ergoß sich der Völkerschwarm über bisher friedliche, fruchtbare Gefilde. Dem Druck der Hunnen aus dem Osten nachgebend, trieb ein Volksstamm den andern nach Westen. Dabei kam es zu furchtbaren Kämpfen und schrecklichen Zerstörungen. Schon damals war es Brauch, dem Gegner ein Gebiet nur zerstörter, „verbrannter Erde" zu überlassen. In Norikum, der ehemaligen Provinz zwischen Wien und Passau, stritten sich Alemannen, Rugier und Heruler um die Herrschaft.

In dieser Zeit voll höchster Not tauchte ein Mann als Helfer und Retter auf, dessen Andenken sich durch alle Jahrhunderte erhalten hat, der heilige Severin. Er war höchstwahrscheinlich ein Römer; römische Christen der bedrohten Gegend werden ihn herbeigerufen haben. Severin war einer jener sehr seltenen Menschen, die in sich selbst ganz klar und sicher, ja weise sind

— und die ohne eigentlichen persönlichen Ehrgeiz kräftig und weithin nach außen auf ihre Mitmenschen wirken: wahrhaftig ein Missionar von Gottes Gnaden. Seine Askese war bewundernswert; selbst im strengsten Winter ging er barfuß. Doch nicht nur durch seine Strenge gegen sich selbst wirkte er als Beispiel, sondern ebenso durch seine Milde andern gegenüber. Wo er helfen konnte, da half er. Es gab kein Werk der Barmherzigkeit, das er nicht ausübte. Zur Unterstützung der Armen führte er den Zehnten ein, der ihm von den Begüterten gerne geleistet wurde. Dieser „Armenfond" trug reiche Früchte und half das Elend dieser Zeit mildern.

Severins Persönlichkeit war so stark, daß selbst seine Feinde Achtung und Respekt vor ihm hatten. So kam es, daß der Alemannenherrscher Gibuid, dem er im Jahre 468 entgegentrat, erstaunt und ergriffen von der Persönlichkeit dieses Mannes, sogar die Kriegsgefangenen freigab.

Severin fühlte sich von „Gott berufen". Er war zudem mit der Gabe der Weissagung ausgestattet; seine Prophezeiungen gingen stets in Erfüllung. Dazu hatte ihm Gott auch die Gabe der Krankenheilung verliehen.

Severin errichtete verschiedene Klöster, so in Mauterndorf, Wien, Passau und Lorch. Dreißig Jahre wirkte er im Auftrag Gottes und starb dann in seinem Lieblingskloster Mauterndorf am 8. Januar 482.

Seine Gefährten nahmen die Gebeine mit in ihre italienische Heimat. Als die Stürme der Völkerwanderung sich gelegt und die neuen Beherrscher des Landes seßhaft geworden waren, stieg sein Andenken wie ein leuchtender Stern wieder im Gedächtnis der Christen empor. So ist es nicht verwunderlich, daß Sankt Severin als „Apostel der Ostmark" (vom neunten Jahrhundert an Ostarrichi = Oesterreich) in Tirol, Salzburg, Kärnten und Steiermark zum Landespatron erwählt wurde.

„Es sind immer die schrecklichen Zeiten der großen Umwälzungen, in denen der Menschheit religiöse Erwecker und Kulturstifter erstehen", sagt ein berühmter Geschichtsschreiber: ein tröstliches und mahnendes Wort an uns, die wir zwei Weltkriege erlebten und täglich die Drohung der roten Riesenmacht im Osten erleben — unser Wohlstand und unsere bürgerliche Sicherheit sind trügerisch in dieser Epoche tiefgreifender Weltveränderungen; nur aus dem Glauben an Christus und seine Weltordnung können wir die Kraft zur Bewährung — nach dem Beispiel Sankt Severins — schöpfen.

TAGESHEILIGE: Knut (Kanut) Kö M in Dänemark, † 1086 – Dagobert B – Heinrich BM in Upsala (Schweden), † 1150 – Malhard B – Wulstan B in Worcester – Marius, Martha, Audifax, Abachum M, † 270 – Germanikus M in Smyrna – Paul, Gerontius, Januarius, Saturnin, Sukzessus, Julius, Kasus, Pia, Germana, Pontian M – Bassian B von Lodi – Euphrasia M.

20. JANUAR *Sebastian*

Papst Fabian, der von 236 bis 250 regierte, hatte zum erstenmal eigene Subdiakone bestellt, die in den wirren Zeiten der Christenverfolgung die sogenannten Martyrerakten verfassen mußten. In diesen zeichneten sie alles auf, was Christen um ihres Glaubens willen zu leiden hatten, aber auch, welch wunderbare Taten manche von ihnen vollbrachten. Da diese Aufzeichnungen sorgfältig aufbewahrt wurden, wissen wir auch heute noch, nach so vielen Jahrhunderten, manches aus dem Leben der christlichen Martyrer. So auch vom heiligen Sebastian. Freilich hat die Legende manches dichterisch ausgestaltet. Sebastian war Kommandant der Leibwache des Kaisers Diokletian (284—305). Er stammte aus Gallien, seine Mutter war eine Mailänderin. Wahrscheinlich war er schon von Kindheit an Christ. Sebastian muß ein sehr tüchtiger und zuverlässiger Offizier gewesen sein, da er schon als junger Mann dieses verantwortungsvolle Amt erhielt. In den ersten Jahren der kaiserlichen Regierung gab es keine Christenverfolgung. So kam es, daß viele Hofbeamte und bedeutende Persönlichkeiten sich dem Christentum zuwandten. Auch wurden überall christliche Kirchen gebaut. Jedoch war dies nur die Ruhe vor dem Sturm. Diokletian war sehr abergläubisch und daher leicht zu beeinflussen. Dem Drängen seines Mitkaisers Galerius war es zuzuschreiben, daß schon im Jahre 298 Edikte erschienen, nach denen alle Christen aus dem Heer ausgeschlossen werden sollten. Doch auch nach dieser Zeit blieb Sebastian, wohl wegen seiner besonderen Freundschaft mit dem Kaiser, unbehelligt. Im Jahre 303 begann die große und blutigste Verfolgung. Sebastian besuchte unentwegt die kirchlichen Versammlungen und wurde gar oft zum Mahner und Warner seines Herrn. Er muß ein tugendhafter Mann gewesen sein, da er es mit seinem Christsein tiefernst nahm. Als die Verfolgung viele Christen in die schrecklichen Kerker brachte, ließ er nicht nach, sie dort aufzusuchen und zu trösten. Einst waren zwei Brüder, Markus und Marzellianus, die im Kerker lagen, nahe daran, ihren Glauben zu verleugnen. Sebastian aber stärkte sie und sie starben als Martyrer. Bei dieser Gelegenheit soll er die Frau des Gefängniswärters Nikostratus, Zoe, im Namen Jesu von ihrer Stummheit geheilt haben Aber gerade diese seine Taten der Nächstenliebe und sein mutiges Bekenntnis zu Christus brachten ihm, menschlich gesehen, das Verderben. Er wurde offiziell bei Diokletian als Christ angezeigt und verhaftet. Schmeicheleien und Drohungen des Kaisers konnten ihn nicht erschüttern. So wurde er zum Tode verurteilt. Eine Bogenschützenkohorte sollte mit ihren Pfeilen so lange auf ihn schießen, bis er verblutet war. Mit unbeschreiblichem Heldenmut erlitt Sebastian dieses

grausame Martyrium. Man ließ ihn als tot liegen. Eine Christin, Irene, wollte die Leiche begraben; sie merkte, daß Sebastian noch lebte, und pflegte ihn in langen Wochen gesund. Er aber wollte nicht als Flüchtling im Versteck leben, sondern frei zu seinem Glauben stehen — sei es auch bis in den Tod. So ging er in den kaiserlichen Palast und trat Diokletian entgegen. Dieser erschrak auf das heftigste, da er meinte, es sei ein Gespenst, das zu ihm käme. Dann aber ließ er Sebastian im Hofe des Palastes erschlagen und seinen Leichnam in die Kloake werfen. Einer frommen Frau erschien der Tote im Traume und teilte ihr mit, wo sein Leichnam zu finden sei. Er wurde dann in den Katakomben feierlich begraben; später erhob sich über seinem Grab eine herrliche Kirche.

Dieser Heldenmut des Heiligen aus dem vierten Jahrhundert begeisterte besonders unsere christlichen Ahnen. Sebastian wurde schon im frühen Mittelalter zum Patron der Schützenvereine erwählt und hoch verehrt. Besonders wurde er auch in Pestzeiten — nicht vergeblich — um Hilfe angerufen. Seit dem Jahre 931 besitzt die Kirche in Ebersberg (Oberbayern) als kostbaren Schatz die Hirnschale des Heiligen.

Auch in unserer Zeit erleben wir solche Beispiele christlichen Heldenmutes inmitten der Verfolgung durch den Kommunismus.

Ein Mensch, dessen Christentum echt ist und dessen Seele erfüllt wird mit der Gnade Gottes, wird stets den Mut aufbringen, auch in bedrängnisvollen Zeiten für seinen Glauben einzustehen — bis zum Opfer des Lebens.

TAGESHEILIGE: Fabian PM, † 250 – Maurus B – Ursula Haider, sel. Ae in Villingen, † 1498 – Neophyt M in Nizäa – Euthymius A – Hartwin Bk – Innas, Pinnas, Rimmas M.

21. JANUAR *Agnes*

Jeden Tag wird im Kanon der Messe nach der heiligen Wandlung der Name Agnes erwähnt — ein Beweis dafür, daß die Verehrung dieser heiligen Jungfrau bis in den Beginn des vierten Jahrhunderts zurückreicht. Auch große kirchliche Schriftsteller, wie Ambrosius, Augustinus und Hieronymus, erwähnen ehrend ihren Namen. Der erste christliche Kaiser, Konstantin der Große, erbaute über ihrem Grab wenige Jahrzehnte nach ihrem Tod eine herrliche Kirche. Heute werden in dieser Kirche die Lämmer geweiht, aus deren Wolle die Pallien für die Erzbischöfe gewoben werden. Und doch ist der wahre Ablauf ihres Lebens fast völlig unbekannt. Alte christliche Überlieferung und Legende haben ihr Lebensbild in wunderbaren Farben gemalt. Agnes, so wird erzählt, war die Tochter vornehmer römischer Patrizier und wuchs in Reichtum und Glanz auf. Aber sie war schon von Kindheit an Christin. Dieser Glaube an den Heiland hatte sie so tief ergriffen, daß sie schon in Jugendjahren das Gelübde steter Jungfräulichkeit machte. Als der Stadtpräfekt von Rom für seinen Sohn um ihre Hand anhielt, verweigerte Agnes diese Aussicht auf Liebe und menschliches Glück. Bald kam es heraus, daß sie Christin sei. Sie wurde vor Gericht gestellt. Da gab sie nun das schönste Zeugnis christlichen Heldenmuts. Weder die Drohung mit Folter und Feuer noch mit Schändung konnte ihre Standhaftigkeit erschüttern. So wurde sie dann, wahrscheinlich mit dem Schwert, hingerichtet. Dies geschah etwa im Jahre 304, zur Zeit der Diokletianischen Verfolgung. In ihrem eigenen Haus wurde sie beigesetzt und ruht heute noch dort. Es erhebt sich darüber eine prächtige Kirche.

Was die Menschen schon der damaligen Zeit sehr ergriff, war das jugendliche Alter der Heiligen. Erst 13 Jahre war sie alt, als sie freudenvoll den Tod für Christus starb. Acht Tage nach ihrer Hinrichtung sei sie ihren Eltern mit einem Lamm im Arm erschienen und habe sie getröstet mit der großen Herrlichkeit, die sie sich durch ihr Sterben verdient habe. Hochgeehrt wurde Agnes durch alle Jahrhunderte. Ihr reines Leben ließ sie zur Patronin der heranwachsenden weiblichen Jugend werden. Von ihr gilt das Wort der Schrift: „Wie schön ist ein keusches Geschlecht im Tugendglanze! Bei Gott und den Menschen ist es in Ehren."

St. Agnes zeigte den gleichen Mut, lieber zu sterben als zu sündigen — wie Maria Goretti: ein Beweis dafür, daß christliche Standhaftigkeit in keinem Jahrhundert ausgestorben ist — und eine Mahnung, alles daran zu setzen, Gott nie mit einer schweren Sünde zu beleidigen.

TAGESHEILIGE: Epiphanius B von Pavia – Meinrad A, Gründer des Klosters Einsiedeln, † 861 – Hildegrim B von Halberstadt ,† 886 – Publius BM in Athen – Fruktuosus BM – Augurius, Eulogius, Patroklus M.

22. JANUAR Dietlinde

Um die Mitte des sechsten Jahrhunderts war im süddeutschen Raum die Völkerwanderung so ziemlich abgeschlossen. Die Bayern bildeten ein mächtiges Reich unter ihrem Herzogshaus, den Agilolfingern. Südlich der Alpen hatten die Langobarden ebenfalls ein starkes Königreich errichtet. Um diese Zeit wuchs am bayerischen Herzogshof eine Prinzessin heran mit dem Namen Dietlinde (Theodolinde). Sie wurde ebenso fromm wie gründlich und vielseitig erzogen und zu einer Christin von klarem Geist und tiefem Glauben. Im Langobardenreich war es zu dieser Zeit zu schweren inneren Unruhen gekommen. König Alboin wurde ermordet. Da ergriff ein hoher Edeling, Authari, die Herrschaft und stellte die Ruhe wieder her. Als König hielt er um die Hand der bayerischen Prinzessin an. Es war für diese kein leichter Entschluß. Denn Authari und seine Langobarden waren Arianer. Sie erkannten in Christus nicht Gott, sondern hielten ihn nur für einen großen Propheten; deswegen verfolgten sie auch die eigentlichen Christen. Dietlinde konnte in ihrer neuen Stellung als Königin nur das eine erreichen, daß sie selbst in ihrem Glauben unbehelligt blieb. Alle Versuche, den Gatten zur wahren Lehre zu bekehren, schlugen fehl. Wie mag Dietlinde unter diesem seelischen Zwiespalt gelitten haben! Nur ihre große Liebe zu Authari und der feste Glaubensgrund, auf dem sie lebte, hielten sie aufrecht. Im Jahre 590 starb Authari nach kurzer Ehe. Autharis Nachfolger Agilulph warb um die Hand der Königin. Jetzt war für Dietlinde die Zeit des Handelns gekommen. Agilulph zeigte sich den Bestrebungen der Königin viel zugänglicher als Authari. Er verbot die Verfolgung der Kirche; im ganzen Reich konnte sich das rechte Christentum frei entfalten. Schließlich bekannte sich Agilulph selbst zu Christus als dem Gottessohn. Damit war das Eis gebrochen, und gar bald war die Irrlehre des Arianismus im Langobardenreich ausgetilgt. Es entstanden zahlreiche Klöster im ganzen Land und die Bistümer wurden mit guten Hirten besetzt. Das königliche Paar siedelte nach Monza über, wo einst Theoderich der Große residiert hatte. Dort erbaute Dietlinde eine herrliche Kirche zu Ehren des heiligen Johannes des Täufers, der von da an der Patron der Langobarden wurde und heute noch in der Lombardei sehr verehrt wird.

Dietlindes Leben war erfüllt von tiefer Frömmigkeit und Hingabe an Gott. Schwere Stunden blieben ihr nicht erspart. König Agilulph starb im Jahre 615. Für den unmündigen Sohn Adelwald führte sie die Regierung umsichtig und klug. Aber das Kind siechte unheilbar dahin und starb schon sehr früh. Nach dessen Tod regierte Dietlinde allein bis zu ihrem seligen Tode im Jahre 628. Von ihrem Volk wurde sie wie eine Heilige verehrt.

Das Leben Dietlindes ist mit einem reichen Kranz von Legenden umgeben. Doch dürfte die Lebensbeschreibung im großen und ganzen der historischen Wahrheit entsprechen. Jedenfalls steht die Heilige vor uns als der Urtyp einer christlichen Herrscherin und Landesmutter, die es mit ihrer Regierungsaufgabe ernst nahm. Und ihr größtes Herzensanliegen war die Ausbreitung und Vertiefung des Glaubens in ihrem Volk. Gerade dadurch ist sie uns ein Vorbild.

Denn wenn uns auch Glück gegeben ist im Leben, eines ist das wichtigste, daß wir den Blick nie vom Ziel wenden — dem Heil der eigenen und der uns anvertrauten Seelen.

TAGESHEILIGE: Vinzentius, Anastasius M – Gaudentius B in Novara – Vinzenz Pallotti OSt, † 1850 – Lüfthildis JE von Lüftelberg bei Rheinbach, † 850 – Walter von Bierbeek (Brabant) Mö, † 1220 – Orontius, Viktor M – Dominikus A – Aquilina M – Bläsilla W – Manuel B M.

23. JANUAR *Raimund*

Am Beginn des dreizehnten Jahrhunderts war der Kampf der Christenheere um die heiligen Orte in Palästina auf seinem Höhepunkt angelangt. Der Widerstand der Mohammedaner begann sich zu versteifen und die um sich greifende Uneinigkeit der christlichen Fürsten brachte entscheidende Niederlagen. Um den in die Sklaverei der Türken gefallenen Christen zu helfen, wurden in dieser Zeit verschiedene geistliche Ritterorden geschaffen. So entstand im Jahre 1218 der Orden der Merzedarier zum Loskauf der Gefangenen. Einer der Mitbegründer dieser Vereinigung war Raimund von Pennaforte. Wahrscheinlich ist Raimund um das Jahr 1175 als Sohn der Edlen von Pennaforte in Spanien geboren. Er erreichte ein Alter von 100 Jahren, denn 1275 starb er. Die Erziehung Raimunds war vorbildlich. Neben großer Frömmigkeit und charaktervollem Tugendstreben zeichnete ihn ein glänzendes Wissen aus. Schon mit zwanzig Jahren war er Lehrer an der Universität von Barcelona. Mit dreißig Jahren ging er an die Universität nach Bologna und studierte Rechtswissenschaft. Im Jahre 1219 folgte er dem Rufe des Bischofs Berenger und kehrte nach Barcelona zurück. Dort wurde er auch Priester und bald darauf Generalvikar der Diözese. In diese Zeit fällt das Auftreten des heiligen Dominikus, der seinen berühmten „Predigerbrüder"-Orden gründete. Mit heiligem Eifer schloß sich Raimund diesem neuen Orden an und wurde mit siebenundvierzig Jahren noch Dominikaner. Sein Ruf als vorzüglicher Prediger veranlaßte Papst Gregor IX., ihn im Jahre 1223 nach Rom zu berufen. Hier wurde er Beichtvater und Berater des Papstes. In dessen Auftrag sammelte er alle bis in die damalige Zeit erlassenen Kirchenbestimmungen. Diese Aufgabe löste er so gut, daß seine Arbeit bei der Neuherausgabe der kirchlichen Rechtsbücher im Jahre 1917 als Quelle und Grundlage verwendet werden konnte. Kaum minder wichtig war seine Zusammenstellung der Beichtpraxis. Wir sehen, Raimund war auch als Gelehrter ein wichtiger Mann im christlichen Leben. Er sollte 1235 Erzbischof von Tarragona werden; aber seine Demut, seine Bescheidenheit ließen ihn dieses Amt ausschlagen, und so durfte er einige Jahre später wieder in sein Kloster zurückkehren. Noch eine lange Lebenszeit war ihm beschieden, die er zur Vollkommenheit im Geist Christi und zur Hilfe für die Nebenmenschen verwendete. Gerade in diesen stillen Jahren begann er ein großes Werk, die Bekehrung der Juden und Mauren in Spanien. Zu ihrer Unterweisung gründete er Schulen für die hebräische und die arabische Sprache. Tausende gewann er auf diese Weise für Christus. So konnte Raimund auf eine reiche Ernte seines Lebens zurückblicken, als er 1275 starb. Im Jahre 1601 wurde er heiliggesprochen.

Das Leben dieses Heiligen war eine einzige, über viele Jahrzehnte hin geleistete Arbeit für das Reich Gottes. Darum ist es groß und in vielen Dingen nachahmenswert. Und darum ist sein Andenken heute noch, nach fast siebenhundert Jahren, lebendig.

TAGESHEILIGE: Ildefons B von Toledo, † 667 – Emerentiana J M, Ziehschwester der heiligen Agnes, † 305 – Klemens B M – Martyrius Bk in Ungarn – Parmenas M, Diakon in Mazedonien – Agathangelus M – Severus, Aquila M in Algerien – Asklas M – Johannes der Almosengeber B.

Arno

Im achten Jahrhundert bekam die Kirche Germaniens ihre feste Bistumseinteilung. Nachdem Bonifatius, der Apostel der Deutschen, überall eine starke Hierarchie begründet hatte, konnte das christliche Leben allenthalben blühen und sich entfalten. In Bayern war es zunächst die Herzogsfamilie der Agilolfinger, die, sebst sehr fromm, dafür sorgte, daß gute Hirten auf die Bischofsstühle gelangten. So bestieg nach dem Wunsch des Herzogs Tassilo Arno den bischöflichen Stuhl in Salzburg. Er stammte aus einer vornehmen bayerischen Familie, wurde gut erzogen und wählte aus innerer Berufung den Priesterstand. Seine Bischofstätigkeit war von großem Segen für die Diözese Salzburg. Er hatte sich aber während seiner Regierungszeit mit schwierigsten politischen Verhältnissen auseinanderzusetzen. Der Frankenkönig, Karl der Große, versuchte mit allen Mitteln das Bayerland seinem Frankenreich einzuverleiben. Herzog Tassilo widerstrebte natürlich diesem Ansinnen. In seinem Auftrag reiste Arno nach Rom und bat den Papst um Hilfe für den Bayernherzog. Bei dieser Gelegenheit verlieh der Papst Arno das Pallium und ernannte ihn zum ersten Erzbischof von Salzburg. Doch die Mission Arnos war vergebens. Als er zurückkehrte, hatte Karl den Herzog bereits gefangengesetzt und Bayern durch seine Beamten in Verwaltung genommen. Arno erhielt von Karl dem Großen die Bestätigung als Bischof von Salzburg. Das Streben des Bischofs ging dahin, die kirchliche Rechtsstellung zum Wohl von Staat und Volk auszuarbeiten. Aus diesem Grund hielt er im Einverständnis mit Karl, der inzwischen Römischer Kaiser geworden war, im Jahre 805 zu Salzburg eine Synode ab, auf der über die Rechtsfragen und Schenkungen der Salzburger Kirche Beschlüsse von einschneidender Bedeutung gefaßt wurden. Diese Beschlüsse sind auch für alle späteren Zeiten interessant geblieben: Ein Viertel der kirchlichen Einkünfte sollte der Bischof, ein Viertel die übrige Geistlichkeit, ein Viertel die Armen und das letzte Viertel die Kirche für Bauten erhalten. Den Bischöfen sollte obliegen, den Armen und Kranken Unterkunft und Nahrung zu geben und in allen notwendigen Dingen für sie zu sorgen: schon in dieser frühen Zeit war der Geist christlicher Caritas lebendig. Tief und ernst war Arnos Sorge um das Heil der Seelen. Er selbst war der eifrigste und gewaltigste Verkünder des Gotteswortes in seiner Diözese, so klug und menschenkundig wie freundlich – das beste Beispiel eines guten Christen und Priesters. – Im Jahre 821 starb Arno eines sanften Todes und wurde im Dom zu Salzburg begraben.

Arno hat sich durch sein pflichtbewußtes, selbstloses Leben nach dem Gesetz Gottes den Ruf eines Heiligen erworben. Es kommt für jeden Christen nicht so sehr darauf an, große Taten zu vollbringen, als vielmehr im kleinen treu zu sein: Das ist der Weg zu christlicher Lebensvollkommenheit.

TAGESHEILIGE: Timotheus BM, Schüler des heiligen Paulus – Felizian BM von Foligno – Suran A in der Lombardei – Bertram B – Eisentrud JM – Babylas BM – Mardonius, Muronius, Eugen Metellus, Thyrsus, Projektus M – Zamas B in Bologna – Exsuperantius B – Vera W – Macedonius E.

25. JANUAR Paula

Der große abendländische Kirchenvater Hieronymus, in der zweiten Hälfte des vierten Jahrhunderts geboren und 420 gestorben, hat in einer seiner Schriften das Lebensbild einer Frau seiner Zeit gezeichnet, deren Seele er einst betreut und geführt und die er als einen Menschen von inniger Frömmigkeit und heldenhaftem Entsagen kennen und schätzen gelernt hatte – das Leben der heiligen Paula von Rom.

Sie entstammte einer vornehmen Familie. Noch sehr jung schloß sie die Ehe mit einem hochangesehenen Bürger namens Taxatius. Diese Ehe war gesegnet mit fünf Kindern. Auch Reichtum und Macht schienen das hohe Glück der Ehegatten zu bestätigen. Nun liegt für den Christen eine große Gefahr darin, wenn ihm im Leben alles nach Wunsch geht. Gott weiß aber gerade solche Seelen im rechten Augenblick zu erfassen, auch wenn sein Eingreifen Schmerz und Betrübnis bereitet: Als Paula 31 Jahre alt war, starb plötzlich ihr Mann. In bitterem Kummer ließ er sie mit ihren noch unmündigen Kindern in der Welt zurück. Sie meinte vor Leid vergehen zu müssen. Doch sie fand den richtigen Ausweg: ihre tiefe Religiosität half ihr. In eifrigem Gebet fand sie allmählich Beruhigung und den Weg zur vollen Hingabe in den Willen Gottes. Um diese Zeit, es war im Jahre 380, kam der damals schon berühmte geistliche Gelehrte und Übersetzer der Heiligen Schrift, Hieronymus, nach Rom zum Papst. Die kluge Römerin lernte ihn kennen und verehren, und gar bald wurde er ihr Seelenführer. Mit ihm drang sie in die Tiefen der Bibel ein, immer deutlicher vernahm sie den Ruf Gottes, der ihr aus dem heiligen Buch entgegenklang. Als Hieronymus nach Palästina zurückkehrte, unterhielt sich Paula in langen Briefen mit ihm über die rechte Art des geistlichen Lebens. Schließlich faßte sie den heroischen Entschluß, auf allen irdischen Besitz zu verzichten und sich ganz dem Heiland hinzugeben und zwar an jenem Ort, wo Christus geboren ward, in Bethlehem. Drei Kinder starben ihr rasch weg; eine Tochter, Blesilla, heiratete. Nur ihre älteste Tochter Eustochium ging mit ihr. Den größten Teil ihres Vermögens schenkte

Paula den Armen. Einen kleinen Teil behielt sie und errichtete damit in Bethlehem eine Stätte zur Beherbergung der christlichen Pilger und eine Art klösterliche Niederlassung für Frauen, die ihres Geistes waren. Ihre Tätigkeit bestand neben der Krankenpflege und Sorge für die Pilger im eifrigen Lesen und Betrachten der Heiligen Schrift. Auch unterrichtete sie die Jugend. Kurz, sie lebte allein der christlichen Nächstenliebe. Im Jahre 404 starb Paula, 57 Jahre alt. Ihre Tochter, die stets bei ihr war, Eustochium, schrieb ihre wechselvolle Lebensgeschichte, die dann Hieronymus in seine Schriften aufnahm.

So steht diese vornehme, kluge und reiche Frau vor uns als ein Beispiel der Askese und der Caritas. Vermag ihr Leben nicht vielen Frauen Antrieb und Ermutigung zu sein, die ähnliche Prüfungen erdulden müssen wie Paula? In keinem Menschendasein fehlen Enttäuschungen und Schmerz. Wer aber seine Last im Gedanken an Gott auf sich nimmt, der wählt sich einen zum Mittragen, der selbst einst das schwere Kreuz trug, Jesus Christus. (Das Fest der heiligen Paula wird von der Kirche am 26. Januar gefeiert.)

TAGESHEILIGE: Erminold A von Prüfening, † 1121 – Heinrich Suso, sel. Mö, † 1365 in Ulm – Ananias, Täufer des heiligen Paulus – Marian Mö in St. Amarin im Oberelsaß, † 674 – Agape M – Poppo A von Stablo-Malmedy, † 1048 – Projektus B – Juventin, Maximus, Donat, Sabinus, M – Bretannion B.

26. JANUAR *Polykarp*

Am heutigen Tage feiert die Kirche das Fest des heiligen Polykarp. Er war ein Schüler des heiligen Johannes. Dieser hatte ihn zum Bischof von Smyrna geweiht. Polykarp ist also gleichsam die Brücke zwischen den Aposteln und der jungen Christengemeinde im zweiten Jahrhundert. Denn er starb 86jährig im Jahre 155. Wahrscheinlich hatte er auch noch andere Apostel gekannt. Der heilige Augustinus hat in einer Homilie das Leben des Heiligen kurz beschrieben. Dadurch erhalten wir einen tiefen Einblick in die Verhältnisse der Urkirche. Polykarp tritt in Erscheinung, als er im Jahre 154 nach Rom kam zu Papst Anizet (154 bis 166). Es handelte sich um die Regelung des Osterfestes. Die Orientalen hatten eine andere Festbestimmung als die Lateiner. Polykarp kam im Auftrag der palästinensischen Kirche nach Rom. Voll Ehrfurcht unterwarf er sich der römischen Kirche und erkannte damit den Primat des Römischen Bischofs an.

Nach seiner Rückkehr nach Smyrna wurde er bei einem Volksauflauf der Heiden in Ketten gelegt. Der Richter verlangte von ihm, er solle Christus fluchen. Polykarp antwortete gelassen: „86 Jahre diene ich meinem Herrn. Wie soll ich dem fluchen, der mich errettet hat?"

Polykarp muß ein gewaltiger und edler Bischof gewesen sein. Denn seine Feinde nannten ihn „den Lehrer Asiens, den Vater der Christen, den Zerstörer der Götter". Er wurde in die Arena geführt und sollte dort von Löwen zerrissen werden. Allein sie taten ihm kein Leid an. Auch auf dem Scheiterhaufen teilten sich die Flammen. Endlich wurde er erdolcht. Von ihm gilt das Wort seines Lehrers Johannes, das dieser in der Geheimen Offenbarung an die Kirche von Smyrna schrieb: „Ich kenne deine Trübsal und Armut; jedoch du bist reich, daß du gelästert wirst von denen, die sich Juden nennen, aber eine Synagoge des Satans sind; fürchte dich nicht vor dem, was du leiden wirst! Sei getreu bis in den Tod, so will ich dir die Krone des Lebens geben!"

Das Martyrium des heiligen Polikarp fällt in die Zeit der Regierung des Kaisers Antoninus Pius (138 bis 161). Überliefert ist von St. Polykarp ein Brief an die Philipper, von dem der heilige Augustinus schreibt, daß er ihn an jedem Tag beim Gottesdienst werde vorlesen. Was uns besonders ergreift und interessiert, ist die Verbindung des Heiligen mit den Uranfängen des Christentums. Wenn wir sein Leben betrachten, so erkennen wir die Macht der christlichen Lehre. Schon wenige Jahrzehnte nach dem Tode des Herrn strebt die junge Kirche mächtig in allen damals bekannten Ländern empor. Wir sehen aber auch die Wut des Antichristen. Mit Feuer und Schwert suchte das Heidentum die Frohbotschaft zu unterdrücken: aber gegen den Geist ist das Wüten der Menschen zuletzt machtlos. Daß der Sohn des ewigen Vaters Mensch geworden ist, daß er uns die Wahrheit über den Sinn des Lebens enthüllte, und daß diese Wahrheit — der Glaube der Christenheit — bis an das Ende der Zeiten lebendig bleiben wird: daran kann die wildeste irdische Gewalt nichts ändern. Erleben wir es nicht gerade auch in unserer Zeit, daß Bischöfe, Priester und Laien mit dem gleichen Heldenmut ihr Leben für Christus einsetzen?

TAGESHEILIGE: Paula von Rom W, † 404 – Bathilde Kö – Notburga W – Hixta J – Haziga E – Theogenes BM – Marus E – Ottokar (Otger) Mö – Kümmernis M.

27. JANUAR *Johannes Chrysostomus*

Es ist in der Weltgeschichte immer wieder vorgekommen, daß die weltliche Macht sich in die kirchliche Sphäre einmischte und sich Rechte anmaßte, die ihr nicht zustanden. Aber es hat auch zu allen Zeiten bedeutende, geistreiche, hochgelehrte Männer gegeben, die als Verteidiger der Kirche sich diese Einmischung nicht gefallen ließen, weil sie sich nicht beugen konnten gemäß dem Wort der Schrift: „Man muß Gott mehr gehorchen als den Menschen." Solche Zusammenstöße geschahen schon in der Frühzeit des Christentums, namentlich im oströmischen Reich. Nachdem die Kirche ihre Freiheit zu Beginn des vierten Jahrhunderts erhalten hatte, gingen die Kaiser in Konstantinopel manchmal zu weit in ihrer sogenannten „Beschützung der Kirche". Sie meinten, auch der Patriarch von Konstantinopel müsse ihnen in allem gehorchen. Damit war der Streitfall gegeben — kaum nachdem der Versuch Julians des Abtrünnigen, dem Heidentum wieder zur Macht zu verhelfen, gescheitert war.

Mitten in einem solchen Machtkampf sehen wir den Bischof und Patriarchen Johannes Chrysostomus. Der Name Chrysostomus bedeutet „Goldmund". Das Volk hatte ihm diesen ehrenden Beinamen wegen seiner glänzenden und ergeifenden Predigergabe gegeben. Johannes war der Sohn vornehmer Eltern. Sein Vater war schon sehr früh gestorben. Er wurde von der Mutter in tiefer Religiosität erzogen, aber auch zu bedeutendem Wissen herangebildet. Sein frommer Sinn ließ ihn oft wünschen, das Leben eines Einsiedlers führen zu dürfen. Jedoch blieb er bei der Mutter und gab sich intensivem Studium hin. In Antiochien, seiner Vaterstadt, erlernte er insbesondere die Schönheit der griechischen Sprache und erreichte bald ein solches Rednertalent, daß er mit dem größten altgriechischen Redner Demosthenes verglichen wurde. Erst mit 25 Jahren, im Jahre 386, ließ er sich taufen. Bald darauf empfing er die Priesterweihe. Sein Bischof, der Patriarch von Antiochien, schenkte ihm Vertrauen und ernannte ihn zum Prediger in dieser Weltstadt. Seine von Glaube, Weisheit und Liebe glühenden Worte erfaßten seine Zuhörer. Auch zum Kaiser drang sein Ruhm und dieser ernannte ihn zum Patriarchen von Konstantinopel. Scheinbar war er nun auf der Höhe seines Ruhmes. Allein dieses Amt sollte ihm sehr viel Leid bringen.

Kaiser Arkadius (395 bis 408) war ein schwacher Mann, seine Gattin Eudoxia eine intrigante Frau. Als Johannes einst in einer Predigt den Lebenswandel der Kaiserin tadelte, wurde er verbannt. Der Wille des Volkes zwang den Herrscher bald, ihn wieder zurückzurufen. Aber nicht lange danach traf ihn nochmals das traurige Los der Verbannung. Im unwirtlichen Pontus am Schwarzen Meer starb er im Jahre 407 zu Kumana. Viel hatte Johannes zu erdulden, bitter mußte er für seinen Kampf um die Freiheit der Kirche büßen. Aber seine Vertreibung aus dem Amt brachte für Christi Kirche, ihre Lehre und ihre Geschichte reiche Früchte. Seine Schriften sind ein wertvoller Bestandteil der Väterzeugnisse. Ebenso sind seine Predigten noch vorhanden — kostbare Urkunden voll großer Gedanken eines großen Menschen, der die Gotteswissenschaft bis in ihre Tiefen ergründete. Glaube und Wissen, Mut und Liebe waren in diesem Manne verbündet; so konnten weder hohe

Würden noch Macht ihm schaden. Er war und blieb der Bischof, der alles auf sich nahm für seine Überzeugung. Die Verehrung des Heiligen beweist die feierliche Überführung seiner Gebeine im Jahre 438 nach Konstantinopel und die Verleihung des Titels eines Kirchenlehrers.

Für jeden Christen ist Johannes Chrysostomus ein herrliches Vorbild der Charakterfestigkeit, der Weisheit und der Treue zum Glauben.

TAGESHEILIGE: Gamelbert Pr zu Michelsbuch (Ndby), † 800 – Julian M zu Sora (Italien), † 140 – Gildwin Pr – Theodorich (Dietrich) B – Avitus, Datius, Reatus, Dativus, Vinzentius, Paula M – Vitalianus P, † 672 – Maurus A.

28. JANUAR *Karl der Große*

Nachdem die Völkerwanderung, die durch Jahrhunderte hin Europa durcheinandergebracht hatte, zu Ende war, hatten sich die einzelnen Völkerschaften eigene Reiche geschaffen. Das Volk, das im neuen Europa die größte Rolle spielen sollte, waren die Franken. Und hier war es die Familie der Karolinger, die mit mächtiger Hand ein gewaltiges Reich aufbauten. Ihr größter und wichtigster Sproß war Karl, der Sohn des Frankenkönigs Pippin, geboren am 2. April 742 zu Aachen. Bereits im Jahre 754 wurde er mit seinem Vater Pippin und seinem Bruder Karlmann durch Papst Stephan II. in St. Denys bei Paris zum König gekrönt. Als Pippin 768 starb, übernahm er zusammen mit seinem Bruder die Herrschaft und nach dessen Tod 772 die Alleinherrschaft. Was Karl politisch groß machte, ist die von ihm erreichte Einheit der germanischen Stämme. Mit jugendlicher Kraft bezwang er die Widerstrebenden und Eigenbrötlerischen unter ihnen in zahlreichen Kriegen und unterwarf sie seiner Herrschaft. Den Höhepunkt seiner Macht brachte die Kaiserkrönung am Weihnachtstag des Jahres 800.

Und doch würde Karl eben nur als ein mächtiger König und Kaiser in der Geschichte fortleben, hätte er sein Streben nur auf Macht gerichtet, auf Einheit und kluge Herrschaft. Was ihn wirklich zum „Großen" machte, das war die Durchdringung der germanischen Völker mit dem Glaubensgut des Christentums: mit seinem Namen verbindet sich für alle Zeiten die Christianisierung und Kultivierung Deutschlands. Karl war ein tieffrommer Mann, ein treuer Sohn seiner Kirche, wenn er auch in seinem Leben als Herrscher manches Unrecht beging. Früh schon heiratete er eine Frankenprinzessin, die ihm mehrere Kinder schenkte. Damals stand er als junger Mann noch ganz unter dem Einfluß seiner Mutter Bertrada. Auf ihren Rat entließ er seine Gattin

und heiratete die Langobardenprinzessin Desiderata. Diese Verbindung konnte die Kirche natürlich nicht billigen. Karl entließ darauf Desiderata wieder. Dadurch zog er die Feindschaft der Langobarden auf sich. Und nun kam es zum Krieg. Karl drang in das Land des Gegners vor und besiegte dessen Reich. Mehr als dreißig Jahre dauerte von da an der Kampf, bis der Frankenkönig endlich alle Germanenstämme geeint hatte. Hand in Hand mit der Befriedung nach der Eroberung ging die Christianisierung. Den härtesten Widerstand leisteten die Sachsen; erst nach bitterstem Ringen unterwarf sich auch der Herzog Widukind. Kein Zweifel, es geschahen nicht wenige Grausamkeiten in diesem Streit, und kein Christ sollte versuchen, sie zu vertuschen oder zu entschuldigen: Karl war nicht frei von Schuld, aber er versuchte, sie durch Sühne und Wohltaten wieder gutzumachen.

Nach dem Friedensschluß begann er sein großes Werk. Überall errichtete er Bistümer, gründete Klöster und Schulen. Mit der Christianisierung zugleich begann er auch die Kultivierung. Der Landbau wurde kräftig entwickelt. Kunst und Wissenschaft wurden von ihm gehegt und gefördert. Mit einem

Wort, er legte den Grundstock für die christliche und europäische Kultur. Und als er zum Römischen Kaiser gekrönt wurde, war er der mächtigste Herrscher des Okzidents, dem selbst nichtgermanische Völker huldigten und zinsten. Damit begann eine Glanzzeit deutscher Geschichte: das christliche Mittelalter. Deshalb verdient er mit Recht den Namen „Der Große". Einheit im Glauben, geistige Einheit über der Vielfalt von Volkskulturen, Einheit in der Person des Herrschers, das ist die große Kaiseridee dieser und der folgenden Zeiten. Doch dieses Reich konnte nur dann innerlich geschlossen und stark bleiben, wenn auch das feste Bündnis mit der Kirche fortbestand.

Als Karl der Große am 28. Januar 814 starb, hinterließ er ein mächtiges und geschlossenes Germanenreich. In voller Kaiserpracht wurde er zu Aachen beigesetzt. Friedrich Barbarossa ließ ihn durch den Gegenpapst Paschalis III. im Jahre 1165 heiligsprechen. Darum gilt seine Verehrung nicht für die ganze Kirche, wohl aber wurde sie von Rom aus für Aachen gebilligt.

In der Vorstellung der ganzen Christenheit aber lebt Karl fort als ein weiser und gerechter Christ, als das Urbild eines im Glauben und in der Kultur einigen Europas.

Soll diese hohe Gestalt und ihre große Idee nicht gerade dem modernen Europa eine Mahnung sein? Nur wenn Gott über die Mächtigen herrscht, können Friede und Einheit wiederkehren. Nur dann kann der „Fürst dieser Welt" in den Menschen und zwischen ihnen überwunden werden.

TAGESHEILIGE: Petrus Nolaskus OSt. – Valerius B von Saragossa – Irmund, Hirte bei Jülich – Manfred E – Odorich M – Amedeus B von Lausanne, † 1159 – Flavian, Thyrsus, Leukius, Kallinikus, Leonides M – Julian B von Cuenca (Spanien) – Johann Pr – Jakob E – Roger Mö – Aemilian B M – Margareta von Ungarn, Kö. – Albert von Wörleschwang, Hirte – Charlotte.

29. JANUAR *Franz von Sales*

In der Geschichte der Christenheit bezeichnet das 16. Jahrhundert den tiefsten Einschnitt: die Reformation (Luther, Calvin, Zwingli) wirbelte die ganze abendländische Welt durcheinander. Staatliche und kirchliche Mißstände, zusammen mit großer religiöser Not und Gleichgültigkeit, halfen dazu, den mächtigen Bau der Einen Kirche zu erschüttern und teilweise zu zerstören. Ganze Völker fielen vom katholischen Glauben ab. Kriege entflammten, Unruhe und heftiger Streit erfüllten Deutschland und seine Nachbarstaaten. In solchen Sturmzeiten gilt jedoch das Wort von Hölderlin: „Wo aber Gefahr ist, wächst das Rettende auch."

Im christlichen Volk standen Frauen und Männer auf, die durch das Beispiel ihres Lebens und durch ihr Werk vieles wiedergutmachten, Neues und Besseres stifteten. Solch ein Mann war der Bischof von Genf, Franz von Sales.

Die Grundtugenden seines Wesens waren Sanftmut, Güte, Liebe. Sie – im Einklang mit einem hohen Geist – ließen ihn zu dem großen Menschen und schließlich zu dem wahrhaftigen Heiligen werden, der er war. Seine umfassende Gelehrsamkeit ehrte die Kirche dadurch, daß sie ihm den Titel eines Kirchengelehrten verlieh. – Die Eltern waren von hohem Adel; auf ihrem Schloß in Hochsavoyen wurde Franz 1567 geboren. Er sollte einmal die ausgedehnte Herrschaft und den großen Reichtum übernehmen, als ein kleiner Fürst regieren. Darauf zielte auch die Erziehung des Knaben ab. Der Jüngling studierte in Padua Rechtswissenschaft. In diesem freien Studentenleben lagen für seinen hellen Geist nicht geringe Gefahren; vor allem machte ihn die Lehre Calvins zu schaffen, nach der das Los der Menschen in der Ewigkeit von Gott vorherbestimmt sei – die einen für den Himmel, die andern für die Hölle. Obwohl Franz sich von all den Ausschweifungen seiner Umgebung freihielt, lebte in ihm die Angst, zu den im vorhinein Verworfenen zu gehören. Nach seinem eigenen Zeugnis kostete es ihm unendliche Mühe, dieser heimlichen Verzweiflung Herr zu werden – die heiligen Sakramente und die Verehrung Mariens halfen ihm. Aber in diesem Grübeln, in dieser Selbsterforschung erkannte er seinen künftigen Lebensweg. Gegen alle Erwartungen seiner Angehörigen erklärte er, daß er gern Priester werden wolle. Diesen Wunsch durchsetzen zu können, kostete ihm schwere Kämpfe, und erst nach bitteren Auseinandersetzungen willigte der Vater ein, daß der Sohn nicht seine, sondern Christi Nachfolge antrete. Franz wurde Priester. Bald erwies sich, daß er ein Auserwähler war, ein vom Heiligen Geist erfüllter Freund der Menschen. Trotz seiner schwachen Gesundheit zog er als Prediger und Missionar kreuz und quer durch das damals ganz calvinistische Chablais, die Gegend südlich des Genfer Sees. Seiner Milde, seinem Erkenntnisvermögen, der Kraft seiner Glaubenstreue gelang es, mehr als siebzigtausend Menschen zum katholischen Glauben zurückzuführen. Der Papst ernannte ihn zum Bischof von Genf – eine denkwürdige Entscheidung; denn in diesem Amt wurde er erst vollends ein wirklicher Hirte nach dem Wort und Wunsch des Herrn. Zusammen mit Franziska von Chantal gründete er den Orden der Salesianerinnen, dessen Wirken über die Jahrhunderte hin bis in unsere Gegenwart Segen stiftete. Weit über die Grenzen seiner Diözese und seines Landes hinaus wurde er bald berühmt durch seine Bücher, insbesondere die Werke „Philothea“ und „Theotimus“, Meisterstücke der Seelenführung voll geistig-religiöser Tiefe in kristallklarer Sprache; sie gingen in ungezählten Übersetzungen in alle Welt hinaus. – Mit fünfundfünzig Jahren, 1622, starb Franz von Sales, überwältigt von der vielseitigen und immer nur andern dienenden Arbeit.

Die Glaubensspaltung ist geblieben, wenn wir auch Gott dafür danken müssen, daß die gemeinsame Not der Bekenntnisse manches zum Besseren gewendet hat. Notwendig ist und bleibt – gerade mit dem Blick nach dem Osten – für den katholischen Menschen das mutige und klare Bekenntnis zu seinem Glauben. Franz von Sales als einer der weisesten und im guten Sinn „modernsten" Männer der Kirche lehrt uns bis auf den Tag, wie man die Lehre Christi recht in Geist und Seele aufnehmen kann, wie der Christ zum Christen und zum Nichtchristen sprechen soll – sanft, klar, in der Liebe – wie man leben muß, um so sprechen zu können.

TAGESHEILIGE: Papias, Maurus Soldaten M – Valerius B von Trier, † 250 – Gelasius P – Gildas A – Serena M in Metz, † 291 – Cassius, Florentius M in Bonn, † 250 – Karl von Heisterbach A, † 1209 – Aquilin Pr M in Mailand, † 150 – Konstanz BM – Sarbelius, Barbea, Sabinian M – Sulpizius Severus B in Bourges – Julian Hospitator Bk.

30. JANUAR *Martina*

Die ersten Jahrhunderte der Kirchengeschichte sind reich an Männern und Frauen, die sich durch ihren Glaubensmut und ihre Standhaftigkeit auch in bittersten Qualen der Verfolgung auszeichneten. Ihr Blut wurde der Lebensquell für das schnelle Wachstum der Christenheit. Freilich haben Legende und Dichtung im Lauf der Zeit manches Lebensbild verzeichnet. Aber der Kern: das bis zum Tod geleistete Zeugnis für den Glauben, bleibt doch bestehen. Dies gilt auch vom Leben und Sterben der heiligen Martina, die zur Zeit des Kaisers Alexander Severus (225 bis 235) etwa um das Jahr 226 den Martertod für Christus starb.

Der Ruhm und die Verehrung der heiligen Martina sind seit den ersten christlichen Jahrhunderten weit verbreitet. Ihre Standhaftigkeit im Glauben wie die wunderbaren Begebenheiten bei ihrem Martyrium weckten die Ehrfurcht der Menschen. – Martina war die Tochter eines angesehenen Römers, der dreimal das hohe Amt des Stadtpräfekten innehatte. In zartem Alter verlor sie beide Eltern. Aus Liebe zu Christus verteilte sie ihre reichen Erbgüter unter die Armen und ließ sich bei den Diakonissinnen aufnehmen, welche den Dienst am Kranken und Armen zu versehen hatten. Martina war von hervorragender Schönheit, so daß Kaiser Alexander Severus sie sogar zu seiner Gattin nehmen wollte. Allein sie schlug dies Ansinnen ab. – Lieber wollte sie ein einfaches, aber glückliches Leben im Dienst Gottes und der Nächstenliebe führen, als auf dem Kaiserthron ihren Glauben und damit das ewige Leben verlieren. Der Kaiser geriet in Zorn, als er erfuhr, daß Martina Christin sei; er ließ sie verhaften und vor Gericht führen. Man verlangte, sie solle ihrem Glauben abschwören. Martina betete innig um die Gnade der Standhaftigkeit. Es entstand ein Erdbeben, und der Tempel des Apollo, dem sie opfern sollte, fiel zusammen; ein großer Teil der heidnischen Priester wurde von den Trümmern begraben. Darüber war der Kaiser so ergrimmt, daß er befahl, die Jungfrau mit allen erdenklichen Mitteln zu peinigen. Drei Tage lang quälte man sie auf das schrecklichste. Gott zeigte aber an diesem schwachen Mädchen, was ein Mensch mit seiner Gnade aushalten kann. Schließlich wurde Martina außerhalb der Stadt enthauptet. — Über dem Grabe der Heiligen erhob sich bald eine herrliche Kirche, und das Volk verehrte sie als ein Beispiel der Standhaftigkeit und des Heldenmutes. So steht Martina auch noch vor uns als Beispiel und als Mahnerin: in der Seele und im Charakter sich vorzubereiten und gerüstet zu sein zum Zeugnis für den Glauben an Christus und sein Reich.

TAGESHEILIGE: Hippolyt PrM in Antiochien – Felix P – Adelgunde Ae zu Maubeuge, † 685 – Hyazintha Mariscotti, J in Viterbo – Thiadildis (Diethild) Ae zu Frankenhorst (Westf.), † 880 – Haberilla JE in der Bodenseegegend – Barsimäus BM – Felizian, Philappian, Alexander M – Barsen B – Matthias B in Jerusalem – Armentarius B – Savina Bk in Mailand – Adelhelm A – Andreas Corsini B.

31. JANUAR Johannes Don Bosco

Der Kirche war es von jeher ein inniges Anliegen, die Jugend für Christus zu gewinnen und zu erhalten nach dem Wort des Herrn: „Lasset die Kleinen zu mir kommen und wehret es ihnen nicht! Denn ihrer ist das Himmelreich!“ So ist denn die rechte Erziehung und Förderung der Jugend eine Hauptaufgabe im Leben der Kirche — besonders dann, wenn die Verwirrung der Geister in kritischen Zeiten wie den unsrigen vor allem die Jüngsten bedroht. Gerade in solchen Zeiten aber werden der Christenheit wahrhaft begnadete Jugendführer geschenkt: Gottesboten an die bedrängte Menschheit.

Ein solcher Pädagoge war Johannes Don Bosco. Sein Leben liegt klar und deutlich vor uns, denn er gehört der jüngsten Vergangenheit an und viele Tausende arbeiten heute noch in seinem Geist und Auftrag.

Am Leben des heiligen Johannes wird das Walten der Vorsehung besonders deutlich. Er wurde geboren am 16. August 1815 zu Becchi. Seine Eltern waren einfache Gütler. Als Kind mit zwei Jahren verlor er schon den Vater. Doch seine Mutter, die später berühmte Mamma Margarita, war ihm auch Vater; sie erzog den Kleinen kraft ihres eigenen tiefen Gemütes und ihrer Klugheit zu einem rechten Christen; sie war und blieb ihm Vorbild und geliebtester Mensch. Schon als Junge von neun Jahren merkte er den Einfluß, den er auf seine Kameraden übte. Er erzählte ihnen aus dem Katechismus und lehrte sie beten. Und Gott zeigte dem Knaben, wie er selbst erzählte, in einem Traumgesicht seine künftige Aufgabe, nämlich sich der verwahrlosten Jugend anzunehmen. Von da ab gab es für ihn kein Wanken mehr. Seine Sehnsucht war der Priesterberuf. Das hatte aber große Schwierigkeiten. Denn seine Mutter wahr sehr arm; nur mit Mühe und Not konnte sie ihrer Familie das tägliche Brot beschaffen. Aber etwas zeichnete sie aus, was wir später ebenso an Don Bosco bewundern, ein unerschütterliches Gottvertrauen. Und so erreichten Mutter und Sohn das Ziel: nach einem langen, entbehrungsreichen Weg wurde Johannes im Jahre 1841 Priester. Kurze Zeit nach seiner Priesterweihe lernte er in der Sakristei seiner Kirche einen Buben kennen, der weder lesen noch schreiben konnte und von Gott nicht viel wußte; an diesem verwahrlosten Kind erkannte Bosco seinen Auftrag. Von da ab sammelte er die ärmsten Jungen von Turin und unterrichtete sie. Seine Mutter sorgte für das nötige Essen. Denn geistliche Unterweisung und Nächstenliebe müssen Hand in Hand gehen. Allmählich wurde der Kreis der Jungen immer größer. Nach vielen Mühen und Enttäuschungen gelang ihm die Gründung eines sogenannten Oratoriums, eines Internates, wo er für Leib und Seele der ihm Anvertrauten sorgte. Die Mittel zur Erhaltung seines Oratoriums spendete ihm manchmal in wunderbarer Weise die göttliche Vorsehung. Überhaupt war der Segen Gottes sichtbar mit seinem Werk. Als sich unter den Knaben, die er sammelte, auch solche befanden, die den Weg ins Priestertum suchten, gründete er die Genossenschaft der Salesianer; sie sollten vor allem sich um die Kinder der Armen kümmern, ihnen helfen, sie erziehen. Auch für die weibliche Jugend sorgte Don Bosco und er fand für dieses Werk eine ausdauernde Helferin in der heiligen M. Dominika Mazarello. Der Ruhm Don Boscos war längst über die Grenzen Italiens hinausgedrungen. Lange Jahre war er der Mittler zwischen dem italienischen Königshaus und dem Vatikan. Aber was ihn vor allem groß machte, das war seine Liebe und sein Verständnis für die jungen Menschen. Es war eine geheimnisvolle Gnadengabe, wie er mit ihnen umzugehen wußte. Jedem ließ er seine Anlage und sein Temperament, entfaltete aber das Gute und pflegte es. Seine großen Erfolge hatten ihren eigentlichen Grund in einem wahrhaft heiligmäßigen Lebenswandel. Die Kirche erhob ihn – der 1888 gestorben war – 1934 zur Ehre der Altäre.

Der Orden Don Boscos wurde im Lauf der Zeit der drittgrößte unserer Kirche und er wirkt heute in der ganzen Welt, Hilfe und Segen bringend.

Don Bosco war, was die Welt ein pädagogisches Genie nennt; er war der erste, der Bahnbrecher alles dessen, was wir heute „soziale Jugendfürsorge" nennen. Der Mann, der im Industriezeitalter die rechte Methode zur Entwicklung ebenso des Charakters wie des Glaubenslebens vor allem im jugendlichen „Proletariat" fand und verwirklichte. In der innigen Vermählung tiefster Frömmigkeit und kräftigen Wirkens in die Zeit ist er der „moderne" Heilige schlechthin — das Leitbild gläubiger und kluger Eltern und Lehrer in unserer Gegenwart.

TAGESHEILIGE: Ludovika Albertoni W in Rom – Aidan B – Emma Ae, sel., Gründerin des Klosters Obermünster in Regensburg, † 876 – Eusebius Mö, sel., in Viktorsberg (Graubünden), † 884 – Cyrus, Johannes, Metranus, Saturnin, Thyrsus, Viktor, Tharsizius, Zotikus, Cyriak, M – Triphenes J M – Geminian B in Modena – Julius Bk in der Lombardei – Marzella W in Rom – Eudoxia M – Paula Bk – Franz Xaver Maria Bianchi.

1. FEBRUAR *Arnold*

Noch heute steht das Augustinerchorherrenstift Reichensberg (Oberösterreich). Es gehörte früher zu Bayern. Seine Gründung geht zurück bis ins 12. Jahrhundert. Ein frommes Ehepaar, mit Namen Erhard und Dietberg, stiftete, da die Ehe kinderlos geblieben war, ihr Schloß als Kloster. Dem Brauch der Zeit gemäß übergab es seine Stiftung den Augustinermönchen. Es ist aus jener fernen Zeit nicht mehr viel bekannt. Jedoch erzählt das Buch „Das heilige Bayernland" von einem dort lebenden, sehr frommen Mönch, namens Arnold. Über sein Leben, seine Abstammung und sein Wirken ist nur wenig zu erfahren. Er dürfte aus Polling stammen. Sein gottseliges Sterben aber, davon uns die Legende ausführlich berichtet, bezeugt, daß er ein heiligmäßiges Leben geführt hat. Hören wir, was der Chronist, der Zeuge der letzten Stunde dieses guten Priesters war, berichtet: Im Jahre 1166 begann Arnold zu kränkeln. Als er merkte, daß es mit ihm zu Ende gehe, ließ er alle seine Mitbrüder in seine Zelle bitten und flehte sie an, ihm durch Gebet in seinem letzten Kampf gegen den bösen Feind beizustehen. Als der Todeskampf anhob, knieten die Mitbrüder nieder und begannen inständig zu beten. Arnold sah nun, wie eine ganze Schar Teufel an sein Lager kam, um seine Seele in die ewige Verdammnis zu führen. Er fing an allen Gliedern zu zittern an und rief mit lauter Stimme: „Sehet doch die höllischen Gespenster! Es sind ihrer so viele, daß sie gar nicht alle hereinkönnen. Laßt uns ritterlich gegen sie kämpfen!" Mit diesen Worten ergriff er ein Bildnis des gekreuzigten

Heilandes und hielt es als Schild gegen die Feinde, machte das Kreuzzeichen und betete inbrünstig. Wirklich verscheuchte er mit dem Kreuz die Bösen. Hernach bat er seine Mitbrüder, sie möchten die Mutter Gottes anflehen. Und nun war ihm, als stände er schon vor dem schrecklichen Gericht Gottes. Auf der einen Seite die Teufel, die ihn verklagten, auf der anderen die Heiligen, die für ihn sprachen. Dann aber erblickte er einen Teil des Himmels, so daß er glückselig ausrief: „Ich bin voller Freude über das, was mir gesagt wurde: Wir werden in das Haus Gottes gehen." Mit den Worten: „Ich komme, ich komme", sank er zurück und verschied ruhig und selig.

Es ist für viele Menschen ein Greuel, an den Tod erinnert zu werden – diese unabänderliche Tatsache. Nach unserem Glauben folgt nach dem Tod das Gericht. Also ist ein guter Tod ein wahrhaftiger Gnadenerweis. Wir sehen am Lebensende des heiligen Arnold, wie ein seliges Sterben gegen alle Mächte der Tiefe beschaffen ist.

TAGESHEILIGE: Ignatius BM in Rom, † 107 – Brigida J in Schottland – Wolfhold Pr, sel., in Hohenwart, † 1100 – Siegbert, Frankenkönig, † 656 – Klarus Mö in Seligenstadt, † 1043 – Pionius Pr M – Severus, Paulus B – Ephräm Bk – Veridiana J E in Italien.

2. FEBRUAR *Kornelius*

Kornelius, römischer Hauptmann zu Kapharnaum, war der erste Heide (Nicht-Jude), der in die Kirche aufgenommen wurde. Es wird von ihm berichtet, daß er samt seiner Familie ein wohlgeordnetes und religiöses Leben führte. Mit seiner Aufnahme in die Kirche tat Petrus einen Schritt, zu dem es eines besonderen Hinweises von Gott bedurfte. In der Apostelgeschichte, Kapitel 10, lesen wir diese wunderbare Begebenheit: Dem Kornelius erschien ein Engel und verkündete ihm, daß sein Gebet erhört sei. Er solle einen Boten nach Joppe senden und dort nach einem gewissen Simon Petrus fragen. Dieser werde ihm den wahren Glauben lehren. Voll Freude führte Kornelius den Auftrag aus. Währenddessen hatte Petrus eine Vision: Ein großes Tuch wurde vom Himmel zu ihm herabgelassen, in dem sich allerhand Tiere befanden, und eine Stimme sagte, er solle davon essen. Da nun auch solche Tiere darin waren, die nach jüdischem Gesetz als unrein galten, wollte es Petrus nicht tun. Aber eine Stimme vom Himmel entgegnete ihm, daß das, was Gott für rein erkläre, nicht unrein sei. Während er noch über die Bedeutung dieses Gesichtes nachdachte, kamen die Abgesandten des heidnischen Hauptmanns. Nun erkannte Petrus, daß Gott ihm auf diese Weise hatte kundtun wollen, daß er auch die Heiden zur Kirche berufen habe. Darauf ging Petrus mit den Dienern des Hauptmanns nach Kapharnaum. Voll Eifer nahmen die Neubekehrten den Glauben an. Und siehe, während Petrus noch redete, kam der Heilige Geist auf Kornelius und die Seinen herab und sie redeten in verschiedenen Sprachen. Da sagte Petrus: „Kann jemand diesen das Wasser der Taufe verweigern, die den Heiligen Geist wie wir empfangen haben?“ Und er taufte Kornelius und sein ganzes Haus.

Die Taufe des heidnischen Hauptmanns war eine für die Geschichte der Kirche höchst bedeutsame Tatsache. Gott selbst hatte ein Zeichen gegeben, um die Enge der jüdischen Ansichten zu sprengen. Jetzt erst begriffen die Apostel ganz das Wort des Herrn, das er kurz vor seiner Himmelfahrt zu ihnen sprach: „Gehet hin in alle Welt und lehret alle Völker!“ Nun ward endgültig das Tor geöffnet, durch das auch die Nichtjuden in die Kirche Gottes eintreten konnten. Aus diesem Grund hat Lukas, der Verfasser der Apostelgeschichte, gerade dieses Ereignis sehr ausführlich geschildert.

Petrus soll Kornelius zum Bischof geweiht haben. Unter Kaiser Nero sei er dann als Martyrer gestorben, berichtet die christliche Überlieferung.

TAGESHEILIGE: Katharina von Ricci N – Hadeloga Ae zu Kitzingen, † 750 – Gosbert B M – Werinhad M – Stephan Bellesini Mö, † 1840 in Trient – Adelwin M – Simon A in Lothringen – Adalbald M in Flandern, † 646 – Theoderich (Dietrich) B von Minden, † 871 – Jakob Mö M in Augsburg – Apronian, Fortunat, Felizian, Firmus, Kandidus M – Floskulus B – Laurentius von Canterbury B – Bodo M – Markwart BM – Folkwart M – Jeanne de Lestonnac Bk.

3. FEBRUAR *Blasius*

Jedes Jahr am 3. Februar wird der Blasiussegen erteilt. Der Priester hält zwei gekreuzte Kerzen an den Hals des Christen und spricht dabei segnend: „Durch die Anrufung des heiligen Bischofs und Martyrers Blasius befreie und bewahre dich der Herr vor allem Übel des Halses und jedem anderen Übel — im Namen des Vaters und des Sohnes und des Heiligen Geistes. Amen.“

Dieser Segen gehört zu den Sakramentalien unserer Kirche. Der Blasiussegen geht zurück auf die in der christlichen Überlieferung erzählte Tatsache, daß Sankt Blasius einen Knaben, dem eine Fischgräte im Halse steckengeblieben, durch seinen Segen gerettet habe.

Den heiligen Blasius verehren wir als einen großen und heldenhaften Mann. Er stammt aus Sebaste in Armenien. Schon als Knabe und Jüngling dachte er mehr an die Heiligung seiner Seele als an die Freuden der Welt. Blasius war hochgebildet; er übte den verantwortungsvollen Beruf eines Arztes aus. Armen und Notleidenden zeigte er sich als großer Wohltäter; er war so beliebt und angesehen, daß er nach dem Tode des Bischofs vom ganzen Volke zu dessen Nachfolger gewählt wurde. Mit wahrhaft apostolischem Eifer versah Blasius dieses Amt, bis unter Kaiser Licinius eine schreckliche Christenverfolgung ausbrach, der auch Blasius zum Opfer fallen sollte. Der heilige Bischof ermunterte seine Schutzbefohlenen, im Glauben auszuhalten. Von seinen Priestern gebeten, sich zu schonen, um den Seinen noch länger beistehen zu können, wanderte er in die Einöde. Aber bald wurde er von einigen Soldaten entdeckt und verhaftet.

Der Statthalter suchte den Heiligen mit Schmeicheleien und Drohungen zum Abfall zu bewegen. Als dies nichts fruchtete, wurde Blasius mit Ruten und Prügeln geschlagen und auf die Folter gespannt. Als er nun in einem nahen Teich ertränkt werden sollte, verherrlichte Gott, wie die Legende berichtet, seinen treuen Diener durch ein großes Wunder. Obwohl man einen Mühlstein an seinen Hals gehängt hatte, ging er nicht unter, sondern wandelte auf dem Wasser und begann, über die Wahrheit des Christentums zu predigen. Hierauf wurde er enthauptet (ungefähr um das Jahr 317).

Wir wollen als treue Christen gerne die Sakramentalien gebrauchen; kraft der fürbittenden Macht der Kirche vermitteln sie uns zeitlichen Schutz und Segen wider das Böse.

TAGESHEILIGE: Ansgar (Oskar) B von Bremen, † 865 – Herigar Pr – Nithard Pr M in Schweden, † 845 – Berlinde (Belenda) J in Lothringen, † 700 – Vereburg Ae – Gislen A von Zell-Hagenau, † 680 – Celerin DiM – Laurentius, Ignatius, Felix, Symphronius, Hippolyth M – Frigides, Remedius B – Lupinian, Felix B – Helinand Mö.

4. FEBRUAR *Veronika*

Die Verehrung der heiligen Veronika geht bis ins vierte Jahrhundert zurück. Legende und christliche Überlieferung haben dann im Laufe der Zeit von ihr ein Lebensbild gestaltet, das sich bis in unsere Tage erhielt. Als die Kreuzwegandacht allmählich aufkam und die frommen Beter stationsweise den Leidenszug des Heilandes miterlebten, wurde als sechste Station die Begegnung Jesu mit Veronika aufgenommen. Von tiefem Mitleid gerührt, habe eine Frau, der man dann den Namen Veronika gab, den Soldatenkordon durchbrochen und dem blutenden Herrn ihr Kopftuch gereicht zum Abtrocknen.

Dankbar nahm der Heiland diesen Liebesdienst an. Zum Lohn für das Mitleid habe sich das Antlitz Jesu in dem Schweißtuch abgedrückt, so daß es ganz deutlich zu erkennen war.

Veronika war nach der alten Überlieferung jene Frau, die der Heiland durch sein Wort vom Blutfluß heilte. Seit dieser Zeit zog sie mit ihm und diente ihm. Als Jesus von den Toten auferstanden war, begab sich auch Veronika zu den Seinen und wurde des Glückes teilhaftig, den Auferstandenen zu sehen. Sie war eine der ersten, die in die neue Kirche aufgenommen wurden. Ihr Schweißtuch wurde als hoher Schatz verehrt. Veronika soll damit zahlreiche Wunder vollbracht haben, indem sie den Kranken das Schweißtuch auflegte und sie dadurch heilte. Das braucht uns nicht wunderzunehmen, wird doch in der Apostelgeschichte erzählt, daß durch die Auflegung des Schweißtuches von Paulus und Petrus Kranke geheilt worden sind. Als sie mit Petrus nach Rom kam, war sie eine seiner Helferinnen in der Ausbreitung des Christentums. Später soll sie sogar den Kaiser Tiberius von einer schrecklichen, ansteckenden Krankheit durch die Auflegung des Tuches geheilt haben. Sie ging dann wieder nach Jerusalem zurück, da sie beständig jenen Orten nahe sein wollte, die durch die Anwesenheit des Herrn besonders geheiligt worden waren.

Die Verehrung der heiligen Veronika soll uns ein Ansporn sein, uns tief in das Leiden Jesu zu versenken — solche Besinnung ist ein Brunnen des Segens für die Seele. Es gibt keine schönere Gelegenheit dazu als das Beten und Betrachten des Kreuzweges. Darum sind in allen Kirchen die vierzehn Stationen an den Wänden angebracht. Und wie oft hat das fromme Volk auch an Hügeln Kreuzwege errichtet.

TAGESHEILIGE: Andreas Corsini B von Fiesole, † 1373 – Philoron, Kriegsoberst in Ägypten M – Rembert B von Bremen – Gilbert (Gisbert) Bk – Rhabanus Maurus B von Mainz, † 856 – Joseph von Leonissa Bk – Eutychius, Aquillin, Gemin, Gelasius, Magnus, Donat M – Philäus BM – Aventin, Isidor Bk – Berlinde J – Johanna von Valois Bk – Obilius Bk.

5. FEBRUAR *Agatha*

Eine jener Frauen, die jeden Tag im Kanon der heiligen Messe erwähnt werden, ist die heilige Agatha. Legenden und Martyrerakten erzählen von ihr:

Sie war die Tochter hochedler und reicher Eltern zu Catania in Sizilien. Dort wurde sie im Glauben an Gott und die Erlösung der Menschheit durch

Christus erzogen. Ihr Herz war voll übermächtiger Liebe zum Heiland, so daß sie schon als junges Mädchen das Gelübde ewiger Jungfräulichkeit machte. In der Christenverfolgung unter Kaiser Dezius wurde der Statthalter Quinktianus nach Sizilien geschickt, um dort das Christentum auszurotten. Als er erfuhr, daß Agatha Christin sei, ließ er sie verhaften und glaubte dadurch, nicht nur ihre großen Güter, sondern auch sie selbst zu gewinnen. Als er die Jungfrau in ihrer Reinheit und Schönheit sah, warb er um ihre Liebe. Agatha aber blieb bei schmeichelhaften wie drohenden Reden standhaft und wies ihn ab. Da ließ er sie — wütend aus verletzter Eitelkeit — in ein verrufenes Haus führen. Gott jedoch hielt seine Hand über Agatha; er half ihr, auch an der Stätte des Lasters rein zu bleiben. Schließlich wurde die Heilige auf die Folter gespannt, mit glühenden Platten am ganzen Leibe gepeinigt; mit einer Zange wurde ihr die Brust abgerissen und ohne jede Pflege warf man die Gemarterte wieder in den Kerker. In der Nacht erschien ihr der heilige Petrus und heilte ihre schrecklichen Wunden. Nach vier Tagen kam sie wieder vor den Statthalter. Er staunte über ihr blühendes Aussehen. Er ließ sie entkleiden und auf dem Boden in spitzen Scherben und glühenden Kohlen wälzen. Das Volk begann sich zu empören. Zudem geschahen wunderbare Dinge. Ein Erdbeben erschütterte die Stadt, Götzentempel fielen ein und erschlugen Freunde des Richters. Die Heilige wurde nicht hingerichtet, sondern wieder in den Kerker geworfen; da verschied sie im Jahre 251. — Wenn auch Leben und Martyrium der Heiligen sehr legendär sind, so gibt doch die Erwähnung ihres Namens im Kanon der heiligen Messe und die damit täglich vollzogene Verehrung durch die Kirche Zeugnis von ihrem großen Mut und ihrer Standhaftigkeit. Die Verfolgung unter Dezius war furchtbar. Der Kaiser suchte das bereits an den Grenzen durch die beginnende germanische Völkerwanderung bedrohte Reich durch eine einheitliche Religion zu retten — durch die Vergöttlichung des Staates. Man machte es den Christen scheinbar leicht. Sie brauchten sich nur in die Staatsliste eintragen lassen. Wer dies nicht tat, dem drohte Schlimmstes. Viele Tausende fielen auf diese Weise ab. Agatha aber gab ein Beispiel heldenhafter Glaubenstreue. — Und heute? Wieviel charakterschwache Christen gibt es, die um eines geringen irdischen Vorteils willen ihr Gewissen vergewaltigen! Es gilt aber für jede Zeit das Wort des Herrn: „Man kann nicht zwei Herren dienen.“ Im Blick auf das ewige Leben wiegen irdische Nachteile leicht für den, der zu unterscheiden weiß. In wirren Zeiten wie diese sind Mut und Erkenntnisvermögen nötig.

TAGESHEILIGE: Ingenuin B von Saeben, † 605 — Albin B von Brixen, † 1006 — Adelheid Ae in Vilich (Bonn), † 1015 — Bertrada Ae in Köln — Modest Missionär in Kärnten, † 722 — Maria H von Kärnten, sel., † 800 — Domition H von Kärnten, † 800 — Agatha Hildegard, Pfalzgr. von Kärnten, † 1024 — Ida von Rheinfelden, N in Basel, † 1313 — Agnellus B von Trient, † 618 — Isidor M — Avitus Bk — Petrus Baptist Bk.

6. FEBRUAR

Amandus

Das Leben des Heiligen ist mit einem blumenreichen Legendenkranz umwunden. Gewiß hat sein liebenswürdiges und allzeit hilfsbereites Wesen dazu beigetragen, daß man von ihm viele wunderbare Dinge erzählte. Sicher ist aber, daß Amandus, der aus höchsten Kreisen stammte – er war ein Herzogssohn von Aquitanien –, in heiliger Begeisterung für Christi Lehre und Leben Würde und Reichtum dahingab. Seine Sehnsucht nach Innerlichkeit führte ihn in die einsame Klosterzelle. Mit zwanzig Jahren bereits legte er die Gelübde ab und hoffte, sein ganzes Leben in stiller Hingabe an Gott verbringen zu dürfen. Es war ihm aber anders bestimmt. Während einer Reise an die Apostelgräber in Rom erschien dem bescheidenen Mönch der heilige Petrus und mahnte ihn, wieder ins Frankenreich, woher er gekommen, zurückzukehren und dort durch öffentliche Predigten das Evangelium zu verkünden. Willig gehorchte Amandus. Zur Vollendung seiner Sendung erhielt er die Bischofsweihe. Unermüdlich durchwanderte er sein Vaterland und predigte den christlichen Glauben. Auch der Goldglanz des Königsthrones konnte ihn nicht schrecken. Furchtlos bedrohte er den König Dagobert mit der ewigen Strafe, wenn er sein ausschweifendes Leben nicht aufgeben würde. Wegen dieses Freimutes aus dem Lande verwiesen, wanderte Amandus weit fort bis an die mittlere Donau und nach Kärnten und wirkte dort segensreich. Den König reute es bald, diesen heiligmäßigen Mann verbannt zu haben. Er rief ihn zurück. Noch lange durfte er im Weinberge Gottes arbeiten. Gerne und oft spendete er den Segen und erwirkte dadurch viele Heilungen. Im Jahre 649 wurde Amandus Bischof von Maastricht. Mit großer Umsicht leitete er seine Diözese. Zahlreiche Klöster verdanken ihm ihre Entstehung. In hohem Alter trat Amandus in das Kloster Elon ein und starb dort, 86 Jahre alt, im Jahre 675. Die Chronik berichtet, daß ihm beim Tode viele Heilige entgegenkamen. Wir können über das Leben des Heiligen die Worte des Heilandes schreiben: „Suchet zuerst das Reich Gottes und seine Gerechtigkeit! Und alles übrige wird euch dazugegeben werden."

Die Verehrung des Heiligen hat sich vom Frankenreich aus auch in unser Vaterland eingepflanzt. Die Heilig-Kreuz-Kirche in Donauwörth besitzt einen sehr schönen Altar, der mit einem guten Bilde des heiligen Amandus geschmückt ist.

Hochbewegt und reich an Zwischenfällen war das Leben dieses Heiligen in der Zeit vor der Christianisierung der deutschen Stämme durch St. Bonifatius – ihm hat Amandus gesegnete Vorarbeit geleistet: ein Pionier des Glaubens in deutschen Landen.

TAGESHEILIGE: Titus, Apostelschüler, B – Dorothea JM – Brunolf B in Schweden, † 1317 – Amand B von Worms, † 640 – Alderich von Füssenich, Hirte, † 1200 – Hildegund sel. Stifterin des Klosters Meur bei Neuß, † 1183 – Silvan BM – Saturnin, Theophil, Revokata, Antholian, Julian M – Vedastus B – Geminus, Amanda J.

7. FEBRUAR *Romuald*

Daß es eines starken Willens bedarf, um aus einem Weltmenschen ein Heiliger zu werden, dafür ist das Leben Romualds ein treffliches Beispiel. Er wurde als der Sohn des Herzogs von Honesti 950 geboren. Seine Erziehung ließ viel zu wünschen übrig. Körperliche Gewandtheit zeichnete ihn wohl aus, jedoch die Seelenbildung kam sehr ins Hintertreffen. Und so ist es nicht zu verwundern, daß der junge Ritter auf der breiten Bahn des Bösen und des Lasters dahinschlenderte. Welch guter Kern in ihm war, erwies sich aber an einem schrecklichen Ereignis. Der Vater Romualds hatte mit einem Verwandten ein Duell. Nach dem Befehl des Vaters mußte Romuald zusehen. Der Tod des Gegners erschütterte den jungen Mann so sehr, daß er sich für vierzig Tage in ein Kloster zur Buße zurückzog. Dies wurde der Wendepunkt seines Lebens. Wohl suchte die Welt mit ihrer Lust den lebensdurstigen Jüngling wieder in ihren Bann zu ziehen. Er aber widerstand, ja er erbat die Aufnahme in einen geistlichen Orden. Da er seinen Charakter sehr gut kannte, ließ er nicht nach im Gebet und in der Selbstzucht, bis er sein sinnliches Streben überwunden hatte. Nicht rasch oder gar plötzlich ging dies. Nur eiserne Ausdauer brachte den Sieg. Da ihm sein Orden zu wenig streng erschien, bat er um die Erlaubnis, zu einem wegen seines vorbildlichen Lebens berühmten Einsiedler gehen zu dürfen. So zog denn Romuald in die Einöde. Das Beispiel seines bußfertigen Lebens riß viele hin; sogar sein eigener Vater bekehrte sich. Immer mehr Männer und Jünglinge kamen zu ihm, so daß sich Romuald genötigt sah, zunächst Einsiedeleien in Oberitalien und Südfrankreich und endlich das Kloster im Tal Camaldoli zu gründen, wovon sein neuer Orden den Namen erhielt: Kamaldulenser. Die Würde eines Abtes legte Romuald bald nieder und zog wieder in die Einsamkeit. Als Eremit – ganz der Betrachtung und der Anbetung Gottes ergeben – wurde er der Beichtvater ungezähler Menschen. Da er sein Ende nahe fühlte, wanderte er in das Kloster Val de Castro bei Ancona und starb dort im Jahre 1027.

Hat dieses Heiligenleben uns noch etwas zu sagen? Gewiß. Der moderne Mensch in seiner maßlosen Hast glaubt, keine Zeit mehr zu haben für Geist und Seele. Und damit verliert er den Blick für das Wichtigste. Die Konsequenzen gottfernen Lebens sind aber Egoismus und Materialismus – sie rauben ihm den inneren Halt. Nur harter Kampf gegen die Blendwerke der Welt, Entsagung, Selbsterziehung, lassen ihn sein wahres Selbst finden oder wiederfinden. Wer kann das allein aus sich heraus? Die in der Stille erbetene und erbetete Gnade Gottes muß helfen. – Darum ist das Leben eines Heiligen, der sein eigenes Ich bezwang um Gottes willen, ein immergültiges Beispiel, mögen auch die Pfade zum Ziel heute anders laufen.

TAGESHEILIGE: Theodor M, Heerführer – Richard Kö – Nivard B – Amulvin A im Hennegau, † 770 – Wunna Kö, † 722 – Augul BM – Ataukus M – Moses B – Juliana W – Chrysolius BM.

8. FEBRUAR

Philipp Jeningen

Groß ist die Verehrung dieses eifrigen Priesters und Jesuiten. An seinem Grab in der Sankt Vituskirche zu Ellwangen knien immer Beter. Und täglich brennen die Kerzen der Bitte und des Dankes an seiner Gruft.

Pater Jeningen lebte in einer Zeit des Verfalles. Sein Vater war Goldschmied zu Eichstätt und ging ein Jahr nach der Niederbrennung der Stadt durch die Schweden 1635 die Ehe ein, aus der elf Kinder hervorgingen. Als viertes wurde am 5. Januar 1642 Johann Philipp geboren. Zwischen den rauchgeschwärzten Ruinen seiner Vaterstadt wuchs der Kleine auf. In seiner Jugend, die er in Sorgen und Armut verbringen mußte, lernte er noch viel Kriegsnot kennen. Von klein auf erfuhr er nicht bloß das leibliche, sondern vor allem auch das seelische Leid des Volkes. Nach dem Wiederaufbau Eichstätts besuchte Jeningen dort neun Jahre das Gymnasium der Jesuiten. Die Marianische Studentenkongregation war ihm besonders lieb und wert. Im Jahre 1658 faßte er den Entschluß, in die Gesellschaft Jesu einzutreten. Doch seine Eltern wollten davon nichts wissen. Er aber harrte still und wacker aus. Als er endlich die Erlaubnis erhielt, studierte er in Ingolstadt Philosophie und Theologie. Im Noviziat bereitete er sich mit Kraft und Ausdauer auf seinen Beruf vor. Am 11. Juni 1672 wurde er in Eichstätt zum Priester geweiht. Sein Vater konnte diesen Ehrentag noch erleben. Pater Jeningen wäre gerne in die Mission gegangen; es war dies sein sehnlichster Wunsch. Allein Gott hatte anderes mit ihm vor. Im Jahre 1680 wurde er nach Ellwangen gesandt. Seine innige Marienverehrung fand auf dem Schönen Berg, dem berühmten Muttergottesheiligtum, den richtigen Boden zur blühenden Entfaltung. Tausende kamen und holten sich bei ihm Trost und Seelenruhe. Was den Seligen besonders berühmt machte, ist der Bau der herrlichen Wallfahrtskirche. Kaum waren aber der Plan und dessen Ausführung einigermaßen gesichert, so begab sich Jeningen schon wieder auf Seelsorgswanderungen. Er wurde ein wahrer Missionär seiner Heimat. Unermüdlich predigte er und konnte gar vielen auf den rechten Weg helfen. Gottergeben starb er am 8. Februar 1704.

Was am deutlichsten und schönsten das Leben dieses Mannes auszeichnet, das ist sein wahrhaft inniges Mitleid mit den in Sünden, Not und Geistesarmut auf Irrwegen taumelnden Menschen. Dieses Mitleid macht Philipp Jeningen zu einer Leitgestalt für jeden Seelsorger. Aber auch die Laien können von ihm lernen. Denn ein Priester ohne mittätige Laien bleibt arm, seine Arbeit ziemlich fruchtlos. Und die Kirche will ja die Mitarbeit des Laien im Weinberg Christi. Wer nur ein wenig sich begeistern läßt von dem Beispiel des Paters Jeningen, der wird gerne mithelfen am Bau des Gottesreiches.

TAGESHEILIGE: Johann von Matha, Bk, † 1213 – Paul, zuerst E bei Trier, dann B von Verdun, † 649 – Petrus B – Elfleda N – Dietgrim B von Halberstadt, † 840 – Stephan A – Paul, Luzius, Cyriak, Dionys, Ämilian, Sebastian M – Kointha J M – Juventius B von Mailand – Honorat B – Mangold M.

9. FEBRUAR *Katharina Emmerick*

Eine der eigenartigsten Gestalten des vergangenen Jahrhunderts, die durch ihre Sehergabe viel Aufsehen erregte, ist Anna Katharina Emmerick, gestorben am 9. Februar 1824 im Rufe der Heiligkeit zu Dülmen. – 1774 wurde Katharina zu Flamske in Westfalen geboren. Ihre Eltern waren arme Bauersleute. Von ihrer Mutter erbte das Kind den klarschauenden, nüchternen Blick für das praktische Leben und die charaktervolle Energie. Anna Katharina war ein fleißiges und tüchtiges Kind. Besonders ihr bereitwilliger Gehorsam, das stille, in sich gekehrte und doch allzeit fröhliche Wesen machte sie zum Liebling aller. Vom Vater hatte sie das seherische Wesen, den „zweiten Blick“, in Westfalen keine allzu große Seltenheit. Die Eltern ließen es sich angelegen sein, ihre Kinder zu wirklichen Christenmenschen zu erziehen. Es herrschte strenge Zucht in der kleinen Bauernhütte. Schon als kleines Mädchen konnte man Anna Katharina beim Viehhüten stundenlang beten sehen. Um ihre Vervollkommnung mußte sie schwer ringen. Schon mit zwölf Jahren hielt sie die strenge Fastenordnung der Großen. Später wurde sie bei einem Bauern Magd, sodann Näherin. Inbegriff ihrer

Wünsche war das Leben im Kloster. Allen Schwierigkeiten zum Trotz sparte sie durch ihrer Hände Arbeit allmählich ihre Aussteuer zusammen. Aber kein Kloster wollte die schwächliche Näherin aufnehmen. Erst im Jahre 1802 wurde ihr Wunsch endlich erfüllt. Doch sollte ihr Aufenthalt dort eine Leidensschule werden. Neid, Eifersucht und kleinliche Mißgunst ihrer Mitschwestern verbitterten ihr das Leben. Katharina aber ertrug alles mit unsäglicher Geduld. Am 14. November 1811 wurde das Kloster aufgehoben und sie mußte wiederum in die Welt zurück. Ein aus Frankreich vertriebener Priester nahm sie aus Mitleid zu sich. In dieser Zeit, da sie andauernd bettlägerig war, begannen ihre außerordentlichen Gesichte, die der Dichter Klemens Brentano aufzeichnete; auch hatte sie die Wundmale des Herrn empfangen. Von 1813 an lebte sie nur mehr von der heiligen Kommunion. Mit den Worten: „Hilf, Herr Jesus!" gab sie ihren Geist auf.

„Die Gesichte der Katharina Emmerick" sind Aufzeichnungen voll Innigkeit und tiefer Mystik. Wer sich ganz in das bittere Leiden unseres Heilandes hineindenken und -beten will, der lese darin! Das Buch zeugt von ihrem großen Geist und der hingebenden Liebe zum Heiland. Kein Zweifel, das mystische Schauen in den „Abgrund Christi" ist eine besondere Gabe.

TAGESHEILIGE: Cyrill von Alexandrien B Kl, † 444 – Apollonia J M in Alexandrien, † 249 – Ansbert, zuerst Kanzler, dann B von Rouen, † 698 – Alto A, † 760 – Marian E in Regensburg, sel. † 1081 – Rainald (Reginbald) B – Laurentius Mö sel., Propst von Neuwerk bei Halle, † 1123 – Alexander Ammon, Nikephor, Primus, Donat M – Sabin B.

10. FEBRUAR *Scholastika*

Scholastika war die Zwillingsschwester des großen Ordensstifters Benedikt von Nursia. Sie war ein schönes und reiches Mädchen und wurde von vielen jungen Männern umworben. Allein, wie ihr Bruder, so entsagte auch Scholastika den Schönheiten und Freuden des Lebens und ging in die Einsamkeit, um Gott ganz dienen zu können. Als Benedikt sein berühmtes Kloster auf dem Monte Cassino gründete und dort zahlreiche junge Männer zu einem gottgeweihten Leben um sich versammelte, da erbaute sie mit seiner Hilfe und Erlaubnis ein Frauenkloster in nächster Nähe. Bald kamen viele gleichgesinnte Jungfrauen zusammen, denen sie Anleitung zu einem frommen Leben gab. Mit dem besten Beispiel ging sie selbst allen voran. Einmal im Jahr kamen Benedikt und Scholastika im Garten des Klosters in einem kleinen Hause zusammen und verbrachten den ganzen Tag im Gebet und mit geistlichen Reden. Als sie im Jahre 543 wieder beisammen waren, ahnte die Heilige, daß es das letztemal war. Sie bat daher ihren Bruder, noch diese Nacht bei ihr zu bleiben. Er aber weigerte sich fast entrüstet – noch nie habe er eine Nacht außerhalb seiner Zelle zugebracht. Da nahm Scholastika ihre Zuflucht zu Gott. Sie legte ihr Haupt in die Hände und betete. Und als sie es wieder erhob, da begann draußen, obwohl vorher noch der klarste Himmel war, ein heftiges Gewitter niederzugehen, so daß Benedikt gezwungen war, bei seiner Schwester zu bleiben. Nur widerwillig fügte er sich in sein Geschick. Sie aber tröstete ihn und sagte, daß er doch nicht zürnen solle, nachdem der Himmel ihr Gebet sofort erhört habe. Denn sie wisse, daß es das letztemal sei, wo sie beisammen sein könnten, da Gott sie bald von dieser Erde abberufen werde. Und so verbrachten beide noch die ganze Nacht im Gespräch über die Schicksale der Menschen und den Weg, den ihnen Christus zur Seligkeit des Himmels weist. Drei Tage später starb die Heilige ruhig und still. Benedikt sah ihre Seele in der Gestalt einer weißen Taube zum Himmel schweben. Er ließ Scholastika in seinem eigenen Grab feierlich beisetzen; später kamen ihre Gebeine nach Frankreich.

Scholastika ist die eigentliche Mutter der Frauenklöster, da sie als eine der ersten die Regel ihres heiligen Bruders in ihrem Kloster einführte. Sie hat für das frauliche Ordensleben ihrer Nachzeit Großes geleistet.

Besonders bedeutsam im Leben dieser Heiligen ist ihre unerschütterliche Zuversicht auf die Gnade Gottes. Sie glaubte dem Wort des Herrn: „Alles, um was ihr den Vater in meinem Namen bitten werdet, wird er euch geben." Darin ist sie beispielgebend für unsere Gegenwart. Leben nicht unzählige in beständiger Angst vor neuem Schrecken? Und doch soll der Christ sich niemals bis in sein Innerstes ängstigen lassen. Denn einer hat alles in seiner Hand, Gott. Und ohne seinen Willen fällt kein Haar von unserem Haupte. Möge uns die heilige Scholastika das rechte Vertrauen auf die göttliche Vorsehung erflehen!

TAGESHEILIGE: Wilhelm von Brabant, E, sel., OSt, † 1243 – Austreberta J bei Rouen – Zuwarda JM – Soteris JM zu Dordrecht, † 1050 – Zotikus, Irenäus, Hyazinth, Amantius M – Silvan B – Wilhelm von Maleval Bk, † 1157.

Alto

Der Ort Altomünster in Oberbayern führt seinen Namen von dem heiligen Abt Alto, der dort im Jahre 749 ein Kloster gründete. Die Jünglingsjahre Altos ließen nicht vermuten, daß aus ihm einmal ein ernster, demütiger und frommer Mönch würde. Denn der junge schottische Edelmann genoß das Leben in vollen Zügen. Aber eben dieser Überschwang ließ den klugen und in seinem Herzen redlichen jungen Menschen immer öfter die Frage stellen: Kann denn in solcher Jagd nach dem Vergnügen der Sinn des Daseins gefunden werden? Und bald erkannte Alto die eigentlichen Werte. Um ihnen zuzustreben, trat er in ein Kloster ein. Dort übte er sich mit zäher Ausdauer in christlicher Vollkommenheit, so daß er seinen Mitbrüdern bald ein Beispiel der Ordenszucht und des Ordensgeistes wurde. Schließlich begab sich Alto auf Missionsreisen. Zuerst wanderte er an den Hof des Frankenkönigs Pippin. Dieser schenkte ihm in der Nähe Augsburgs einen Wald, wo er ein Kloster erbauen sollte. Als Alto in die Gegend kam, die er vom König erhalten hatte, sammelte er einige ihm gleichgesinnte Männer und baute, nachdem er den Wald gerodet hatte, zunächst viele einzelne Zellen. Aus dieser Ansiedlung entstand dann ein Kloster, dessen Abt Alto wurde. Bonifatius, der eben in dieser Gegend weilte, weihte das Kloster ein.

Alto blieb auch als Abt einfach und bescheiden. Als ein Bote der Wahrheit reiste er umher und konnte in viele Seelen den Glauben an Christus pflanzen. Durch seine Nächstenliebe erwarb er sich das Ansehen und die Liebe des Volkes. Jeder kam zum Kloster Altomünster, der irgendein Anliegen auf dem Herzen hatte. Als Beichtvater war Alto weithin im Lande berühmt. Denn so streng er gegen sich selber war, so mild konnte er gegen andere sein. Er wußte, daß ein guter Hirte mehr durch Sanftmut erreicht als durch Strenge. Das ganze Leben des Heiligen war ein beständiges Wohltun, ein Aufgehen im Dienst des Nächsten. Allzufrüh für die Seinen und tiefbetrauert vom gläubigen Volk starb Alto um das Jahr 760. (Sein Fest wird meist am 9. Februar gefeiert.)

Aus der Frühzeit des Christentums in unserem Vaterland grüßt uns die Gestalt dieses ebenso liebenswerten wie heiligen Mannes; da noch Urwald das dünn besiedelte Bayerland bedeckte, kam er als Verkünder des Glaubens und zugleich als Stifter der Kultur — und seine „Waffen“ waren: nie ermüdende Nächstenliebe und Vertrauen auf die Gnade Gottes.

TAGESHEILIGE: Felix M – Lazarus B in Mailand – Severin A in Sankt Moritz, † 506 – Adolf B von Osnabrück, † 1224 – Luzius B – Desiderius BM – Saturnin, Dativus, Angelus M – Kalozerus B – Castrensis B – Jonas Bk – Theodora – Rietbert – Regula J M – Bonfilius A.

Meletius

Es war eine harte Zeit für die Kirche, als Meletius Bischof zu Antiochien wurde. Arius verbreitete (um 320) die Irrlehre, daß Christus nicht Gott, sondern bloß Mensch sei. Er gewann viele Anhänger, der größte Teil der Ostkirche verfiel unter dem Schutz des Kaisers dem Schisma. Der Kampf gegen die Lehre Roms ging so weit, daß fast die Gesamtkirche arianisch wurde. In jenen Tagen erweckte aber Gott erleuchtete Männer, die mit Heldenmut dem Irrglauben zu Leibe rückten und lieber alles, selbst das Leben hingaben, ehe sie die wahre Lehre der Kirche verrieten. Mit Meletius meinten die Irrgläubigen leichtes Spiel zu haben, denn er galt in allen persönlichen Dingen als ein Mann des Ausgleichs und der Menschenfreundlichkeit. Doch gleich in den ersten Monaten seiner Amtsführung ging der wackere Bischof mit aller Energie gegen die Irrlehre vor und reinigte zuallererst seine eigene Gemeinde. Dadurch aber kam Meletius mit Kaiser Konstantius, der selbst dem Irrglauben zugetan war, in Konflikt. Als der kaiserliche Statthalter den Heiligen auf einem Wagen zur Stadt hinausführte, wurden die Christen, die zum Bischof hielten, so erbittert, daß sie den Statthalter steinigen wollten. Meletius verwies ihnen dies und bedeckte den Statthalter mit seinem eigenen Mantel, um ihn zu schützen. Noch zweimal traf ihn das Los der Verbannung. Als er endlich für immer heimkehren durfte, gelang es ihm in erbittertem Kampf, die Irrlehre – die ja den Kern des Christentums bedrohte – nach der Synode von Antiochien endgültig zu überwinden. In reiner Helle strahlte wieder das Licht des Glaubens: Christus ist Gott-Mensch.

Gegen Ende seines Lebens wurde Meletius nach Konstantinopel berufen, um den Kaiser Theodosius den Großen zu krönen. Als er ankam, umarmte und küßte ihn dieser wie ein Sohn seinen Vater. Während des Konzils von Konstantinopel starb Meletius hochbetagt. Sein Leichnam wurde feierlich nach Antiochien übertragen und dort der geweihten Erde im Jahre 381 übergeben.

TAGESHEILIGE: Die sieben Stifter des Servitenordens Mö – Damian Soldat M – Gaudentius B von Verona – Ludan, heiliger Pilger, † 1202 in Hipsheim bei Straßburg – Benedikt von Aniane A, erster großer Mönchsvater aus germanischem Stamm, Stifter des Klosters Cornelimünster bei Aachen, † 821 – Modest, Julian, Ammon M – Eulalia JM – Anton B – Huneberga E – Hubelina Ae – Gerardin Mö – Bonfilius Mö.

13. FEBRUAR *Katharina von Ricci*

Für Weltmenschen ist das Leben einer Nonne etwas Unverständliches, manche nennen es sogar etwas Unnatürliches. Der Christ aber, der mit den Augen des Glaubens schaut, wird von tiefem und ehrfürchtigem Staunen ergriffen, wenn er sieht, wie weit ein Mensch auf dem Weg der Vervollkommnung und der Selbstentäußerung vorwärtskommen kann. Man versteht das asketische Leben aber nur dann, wenn man den Wert der göttlichen Gnade erfaßt, wenn man selbst als gläubiger Mensch das Wort des Heilandes ergründet: „Das Himmelreich leidet Gewalt, und nur die werden es besitzen, die Gewalt anwenden."

Katharina von Ricci gibt uns das Beispiel solcher „Gewalt". Sie entstammte einer der vornehmsten Familien in Toskana. Ein Leben voll hoher Bildung, in Wohlstand und reicher Geselligkeit stand ihr offen. – Aber bald verlor sie die Mutter, deren Hauptziel es gewesen war, ihr Kind gottesfürchtig zu erziehen. Was der Tod der Mutter aus den Händen nahm, das vollendete die Patin. Das Klosterleben lernte das liebenswürdige Kind kennen und schätzen, als es mit sieben Jahren zur Erziehung nach Florenz gegeben wurde. Unauslöschliche Eindrücke empfing ihr frommer Geist. Die Welt wollte ihr nicht mehr gefallen, als sie der Vater wieder zurückholte. Daher trat sie schon sehr früh in den Orden ein. Gott prüfte sie bitter und hart: schwere Krankheit, Demütigung, Verachtung durch die Mitschwestern – ob ihrer sehr ausgeprägten Persönlichkeit – wuchsen wie wilde Rosen an ihrem Lebensweg. Alles ertrug Katharina aus Liebe zum Heiland. Sie versenkte sich so sehr in die Betrachtung des Leidens Christi, daß sie der mystischen Schau gewürdigt wurde. Gerade diese klare und tiefe Gläubigkeit machte sie aber auch weltkundig. Fürsten und Bischöfe holten sich bei ihr in schwierigen Angelegenheiten Rat; sie gab ihn ebenso bescheiden wie entschieden. Sie war mit einem Wort: das lebendige gute Vorbild. Im Jahre 1589 holte der Herr sie im Alter von 67 Jahren heim.

Die Heilige lebte in einer schweren Zeit äußerster Bedrängnis der Kirche, während der um sich greifenden Reformation. Alle kirchliche Ordnung schien sich aufzulösen. Von Deutschland aus drang dieser revolutionäre Geist auch nach Italien. Papst und Kirche wurden heftig angegriffen, das religiöse und namentlich das asketische Leben als Unsinn hingestellt und angefochten. Doch durch das Konzil von Trient (1545 bis 1563) wurden die wilden Wogen einigermaßen geglättet und es begann eine echte und wahre Reform an Haupt und Gliedern der Kirche. In solch widrigen Zeiten erweckt Gott immer wieder Menschen, die mit aller Inbrunst im Glauben leben und so der Welt Beispiele von der rechten Nachfolge Christi geben. Das gilt auch von der Nonne Katharina – ihr Leben gibt jedem von uns Hinweise für das eigene Dasein: ihr Beispiel lehrt, daß man mit gutem Willen über sich selbst Herr zu werden vermag. An Gnade und gutem Willen werden List und Tücke des bösen Feindes zuschanden.

TAGESHEILIGE: Julian M in Lyon – Gregor II. P, † 731 – Gosbert B von Osnabrück, † um 874 – Kastor E Pr. b. Karden a. d. Mosel, † um 350 – Jordan von Sachsen sel. Mö, † 1237 – Ermenhild Ae Kö – Agabus Bk – Polyeukt, Benignus M – Fuska, Maura JM – Luzian, Stephan B – Stephan A – Priszilla – Johann v. Friora PrM – Martinian E.

14. FEBRUAR *Valentin*

Es ist eine in allen Jahrhunderten erwiesene Tatsache, daß Gott seine treuen Diener, namentlich in Zeiten großer Verfolgungen, durch manch augenscheinliches Wunder verherrlicht. Valentin, Priester in Rom, zeichnete sich durch Weisheit und besonderes Tugendstreben aus; er stand bei Christen und Heiden in hohem Ansehen. Die Martyrerakten berichten von ihm: Auch Kaiser Claudius II. (268–270) wollte ihn kennenlernen. Valentin, der vorausahnte, was ihm bei der Begegnung mit dem Kaiser geschehen würde, bereitete sich durch inniges Gebet auf sein nahes Ende vor. Gestärkt durch die Kraft der heiligen Sakramente trat er furchtlos vor den Kaiser. Dieser sagte: „Valentin, ich möchte gerne deine Weisheit hören und dein Freund sein. Nur eines verlange ich von dir, daß du zum alten Glauben an die Götter Roms zurückkehrst." Valentin entgegnete: „Kaiser, dies würdest du von mir nicht verlangen, wenn du etwas von der Herrlichkeit Gottes ahntest – und daß Christus wahrhaftig sein Sohn ist." Auf die Frage eines der Räte, was er von den Göttern halte, sagte Valentin: „Das sind Dämonen." Die Versammlung empörte sich über dieses Wort und verlangte den Tod des „Gotteslästerers". Valentin bat den Kaiser um einen kleinen Aufschub. Währenddessen erklärte er ihm eindringlich die Wahrheiten des christlichen Glaubens. Der Kaiser war tief ergriffen. Der Stadtpräfekt aber rief: „Valentin ist ein Zauberer!" Daraufhin entstand ein großer Tumult. Claudius, in Angst vor einem Aufstand des aufgehetzten Volkes, übergab Valentin dem Stadtpräfekten, dieser ihn wiederum dem Richter Asterius. Durch Gebet und Handauflegung machte Valentin dessen blinde Tochter sehend. Asterius ließ sich hierauf taufen und starb bald samt seiner Familie den Martertod. Der Stadtpräfekt aber ließ den greisen Priester foltern und dann enthaupten. Dies geschah im Jahre 269.

Der Heilige wird in Augenkrankheiten und gegen Fallsucht schon seit dem frühen Mittelalter oft erfolgreich angerufen.

TAGESHEILIGE: Zeno M – Antonin A in Sorronto – Konrad d. Bayer, sel. Herzogssohn Mö, † 1154 – Helmwart B von Minden, † 958 – Armata M – Vitalis, Felikula, Prokul, Ephebus, Apollonius, Bassus, Antonin, Protolikus, Kyrion, Bassian, Agathon; Moyses, Dionys, Ammon M – Valentin BM – Nostrian B – Eleuchad B – Auxentius A – Maro E.

15. FEBRUAR *Dominikus a Jesu Maria*

Als Folge der unseligen Glaubensspaltung entbrannte 1618 in unserm Vaterland jener Krieg, der dreißig Jahre lang mit Mord, Brand und Scheußlichkeiten wüten sollte. Herzog Maximilian von Bayern zog im Gottvertrauen auf den Sieg der katholischen Sache ins Feld. Da er wußte, wie notwendig nicht bloß gute Waffen, sondern auch die geistliche Rüstung der Truppen sei, war er dafür besorgt, daß seine Soldaten einen guten Seelsorger erhielten. Er erbat sich vom Papst den wegen seines beispielhaften heiligmäßigen Lebens weithin bekannten Karmelitergeneral Pater Dominikus à Jesu Maria. Der Herzog hatte gut gewählt. Pater Dominikus war nicht nur ein ausgezeichneter Priester, er war auch ein heldenhafter Mann. In der Schlacht am Weißen Berg bei Prag im Jahre 1620, dem ersten Entscheidungskampf zwischen Katholiken und Protestanten, war Pater Dominikus, nur mit dem Kreuz in der erhobenen Hand, inmitten der Kämpfer und führte sie durch den Feldruf „Jesus und Maria“ nach harten Kämpfen zum glorreichen Sieg. Dieses Ereignis möge genügen, um den lieben, in Vergessenheit geratenen Mann und Priesterhelden wieder ins helle Licht zu setzen. Daß er in jener Zeit des zügellosen Soldatenlebens auch besonders darnach trachtete, in der katholischen Armee wenigstens einigermaßen Zucht und Ordnung herzustellen, ist sein besonderes Verdienst. – Pater Dominikus war Spanier. Er stammte aus einer vornehmen Familie Aragoniens. Früh verwaist, wurde der Knabe im Karmeliterkloster in Valencia aufgezogen und trat später mit heiliger Begeisterung und jugendlicher Freude in diesen strengen Orden ein. Groß war seine Liebe zu den Kranken, größer seine Liebe zum Heiland. Als er zum Priester geweiht war, kannte sein Seelsorgseifer keine Grenzen. Seine Klugheit und seine Gelehrsamkeit erregten allenthalben Aufsehen. Dominikus aber blieb stets ein einfacher und bescheidener Mönch. Aus Demut schlug er den ihm zugedachten Kardinalspurpur aus. Als päpstlicher Legat kam er nach Wien und Frankreich. Reich an Verdiensten war sein Leben, selig sein Sterben am 16. Februar 1630.

Der apostolische Geist des Seligen und sein kämpferisches Handeln sollen Klerus und Laien stets ein leuchtendes, nachahmenswertes Vorbild bleiben. In der Fülle der bedeutenden Gestalten, die durch die Geschichte der Reiche wandeln und die ihre Leiden und Siege mitbestimmen, ist der Selige einer von jenen, die mitten im Streit der Welt ihre „Kinder" zum ewigen Ziel führen.

TAGESHEILIGE: Agape JM – Alfried A – Ansbert B – Siegfried (Sigurd) Pr, Glaubensprediger Schwedens, † 1002 – Gertrud v. Volmudstein, E in Westfalen, † um 1150 – Faustin Pr M, Jovita M, † 120 – Krato, Saturnin, Kastul, Magnus, Luzius M – Quinidius, Dekorosus, Severus, Joseph Bk – Georgia W – Klaudius de la Colombiere Pr – Emmanuel Mö M.

16. FEBRUAR Juliana

Die Martyrerakten der Kirche zeigen deutlich, wie oft das sogenannte schwache Geschlecht in Zeiten der Verfolgung höchsten Heldenmut bewies. Das Beispiel eines solchen Mutes gibt uns die Lebensbeschreibung der heiligen Juliana, die im Jahre 304 für ihren christlichen Glauben Blut und Leben ohne Zittern und Zagen hingab. Julianas Eltern waren vornehme heidnische Leute. Durch eine besondere Fügung Gottes fand das Mädchen Zutritt zu den Versammlungen der Christen, lernte den Glauben an Jesus lieben und bekannte sich bald öffentlich als Christin. Mit achtzehn Jahren sollte sie nach dem Willen ihrer Eltern mit einem heidnischen Jüngling, Eleusius, die Ehe eingehen. Wie erstaunten die Eltern, als Juliana mit allem Ernste erklärte, daß sie dem Eleusius nur dann ihre Hand reichen werde, wenn er Christ würde! Der Vater versuchte mit allen Mitteln, seine Tochter umzustimmen. Juliana aber gab nicht nach. Eleusius war Statthalter in Nikomedia geworden. Als er von der Ablehnung seiner Werbung hörte, wurde er sehr zornig. Er ließ Juliana vor sich führen und versuchte sie mit glänzenden Versprechungen und Schmeichelreden zum Abfall vom Glauben zu bewegen. Da er aber damit nichts erreichte, peinigte er das standhafte Mädchen auf grausame Weise. Stundenlang ließ er Juliana an ihren langen Haaren aufhängen. Hierauf wurde sie am ganzen Leibe mit brennendem Stroh gequält. Im Kerker, in den sie halbtot gebracht wurde, erschien ihr der Teufel in Gestalt eines Engels. Juliana erkannte ihn aber und vertrieb ihn mit dem Kreuzzeichen. Deshalb wird sie abgebildet, wie sie den Teufel an einer Kette führt. Darauf heilte der

Heiland alle ihre Wunden. Als sie anderntags wieder vor den Statthalter gebracht wurde, erstaunte dieser, daß sie heil und gesund war. Auf Eleusius machte der Mut Julianas tiefen Eindruck; jedoch die Furcht vor dem Kaiser brachte sein Gewissen zum Schweigen. Nach nochmaliger Peinigung schlug der Henker der Heiligen das Haupt ab.

Wir stehen bewundernd vor so viel Glaubensstärke und Mut. Und welche Kraft des Himmels muß in einer reinen, klaren Seele wirken, wenn ein schwaches Mädchen solche Qualen siegreich überstehen kann! Auch an unsere weibliche Jugend, die in Julianas Heldenmut ein herrliches Beispiel besitzt, treten Versuchungen mancher Art heran. Es gibt auch ein unblutiges Martyrium, wenn der Mensch mit gutem Willen die unsichtbare Krone der Reinheit zu verteidigen hat.

TAGESHEILIGE: Onesimus BM – Faustin B zu Brescia – Philippa Ae – Simeon B von Metz, † 380 – Tanko B von Verden, † 808 – Julian, Elias, Jeremias, Isaias, Samuel, Daniel M – Dietrad – Dominikus a Jesu Maria Mö.

17. FEBRUAR *Konstantia*

In der Zeit, da der christliche Glaube über das Heidentum siegte, lebte die Prinzessin Konstantia, eine Tochter des Kaisers Konstantin des Großen. Sie wurde in ihrer frühen Jugend von der furchtbaren Krankheit des Aussatzes befallen. Kein Arzt konnte ihr helfen. Nun geschahen damals oft große Heilungen am Grabe der heiligen Agnes in Rom. Obwohl Konstantia noch nicht Christin war, machte sie doch nächtlicherweise eine Wallfahrt zu deren Grab und betete um Heilung. Plötzlich umstrahlte sie himmlisches Licht, die Heilige erschien ihr und sagte, sie solle an Christus glauben und sich taufen lassen. Im gleichen Augenblick wurde Konstantia geheilt.

Nach dem glänzenden Sieg über die Skythen bat der Feldherr Gallikanus um die Hand der Prinzessin. Sie versprach ihn zu ehelichen, wenn er Christ geworden sei. In einer Schlacht kam Gallikanus sehr in Bedrängnis. Da ermahnten ihn die beiden Diener der Prinzessin, die ihn begleitet hatten, er möge den Gott der Christen anrufen. Das tat er und wurde gerettet. Daraufhin ließ er sich taufen. Die Erhabenheit der christlichen Lehre ergriff ihn derart, daß er zwar Konstantia ehelichte, aber nach ihrer Bitte in jungfräulicher Ehe mit ihr lebte. Ja schließlich erlaubte er seiner Gattin, daß sie sich unter die gottgeweihten Jungfrauen aufnehmen ließ. Sie lebte fortan nur mehr dem Dienste Gottes und des Nächsten. Auch Gallikanus zog sich vom

Kriegsdienst zurück. Als Julian der Abtrünnige auf den Thron kam und das Christentum zerschmettern wollte, erlebte Konstantia den menschlichen Schmerz und die göttliche Freude, daß ihr Gatte Gallikanus als treuer Christ ins Gefängnis geworfen wurde und samt seinen Dienern den Martertod für Christus durch das Schwert erleiden durfte. Gerne wäre auch Konstantia denselben Tod gestorben. Doch fügte sie sich in den Willen Gottes und lebte einsam, allein dem Gebet und guten Werken an armen Mitmenschen hingegeben, bis zum Jahre 365.

Auf dem Weg der Selbstüberwindung, der Gottes- und Nächstenliebe, soll jeder Christ den Heiligen nacheifern.

TAGESHEILIGE: Faustin M – Evermod B von Ratzeburg, Wandermissionar, † 1178 – Mangold A von Isny, † 1100 – Bonosus B von Trier, † 381 – Polychron B M – Donat, Sekundian, Romulus, Theodul, Julian M – Silvin B – Fintan Pr – Loman B – Gerardin Mö.

18. FEBRUAR *Simeon*

An diesem Tag erinnert die Kirche an eine mächtige Persönlichkeit — den zweiten Bischof von Jerusalem, den heiligen Simeon. Mit dem Heiland war er nahe verwandt. Als Jakobus der Ältere im Jahre 42 von Herodes enthauptet wurde, hielt Simeon unerschrocken den Juden ihre Mordtat vor. Die Gewalt seines Wortes über das Volk und die Erhabenheit seines Denkens schreckten die Hohenpriester ab, ihn zu ergreifen. Simeon wurde von den Aposteln zum Bischof von Jerusalem erwählt. In diese Zeit fällt das furchtbare Strafgericht, das die Heilige Stadt ereilte. Gemäß dem Auftrag des Heilandes, wenn die Feinde kommen und einen Wall um die Stadt aufbauen würden, soll jeder fliehen, zogen die Christen, an ihrer Spitze Bischof Simeon, fort in das nahegelegene Pella. Von dort aus erlebten sie, wie das Wort wahrgemacht wurde, das die Priester und das Volk einst bei der Verurteilung Jesu freventlich gerufen hatten: „Sein Blut komme über uns und unsere Kinder!" Die Stadt wurde von den Römern unter Titus belagert. Flavius Josefus, ein jüdischer Schriftsteller in römischen Diensten, erzählt ausführlich von den Schrecken und Greueln dieser Belagerung. Schließlich wurde Jerusalem in erbittertem Kampf erobert und dem Erdboden gleichgemacht. Auch der Tempel ging in Flammen auf. Der Rest der Bevölkerung, der dem Untergang entging, kam in Gefangenschaft und wurde in alle Welt zerstreut. Nach dem Untergang Jerusalems begaben sich die Christen wieder in die zerstörte Stadt zurück und wohnten in deren Trümmern. Neue Gefahr drohte jetzt dem jungen Christentum. Irrlehrer (namentlich Cerinth) leugneten die Gottheit Christi. Simeon führte einen harten Kampf gegen sie. Immer wieder suchten sie die Rechtgläubigen zu verwirren. Sie verklagten Simeon, daß er ein Nachkomme des Königs David sei. Es war gerade die Zeit einer heftigen Christenverfolgung unter Kaiser Trajan. Simeon wurde vor den Richter gestellt und sollte seinem Glauben abschwören. Mutig entgegnete er, daß er auch in seinem hohen Alter — er war bereits ein Greis von 120 Jahren — sich dem Unrecht nicht beugen und die Wahrheit nicht verleugnen würde. Nun befahl der Statthalter, da er wußte, daß Simeon Christus, den Gekreuzigten, als Gott anbete, den ehrwürdigen Bischof wie seinen Herrn zu kreuzigen. Mit dem Kopf nach unten, wie der heilige Petrus, verblutete Simeon am Kreuze im Jahre 106.

St. Simeon steht fast zwei Jahrtausende als ein erhabenes Beispiel der Hirtentreue vor uns. In keiner Not und Bedrängnis verließ er seine Herde. Sein Leben für die Gemeinschaft wurde der Grundstock zu einer blühenden Kirche im Heiligen Land. Und der Martertod galt ihm als die Krönung seines Lebens; auch dadurch blieb sein Andenken in der Geschichte der Kirche bewahrt. Es ist immer ein ergreifendes Bild, wenn eine Gemeinde einen treuen, besorgten Seelenhirten besitzt. Von einem solchen gilt das Wort Christi: „Der gute Hirt gibt sein Leben für seine Schafe." — Wir wollen beten, daß wir stets einen Hirten bekommen, der in seiner Gesinnung dem Bischof Simeon gleicht.

TAGESHEILIGE: Angilbert A, † 814 – Leguntius B von Metz, 4. Jahrh. – Severin B von Trier, † 350 – Sulpiz B von Tongern, † 525 – Bernadette J – Wolfgang von Asch, Pr. in Landshut, † 1641 – Maximus, Klaudius, Präpedigna, Alexander, Kutia, Luzius, Silvan, Rutul, Kassikus, Sekundin, Fruktul M – Flavian, Hellad B – Konstantia J.

19. FEBRUAR *Onesimus*

Das Wunder göttlichen Gnadenwaltens und zugleich die unbegrenzte Apostelliebe des heiligen Paulus leuchtet aus dem Leben des heiligen Onesimus hervor. Zu Kolossä lebte der reiche und angesehene Philemon, den Paulus zum Christentum bekehrt hatte. Dieser hatte einen Sklaven namens Onesimus, der ein Taugenichts und Dieb war und eines Tages seinem Herrn entwich. In Rom kam dieser Sklave mit Paulus zusammen. Dem Völkerapostel, der damals bereits in Gefangenschaft lag, gelang es, Onesimus zu bekehren. Dieser zeigte sich nun so willig und anstellig, daß ihn Paulus gerne als Diener bei sich behalten hätte. Allein ohne Erlaubnis seines Herrn wollte er dies nicht tun. Er sandte daher Onesimus mit einem kurzen Handschreiben, das uns heute noch unter dem Titel „Brief an Philemon“ erhalten ist, zurück. Rührend ist darin zu lesen: „Ich, Paulus, ein alter Mann und jetzt dazu noch ein Gefangener Christi Jesu, ich bitte dich für meinen Sohn, dem ich in meinen Banden das Leben gegeben habe, für Onesimus, der dir einst unnütz war, jetzt aber dir und mir nütze geworden ist. Ich sende ihn, das heißt mein eigenes Herz, an dich zurück. Zwar hätte ich ihn am liebsten bei mir behalten, daß er mir an deiner Statt in meiner Gefangenschaft für das Evangelium Dienste leiste. Aber ohne dein Einverständnis wollte ich nichts tun, damit deine Wohltat nicht erzwungen, sondern freiwillig sei. Wenn du dich also mit mir verbunden weißt, so nimm ihn auf wie mich selbst!“ Gerne erfüllte Philemon diesen Wunsch und Onesimus wurde schließlich der Briefbote zwischen Paulus und den Kolossern. Später, so berichtet die Legende, sei er bis nach Spanien gewandert, habe dort das Evangelium gepredigt und sei sogar Bischof geworden. Um das Jahr 95 starb Onesimus zu Rom als Martyrer.

Welch eine Lehre! Der Sklave, der Dieb — Nächstenliebe, die Weisheit eines erleuchteten Lehrers und der endlich erbetete und errungene Glaube können ihn zum rechten Christen, ja zum Heiligen machen. (Das Fest des Heiligen wird meist am 16. Februar gefeiert.)

TAGESHEILIGE: Friedrich v. Regensburg, Laienbr. – Leontius B v. Trier, † 409 – Friedrich von Hirsau, sel. A, † 1071 – Konrad E, † 1359 – Gabin, Publius, Julian, Marzell M – Zambda J – Auxib, Barbat, Mansuet B – Reinold E – Susanna – Odran M.

20. FEBRUAR *Jordan Mai*

Ein Heiliger der neuen Zeit ist der Laienbruder Jordan Mai. Seine Heimat war Westfalen. Am 1. September 1866 wurde er in Buer als der Sohn eines Sattlers geboren. Was die einfache und in fast ärmlichen Verhältnissen lebende Familie auszeichnete, war die stille und selbstverständliche tiefe Frömmigkeit, die in ihr herrschte. Täglich gingen Eltern und Kinder in die heilige Messe. Sie beteten viel und arbeiteten emsig, wie die Apostel es getan hatten. — Bruder Jordan hieß in der Welt Heinrich. Als er aus der Schule entlassen war, half er seinem Vater fleißig bei der Arbeit in der Sattlerei. Leider erkrankte der Vater schon bald und Heinrich pflegte ihn vier Jahre lang mit größter Geduld, wobei er jede zweite Nacht Wache halten mußte. Als er 28 Jahre alt war, durfte er endlich werden, was er sich schon als Knabe ersehnt hatte — ein Ordensmann. Vorher war er noch drei Jahre Soldat. Er trat in ein Franziskanerkloster in Holland als Laienbruder ein. Sein Ziel war — wie einfach und wie schwer! — „heilig zu werden". Wie? Indem er die Pflichten eines Ordensmannes nicht nur auf das treueste erfüllte, sondern in Gebet und heimlicher Liebestat mehr vollbrachte, als ihm oblag.

Er leistete nichts Großes, was nach außen hin aufgefallen wäre. Im Gegenteil. Als er noch lebte, war er so unbekannt, daß fast niemand von ihm etwas wußte. Und doch brachte er es, nach den Aussagen seiner Oberen, zu einem fast unerreichbar scheinenden Grad von Heiligkeit. Da er wenig begabt war, hatte er meist die niedrigsten Dienste im Kloster auszuüben. Obwohl von Natur sehr zu Zorn geneigt, wußte er sich stets zu beherrschen, so daß er allen als Vorbild der Bescheidenheit und Geduld gelten mußte. Jordan war durch die Gnade des betrachtenden Gebetes ausgezeichnet. Meist übte er es mit der Erlaubnis seiner Oberen in der Nacht, da er am Tag dazu keine Zeit hatte. Lange Jahre war er von heftigen Schmerzen geplagt und mußte große Leiden aushalten. Ohne je zu klagen, ertrug und opferte er alles für die Errettung der Sünder. Zuletzt war Bruder Jordan in Dortmund. Am 20. Februar 1922 holte er sich noch nachts zwölf Uhr einen Pater und bat um die heilige Ölung. Dann starb er gottergeben.

Nach seinem Tode geschahen gar manche Gebetserhörungen an seinem Grab. Daher ist es nicht zu verwundern, daß das christliche Volk ihn bald verehrte. Wenn er auch noch nicht zur Ehre der Altäre erhoben ist, so dürfen wir doch glauben, daß Gott seinen treuen Diener mit dem ewigen Lohn beschenkt hat.

TAGESHEILIGE: Eucher B von Orleans, lebte in Verbannung in Köln, † 378 – Armata N – Olkan B – Eleuther B – Sadok, Eleuther B M – Pothamius, Nemesius M – Leo B – Wulfrich – Isenbert – Ollan E.

21. FEBRUAR *Willigis*

Eine unserem Volke besonders ehrwürdige Gestalt ist der heilige Willigis. Sein Lebensweg ist eigenartig. Willigis war der Sohn eines Wagnermeisters. Über die Jugendzeit des Heiligen ist wenig bekannt. Jedoch scheint er große Begabung für Wissenschaft gehabt zu haben, dank der es ihm möglich wurde, später die höchsten Würden und Stellen zu erhalten. Seiner Gelehrsamkeit und seiner großen Tugendhaftigkeit wegen berief ihn Kaiser Otto II. an seinen Hof nach Goslar und machte ihn zu seinem ständigen Berater und Vertrauensmann. Nach dem Tode des Erzbischofs von Mainz wurde Willigis im Jahre 975 unter dem stürmischen Jubel des Volkes zu dessen Nachfolger gewählt. Besonders zeichnete sich Willigis durch große Demut aus. Als Neider zum Hohn und Spott, weil er so niedriger Herkunft war, an seine Türe Wagenräder anlehnten, ließ der Bischof ein Wagenrad in sein Wappen aufnehmen. Nach dem Tod des Kaisers verwaltete er für den minderjährigen Otto III. das ganze Deutsche Reich mit Tatkraft und Weisheit. Und als Otto starb, da war es seinem Einfluß und seiner Klugheit zu verdanken, daß die Kurfürsten den edlen Herzog Heinrich, den Heiligen, zum Kaiser wählten. War aber der Bischof nicht mit Staatsgeschäften überhäuft, so zeigte er sich ganz als Vater der Seinen. Besonders war er den Armen ein liebreicher Helfer; täglich speiste er dreißig Arme an seiner eigenen Tafel. Er stiftete mehrere Klöster, erbaute Kirchen, sorgte sich um die Jugend und strebte in seinem hohen Amt unentwegt nach dem Frieden. Reich an Verdiensten um das Reich, um sein Bistum und um den christlichen Glauben verließ dieser wahrhaft große Bischof die Welt im Jahre 1011.

Wir Deutsche können auf diesen Bischof und Heiligen stolz sein. Treue zum Vaterland, Treue zur Kirche: beide sollen Hand in Hand gehen. Und von jeher hat sich gezeigt, daß die treuesten Staatsbürger immer zugleich gute Christen waren.

TAGESHEILIGE: Felix B von Metz, † 100 – Eleonora K – German aus Trier, AM, † 675 – Pippin Kö, † 639 – Gunthilde Ae von Biblisheim im Elsaß, sel., † 1131 – Leodegar von Lechsgemünd, sel., Stifter von St. Walburg in Eichstätt Mö, † 1074 – Severian PrM – Verul, Sekundian, Sisizius, Felix, Servul, Saturnin, Fortunat, Petrus von Majuma M – Maximian, Paterius B – Guntbert E – Askan Bk – Andreas Bobola M – Randold Mö.

22. FEBRUAR *Margareta von Cortona*

Ein eindringliches Beispiel echten Bußgeistes und mutig durchgehaltener Lebensbesserung gibt uns Margareta von Cortona. Sie war zu Laviano in Toskana 1247 geboren. Mit acht Jahren verlor sie ihre gute Mutter – ein großes Unglück für das Kind. Es erhielt eine Stiefmutter, die das heranwachsende Mädchen nicht zu behandeln verstand, so daß Margareta im Alter von achtzehn Jahren aus dem Elternhaus floh und bald darauf im Elend der Sünde unterging. Sie trat in den Dienst des edlen Herrn zu Monte Pulciano. Margareta war sehr schön, dazu eitel und ihrer Schönheit wohl bewußt. Bestochen von ihrer Anmut, machte sie ihr Dienstherr zu seiner Gattin, ließ aber diese Verbindung durch die Kirche nicht segnen. Neun Jahre dauerte dieses sündhafte Verhältnis, dem ein Knabe entsprang. Dann kam durch die

Zulassung Gottes das Gericht: ihr Gatte wurde, als er auf der Jagd war, von Räubern überfallen und erschlagen. Margareta fand ihn, schon im ersten Verwesungsstadium, unter einem Strauche liegend. Ihr Schmerz war riesengroß. Zugleich aber erkannte sie die Armseligkeit des menschlichen Lebens und die Torheit ihrer Eitelkeit. Sie begann unter bitteren Tränen dem Herrgott Besserung ihres Lebens zu versprechen, verließ das Schloß und kehrte zu ihrem Vater zurück. Doch die Stiefmutter wies sie fort. In ihrer Seelennot wanderte sie nach Cortona zu den Franziskanerinnen. Dort legte sie ihre Lebensbeichte ab und schloß sich dem Dritten Orden des heiligen Franziskus an. Und nun lebte sie dreiundzwanzig Jahre lang einzig der Buße. Durch ihren beispielhaften Lebenswandel bekehrte sie viele Sünder; Gott sah mit Wohlgefallen auf sie herab. Sie übte Werke größter Abtötung und verbrachte viele Stunden der Nacht im Gebete. Die Betrachtung des bitteren Leidens und Sterbens Christi war ihr eigentliches Anliegen. Alles, was sie selber leiden mußte, Krankheiten, Hohn und Verachtung der Menschen, ertrug sie aus Liebe zum Heiland gerne und stillschweigend. Am 22. Februar 1297 starb sie gottergeben und wurde zu Cortona begraben. Als man sie nach vielen Jahren wieder ausgrub, war ihr Leib noch unversehrt.

Das Wunderbare am Leben dieser Frau (sie wurde von Papst Benedikt XIII. im Jahre 1728 heiliggesprochen) ist ihre aufrichtige und unerschütterliche Bußgesinnung. Es war für sie nicht leicht, den einmal begangenen Weg zu verlassen. Und besonders dann, als sie von ihrer Stiefmutter erbarmungslos aus dem Hause gewiesen wurde, erfaßte sie von neuem die Versuchung, auf die alte, sündhafte Weise fortzuleben. Aber sie blieb mit der Gnade Gottes stark. Und als sie ihr junges Leben ohne Rückhalt Gott zum Opfer darbrachte in einem strengen Büßerleben, schenkte sich Gott ihr auch ganz und begnadete sie mit innerer Tröstung und Führung.

Für den Menschen, der in den Banden irgendeines Lasters gefesselt liegt, gibt ihr Leben den Anporn, wie man sich frei machen kann vom Bösen. Zugleich bezeugt ihr Leben, daß selbst der tiefste Fall nicht die Verzweiflung rechtfertigt. – Gott will nicht den Tod des Sünders, sondern daß er sich bekehre und lebe.

TAGESHEILIGE: Papias B, Schüler des heiligen Johannes – Aristion, einer der 72 Jünger – Marold Mö in Indersdorf, sel., † 1172 – Edigna E – Abil B – Paschasius B – Johanna Bononi Ae – Urbana M.

23. FEBRUAR *Petrus Damianus*

Oft erwählt Gott die Kleinen und Unansehnlichen, um die Starken zu beschämen. Wer hätte von dem armseligen Knaben Petrus je gedacht, daß er einmal unter die Zahl der Kardinäle und Kirchenlehrer aufgenommen würde? Petrus wurde im Jahre 988 zu Ravenna in Italien geboren. Da seine in ärmlichen Verhältnissen lebenden Eltern schon viele Kinder hatten, wollte die Mutter den hilflosen Säugling anfangs aussetzen, damit er zugrunde gehe. Erst nach langen guten Ermahnungen gab sie ihr freventliches Vorhaben auf. Bald starb sie. Petrus wurde von seinem ältesten Bruder aufgezogen. Dieser ließ ihn schließlich die Schweine hüten. Einmal fand er ein Geldstück, konnte aber den Eigentümer nicht entdecken. So bat er den Pfarrer, für seine Eltern eine heilige Messe zu lesen. Diese Liebe zu den Eltern wurde von Gott belohnt. Sein Bruder Damianus nahm ihn nun zu sich auf und ließ ihn studieren. Der Knabe machte bald solche Fortschritte, daß alle staunten. Er wurde selbst in kurzer Zeit Lehrer; auch erbte er großen Reichtum. Dieser erschien dem bescheidenen Jüngling als eine Gefahr; deshalb befleißigte er sich auf jede Weise der Demut und teilte sein Geld mit den Armen. Schließlich flüchtete er sich in die Einsamkeit und ging in ein Kloster. Durch seine Predigten wurde er berühmt; viele Sünder verdankten ihm die Bekehrung. Wegen seines seelsorglichen Eifers mußte er nun von einer Kirche zur andern wandern und die Leute durch seine Worte für die Sache Gottes begeistern. Der Ruhm seiner Weisheit drang nach Rom. Papst Stephan IX. berief ihn zu sich und machte ihn, als er sich persönlich von seiner Tugend und Weisheit überzeugt hatte, zum Kardinalbischof von Ostia. Auch Papst Alexander II. rief ihn nach Rom. Als päpstlicher Legat wurde er im Jahre 1069 zum Reichstag nach Frankfurt am Main geschickt. Auf der Rückreise erkrankte Petrus schwer, ließ sich zu Faenza mit den heiligen Sakramenten versehen und starb gottselig am 22. Februar des Jahres 1072.

Wir lernen aus diesem Heiligenleben, daß sozialer oder gesellschaftlicher Hochmut keinem Christen ansteht. Christus lebte unter den „kleinen Leuten“, die Apostel waren „Proletarier“. Es muß unser Streben sein, stets die Schwachen und Kleinen zu fördern; das ist ein höchst wichtiger Teil des Gebotes der Nächstenliebe.

Andererseits sehen wir an Petrus Damianus, daß der wahre Christ und Gottsucher in jedem Stande selig werden kann, wenn er sich nur bemüht, alles zur Ehre Gottes zu tun. Wahre Größe geht immer Hand in Hand mit Bescheidenheit und Demut.

TAGESHEILIGE: Milburg Ae – Willigis B von Mainz, † 1011 – Celsus B von Trier,

† 150 – Otto von Kappenberg, sel., Mö, † 1171 – Nikolaus von Preußen Mö, sel., † 1456 – Sirene M – Martha J M – Felix B – Polykarp PrM – Lazarus, Florentius Bk – Romana J – Isabella.

24. FEBRUAR *Matthias*

Über das Leben und Wirken des heiligen Apostels Matthias ist so gut wie nichts bekannt. Jedenfalls war er einer der 72 Jünger, die außer den Aposteln stets um den Herrn waren. Bekannt ist Matthias durch seine Erwählung. – Matthias soll zu Bethlehem geboren sein. Er gehörte zu jenen, die das Erscheinen des Messias erwarteten. Daher wanderte er auch gleich zu Johannes dem Täufer, als dieser am Jordan predigte, und schloß sich später Jesus an. Die Apostelgeschichte erzählt uns im ersten Kapitel: In jenen Tagen – gemeint sind die Tage kurz vor dem Pfingstfest – trat Petrus unter den Jüngern auf und redete; er wies hin auf das traurige Ende des Verräters Judas, der auserwählt war, ebenso wie sie alle als Apostel das Evangelium des Herrn zu verkünden, aber in Verzweiflung über seine Untat sich erhängte und so den Lohn für sein Verbrechen erhielt. Er zählte aber zu ihnen und hatte Anteil an diesem Amt. Gemäß den Worten des Psalmbuches aber solle ein anderer sein Amt erhalten. „So muß denn", fuhr Petrus fort, „einer von den Männern, die mit uns zusammen waren all die Zeit, da der Herr Jesus unter uns aus- und einging – angefangen von der Taufe des Johannes bis zu dem Tag, da er von uns weg aufgenommen ward – von diesen muß einer mit uns Zeuge seiner Auferstehung werden." – Sie stellten zwei auf: Josef, genannt Barsabas, mit dem Beinamen der Gerechte, und Matthias. Dann beteten sie: „Du, o Herr, kennst die Herzen aller. Zeig an, wen von diesen beiden du erwählt hast, um diesen Dienst, das Apostelamt, zu übernehmen, das Judas treulos aufgegeben hat, um seinem Schicksal zu verfallen." Sie warfen das Los. Das fiel auf Matthias, und so ward er den elf Aposteln beigezählt. – Soweit der historische Bericht. Nach der Herabkunft des Heiligen Geistes am Pfingstfest begann Matthias seine Predigertätigkeit, zuerst unter dem eigenen Volk; später begab er sich dann nach Kappadokien (in Kleinasien am Schwarzen Meer) und drang bis an die Ufer des Kaspischen Meeres vor. Er hatte große Erfolge. Schließlich wurde er um das Jahr 63 von den Feinden des christlichen Glaubens halbtot gesteinigt und mit dem Beil erschlagen.

Seine Verehrung ist in unserem Vaterlande groß, da die Stadt Trier seine Reliquien besitzt. Es ist dies das einzige Apostelgrab auf deutschem Boden. Goslar, Hannover und Hildesheim feiern den Heiligen als Patron.

TAGESHEILIGE: Flavian M – Modest B von Trier – Edilbert Kö – Arno von Salzburg, † 821 – Primitiva, Sergius, Montan, Luzius, Julian, Viktorikus M.

Walburga

Wer einmal nach Eichstätt kommt, der wird gewiß das Grab der heiligen Walburga besuchen. Unzählige Votivtafeln berichten von der Hilfe, die sie Bedrängten auf ihre Anrufung hin erwies. Seit mehr als 1100 Jahren dauert schon diese Verehrung. Woher kommt das? Gott verherrlichte bis in unsere – lieber falschen Wundern als echten Geheimnissen zugewandte – Zeit hinein diese Heilige, denn vom Oktober bis zu ihrem Namenstag fließt aus ihren Gebeinen, die hinter dem Hochaltar ruhen, eine wasserähnliche Flüssigkeit, das sogenannte Walburgisöl. Durch die gläubige Anwendung dieses Öls sind nachweislich schon viele Heilungen geschehen.

Walburga war eine der ersten Benediktinerinnen, die nach Deutschland kamen und dort halfen, das Christentum zu verbreiten. Sie entstammte einer vornehmen und frommen irischen Familie. Ihr Vater, König Richard, und ihre Mutter, Wunna, werden als Heilige verehrt. Ihre Brüder waren Willibald und Wunibald, ihr Oheim Bonifatius. Als das Kind solcher Eltern erhielt sie eine sorgfältige religiöse und wissenschaftliche Erziehung. Als Vater und Mutter sehr bald starben, wurde Walburga Nonne. Sie begann ein Leben der Tugend und Vervollkommnung. In jener Zeit predigten ihre Brüder in Deutschland das Evangelium. Zur Unterstützung der Missionstätigkeit holte sich Willibald, der spätere Bischof von Eichstätt, eine Reihe Klosterfrauen aus seiner Heimat. Auch Walburga folgte diesem Ruf. Nach der glücklichen Landung begab sich Walburga zunächst zu ihrem Bruder Wunibald, der in Thüringen mit großem Erfolge predigte. Nach einigen Jahren verließ Wunibald das Land und ging nach Franken. Mit Erlaubnis des heiligen Bonifatius zog auch Walburga dorthin; sie sollte sich nun einen passenden Ort für ein Kloster aussuchen. In Heidenheim fand sie Platz und Haus und begann ein klösterliches Gemeinschaftsleben mit gottbegeisterten Jungfrauen, die sich um sie scharten. Nach dem Tode Wunibalds übertrug Willibald die Leitung des Klosters seiner Schwester Walburga und weihte sie zur Äbtissin. Gott gab ihr zu diesem Amte besondere Gnaden. So heilte sie einmal durch ihr Gebet die plötzlich zu Tode erkrankte Tochter eines Adeligen von Heidenheim, der viel für das Kloster getan hatte. Siebzehn Jahre verwaltete Walburga ihr schweres Amt; um das Jahr 781, am 25. Februar, starb sie in Heidenheim. Ihr Leib wurde neben dem ihres Bruders Wunibald in Heidenheim beigesetzt und erst hundert Jahre später brachte man einen Teil ihrer Gebeine nach Eichstätt. Nonnen ihres Ordens verwalten ihr Erbe. Und wie im christlichen Mittelalter, so pflegen sie auch heute noch kirchliche Kunst und bringen manches Meisterwerk zustande. Doch das Wichtigste ist, daß der apostolische Geist der Heiligen in ihren Nachfolgerinnen weiterlebt. Vielleicht hilft ihre Verehrung dazu, daß auch unseren Zeitgenossen die blinden Augen geöffnet werden und sie erkennen, daß der Glaube an Christus das einzig stete Licht ist, das das Dunkel der Welt erleuchten kann.

TAGESHEILIGE: Felix III. P, † 492 – Adeltrud Ae – Gerland B – Modest B von Trier, † 486 – Viktorin, Viktor, Nikephor, Claudian, Dioskur, Papias, Donat, Justus, Herena M – Tharasius B – Cäsarius Bk – Adelhelm A – Robert E.

26. FEBRUAR *Edigna*

Zu Puch bei Fürstenfeldbruck steht eine alte Linde, geborsten durch jahrhundertelangen Sturm, ausgemauert, um Halt zu finden, umgeben mit einem eisernen Zaun und geschmückt mit einem Bilde. Auf diesem ist eine Jungfrau dargestellt, die hier nach jahrelangem Einsiedlerleben im Jahre 1109 im Herrn verschied, die selige Edigna. Sie war königlichen Geschlechtes, sehr wahrscheinlich die Tochter des Königs Heinrich I. von Frankreich. Um Christi willen verließ sie ihren Hofstaat, Reichtum und ihre Angehörigen, und fuhr auf einem armseligen Wagen fort, bis Gott ihr ein Zeichen gab, daß sie bleiben solle. Sie kam auf ihrer Wanderung bis Puch. Hier ließ sie sich in einer hohlen, alten Linde nieder und wohnte darin bis an ihr Lebensende. In Beten, Wachen, Fasten, Gott Loben, in großer Armut und Abtötung hat die Jungfrau ihr Leben zugebracht. Nach ihrem Tode zeigte sich die Wunderkraft, die ihr Gott gegeben, noch mehr als zu Lebzeiten. Schon während ihres Einsiedlerinnenlebens zogen Arme und Kranke von weit her und erflehten ihren Beistand, sei es fürbittendes Gebet oder Hilfe in Krankheiten aller Art. Allen hat sie geholfen, die mit Vertrauen auf Gottes Güte und Barmherzigkeit zu ihr in irgendwelchen Nöten kamen. Als sie gestorben war, wurde ihr Leib in einen großen Schrein gelegt und in der Kirche dortselbst aufbewahrt, wo er noch heutigen Tages sich befindet. Bald ward ihr Grab eine Wallfahrtsstätte für zahlreiche Kranke. Es geschahen, wie die Chronik berichtet, viele wunderbare Heilungen.

Im Schatten der Edignalinde liegt ein berühmter katholischer Schriftsteller begraben, Julius Langbehn, der Rembrandt-Deutsche. Gerade die Betrachtung des stillen und opferreichen Lebens der seligen Edigna hat diesen rastlosen Mann ergriffen und innerlich gefestigt.

Entsagung und Hingabe an den Willen Gottes, sie bahnen den Weg, der zum Himmel führt.

TAGESHEILIGE: Dionysius BM von Augsburg, † 304 – Alexander B von Alexandrien – Andreas B von Florenz – Adelhelm A in Sankt Blasien, † 1131 – Nestor BM – Papias, Diodor, Konon, Klaudian, Fortunat, Felix M – Faustinian B – Porphyrius BM – Andreas B – Viktor Bk – Mechthild von Helfta J – Otger (Ottokar) Mö – Mechthild von Dießen J.

27. FEBRUAR Baldomer

Die Kirche von Lyon, die seit den ersten christlichen Zeiten viele ausgezeichnete Bekenner und Heilige hervorgebracht hat, verehrt auch einen Arbeiter als Heiligen, Baldomer. Er stammte von dort und wurde von gottesfürchtigen Eltern zu einem frommen Leben angeleitet. In seiner Jugend hatte er das Schmiedehandwerk gelernt. Er ist ein besonderes Vorbild, wie die Sorge um das Ewige mit der Sorge um das Zeitliche vereinigt werden kann, ohne daß eines dem andern im Wege steht. Seine täglichen Verrichtungen waren nach einer weisen Tagesordnung bestimmt. Im Morgengrauen verließ Baldomer schnell seine Lagerstätte. Nach dem Morgengebet ging er zur nächsten Kirche und besuchte die heilige Messe. Kam er von der Kirche zurück, so genoß er mit seinen Gesellen fröhlich das Morgenbrot. Dann ermunterte er sie zur Arbeit mit den Worten: „Kommt, Kinder, in Gottes Namen wollen wir arbeiten!" So vergingen Tage und Wochen, und Gott segnete sein Tun. Arme fanden in ihm einen großzügig spendenden Wohltäter. Vor allem sorgte er für jene verschämten Hausarmen, die trotz aller Mühe nicht so viel erwarben, daß sie sich und ihre Kinder ernähren konnten. Besonders sah er auf die Kinder. Oft ermahnte er sie zum Gebet, zum Gehorsam gegen die Eltern, zum Fleiß in der Schule. Seine Herzensgüte zog alle an. Seinen Gesellen und Lehrlingen war er Vater, Freund und Berater zugleich. Einst sah ihn Viventius, der Abt von Sankt Justus, in der Kirche beten und wurde von der glühenden Andacht des Heiligen tief gerührt. Er bot ihm in seinem Kloster eine Zelle an, wo er sich ganz Gott hingeben könne. Mit Freuden sagte Baldomer zu. Seines Eifers und seiner Kenntnisse wegen sollte er zum Priester geweiht werden, starb aber nach dem Empfang der Subdiakonatsweihe im Jahre 660.

Dieser Heilige, schon Jahrhunderte tot, war seiner Einfachheit wegen überall besonders geachtet. Er „machte" aus sich selbst gar nichts. Arbeit und Gebet – *beides* als Dienst vor Gott, das war sein Lebensgrundsatz. Daß ein so bescheidener Arbeiter seit Jahrhunderten verehrt wird, dafür sind wir der Kirche und Gott dankbar: nicht auf Stand und Besitz kommt es an, sondern einzig darauf, wie der Mensch zu Gott steht.

TAGESHEILIGE: Gabriel Possenti Bk – Leander B von Sevilla – Rodwald B von Worms, † 650 – Ottokar (Otger) Mö, Stifter des Benediktinerklosters Tegernsee, † 771 – Mechthild von Sponheim J, † 1154 – Ulbold Mö in Friesland, † 1240 – Mechthild von Hackeborn, † 1299 – Alexander, Abundius, Antigones, Fortunat, Julian M – Basilius, Prokop Bk – Alnot E – Besas M.

28. FEBRUAR

Roman

Viele Heilige sind uns nicht so sehr darum Vorbilder, weil sie Großes gewirkt haben, das wir nicht nachvollziehen können, sondern weil sie im Kleinen groß waren – in der Fülle jener scheinbaren Winzigkeiten, die den Alltag füllen, im christlichen Vollzug der tagtäglichen Selbstverständlichkeiten.

Vom heiligen Roman, der im vierten und fünften Jahrhundert lebte – er ist um 460 gestorben –, sagt uns die Legende nicht viel Großartiges. Seine Heimat war Burgund. Schon früh fühlte er die Sehnsucht, einsam und gottesfürchtig zu leben. Daher begab er sich in jungen Jahren zu Abt Sabian nach Lyon und ließ sich in der Regel des Einsiedlerlebens unterrichten. Wie der Hirsch nach der Wasserquelle, so rief seine Seele nach Gott. In einer Bergschlucht des französischen Jura fand er ein Plätzlein, umgeben von hohen, düsteren Felsen, beschattet von einer gewaltigen Eiche. Eine klare Quelle, die dort entsprang, bot ihm das nötige Wasser. Den Boden um den Baum, soweit die Sonne in dieses Idyll eindringen konnte, bebaute er mit Gemüse. Eine Höhle war sein Nachtlager. Wir können uns leicht das Bild dieses Einsiedlers vorstellen, der da, ganz der Welt entronnen, allein seinen Gedanken an das ewige Ziel lebt und dabei einen erbitterten Kampf gegen die verderbte Menschennatur mit Zähigkeit und Heldenmut ausficht. Die Legende berichtet, daß der Teufel den frommen Mann und seinen Bruder Lupizinus, der zu ihm gezogen war, in heftigste Versuchungen führte.

Da das stille fromme Leben nicht verborgen blieb, sammelten sich bald immer mehr heilsbegierige Männer um Roman. Er sah sich daher gezwungen, Klöster zu gründen. Er wurde zum Priester geweiht und zum Abt seiner Mönche bestellt. Sein hohes Amt vermochte auf seinen asketischen Lebenswandel keinen verändernden Einfluß auszuüben. Er blieb gleich streng in seinen Bußübungen. Gegen seine ihm untergeordneten Mitbrüder war er ein milder und nachsichtiger Vater.

Als er von Gott die Gabe der Krankenheilung erhielt, kamen hilfsbedürftige Menschen in Scharen zu ihm. Durch seinen Segen wurden viele gesund.

Was uns am Leben des Heiligen besonders ergreift, ist seine Beharrlichkeit im Gebet, das den Himmel gleichsam zur Hilfe für ihn und seine Brüder zwang. Beharrlichkeit ist die Tugend, durch die sich das Christenleben bewährt. Darum heißt es in der Heiligen Schrift: „Wer ausharrt, wird selig."

TAGESHEILIGE: Oswald B – Johannes, sel., A in Lothringen, † 973 – Marian M in Regensburg, † 1082 – Hermine (Ermine) JM – Dominika Klara Moes N – Makarius, Rufin, Justus, Theophil, Cerealis, Pupulus, Cajus, Serapion M – Augustin B – Lupizin A – Vilana M.

1. MÄRZ *Suitbert*

Zu den großen Männern, die dem deutschen Volk das hohe Gut des Glaubens brachten, gehört der heilige Suitbert, der im siebten und achten Jahrhundert am Niederrhein wirkte. Was wir an seinem Leben besonders bewundern, ist, daß er sich auch durch große Mißerfolge und Rückschläge niemals entmutigen ließ. Suitbert war in England geboren und lebte dort eine Zeitlang unter der Leitung des heiligen Abtes Egbert. Dieser sandte zwölf Mönche, darunter Suitbert, nach Friesland, um dort zu missionieren. Mit dem heiligen Willibrord an der Spitze machten sie sich im Jahre 690 auf und segelten nach Osten. An der Mündung des Rheins landeten sie und begaben sich dann nach Utrecht. Unterstützt wurden sie vom Frankenkönig Pippin. Suitbert wirkte damals hauptsächlich in Westfriesland. Er hatte den Trost, zu sehen, daß ein großer Teil der Einwohner dem Heidentum abschwor. Wegen seiner großen Missionserfolge wurde Suitbert im Jahre 697 zum Bischof geweiht. Nun trat er mit noch größerer Autorität als bisher in die Mitte seiner Gemeinde. Suitbert erbaute zahlreiche Gotteshäuser und arbeitete mit allen Kräften an seinem Bekehrungswerke. Sein Missionseifer ließ ihn kein geruhsames Leben führen. Wieder wanderte er durch die deutschen Gaue und kam bis in das heutige Westfalen. Durch die einbrechenden Sachsen wurde ein großer Teil seiner Arbeit wieder zerstört. Von neuem begann er sein Wirken. Groß waren seine Demut und Frömmigkeit. Gott verherrlichte ihn schon bei Lebzeiten durch Wunder. Schließlich erbat er sich vom König eine Insel im Rhein, das heutige Kaiserswerth, wo er sich eine Zelle erbaute und als Einsiedler lebte. Dort starb er am 1. März 713.

Wenn wir an unserer Selbstheiligung arbeiten oder gar dazu berufen sind, andere auf den Weg des Heiles zu leiten, so dürfen wir uns niemals durch Mißerfolge und Rückschläge in unserer Arbeit lähmen lassen.

TAGESHEILIGE: Eudokia JM – Albin B in Angers – Almarich B – Justin B von Straßburg, † 390 – Bertrand Bk – Leo, Nikephor, Donat, Abundantius, Hermes, Hadrian M – Antonia M – Siviard A – Herkulan BM – Willibrord B – Dominina E – Leontia JM – Tobia J – David B – Rüdiger (Roger) le Fort B, † 1367 in Bourges.

2. MÄRZ *Agnes von Wittelsbach*

Unbedingte Gottesliebe schon in der Jugend ist etwas Seltenes und Wunderbares. Und wird diese frühe Hingabe von ausharrender Treue gekrönt, so ist die Freude im Himmel groß. Freilich, nicht allen ist es gegeben, Reichtum und Ansehen, Ehre und glänzende Zukunft zu opfern um Christi willen. Agnes, die spätgeborene Tochter Kaiser Ludwigs des Bayern, war ein Kind, das dem Heiland mit glühender Liebe und Aufopferung dienen wollte. Als der Vater im Jahre 1347 plötzlich starb, war Agnes erst zwölf Jahre alt. Im Angerkloster zu München wurde sie von gelehrten und frommen Nonnen erzogen. Zum Heiland im Sakrament empfand sie eine besondere Liebe. Dies zeigte sich, als die Verwandten ihr mitteilten, daß sie einen angesehenen Edlen als Gemahl für sie gefunden hätten. Agnes wollte nichts von einer Heirat hören. Als man sie mit Gewalt aus dem Kloster entfernen wollte, eilte sie in die Kirche, umfing den Tabernakel mit beiden Armen und flehte unter heißen Tränen: „Lieber Heiland! Dir habe ich mich geschenkt; laß nicht zu, daß ich in die Welt hinaus muß!“ Von so viel Liebe und Vertrauen gerührt, verzichteten die Verwandten auf ihre Heiratspläne. Agnes bat nun um den Schleier. Allein sie war noch zu jung. Hart wurde ihr die Zeit des Wartens. Endlich durfte sie die Gelübde ablegen. Der Heiland aber nahm nun seine Braut in eine harte Leidensschule. Agnes erkrankte schwer und litt unter heftigen Schmerzen. Trotzdem hörte man sie nie klagen. Stets lag ein frisches Lächeln auf ihrem klaren Antlitz. Für die Bekehrung der Sünder, nicht zuletzt für ihren Vater, der, mit dem Kirchenbann belegt, unversehen gestorben war, litt sie gern und geduldig. Am 11. November 1352 holte Christus seine Leidensbraut in die bessere Heimat.

Nicht bloß das Alter soll dem Heiland gehören, sondern vor allem die Jugend. Mit Begeisterung wollen wir dem Herrn unsere Jugend weihen.

TAGESHEILIGE: Grimo, sel. Prämonstratenserabt, Ursberg, † 1173 – Agnes von Böhmen Ae – Karl der Gute, sel. Gr. von Flandern, † 1127 M – Willich (Willeikus) A von Kaiserswerth, † 725 – Jovin, Basileus, Paul, Heraklius, Sekundilla, Januaria, Luzius, Apsalon, Lorgius M – Simplizius P – Ceaddas – Heinrich Suso – Gedda – Honorat.

Kunigunde

Mit 22 Jahren wurde Heinrich, der Heilige, Herzog von Bayern; er residierte in Regensburg. Seine Braut holte er sich nicht aus einem der mächtigsten Fürstengeschlechter. Die Erwählte seines Herzens war Kunigunde von Luxemburg, Tochter des Grafen Siegfried vom Moselgau. Die Großen schüttelten den Kopf über diese bescheidene Wahl. Doch Heinrich waren Tugend und ein edles Herz mehr wert. Und er sollte es nicht bereuen. Kunigunde war ihm zeitlebens eine kluge, treue und liebende Gattin und Lebensgefährtin.

Nachdem Heinrich König und schließlich Kaiser geworden war und man auch Kunigunde die Krone aufs Haupt gesetzt hatte, blieb sie doch, die sie war: demütig und bescheiden. In ihrer hohen Würde sah sie nur die Verpflichtung, Schutzengel des Volkes zu sein. Als gute Mutter der großen Volksfamilie wollte sie alle Wunden heilen, die harte Männerfäuste schlugen, wollte Unrecht verhüten und den Notleidenden zu Hilfe kommen. Sie besuchte die Spitäler und Krankenhäuser. Hand und Herz hatte sie für jede Not und jeden Hilferuf offen. Um aber dafür die nötigen Mittel zu haben, hielt sie nur einen kleinen Hofstaat und eine sparsame Tafel und schränkte ihre eigenen Bedürfnisse auf das Notwendigste ein. Allem Widerstand zum Trotz setzte sie mit ihrem frommen Gemahl die Gründung des Bistums Bamberg durch, damit von hier aus das Land der heidnischen Wenden besser missioniert würde.

Kunigunde wußte, daß sie als Gattin der gute Geist des Kaisers sein sollte – eine große, langwierige und schwierige Aufgabe, denn Heinrich war nicht zeitlebens ein Heiliger. Die Legende berichtet, daß die Kaiserin zur Beglaubigung ihrer angezweifelten Treue einst nach dem Brauche der Zeit über glühend gemachte Eisen gehen mußte, ohne daß ihr dabei etwas geschah. – Als Kaiser Heinrich im Jahre 1024 starb, trat Kunigunde in das Kloster Kaufungen ein, das sie selbst gegründet hatte, und verrichtete wie die übrigen Schwestern die einfachsten Arbeiten. Im Jahre 1040 hauchte sie ihre reine Seele aus. An der Seite ihres heiligen Gemahls ruht sie im Dom zu Bamberg. Papst Innozenz III. hat sie im Jahre 1200 heiliggesprochen.

Diese große Frau war eine wirkliche Landesmutter. Besonders bewundern wir an ihr den feinen Takt und die große Geduld, mit der sie ihren Gemahl, der sehr zum Jähzorn neigte, immer wieder zum Guten führte. Man sieht daraus, daß es in der Ehe vielfach die Frau ist, die durch ihren Einfluß das Gute finden kann. Darum ist Kunigunde ein Beispiel für alle Ehefrauen.

TAGESHEILIGE: Anselm Kö und A – Friedrich, Stifter des Klosters Mariengaarde in Friesland, A, † 1175 – Martin, Asterius, Hermiterius, Cheledon, Felix, Luziol, Fortunat, Marzia, Kleonik, Eutrop, Basilisk M – Titian B – Alexandrina E – Alfons v. hl. Josef Mö – Caluppan E – Winebald A.

4. MÄRZ *Kasimir*

Je höher die Lebensstellung eines Menschen ist, desto größer ist auch seine Verantwortung. Dies erkannte auch Prinz Kasimir von Polen, der auf vieles verzichtete, um Gott nicht zu beleidigen und dem Nächsten nicht wehe zu tun. Kasimir kam am 5. Oktober 1458 zur Welt als Sohn des Königs Kasimir III. von Polen. Schon in seiner Jugend zeigte er große Liebe zur Frömmigkeit. Zum Lehrer gab man ihm einen Domherrn aus Krakau, der sich durch umfassende wissenschaftliche Kenntnisse und große Frömmigkeit auszeichnete. Die Erziehung durch diesen bedeutenden Mann war von großem Erfolg. Da Kasimir später einen Königsthron besteigen sollte, wurde seine Ausbildung gründlich und vielseitig betrieben. Auch im Gebrauch der Waffen war er Meister. Doch dachte er vor allem an seine Seele. Luxus und Eitelkeit des Hoflebens verabscheute er. Er führte das Leben eines Asketen. Viele Stunden bei Tag und Nacht brachte er im Gebete vor dem Tabernakel zu. Das Volk verehrte ihn schon als Prinzen und wußte, daß man ihn eher in der Kirche als im Königspalast finden könne. Eine besondere Andacht hegte er zur Mutter Christi, der er auch seine Herzensreinheit zum Schutze anvertraute. Mit den Armen teilte er alles, was er besaß. Im Jahre 1471 riefen ihn die Ungarn zum König aus, nachdem sie ihren König Matthias verstoßen hatten. Nur ungern folgte Kasimir diesem Ruf. Als er auf dem Weg nach Ungarn erfuhr, daß König Matthias sich mit seinem Volk geeinigt habe, beschloß er freudig die Heimkehr, damit doch ja kein Krieg seinetwegen entstehe. Der Prinz zog sich nun auf sein Schloß bei Krakau zurück und bereitete sich dort auf den Tod vor. Ein schleichendes Übel, die Schwindsucht, setzte seinem Leben am 4. März des Jahres 1484 zu Wilna ein Ende.

Kasimir fühlte sich glücklich, als er von den trügerischen Hoffnungen der Welt Abschied nehmen durfte. Sein Vorbild mag uns anspornen, bei den verschiedenen Fehlschlägen im Leben unser Auge allein auf den zu richten, der uns helfen kann und wird, auf Gott.

TAGESHEILIGE: Luzius PM, † 254 – Basinus B von Trier, † 700 – Walburg Ae zu Neuenheerse, † 880 – Burchard A zu Sankt Gallen, † 1022 – Basilius, Eugen, Agathodor, Elpid, Äthesius, Kapito, Ephräm, Nestor, Arkad, Kajus, Archelaus, Cyrill, Photius M – Owin Mö – Adria M.

Phokas

Auch die Gärtner haben einen Patron und zwar ist dies ein Mann, der sich durch Fleiß und Gewissenhaftigkeit auszeichnete, aber auch durch eine seltene Glaubenstreue und einen bewunderungswürdigen Heldenmut. Es ist dies der heilige Phokas. Zu Sinope im Pontus besaß er einen kleinen Garten. Er war ein eifriger Christ und sein Haus diente in Zeiten der Verfolgung den gehetzten Christen als Unterschlupf. Wenngleich Phokas nur von niedriger Herkunft war, so entging er doch nicht den Nachstellungen der Christenfeinde. Während der grausamen Verfolgung des Kaisers Diokletian wurde er als Christ angezeigt. Da man mit ihm kein großes Aufsehen machen wollte, sandte der Richter Soldaten, die ihn in seinem Haus töten sollten. Diese kannten ihn aber nicht, und wußten nicht, wo er wohne. Als sie nun in sein Häuschen kamen, baten sie ihn, er möchte sie doch ausruhen lassen; Phokas, der gerne gewußt hätte, was sie wollten, fragte nach ihrem Begehr. Während er sie bewirtete, erzählten sie ihm, daß sie ausgesandt seien, einen Mann namens Phokas zu enthaupten, da er ein Christ sei. Er bat sie, sie möchten noch einen Tag warten, dann werde er ihnen diesen Mann zeigen. Das taten sie gerne und ließen es sich in seinem Gütlein wohl sein. Phokas ordnete nun sein Hab und Gut und verteilte es an die Armen, ließ sich von einem Priester die heiligen Sakramente geben und richtete in seinem Garten ein Grab her. Am andern Tag trat er vor die Soldaten und sagte, daß er selber jener Phokas sei, den sie suchten. Die Soldaten wollten ihm, da er sie so gastfreundlich aufgenommen hatte, nichts tun. Er aber wies sie auf die Gefahr hin, der sie sich damit aussetzen würden. So enthaupteten sie ihn denn in seinem Garten (im Jahre 308).

Dieser schlichte Heldenmut wurde in der ganzen Kirche bewundert. Aus allen Teilen der Welt kamen zahlreiche Pilger an sein Grab und manche wunderbare Erhörungen geschahen. Unter den Seeleuten bildete sich die Sitte, daß sie nach jeder Fahrt, die gut vonstatten ging, etwas von ihrem geringen Verdienst auf die Seite legten, was sie dann den Armen gaben als „Anteil des heiligen Phokas".

Der Tod hat für jeden Menschen seine Schrecken. Wer aber ein Leben der Pflichterfüllung und Glaubenstreue geführt hat, der wird trotz all seiner menschlichen Schwachheit dem Scheiden getrost entgegensehen: er weiß, daß der Tod nur ein Übergang zum besseren ewigen Leben ist. – So mag uns der heilige Phokas ein Beispiel sein für ein gutes und mutiges Sterben.

TAGESHEILIGE: Theophil B – Gerasimus E – Joseph v. Kreuz BK, † 1591 – Friedrich A von Hirsau – Hinkmar A – Olivia JM – Hadrian, Eusebius M – Conon M.

6. MÄRZ *Fridolin*

Die Ehre, das erste und älteste Kloster in Süddeutschland zu sein, hat das Stift Säckingen auf einer Rheininsel. Es verdankt sein Entstehen dem großen Alemannenmissionar, dem heiligen Fridolin. – Wie die meisten der ersten Missionare Deutschlands kam auch Fridolin von der grünen Insel Irland. Zuerst verkündete er das Wort Gottes im heutigen Frankreich. Als sich nach der siegreichen Schlacht bei Zülpich der Frankenkönig Chlodwig am Weihnachtstag 496 taufen ließ, sah Fridolin dieses Land bereits für Christus erobert. So wanderte er denn weiter. In einem Traum bedeutete ihm Gott, an den Rhein zu ziehen, wo er eine Insel finden und ein Kloster bauen werde.

Er griff nun nochmals zum Wanderstab. Einige seiner Mitbrüder begleiteten ihn. Sie kamen an die Mosel. Deren Lauf folgten sie und gelangten an den Rhein. Monatelang, unter großen Beschwerden und mancherlei Gefahren gingen sie durch das unwirtliche Land rheinaufwärts. Endlich fand Fridolin die gesuchte Insel. Freudig machte er sich daran, den Platz für eine Kirche abzustecken; er rodete den Urwald, um den notwendigen Raum für Kloster und Kirche zu erhalten. Aber er hatte noch mit den dort Ansässigen schwere und harte Kämpfe zu bestehen, denn die Bewohner der Gegend faßten Argwohn gegen die Fremden, mißhandelten und verjagten sie. Fridolin ließ sich nicht abschrecken. Immer wieder kehrte er dorthin zurück; immer wieder wurde er vertrieben. In dieser Not und Bedrängnis erinnerte sich Fridolin der alten Freundschaft mit dem Frankenkönig Chlodwig. Dieser schenkte ihm nun das Gebiet. Jetzt endlich konnte der Heilige an die Ausführung seines Werkes gehen. Unter seiner Leitung erstanden eine Kirche, ein Männer- und ein Frauenkloster; der Urwald wurde gerodet, und wo ehedem Wildnis oder Öde war, erblühten jetzt Obstgärten und breiteten sich fruchtbare Äcker aus. Noch Wichtigeres gab es hier zu pflegen und zu veredeln: die Buben und Mädchen, die den Mönchen zur Ausbildung übergeben wurden.

Fridolins trefflichste Eigenschaften waren seine Milde, sein freundliches Wesen, seine Heiterkeit. „Streng gegen sich, nachsichtig gegen andere", war sein Grundsatz. Neben dieser pädagogischen Arbeit vernachlässigte Fridolin aber nicht seine Missionstätigkeit. So kam er auf seinen ausgedehnten Wanderungen bis in die Schweiz. Dort erbaute er dem heiligen Hilarius eine Kapelle. Von dieser erhielt der Kanton den Namen Glarus.

Der heilige Fridolin starb im Jahre 538.

Die Heranbildung der Jugend zu christlichem Menschentum ist von Anbeginn eine Hauptaufgabe unserer Kirche. Verantwortungsbewußte Eltern werden aus dem Leben des heiligen Fridolin die Grundsätze christlicher Erziehung lernen können. Gerade unsere Zeit birgt Gefahren ohne Zahl für die jungen Menschen. Es gilt aber nicht nur, sie vor ihnen zu bewahren, sondern durch Lehre und Beispiel den Keim des Guten in ihren Herzen zu pflegen. Gelingt dies Vater und Mutter, dann haben sie viel erreicht! Denn selbst im Alter wird der Mensch sich nicht leicht losreißen können von dem, was in der Jugend sein Herz bewegte.

TAGESHEILIGE: Perpetua, Felizitas M, † 202 – Chrodegang B von Metz, † 766 – Quiriakus Pr zu Trier, † 350 – Kunigunde Gr von Dießen, † 1020 – Ottilia N in Paderborn, † 1663 – Agnes von Böhmen Ae, † 1282 – Marzian BM – Viktor, Viktorin, Conon M – Evagrius, Basilius, Ollegar B – Koletta J – Kineburg Ae – Kineswida Ae.

7. MÄRZ *Thomas von Aquin*

Das größte Geisteslicht der abendländischen Kirche ist Thomas von Aquin. Doch ward es ihm nicht leicht gemacht, den einmal als richtig erkannten Weg zu gehen. – Thomas war der Sohn des Grafen Landulph von Aquino. Im Jahre 1224 erblickte er das Licht der Welt. Er wuchs heran, ein liebenswürdiges Kind, schön und unschuldig, voll von Wißbegierde. Bereits mit fünf Jahren brachten ihn seine Eltern zu den Mönchen nach Monte Cassino in die Schule und im Alter von zehn Jahren konnte er schon die Hochschule in Neapel besuchen. Dort lernte er den kurz vorher gestifteten Orden der Dominikaner kennen und entbrannte in Eifer dafür. Aber nun stieß er auf heftigen Widerstand. Doch alle Bitten seiner Eltern, Schmähungen seiner Brüder, Fallstricke, die ihn um seine Unschuld bringen sollten, konnten seinen standhaften Sinn nicht erschüttern. Endlich durfte er in das Kloster eintreten. Als Lehrer hatte er den berühmten heiligen Albert den Großen. In seiner Bescheidenheit trat Thomas niemals hervor. Seine Mitschüler verspotteten ihn als den „stummen Ochsen". Albert aber sagte: „Dieser stumme Ochse wird noch brüllen, daß die ganze Welt aufhorchen wird." Er hatte recht. Mit zweiundzwanzig Jahren schon wurde Thomas Professor. Er lehrte in Paris, Rom und Neapel. Trotz seiner Welt und Menschheit umfassenden Gelehrsamkeit blieb er ein schlichter Ordensmann. Alle ihm angetragenen kirchlichen Würden schlug er beharrlich aus. Die Bücher, die Thomas schrieb, gehören zu den bedeutendsten und tiefsinnigsten theologischen Schriften; unter ihnen vor allem sein Hauptwerk, die „Summa Theologica", das bis heute fortwirkende christliche Weltbild. Thomas war ein großer Verehrer des heiligsten Altarssakramentes. Schönste Hymnen und Lieder

(„Deinem Heiland“, „Pange lingua“ und andere) stammen von ihm. Der Heiland redete ihn einst selbst an, als er vor dem Kreuze kniete: „Thomas, du hast gut von mir geschrieben.“ Im Alter von nur fünfzig Jahren starb der große Heilige am 7. März 1274 auf einer Reise im Kloster Fossa nuova bei Rom. Im Jahre 1567 verlieh ihm die Kirche den Ehrentitel eines Kirchenlehrers.

Die Kirche hat den heiligen Thomas zum Patron der Studierenden erwählt: Er ist in Vorbild für jeden, der geistig arbeitet. Unermüdliches Studium und gründlichste Denkarbeit haben ihn eindringen lassen in die tiefsten Geheimnisse der Offenbarung und der kirchlichen Lehre. Aus seiner Erkenntnis fließt seine Liebe und sie führt zu immer neuen Einsichten. Je mehr aber der Mensch die Größe, Güte, Barmherzigkeit, die Liebe Gottes erfaßt, um so mehr wird er zur Gegenliebe angespornt und findet darin sein Glück.

TAGESHEILIGE: Eubul M – Gaudiosus B von Brescia – Volker PrM zu Segeberg in Holstein, † 1138 – Theresia Margarita Gr. – Theophil, Paul B – Simplex Bk – Felizitas M – Reinhard A v. Rheinhausen, † 1156.

8. MÄRZ Johann von Gott

Ein hochbewegtes Leben führte der heilige Johann von Gott. Er war am 8. März 1495 in Portugal geboren, seine Eltern waren arme, fromme Leute; ihrem Kind gaben sie den schlichten Glauben an die Gerechtigkeit und die Liebe Gottes und ein starkes Tugendstreben mit auf den Lebensweg. Zuerst schien es auch, daß Johann diesen Weg wandeln würde. In Oropesa bei Zamora trat er als Viehhirte in den Dienst eines Gutsbesitzers. Durch seine Gewissenhaftigkeit errang er das Vertrauen seines Herrn, so daß ihm dieser seine Tochter zur Gemahlin geben wollte. Doch Johann verließ das Haus und ging unter die Soldaten. Das ungezügelte Leben gefiel ihm, brachte ihm aber schwere Gefahren, denen er zuweilen erlag. Ein schweres Unglück sollte ihn retten: Bei einem Kriegszug fiel Johann vom Pferd und wurde lebensgefährlich verletzt. Eine fromme Frau nahm sich seiner an und pflegte ihn. In dieser Leidenszeit öffnete er sein Herz den guten Ermahnungen seiner Pflegerin und faßte den Entschluß, seinen Leidenschaften mit Gewalt zu entsagen. Noch in seinem späteren Leben bezeugte der Heilige mit allem Ernst, daß aus dieser Frau die Mutter Gottes selbst gesprochen habe. Johann ging in sich und bekehrte sich gründlich. Sein ganzes Streben war nun darauf gerichtet, leidenden Mitmenschen zu helfen. Zunächst reiste er als Buchhändler durch Südspanien und verkaufte damals noch höchst seltene gute Bücher und Schriften. (Daher ist er auch der Patron der Buchhändler.) In Granada traf er mit dem heiligen Johann von Avila zusammen, der ihn durch seine Predigten zutiefst ergriff. Er eröffnete mit dessen Hilfe ein Spital, tat selbst die niedrigsten Dienste an den Kranken und erbettelte Tag für Tag in den Straßen die nötigsten Lebensmittel für sein Spital, ohne sich um Spott und Hohn der Menschen zu kümmern. Er wurde zuerst als Narr behandelt und in der damals üblichen Weise in ein Irrenhaus gesteckt. Dort lernte er in der krassesten Weise das Elend dieser armen Menschen kennen. Um so stärker sein Streben, ihnen zu helfen! Bald fand er auch Männer, die sich für seine Sache begeisterten. Aus dieser Gemeinschaft entstand dann die segensreiche Stiftung der Barmherzigen Brüder, die heute noch in vielen Ländern wirkt. Er gründete in Granada das größte damalige Spital und sorgte vor allem für Reinlichkeit und gute Unterbringung und Verpflegung seiner Schutzbefohlenen. Es wird Wunderbares von ihm berichtet. Bei einem Brand des Hauses rettete er unerschrocken alle Kranken, die vom Feuer eingeschlossen waren. Ohne Furcht eilte er in das von Flammen eingehüllte Haus und trug einen Kranken um den anderen durch das Feuer. Erst als er alle gerettet hatte, verließ er das Spital, das kurz darauf prasselnd zusammenfiel. Ihm aber hatte das Feuer nichts angetan. So hatte Gott seinen treuen Diener sichtbar beschützt. Seine letzten Lebensjahre waren ein Wandel in Heiligkeit und Hilfsbereitschaft, bis er am 8. März 1550 selig im Herrn starb.

Tätige Nächstenliebe ist in den Augen Gottes etwas vom Größten, was der Mensch vermag. Christus stellt die Übung der Nächstenliebe auf eine Stufe mit dem Gebot der Gottesliebe. Da ja der Mensch Ebenbild Gottes ist, so betrachtet Gott alles, was wir dem Nächsten tun, als ihm selbst getan. Eine Religion ohne ausübende Nächstenliebe ist tot. Möge uns die Betrachtung dieses ganz in die Hilfe am Mitmenschen hingegebenen Heiligenlebens zur Nächstenliebe anspornen!

TAGESHEILIGE: Beata M – Julian B – Warmud A – Hunfried B – Johann B von Salzburg, † 800 – Quinktilius B M – Philemon, Apollonius, Theotikus, Arian, Cyrill, Rogat, Felix, Herenia, Felizitas, Urban, Silvan, Masmilla M – Felix B – Pontius M.

9. MÄRZ *Franziska Romana*

Auch der Mensch, der im breiten und vollen Leben dieser Welt sich umtun muß, soll und kann heilig werden. Denn wohl sind Stand und Beruf wichtig, aber entscheidend ist zuletzt das echte Streben nach Vollkommenheit. Ein Beispiel dafür bietet uns das Leben der heiligen Franziska von

Rom. – Sie wurde reichen und angesehenen Eltern im Jahre 1384 geboren. Schon als Kind zeigte sie große Frömmigkeit und legte das Gelübde ewiger Jungfräulichkeit ab. Als sie nun mit zwölf Jahren in ein Kloster eintreten wollte, erlaubten es ihre Eltern nicht, sondern verlangten von ihr, daß sie sich verheirate. Sie gehorchte und wurde 1396 die Gattin eines edlen Römers, namens Laurentius Ponziani. Auch als Ehegattin suchte Franziska vollkommen zu leben. In den vierzig Jahren ihrer Ehe hatte sie nicht ein einziges Mal ein Zerwürfnis mit ihrem Gatten. Die Ehe war die glücklichste, die man sich vorstellen kann. Die Kinder, die ihr Gott schenkte, erzog sie zu wahren Christen. Auch für die Hausgenossen sorgte sie in größter Liebe. Wenn eines krank wurde, pflegte sie es mit eigener Hand. Während sie gegen andere die verkörperte Nächstenliebe war, war sie gegen sich von unnachsichtiger Strenge. Als ihr Gemahl, der ebenfalls sehr fromm war, es ihr erlaubte, lebte sie nur mehr von Brot, Gemüse und Wasser. Wenn sie sich einmal einen Fehler hatte zuschulden kommen lassen, züchtigte sie sich sofort selber auf das härteste. Dieses strenge Bußleben machte auf viele Frauen ihres Standes großen Eindruck und manche eiferten ihr nach. Sie gründete die Genossenschaft der sogenannten Oblatinnen. Um seine treue Dienerin zu prüfen, schickte ihr der Herrgott auch bitteres Leid. Ihr Gemahl wurde verbannt und all seiner Güter beraubt. Die Gattin ertrug alles geduldig und mutig. Als der Tod ihr den Gatten entriß, eilte sie mit einem Bußkleid angetan zu dem von ihr gegründeten Kloster und bat wie eine Sünderin um Aufnahme. Dort mußte sie schließlich das Amt der Oberin annehmen, doch blieb sie demütig wie bisher. Am 9. März 1440 starb sie gottergeben. Gott hatte sie schon zu Lebzeiten dadurch ausgezeichnet, daß sie oft ihren Schutzengel um sich sehen durfte. Nach ihrem Tod wurde sie durch zahlreiche Wunder verherrlicht.

TAGESHEILIGE: Gregor B – Pazian B von Barcelona – Reinhart A – Jubin B in Halle – Katharina J – Dominikus Savio, Knabe, † 1875 – Mella Ä, † 785 in Irland.

10. MÄRZ *Dominikus Savio*

Die schönste Frucht der Erziehung des großen Don Bosco war Dominikus Savio. Sein Lebensweg war sehr kurz. Am 2. April 1841 wurde er zu Castelnuovo d'Asti geboren, und er starb bereits am 9. März 1857. Aber zwischen diesen beiden Daten entfaltete sich ein Leben, an dem Gott innigste Freude haben konnte. Denn Dominikus kannte nichts anderes als das Streben nach Vollkommenheit. Schon als kleiner Bub faßte er feste Vorsätze, die uns von Don Bosco überliefert sind. Diese lauten: Ich will oft zur heiligen Beichte gehen und so oft zur heiligen Kommunion, als es mein Beichtvater erlaubt! Ich will die Festtage heiligen! Meine Freunde sollen Jesus und Maria sein! Lieber sterben als sündigen! – Dominikus hat mit der Gnade Gottes und mit festem Willen gerade auch den letzten Vorsatz in seinem kurzen Leben durchgesetzt. Dabei hatte er es nicht leicht. Denn seine Eltern waren arm und mußten oft den Wohnsitz wechseln. Der Vater des Knaben war ein Schmiedmeister in Riva bei Turin. Als der Knabe in die Schule kam, mußte er jeden Tag zweimal einen stundenlangen Weg machen. Sooft er da an einer Kirche vorbeikam, trat er stets ein und hielt eine kurze Anbetung vor dem Tabernakel. War in der Frühe die Kirche noch geschlossen, so kniete er sich vor der Türe nieder und betete. Wegen seiner tiefen Frömmigkeit und seines frühreifen Verstandes durfte er schon mit sieben Jahren zur ersten heiligen Kommunion gehen; das war damals noch etwas Außerordentliches. Zum Studieren kam er nach Turin in die Anstalt des heiligen Don Bosco. Dieser erkannte mit seinem Seherblick sogleich, was für ein kluger und tieffrommer Junge vor ihm stand und er suchte in dem kleinen Schüler die Tugenden noch reicher zu entfalten. Das Ziel des Knaben war, Gott ganz anzugehören. Er wollte einmal ein Priester nach dem Herzen Gottes werden. Die Vorsehung entschied anders. Der kleine Savio wurde schon frühzeitig krank.

Neben der glühenden Verehrung des heiligsten Altarssakramentes beseelte den Jüngling zugleich eine innige Liebe zu Maria. Ihr weihte er sein ganzes Leben. Man darf nun aber nicht glauben, daß der heiligmäßige Knabe ein Kopfhänger gewesen sei. Im Gegenteil, er machte gerne in der Freizeit die Spiele seiner Kameraden mit, aber niemals ließ er zu, daß in seiner Gegenwart ein anzügliches Wort gesprochen wurde oder eine Roheit vorkam. Bei der heiligen Messe war er oft so innig im Gebet versunken, daß ihn sein Lehrer Don Bosco erst wieder in die Wirklichkeit zurückrufen mußte.

Kurze Zeit nach seinem Tod erschien Dominikus seinem Lehrer und zeigte ihm, welch große Seligkeit er im Himmel genieße.

Papst Pius XII. hat im Jahre 1954 diesen Knaben unter dem Jubel von Hunderttausenden heiliggesprochen. Zugleich wurde er unserer Jugend als Beispiel der Strebsamkeit und Reinheit vorgestellt. Die Jugend läßt sich leicht begeistern. Warum sollte sie an einem solchen Beispiel nicht Freude finden? Es mag mancher Junge härter kämpfen müssen um seine Reinheit als dieser Heilige. Aber Gott gibt jedem Menschen Gnade, der darum bittet.

TAGESHEILIGE: Vierzig Martyrer zu Sebaste, † 320 – Makarius B – Chlodwig A – Werin (Wirnto) A von Vormbach a. Inn (Ndby.), † 1127 – Kajus, Alexander, Dionys, Cyprian, Anekt, Paul, Kreszenz, Viktor M – Droktoveus A – Attalas A – Blankard E – Kodrat M.

11. MÄRZ Eulogius

Edle Gesinnung und Heldenmut zeichneten den heiligen Eulogius aus. Er stammte aus einer der angesehensten Familien Cordovas, der Hauptstadt des maurischen Spanien. Eulogius brachte seine ersten Lebensjahre unter den Geistlichen der Kirche des heiligen Zoilus in Cordova zu. Dank seiner Klugheit, seinem Eifer und seiner Tugend konnte er schon früh zum Priester geweiht werden. Seine wissenschaftlichen Arbeiten heiligte er durch Gebet, Fasten und Nachtwachen; durch Demut und Nächstenliebe gewann er bald die Herzen aller. Nun brach um das Jahr 850 eine grausame Christenverfolgung aus. Auch Eulogius wurde mit mehreren Priestern ins Gefängnis geworfen und erwartete den Martertod. Doch wurde er bald wieder freigelassen, was er der Fürbitte zweier Jungfrauen zuschrieb, die er zum Martyrium vorbereitet hatte. Nun widmete er sich ganz dem Dienst der um des Glaubens willen Gefangenen und ermunterte sie zum Aushalten. Viele verdankten ihm ihre Standhaftigkeit im Glauben. Als der Erzbischof von Toledo im Jahre 858 starb, wurde Eulogius für dieses Amt gewählt. Allein ein Ereignis verhinderte ihn, die Weihe zu empfangen: Eine Mohammedanerin, namens Leokritia, aus einer vornehmen Familie, war im christlichen Glauben unterrichtet und hatte sich von Eulogius taufen lassen. Die Eltern, die das erfuhren, mißhandelten die Tochter und wollten sie zwingen, ihrem Glauben abzuschwören. In ihrer Not wandte sich das Mädchen an Eulogius und bat ihn, ihr zu helfen. Er gab ihr die nötigen Mittel in die Hand, so daß sie sich verborgen halten konnte. Die Eltern boten alles auf, ihre Tochter wieder zu erhalten, was ihnen nach langen Nachforschungen gelang. Als schuldig an der Flucht wurde Eulogius gefangen und vor den Richter gestellt. Er wurde grausam gegeißelt und sodann zum Tode verurteilt. Eulogius kniete zu einem kurzen Gebet nieder und empfing den Schwerthieb, der ihm das Haupt vom Leibe trennte und ihm die Krone des ewigen Lebens (am 11. März 859) gab. Eulogius ist ein herrliches Beispiel christlichen Mutes und tiefer Demut.

TAGESHEILIGE: Kandid M – Firmin A – Konstantin Bk – Petrus Bk zu Babuko in Mittelitalien – Euthymius BM – Heraklius, Zosimus, Piperion, Trophimus, Thalus, Gorgon M – Sophronius, Benedikt B – Gumbert – Rosina J – Widmar A.

12. MÄRZ

Gregor der Große

Eine der mächtigsten Gestalten in der Geschichte der heiligen Kirche ist der abendländische Kirchenvater und Papst Gregor der Große. Er wurde als Sohn des römischen Senators Gordian im Jahre 540 geboren. Seine Eltern weihten ihn Gott. Als Gregor noch ein Knabe war, faßte er schon den Entschluß, Christus und seiner Verherrlichung zu leben. Durch die Kraft seines Geistes und die Zähigkeit seines Willens errang er sich schon als Jüngling den Ruf der Gelehrsamkeit, ja der Weisheit, so daß ihn der Kaiser im Jahre 573 zum obersten Gerichtsbeamten über Rom ernannte. Auch in dieser hohen Stellung blieb er demütig und einfach. Sein liebster Umgang waren fromme Priester. Das große Vermögen, das ihm seine Eltern hinterließen, verwendete er ausschließlich zur Gründung von Klöstern und zur Unterstützung der Armen. Diese waren seine größten Freunde. In das zu Rom von ihm gegründete Kloster trat er selber als einfacher Mönch ein und übte dort unter der Leitung des von ihm seinerzeit bestellten Abtes die Tugenden eines Mönches. Als er einst auf den Markt kam, sah er, wie Sklaven aus England verkauft wurden. Auf seine Frage, ob sie noch keine Christen seien, erfuhr er, daß dort vom Christentum noch nichts bekannt sei. Da bat er seinen Abt, ihm zu erlauben, nach England zu fahren, um dort das Christentum zu predigen. Jedoch nach seiner Abreise verlangte das Volk so stürmisch nach dem geliebten Pater und Prediger, daß er zurückgerufen wurde. Ja, als Papst Pelagius II. 590 starb, wurde der Mönch Gregor einstimmig zu dessen Nachfolger gewählt. Unter dem Jubel des Volkes bestieg Gregor nun den Stuhl des heiligen Petrus. Während seines Pontifikats konnte der christliche Glaube besonders bei den Germanenstämmen festen Fuß fassen. Freilich waren schon vor Gregor christliche Missionare dort tätig. Doch sie konnten nur Teilerfolge erzielen. Erst ihm gelang dann die religiöse Einigung der bis dahin noch teilweise arianischen Germanen. Das oben erwähnte Erlebnis mit den Sklaven aus England trieb ihn an, gerade dorthin Missionare zu senden, die in kurzer Zeit dieses Volk für den christlichen Glauben gewannen. Das in England zur Blüte gelangte Christentum sandte wenig später die Glaubensboten zu den noch heidnischen Germanen. Die „grüne“ Insel Irland wurde geradezu die Mutter des Glaubenslebens in Germanien. So war der Papst Gregor der Vater der christlichen Kirche in Deutschland. Mit aller Kraft arbeitete er außerdem an der Vertiefung der Kirchenzucht, gründete zahlreiche Klöster, sorgte für die Hebung des Kirchengesanges, für die Verschönerung des Gottesdienstes. Der Gregorianische Choral hat von ihm den Namen erhalten. Abgebildet wird Gregor mit einem Buch in der Hand und mit einer Taube am Ohr, die den

Heiligen Geist darstellt, der ihm die ewigen Wahrheiten einflüstert. Im Jahr 604 starb er. — Voll Freude und dankbar blicken wir Katholiken auf diesen wahrhaft großen Papst, denn wir sehen in ihm den Felsenmann verkörpert, auf den Christus seine Kirche baute.

TAGESHEILIGE: Egdun M – Bernard B von Capua – Engelhard Mö – Dionys Mö in Herzogenbusch, † 1471 – Mamilian, Petrus, Theophan M – Fina J.

13. MÄRZ Euphrasia

Oft birgt das einfache Leben einer gottgeweihten Nonne ein vollgerüttelt Maß von Entsagung und Opferbereitschaft. Dies zeigt uns das Lebensbild der heiligen Euphrasia. Ihr Vater war römischer Senator und ein Freund des Kaisers zu Konstantinopel. Als ihm seine Gattin ein Töchterlein gebar, dankten beide Gott von ganzem Herzen. Der Kaiser übernahm nach dem raschen Tode des Vaters selbst die Vormundschaft über die Tochter und sorgte für die Verwaltung des großen Vermögens. Zugleich bestimmte er, daß das Kind später einen kaiserlichen Beamten heiraten sollte. Es waren ihm also alle Wege zu irdischem Glück geöffnet. Doch die Mutter war mehr für das Seelenheil der Kleinen besorgt. Sie verließ mit Euphrasia heimlich die Hauptstadt und begab sich nach Ägypten, um dort ungestört ihren frommen Übungen und dem Dienst Gottes leben zu können. Ihren Aufenthalt nahm sie in der Nähe eines Frauenklosters. Beide ernährten sich spärlich, meist nur von Kräutern und Gemüsen. Als Euphrasia zwölf Jahre alt war, bat sie die Oberin dringend, doch im Kloster bleiben zu dürfen. Diese aber suchte es ihr auszureden und hielt ihr die Strenge des klösterlichen Lebens vor. Allein Euphrasia ließ sich von ihrem Vorsatz nicht abbringen und erhielt nach harten Prüfungen die Erlaubnis zum Eintritt. Bald darauf starb die Mutter. Euphrasia wurde nun vom Kaiser aufgefordert sich nach Konstantinopel zu begeben, um den ihr versprochenen Beamten zu heiraten. Sie aber bat den Kaiser, im Kloster bleiben zu dürfen. Gerührt von solcher Frömmigkeit und Demut, erfüllte dieser ihre Bitte. Nun war Euphrasia durch nichts mehr an die Welt gebunden, sie lebte allein in der Anbetung Gottes. Große Versuchungen und seelische Leiden mußte sie bestehen, bis sie in ihrem dreißigsten Lebensjahr anno 410 im Herrn starb.

Es gibt Menschen, die um des Himmelreiches willen das irdische Glück geringachten. Suchen wir sie dadurch nachzuahmen, daß wir uns nicht allzusehr in die Glücksgüter dieser Erde verstricken! Wir müssen ja doch einmal bei unserem Tode alles wieder hergeben.

TAGESHEILIGE: Mazedo PrM, gefeiert in Bremen, Merseburg und Utrecht – Christiana JM in Persien – Heldrat A – William Hart M – Humbert A – Patritia, Modesta, Theusetas, Horres, Theodora, Nymphodora, Markus, Arabia, Sabin, Salomon M – Nikephor, Ansovin B – Ernst – Leander E – Roderich (Rudericus, Roger, Rüdiger) PrM in Spanien, † 857.

14. MÄRZ *Mathilde*

Auch auf der Höhe weltlicher Macht kann man heilig leben. Dies beweist das Leben der heiligen Königin Mathilde. – Sie war die Tochter des Sachsenfürsten Dietrich, eines Nachkommen Widukinds. Ihre Eltern ließen sie im Kloster zu Erfurt von ihrer Muhme erziehen. Dort lernte sie besondere Freude an Gebet und geistlichen Übungen, zugleich aber auch an allen weiblichen Arbeiten und Wissenschaften, die ihrem Stande zukamen. Im Jahre 913 wurde sie mit Heinrich dem Finkler, dem Sachsenherzog, vermählt. Als dieser 919 deutscher König wurde, stieg Mathilde auf die höchste Stufe irdischer Macht und weltlichen Glanzes. Heinrich war ein frommer Mann – keine bessere Gattin hätte ihn auf seinem schweren Weg begleiten können. Während er in zahlreichen Kriegszügen für das Wohl des Reiches kämpfte, lebte die Königin dem Gebet und der tätigen Nächstenliebe. Im Jahre 936 starb Heinrich. Aus der Ehe waren drei Söhne hervorgegangen: Otto, der nachmalige große Kaiser, Heinrich, der Herzog von Bayern, und Bruno, der heilige Bischof von Köln. Heinrich war ihr Lieblingssohn. Leider beging sie den Fehler, daß sie sich im Streit der Brüder auf die Seite Heinrichs stellte. Daher mußte sie den Hof verlassen und arges Mißgeschick und Undank ihrer Söhne auf sich nehmen. Schließlich aber, als beide durch vieles Unglück heimgesucht wurden, baten sie die Mutter um Verzeihung und luden sie ein, wieder an den königlichen Hof zurückzukehren. Von neuem in ihr Vermögen eingesetzt, lebte Mathilde noch mehr als bisher den Werken der christlichen Nächstenliebe. Das Almosengeben war ihr liebstes Tun. Auch stiftete sie viele Klöster und Kirchen. Wann immer es ihre Pflichten erlaubten, zog sie sich in das Kloster Quedlinburg zurück und führte dort ein Leben wie eine Nonne. Mit dem ersten Hahnenschrei stand sie auf und begann ihr Tagewerk mit Gebet.

Zu Quedlinburg erkrankte sie und starb unter den Gebeten der Klosterfrauen am 14. März 968. Neben ihrem Gatten wurde sie beigesetzt.

Freud und Leid teilten sich redlich im Geschick dieser erhabenen Frau. Durch eines aber bleibt sie als Vorbild lebendig: daß sie im tiefsten Kummer, in bittersten Enttäuschungen nie in ihrem Gottvertrauen, ihrer Liebe zu Christus wankend wurde.

TAGESHEILIGE: Leo B M zu Rom – Eutychius M – Pauline E zu Münster-Schwarzach, † 1107 – Petrus, Aphrodisius M – Alfred Bk.

15. MÄRZ *Klemens Maria Hofbauer*

Ob wir nun in die Vergangenheit oder in die Gegenwart der Kirche Christi blicken, immer war und ist sie von feindlichen Mächten und Kräften nicht nur der „Welt", sondern auch in sich selbst bedrängt, ja gefährdet. Arianismus, Jansenismus, Altkatholizismus, Aufklärung, Modernismus – Namen für Strömungen, die im Lauf der Jahrhunderte in der Kirche selbst kamen und gingen und jeweils sehr bedrohlich waren. Im achtzehnten Jahrhundert hieß „das Neue" Aufklärung; viele Laien und Priester ergaben sich dieser im Grund unreligiösen Denk- und Gefühlsweise – vor allem auch im großen Habsburgerreich Österreich unter Joseph II. Da stand ein Mann auf, der zum Wiedererwecker katholischen Glaubens werden sollte: Klemens Maria Hofbauer.

Im mährischen Dörfchen Taßwitz bei Znaim wurde er 1751 geboren und erhielt in der Taufe den Namen Johann. Er war armer Leute Kind. Mit sechs Jahren verlor er seinen Vater. Da führte ihn die Mutter zum Kreuz im Herrgottswinkel und sprach: „Schau, Kind, von jetzt an ist der dein Vater. Gib acht, daß du ihn mit keiner Sünde betrübst!" Hart war seine Jugend. Kaum der Schule entwachsen, kam er bei einem Bäcker in die Lehre, zuerst in Znaim, dann im Stift Klosterbruck. Der Siebenjährige Krieg hatte viel Elend ins Land gebracht: Typhus und Hunger, arbeitsloses und heimatloses Volk. Tief ging dem jungen Mann diese Not zu Herzen. – Auf einer Italienreise beschloß er, Einsiedler zu werden. Der Bischof von Tivoli nahm ihn in einen Eremitenorden auf. Doch bald verließ er wieder seine Einsiedelei; die Not der Welt rief ihn; er wollte vor ihr nicht fliehen, wollte helfen. In Wien fand er in einer Bäckerei Arbeit. Hier nun war es, daß drei adelige Damen von seinem sehnlichsten Wunsch, Priester zu werden, erfuhren. Sie nahmen sich seiner gütig an, boten ihm die nötigen Mittel zum Weiterstudieren und ahnten wohl kaum, welchen Dienst sie damit der Kirche und der Sache Gottes erwiesen. In Rom wurde er 1785 als Redemptoristenpater Klemens Priester. Er zählte damals bereits 34 Jahre. In Warschau begann er sein Apostolat. Überall fand er in der polnischen Hauptstadt trostlose Unwissenheit,

Schmutz, Not und Verkommenheit. Er sammelte die Waisenkinder und die Jugend von der Gasse, erbaute Heime für sie und verpflegte sie. Doch auf Befehl Napoleons mußte der eifrige Missionar Warschau verlassen.

Die folgenden zwölf Jahre wirkte Hofbauer in Wien mit solchem Erfolg, daß er zum Apostel Wiens wurde, berühmt und geliebt im ganzen Land als „Vater der Armen". Trotz vieler polizeilicher Intrigen seitens des Staates, wurden seine Predigten sehr gut besucht. Alles wollte den gotterleuchteten und begeisterten Priester hören. Allzu früh, im Jahre 1820, löschte der Typhus sein kostbares Lebenslicht aus.

Gleich vielen der liebens- und verehrungswürdigsten Freunde und Diener des Herrn war dieser Heilige „der rechte Mann zur rechten Zeit", von Gott in einer schweren Stunde der Kirche zum Helfen berufen. Und die Mittel seiner weiten und tiefen Wirkung? Er neigte sich mit all seiner Kraft den geistig und materiell Ärmsten zu und er fand in seiner Seele auch das weise und mächtige Wort, um die am höchsten Gebildeten wieder zu Christus und seiner Kirche zurück führen.

TAGESHEILIGE: Longinus, Soldat M – Aristobul, Apostelschüler – Zacharias P – Diedo, sel. Prior von Andelsbach, † 1115 – Menignus, Nikander, Matrona, Leokritia M – Probus B – Speziosus Bk – Mundald – Ludovika v. Marillac, Stifterin der Barmherzigen Schwestern, † 1660.

16. MÄRZ *Hilarius*

In der Zeit der Christenverfolgung unter Kaiser Dezius tritt uns eine herrliche Gestalt in der Person des heldenhaften Bischofs Hilarius von Aquileja entgegen. Es war eine lange Friedensperiode für die Kirche vorausgegangen, und das Christentum hatte sich weit verbreitet. Selbst bis in die höchsten Kreise war es gedrungen. Mit einem Schlag änderte sich alles! Dezius begann eine blutige Verfolgung. Es gab damals viele, die in ihrer Angst vor dem Martyrium schnell abfielen, wenn auch bloß zum Schein, viele, die die heiligen Bücher der Kirche den Staatswächtern übergaben und sich in die staatlichen Listen als Heiden eintragen ließen. Hilarius sah die Verderbnis, die seiner Gemeinde drohte, er bat und beschwor die Christen, im wahren Glauben auszuhalten. Den Bitten seiner Priesterschaft entsprechend hielt er sich lange Zeit verborgen und entging den Nachstellungen der Feinde. Da ihm dies aber von einigen als Feigheit ausgelegt wurde, stellte er sich freiwillig dem Richter, der strengsten Strafe gewärtig. Beronius, der Statthalter, hatte eine große Freude, als er endlich den Hirten der Christengemeinde vor sich sah. Er versuchte zunächst, mit Versprechungen den Heiligen zum Abfall zu bringen, in der Hoffnung, daß dann die ganze Christengemeinde abtrünnig würde. Mit Heldenmut jedoch verteidigte Hilarius die Lehre Christi, widerlegte den Irrwahn des Götterkultes, der Staatsvergötzung und zerschmetterte mit seinem Gebet das Götzenbild, das er anbeten sollte. Darüber ergrimmt, übergab ihn der Statthalter dem Henker. Man spannte ihn zunächst auf die Folter; hierauf wurde ihm mit glühenden Eisenhaken das Fleisch aufgerissen, und endlich wurde er enthauptet. Er ging mit gutem Beispiel seiner Gemeinde voran und gewann durch sein heldenhaftes Sterben nicht bloß manche Schwachgewordenen zurück, sondern auch manche, die bisher dem Christentum feindlich waren. – Von dem Heiligen gilt das Wort: „Beispiele reißen hin.“ Geben doch auch wir als Christen unseren Mitmenschen stets ein gutes Beispiel!

TAGESHEILIGE: Heribert B von Köln, † 1021 – Columbia JM, Gefährtin der heiligen Ursula in Köln – Dietberga W, Mutter des heiligen Ulrich, † 924 – Vinzentius Kadlubeck B von Krakau, † 1223 – Tatian, Felix, Largus, Dionys, Papas M – Julian M – Agapit B – Patritius B – Abraham E – Eusebia Ae.

17. MÄRZ *Johann Fleischmann*

Aus der verhängnisvollen Zeit des Dreißigjährigen Krieges leuchtet uns das Lebensbild dieses edlen und starkmütigen Priesters entgegen. Die Heimat des Seligen war Mähren. Er studierte zu Prag und wurde Doktor der Philosophie und der Theologie. Allein er wollte in jener Zeit nicht von der Gelehrtenstube aus, sondern in der praktischen Seelsorge arbeiten; im Jahre 1616 erhielt er die Pfarrei Holleschau. Sein pfarrliches Wirken war ein beständiger Kampf gegen die Irrlehren. Die böhmischen Brüder, deren Lehre von Hus stammte, leugneten die Wahrheiten der Kirche. Ja, ein geradezu fanatischer Haß gegen alles Katholische hatte die Bevölkerung ergriffen. Als nun ein strengkatholischer Edelmann die Herrschaft über den Ort bekam, erhielt Fleischmann den Auftrag, die katholische Lehre wieder neu zu wecken. Dies tat er mit allem Eifer. Nun brach im Jahre 1618 der Dreißigjährige Krieg aus. Fleischmann mußte fliehen und begab sich nach Posen. Als die Lage einigermaßen ruhiger wurde, kehrte er in seine Pfarrei zurück. Doch die Polen fielen in Mähren ein und verwüsteten das Land. Nur der Ort Holleschau wurde verschont, weil Fleischmann den Soldaten mit dem Allerheiligsten entgegenging und sie von der Zerstörung abhielt. Doch gerade diese Begegenheit sollte ihm zum Verderben werden. Seine Gegner streuten aus, ihr Pfarrer habe es mit den Polen gehalten und sie zum Einfall nach Mähren gerufen. Fleischmann wurde als Landesverräter gefangengesetzt. Das Urteil war von vornherein festgelegt. Die Feinde wollten eine Schuld nachweisen. Deshalb schritten sie zur Folterung. Stundenlang wurde Fleischmann gequält. Er blieb stumm. Nun hüllten sie ihn in Teer und Federn und zündeten ihn an. Er erlitt furchtbare Brandwunden, aber er starb trotz aller Qualen nicht; so brachte man ihn ins Gefängnis. Sein Trost war das Brevier, das er betete und mit der Zunge umblätterte, da seine Hände verbrannt waren. Noch einen ganzen Monat lebte dieser heilige Blutzeuge, bis ihn der Herrgott von seinem schrecklichen Leiden am 17 März 1620 erlöste.

TAGESHEILIGE: Patrick B von Irland, † 461 – Joseph von Arimathäa Bk – Gertraud v. Brabant J, † 659 – Viventiana J M in Köln – Gertrudis Kö, Schwester Karl d. Gr., † 812 – Alexander, Theodor, Paul M – Agrikola B – Widburg – Rodger (Roger, Rüdiger) † 1230 zu Halberstadt.

18. MÄRZ *Narzissus*

Augsburg entwickelte sich schon zu Beginn unserer Zeitrechnung aus einem römischen Lager zu einer aufstrebenden Stadt. Es ist geschichtlich bekannt, daß der christliche Glaube in den ersten Jahrhunderten oftmals durch die römischen Legionäre mitgebracht wurde, weil die Lehre des Heilandes gerade beim Militär zu Rom schon sehr früh Eingang gefunden hatte. Daher entstand auch in Augsburg bereits im dritten Jahrhundert eine kleine christliche Gemeinde, die im Jahre 303 unter der Verfolgung des Kaisers Diokletian ihre erste Feuerprobe bestand. Die Festigung dieser Kirche von Augsburg geht der Tradition nach auf den hl. Narzissus zurück. Dieser kam um 300 aus Gerona in Spanien auf der Flucht vor den Christenverfolgern nach Augsburg. Dort fand er Aufnahme in einem Hause, außerhalb der Befestigung, das der Familie der späteren hl. Afra gehörte. Das zurückgezogene und asketische Leben des Bischofs Narzissus und seines Diakons Felix fiel den Inwohnern bald auf. Es dauerte nicht lange, bis sie sich im christlichen Glauben unterrichten ließen und getauft wurden. In Afras Hause versammelten sich dann die wenigen Gläubigen und es wurde dort der christliche Gottesdienst gefeiert. Nach neunmonatigem Aufenthalt in Augsburg kehrte Narzissus wieder nach Spanien zurück und erlitt bald für Christus den Martertod (um das Jahr 303). Zuvor aber weihte er den Priester Dionysius zum ersten

Bischof von Augsburg. (Dieser wird heute noch als erster Bischof in der Bischofsliste aufgezählt; er starb um 304.) Auch die kleine Christengemeinde mußte schwere Verfolgungszeiten durchmachen. Aber trotzdem erhielt sich das Christentum wie ein kleines Samenkorn sowohl in Zeiten der Verfolgung wie auch in den Wirren der Völkerwanderung. Ganz ist es nie untergegangen. Und so blieb in der Überlieferung der Kirche von Augsburg der Name des hl. Narzissus und seine Verehrung durch alle Zeiten lebendig.

Christi Wort ist stärker als alle irdische Macht. Für den rechten Christen gilt, was St. Paulus sagte: „Von der Liebe Christi kann uns nichts trennen."

TAGESHEILIGE: Cyrill von Jerusalem B und Kl, † 386 – Eduard KöM – Anselm B zu Mantua – Frigdian B – Alexander BM – Trophimus, Eukarp M – Dietrich E – Braulius B – Felix M – Salvator de Horta Mö – Sibylle J.

19. MÄRZ Josef

Einer der liebenswürdigsten und mächtigsten Heiligen ist Josef, der Nähr- und Pflegevater des Heilandes. Die Heilige Schrift berichtet uns nur wenig von ihm, aber das wenige ist viel; sie sagt, daß Josef „gerecht" war, das heißt, daß er ein heiliges Leben führte. Die Christenheit aber ehrt und liebt voll Dankbarkeit den Mann, der mit der Arbeit seiner Hände Maria und den Knaben Jesus ernährte, der ihnen mit Liebe, Treue und Sorge das Heim schuf. Josef stammte aus dem Geschlechte des Königs David; doch er war ein einfacher Handwerker, ein Zimmermann. Er wurde gemäß dem Brauch seiner Zeit mit einer Jungfrau des gleichen Stammes verlobt, mit Maria. Nun wußte aber Josef, daß Maria das Gelübde ewiger Jungfräulichkeit abgelegt hatte. Da er damit einverstanden war, ist begreiflich, daß auch er sich ganz Gott hingegeben hatte in einem reinen und heiligen Leben. Als er nun vermählt wurde, hatte Maria bereits vom Heiligen Geiste empfangen. Josef wollte sie heimlich entlassen, um ihr nicht zu schaden. Da sandte Gott einen Engel, der im Traum dem treuen Josef Marias Erwählung zur Mutter des Gottessohnes erzählte. Von nun an durfte er an den Geschehnissen im Leben des Heilandes Anteil nehmen: an der wunderbaren Geburt im Stalle zu Bethlehem, an der Namengebung, an der Aufopferung. Sodann mußte er die Leiden der Flucht auf sich nehmen, dann wieder den Verlust des Kindes während des Osterfestes. Und endlich durfte er in den Armen Jesu und Mariens aus diesem Leben scheiden.

Die Verehrung des Heiligen ist in unserer Kirche groß. Seit dem neunten Jahrhundert nahm sie immer weiteren Aufschwung. Besonders machten sich

der heilige Bernhard von Clairvaux, die heilige Theresia und der heilige Franz von Sales um seine Verehrung verdient. 1621 wurde der Josefstag gebotener Feiertag, 1729 kam sein Name in die Allerheiligenlitanei, 1870 wurde er zum Patron der gesamten Kirche erhoben und 1962 wurde sein Name in den Kanon der heiligen Messe eingefügt. Die Gläubigen wenden sich in allen Nöten an ihn, das Vorbild stiller und bescheidener Sorge, selbstloser Hingabe — des vor den Menschen verborgenen „Wandelns im Herrn".

TAGESHEILIGE: Landoald Pr in Gent und Missionar in Belgien, † 688 – Ida N in Rupertsberg (Bingen), im zwölften Jahrhundert – Johann v. Penne Bk – Fridburg Ae – Quinktus, Quinktilla, Quartilla, Markus, Pancharius M – Apollon, Leontius B – Amantius B – Adeltrud J – Sibyllina E.

20. MÄRZ *Wolfram*

Die Zeit des beginnenden siebten Jahrhunderts war für die Ausbreitung des Christentums eine Ära schwerster Sorgen und Arbeiten. Das Frankenreich war zum größten Teil schon christlich. Und von hier zogen zahlreiche beherzte Männer aus, die sich in die Randgebiete wagten, um dort Christus zu predigen und die noch heidnischen Germanen zu bekehren. Es gehörte viel Mut und Gottvertrauen zu diesem Werk. Die Berichte über die Missionierung der Friesen gehen bis ins achte Jahrhundert zurück. Ein Mönch Jonas, wahrscheinlich ein Schüler des heiligen Wolfram, beschreibt in kurzen Zügen dessen Leben und Wirken. Aus seinem Bericht, der sich wie ein Heldenmärchen anhört, können wir uns ein Bild machen, welch ein hartes und gefährliches Leben ein Missionsbischof in jener Zeit führen mußte. — Kraft und Inbrunst des Apostelgeistes der Urkirche zeichneten Wolfram aus. Er gehörte der fränkischen Geistlichkeit an und wurde am Beginn jenes Jahrhunderts zum Bischof von Sens (im heutigen Frankreich) erwählt. Nie ermüdender Bekehrungseifer durch Lehre und Beispiel war seine Grundtugend. Als nun der Friesenfürst Radbod besiegt war und sein Land unter die Oberhoheit des Frankenreiches kam, da war der Augenblick gekommen, wo Wolfram seinen Herzenswunsch ausführen konnte. Mit der Erlaubnis des Königs machte er sich mit mehreren Priestern auf die nicht gefahrlose Fahrt. Die alten Chroniken erzählen wunderbare Dinge von unserem Heiligen. Kurz vor der Landung war der goldene Meßkelch des Heiligen ins Meer gefallen, das an dieser Stelle tief war. Der Bischof faltete die Hände und betete innig. Siehe, da gaben die Wogen das Gefäß wieder unversehrt zurück. Dieses Ereignis machte großes Aufsehen, und als der Bischof nun zu predigen begann, da waren die Herzen schon empfänglich. Aber er hatte kein leichtes Arbeiten; der alte Heidenglaube hatte zu tiefe Wurzeln geschlagen. Es herrschte die grausige Sitte, daß man den Göttern Menschen zum Opfer darbrachte. Wolfram kam gerade zu einem solchen Opfer. Ein Knabe war getötet worden. Er aber ging hin, betete und hob den Toten auf. Dieser öffnete die Augen und ward lebendig. Einige andere Knaben, die ins Meer geworfen waren, holte er selbst heraus und geleitete sie trockenen Fußes und lebendig ans Land. Auf solche wunderbare Taten hin bekehrten sich gar viele und ließen sich taufen. Wolfram versuchte auch den Fürsten Radbod zu gewinnen. Allein dieser verschloß der Gnade sein Ohr und sagte, er wolle lieber bei seinen Ahnen in der Hölle sein, als mit wenigen im Himmel. Wolfram arbeitete fünf Jahre mit großem Erfolg, zog sich dann in ein Kloster zurück und starb eines seligen Todes um das Jahr 719.

Sein unerschrockener Mut, sein unzerstörbares Gottvertrauen fordern uns zur Nachahmung auf. Es gilt von ihm das Wort des heiligen Paulus: „Ich vermag alles in dem, der mich stärkt."

TAGESHEILIGE: Archippus M, Mitarbeiter des heiligen Paulus – Urbikus B von Metz, † 420 – Mauritius Csakz Mö in Budapest, † 1336 – Paul, Cyrill, Eugen, Photina, Joseph, Viktor, Sebastian, Anatol, Photius, Photis, Paraskeve, Cyriaka, Alexandra, Claudia, Euphrasia, Matrona, Euphenia, Theodosia, Juliana, Derphuta M – Niketas, Kuthbert B – Ambrosius Mö – Joachim, Gerich B – Wulmar Pr.

21. MÄRZ Benedikt

Wenn es auch die Regel ist, daß Tätigsein in der Welt und das echte unablässige Streben nach Herzenseinfalt und Glaubenstiefe im Leben des rechten Christen Hand in Hand gehen – so hat es doch auch immer und gerade in der Frühzeit der Kirche Männer und Frauen gegeben, die um Gottes willen ganz und ausschließlich, in Einsamkeit und Stille dem Gebet und der Versenkung in die Größe und in die Geheimnisse der Offenbarung lebten: Einsiedler, Mönche und Nonnen. Hie und da sammelten sich auch Gleichgesinnte um einen geistlichen Vater und übten sich gemeinsam in Askese und Vervollkommnung. Daher hören wir schon aus der orientalischen Kirche von Äbten; aber es waren noch nicht dem eigentlichen Sinn nach Äbte. Denn das Verdienst, das ganze asketische Leben geordnet, den Zusammenklang zwischen Gebet und Arbeit (ora et labora!) hergestellt zu haben, hat erst der große heilige Benedikt von Nursia. Er ist Vater des abendländischen Mönchtums. Sein Leben ist ein wundervolles Bild christlichen Strebens nach Vollkommenheit. Geboren wurde er reichen und vornehmen Eltern zu Nursia in Mittelitalien im Jahre 480. Schon mit fünfzehn Jahren begab er sich in die Einöde, um Gott allein anzugehören. Er hatte große Versuchungen auszuhalten. Drei Jahre brachte der Jüngling in einer Höhle zu Subiako zu. Da starb unweit seines Aufenthaltsortes der Vorsteher eines Klosters. Die Mönche wählten den Heiligen zu ihrem Abt; ungern nahm er dieses Amt an. Er stieß auch bald auf sehr großen Widerstand. Die Mönche, denen seine große Strenge mißfiel, suchten ihn sogar zu töten. Sie setzten ihm ein Gefäß mit vergiftetem Wein vor. Benedikt segnete den Becher; er zersprang. Er verließ nun das Kloster und zog sich wieder in die Einöde zurück. Aber Gott sandte viele heilsbegierige Männer zu ihm, die auch so leben wollten wie er. Deren Zahl mehrte sich von Tag zu Tag. Daher gründete er nun zwölf Klöster und schrieb dann seine berühmte Regel. Auf Monte Cassino zerstörte er den dort noch stehenden Tempel des Apollo und erbaute das berühmte Kloster. Aus dem Orden des heiligen Benedikt gingen im Laufe der Zeit zwölf große eigene Orden und sieben Ritterorden hervor.

Benedikt besaß die Gabe der Weissagung. Der Ostgotenkönig Totila wollte dies ergründen. Er schickte seinen Kriegsoberst zu ihm, angetan mit den königlichen Gewändern. Benedikt sagte diesem sofort, er solle ausziehen, was ihm nicht gehöre. Darauf erschien der König selbst. Ergriffen von der Macht der Persönlichkeit, kniete Totila vor dem Heiligen nieder. Dieser sagte zu ihm, er werde noch neun Jahre leben, Rom erobern und ein mächtiges Reich errichten. Alles traf ein.

Als Benedikt erkrankte, begab er sich in die Kirche und starb, unter den Gebeten seiner Mitbrüder, stehend vor dem Altar am 21. März des Jahres 543.

TAGESHEILIGE: Isenger B – Richeza Kö in Polen, sel., † 1063 – Clementia N von Hohenberg, † 1176 – Nikolaus v. d. Flüe E, † 1487 – Philemon, Damian M – Birill, Serapio, Lupizius B – Emilie Schneider N, † 1859 in Düsseldorf.

22. MÄRZ *Aurelia*

Unter den Seligen des Bayernlandes wird eine Jungfrau Aurelia genannt, deren Mut und Entschlossenheit zu bewundern sind. Sie liegt zu Regensburg im Kreuzgang von St. Emmeram begraben. Dort findet sich ein Grabstein mit ihrem Namen, der Kunde gibt: „Hier schlummert die himmlische Blume Aurelia, die alles auf dieser Welt verließ, um Gott ganz zu dienen und daher jetzt sich der ewigen Seligkeit erfreut." Dort wurde auch in vergangenen Zeiten, meist am 15. Oktober, jenem Tag, da sie einst selig im Herrn entschlief, vor ihrem Grab ein Gobelin mit ihrem Bilde aufgehängt und man entzündete Kerzen zu ihrer Verehrung. Die Legende berichtet: Aurelia stammte aus Frankreich und war aus königlichem Geschlecht. Sie wurde ihrem Stande gemäß vornehm und edel erzogen und in allen Wissenschaften unterrichtet, so daß sie bald eine Zierde des königlichen Hofes war. Ihr aber stand der Sinn nicht nach irdischer Pracht und Schönheit; ihr sehnlichster Wunsch war, Gott allein zu dienen. Da sie von schöner Gestalt und zudem sehr vermögend war, wollte ein reicher Edelmann sie freien. Es war schon alles zur Hochzeit bereit, die Gäste waren gekommen, da ergriff Aurelia die Flucht. Als Bettlerin kam sie bis nach Regensburg. Abt Ramwold von Sankt Emmeram erbaute ihr nächst der Kirche Sankt Andreas außerhalb der Stadtmauer eine Einsiedelei. Nun begann ein stilles, gottergebenes Leben, das sich durch inniges Gebet und viele Opfer auszeichnete. Der beständige Blick auf den Altar von ihrem Zellenfenster aus gab ihr den Mut, ihr strenges Leben ohne Schwanken und Zaudern zu führen. Oft empfing sie die heiligen Sakramente. So lebte Aurelia volle zweiundfünfzig Jahre als Reklusin in Abtötung und Strenge. Unterbrochen wurde ihr einsames Leben durch zahlreiche Besucher, die mit mancherlei Anliegen zu ihr kamen. Wunderbare Erhörungen wurden ihrem Gebete zugeschrieben. Als sie im Jahre 1072 hochbetagt starb, wurde sie als Heilige verehrt.

Höchstes Glück und innersten Frieden erhält das Menschenherz nur durch ganze Hingabe an Gott. Das lehrt uns dieses Heiligenleben.

TAGESHEILIGE: Reinhilde (Herlinde, Harlinde, Gerlinde, Reinula) Ae zu Aldeneyk a. d. Maas, † 708 – Eelko von Friesland, Prämonstratenserabt, † 1332 – Paul, Epaphrodit B – Saturnin M – Basilius PrM – Oktavian, Kallinika, Basilissa M – Deogratias, Benevenut B – Beate – Katharina Ww.

23. MÄRZ *Katharina von Schweden*

Unentwegter Wandel in Gottes Gegenwart, treueste Ausdauer im Guten und ein tief im Herzen wurzelnder Gebetsgeist zeichneten die heilige Katharina aus. Sie war die Tochter der heiligen Birgitta und des Fürsten Alfons von Nericien in Schweden. Als sie sieben Jahre alt war, wurde sie von den Eltern in das Kloster Risberg gegeben, wo sie in der Liebe zu Gott, aber auch in den nötigen Kenntnissen ihres Standes unterrichtet und erzogen wurde. Mit einem frommen Edelmann wurde sie verheiratet. Beide Ehegatten lebten in heiliger Eintracht. Von ihrem Bruder Karl, dem regierenden Fürsten, wurde Katharina deshalb als Betschwester verachtet. Als sie gar noch die modische Kleidung ablegte und die altschwedische Tracht anzog, worin ihr bald viele, auch vornehme Frauen, nacheiferten, erhoben sich noch mehr Vorwürfe. Nach dem Tode ihres Vaters unternahm die fromme Mutter Birgitta eine Reise nach Rom. Mit der Erlaubnis ihres Gatten begleitete Katharina die Mutter an die heiligen Stätten. Kurz darauf starb ihr Gemahl eines seligen Todes. Katharina widmete sich nun ganz dem jungfräulichen Leben und schlug die ehrenvollsten Heiratsanträge aus. Ein Graf wollte sie mit Gewalt zu seiner Gattin machen. Er lauerte ihr auf. Als sie des Weges kam, wurde sie von einem Hirsch begleitet, der sie verteidigte. (Daher wird sie oftmals mit einem solchen dargestellt.) – Katharina war ungefähr 25 Jahre bei ihrer Mutter in Rom, machte auch eine Wallfahrt mit ihr nach Jerusalem und besuchte die Stätten des Heiligen Landes. Als Birgitta in Rom gestorben war, brachte Katharina deren Gebeine nach Schweden. Dort trat sie nun in das von ihrer Mutter gestiftete Kloster Wadstena ein; sie starb am 24. März 1381.

Einfach und schlicht, aber entsagungsreich und ganz konsequent im Gutsein und Gutestun vollzog sich das Leben dieser hochgeborenen Frau. Sollen wir nicht von ihr lernen, hie und da aus Gottes-Liebe auf erlaubte Genüsse und Freuden zu verzichten?

TAGESHEILIGE: Joseph Oriol Bk in Barcelona – Edelwald Mö – Gerontius BM von Cervia (gefeiert im ehemaligen Bistum Havelberg), † 501 – Viktorian, Frumentius, Felix, Nikon, Domitius, Pelagia, Aquila, Äparch, Theodosia M – Turibius B – Theodul Pr – Julian, Benedikt Bk – Otto – Adelmann – Marbod Gr.

24. MÄRZ *Gabriel*

Nur ganz wenige der Boten Gottes können wir beim Namen nennen. Einer davon, der als Überbringer der Freudenbotschaft Gottes an die Menschen in der Heiligen Schrift genannt wird, ist Gabriel, der Erzengel. Er steht im Himmel nahe dem Throne Gottes. Schon im Alten Bund verkündete er dem Propheten Daniel den Zeitpunkt des Erscheinens Christi. Als die 70 Jahreswochen vorbei waren, kam Gabriel zu Zacharias in den Tempel und verkündete ihm, daß er einen Sohn bekommen werde, den er Johannes nennen solle. Zacharias schenkte dieser Botschaft keinen Glauben, waren

doch er und seine Frau Elisabeth schon hochbetagt. Da sprach der Erzengel: „Ich bin Gabriel, der vor Gott steht, und bin gesandt, mit dir zu reden, daß ich dir solches verkünde. Und siehe, du wirst verstummen und nicht reden können bis auf den Tag, da dies geschehen wird." So geschah es auch. – Sechs Monate später, berichtet uns das Evangelium von Lukas, wurde der Engel Gabriel von Gott in eine Stadt in Galiläa, namens Nazareth, gesandt zu einer Jungfrau, die verlobt war mit einem Manne, namens Josef, aus dem Hause Davids; die Jungfrau aber hieß Maria. Und der Engel kam zu ihr und sprach: „Gegrüßet seist du, voll der Gnade! Der Herr ist mit dir. Du bist gebenedeit unter den Weibern! Fürchte dich nicht, Maria, du hast Gnade gefunden bei Gott. Siehe, du wirst empfangen und einen Sohn gebären, dem sollst du den Namen Jesus geben. Er wird groß sein und der Sohn des Allerhöchsten genannt werden. Und seines Reiches wird kein Ende sein."

Als der heilige Josef noch nichts von dem wunderbaren Geschehen seiner Braut wußte, war es wiederum der Erzengel Gabriel, der ihm im Traum die Wahrheit enthüllte. Auch ermahnte er Josef, nach Ägypten zu fliehen, und gab ihm später die Botschaft, daß er zurückkehren könne. Gabriel soll es gewesen sein, der den Heiland am Ölberg stärkte. Wir haben viele Gründe, den erhabenen Engel zu verehren und anzurufen.

TAGESHEILIGE: Simeon Kn M zu Trient † 1475 – Johannettus Kn M zu Köln – Emilie Schneider N – Katharina von Schweden, † 1381, W – Markus, Timotheus, Epigmen, Pigmen, Timolaus, Dionys, Pausides, Romulus, Alexander, Agapius, Sekundus M – Agapit, Latin B – Seleuk Bk – Berulf BM – Adelmar A.

25. MÄRZ *Dismas*

Ein unvergeßlicher Zeuge dafür, daß Gott auch dem größten Sünder noch in der letzten Minute des Lebens verzeiht, wenn er voll echter Reue seine Sünden bekennt, ist jener Mann, der als einer von zwei Verbrechern zur rechten Seite Jesu gekreuzigt wurde. Die Kirche nennt seinen Namen: Dismas.

Dismas war ein Wüstenräuber, ein Mörder. Die Legenden aus alter Zeit erzählen, daß zweimal in seinem Leben der Gottessohn mit ihm zusammentraf. Das erstemal war es auf der Flucht der Heiligen Familie nach Ägypten. Bei einer Rast in der trostlosen Wüste drangen Räuber unter ihrem Anführer Dismas auf die einsamen Wanderer ein. Aber der Anblick des unschuldigen Kindes schreckte sie zurück, ja Dismas sorgte sogar für ihr Unterkommen in einer Höhle und brachte Wasser und Nahrung herbei. Maria soll ihn besonders für diese Wohltat gesegnet haben. Dreißig Jahre später erreichte ihn sein Schicksal. Er wurde von römischen Soldaten gefangengenommen und nach Jerusalem gebracht. Im Kerker konnte er über sein verpfuschtes Leben nachdenken. Er erwartete den Tod; lange Zeit schmachtete er mit noch einem Genossen im Gefängnis, wurde dann vor den Richter gestellt und zum schmachvollen Tod am Kreuz verurteilt. Es war just jenes Osterfest vor der Tür, an welchem der Heiland sterben sollte. Wir lesen in der Heiligen Schrift, daß dieser zwischen zwei Verbrechern nach Kalvaria geführt wurde. Wahrscheinlich wurde Dismas schon während des Weges von der Gnade Gottes berührt, sah er doch die unendliche Geduld, mit der Christus sein Kreuz trug. Und als man sie nun gekreuzigt hatte, da mußte er trotz seiner Schmerzen über den erhabenen Opferwillen des Herrn staunen. Mächtig pochte die Gnade an seine Seele. Er bereute seine Schuld, verwies seinem Sündengenossen dessen freventliches Lästern und bat den Gottessohn: „Herr, gedenke meiner, wenn du in dein Reich kommst!" Da durfte er das wunderbare Wort der Gnade hören: „Wahrlich, ich sage dir, heute noch wirst du mit mir im Paradiese sein!"

Wer vermag dieses Geschehen, diese Worte im Herzen zu bedenken, ohne wenigstens ahnungsweise von einem der tiefsten und schönsten Geheimnisse des Christentums, der Gottesordnung, ergriffen zu werden: dem Geheimnis der Gnade als Geschenk der für uns nicht wirklich vorstellbaren Liebesfülle des dreieinigen Gottes! Zugleich erkennen wir den Wert der vollkommenen Reue.

TAGESHEILIGE: Quirin M in Tegernsee, † 296 – Irenäus B M – Dula J M – Hermeland A – Eynard in Köln – Ancilla – Annuntiata – Pelagius B – Barontius, Desiderius Bk – Humbert A – Luzia Filigrini.

26. MÄRZ Ludger

Die Ära Karls des Großen ist die Zeit der umfassenden Christianisierung Germaniens. In den von den Franken beherrschten Gebieten Europas war nach dem Auftreten des heiligen Bonifatius der Glaube an Christus mächtig geworden. Überall standen gute Hirten an der Spitze ihrer Diözesen. Schwierig war aber noch das Leben der Missionare in den Randgebieten. Nächst den Sachsen hatten sich die Friesen am längsten der Lehre Christi widersetzt. Aber auch da konnte die Kirche Fuß fassen. Treue und ausdauernde Männer versuchten immer wieder, auch dieses Volk für Christus zu gewinnen. Waren es in früheren Zeiten vor allem die Missionare aus Irland, England und schließlich Franken, so konnten in dieser Zeit des großen Kaisers schon einheimische Priester zu den Friesen gesandt werden.

Ein großer Sohn Deutschlands, ein Apostel des heiligen Glaubens bei seinen Landsleuten, war der erste Bischof von Münster, der heilige Ludger. Er entstammte einer der hervorragendsten Familien Frieslands und wurde im Jahre 743 geboren. Sein Vater stellte ihn, da er gerne das Lesen und Schreiben lernen wollte, unter die Leitung des Bischofs Gregor von Utrecht. Dort machte der Knabe gute Fortschritte, sowohl in den Wissenschaften als auch in seinem religiösen Leben. Er wanderte dann nach England und war mehr als vier Jahre ein gelehriger Schüler des berühmten Alkuin, der später am Hof Karls des Großen hohes Ansehen genoß. Alkuin weihte ihn zum Diakon und sandte ihn dann zur Missionierung nach Friesland, das noch großenteils heidnisch war. Mit Feuereifer arbeitete der junge Diakon im Weinberg des Herrn. Nach der Bekehrung des Sachsenherzogs kehrten Friede und Ruhe ein. Karl der Große ernannte Ludger, der inzwischen zum Priester geweiht war, zum ersten Bischof des neuen Bistums Münster. Nur ungern übernahm der demütige Heilige dieses hohe Amt. Dann aber übte er es mit aller Gewissenhaftigkeit aus. Er erbaute Kirchen und Klöster, so Helmstedt in Braunschweig, das nach ihm Ludgerikloster benannt wurde. Die Armen waren die besonderen Freunde des Heiligen. Einst wurde er beim Kaiser angeklagt, daß er die Güter der Diözese verschleudere. Der Kaiser ließ ihn rufen. Da Ludger gerade beim Beten des Breviers war, ließ er den Kaiser warten, bis er fertiggebetet hatte. Als dieser ungnädig werden wollte, sagte Ludger, daß er zuerst seinem himmlischen Herrn habe dienen müssen, dann erst sei er bereit, dem Kaiser zu dienen. Diese freimütige Antwort gefiel Karl und er entließ ihn in Gnaden.

Am Tage seines Todes, den er voraussagte, hielt er noch zwei Predigten und las die heilige Messe; dann starb er unter dem Gebet seiner Mitbrüder (im Jahre 809) und wurde im Kloster Werden begraben.

Männer wie Ludger kannten ein Ideal, dem sie alles opferten, das aber auch aller Opfer wert war: die Menschen zu Gott zu führen. Wir sind im im Besitz des Glaubens, aber Millionen leben noch in der Finsternis. Selbst unter den Christen sind viele, die das Licht nicht mehr sehen, sondern im Düster der Sünde und des Unglaubens leben. Ihnen zu helfen, ist eine heilige Aufgabe. Wir können es nur, wenn wir, den Heiligen ähnlich, unseren Mitmenschen ein christliches Beispiel vorleben.

TAGESHEILIGE: Kastulus M – Emmanuel M – Braulio B in Saragossa – Felix B von Trier, † 400 – Hildgrim B – Petrus, Marzian, Jovin, Thekla, Kassian, Irenäus, Serapion, Ammonius, Montan, Maxima, Theodosius, Eutychius M – Theodor BM.

27. MÄRZ *Rupert*

Zu den ersten germanischen Gauen, in denen viele Heiden getauft wurden, gehörte Bayern. Römische Kolonisten und Legionäre hatten schon die Kunde der christlichen Religion in diese Lande gebracht; aber es dauerte noch ziemlich lange, bis jene, die sich taufen ließen, auch innerlich Christen wurden. In der ersten Hälfte des siebten Jahrhunderts lebte zu Regensburg der heidnische aber edle Herzog Theodo. Arg bekümmerte ihn der sittliche Tiefstand seines Volkes. Da hörte er von einem Bischof in Worms, namens Rupert, der voll Eifer, Wissen und Frömmigkeit sei. Der Herzog lud ihn ein, nach Bayern zu kommen. Freudig ergriff Rupert die günstige Gelegenheit, die sich seinem Seeleneifer bot. In Regensburg taufte er den Herzog und verkündigte voll apostolischen Eifers allerorts die Lehre des Heils. Und seine Saat trug reiche Frucht. Neues religiöses Leben blühte in Bayern. Auf den Spuren des heiligen Severin wandernd, kam Rupert auch in die Gegend, wo heute Salzburg steht. Über der halb verfallenen Ansiedlung, der späteren Stadt, hatte sich einst eine stolze römische Burg erhoben. Die Stürme der Völkerwanderung waren darüber hinweggebraust und hatten einen Trümmerhaufen hinterlassen. Wie Rupert auf den umgestürzten Säulen der Burg Salzburg Kloster und Gotteshaus neu errichten mußte, so mußte er auch bei der Verkündigung des Gottesreiches ganz von vorne anfangen. Da ihm dieser Ort wie keiner zu seiner Residenz geeignet schien, ließ er sich hier nieder. Der Herzog schenkte ihm die öden Ruinen und das Tal und dazu den dritten Teil der Salzquellen von Reichenhall. Bald erstand eine ansehnliche Stadt. Das Kloster Sankt Peter wurde zum eigentlichen Mittelpunkt der Christianisierung. Auf dem Nonnberg erbaute Rupert ein Benediktinerinnenkloster und übertrug dessen Leitung seiner Nichte Ehrentrud. Von seinen vielen Kirchengründungen ist eine von besonderer Bedeutung: die Umwandlung des heidnischen Tempels zu Altötting in die berühmte Marienkapelle, dem heute so hochverehrten Heiligtum Mariens. — Im Jahre 628 starb der unermüdliche Bischof; sein Leib ruht im Dom zu Salzburg.

TAGESHEILIGE: Johannes von Damaskus B u. Kl., † 754 – Waldeverus E, sel. in Köln, † 1188 – Alexander, Philet, Mazedon, Theoprepides, Zanitas, Lazarus, Marotas, Narses M – Johann E – Adalpret BM – Lydia M – Augusta JM – Frowin A in Engelberg, † 1181.

Johann Capistran

Eine schwere Zeit von besonderer Art waren die ersten Jahrzehnte des fünfzehnten Jahrhunderts. Vom Südosten des Reiches her drangen die Türken immer weiter vor. Ein Land um das andere eroberten sie. Nachdem 1453 Konstantinopel gefallen und damit das oströmische Kaiserreich völlig dahin war, ging der Siegeszug dieser bittersten Feinde des Christentums fast unaufhaltsam weiter. Endlich rafften sich die Fürsten doch auf und sammelten sich zu einem Kreuzzug gegen die Türken. Und wirklich gelang es, den Feind bei Belgrad schwer zu schlagen. Hier treffen wir den heiligen Johann Capistran. Er war ein Held im wahren Sinn des Wortes, ein Mann voll unerschrockener Tapferkeit, religiöser Begeisterung und unerschütterlichem Mut. Johannes wurde im Jahre 1385 in der Stadt Capistran, im damaligen Königreich Neapel, geboren. Seine Eltern waren vornehme Leute. In seiner Vaterstadt lernte er die lateinische Sprache, studierte dann zu Perugia das bürgerliche und kirchliche Recht mit dem Erfolg, daß er den Doktorhut beider Rechte erhielt. Seine Talente und sein beträchtliches Vermögen eröffneten ihm eine hoffnungsvolle Laufbahn, einer der vornehmsten Bürger gab ihm seine Tochter zur Gattin. Im Jahre 1413 entstand ein Krieg zwischen Neapel und Perugia. Johann war mit den Friedensverhandlungen beauftragt. Schon glaubte er einen großen Erfolg erzielen zu können, als er durch mißgünstige Mitbürger verdächtigt wurde, er stehe in seinem Herzen auf der Seite des Feindes. Im Kerker bei Wasser und Brot erwog er, wie notwendig es sei, sich ganz Gott hinzugeben. Seine Frau war vor Kummer gestorben. Johannes trat bei den Franziskanern ein. Durch harte Askese schulte er seinen Willen. Nun erst vermochte er der zu werden, der er eigentlich war – ein wahrhaft großer Kämpfer der „Streitenden Kirche“. Echte Frömmigkeit, umfassende Klugheit und die Gabe des Wortes, der heilig begeisternden Rede, ließen ihn zum größten Prediger seiner Epoche werden. Von verschiedenen Päpsten wurde er als Legat bei wichtigen Verhandlungen und Gesandtschaften verwandt. Auch deutsche Kaiser riefen ihn, wenn es galt, Streitigkeiten zu schlichten. In Mähren bekehrte er viele Hussiten. Eines seiner größten Verdienste war das Zustandekommen des Kreuzzuges gegen die Türken im Jahre 1456. Nur seiner Überredungsgabe und seinem unerschrockenen Mut war es zu verdanken, daß das christliche Heer einen großen Sieg errang und dadurch die gewaltige Gefahr bannte. Wenige Monate später starb der Heilige.

TAGESHEILIGE: Wilhelm Eiselin Mö aus Mindelheim, † 1588 – Einhildis Ae zu Niedermünster (Straßburg), † 700 – Tutilo Mö von Sankt Gallen, † 909 – Gundelinde Ae zu Niedermünster, † 750 – Priskus, Malchus, Alexander, Kosta, Dorotheus, Rogat, Sukzessus M – Xystus (Sixtus) P, † 440 – Spes A – Gunthram Kö.

Eustasius

Das Wirken des heiligen Eustasius fällt in die Frühzeit des Christentums in Deutschland. Es ist daher begreiflich, daß die Angaben über sein Leben und Wirken sehr ungenau sind. Aber die Überlieferung zeichnet uns doch ein ziemlich anschauliches Bild dieses eifrigen Mannes.

Er war einer der ersten, die nach Bayern den wahren Glauben an Christus brachten. Zu Beginn des siebten Jahrhunderts war Eustasius Abt des großen Klosters Luxeuil, das mehr als 600 Mönche zählte. Mit allem Eifer stand er seinem Amt vor. Seinen Mitbrüdern war er ein echter Vater. Als er nun sah, daß alles im Kloster seinen geregelten Gang ging, da trieb es den rastlosen Geist hinaus in die weite Welt, um die Wahrheiten des Evangeliums zu predigen. Es war die Zeit kurz nach der Völkerwanderung. Mit dem Segen der Kirche trat er seine beschwerliche Reise an. Er konnte sehr gut und eindringlich predigen; dazu hatte ihn Gott, wie es so oft bei den ersten Glaubensboten der Fall war, mit Wunderkraft ausgezeichnet. So hatte er einst ein Mädchen, namens Burgundofora, das blind war, durch Handauflegung und Gebet wieder sehend gemacht. Nun durchzog er predigend und segnend Schwaben und Bayern. Die Leute hörten gerne seine überzeugenden Worte an und taten auch, was er verlangte. Sie zerstörten die Götzenbilder und ließen sich in Scharen taufen. Der Missionsarbeit des Heiligen verdankten es jene heiligen Männer, die nach ihm kamen, daß sie eine straffe Kirchenorganisation aufbauen konnten. Mitten in seiner Arbeit wurde ihm gemeldet, daß in seinem Kloster zu Luxeuil schlimme Sitten um sich gegriffen hatten. Rasch eilte er auf diese Kunde hin heim und stellte Klosterzucht und Ordnung wieder her. Dann errichtete er noch mehrere Klöster, so daß allmählich bis zu 6000 Mönche ihn als ihren Abt und Vater anerkannten und verehrten. Im Kloster Vergaville in Lothringen überfiel ihn ein heftiges Fieber. Er ließ sich, in der Erkenntnis, daß er nun sterben müsse, die heiligen Sakramente reichen und starb gläubig und gottergeben im Jahre 625. –

Wer einmal seinen Glauben wirklich tief und innig erfaßt hat, der wird auch für ihn zeugen müssen, wird den Menschen durch Tat und Wort seine eigene Erkenntnis, seinen Seelenfrieden mitteilen. Wieviel könnten wir Christen von den Heiligen lernen! Wären wir ganz erfüllt vom Erlösungsbewußtsein, dann gäbe es nicht so viel Gleichgültigkeit und Kälte unter uns.

TAGESHEILIGE: Ludolf B M zu Ratzeburg, † 1250 – Diemut E zu Wessobrunn, sel., † 1130 – Viktor Überkomm, sel. Bürger und Fuhrmann zu Baunach in Unterfranken, † 1475 – Jonas, Barachius, Cyrill, Pastor, Viktorin, Armogast, Sekundus M – Berthold Mö – Markus E.

30. MÄRZ *Wilhelm Eiselin*

Ein heiliger Aloisius des 16. Jahrhunderts verdient der Vergessenheit entrissen zu werden, weil er ein Vorbild der Reinheit ist: der Prämonstratenserfrater Wilhelm Eiselin. – Wilhelm war im Jahre 1564 zu Mindelheim in Schwaben von achtbaren Eltern geboren. Da diese bald merkten, daß ihr Kind sehr zum Lernen und Beten geneigt sei, suchten sie es zum Studieren zu bringen. Leider herrschte damals eine ansteckende Krankheit in der Stadt, an der seine Eltern rasch nacheinander starben und ihren Sohn als kleines Waisenkind zurückließen. Da nahm sich nun barmherzigerweise der Pfarrer der Liebfrauenkirche zu Memmingen, Pater Georg Harer, seiner an und sorgte für ihn. Die alte Reichsstadt hatte sich damals, mit Ausnahme des Frauenklosters, der Reformation angeschlossen. Wilhelm erhielt daher seinen Religionsunterricht bei den Klosterfrauen. Da aber dieser Unterricht nicht genügte, sandte ihn sein Pflegevater in das Prämonstratenserkloster Roth. Wilhelm ging gerne hin und suchte mit allem Fleiß sein Wissen zu bereichern. Das fiel ihm manchmal arg schwer. Die Zeit, die ihm neben dem Lernen blieb, benutzte er nur dazu, seine Seele dem Himmel zu öffnen. Schon damals merkte man an ihm, daß er eine große Verehrung für die Mutter Gottes zeigte und besonders darauf bedacht war, seine Herzensreinheit auch nicht mit der geringsten Sünde zu beflecken. Seine Tugendhaftigkeit war so groß, daß der Ordensobere ihn schon in jungen Jahren zum Noviziat zuließ. Zum weiteren Studium wurde Wilhelm nach Dillingen geschickt; er zeichnete sich dort durch großen Fleiß aus, so daß er des öfteren von seinen Lehrern öffentlich belobt wurde. Leider aber erkrankte er und mußte das Studium aufgeben. In seiner Leidenszeit gab er das Beispiel herrlichster Geduld; er wurde dafür, wie uns alte Berichte mitteilen, durch die Erscheinung der himmlischen Mutter und der heiligen Engel des öfteren beglückt. Am 28. März des Jahres 1588, in seinem 24. Lebensjahr, hauchte er seine reine Seele aus.

Wie unscheinbar, wie bescheiden, wie kurz war das Leben des Seligen! Aber Fleiß und Demut, Gebetseifer und Liebe zur Keuschheit lassen uns ehrfürchtig seiner gedenken.

TAGESHEILIGE: Quirin M zu Neuss, † 130 – Roswitha von Gandersheim Ae – Amadeus H – Veronus Bk. im Hennegau, † 850 – Dodo von Hasch, Bk., sel., † 1230 – Dominius, Viktor M – Regulus, Pastor, Zosismus B – Klimak A – Klinius Bk – Angela v. Foligno.

31. MÄRZ Balbina

Aus der Frühzeit des Christentums werden uns in den Martyrerakten manche Dinge berichtet, die an das Wunderbare grenzen. Wenn wir aber diese Akten nicht hätten, wüßten wir von manchem Heiligen nichts oder sehr wenig. Dies gilt auch von Balbina. Es wird uns berichtet: Ihr Vater Quirinus war römischer Offizier; während der Zeit der Christenverfolgung hatte der Kaiser ihm die gefangenen Christen zur Bewachung übergeben. Als harter Soldat behandelte er sie streng. Eines aber fiel ihm auf, daß die Gefangenen ganz anders waren als sonst Verbrecher. Er mußte schließlich ihre große Geduld bewundern, mit der sie ihr schreckliches Los – Hunger, Einsamkeit, Ungewißheit und oft auch die Folter – ertrugen. Und als man gar noch den Papst Alexander I. ihm in Gewahrsam brachte, da ward er von der erhabenen Würde dieses priesterlichen Greises ergriffen. Auch hatte er schon viel von Wundern und Zeichen der ihm anvertrauten Gefangenen gehört. – Die Tochter des Quirinus, Balbina, fast noch ein Kind, zeichnete sich durch besondere Zartheit und Schönheit aus. Nicht bloß der eigene Vater fand daran Gefallen; manch reicher römische Jüngling warb um das liebliche Mädchen. Quirin war sehr stolz auf sie. Doch Balbina bekam einen Kropf, der immer größer wurde und sie schrecklich verunstaltete. Der Vater war darob tief betrübt. Nun erinnerte er sich an die erzählten Wundertaten des christlichen Oberpriesters. Kurz entschlossen ließ er ihn zu sich holen und sagte, er wolle mit seiner Tochter an Christus glauben, wenn das Mägdlein durch die Anrufung des Christengottes geheilt würde. Papst Alexander betete und berührte den Hals des Kindes mit seinen Ketten. Sofort war der gräßliche Auswuchs verschwunden. Quirin hielt Wort. Er ließ sich samt seiner Tochter unterrichten und empfing dann die Taufe. Nicht lange konnte die Bekehrung des Hauptmannes verborgen bleiben. Man verhaftete, folterte und enthauptete ihn. Balbina war nun allein. Tief drang sie in die Geheimnisse ihres neuen Glaubens ein. Schließlich endete sie ihr junges Leben für den Heiland durch das Schwert. Das geschah gegen Ende des zweiten Jahrhunderts.

Heldenmut und Glaubensstärke sind immer bewundernswert, besonders aber bei jungen Menschen.

TAGESHEILIGE: Traugott M – Guido A – Landwin Mö – Ansbert Erzb. im Hennegau, † 698 – Daniel v. Murano Mö, ein gebürtiger Deutscher, † 1411 – Theodul, Anesius, Felix, Kornelia, Benjamin M – Ägil (Egil) A – Achaz B – Agilolf.

1. APRIL

Hugo

Groß als Bischof, demütig als Mönch, unerschütterlich in der Sorge um das Heil der ihm anvertrauten Seelen, so steht der heilige Hugo vor uns. Er wurde im Jahre 1053 zu Chateau-Neuf in der Dauphiné (Südostfrankreich) geboren. Sein Vater Odilo war ein trefflicher Offizier, der die Pflichten des Christentums mit denen seines Standes in vollkommener Weise zu verbinden wußte.

Bei dem Knaben Hugo erkannte man gar bald seine Liebe zu einem religiösen Leben. Nachdem er seine Studien mit großem Erfolg beendet hatte, erwählte er den geistlichen Stand und kam an die Kirche von Valence. Seine Talente und sein heiliger Lebenswandel gereichten seinem Kapitel zur Zierde. Bei einer Synode in Avignon, auf der die Nachfolge des Bischofs von Grenoble, der ein sehr schlechtes Beispiel gegeben hatte, besprochen wurde, richtete man das Augenmerk auf den erst 27 Jahre alten Priester Hugo und wählte ihn zum neuen Oberhirten. Erst als der päpstliche Legat ihm den strikten Befehl gab, das Amt anzunehmen, tat er es und reiste nach Rom, wo er die Bischofsweihe empfing. Als er in seine Diözesanstadt kam, konnte er sich nicht der Tränen enthalten, da er sah, welche Unordnung in den kirchlichen Verhältnissen unter seinem Vorgänger dort eingerissen war. Er wandte sich im Gebet an Gott und übte eifrig Bußwerke, um die Gnade zu erringen, die ihm Anvertrauten auf bessere Wege zu bringen. Da er aber nach zweijähriger Tätigkeit keine Erfolge zu erzielen vermochte, entfloh er heimlich in das Kloster Cluny und nahm das Ordenskleid an. Allein der Papst rief ihn auf seinen Posten zurück. Er begann seine Wirksamkeit mit neuem Eifer und besserem Ergebnis. Drei Jahre später kam der heilige Bruno zu ihm und bat ihn, ihm einen weltfernen Platz für ein Kloster zu geben. Hugo wies ihm eine rauhe Gegend, die sogenannte Kartause an. Von diesem Ort erhielt der Orden den Namen Kartäuser. Auch Hugo selber begab sich des öfteren dorthin und lebte wie ein Mönch, bis ihn seine Pflichten wieder in die Bischofsstadt zogen. Als Seelsorger war er unermüdlich tätig, namentlich im Beichtstuhl. Am 1. April 1132 starb er, vom ganzen Volk tief betrauert.

Hugo war ein Mann, der in heiligem Gehorsam tat, wozu ihn die Kirche rief. Immer wieder zog es ihn zum Klosterleben: in seinem Wesen neigte er viel mehr zur Betrachtung als zur Tat. Doch Gott hatte ihn anders auserwählt. Er sollte als Bischof wirken. Nur mit harter Selbstüberwindung war es ihm möglich, dieses verantwortliche Amt auf sich zu nehmen. Aber gerade diese Überwindung gab ihm Kraft, seinen schweren Aufgaben gerecht und schließlich ein Heiliger zu werden.

Pflichterfüllung bis zum Äußersten, unterstützt durch die Gnade Gottes, wird auch uns den Weg zum Himmel finden lassen.

TAGESHEILIGE: Theodora M – Venantius BM – Walarich A zu Amiens – Sigibald B von Metz, † 741 – Viktor, Stephan, Quinktian M – Makarius Bk – Bertrand – Irenäus M.

2. APRIL Franz von Paula

Die Zeit der Renaissance war erfüllt mit einem unersättlichen Hunger nach Luxus und Wohlleben. Die Folge war ein ungeheurer Sittenverfall, ein Neuheidentum in krassester Form. Aber gerade in solchen Zeiten erwählt Gottes Gnade Menschen, die sich ganz von der Welt abwenden und durch ein Beispiel äußerster Entsagung auf die wahren Werte des Lebens hinweisen und durch ihr Dasein die Gültigkeit des Wortes erweisen: Was nützt es dem Menschen, wenn er die ganze Welt gewinnt, an seiner Seele aber Schaden leidet?! Ein solches Beispiel gab Franz von Paula im 15. Jahrhundert.

Einfach, unscheinbar und doch erhaben steht er vor uns. Am 27. Mai 1416 wurde den frommen Eltern des Heiligen zu Paola (Kalabrien) nach langjähriger kinderloser Ehe auf die Fürbitte des heiligen Franziskus von Assisi ein Sohn geboren, dem sie den Namen Franz gaben. Sie weihten ihn von Kindheit an Gott. Als er das zwölfte Lebensjahr erreicht hatte, brachten ihn seine Eltern in ein Franziskanerkloster der Stadt San Marco. Hier erbaute er die Mönche durch seine engelgleiche Reinheit, seine Liebe zur Einsamkeit und durch seine Demut und Geduld. Noch ehe er die Gelübde abgelegt hatte, gab er andern das Beispiel des Gehorsams nach der Regel, deren Strenge er an sich noch verschärfte. Nach einem Jahr erkannte er, daß Gott anderes mit ihm vorhabe, und verließ daher das Kloster; er machte verschiedene Wallfahrten und verbarg sich schließlich mit der Erlaubnis seiner Eltern in der Einsamkeit. Eine kleine Höhle bei Paola, wo er sich kaum rühren konnte, diente ihm als Unterkunft; als Nahrung nahm er nur Kräuter und Wurzeln zu sich. Bald fand er begeisterte Nachahmer, die zu ihm kamen, um auch so streng zu leben wie er. Dadurch entstand der Orden der Mindesten Brüder, der später großen Segen in der Welt stiften sollte. Gott verherrlichte den bescheidenen einfachen Mann durch zahlreiche Krankenheilungen, die er durch Gebet und Handauflegung erreichte. Um diese Zeit erkrankte der König Ludwig XI. von Frankreich schwer. Er schickte mehrere Gesandtschaften zu dem Heiligen und ließ ihn bitten, er möge ihm doch helfen. Erst auf Befehl des Papstes begab sich Franz nach Frankreich und verhalf dem König schließlich zu einem guten Tod. Der neue König, Karl VIII., den er selbst getauft hatte, hegte große Verehrung und Freundschaft zu dem Heiligen. Als er ihm einst zur Anerkennung seiner Tätigkeit eine goldene Marienstatue sandte, wies der Heilige das kostbare Geschenk zurück. Denn was er tat, geschah aus reiner Gottesliebe. Am Karfreitag des Jahres 1508 verschied er. Bereits wenige Jahre später wurde er heiliggesprochen.

TAGESHEILIGE: Maria von Ägypten, Büßerin – Flodeberta J – Genoveva von Brabant, sel., E, † 750 – Heinrich E, sel. in Baumburg (Oberbayern), † 1200 – Anophian M – Theodosia JM – Niketius Bk – Abundius, Urban B – Wilhelm E – Leodegaria Ae.

3. APRIL *Thomas Morus*

Wir gedenken heute eines bedeutenden Staatsmannes, der als Martyrer in England für seine katholische Überzeugung starb. Es ist dies Thomas Morus, ein Mann voll unvergeßbarer Geisteskraft, weiter und tiefer Frömmigkeit, männlich-starkem Mut und heiter-großherziger Sinnesart. – Seine bedeutenden Fähigkeiten ließen den jungen (1478 in London geborenen) Adeligen schnell auf der Leiter der Macht und des Ansehens emporsteigen. Er wurde Parlamentsmitglied, königlicher Ratgeber und schließlich Lordkanzler. Doch als der ebenso begabte wie hemmungslose Heinrich VIII. Ränke spann, um sich von seiner Frau scheiden zu lassen, als er gegen die allgemeine (katholische) Kirche sich erhob und eine eigene Staatskirche ins Leben rief, da widerstand ihm Sir Thomas Morus, beschwor König und Volk, solchen Irrweg nicht zu beschreiten, und weigerte sich, den vom Herrscher verlangten Unterwerfungseid zu leisten. Thomas wurde zum Dank für seinen Freimut und sein Bekennertum in den Tower (Staatsgefängnis) geworfen und nach bitterer Gefangenschaft am 7. Juli 1535 enthauptet. „Des Königs Diener, aber Gottes zuerst!“ waren seine letzten Worte. Wie geistig frei und überlegen er war, das bezeugen viele noch heute wichtige Schriften und vor allem sein Roman „Utopia“, in dem er den sich christlich nennenden Staaten und sozialen Mächten nicht nur seiner Zeit einen Spiegel vorhielt, der ihnen ihr Recht und ihre Lügen zeigte – das Buch bringt bis ins einzelne die poetische Schilderung eines idealen, von Vernunft und Liebe regierten Gemeinwesens. (Die Kirche feiert sein Andenken am 6. Juli.) Wem Geistesschärfe, Seelenruhe, Herzensheiterkeit in Christo „ein Ziel aufs innigste zu

wünschen“ sind, der richte seine Augen auf Leben und Werk dieses wahrhaft „modernen“ Heiligen!

TAGESHEILIGE: Pankratius BM von Taormina – Richard B – Burgundofara Ae – Gandulf E – Juliana von Lüttich N – Chionia M – Thiento A von Wessobrunn, † 955 – Konrad B, sel., von Salzburg, † 1147 – Evagrius, Benignus, Vulpian M – Agape JM – Niketas A.

4. APRIL *Juliana von Lüttich*

Mit Freude und Begeisterung nehmen alt und jung an der feierlichen Fronleichnamsprozession teil, wenn der Heiland im heiligsten Sakrament in öffentlichem Zuge durch die Straßen getragen, wenn viermal das Evangelium gesungen und der Segen erteilt wird. Frohen Herzens bekennen die Christen vor aller Welt ihren Glauben an die wahre Gegenwart Jesu im Altarssakrament. Wer aber weiß von all den vielen Teilnehmern, mit welchen

Schwierigkeiten die Einführung dieses Festes verbunden war? Gott bediente sich dazu einer einfachen, aber heiligmäßigen Klosterfrau, der seligen Juliana von Lüttich.

Sie war das Kind frommer Eltern. Als sie starben, war sie erst fünf Jahre alt. Sie kam zur Erziehung in das Frauenkloster auf dem Corneliberg in der Nähe ihrer Heimat. Zur Jungfrau herangewachsen, entschied sie sich für das Klosterleben und bat gleich dort um Aufnahme. Juliana war reich begabt; sie beherrschte wie ein Gelehrter die lateinische Sprache. Trotzdem übernahm sie die niedrigsten Arbeiten im Kloster, um sich in der Demut zu schulen. Tiefe Frömmigkeit zeichnete sie aus. Ihre Lieblingsbetrachtung von jung auf war der Heiland im heiligsten Altarssakrament. Einmal hatte sie eine wunderbare Erscheinung. Sie sah einen leuchtenden Mond, der am Rande eine dunkle Stelle hatte. In einer Offenbarung wurde ihr mitgeteilt, daß diese dunkle Stelle ein fehlendes Fest zu Ehren des heiligsten Altarssakramentes sei. Jahrelang behielt sie ihr Geheimnis für sich. Erst als sie Oberin des Klosters geworden war, trat sie damit hervor, fand aber großen Widerspruch. Nur ihr Beichtvater und die Lütticher Untersuchungsbehörde (darunter der spätere Papst Urban IV.) hielten zu ihr. Von ihren Mitschwestern wurde sie sogar zweimal verjagt. Zu diesem seelischen Leiden wurde sie auch noch von Krankheiten geplagt. Aber nichts vermochte ihren Sinn zu beugen. Hohn, Spott und Verachtung der Mitmenschen ertrug sie mit stiller Geduld. In bitterster Armut mußte sie ihre Tage zubringen. Im Jahre 1258 starb sie einsam und vergessen. Doch hatte sie vorher noch die Freude, im Jahre 1246 das Fest zum ersten Male in Lüttich mitfeiern zu können. Nach ihrem Tode setzte ihre heilige Freundin Eva ihre Sendung fort, und diese erlebte es, daß Papst Urban IV. den Fronleichnamstag am 8. September 1264 für die ganze Kirche einführte. (Das Fest der Seligen wird am 5. April begangen.)

Ihr Leben war von innigster Liebe zum eucharistischen Heiland erfüllt. Lernen wir von dieser großen Liebe!

TAGESHEILIGE: Isidor von Sevilla BKl, † 636 – Plato Bk – Zosimus B – Gunzelin A – Remigius Mö in München, † 1627 – Agapit, Theodul M – Benedikt A – Maurus.

5. APRIL *Kreszentia Höß*

Das siebzehnte und das beginnende achtzehnte Jahrhundert brachten die sogenannte Aufklärungszeit. Nach den Wirren des Dreißigjährigen Krieges war die Religiosität vielfach bis in den Grund erschüttert worden. Not und Elend hatten gar oft Glaubenslosigkeit und Gottentfremdung im

Gefolge. Aus Frankreich kam zudem der Geist des Spottes und Hohnes über alles, was mit Gott und Kirche zusammenhing. In solchen Zeiten des scheinbaren Untergangs weiß aber Gottes Vorsehung immer wieder begeisterte Menschen zu erwecken, die durch ihr Sühneleben und ihr Beispiel Keime neuen christlichen Lebens in die Menschenherzen pflanzen und so dazu beitragen, daß auch die geistigen Übel einer Epoche überwunden werden. Solch ein Beispiel gibt uns die Nonne Kreszentia Höß von Kaufbeuren.

Am 20. Oktober 1682 wurde dem Wollweber Matthias Höß von Kaufbeuren ein Mädchen geboren, das in der heiligen Taufe den Namen Anna erhielt. Die kleine Anna war schwächlichen Körpers, aber regsamen Geistes; leicht und spielend erfaßte sie, was man in der Schule oder zu Hause lehrte. Dazu besaß sie ein selbstloses, liebevolles Herz voll Unschuld und ein weiches Gemüt, das jede Not mitfühlen konnte. Von der frommen Mutter lernte und erbte sie Liebe zu den Armen und Kranken. Von noch größerer Bedeutung für ihre religiöse Entwicklung mag das Beispiel ihres trefflichen Vaters gewesen sein. Innige Andacht zum Leiden und Sterben Christi zeichnete ihn aus. Oft und lange konnte Anna den Vater in stiller Betrachtung vor dem Kreuz knien sehen. – In der Fastenzeit wurde an jedem Abend der schmerzhafte Rosenkranz gebetet. Der Vater sorgte dafür, daß er nicht zu einem gedankenlosen Lippengebet wurde, sondern zu wahrer Versenkung in den Liebestod des Erlösers. So wurde die Anbetung des leidenden Heilands schon in Annas Kindesherzen zur treibenden Kraft. – Als sie der Schule entwachsen war, half sie daheim dem Vater beim Weben und der Mutter bei der Hausarbeit. Ihr heißester Wunsch war, sich im Kloster der Franziskanerinnen ganz Gott zu weihen. Sie erhielt aber weder die Zulassung durch die Oberin noch die Zustimmung des Vaters, denn das Kloster war arm, und der Vater konnte ihr nichts mitgeben. So betete und wartete sie weiter, bis die Stunde Gottes kam. Da war es nun der protestantische Bürgermeister, der sich für das Mädchen einsetzte und ihr die Aufnahmebewilligung erwarb. Als Braut Christi erhielt sie den Ordensnamen M. Kreszentia. Im Kloster hatte sie viel auszustehen. Ihre Tugenden wurden als Heuchelei, ihre Dienstfertigkeit als Schmeichelei ausgelegt. Nach bitteren Jahren aber siegten ihre Geduld und ihre stete Nächstenliebe. Sie wurde Novizenmeisterin und schließlich Oberin. Der Ruf ihrer Heiligkeit drang weit über die Grenzen Schwabens hinaus; hoch und niedrig suchten bei ihr Rat und Trost. Im Jahre 1744 starb sie; 1900 wurde sie seliggesprochen.

TAGESHEILIGE: Vinzenz Ferrer, Bk, † 1419 – Zeno M – Juliana von Lüttich, † 1258 – Burckhard B, sel., von Halberstadt, † 1088 – Eva, sel., E zu Lüttich, † 1265 – Irene M – Ortlieb.

6. APRIL Notker

Unter der Regierung Karls des Großen entstand im ganzen deutschen Sprachgebiet ein blühender Kranz von Klöstern, die als Kulturbringer nicht bloß das Glaubenslicht entzündeten und die Lehre Christi verbreiteten, sondern alle edlen Künste pflegten. Man weiß ja, daß der große Kaiser selbst überall Klosterschulen gründete und förderte. Das blieb auch so unter seinen Nachfolgern. Ein besonders berühmtes Kloster wurde St. Gallen. Und es war ein Mönch, Notker, der Stammler, der als ein vom Himmel begnadeter geistlicher Dichter das Beste zu dieser segensreichen Entwicklung tat. Mehr als tausend Jahre ist der Heilige schon tot, und doch wird sein Name in der Kirche unvergessen bleiben. „Die himmlische Nachtigall", wie ihn schon die Zeitgenossen nannten, hat eine ganze Reihe der schönsten Kirchengesänge verfaßt. Sein berühmtestes Lied ist: „Mitten wir in Lebenszeit sind vom Tod umschlungen." – Notker war (840 geboren) der Sohn adeliger Eltern in der Züricher Gegend. Er wurde zur Erziehung in das Kloster Sankt Gallen gebracht und entwickelte sich zu einem lerneifrigen und braven Jungen. Von Geburt an hatte er einen Sprachfehler: beim Sprechen stieß er mit der Zunge an. Daher nannte er sich selbst später den „Stammler". Als er zum jungen Mann herangewachsen war, nahm er das Kleid des heiligen Benedikt. Es wurde ihm das Amt des Bibliothekars und Gastmeisters übertragen. Nach den Beschreibungen seiner Mitbrüder war er hager von Gestalt, wortkarg, ein Eiferer für die Zucht des Klosters, in seiner Weisheit und Einsicht voll des Heiligen Geistes. Sogar berühmte Männer seiner Zeit, so Kaiser Karl der Dicke, suchten und fanden bei ihm Rat und Hilfe.

Notker hat auch die Sequenz zu Ehren des Heiligen Geistes gedichtet, die in der Pfingstmesse gebetet wird. Er beobachtete einst ein Mühlrad. Das gewaltige Rauschen des stürzenden Wassers erinnerte ihn an das Brausen des Heiligen Geistes bei der Herabkunft am Pfingstfest. So entstand sein Lied; und daher wird er mit einem Mühlrad abgebildet. – Aufs neue berühmt wurde er durch seine poetischen „Geschichten von Karl dem Großen".

Trotz seines umfassenden Könnens blieb Notker sein Leben lang bescheiden und lebte sehr zurückgezogen. Er selbst nannte sich einen großen Sünder, was seine Mitbrüder und die Menschen staunen machte, denn man wußte, wie still und redlich er lebte und wie ernst er auf einen guten Tod bedacht war (er starb im Jahre 912); aber ein in tiefster Seele frommer Mensch, dem die Gabe des „Singens und Sagens", der Dichtung zuteil wurde – er weiß eben in der Fülle des Erkennens und Schauens, wie es um den Menschen bestellt ist, wenn er vor dem Antlitz Gottes bestehen wollte ...

Die Gabe des Gesanges ist dem Menschen vor allem zur Verherrlichung Gottes zuteil geworden. Daher sollen alle, die mit dieser Gabe ausgezeichnet sind, gerne und eifrig, besonders beim kirchlichen Gesang, mittun.

TAGESHEILIGE: Xystus PM – Cölestin I, P, † 432 – Celsus B – Wilhelm von Eskill, A in Dänemark, † 1203 – Timotheus, Diogenes, Platonides, Marzellin M – Isolde – Johann E.

7. APRIL *Hermann Josef*

Das zwölfte Jahrhundert brachte einen Höhepunkt des christlichen Lebens durch die Kreuzzüge. Der Gesichtspunkt des Volkes weitete sich. Die Verehrung des Leidens Christi, das durch die Kreuzzüge besonders nahe gebracht wurde, führte in jener Zeit zur christlichen Mystik. Es gab Menschen, die sich ganz und gar vertiefen konnten in die Betrachtung des Leidens und Todes unseres Herrn. Es werden uns wunderbare Begebenheiten erzählt. Doch sind sie nicht das wichtigste. Viel wichtiger, gerade für uns moderne Menschen, ist die Tatsache, daß diese Zeit herrliche Blüten der Heiligkeit und vollständigen Hingabe an Gott gebracht hat.

Einer der liebenswürdigsten deutschen Seligen des Hoch-Mittelalters ist Hermann mit dem Beinamen Josef. Er gehörte der deutschen Mystik an wie Heinrich Suso und andere. Der Geburtsort des Seligen ist Köln, seine Eltern waren arm; ihren Sohn erzogen sie zu wahrer Gottesfurcht. Mit zwölf Jahren kam Hermann als Student in das Kloster der Prämonstratenser zu Steinfeld. Während seiner Jugendzeit hatte er viel unter Versuchungen zu leiden. Allein er verehrte Maria, die reinste Jungfrau, und sie half ihm auch, daß er siegreich blieb und seine Taufunschuld bis zum Tode bewahren konnte. Die Legende erzählt von ihm, daß er vor dem Bild der Gottesmutter kniete und dem Jesuskind einen Apfel hinaufreichte. Und siehe, Maria streckte die Hand aus und nahm das Geschenk an. – Als er volljährig war, bat er um Aufnahme in den Orden. Zunächst diente er als Sakristan. Er zeichnete sich durch große Frömmigkeit aus. Zum Priester geweiht, empfing er außerordentliche Gnadenerweise Gottes. Trotz dieser Auszeichnungen war er die Schlichtheit selbst und äußerst demütig. Demütigungen und Verachtung der Mitmenschen nahm er um Gottes willen gern auf sich. Lob konnte er gar nicht ausstehen. Durch Fasten, Abtötung und Gebet stärkte er sich im Kampf gegen die bösen Regungen seiner Natur. Wegen seiner großen Liebe zur heiligen Reinheit und seiner innigen Verehrung der Mutter Gottes gaben ihm seine Mitbrüder den

Beinamen Josef. Sein Wahlspruch war: „Die Zeit meines Lebens ist eine Zeit der Buße."

Auf wissenschaftlichem Gebiet vollbrachte der Selige Bedeutendes. Er dichtete auch das erste und älteste Herz-Jesu-Lied. Auf einer Visitationsreise erkrankte er im Kloster Zülpich schwer und verschied, fast neunzig Jahre alt geworden, sanft im Herrn im Jahre 1236.

Liebe zu Jesus und Maria ist die entscheidende Hilfe in allen Versuchungen. Wollen wir darum zu dieser Liebe unsere Zuflucht nehmen!

TAGESHEILIGE: Eberhard, sel., Graf von Nellenburg, Mö in Schaffhausen, † 1078 – Lothar Mö – Egebert Mö und E im Hennegau, † 1140 – Epiphanius Bk – Donat, Rufin, Kolliop, Cyriak, Peleusius, Hegesipp M – Saturnin B – Aphraas E.

8. APRIL *Aedesius*

Im Jahre 303 erließ der Kaiser Diokletian sein erstes Verfolgungsedikt gegen die Christen. Aufgestachelt von seinen Mitkaisern, namentlich von Galerius, begann er eine der furchtbarsten Christenverfolgungen, die trotz ihrer nur zweijährigen Dauer mehr Menschenleben forderte als fast alle damaligen Verfolgungen zusammen. Ihr Opfer wurde auch der heilige Aedesius, Priester zu Myra in Kleinasien.

Der heidnische Richter von Myra versuchte mit allen Mitteln, die Christen von ihrem Glauben abzubringen. Als Versprechungen und Drohungen bei einigen tapferen christlichen Jungfrauen nichts fruchteten, beschloß er, um ihren Glauben zu erschüttern, sie dem Dienst der Venus zu übergeben; er ließ sie in ein öffentliches Haus der Unzucht bringen. Damit glaubte er am besten sein Ziel zu erreichen. Er täuschte sich schwer. Die Jungfrauen blieben trotz der großen Gefahr treu und verteidigten sich mit allen Mitteln gegen ihre Angreifer. Dadurch wurde der Zorn des Richters erregt. Da trat Aedesius in heiligem Eifer freimütig und offen vor den Beamten und hielt ihm seine Unmenschlichkeit vor. Er sagte zu ihm, daß es ein Verbrechen sei, reine Jungfrauen Wüstlingen zu überantworten und ihnen ihr kostbares Gut rauben zu lassen. „Es ist", sagte er, „deine Venus auch nichts anderes als ein Teufel, wenn sie mit solchen Opfern der Unschuld sich sollte befreunden können. Wie kann so etwas Abscheuliches göttlich sein, da doch nur der Teufel Freude an solchen Verbrechen haben kann!" Der Richter ergrimmte über diese Worte; ja, als der Heilige nun vor ein Standbild der Venus geführt wurde und es anbeten sollte, da spuckte er davor aus; sogleich fiel das Standbild um und zerschellte am Boden. Der Richter ließ den Heiligen ob seines Freimutes auf das grausamste peinigen. Mit glühenden Eisen wurde er gebrannt und mit Haken zerfleischt. Aedesius jedoch betete inmitten der Qualen. Schließlich band man ihm einen Mühlstein um den Hals und warf ihn ins Meer.

Vielleicht haben auch wir Gelegenheit, verfolgter Unschuld beizustehen. Den nötigen Mut soll uns das Vorbild dieses heiligen Martyrers einflößen.

TAGESHEILIGE: Konzessa M – Albert B – Walter A von Cluny, † 1092 – Julia Billiart J – Januarius, Maxima, Makaria, Herodion, Asynkritus, Phlegon M – Dionys, Perpetuus, Redemptus, Amantius B.

9. APRIL *Haziga*

Im Kloster Scheyern wird alljährlich am 1. August in einem feierlichen Seelengottesdienst der Stifterin Haziga gedacht, die dort vor dem Altar begraben liegt. Das Kloster wurde im Jahre 1077 gegründet; um diese Zeit hatten sich am Fuß des Wendelsteins zwei Einsiedler niedergelassen, Otto und Adalprecht. Dieses Gebiet gehörte einst dem Grafen Hermann von Kastel, dem ersten Gemahl Hazigas. Dieser hatte nach dem Brauch seiner Zeit durch Errichtung von Feuerstätten, Erbauung von Holzhäusern und dreitägigem Aufenthalt das bis dahin besitzlose Waldgebiet erworben. Den Bemühungen der Gräfin gelang es, den Einsiedlern Mönche aus Hirsau beizugesellen: es entsand das Kloster Bayrischzell, dessen Mönche im zwölften Jahrhundert nach Scheyern übersiedelten.

Haziga war geboren im Jahre 1020. Erzogen wurde sie im Kloster Geisenfeld, wo ihre Großmutter Williburg Äbtissin war. Diese, wie auch deren Nachfolgerin Gerbirg, eine Tante Hazigas, streuten guten Samen in die kleine Seele. Die Saat ging auf. Haziga wurde eine fromme und wohlerzogene Jungfrau. Mit zwanzig Jahren heiratete sie den Grafen Hermann von Kastel und nach dessen allzufrühem Tod im Jahre 1050 den Grafen Otto II. von Scheyern. Dadurch wurde Haziga die Ahnfrau des Wittelsbacher Herrschergeschlechtes. Ihre Kinder erzog sie zu gottesfürchtigen Menschen. Als Otto von Scheyern im Jahre 1073 gestorben war, gab sich Haziga ganz einem gottseligen Leben hin. Die Werke der Nächstenliebe übte sie in hervorragender Weise. Im Alter von 76 Jahren starb Haziga eines seligen Todes.

Tief gegründete Gottesfurcht, religiöse Erziehung der von Gott geschenkten Kinder, Liebe zum Nächsten: das sind wichtige Merkmale einer echt christlichen Frau.

TAGESHEILIGE: Hugo B – Maria Kleophä W – Waldetrud W, Gräfin im Hennegau, N zu Mons in Belgien, † 688 – Notker B, sel., von Lüttich, † 1008 – Johann Michael Kn M zu Sappenfeld, † 1540 – Prophorus, Demetrius, Konzessus, Hilarius, Eupsychius M – Akatius B – Marzellus – Casilda W – Milada Ae – Gundekar B.

10. APRIL *Makarius*

Makarius stammte aus Irland. Er war mit vielen Freunden nach Regensburg gekommen und lebte dort unter der Leitung des heiligen Marinus nach der Regel des heiligen Benedikt. Geboren wurde er um das Ende des elften Jahrhunderts. Im Jahre 1139 wurde er Abt des Klosters Sankt Jakob in Würzburg, dem er vierzehn Jahre vorstand. Den aus der Klosterzeit noch erhaltenen Quellenangaben verdanken wir ein ziemlich genaues Bild seines heiligmäßigen Lebens. Makarius war ein Gott tief ergebener Mann und gelangte zu großer Vollkommenheit. Eifriges Gebet war ihm Herzensbedürfnis. Diese Frömmigkeit paarte sich mit einer innigen Sorge um seine Herzensreinheit. In allen Wechselfällen des Daseins war er nie traurig, stets voll Gottvertrauen, nie müßig, stets streng beschäftigt, allein darauf bedacht, Gott auch nicht durch die kleinste Sünde freiwillig zu beleidigen. Dabei übte er strengste Askese durch langjährige vollständige Enthaltsamkeit von Wein und Fleisch: Der Geist herrschte über die Natur. Als Abt ließ der heiligmäßige Mann sein Licht zu anspornendem Beispiel für die Mitwelt bis an sein Lebensende im Jahre 1153 leuchten.

Aus seinem Leben berichtet uns die Legende einzelne Wunder, die durch Augenzeugen beurkundet sind. So habe er einst, als bei einem Festmahl Wein vorgesetzt wurde, diesen, da er nie Wein trank, durch seinen Segen in Wasser verwandelt. Dieses Wunder ist sogar in der Inschrift seines Grabsteines festgehalten; dort heißt es: „Hier ruht der heilige Abt Makarius, der Wein in Wasser verwandelt hat." Auch nach seinem Tod verherrlichte ihn Gott durch Wunder. Es berichtet daher die Chronik mit Recht: „Wie Makarius das Feuer der Leidenschaften in seinem eigenen Leibe durch Abtötung ausgelöscht hat, so löscht er auch das Feuer des Fiebers in den Gliedern der Kranken."

Wir Menschen leiden oft auch am Fieber der Seele. Versuchungen aller Art überfallen uns. Da soll uns das Bild dieses großen Beters und Kämpfers beispielgebend sein. Wie er wollen auch wir nach Reinheit streben durch eifriges Gebet und ständiges Mühen um das Gute.

TAGESHEILIGE: Fulbert B – Hulda J – Gerold von Klösterle, E in Walgau, † 978 – Paternus E in Paderborn, † 1058 – Heinrich von Bozen, sel., Taglöhner, † 1315 – Apollonius, Terentius, Afrikanus, Pompejus M – Michael de Sanktis Bk – Idamor – Jakob v. Lodi E – Gajan M – Ezechiel Prophet.

11. APRIL *Gemma Galgani*

Zu Rom wurde im Jahre 1940 eine Jungfrau heiliggesprochen, der man bei Lebzeiten den Namen „Die Passionsblume von Lucca“ gegeben hatte: Gemma Galgani. Papst Pius XI., der 1933 die Seligsprechung vornahm, hat in seiner Ansprache über den heroischen Grad ihrer Tugenden besonders zwei für die christlichen Menschen notwendige Tugenden hervorgehoben, den Gleichmut bei äußeren Schwierigkeiten und Schicksalsschlägen und die Einfachheit und Anspruchslosigkeit in der ganzen Lebensführung. Also nicht eine nach außen auffällige Heiligkeit bewundern wir bei Gemma, sondern eine stille, tief in Gott und im innerlichen Leben verborgene; eine Heiligkeit, die im Kleinen groß wurde und deshalb ans Herz greift und nachahmbar ist. – Gemma wurde am 12. März 1878 zu Camigliano bei Lucca als Tochter armer Apothekerseheleute geboren. Als Kind schon fiel sie durch ihr stilles, nachdenkliches Wesen auf; das war ein Erbe ihrer guten Mutter. Diese starb, als Gemma erst acht Jahre alt war; die Kleine nahm nun die seligste Jungfrau Maria als Mutter an und verehrte sie kindlich treu. Maria wachte mit mütterlicher Sorgfalt über ihr Kind und erlangte für Gemma von ihrem Sohn große Gnaden. Der Tag der ersten heiligen Kommunion war für sie ein ganz besonderes Erlebnis. In dem von den Schwestern der heiligen Zita geleiteten Institut zeichnete sich Gemma durch Fleiß und Frömmigkeit aus. Bei der Schlußprüfung 1893/94 erhielt sie die goldene Medaille. Mit neunzehn Jahren verlor sie auch den Vater. 1899 erkrankte sie selbst auf den Tod. Die Ärzte hatten sie schon aufgegeben; da machte sie eine Novene zum heiligen Gabriel Possenti – ganz plötzlich wurde sie vollständig geheilt. Am 8. Juni desselben Jahres empfing sie die Wundmale des Herrn und nahm im Lauf der nächsten zwei Jahre an der ganzen Passion teil. Jesus erschien ihr oft. Einmal kam Maria zu ihr und steckte ihr einen Ring an die Hand. Von diesem Augenblick an schien sie kein irdisches Wesen mehr zu sein. Doch sie blieb demütig und verdiente sich ihr tägliches Brot als Hausmädchen. Geläutert durch viele Leiden des Leibes und der Seele, geschmückt mit dem Diadem der Taufunschuld, starb Gemma mit fünfundzwanzig Jahren am Karsamstag des Jahres 1903.

Gemma Galgani ist eine moderne Heilige. Sie lebte in jener Zeit vor dem ersten Weltkrieg, da der Adel noch seine Privilegien hatte, das reiche Bürgertum immer größeren Luxus trieb, der Mittelstand sein sehr gutes Auskommen fand und die Arbeiterschaft um materielle und soziale Besserung ihres Daseins kämpfte. Die Geschichte jener Jahrzehnte aber zeigt, daß gerade auch die Menschen in „gesicherten Lebensumständen" immer unzufriedener wurden. Da steht dieses scheinbar arme Dienstmädchen im Glanz reinsten Herzensglückes vor uns. Und dieses Glück errang sie durch ein hartes, entsagungsvolles Leben — welch ein Hinweis auf den rechten Weg des Heils! Nicht Reichtum und äußeres Glück ist das Wesentliche, sondern ein Leben der Selbstheiligung.

TAGESHEILIGE: Leo d. Gr. P Kl, † 461 – Godeberta J – Rainer E. sel., in Osnabrück, † 1233 – Gangolf M in Franken, † 760 – Ulrich A, sel., von Kaisheim, † 1165 – Antipas M – Domnio BM – Philipp, Eustorgius Bk – Isaak – Barsanuphius E – Guthlak E.

12. APRIL *Sabas*

Der heilige Sabas gibt uns durch sein Leben und Sterben ein herrliches Beispiel warhaft männlicher Haltung. Er war in der Walachei im vierten Jahrhundert geboren. Seine Eltern, treue Christen, bemühten sich, ihren Sohn im Glauben gründlich zu unterrichten und ihn zu einem gefestigten Katholiken zu erziehen, damit er nicht den Irrlehren, die damals herrschten, zum Opfer falle. Ein sicheres Kennzeichen, daß Saba schon als Kind die Grundlagen des wahren Christentums aufgenommen hatte, war, daß er später jeden unnötigen Umgang mit Irrgläubigen mied. Er übte das Amt eines Kantors aus. Die Bewahrung der Taufunschuld war ihm eine Herzensangelegenheit. Lieber war er entschlossen, sein Leben hinzugeben, als seinen Glauben zu verleugnen oder seine Unschuld preiszugeben. Unter König Athanarich entstand eine heftige Christenverfolgung. Obwohl der König selbst Christ war, ließ er doch auf einem Wagen ein Götzenbild umherführen und befahl, es anzubeten. Viele Männer und Frauen flüchteten sich in eine Kirche. Der König ließ Feuer an sie legen, so daß die Unglücklichen jämmerlich verbrannten. Das war auch den Freunden des Königs zu grausam. Sie verlangten daher von den Christen nur mehr, daß sie vom Fleisch, das den Götzen geopfert worden war, essen sollten. Sabas aber empörte sich über ein solches Verlangen, denn es lief ja auf eine versteckte Verleugnung des Glaubens hinaus;

öffentlich warnte er die Gläubigen, von dem Götzenopferfleisch zu essen. Im folgenden Jahr wurde die Verfolgung erneuert. Ein königlicher Beamter kam an den Ort, wo sich Sabas aufhielt. Einige erboten sich, auf die Opfergaben zu schwören, daß keine Christen da seien. Da trat Sabas vor und rief: „Niemand schwöre für mich, denn ich bin ein Christ." Als er sich dem Beamten stellte, entließ ihn dieser, weil er arm und vermeintlich ohne Einfluß auf die anderen Menschen war. Die Krone des Martyriums wurde ihm aber am Osterfest des Jahres 372 zuteil.

TAGESHEILIGE: Zeno BM von Verona, † 380 – Viktor M – Julius I. P, † 352 – Damian B in Pavia – Konstantius B – Vissia JM.

13. APRIL *Hermenegild*

Im fünften Jahrhundert waren die Westgoten in Spanien eingedrungen und hatten dort ein mächtiges Reich errichtet. Nun waren die romanischen Ureinwohner katholisch, die Westgoten aber arianisch. Dies brachte über die Bevölkerung Spaniens schweres und hartes Geschick. Mit fanatischem Haß wurden die Katholiken von den Arianern bekämpft. Es kam zeitweise zu so grausamen Verfolgungen der katholischen Kirche, daß man an die Zeit der römischen Kaiser zurückdenken mußte. Namentlich war das sechste Jahrhundert unter König Leovigild eine Zeit eiserner Unterdrückung. Und doch sollte gerade durch Gottes Vorsehung aus seiner Familie derjenige kommen, dem das westgotische Volk seine Bekehrung zum wahren Glauben verdanken würde. Dieser Mann war der erstgeborene Sohn des Königs, Hermenegild. Aber erst durch das Opfer seines Lebens erwarb er sich die Gnade der Bekehrung seines Volkes. Es ist erschütternd und zugleich erbauend, zu lesen, wie dieser Königssohn, nachdem er einmal die Wahrheit gefunden hatte, an ihr festhielt.

Lieber eine irdische Königskrone verlieren als die ewige, war das Motiv, von dem Hermenegild sich leiten ließ. Von Jugend auf war er im Irrglauben des Arius erzogen. Als ihm sein Vater einen Teil des Landes zur Regierung übertrug, heiratete er eine Frankenprinzessin, Ingundis, die eine eifrige Katholikin war. Ihr Beispiel war die Ursache, daß der Prinz, der zu Sevilla regierte, einsah, daß der katholische Glaube der richtige sei. Er ließ sich vom Bischof Leander von Sevilla Unterricht geben und benutzte die Abwesenheit seines Vaters, seinem Irrglauben öffentlich abzuschwören und den katholischen Glauben anzunehmen. Leovigild geriet auf die Nachricht von der Bekehrung seines Sohnes hin in bitteren Zorn. Er nahm ihm den Königstitel und entschloß sich, ihm alles, selbst das Leben zu rauben, wenn er nicht den katholischen Glauben wieder ablege. Hermenegild wandte sich zunächst an den oströmischen Kaiser um Hilfe; dieser jedoch konnte ihm nicht beistehen. Der Anführer der römischen Armee in Spanien versprach ihm seinen Schutz, brach aber sein Wort und übergab die Frau und das Kind des Prinzen den Feinden. Leovigild belagerte seinen Sohn ein ganzes Jahr. Da er sich nicht mehr länger zu halten vermochte, floh er nach Osseto. Mit dreißig Mann schloß er sich dort ein. Auch dieser Ort wurde von seinem Vater erobert. Der Prinz floh in die Kirche. Der Vater ließ ihm sagen, daß er ihm verzeihe, wenn er sich ihm stelle. Kaum hatte dies Hermenegild getan, da wurde er seiner Königskleider beraubt und in einen finsteren Kerker gesteckt. Der Vater unternahm alles, um ihn vom Glauben abzubringen. Da aber Hermenegild standhaft blieb, suchte der Vater nun den Sohn zu überlisten und sandte einen irrgläubigen Bischof ins Gefängnis, der ihm die heilige Kommunion bringen sollte. Hermenegild jedoch lehnte auch diese Zumutung ab. Daraufhin ließ der König den Prinzen enthaupten. Dies geschah im Jahre 586.

Hermenegild aber war das Werkzeug in der Hand Gottes. Kurz nach dem Martertod des Kronprinzen starb König Leovigild und der zweite Sohn, Reccared, folgte ihm auf den Thron. Dieser, erschüttert vom heldenhaften Sterben seines Bruders, bekehrte sich und führte schon ein Jahr nach dem Tod Hermenegilds sein Volk zum katholischen Glauben, so daß ganz Spanien aufatmete und Friede und Eintracht wiederkehrten.

Wir sehen, wie ein rechter Mann durch Glaubenstreue bis in den Tod zum Lichtbringer und Friedenstifter für ein ganzes Volk werden kann. Hermenegilds Beispiel mag uns anspornen, durch Bekenntnis und Tat unsere Mitmenschen von der Wahrheit und der Wirkung der frohen Botschaft zu überzeugen!

TAGESHEILIGE: Ursus B von Ravenna – Ida von Löwen J, sel., † 1230 – Roman B von Metz, † 488 – Hartward B, sel., von Minden, † 853 – Karpus EM – Papylus, Agathonika, Maximus, Quinktilian, Dadas M – Caradoc, Martius E – Justin M – Ruderik (Rüdiger, Roger) PrM in Spanien, † 857 – Irmengild – Irmina.

14. APRIL *Lidwina*

Ein ganz besonderes Geheimnis ist die Mystik des sühnenden Leidens. Wie oft fragen sich kranke, leidende Menschen, warum gerade sie soviel Schmerz und Not ertragen müssen. Wenn sie sich aber allmählich in das Leiden Christi hineindenken und -fühlen, dann geht ihnen der Sinn ihrer eigenen Krankheit auf. Und durch geduldiges Ertragen von Sorge, Vereinsamung, Schmerz können sie viel tun zur Sühne für die Sünden der Menschen. Freilich, es bedarf dazu der Gnade von oben und eines guten und starken Willens. Eine solche Mystikerin des sühnenden Leidens wurde Lidwina. Sie lebte in einer Zeit, da in der Kirche ein unheilvolles Schisma herrschte – es zwei Päpste gab, die einander bekämpften; die Menschen wußten nicht mehr, welcher der richtige Papst sei. Sie lebte in der Zeit, da der hundertjährige Krieg zwischen England und Frankreich tobte und wo überall Unrecht und Gewalttaten geschahen. Ein allgemeiner Sittenverfall hatte um sich gegriffen. In dieser Zeit des beginnenden fünfzehnten Jahrhunderts erwählte sich Gott dieses Mädchen Lidwina als Opfer sühnenden Leidens für das Unrecht der Menschen.

Holland gehörte noch zum großen Deutschen Reich, als Lidwina zu Schidam bei Rotterdam am Palmsonntag des Jahres 1380 das Licht der Welt erblickte. Sie war das einzige Töchterlein wohlhabender Leute und ein Mädchen von besonderer Schönheit. Da braucht es uns nicht wunderzunehmen, daß sie schon früh und viel umworben wurde.

Fünfzehn Jahre war das blühende Mädchen alt, da stürzte es beim Schlittschuhlaufen so unglücklich, daß es sich eine Rippe brach. Es bildete sich ein inneres Geschwür, welches große Schmerzen verursachte. Kein Arzt konnte helfen. Es begann nun ein achtunddreißigjähriges Krankenlager. Jetzt, wo das Leben erst recht anfing, mußte Lidwina unheilbar, hilflos mit furchtbaren Schmerzen im Bett liegen. Aber gerade dieses schwere Leiden, dieses lange Siechtum brachten ihr Segen. Oft verstehen wir Gott nicht. Aber niemals wäre Lidwina zu solcher Höhe der Vollkommenheit emporgestiegen, hätte sie nicht das Kreuz des Leidens als Wanderstab gehabt.

Nach und nach vergessen und verlassen sie alle Gespielinnen. Die Eltern verarmen. Mutterseelenallein liegt sie Monat um Monat ohne rechte Pflege in einer dunklen Kammer, vom Licht abgeschlossen. In den ersten Jahren weinte und klagte sie viel und bitterlich. Da sandte ihr Gott einen erleuchteten Priester. Dieser leitete sie an, beim heiligen Kreuz und in der Betrachtung des Leidens Christi Trost zu suchen. Mit der Zeit schöpfte sie so viel Kraft aus dieser Betrachtung, daß sie alle Schmerzen mit Geduld ertrug, ja ihr Leiden liebgewann. Es war ihr eine Freude, dadurch Christus immer ähnlicher zu werden. Ihr Leidensmut wuchs zu seltener Größe. Die eigenen Schmerzen waren ihr nicht genug. Sie bot sich Gott zur Übernahme immer neuer Leiden an, um dadurch den Sündern Verzeihung zu erwirken.

Am 14. April 1433 erlöste sie der Tod aus ihrer Qual. Nun freut sie sich in Ewigkeit der Glorie, die sie sich durch Leid und Kreuz verdient hat. Lidwina ist allen Kranken und Leidenden ein Vorbild heldenmütiger Geduld.

TAGESHEILIGE: Justin M, † 166 – Tiburtius, Valerian, Maximus M, † 200 – Eberhard von Rhordorff, sel., Zist. A – Hedwig N in Meer (Rheinprovinz), † 1200 – Prokul B M – Ardalian M – Domnina, Thomais JM – Lambert B – Fronton A – Abundius – Benned Mö – Bernard A.

15. APRIL *Damian de Veuster*

Am 3. Mai 1936 landete ein belgisches Kriegsschiff mit den sterblichen Überresten eines Helden der christlichen Nächstenliebe in Antwerpen. Ehrenkompanien waren aufgestellt, Kanonendonner begrüßte den Sarg, der König selber gab ihm die Ehre. Wer war dieser, der so geehrt wurde? Ein einfacher Pater, Damian de Veuster. Und was hatte er Großes vollbracht? Sechzehn Jahre lang war er bei den Aussätzigen auf der Insel Molokai gewesen, bis er selbst an dieser schrecklichen Krankheit starb. Ein Beispiel selbstlosester Liebe hatte er gegeben, das die Welt aufhorchen ließ und der Christenheit zur Mahnung wurde. Am 3. Januar 1840 wurde Damian de Veuster in Flandern geboren. Er war als Junge aufgeweckt und fleißig. Zu Löwen trat er dann in die Genossenschaft vom Heiligsten Herzen Jesu und Mariens ein. In kurzer Zeit eignete er sich die nötigen wissenschaftlichen Kenntnisse an und wurde zum Priester geweiht. Nun rief ihn Gott in eigenartiger Weise auf seinen Posten. An Stelle seines erkrankten Bruders, der bei der gleichen Genossenschaft war, kam er als Missionar auf die Sandwichinseln im Stillen Ozean. Acht Jahre lang arbeitete er in Kohala. Dort herrschte die grauenvolle Krankheit des Aussatzes. Die Regierung ließ alle Angesteckten nach der Insel Molokai schaffen, wo sie ganz allein unter sich leben mußten. Da sich sonst niemand um diese Armen kümmerte, wurde Molokai eine Stätte wildester Laster. Lange dachte Pater Damian nach, wie man die schauderhaften Zustände bessern könne. Und dann faßte er einen wahrhaft heroischen Entschluß. Am 10. Mai 1873 landete er auf der Insel, um als Berater und Seelenführer dort zu wirken. Es fiel ihm anfangs nach seinem eigenen Geständnis unendlich schwer, auszuhalten. Auch fand er zuerst großen Widerstand. Allmählich aber kamen alle zu ihm, Gläubige und Ungläubige, und ließen sich von ihm behandeln und trösten. Durch sein Beispiel gewann er die Seelen der ihm Anvertrauten. Im Jahre 1884 erkrankte er selber an Lepra. Trotzdem arbeitete er unermüdlich weiter, bis ihn der Tod am 15. April 1889 erlöste.

Stehen wir nicht staunend vor solchem Opfergeist? Niemals können die „Kinder der Welt“ ihn begreifen. Das kann nur, wer selbst den Glauben an Christus als sein Grundgesetz besitzt. Denn nur aus dem Glauben an ein ewiges Leben und an eine einstige selige Vergeltung kann ein Mensch so weit gehen, sein eigenes Leben im Dienste der leidenden Menschheit zu opfern. Von Damian de Veuster aber gilt das Wort des Herrn: „Niemand hat eine größere Liebe, als wer sein Leben hingibt für seine Mitmenschen."

TAGESHEILIGE: Waltmann A zu Antwerpen, † 1138 – Winon B von Bremen – Abbo B von Metz, † 643 – Hunna, elsässische Edelfrau, genannt „die heilige Wäscherin", † 679 – Reymbold, sel., Schloßverwalter in Holstein, † 1250 – Anastasia, Basilissa, Maro, Eutyches, Viktoria, Maximus, Olympiades, Eutychius, Kreszenz, Theodor, Pausilipp M – Petrus Gonzales Bk – Veronika M.

16. APRIL *Benedikt Labre*

Eine Gestalt voll tiefer Demut, Einfachheit und Frömmigkeit ist der heilige Benedikt Labre. Er wurde am 26. März 1748 zu Amettes in Frankreich geboren. Das lasterhafte Leben seiner Zeitgenossen widerte den heranwachsenden Jüngling an und er faßte den Entschluß, als einfacher Laienbruder in einen Orden einzutreten. Daher vermied er die Vergnügungen seiner Schulkameraden, weshalb er als Heuchler und Frömmler verspottet wurde. Er ließ sich aber von seinem Vorsatze nicht abbringen. Als die Pest ins Land kam, pflegte er mit seinem Oheim die Kranken. Doch als auch dieser der Seuche erlag und die Klöster, bei denen er um Aufnahme nachsuchte, ihn seiner schwachen Gesundheit wegen ablehnten, begannn er im Jahre 1770 seine neue eigenartige Lebensweise. Er verließ alles, was ihm lieb und teuer war, und zog als armer Pilger von einem Wallfahrtsort zum andern. Alle diese Reisen machte er zu Fuß, angezogen nur mit einem zerrissenen Gewande. Das wenige, das er zum Essen brauchte, erbat er von seinen Mitmenschen. Er kümmerte sich weder um die Rauheit des Winters, noch um die Hitze des Sommers. Gewöhnlich schlief er unter freiem Himmel, um den Lärm und das Fluchen in den Wirtshäusern nicht anhören zu müssen. Stets war er in Gott vertieft und ließ sich durch nichts von seiner inneren Sammlung abbringen. Auf seinen Reisen übte er auch zahlreiche Werke der Nächstenliebe, tröstete Kranke, gab heilsamen Rat und erlangte denen, die ihn beherbergten, die Gnade Gottes. Zahlreiche Krankenheilungen durfte er vollbringen. Im Jahre 1783 starb Benedikt zu Rom. Es ist ein eigenartiges Leben, das wir da schauen. Unverständlich wird es vielen bleiben. Aber Gott wußte, warum er den Heiligen gerade so und nicht anders leben hieß. Jene Zeit war voll zügellosen Genusses, voll Lebensgier und frecher Gottesleugnung. Dem Ruf: „Genieße das Leben!" setzte Benedikt das Beispiel völliger Entsagung und Armut und die Zuversicht auf ein ewiges Leben entgegen.

Unbehaust und ohne Heimat, einsam und ohne irdischen „Beruf", bitterarm und aller Unbill der Natur, allem Unverständnis der Menschen ausgesetzt: ja, der Bettler als Heiliger ist auch eine — und eine hohe! — Möglichkeit der Verwirklichung von Christi Lehre auf Erden. „Wer es fassen kann, der fasse es."

TAGESHEILIGE: Turibius B – Paternus B – Drogo, Schäfer, später E in Seeburg im Hennegau, † 1186 – Trudbert E im Schwarzwald, † 607 – Kallist, Charisius, Optat, Luperk, Sukzess, Martialis, Urban, Julia, Quinktilian, Publius, Fronto, Felix, Cäcilian, Eventius, Primitivus, Apodem, Saturnin, Kajus, Krementius, Lambert M – Enkratis JM – Fruktuos B – Joachim – Winnebald.

17. APRIL Die Martyrer von Uganda

Es war ein bedeutsamer Tag in Rom, als Papst Paul VI. am 18. Oktober 1964 mitten in der dritten Session des II. Vatikanischen Konzils 22 Martyrer von Uganda (Ostafrika) heiligsprach. Es waren sehr viel mehr treue Katholiken, die damals — 1885 bis 1887 — ihr Leben für Christus hingaben. Doch es wurden nur die zur Ehre der Altäre erhoben, deren Namen und Todesumstände durch Zeugen bekannt waren.

In den Jahren vorher war in Munjonjo, der Residenz des Königs Mwanga, und im ganzen Lande ein aufblühendes Christentum durch die Weißen Väter ins Leben gerufen worden. Auch der junge König Mwanga berechtigte zu den besten Hoffnungen; ja man glaubte schon, auch er würde sich taufen lassen. Leider erlag er aber infolge seiner Charakterschwäche und abartigen Veranlagung den Einflüsterungen und Intrigen der Mohammedaner seines Hofes.

Und so befahl er, daß die Christen nicht mehr „beten" durften. Besonders empört war er darüber, daß eine große Anzahl der Pagen sich seinen unsittlichen Wünschen widersetzte. Und nun kannte seine Wut keine Grenzen mehr. Obwohl die Christen seine treuesten Untertanen waren und die Absetzung des Königs durch Revolutionäre verhindert hatten, ließ er gerade jene aufs grausamste hinrichten. Die Hinrichtungsstätte war in Namugongo. Dort wurden die jungen Christen, meist Pagen des Königs, in Strohmatten eingewickelt und auf Scheiterhaufen verbrannt. Durch besondere Fügung wurden einige freigelassen, obwohl sie schon vor dem Scheiterhaufen standen; diese waren die Augenzeugen des Martertodes. Sie berichteten, daß kein Jammern und Schreien aus den Flammen zu hören war, sondern nur dumpfes Beten; sogar die Henker waren beeindruckt davon. Andere wurden auf schreckliche Weise verstümmelt, geschunden und liegengelassen. Schließlich waren die Greueltaten auch den Anklägern zu schrecklich geworden; sie beeinflußten den König, daß er mit der Verfolgung im Jahr 1887 aufhörte. Die Mission in Uganda aber war zum größten Teil zerstört. Schwere Stürme gingen noch über das Land. Erst sehr viel später, unter der Herrschaft der Engländer, trat allmähliche Ruhe ein.

Und hier bewahrheitete sich der Satz: „Das Blut der Martyrer ist der Same neuen Christentums." Denn gerade dieser kleine Teil Afrikas wurde im Laufe der Jahre ein blühendes Missionsland. Mut und Glaubenstreue hatten über die Anschläge des Satans gesiegt. Für uns Christen der Gegenwart ist es eine besondere Freude, daß gerade zur Zeit des II. Vatikanischen Konzils diese Erstlingsfrüchte christlichen Heldentums in Afrika heiliggesprochen wurden. Sie mahnen uns, daß auch wir stets treu zum Heiland und seiner Kirche halten sollen. Denn das Himmelreich leidet Gewalt und nur die werden es erlangen, die sich ernstlich darum bemühen, auch selbst um den Preis des Lebens.

TAGESHEILIGE: Anizet PM, † 165 – Robert Bk – Rudolph KnM in Bern (Schweiz), † 1294 – Wando A – Gerwin A in Flandern, † 1117 – Landrikus B von Metz, † 730 – Eberhard v. Wolfegg, A zu Marchtal a. d. Donau, † 1179 – Johann Fleischmann, sel., Pr und M zu Holleschau in Mähren, † 1620 – Mappalik, Fortunat, Marzian, Petrus, Hermogen, Elias, Paul, Isidor M – Pantagath B – Innozenz B – Stephan A.

18. APRIL Herlukka

Um zu einem Leben wahrer christlicher Vollkommenheit zu gelangen, bedarf es oft harter Kämpfe, besonders wenn ein Mensch sehr charakterschwach veranlagt ist. Aber wenn er die ihm angebotene Gnade benützt, gelingt ihm auch das schwerste Werk. Ein Beispiel dafür ist die Geschichte der seligen Herlukka, die im elften Jahrhundert lebte.

Herlukka war eine geborene Schwäbin. In ihrer Jugendzeit führte sie einen leichtfertigen Lebenswandel. Gott strafte sie dafür mit Krankheit. Sie gelobte reuevoll Besserung. Allein leider fiel sie nach ihrer Gesundung wieder in die alten Fehler zurück. Da sandte ihr Gott nochmals eine harte Heimsuchung: er ließ sie blind werden. Nun ging sie ernsthaft in sich und gelobte feierlich, sich zu bessern, wenn sie wieder sehend würde. Mit großem Vertrauen und unter Anrufung des heiligen Blutzeugen Cyriakus opferte sie ein wächsernes Auge. Wirklich schenkte ihr Gott das Augenlicht wieder, aber nur mehr auf einem Auge. Jetzt gab sie auch alsbald äußerlich zu erkennen, daß sie ihr Leben von Grund auf ändern wolle. Statt wie bisher prächtige Kleider zu tragen, zog sie sich ganz armselig an; statt den Männern nachzulaufen, nahm sie arme und verwahrloste Kinder auf und kleidete sie, gab ihnen Nahrung und sorgte für sie wie eine Mutter. Die gottesfürchtige Pfalzgräfin Adelheid, die Gattin des Grafen Mangold, lud Herlukka ein, zu ihr zu kommen, damit sie vereint sich den Werken der Nächstenliebe hingeben könnten. Herlukka willigte ein, und beide waren nun unermüdlich tätig in der Sorge für die Armen und Kranken. Ihr Seelenführer war der Abt Wilhelm von Hirsau. Dieser riet ihr, sich in die Einsamkeit zurückzuziehen. Sie ging nach Epfach, wo sie von Gott mehrerer wunderbarer Erscheinungen gewürdigt wurde. Von dort vertrieben, wanderte sie nach Bernried am Starnberger See und blieb da bis an ihr Lebensende. Sie empfing von Gott, dem sie durch ihr nun vollkommenes Leben große Freude bereitete, zahlreiche Beweise seiner Liebe. Durch ihr nun vorbildliches Leben bekehrte sie viele Sünder und spornte viele Jungfrauen zu einem guten und frommen Lebenswandel an.

Um das Jahr 1090 starb sie gottergeben zu Bernried; dort wurde sie begraben. Ihr Andenken wird heute noch gefeiert. Selbstüberwindung, Entsagung, Nächstenliebe sind die Grundpfeiler eines vollkommenen Lebens.

TAGESHEILIGE: Aya H, Gemahlin des heiligen Hidulf im Hennegau, † 707 – Vikterp (Wigo) B von Augsburg, † 756 – Ursmar B von Lobbes, Hennegau, † 713 – Idesbald A sel., zu Dünen in Flandern, † 1167 – Fridebald – Apollonius M – Eleuther B – Anthia, Koreb, Kalozer, Perfekt M – Caldin B – Willigis E – Maria vom heiligen Kreuz J.

19. APRIL Emma

Vor Gott gelten weder Ansehen der Person noch des Standes, sondern einzig wahre Nächstenliebe und die konsequente Erfüllung des Willens Gottes. Das zeigt uns das Leben der seligen Emma. Sie stammte sehr wahrscheinlich aus dem Frankenland, wurde die Gemahlin König Ludwigs des Deutschen; diesem gebar sie drei Söhne, die sämtlich das hohe Amt des Kaisertums innehatten: Karlmann, Ludwig und Karl, der später den Beinamen „der Dicke“ erhielt. – Das Hauptaugenmerk der Königin war darauf gerichtet, ihre Kinder zu gewissenhaften, wahrhaft christlichen Menschen zu erziehen; daß ihr dies gelang, beweist, welch gute Gattin und Mutter sie war.

Was sie besonders auszeichnete, war umfassende Liebe zu den Notleidenden. Darin war sie ein Vorbild der großen heiligen Elisabeth von Thüringen.

Sie pflegte die Kranken, gab viel Almosen und sorgte überhaupt mit nicht endender Liebe für ihre armen Untertanen, so daß sie mit Recht den Ehrennamen Landesmutter verdiente. Das Kloster Obermünster zu Regensburg wurde zum Mittelpunkt ihrer Liebestätigkeit. Sie machte viele fromme Stiftungen für diese Zwecke. Besonders erwähnenswert ist, daß die Äbtissin am Todestag der Königin barfuß, wenn es ihre Gesundheit gestatte, viele Arme persönlich bedienen müsse. Dies tat nämlich die Königin selbst, als sie noch lebte.

Im Jahre 870 erkrankte Königin Emma sehr schwer und mußte lange Zeit im Bett zubringen. Gott wollte sie zu ihrer Bewährung prüfen. Mit unsäglicher Geduld hielt sie in ihrer schmerzlichen Lage aus und opferte Gott gerne und freudig ihr Leiden. Zuletzt verlor sie sogar die Sprache und konnte sich bloß mehr mit Zeichen verständigen. Am 26. Januar 874 gab sie ihren Geist auf, betrauert von ihrem Gatten und dem ganzen Volk. Sie wurde im Kloster Obermünster beigesetzt und später nach Sankt Emmeram überführt, wo ihr Leib heute noch ruht und verehrt wird.

Das Große, das wir an ihrem Leben bewundern, ist, daß sie trotz ihrer hohen Stellung den Kleinen und Geringen sich zuwandte, daß sie in jedem Armen und Kranken Christus erkannte und darum viel Gutes tat.

TAGESHEILIGE: Leo IX., P, † 1054 – Werner KnM bei Oberwesel, † 1287 – Jutta J, Dienerin der heiligen Elisabeth, † 1252 – Timon, Hermogen, Kajus, Expedit, Aristonikus, Rufus, Galata, Vinzenz, Sokrates, Dionys, Paphnutius M – Elphegus BM – Georg B – Ursmar B – Kreszenz, Autbert Pr. – Gerold – Kuno E – Adolph B.

20. APRIL *Wilhelm*

Nordöstlich von Straubing liegt das von 1130 — 1803 von Prämonstratensermönchen besiedelte Kloster Windberg (bekannt durch seine großartige Barockkirche). Die Gründung dieses Klosters soll auf den heiligen Wilhelm zurückgehen, von dem die Legende aus alter Zeit (Das heilige Bayerland) folgendermaßen berichtet: Als Wilhelm zum Jüngling herangewachsen war — woher er stammt, ist ungewiß — begann er, getrieben von der Liebe zu Christus, ein einsames und frommes Leben als Pilger. Ähnlich wie der heilige Benedikt Labre in späterer Zeit, hat auch Wilhelm alles verlassen, sein Vaterhaus, seine Eltern, seine Heimat, um ganz nur dem Herrn zu dienen. Unter vielen Schwierigkeiten reiste er immer zu Fuß bei Hitze und Kälte zu den verschiedensten Wallfahrtsorten. Wilhelm war äußerst bedürfnislos.

Oft war der Waldboden seine Schlafstätte und Kräuter und Wurzeln seine Nahrung. Auf einer seiner Reisen geriet er auch in die Gefangenschaft der Türken, die ihn als Sklaven verkauften. Erst nach geraumer Zeit gelang es ihm, zu entkommen. Er begab sich sodann nach Bayern und suchte eine Gegend, die recht öde und verlassen war, um sein Leben als Einsiedler zu beschließen. Gott schenkte dem treuen Diener die Gabe der Weissagung. Die geheimsten Dinge wußte er im voraus. Dies und seine große Bescheidenheit machten, daß gar viele Leute zu ihm kamen, um sich bei ihm Rat und Trost zu holen. Für jeden hatte er ein liebes Wort, keiner ging ungetröstet von ihm. Der Gemahl der Gräfin Luitgard war um diese Zeit schwer erkrankt und lag auf den Tod danieder. In ihrer Not wandte sich die Gräfin an den heiligmäßigen Einsiedler. Dieser versprach ihr sein Gebet. In der Nacht erschien Wilhelm dem Grafen im Traume und versprach ihm die Gesundheit, wenn er den Bau eines Klosters gelobe. Gott prüfte den Seligen noch durch mancherlei Krankheiten, bis er im Jahre 1147 hochbetagt entschlief.

„Wirf alle Sorge auf den Herrn!" Dieses Wort, dem Wilhelm sein Leben lang folgte, soll auch uns trösten in den mannigfachen Kümmernissen unseres Lebens.

TAGESHEILIGE: Agnes von Montepulciano J – Hildegund J, von Schönau, † 1188 – Adelar (Adolar) PrM, Gefährte des heiligen Bonifatius, † 754 – Wiho, erster B von Osnabrück, † 804 – Oda J im Hennegau, † 1158 – Sulpiz, Servilian, Viktor, Zotikus, Zeno, Akyndin, Cäsareus, Severian, Christoph, Theonas, Antonin M – Theotim, Marzellin B – Marzian Pr – Theodosius – Mamertin A – Kornelia M.

21. APRIL *Konrad von Parzham*

Kaum ein anderer deutscher Heiliger erfreut sich solcher Beliebtheit unter dem Volk wie Bruder Konrad. Er stammte ja auch aus einer schlichten Bauernfamilie und war die Liebe und Freundlichkeit selber. Sein Leben und Heiligwerden bestand in den täglichen kleinen Arbeiten, in der treuen Erfüllung der einfachsten Obliegenheiten. — Bruder Konrad oder Johannes Birndorfer, wie er vor dem Eintritt ins Kloster hieß, war das neunte von zehn Kindern. Sein Vaterhaus war der Venushof in der kleinen Ortschaft Parzham im fruchtbaren Rottal (Niederbayern). Im Jahre 1818 erblickte er das Licht der Welt. Von frühester Jugend an umwehte ihn der Hauch der Gottesfurcht und Gottesliebe, leuchtete ihm das Vorbild frommer Eltern auf dem Himmelsweg voran. Innige Liebe zur allerseligsten Jungfrau und Gottes-

mutter trug er in seinem Herzen. Um sich mehr zu heiligen, trat der Bauernbursch dem Dritten Orden und verschiedenen Bruderschaften bei. Doch das genügte ihm nicht. Noch enger wollte er sich an Christus anschließen. So ging er mit dreißig Jahren als Laienbruder in den Kapuzinerorden. Im Schatten des Gnadenbildes zu Altötting, zu dem er schon früher verschiedene Male gepilgert war, durfte er nun lange Jahre bis zu seinem Tode arbeiten und beten. Hier im Kloster versah Bruder Konrad das Vertrauensamt des Pförtners; es war ein schweres Amt. An diesem großen, vielbesuchten Wallfahrtsort gab es für den Bruder Pförtner viel zu tun. Immer hatte er zu laufen, zu sorgen, zu helfen, gerade wie eine treue Hausmutter. Und nie sah man an ihm ein Zeichen der Ungeduld oder des Unmutes. Auch konnte ihm alle Beschäftigung nicht die Sammlung des Herzens rauben; er betete beständig und blieb im Gebet mit Gott vereint. Sein Lieblingsspruch war: „In Gottes Namen." Wie oft während des Tages und der Arbeit mag er dieses Stoßgebet verrichtet und seine Mühen dem Herrgott aufgeopfert haben!

Über vierzig Jahre versah Bruder Konrad voll Liebe und Opferfreude das Amt des Pförtners: heilig und verehrungswürdig geworden durch selbstloses Tun der kleinen Dinge aus Gottes- und Menschenliebe. Im Jahre 1894 starb er, den Blick durchs Fenster auf den Muttergottesaltar gerichtet. (Das Fest des Heiligen wird am 20. April gefeiert.)

TAGESHEILIGE: Anselm von Kent BKl, † 1109 – Apollo M – Wobodo B, sel., von Lüttich, † 1021 – Selma – Simeon von Seleucia BM – Arator, Fortunat, Felix, Silverius, Vitalis, Isazius, Krotates M – Anastasius der Sinaite – Adolar B.

22. APRIL Leo IX.

Papst Leo IX. ist einer der wenigen deutschen Päpste; er regierte von 1048 bis 1054. – Leo war vor seiner Wahl Bischof von Toul; sein Name war Bruno. Er stammte aus dem Elsaß. Sein Vater war Hugo von Hagenau, seine Mutter Helika, eine Schwester des Kaisers. Schon als Bischof hatte Leo das beste Beispiel gegeben, da er nicht bloß auf die richtige kirchliche Zucht bei seinen Priestern und den Diözesanen sah, sondern vor allem an seiner eigenen Heiligung arbeitete. Die nahe Verwandtschaft mit Kaiser Heinrich III. war neben der erhabenen Persönlichkeit der ausschlaggebende Grund, daß der Kaiser im Jahre 1048 dem Volk und dem Klerus von Rom die Wahl dieses wahrhaft würdigen Mannes zum Papste vorschlug. Im Jahre 1051 reiste Leo IX. nach Deutschland. Der König von Ungarn hatte ihn gebeten, ihm beim Abschluß eines Friedens mit dem Kaiser behilflich zu sein. In Schwäbisch-Werth, dem heutigen Donauwörth, kamen der Kaiser und der Papst zur Besprechung auf der Burg Mangoldstein zusammen. Zweiundzwanzig Jahre vorher hatte Graf Mangold eine Kreuzpartikel vom Heiligen Land hierher gebracht. Der Papst verehrte sie und gab eine Bulle heraus, wonach die Kreuzpartikel in Werth für immer verbleiben sollte. In dem nahe bei Donauwörth gelegenen Dorf Auchsesheim war damals gerade eine neue Kirche gebaut worden. Der Pfarrer des Ortes bat den Papst, er möge sie einweihen. Dieser unterbrach sein Reise, weihte die Kirche und verlieh deren Besuchern für alle Zeiten einen vollkommenen Ablaß.

Leider starb Leo allzufrüh, am 19. April 1054. (An diesem Tage wird auch sein Fest gefeiert.) Wir deutschen Katholiken können Freude empfinden, daß ein so großer und tüchtiger Mann als heiliger Papst verehrt wird.

TAGESHEILIGE: Soter PM, † 174 – Kajus PM, † 296 – Wolfhelm A in Brauweiler, † 1091 – Oswenda J – Abrunkulus B von Trier, † 532 – Adalbert Gr. von Ostrevant, sel., Gemahl der heiligen Regina, † 790 – Apelles, Luzius, Parmenius, Helimenas, Chrysoteles, Lukas, Muzius, Leonides, Epipodius M – Leo Bk – Theodor B – Opportuna Ae – Radulph B – Acepsimas BM – Lambert B.

Georg

Hoch zu Roß, den mit der Lanze durchstochenen Drachen unter dem Pferd, so sehen wir den aufrechten, mannhaften, treuen und tapferen Ritter vor uns: Sankt Georg, einen der volkstümlichsten Heiligen. Aus seinem Leben ist nur wenig bekannt; das meiste ist fromme Legende. – Georg stammte aus einer angesehenen Familie in Kleinasien, wurde als Kind christlich erzogen und trat dann zu Nikomedien in die Dienste des Kaisers Diokletian. Da er sich in manchen Kämpfen auszeichnete, rückte er rasch vorwärts und erhielt bald eine hohe Stelle in der Armee. Da begann Diokletian im Jahre 303 eine große Christenverfolgung. Als angeordnet wurde, daß alle Soldaten den Göttern opfern müßten, legte Georg sein Amt nieder und verließ die Stadt. Der Kaiser, darüber ergrimmt, ließ den ehemaligen Befehlshaber verhaften. Durch Versprechungen aller Art suchte der Kaiser den tapferen Offizier von seinem Glauben abzubringen; es gelang ihm nicht. Voll Zorn befahl er, den Kriegsmann zu peinigen und zu töten. Georg wurde auf die Folter gespannt, mit eisernen Haken zerfleischt und mit brennenden Spänen gepeinigt. Stumm und geduldig ertrug er alle Qualen; schließlich wurde er enthauptet.

Weil Georg tapfer seinem Glauben treu blieb und die Anschläge seiner Feinde, die im Dienst des Teufels standen, zunichte machte, wird er als Drachentöter abgebildet. Sein Mannesmut als Bekenner packte unsere ritterlichen Vorfahren zutiefst, so daß bei ihnen der Heilige hoch verehrt wurde. Ritterorden wurden nach ihm benannt, Diözesen nahmen ihn zu ihrem Patron, eine große Anzahl von Kirchen wurde zu seiner Ehre erbaut. Diese Verehrung wuchs noch, als Bischof Hatto von Mainz im Jahre 896 das Haupt des Heiligen als kostbare Reliquie auf die Bodenseeinsel Reichenau brachte. Im späteren Mittelalter, als die Pest herrschte, wurde der Heilige als Helfer angerufen und den Vierzehn heiligen Nothelfern beigezählt.

Wie konnte es geschehen, daß gerade dieser Blutzeuge der Frühzeit zu solchem Ruhm kam? Die Antwort: Sankt Georg ist Sinnbild der „ritterlichen" Christen, in dem wir alle christlichen Mannestugenden vereinigt sehen.

TAGESHEILIGE: Adalbert BM von Prag, † 997 – Gerhard B von Toul, ein geb. Kölner, † 994 – Richardis, sel., Gattin des Grafen Ulrich von Ebersberg, † 1013 – Felix, Fortunat, Achilleus M – Marolus B – Ägidius v. Assisi Mö – Arnulf M – Pussina J.

24. APRIL *Fidelis von Sigmaringen*

Tapfer und treu kämpfte im siebzehnten Jahrhundert der fromme Kapuziner Fidelis für seinen Glauben. Er wurde im Jahre 1577 zu Sigmaringen als Sohn angesehener Bürgersleute geboren. Bereits in der Jugend erwies er sich als besinnlich, klug, eifrig in kleinen Erweisen der Nächstenliebe. Er machte seine Studien in Freiburg in der Schweiz und zeichnete sich durch großen Fleiß und Gelehrsamkeit aus, so daß er bald zum Doktor beider Rechte ernannt wurde. Als Advokat konnte er große Erfolge verzeichnen. Besonders nahm er sich der Armen an, deren Rechtsstreitigkeiten er meist unentgeltlich führte. Da er aber glaubte, seine Erfolge könnten ihm für sein Seelenheil nachteilig sein, legte er sein Amt nieder und trat 1612 in den Kapuzinerorden ein. Als er zum Priester geweiht war, erregte er bald Aufsehen wegen seiner ausgezeichneten Predigten. Im Beichtstuhl war er ein Seelenführer, dem es gelang, viele vom Verderben zu retten. In dieser Zeit, da in Deutschland schon der große Krieg herrschte, war der größte Teil der katholischen Bevölkerung der Schweiz vom Glauben abgefallen und hatte die Irrlehre Calvins angenommen. Im Jahr 1622 durchwanderte Fidelis den Kanton Graubünden und gewann durch seine Predigten und sein wahrhaft vorbildliches Leben gar viele wieder für den wahren Glauben. Seine Gegner wurden über diese Erfolge sehr erzürnt und beschlossen, ihn zu töten. In Vorahnung seines nahen Todes beichtete der Heilige am 24. Februar des Jahres 1622 einem seiner Mitbrüder, las die heilige Messe in dem Dörflein Grüsch und predigte noch feuriger als sonst. Ohne Furcht ging Fidelis nach Seewis, wo er die Katholiken ermahnte, ihrem Glauben treu zu bleiben. Auf dem Rückweg fiel er einer Rotte calvinistischer Soldaten in die Hände. Sie wollten ihn zwingen, ihren Glauben anzunehmen. Er aber sagte: „Ich bin zu euch gekommen, um eure Irrlehren zu widerlegen. Im übrigen wisset, daß ich den Tod nicht fürchte.“ Einer der Soldaten schlug ihn mit dem Schwert zu Boden. Fidelis richtete sich auf die Knie und betete: „Herr, verzeihe meinen Feinden! Durch Leidenschaft geblendet, wissen sie nicht, was sie tun.“ Mit Lanzen und Pfeilen wurde er zu Tode gequält.

Nur wer in seiner Seele voll erkannt hat, was Christus für uns getan hat, nur der erkennt den Sinn im Leben und Sterben dieses Mönches.

TAGESHEILIGE: Egbert Pr, † 729 – Bona, Doda J – Sabas, Alexander, Eusebius, Neon, Leontius, Longinus M – Mellit, Markus, Gorgon, Honorius B.

Markus

Das zweite Evangelium stammt aus der Feder des heiligen Markus. Er gehört zu jenen starken Persönlichkeiten, die in unerschütterlicher Treue ihre Überzeugung vor den Menschen bekannten und ihr apostolisches Leben mit einem heldenhaften Martyrium beschlossen. – Markus war aus dem Stamme Levi und wurde wohl beim ersten Pfingstfest durch die Predigt des heiligen Petrus bekehrt. Da er großen Eifer für die Sache Jesu zeigte, nahm ihn zunächst der Apostel Paulus auf seinen Reisen mit. Später jedoch blieb Markus zurück und war fortan stets als Begleiter bei Petrus. Mit ihm zog er nach Rom. Als die Christen den heiligen Petrus baten, er möge doch seine Predigt aufschreiben, damit man sie beim Gottesdienst vorlesen könne, gab Petrus dem Markus den Auftrag, dies zu tun. Petrus hieß die Aufzeichnungen gut und bestimmte, daß sie bei der Zusammenkunft der Gemeinde verlesen werden sollten. So entstand das zweite Evangelium. Da es mit dem Bußprediger Johannes beginnt, der wie ein Löwe seine Stimme in der Wüste erschallen ließ, wird Markus mit einem Löwen abgebildet. Um das Jahr 49 sandte Petrus den Markus, den er zum Bischof geweiht hatte, zur Missionierung nach Ägypten; in Alexandrien schlug er seinen Bischofssitz auf. Seiner Predigt verdankten viele ihre Bekehrung zum Christentum. Das erregte die Wut der Heiden. Bei einem großen Fest zu Ehren des Gottes Serapis wurde Markus, während er die heilige Messe feierte, von den Heiden überfallen, mit einem Strick um den Hals ins Freie gezogen und durch die ganze Stadt geschleift, so daß der Weg sich von seinem Blut rötete. Dann warf man ihn ins Gefängnis. In der Nacht erschien ihm, wie die Legende erzählt, der Heiland und brachte ihm Trost. Am anderen Tag wurde er nochmals durch die Stadt geschleift. Während der ganzen Pein predigte er Jesus, den Gekreuzigten, und lobte Gott für seine Leiden, dann starb er heldenmütig. Im Jahre 820 wurden seine Gebeine nach Venedig gebracht, über seinem Grab erhebt sich der herrliche Dom. Der Markustag ist als Bittag bekannt. Man wandelt in Prozessionen durch die Felder und bittet Gott um Gedeihen der Feldfrüchte.

TAGESHEILIGE: Erwin (Erminus) B im Hennegau, † 773 – Florebert B von Lüttich, † 746 – Grammatius B von Metz, sel. – Hermann von Baden Mö, † 1074 – Evodius, Hermogenes, Kallist, Philo, Agathop M – Stephan BM – Anian B – Franka Ae – Ebba Ae – Adalbert B von Prag, † 997.

Zita

An dem Berg Sagrati in Italien steht eine Kapelle, die der heiligen Zita geweiht ist. Die Steine dazu sind zum Teil von einem kleinen Bauernhaus genommen, in dem einst die Heilige geboren wurde. Zita war die Tochter eines armen Landmannes. Als sie zwölf Jahre alt war, mußte sie bereits in Dienst gehen und kam zu der vornehmen Familie Patinelli in Lucca. Es fiel dem jungen Mädchen anfangs recht hart, von seinen Eltern getrennt zu sein. Zudem brachte ihr der neue Stand mancherlei Unangenehmes, denn sie wurde von den anderen Dienstboten oft wegen ihres bäuerlichen Gehabens verachtet. Aber Zita lernte dadurch sehr frühe alles kindische und flatterhafte Wesen ablegen und gewann ein besonnenes, ernsthaftes Benehmen. Gegen ihr Heimweh war das Gebet der beste Trost. Sie stand jeden Tag schon so früh auf, daß sie ohne Vernachlässigung ihrer Pflichten die heilige Messe hören konnte. Gegen sich selber war sie sehr streng, gegen andere äußerst liebenswürdig. Namentlich hatte sie die Armen in ihr Herz geschlossen. Einst zur Weihnachtszeit, da es recht kalt war und sie zur Kirche gehen wollte, gab der Dienstherr ihr seinen eigenen Pelzmantel. Als sie zur Kirche kam, sah sie einen armselig gekleideten Bettler, dem sie aus Mitleid den Pelz umhing, damit er in der Kirche nicht frieren sollte. Nach der Messe war der Bettler verschwunden. Sie mußte deswegen zu Hause bittere Vorwürfe hinnehmen. Mittags aber kam der Bettler und brachte den Pelzmantel zurück. – Von ihrer Dienstherrschaft wurde Zita hoch geschätzt, und man übertrug ihr, als sie älter geworden war, die Aufsicht über das ganze Haus. Sogar die Erziehung der Kinder wurde ihr anvertraut. So arbeitete und lebte sie als einfache Magd 48 Jahre mit der gleichen Familie, bis der Herr die treue Dienerin im Jahre 1272 in ihrem 60. Lebensjahre zu sich berief, um ihr den ewigen Lohn zu geben.

Eine bescheidene Dienstmagd: eine große Heilige. Wen stimmt solch ein Lebensbild nicht zum Nachdenken? Wir sehen, daß jeder, der guten Willens ist, auch durch die Treue im Kleinen Großes zu leisten vermag. Neben der heiligen Notburga wird Zita als Patronin der Hausangestellten verehrt.

TAGESHEILIGE: Kletus PM, † 91 – Marzellinus PM, † 304 – Paschasius Radbertus Mö, Mitbegründer des Klosters Corvey, † 860 – Basileus, Petrus BM – Klarentius, Luzidius B – Richarius (Richard) Pr – Exsuperantia J – Trudbert E – Callistrat M.

27. APRIL *Petrus Canisius*

Das sechzehnte Jahrhundert war für ganz Europa eine Zeit schwerster seelischer Erschütterung. Luther, Zwingli und Calvin hatten durch ihre Reformation den alten Glauben in vielen zerstört. Die katholische Kirche mußte besonders in unserem deutschen Vaterland schwer um ihre Existenz ringen. Die meisten deutschen Fürsten waren aus politischen Motiven zur neuen Lehre übergegangen. Und mit ihnen mußte auch die ihnen untertane Bevölkerung den Glauben wechseln. Erst das Konzil von Trient (1545 bis 1563) brachte Klarheit und Ruhe in das religiöse Gewoge. Von dieser Zeit an begann die sogenannte Gegenreformation. Gottbegeisterte Männer suchten im Auftrag der Kirche zu retten, was noch zu retten war. Namentlich war es der Orden der Jesuiten, der sich hier auszeichnete. Der Mann aber, der in der Gesellschaft Jesu am kräftigsten wirkte und das meiste erreichte, war Petrus Canisius. Ihn hat man mit Recht den zweiten Apostel Deutschlands genannt.

Im Jahre 1521 wurde er zu Nymwegen in den Niederlanden geboren. Sein Familienname war De Hondt, das heißt von Hund; dieser Name wurde der Zeitmode entsprechend latinisiert; daher wird er Canisius genannt. Auf den Universitäten zu Köln und Löwen studierte Petrus und wurde ein hochgelehrter und angesehener Mann. In Mainz lernte er den Jesuitenorden kennen und schloß sich ihm als der erste Deutsche mit Begeisterung an. Wegen seiner Weisheit wurde er vom Papst zu den Beratungen des Konzils von Trient herangezogen; dort faßte man die alten Wahrheiten der katholischen Kirche in „Kanones“ mit klaren Entscheidungen zusammen und stellte sie den Lehren der Neuerer gegenüber, um die Glaubenseinheit wieder herzustellen. Mit Macht zog es Petrus nach dem Norden, der sich fast ganz vom katholischen Glauben abgewandt hatte. Zu Ingolstadt wurde er Hochschulprofessor und zugleich Prediger. Dann kam er nach dem Wunsch des Kaisers nach Wien und errichtete ein Seminar für Geistliche. Am meisten erbarmte ihn die religiöse Unwissenheit des Volkes. Er ging daher an ein Werk, das allein schon seinen Namen für alle Zeiten berühmt gemacht hat: er verfaßte einen Katechismus, den man jahrhundertelang nur den „Canisi“ nannte. Acht Jahre war er auch Domprediger in Augsburg. Hier hatte er unter dem Spott und der Verachtung der Andersgläubigen arg zu leiden, erreichte aber viele Bekehrungen. Nachdem das Konzil von Trient 1563 geschlossen wurde, reiste Petrus durch alle Provinzen des alten Reiches und predigte unermüdlich den katholischen Glauben, bekehrte viele, die abgefallen waren, und erreichte, daß die Katholiken sich wieder treu zum Glauben bekannten. Von seinem Orden wurde er zum Provinzial der deutschen Provinz ernannt. Am 21. Dezember 1597 starb er in Freiburg (Schweiz). 1925 wurde er mit großer Feierlichkeit heiliggesprochen. Die Kirche hat ihm den Ehrentitel „Kirchenlehrer“ verliehen.

Überschauende Weisheit, Menschenliebe, ein wahrer Feuereifer für den Glauben, das waren seine Waffen. Sie sind und bleiben es für alle Zeiten.

TAGESHEILIGE: Stephan M – Zita, Dienstmagd – Tutilo (Tuto) Mö – Villikus B von Metz, † 568 – Anthimus BM – Kastor M – Anastasius P, † 401 – Tertullian, Theophil B – Johann A – Petrus Armengaudius Bk.

28. APRIL *Rudolf Aquaviva*

Zu jenen heldenhaften Missionaren, die als erste das Licht des Glaubens in das große indische Reich trugen und ihr Leben dafür hingaben, gehört Rudolf Aquaviva, der am 30. April 1893 mit seinen Leidensgenossen seliggesprochen wurde. — Er wurde am 10. Oktober 1550 als Sohn des Herzogs von Atri geboren. Als Kind schon zeigte sich der Knabe sehr fromm und betete viel; seinen Eltern war er ein gehorsamer und treuer Sohn; gegen die Armen pflegte er sehr freigebig zu sein. 1568 trat er als Novize in den Jesuitenorden ein. Seine Studien machte er zu Macerati und am Germanikum zu Rom. Überall fiel er durch sein eifriges Streben nach Vollkommenheit auf. In jener Zeit wurden die ersten Missionare nach Goa in Indien geschickt. Gerne wäre der junge Frater mitgegangen, allein wegen seiner schwachen Gesundheit erlaubte es der Ordensobere nicht. Im Jahre 1578 durfte er endlich die Reise antreten, von der er nicht mehr zurückkehren sollte. Im gleichen Jahr wurde er zum Priester geweiht. Sein Name ist eng verbunden mit dem des berühmten Padischah von Indien, Akbar dem Großen. Dieser mächtigste Herrscher Indiens, der im Islam aufgewachsen war, fühlte sich von der Lehre Mohammeds nicht befriedigt. Im Herbst 1579 traf in Goa eine Gesandtschaft des Maharadscha von Falipor ein mit der Bitte, ihm Missionare zu senden. Pater Rudolf wurde zu diesem Amt auserlesen. Unermüdlich arbeitete er am Hof des Kaisers, und es schien fast, als wollte dieser Christ werden. Doch er hatte ganz anderes im Sinn: er wollte eine eigene Religion gründen, in der sämtliche Philosophien und Bekenntnisse ineinander verwoben werden sollten. Im Juli des Jahres 1583 wurden die Missionare während ihrer Seelsorgsarbeit von einer Schar Eingeborener überfallen. Auf die Frage nach dem Oberen trat Pater Rudolf mutig vor und empfing als erster den Todesstreich.

Sein Blut aber wurde der Same neuen Christentums, denn schon nach wenigen Jahren lebte die Bevölkerung der ganzen Halbinsel im katholischen Glauben. Doch auch das Scheitern seiner Mühe um Akbar erwies sich zuletzt als ein Segen. Denn von da ab konnte die Missionierung Indiens kräftig gefördert werden.

TAGESHEILIGE: Paul vom Kreuz Bk, † 1745 – Vitalis (Helmut) Soldat M in Ravenna, † 67 – Adalgag B von Bremen, † 988 – Robert Gruthuysen, sel., A in Flandern, † 1157 – Johann Capistran Mö, † 1456 – Markus, Akatius, Menander, Polyan, Aphrodisius, Karalipp, Agapius, Eusebius, Pollio, Valeria M – Patrik BM – Theodora JM – Prudentius, Pamphilus B – Ludwig von Montfort – Luchesius Mö – Didymus M.

29. APRIL *Robert*

Zu den großen Ordensstiftern des Mittelalters zählt der heilige Robert. Aus hochadeligem Geschlecht geboren, weihte er sich schon mit fünfzehn Jahren Gott und entschloß sich, in den Benediktinerorden zu treten. Das Kloster Troyes in Frankreich wurde seine Heimstätte. Bald wurde er zum Prior und schließlich zum Abt gewählt. In der Arbeit wie im Gebet war er seinen Mitbrüdern ein echtes Vorbild. Da jene Mönche aber lieber ein angenehmes als ein asketisches Leben führen wollten, konnte Robert mit dem besten Willen nichts ausrichten. Daher legte er sein Amt nieder und zog sich in die Einsamkeit zurück. Mit einem Teil der Brüder, die bei ihm aushielten, kam er in eine wilde Einöde, Citeaux genannt. Dort baute er sich und den Seinen ein Kloster und errichtete nun einen Orden größter Strenge, den der Zisterzienser. Nur vier Stunden wurden dem Schlaf gewidmet, alle übrige Zeit galt der Arbeit der Hände und dem Gebet. Gerade in dieser Einteilung der Zeit liegt die Kulturstärke dieses Ordens. In den wildesten Gegenden wurde der Urwald gerodet, und die Mönche unterrichteten das Volk im Ackerbau und in der Handarbeit, so daß bald überall, wo diese weißen Mönche hinkamen, blühende christliche Gemeinden entstanden. (So wurde kurz nach dem Tode des Heiligen, bereits im Jahre 1134, das Kloster Kaisheim bei Donauwörh gegründet.) Die Nahrung der Mönche bestand nur aus Wurzeln und Kräutern. Von Citeaux aus reformierte Robert eine Reihe von Klöstern und führte wieder den alten guten Geist des heiligen Benedikt ein. Nach dem Wunsch der Mönche und auf Befehl des Papstes kehrte Robert schließlich in sein erstes Kloster zurück und lebte dort noch einige Jahre, bis er im Jahre 1110 eines heiligmäßigen Todes starb.

Zu wenig denken wir Menschen des zwanzigsten Jahrhunderts daran, was christliche Kultur ist und wie sie entstand: die Frohe Botschaft von der Erlösung durch Christus, gepredigt von Männern, die in der klassischen griechisch-römischen Bildung zu Hause waren, und die mit geschickter Hand und klugem Verstand die Ureinwohner das fruchtbringende Arbeiten lehrten. – „Ora et labora", Gebet und Arbeit haben das Abendland groß gemacht. Sankt Robert war einer der liebenswertesten Pioniere auf diesem Weg; der Dreiklang, der sein Dasein und Wirken bestimmte: Anbetung, Fleiß, Entsagung ist für alle Zeiten das beste Lebensrezept.

TAGESHEILIGE: Petrus Mö M in Mailand, † 1252 – Hugo A von Cluny – Wilfrid B – Dietger B von Metz, † 1120 – Adelberga Ae – Tychikus, Agapius, Sekundin, Ämilian, Tertulla, Antonia, Torpes M– Paulin B.

30. APRIL *Hildegard*

Hochverehrt, namentlich im Allgäu, wird die selige Königin Hildegard. Sie stammte aus einem alten schwäbischen Adelsgeschlecht und wurde schließlich die Gattin Karls des Großen. Aus dieser Ehe gingen acht Kinder hervor, die ihre Mutter als ein Vorbild christlicher Tugend verehren konnten. Der König selber fand in ihr eine treue Gattin, eine bewährte Gehilfin in seinen zahlreichen Sorgen und Enttäuschungen. Wesentlich war es ihrem wohltätigen Einfluß zu verdanken, daß Karl, obwohl er manche Mißerfolge erlebte, nicht nachließ, den christlichen Glauben unter den Germanenstämmen zu verbreiten. Besonders nahm sich die Selige ihrer schwäbischen Heimat an. Sie stiftete in Kempten, das damals schon eine wichtige Stadt war, ein Kloster, dem sie zahlreiche Güter vermachte. Ja, sie ließ für die Stiftskirche die Gebeine der heiligen Martyrer Gordian und Epimach aus Rom herbeiholen. Ihre Nächstenliebe war groß; so bestimmte sie, daß im Kloster zu Kempten zweihundert Arme auf ihre Kosten gespeist würden. Einst wurde ihr ein armes Waisenkind vorgeführt, das ganz verwachsen und krank war. Voll Liebe nahm sie es in ihren Palast auf. Als sie ihren Aufenthalt wechseln mußte, vertraute sie das Kind der von ihr hoch verehrten Äbtissin Gertrud von Nivelles an und sorgte für alles Nötige. Bald war das Mädchen völlig geheilt. – In ihrer Ehe gab es manche Mißhelligkeiten und Enttäuschungen. In ihren Seelennöten hatte sie eine treue Beraterin und Helferin an der heiligen Lioba, der Gefährtin des heiligen Bonifatius. Oft wandte sie sich an diese um Trost und erhielt ihn auch. Im Jahre 783 starb die Selige, tief betrauert von ihrem königlichen Gemahl, ihren zahlreichen Kindern und vom ganzen Volke, dem sie eine wahre Landesmutter gewesen war. (Die Selige wird meist mit dem Modell der Stiftskirche von Kempten in der Hand abgebildet.)

Uns ist Hildegard Vorbild einer christlichen Mutter und Gattin. Ihr ganzes Leben ging in der Erfüllung ihrer Pflichten gegen Gott und die Nächsten, in Gebet und Wohltun auf. Handeln auch wir nach ihrem Beispiel!

TAGESHEILIGE: Katharina von Siena N, † 1380 – Wolfhard aus Augsburg, zuerst Sattler, dann E, Patron der Sattler, † 1127 – Rosimunde W – Rudolf Aquaviva PrM – Suitbert B von Werden, † 807 – Ludwig von Bruck (Schweiz), Kn, M, † 1430 – Eutrop BM – Marian, Jakob, Amator, Petrus, Ludovikus M – Laurentius PrM – Aphrodisius, Maximus M – Sophia JM – Severus, Donat B – Erkonvald – Josef Kattolengo Bk – Adjutor E – Maternian B – Hulda.

1. MAI *Gundeberga*

Das Volk im Reich der Langobarden in Oberitalien war unter der heiligmäßigen Königin Theodolinde (Dietlinde) zum katholischen Glauben bekehrt worden. Nach deren Tod übernahm ihre Tochter Gundeberga die Herrschaft. Die Berichte über ihr Leben sind selbstverständlich knapp und zum guten Teil legendär. Aber es hat sich doch in der Überlieferung des Volkes und namentlich in der kirchlichen Tradition ein Bild kristallisiert, das wie ein leuchtender Stern aus fernster Ferne strahlt. Nicht bloß der königliche Glanz ihrer Mutter, auch deren Frömmigkeit und Tugend waren Gundebergas Vorbild. Sie war mit König Arioald sehr glücklich verheiratet und schenkte ihm vier Töchter. Aber auch ihr blieb Leid nicht erspart. Ein Ritter, Adalulf, sah gern die Königin. Obwohl nun diese überhaupt nichts von ihm wissen wollte, ließ er doch nicht von ihr. Ja, er verleumdete sie aus Rache beim König und sagte, sie habe ein Verhältnis mit dem Herzog von Etrurien und wolle deshalb ihren Mann umbringen. Statt nun auf seine treue Gattin zu hören, verbannte sie der König auf drei Jahre in harte Gefangenschaft auf das Schloß Arnello. Erst auf die dringende Bitte des Frankenkönigs gestattete König Arioald einen Zweikampf, der die Unschuld der Königin beweisen sollte. Der verleumderische Ritter wurde dabei getötet und Gundeberga konnte wieder zu ihrem Gemahl zurückkehren, der sie nun ehrte und achtete bis an sein Lebensende. Nach dem Tode des Königs Alleinherrscherin geworden, mußte sie nach langobardischem Brauch sich selbst einen Mann bestimmen, der mit ihr gemeinsam das Reich regieren sollte. Sie wählte den Ritter Harodus. Dieser hielt ihr nicht lange die Treue; er ließ die

Königin gefangennehmen. Auch diese Unbill ertrug Gundeberga mit bewunderungswürdiger Geduld und Standhaftigkeit. Schließlich sah Harodus sein Unrecht ein. Er hielt fortan seinen Schwur gewissenhaft zu seinem eigenen wie des ganzen Volkes Wohl. Somit war es Gundeberga vergönnt, nach vielem Leid am Abend ihres Lebens noch glücklich zu sein. Wie sie gelebt, in Gottesfurcht und Frömmigkeit, so starb sie auch gottergeben, vom ganzen Volk der Langobarden als eine Heilige verehrt, um das Jahr 650.

Diese große Frau der germanischen Frühgeschichte mag allen Frauen und Müttern ein Vorbild der Treue und Gottesfurcht sein!

TAGESHEILIGE: Sigismund von Burgund M, † 524 – Evermar M aus Friesland, † 700 – Arnold von Hildensweiler Bk, † 1122 – Zoerardus E zu Ohlau bei Breslau, † 1050 – Augustin Schöffler M, † 1851 – Theodulf Mö in Trier, † 650 – Andeol, Orientius, Patientia M – Amator, Asaph B – Peregrin Bk – Grata Ww – Florina JM – Berta ÄM – Briok B.

2. MAI *Athanasius*

Kaum hatte die Kirche im Jahre 313 durch das Mailänder Edikt die Freiheit im Staat erhalten, da entstanden innere Spaltungen und Irrlehren. Arius leugnete die Gottheit Christi. Seine Häresie dehnte sich wie eine ansteckende Krankheit bald über den ganzen katholischen Erdkreis aus. Es schien, als sollte die ganze Kirche arianisch werden So entflammten harte und bittere Kämpfe, es gab Verfolgungen der Rechtgläubigen, es gab Mord und Totschlag. Mut, feste Entschlossenheit und ein unerschütterliches Gottvertrauen gehörten dazu, um in einer solchen Zeit der Wirrnis für die Wahrheit einzutreten. Athanasius war ein solcher Glaubensheld. In sturmbewegter Zeit hat er das Licht der Welt erblickt. 295 ist sein Geburtsjahr; Alexandrien, die damalige Hauptstadt Ägyptens, seine Vaterstadt. Diokletian, der wütende Christenverfolger auf dem Kaiserthron, stand an der Spitze des Reiches. Martyreratmosphäre war es, in der Athanasius aufwuchs. Martyrer haben ihn in den Heilswahrheiten des Glaubens unterrichtet. Martyrergeist, unerschrockenen Bekennermut für Christus und seine heilige Kirche hat er so von frühester Jugend an in sich aufgenommen. Und er hatte dies wahrlich für sein späteres Leben nötig. Irrlehren rüttelten an der fundamentalen Wahrheit des Christentums, an der Gottheit Christi. Für diese stritt er als dreißigjähriger Diakon wie ein Löwe auf der Kirchenversammlung zu Nicäa im Jahre 325. Für sie mußte er als Bischof von Alexandrien des öfteren in die Verbannung. Aber weit entfernt, durch diese wechselvollen Geschicke niedergerungen zu werden, wurzelte im Gegenteil diese Eiche des Glaubens im Sturm nur noch tiefer ein im Boden der göttlichen Wahrheit und strebte um so kraftvoller in die Höhe, so daß an ihrem Stamm manch schwacher Efeu sich emporranken konnte zum mutigen Bekenntnis für Christi heilige Sache. Blutiges Martyrium war diesem Christuskämpfer nicht beschieden, aber unblutiges wurde ihm reichlich zuteil. Doch gerade seine vielen Verbannungen waren zum großen Segen für die Kirche. Denn in der erzwungenen Einsamkeit fand er die Zeit, seine tiefgründigen Schriften zur Verteidigung des Glaubens abzufassen. Athanasius hatte das Glück, zu erleben, daß alle seine Feinde zuschanden wurden. Die Irrlehren wurden siegreich überwunden, Julian der Abtrünnige mußte noch sterbend bekennen: „Galiläer, du hast gesiegt!" Die letzten Lebensjahre konnte sich der Heilige ganz dem Seelenheil seiner Diözesanen widmen. Als er im Jahre 373 starb, konnte er von sich sagen, daß er nicht umsonst gearbeitet hatte.

Der Glaubensmut des Heiligen soll auch uns anspornen, mit Leib und Seele für die Wahrheit unseres Bekenntnisses zu zeugen.

TAGESHEILIGE: Wiborada JM bei Sankt Gallen, † 926 – Rachildis JE bei Sankt Gallen, † 946 – Konrad von Seldenbüren, sel., M, Gründer des Klosters Engelberg (Schweiz), † 1126 – German BM, in Trier geweiht, † 490 – Saturnin, Neopolus M – Cölestin, Vindemialis BM – Exsuperius, Zoe, Cyriak, Theodul, Felix M – Voldebert (Walbert) A – Avia JM – Antonin, Florentius B – Gerhild.

3. MAI *Florian*

Aus der Zeit des Römischen Kaiserreiches, das im dritten Jahrhundert nach Christus seine größte Ausdehnung erreichte, sind uns viele Namen von Männern überliefert, die durch ihren Heldenmut und ihr Zeugnis für den Glauben verdientermaßen durch alle Jahrhunderte im Gedächtnis der Christenheit lebendig blieben. Einer dieser bewunderungswürdigen Menschen ist der heilige Florian, der um 250 in dem kleinen Dorf Zeiselmauer, im späteren Niederösterreich, geboren wurde. Er erhielt eine sehr gute Erziehung; insbesondere die Mutter lehrte ihn beizeiten die Botschaft Christi. Schon in jungen Jahren hatte er als Beamter große Erfolge, so daß er zu einem der bestimmenden Männer der römischen Verwaltung nördlich der Alpen wurde. Da trat ein Ereignis ein, das die ruhige Lebensarbeit des von vielen verehrten und einflußreichen Mannes jäh zum Ende brachte: in der Hauptstadt Lorch (Lauriacum) wurden die Verfolgungsdekrete des Kaisers Diokletian gegen die Christen veröffentlicht. Viele flohen in die Berge.

Florian aber erklärte vor seinen Untergebenen und vor dem Volk: „Ihr sucht Christen? Hier steht einer vor euch!“ Er wurde ergriffen und vor den Statthalter Aquilinus geführt. Dieser wollte ihn zum Götzenöpfer bewegen und wandte alle Beredsamkeit auf, um Florian vor dem drohenden Unheil zu bewahren und ihn dem Staatsdienst zu erhalten. Als Überredung nichts half, wurde Florian mit der Folter bedroht. Statt zu antworten flehte er zu Gott um Kraft im Leiden. Darüber geriet der Statthalter in mächtigen Zorn; er ließ Florian schlagen und mit Eisenhaken schinden. Als der Heilige standhaft blieb, wurde er zum Tode verurteilt und in der Enns ertränkt. Sein letztes Wort war ein Dankgebet dafür, daß er in die Seligkeit eingehen durfte. So vollendete dieser kluge und tüchtige Staatsdiener, dieser große Christ, sein Leben am 4. Mai des Jahres 297.

Sankt Florian ist unserer Bewunderung und Verehrung würdig ob der Entschiedenheit, mit der er mit dem Wort ernst machte: Wenn es darauf ankommt, geht immer Gottesdienst vor Menschendienst! Sein Name leuchtet im Glanz der Martyrerkrone, während seine Widersacher längst vergessen sind – Christus siegt, auch wenn der Weg der Christenheit mit Blut und Tränen getränkt ist: eine Zuversicht, die jeden Christen in der Not stärken muß.

TAGESHEILIGE: Alexander I. PM, † 116 – Ansfried B von Utrecht, † 1010 – Hildebert, Erzbischof von Mainz, † 937 – Philipp E von Zell (Rheinpfalz), † 800 – Heinrich aus Starnberg, sel., E, † 1324 – Eventius PrM, † 116 – Theodul DiM. † 116 – Juvenalis B, † 376 – Alexander, Antonina, Timotheus, Maura, Diodor, Rodopian M – Johanna vom heiligen Kreuz J.

4. MAI *Monika*

Ein Frauenleben, auf das der Regen der Trübsal und des Leidens jahrelang herabströmte, gegen das die Winde der Widerwärtigkeiten in mannigfacher Art und Stärke anstürmten, das darob aber doch nicht zusammenbrach, ist das Leben der heiligen Monika (geboren 331). Patritius, ihr Gatte, ein römischer Hauptmann, der in Tagaste in Nordafrika im kaiserlichen Dienste stand, war Heide, von Natur aus zum Zorn geneigt, nicht Liebe, sondern nur der Leidenschaft fähig. Monika hatte darunter schwer zu leiden, um so mehr, als sie gerade entgegengesetzten Charakters war: klug, sanft, großherzig, ehrfürchtig vor allem Erhabenen. – Mit heroischer Liebe ertrug sie die oft maßlosen Wutausbrüche ihres Ehegemahls und suchte ihn, wenn er wieder ruhig geworden war, gütig und weise auf dem Weg der Gelassenheit und des Verständnisses für die Mitmenschen zu führen. Noch größere Sorgen bereitete ihr jedoch ihr Sohn Augustinus. Mit seiner ganzen feurigen Natur hing er der Irrlehre der Manichäer an, und auf den hohen Schulen führte er ein zügelloses Leben. Dem mahnenden Blick der Mutter entzog er sich durch die Flucht nach Rom und Mailand. Siebzehn Jahre lang rang Monika mit mütterlichem Mahnen, Beispiel, Beten und Opfern um die Seele dieses ihres Schmerzenskindes. Scheinbar war alles vergeblich. Da klagte sie einem edlen Bischof ihre Not. Dieser aber tröstete die Mutloswerdende mit den Worten: „So wahr du lebst: es ist unmöglich, daß ein Kind so vieler Tränen verlorengeht." Und Augustinus ging nicht verloren, Gott erhörte das beharrliche Flehen der Mutter. Ja, er gab mehr, als Monika gehofft hatte. Augustinus wurde durch die Predigten des heiligen Ambrosius im Innersten erschüttert, er bekehrte sich, ließ sich taufen, wurde ein ganzer Christ, schließlich Priester und Bischof.

Als Monika sah, daß ihr Gebet erhört war, wollte sie wieder in ihre nordafrikanische Heimat zurückkehren. Allein sie erkrankte zu Ostia schwer und starb im Jahre 387 gottergeben in den Armen ihres Sohnes.

Was das Leben einer Frau und Mutter an geistigen, moralischen, seelischen, materiellen Nöten vom Mann und Kind her bedrängen kann, das hat Monika auf sich genommen — nicht murrend, sondern mit heiliger Geduld. Nicht mit blindem Vertrauen sah sie auf ihren Sohn, sie wog alle seine Eigenschaften klug und nüchtern gegeneinander ab und wußte ihn so auf den Weg zu geistlicher und geistiger Größe zu führen ... Ob ihrer Weisheit, ihrer Frömmigkeit, ihrer Liebe ist sie mit dem besten Recht zur Patronin aller Mütter geworden.

TAGESHEILIGE: Forian M zu Lorch – Paulin M zu Köln, † 304 – Gotthard (Godehard) B von Hildesheim, † 1038 – Aribo, sel., A von Scharnitz, B von Freising, † 784 – Willerikus B von Bremen, † 838 – Ladislaus Mö in Warschau, sel., † 1505 – Silvan, Cyriak, Porphyr M – Pelagia JM – Antonia M – Venerius, Sacerdos B – Kurkodom Bk – Guido A.

5. MAI *Pius V.*

Am 6. Oktober 1571 fand bei Lepanto (Insel vor Griechenland) eine große Seeschlacht statt, von deren Ausgang das Schicksal ganz Europas abhing. Lag doch die Türkengefahr wie eine Gewitterwolke unheilverkündend über dem Abendland. Lange schwankte die Entscheidung hin und her. Schließlich gelang es aber doch dem kaiserlichen Admiral Don Juan d'Austria, mit seinen viel schwächeren Seestreitkräften den weit überlegenen

Feind vernichtend zu schlagen und die Gefahr für mehr als ein Jahrhundert zu bannen. Don Juan schrieb den Sieg demütig nicht sich selbst und nicht nur der zähen Tapferkeit der Soldaten und Seeleute zu, sondern dem Flehen und Gebet der ganzen Christenheit. „Maria hat geholfen!" Und nicht mit Unrecht verkündete der Feldherr den Ruhm der Gottesmutter. Zur gleichen Zeit, als die Schlacht tobte, lag Papst Pius V., der große Beter, auf den Knien und mit ihm die ganze Kirche und flehte zu Maria, der Helferin der Christen. Und zur gleichen Stunde, da die Entscheidung fiel, sagte der Papst zu seiner Umgebung: „Nun laßt uns für den herrlichen Sieg danken!" Gott hatte das Ereignis geoffenbart. Zum Dank für die mächtige Hilfe Mariens führte Pius V. das Rosenkranzfest ein.

Diese Neuweckung inniger Marienverehrung kam dem Papst aus innerster Seele. Sein ganzes Leben war ein mitreißendes Beispiel für Klerus und Volk. 1504 wurde er als Sohn armer Edelleute geboren. In jungen Jahren trat er in den Orden der Dominikaner ein. Der einfache Mönch, der nie viel aus sich machte, aber streng und gewissenhaft die Ordensregel hielt, ein eifriger Prediger und Seelsorger war, stieg von Stufe zu Stufe, bis ihn im Jahre 1566 die Vorsehung auf den Stuhl des heiligen Petrus berief. Mit sanfter Gewalt trat er für die Reform des christlichen Lebens ein. Er begann damit beim päpstlichen Hof, schaffte überflüssigen Prunk ab und führte ein äußerst einfaches und bescheidenes Leben. Schon ein Jahr nach dem Siege, 1572, rief ihn der Herrgott zu sich.

TAGESHEILIGE: Jutta von Sangerhausen, zuerst Baronin, dann E bei Kulm, † 1260 – Waldrada Ae bei Metz, † 563 – Iduberga W des sel. Pippin von Landen, Mutter der heiligen Begga, † 652 – Britonius B von Trier, † 386 – Silvan, Kreszentiana, Euthym, Irenäus, Peregrin, Irene, Jovinian, Angelus M – Eulogius, Gotthard B – Meinward Bk – Hilarius B – Niket E – Theodor E – Geruntius E.

6. MAI Godehard

Ein bedeutsames Band der Liebe wand Bischof Godehard oder Gotthard im elften Jahrhundert zwischen Süd- und Norddeutschland. Leuchtend steht diese Bischofsgestalt vor uns; seine hervorstechenden Eigenschaften waren unermüdlicher Gebetseifer, tiefempfundene Nächstenliebe und ein inniges Festhalten an den Wahrheiten des katholischen Glaubens. Daß dieser Glaube Berge versetzen kann, das bewies der Bischof. Die Legende erzählt von ihm, daß einst mehrere vornehme Leute, die durch ihr gottloses Leben dem Ausschluß aus der Kirche verfallen waren, trotz des Verbotes in die heilige Messe gingen; da drehte sich Godehard am Altar um und befahl den Gebannten, das Gotteshaus zu verlassen. Sofort erhoben sich einige der im Dom Begrabenen und gingen aus der Kirche. Der Eindruck dieses Wunders war ungeheuer: was die Lebenden nicht tun wollten, das taten auf Geheiß des Bischofs die Toten. Godehard rief die Auferstandenen zurück und sprach sie vom Kirchenbann los; darauf stiegen sie wieder in ihre Gruft. Die ungehorsamen Adeligen aber bereuten ihre Sünden und gingen in sich. –

Niemand hätte von dem unansehnlichen Knaben gedacht, daß er einmal zu solch hoher Würde emporsteigen sollte; er war das Kind armer Bauersleute zu Reichersdorf im Bayerischen Wald. Sein Weg war steinig und dornenvoll. Aber was er im ärmlichen Heim gelernt und von gottesfürchtigen Eltern geerbt hatte, das blieb in ihm lebendig. Im Kloster Niederaltaich lernte er die Askese benediktinischen Geistes kennen und lieben. Kaiser Heinrich II. erhob den bescheidenen Mönch auf den Bischofsstuhl von Hildesheim.

Als Godehard im Jahre 1038 als achtzigjähriger Greis starb, war das Urteil aller, daß ein Heiliger dahingegangen sei. (Sein Fest fällt auf den 4. Mai.)

Ahmen wir seinen Eifer nach! Alles wollen wir daransetzen, die eigene Seele zu retten und anderen Ansporn zu einem guten Leben zu sein!

TAGESHEILIGE: Edmar B – Judith JM – Marquard A in Innsbruck, † 1142 – Elisabeth von Ungarn N in Töss (Schweiz), † 1336 – Evodius, Luzius BM – Heliodor, Venust M – Theodat, Protogen, Eadbert (Edbert) B – Benedikta J – Veneria M.

7. MAI *Gisela*

Im Jahre 955 waren die Ungarn auf dem Lechfeld bei Augsburg entscheidend geschlagen worden. Von da ab wurden sie langsam seßhaft und auch der europäischen Kultur zugänglich. Zugleich wurde von der Kirche versucht, den christlichen Glauben nach Ungarn zu verpflanzen, um auch auf diesem Weg freundliche Gesinnung und Gesittung in dieses meist recht wilde Volk zu bringen. Besonders war es der Bischof Wolfgang von Regensburg, der sich alle Mühe gab, das Christentum in Ungarn auszubreiten. Es war ihm auch gelungen, den Herzog Geiza zu bekehren. Dessen Sohn wurde ebenfalls von Wolfgang getauft und erhielt den Namen Stephan. An seinen Namen knüpft sich die Bekehrung ganz Ungarns zum Christentum. Doch ebenso wie er war es seine Gemahlin, die bayerische Herzogstochter Gisela, Schwester des Kaisers Heinrich des Heiligen, die wesentlich zur Festigung des katholischen Glaubens in ihrem Volk beitrug. Mit Recht wird sie den Seligen zugezählt.

Wie Heinrich wurde auch sie in wahrer Gottesfurcht erzogen. Als König Stephan sie zur Gattin erwählte, forderte sie von ihm das Versprechen, daß er den christlichen Glauben annehmen und auch dafür sorgen werde, sein ganzes Volk durch Missionare zum Christentum führen zu lassen. Stephan tat dies gerne. Gisela heiligte in treuer Liebe zu Gott ihr Leben. Für die Kirche tat sie frohen Herzens alles. Sie war Gründerin und Wohltäterin zahlreicher Kirchen und Klöster. Ihr Gold und Geschmeide schenkte sie mit Freuden her, wenn es galt, Gotteshäuser zu schmücken. Überhaupt war ihr die Sorge um die Entfaltung des Gottesdienstes in würdiger und schöner Form ein Herzensbedürfnis. Ist es da zu verwundern, daß ihr Sohn Emmerich sich durch innige Frömmigkeit und Herzensreinheit auszeichnete? Gott prüfte aber die fromme Frau hart und bitter. Allzufrüh nahm er ihr den Sohn und Thronerben. Mit großer, bewundernswerter Geduld ertrug Gisela den harten Verlust, der nicht bloß sie und ihren Gatten, sondern das ganze Volk traf. Als ihr Gemahl eines seligen Todes gestorben war, ging sie in ihre Heimat Bayern zurück und begab sich in das Kloster Niedernburg bei Passau, wo sie ihre letzten Lebensjahre fern von den Wirrnissen der Welt dem Gebet und der Betrachtung widmete. Dort erwartete sie den großen Augenblick, da der Herr seine Dienerin in das Reich des Glücks rufen würde. Gott ließ sie aber noch lange und in vielen Schmerzen warten. Weit über hundert Jahre alt, starb sie im Jahre 1094 und wurde in der Klosterkirche zur ewigen Ruhe bestattet. Das Volk verehrt sie noch heute wegen ihres hervorragenden Beispiels, das sie auch in ihren besten Jahren gab, mitten im Reichtum und Glanz der Königskrone. Eingedenk der Mahnung des Heilandes, daß unser Glück nicht auf dieser Erde zu suchen ist, wandelte sie den Weg der Selbstheiligung.

TAGESHEILIGE: Stanislaus BM, † 1079 – Benedikt P – Johann v. York B – Germana Cousin J – Juvenalis, Flavius, August, Augustin, Quadratus M – Petrus B – Theodora – Albert von Ogna Bk – Maurelius BM.

8. MAI *Petrus von Pavia*

Ein leider in Vergessenheit geratener Heiliger ist Bischof Petrus von Pavia. Und doch wurde er einst im katholischen Bayernland viel verehrt. Petrus stammte aus der Familie des Herzogs Garibald, dessen Tochter Theodolinde Königin der Lombardei war. Jedoch scheint sich der Prinz wenig aus dem höfischen Leben gemacht zu haben, denn die alten Legenden berichten, daß er sich schon als Knabe gern dem Gebet hingab und die lärmenden Unterhaltungen des väterlichen Hofes und seiner Spielkameraden mied. Als er herangewachsen war, traf ihn das für weltliche Augen große Unglück, daß er in die Verbannung gehen und zu Spoleto bittere Not und tiefes Elend erleiden mußte. Dies sollte für ihn ein großes Glück sein. Gott läuterte dadurch das Herz des strebsamen jungen Mannes. Denn nun wandte er sich ganz der Sorge um sein Heil und vor allem das seiner Mitmenschen zu und wurde Priester. Nächstenliebe zu üben wurde für ihn selbstverständlich. Sein ganzes Einkommen verwandte er für die Armen und Notleidenden. Wenn es seine Zeit zuließ, verweilte er stundenlang vor dem Tabernakel in der Anbetung des verborgenen Gottes. Als er einst im Gebet vertieft war, erschien ihm der Martyrer Sabinus und verkündete ihm, daß er bald Bischof werden solle. Wirklich verging kaum ein Jahr, da wählte die Stadt Pavia den frommen Mann zum Bischof. Petrus erinnerte sich dankbar der Erscheinung des Heiligen und erbaute ihm zu Ehren eine Kirche in seiner Bischofsstadt. Er verwaltete sein Amt mit großer Heiligkeit. Gott hat ihn schon zu Lebzeiten durch Wunder ausgezeichnet, und erst recht nach dem Tode, so daß er bald vom Volk als Heiliger verehrt wurde. Im Jahre 730 legte er sich zur ewigen Ruhe nieder, um den Lohn für seine treuen Dienste zu empfangen.

Auch uns wird Gott segnen, wenn wir seinetwegen Opfer auf uns nehmen.

TAGESHEILIGE: Viktor, Soldat, M – Wiro B, Missionar beim Odilienberg (Belgien), † 800 – Wulfhildis W, sel., N in Wessobrunn, † 1180 – Godo B von Metz, † 653 – Friedrich von Hirsau A, begraben in Ebernsberg, † 1071 – Felizia M – Akathius M – Dionys, Helladius B – Itta – Desiderius B.

9. MAI *Gregor von Nazianz*

Heiliger Eifer und ein erleuchteter Geist wohnten in dem berühmten und hochgelehrten Bischof Gregor. Mit Recht wird er den großen morgenländischen Kirchenlehrern beigezählt. Seine Heimat war Nazianz. Dort wurde er im Jahre 323 geboren. Der Vater, selbst später Bischof von Nazianz, weihte seinen eigenen Sohn zum Priester. Gregor studierte auf der bedeutenden Hochschule zu Athen. Dort schloß er innige, lebenslängliche Freundschaft mit dem späteren Bischof Basilius dem Großen. Als Student mied er die Ausgelassenheit des Lebens dieser jungen Menschen und gab sich ganz der Wissenschaft und dem Gebet hin. Einst erschienen ihm, erzählt die Legende, im Traum zwei Jungfrauen, die Keuschheit und die Weisheit, und versprachen ihm, sich mit ihm zu verbinden. Zunächst lehrte Gregor in seiner

Vaterstadt Rhetorik und errang bald großes Ansehen. Um aber den Versuchungen zum Ehrgeiz aus dem Weg zu gehen, verließ er sein Amt und zog sich in die Einöde zurück. Gott jedoch rief ihn zu hohem Amt. Basilius, der mit ihm in die Wüste geflohen war und ebenfalls ein Leben der Enthaltsamkeit und des Gebetes führte, wurde zum Bischof von Cäsarea ernannt. In harter Kampfeszeit gegen die Irrlehre des Arius wurde Gregor Patriarch von Konstantinopel. Nur mit Widerstreben nahm er dieses Amt an. Doch war er gerade hier am richtigen Platz. Mit Unerschrockenheit focht er für die Reinhaltung des Glaubens. Als sogar einige katholische Bischöfe gegen ihn auftraten und behaupteten, er habe sich in sein Amt gedrängt, da entsagte Gregor, um allen Streitigkeiten aus dem Weg zu gehen, freiwillig und zog sich wieder in die Einsamkeit zurück. Nun lebte er nur mehr Gott und seinem Seelenheil. Er schrieb herrliche und bis auf unsere Tage wichtige Bücher zur Verteidigung des Glaubens. Gott ließ zu, daß dieser heilige Mann in seinem späteren Alter noch durch schreckliche Versuchungen geplagt wurde. Aber Gebet und die seligste Jungfrau halfen ihm zum Sieg. Gottergeben starb er am 9. Mai 389.

Wie Gregor wollen auch wir die Talente, die wir erhalten haben, zu Gottes Ehre und zu unserem Seeelenheil verwenden!

TAGESHEILIGE: Hermas Bk, Apostelschüler – Beatus E vom Thuner See (Schweiz), † 112 – Adalgar B von Hamburg-Bremen, † 909 – Gerontius B.

10. MAI *Isidor*

Kein Stand fühlt seine Abhängigkeit von Gott so sehr wie der des Bauern. Der Landmann sät, arbeitet und erntet. Regen und Sonnenschein, Wind und Wachstum aber verleiht der Herr. Dabei ist die Bauernarbeit hart und streng, fordert viel Geduld und auch viel Liebe. Ist es zu verwundern, wenn unter der schweren Arbeit hie und da einmal die schwieligen Hände sich falten und ein inbrünstiges Gebet aus harrendem Herzen zum Himmel steigt? Ist es zu verwundern, wenn der Blick des Landmannes seinesgleichen sieht und an einer liebenswürdigen Bauerngestalt aus längst vergangener Zeit haften bleibt, die ihm als ein heiliger Bauersmann vor den Augen steht? – Sankt Isidor ist der Bauernpatron. Wir finden an ihm nichts Geziertes, nichts Außerordentliches, nichts, was ihn über die Alltäglichkeit erhebt. Und doch ist er ein Vorbild echt bäuerlichen Lebens.

Isidor war ein Spanier, seine Eltern waren arm. Was sie dem Knaben ins

Leben mitgeben konnten, das war eine tiefe, innerliche Religiosität, ein höheres Gut als Besitz und Geld. Isidor brauchte auch seinen Glauben, um bestehen zu können, denn der Dienst, den er antrat, war hart und kostete ihn viel Selbstüberwindung. Bei einem spanischen Edlen, namens Vergas in Madrid, arbeitete er als höriger Bauer. In der Gluthitze des südlichen Himmels pflügte und ackerte er. Isidor blieb stets gleich gut, freundlich und geduldig. Nie hörte man einen Fluch von seinen Lippen, nie quälte er ein Tier. Aber eines tat er, und das erklärt sein ganzes Wesen, er betete viel. Nicht um etwas zu erlangen, nicht weil ihn sein Schicksal allzusehr drückte, sondern einfach weil es ihn drängte, Gott zu verehren. Die Legende erzählt, daß während der Morgenandacht sein Schutzengel den Pflug führte; sein Herr sei selber einmal Zeuge dieser wunderbaren Begebenheit gewesen.

Als Isidor nach dem Rat seines Herrn ein tüchtiges Mädchen heiratete, wurde diese Ehe sehr glücklich. Gott aber prüfte das Paar hart; der einzige Sohn starb schon bald. Still und betend ertrug Isidor auch diesen Schmerz. Ruhig und ergeben arbeitete er bis zu seinem Lebensende weiter. Am 10. Mai 1130 starb er mit sechzig Jahren. — Geduld, Gottvertrauen, unverdrossene Pflichterfüllung können wir von ihm lernen.

TAGESHEILIGE: Antonin B von Florenz, † 1459 – Gordian, Epimach M, † 362 – Blanda M – Nikolaus Albergati Bk – Kalepodius, Palatius, Simplizius, Felix, Quartus, Quinktus, Alphäus, Philadelphus, Cyrin, Dioskorides M – Katald B – Bertram, Comgall A.

11. MAI *Mamertus*

In den Tagen vor Christi Himmelfahrt zieht das gläubige Volk durch die Fluren und bittet den Himmel um Segen für die Feldfrüchte. Dieser schöne und sinnvolle Brauch geht nach der frommen Legende auf den heiligen Bischof Mamertus von Vienne zurück. Dieser lebte im fünften Jahrhundert und war eine der größten Leuchten des Frühchristentums. Vienne, damals eine bedeutende Stadt des Frankenreichs, war noch größtenteils dem Heidentum ergeben; die Christen aber führten ein Leben, das ein Ärgernis für die Nichtchristen war. In dieser Zeit allgemeinen Untergangs — das Römische Reich stand vor seiner Auflösung — berief Gott den demütigen, einfachen und frommen Mamertus zur Betreuung der christlichen Kirche nach Vienne. Aber all sein Predigen und Mahnen half nichts. Die Christen blieben in ihre Sünden verstrickt. Da sandte Gott schwere Heimsuchungen. Nicht bloß Kriege und Hungersnot kamen über die Stadt, sondern selbst wilde Tiere drangen ein und suchten sich dort Beute. Als nun gar eine große Feuersbrunst entstand und die Stadt in Gefahr war, völlig in Flammen aufzugehen, fanden auch die vielen lauen Christen wieder zum Gebet zurück; sie eilten zum Bischof und baten ihn, für ihre bedrohte Habe doch Gott um Schonung anzuflehen. Mamertus hielt ihnen ihre Sünden vor, ermahnte sie zur Buße und begab sich in den Dom. Unter bitteren Tränen bat er Gott um Abwendung des Schlimmsten. Wirklich erlosch das Feuer. Diese wunderbare Begebenheit verwandelte nun auch die Bewohner. In Scharen kamen sie zur Kirche und taten öffentlich Buße. Mamertus ordnete an, daß an den drei Tagen vor Christi Himmelfahrt das ganze christliche Volk unter Gebet und Gesängen durch die Straßen ziehen und Gott durch ein feierliches Sündenbekenntnis, durch aufrichtige Buße und Sakramentsempfang Sühne leisten solle.

Nach einem Leben voll inniger Gottgemeinschaft und eifriger Seelsorgsarbeit starb Mamertus im Jahr 475.

TAGESHEILIGE: Franziskus de Hieronymo Bk – Walbert H von Lothringen, † 660, und Bertilla (Eltern der heiligen Waldetrud und Adelgundis) – Gangulf, Burgundischer Edelmann, † 760 – Anthimus PrM – Evellius, Maximus, Bassus, Forbius, Anastasius, Sisimus, Diokletius, Florentius M – Majol A – Illuminat Bk. – Philippus und Jakobus Ap.

12. MAI *Pankratius*

Es ist merkwürdig, wie die Verehrung mancher Heiligen sich durch alle christlichen Jahrhunderte erhalten hat. Selbst solche, von denen man nur Legendäres weiß, sind heute noch unvergessen. Das Leben des jugendlichen heiligen Pankratius spielt im Weltgeschehen keine große Rolle, wohl aber in der Überlieferung unserer Kirche. Woher kommt das? Wohl daher, weil Heldenmut gerade im jugendlichen Alter unser Herz bewegt und uns nachdenklich stimmt. Wenn ein junger Mensch, dem das Leben in Glanz und Schönheit offen steht, dieses Dasein gering achtet und es hinzugeben bereit ist, um sich dadurch das ewige Leben zu erringen, so zeigt das eine Entschlossenheit und einen Glauben, den wir bewundern müssen. Schon im christlichen Altertum strahlen gerade solche Heilige wie Pankratius als helle Sterne; sie haben durch ihr Beispiel viel für die Ausbreitung des Glaubens getan.

Die Gunst des Kaisers Diokletian leuchtete über den leider allzufrüh verwaisten Knaben Dionys und Pankratius. Beide waren Heiden; durch ihre Verbindung mit dem Kaiserhaus standen ihnen die höchsten Ehrenstellen im Reich offen; auch ein großes Erbe war ihnen von den Eltern in Phrygien hinterlassen worden. Wir sehen: Glücksgüter in Hülle und Fülle. Und doch: Pankratius wird ein Martyrer. Wie läßt sich das erklären? – Als die beiden Brüder im Jahr 303 nach Rom kamen, um dem befreundeten Kaiser Diokletian näher zu sein, lernten sie das Christentum kennen. Der Kaiser begann damals eine schreckliche Christenverfolgung. Die beiden Brüder, rechtlich denkende Menschen, erschraken tief, als sie sahen, daß man nicht bloß Männer, sondern auch Frauen und Kinder zu einem schaurigen Tod führte. Papst Kajus besaß in der gleichen Straße wie Pankratius ein Haus, in dem er den Gottesdienst abzuhalten pflegte. Die Zusammenkünfte dort entgingen den forschenden Augen der beiden Brüder nicht. Einen Mann mit Namen Eusebius hatten sie schon längst im Verdacht, Christ zu sein. Sie wandten sich an ihn und baten ihn, er möge sie doch zum Priester der Christen führen. Eusebius war anfangs recht mißtrauisch. Schließlich aber, da er den ernsthaften und sicheren Eifer sah, brachte er sie zum Papst. Nach gründlichem Unterricht wurden sie in der Taufe wiedergeboren. In edler Begeisterung wollten sie sich selber dem Kaiser stellen, was ihnen aber der Papst verbot. Aber es blieb nicht lange geheim, daß Pankratius mit seinem großen Reichtum die bedrängten Christen unterstützte. Er wurde deshalb vor den Kaiser geführt, um sich zu verantworten. Den glänzenden Versprechungen, die ihm Diokletian machte, versagte er sich. Auch Drohungen mit bittersten Strafen vermochten ihn nicht zu erschrecken. Erbost über dieses Widerstreben, fällte der Kaiser das Todesurteil. Mit der Freude und dem Gottestrost des Bekenners in seiner Seele bot der Knabe seinen Nacken dem Streich des Schwertes dar. Er erlangte die Krone des Martyriums im Jahre 304.

Über seinem Grab erhebt sich eine herrliche Basilika.

Dieses heldenhafte Eintreten für die christliche Überzeugung sei für unsere Jugend ein Ansporn zum tatkräftigen Bekenntnis des Glaubens.

TAGESHEILIGE: Nereus, Achilleus, Domitilla M, † 98 – Modoald (Mudwald) B von Trier, † 640 – Imelda J – Richtrudis Ae in Flandern, † 687 – Epiphanius, German, B – Dionys M – Philipp Argyrion, Dominikus Bk – Magdalena Gr – Gemma E – Chrysopolit M – Ellengar (Ellinger) A.

13. MAI Ehrentraud

Die Ausübung der christlichen Nächstenliebe war stets Maßstab der Vollkommenheit eines Menschen. Durch alle Jahrhunderte hat sich daher das Bild solcher Frauen und Männer erhalten, die sich gerade dadurch ihr ewiges Glück errangen. Eine solche Gestalt ist die heilige Ehrentraud

(Arntraud) im siebten Jahrhundert. Ihr Leben ist vielfach durch die Legende ausgeschmückt. Aber das Kloster Nonnberg bei Salzburg ist mit ihrem Namen unzertrennlich verbunden, und es hat die Grundzüge ihres Wirkens überliefert.

Ehrentraud ist eine der frühesten Heiligen des deutschen Volkes. Sie war eine Verwandte des heiligen Rupert von Salzburg. Als Bischof Rupert im beginnenden siebten Jahrhundert mit einer Anzahl arbeitsfroher Gefährten in das Bayernland zur Bekehrung der noch großenteils heidnischen Bevölkerung zog, brachte er Ehrentraud mit, die ihm bei seiner Seelsorgerarbeit als hilfreiche barmherzige Schwester zur Seite stand. Bei Salzburg errichtete er auf dem Nonnberg das heute noch berühmte Benediktinerinnenkloster, zu dessen erster Vorsteherin er Ehrentraud bestimmte. Dieses verantwortungsvolle Amt hat die Heilige in lobenswerter Weise ausgeübt. Sie verhielt sich, berichtet die Chronik, wie eine arme Magd, und nahm sich besonders der Armen und Kranken, und hier wiederum insbesondere der armen Kinder an. Während andere sich an Schmutz, Unrat und Ungeziefer ekelten, ging sie ohne jedes Zagen daran und reinigte sie. Sie war eben eingedenk des Wortes Christi: „Was ihr dem Geringsten meiner Brüder getan, das habt ihr mir getan." Ebenso hat sie stets auch die anderen Werke der christlichen Nächstenliebe geübt: Hungrige zu speisen und müde Wanderer zu erquicken. Und bei der Ausübung dieser Werke verkündete sie den Armen und Unglücklichen die Wahrheiten des Glaubens, tröstete die Kranken in ihrem Leid durch den Blick auf den jenseitigen Lohn, wo Gott alles Schlimme und Harte dieser Welt mit unendlicher Seligkeit vergilt. Den Sterbenden war sie ein rechter Engel des Geleites in die Ewigkeit.

Daß solch eine Klosterfrau auch selbst ein gutes und schönes Lebensende hatte, verwundert nicht. Um das Jahr 700 starb sie gottergeben in hohem Alter, betrauert von ihren Mitschwestern, von den Armen und Kranken und besonders von den Kindern. Gott hat die Heilige nach ihrem Tod durch mannigfaltige Wunder verherrlicht; so wurden noch Jahrhunderte später auf ihre Fürbitte Blinde sehend, Lahme und Kranke geheilt. Die Verehrung der Heiligen hat darum auch nie nachgelassen. (Ihr Fest wird meist am 4. September gefeiert.)

TAGESHEILIGE: Servatius B von Tongern, † 384 – Gerhard R E – Ellengar (Ellinger) A, sel., in Tegernsee, † 1056 – Robert Bellarmin, Kard Kl., † 1621 – Hermenegild M – Imelda J – Muzius M – Johannes, Petrus Regalatus Bk – Ehrengard – Rolendis J.

14. MAI *Tuto*

Die Zeit des ausgehenden neunten und beginnenden zehnten Jahrhunderts war schwer und ereignisreich. Die Familie der Karolinger, die einst mit starker Hand das christliche Europa geeinigt hatten, starb aus. Der letzte bedeutende Kaiser war Arnulf von Kärnten. Ihn verband enge Freundschaft mit dem Bischof Tuto von Regensburg. Über das Leben dieses großen Bischofs ist nur wenig bekannt. Aber was überliefert ist, läßt ihn als einen Mann von wahrhaft christlicher Haltung erkennen.

Der Chronist des Heiligen berichtet, daß Tuto aus einer adeligen und reichen Familie stammte und daß er sich durch Offenheit, Klugheit und freundliches Wesen auszeichnete. In seinen Jünglingsjahren ergab er sich eifrig dem Studium der Künste und Wissenschaften und erlangte durch seine Tüchtigkeit großen Ruhm, so daß ihn Kaiser Arnulf zu seinem Vertrauten und schließlich zum Kanzler machte. Großes leistete Tuto in dieser Stellung und er war seinem Herrn stets treu ergeben. Allein diese Tätigkeit am Hof konnte den großen Geist nicht vollauf befriedigen. Die Ränke der Höflinge wurden ihm bald zuwider und er dachte daran, sich einen anderen Beruf zu erwählen. Deshalb begab er sich in das Benediktinerkloster Sankt Emmeram zu Regensburg und lebte dort dem Gebet und der Arbeit. Als Bischof Albert von Regensburg gestorben war, erwirkte der Kaiser seine Ernennung zum Bischof der Stadt. Das war zwar dem demütigen Mönch nicht recht, jedoch folgte er in heiligem Gehorsam diesem Ruf. Er zeichnete sich durch Leutseligkeit und Güte wie durch große Freigebigkeit gegen die Armen aus. Von einer Reise in das Frankenland brachte er den Leib des heiligen Dionysius mit, den er unter großen Feierlichkeiten in einer eigenen Kirche in Regensburg beisetzte, ebenso eine Bibel aus ganz alter Zeit, die er in Gold und Edelsteine fassen ließ. Als der Kaiser später einmal diese Bibel ob ihrer Kostbarkeit an sich bringen wollte, legte sie der Bischof auf den Altar der Kirche und verkündete, daß jeden, der das Gott und der Kirche gehörige Eigentum wegnehmen wolle, der Fluch Gottes treffen werde. Wirklich fiel der Edelmann, der im Auftrag des Kaisers das Buch wegnahm, sogleich tot nieder und der Kaiser selber stürzte vom Pferd. Als Tuto einst im Kloster Mondsee weilte, brach in Regensburg eine schreckliche Feuersbrunst aus, die einen großen Teil der Stadt zerstörte. Der Bischof schilderte dieses Unglück genau den bei ihm Weilenden, wie wenn er selber dabei wäre. Auch sonst war er mit prophetischem Geist erfüllt und sagte vieles Zukünftige voraus. In hohem Alter wurde er von schwerer Krankheit befallen. Dieses Leid ertrug er mit größter Geduld und starb gottergeben am 9. Oktober 930.

Mut und Tugend dieses Bischofs geben ein Beispiel für alle Zeiten. Die Rechte (und damit die Aufgabe) der Kirche zu verteidigen ist nicht bloß Sache des Klerikers, sondern auch des glaubenstreuen Laien. Und jeder wirklich gläubige Mensch wird stets gerne für Gottes Sache eintreten.

TAGESHEILIGE: Bonifatius M, † 306 – Korona M – Pachomius A – Irmbert (Erembert) B von Toulouse, † 684 – Gemma Galgani J – Pontius, Viktor, Justa, Justina, Henedina M – Paschalis P – Pomponius B.

15. MAI Johann Baptist de la Salle

Vom Anbeginn des Christentums gehen durch alle seine Epochen Männer und Frauen, Gottesdiener und Gottesdienerinnen, deren Anliegen es war, sich um die Kinder, die jungen Menschen zu kümmern, für sie zu sorgen, ihnen eine gute Heimstatt zu schaffen – „im Himmel wie auf Erden". Es ist nicht zufällig, daß viele Priester zu den größten Erziehern des Menschengeschlechts gehören, Gottesmänner, die da mit Wort, Tat und Beispiel wirkten, wo der Mensch formbar, entwicklungsfähig ist und noch am ehesten zum Guten geführt werden kann. Einer dieser wahrhaft großen und weit über seine Zeit hinauswirkenden Männer war Johann Baptist de la Salle – ein Volkserzieher nach dem Herzen Christi. 1651 wurde er in Reims als Sohn des Barons de la Salle geboren, eines Standesherren von großem Einfluß, so daß dem Knaben die höchsten Staatsämter offen gestanden hätten. Er aber wollte nicht reich bleiben, sondern arm werden. Er suchte nicht das Behagen, sondern den Dienst am Mitmenschen um Christi willen. Damals war der Höhepunkt der Herrschaft des „Sonnenkönigs" Ludwigs XIV. Der Hof in Versailles und mit ihm der Adel im ganzen Land entfalteten einen unbeschreiblichen Prunk und verpraßten das Volksvermögen. Während die oberen Stände in einer immerhin bedeutenden und nachwirkenden Kultur lebten, sanken die meisten Landeskinder in immer tieferes Elend. In diesem Abgrund zwischen der Üppigkeit weniger und dem Jammer der vielen wuchs der Keim zur späteren Großen Revolution. Die Herrschenden meinten, man müsse das Volk unwissend lassen, es sei weder zur Bildung fähig noch ihrer bedürftig, auch könne man es so besser ausbeuten. So war denn auch das religiöse Elend der arbeitenden Menschen groß. Eben diese Zustände schienen dem jungen Baron de la Salle unerträglich, eine Schande für die Menschheit und ein Verbrechen vor Gott. Bereits mit sechzehn Jahren war ihm eine einträgliche Stelle als Domherr an seiner Heimatkirche zuteil geworden. Aber schon während des damals eifrig gepflegten Studiums tat er den Armen so viel Gutes, als er irgend konnte, und nahm sich besonders ihrer Kinder an. 1678 wurde er zum Priester geweiht, und nun setzte er seine ganze Kraft dafür ein, die Kinder der Elenden zu lehren. Nur ein Jahr später richtete er eine Armenschule für Knaben ein; seine Verwandten waren entsetzt über soviel „Unnatur" eines hohen Adelsmannes, auf den die Bischofswürde ja geradezu wartete. Johann aber legte schließlich alle Ämter nieder, weil er nur noch den Armen leben wollte. Und das Beispiel dieses einen Mannes wirkte in die Weite und trug reiche Frucht! Es kamen junge Gelehrte und Lehrer zu ihm, und mit ihnen zusammen gründete er die Genossenschaft „Brüder der christlichen Schule", die binnen wenger Jahrzehnte in ganz Frankreich wirkte. Diese „Schulbrüder" nahmen sich der Unwissenden und verwahrlosten Kinder an und erzogen sie in langen Jahren nach einem sorgsam bedachten Plan zu rechtschaffenen, geistig aufgeschlossenen und tüchtigen Menschen. Die Methoden, die Johann Baptist de la Salle entwickelte, wurden bahnbrechend für die nächsten Jahrhunderte – es war eine kluge Pädagogik aus dem Herzen und aus dem Verstand. Er ist auch der Schöpfer des ersten Lehrerseminars und der Stifter der ersten Gewerbeschule für Handwerker; kurzum, dieser eine Mann tat für das Wohl seines Volkes unendlich viel mehr als eine Handvoll Schlachtenlenker. Am Karfreitag 1719 starb er heiter und gottergeben.

TAGESHEILIGE: Rupert von Bingen Bk, † 850 – Berta v. Lothringen W, † 850 – Sophia JM – Isidor Bk – Geribert (Gerabert) PrM zu Brabant, † 700 – Heinrich von Riedenburg E zu Ebrantshausen bei Mainburg, sel., † 1150 – Torquatus, Ktesiphon, Sekundus, Indaletius, Cäcilius, Hesychius, Euphrasius M – Simplizius BM – Mancius, Isidor, Kassius, Viktorin, Maximus M – Dympna JM

16. MAI *Johann Nepomuk*

Viele Brücken tragen das Bild des heiligen Johann Nepomuk. Die große Verehrung unserer Vorfahren für diesen heldenhaften Martyrer des Beichtgeheimnisses hat dazu beigetragen, daß er so bekannt und beliebt wurde. Johann erblickte im Jahre 1350 zu Pomuk in Böhmen das Licht der Welt. Bei seiner Geburt war er so schwach, daß die Eltern glaubten, das Kind müsse sterben. Da eilte die Mutter mit ihm zu einem Bildstock der Mutter Gottes und flehte sie um ihre Hilfe an. Johann erholte sich und wuchs zur Freude seiner frommen Eltern zu einem stattlichen jungen Mann heran. Schon

frühzeitig widmete er sich dem geistlichen Stand, studierte an der Universität zu Padua und errang sich den Doktorhut der Rechte und der Theologie. Er hätte nun leicht Hochschullehrer werden können. Allein es zog ihn in die Seelsorge. Zum Priester geweiht, stellte er sich seinem Bischof zur Verfügung und wurde Prediger in Tain. Seine Predigten zogen bald viele Leute an und brachten schöne Früchte der Bekehrung. Die verstocktesten Sünder bewog der eifrige Priester, ihr Sündenleben aufzugeben. Als er zum Domherrn in Prag ernannt worden war, wollte es Gottes Fügung, daß Johann auch einmal von dem lasterhaften König Wenzel angehört wurde. Sogar dieser Mann wurde ergriffen und besserte sich eine Zeitlang. Der Heilige kam als Generalvikar auch mit dem Königshof in Berührung. Spätere legendäre Berichte erzählen, daß die Königin ihn zu ihrem Beichtvater wählte. König Wenzel, der grenzenlos eifersüchtig gewesen sei, soll mit allen Mitteln versucht haben, den Heiligen zum Bruch des Beichtgeheimnisses zu zwingen. Johann aber blieb stumm. Der König ließ ihn zuerst auf die Folter spannen und dann nachts in die Moldau werfen. Kaum war Johann ertrunken, da kam der Leichnam wieder zum Vorschein, umflutet vom hellsten Licht. Dies geschah im Jahre 1393. Als man im Jahre 1719 sein Grab öffnete, war seine Zunge unversehrt. So verherrlichte Gott den Martyrer des Beichtgeheimnisses.

TAGESHEILIGE: Ubald (Hugbald) B zu Gubbio, † 1160 – Peregrin BM – Brandan A – Aquilin, Viktorian, Felix, Gennadius M – Honorat, Domnolus, Possidius B – Fidolus Bk – Maxima J in Cividale.

17. MAI *Paschalis Baylon*

Nicht die großen Taten machen den Menschen groß. Es kommt darauf an, wie sich der Mensch zu Gott stellt und wie er sein Leben meistert. Daher sehen wir gerade unter den Heiligen unserer Kirche gar viele, die nichts Außergewöhnliches geleistet haben: sie haben „nur" den guten Kampf gekämpft, haben ehrlich gerungen um ihr Heil, waren zufrieden in den geringsten Lebensstellungen und haben alles getan, um allein Gott zu gefallen. Ihr Leben war Opfer und Hingabe. Und darum sind sie groß geworden in der Geschichte der Kirche Christi. Solch ein Großer im Reich Gottes war Paschalis Baylon, ein einfacher Laienbruder in Valencia.

Einfachheit, Demut und tiefster Gebetseifer zeichneten sein Leben aus. Er wurde im Jahre 1540 zu Torre Hermosa, einem kleinen Marktflecken in Aragonien, geboren. Seine Eltern waren sehr arm. Daher mußte er sein Brot als Hirte verdienen. Sein Eifer, etwas zu lernen, war so groß, daß er seine Mitknechte bat, ihm die Buchstaben beizubringen; bald lernte er wirklich das Lesen und vertiefte sich nun in zahlreiche religiöse Schriften. Er versäumte keineswegs seine Pflichten, sondern erfüllte sie zur vollen Zufriedenheit seines Herrn. Sein Streben war, als einfacher unbekannter Hirt sich den Himmel zu verdienen. Wenn es ihm seine Zeit erlaubte, betete er. Von seinem mäßigen Verdienst gab er fast alles den Armen. Sein Sehnen ging nur danach, Gott zu gehören. Deshalb verließ er mit zwanzig Jahren seine Stelle, wanderte nach Valencia und trat dort in den Orden der Barfüßer-Franziskaner ein. Seine Liebe zur Abtötung war so groß, daß ihm die strengen Bußübungen nicht genügten. Nur strikte Befehle seiner Obern vermochten ihn vor Übertreibungen zu bewahren. In der Ordensgemeinschaft suchte er stets die niedrigsten Dienste für sich. Sein Habit war der schlechteste des ganzen Klosters; immer ging er ohne Sandalen. Dabei war er aber stets fröhlich und freundlich und gefällig gegen einen jeden. Seine Sehnsucht war das Martyrium: daher ging er mit Freuden auf Befehl seines Obern nach Frankreich, wo damals die Hugenotten in bitterem Streit wider die Katholiken standen. Aber Gott wollte nicht, daß er sein Leben als Martyrer hingab. – Zum allerheiligsten Altarssakrament trug er eine innige Andacht. Nach einem demütigen und arbeitsreichen Leben wurde der Heilige im Jahre 1592 von dieser Erde abberufen. In den drei Tagen, da sein Leichnam aufgebahrt war, geschahen zahlreiche Krankenheilungen. Paschalis wurde im Jahre 1690 heiliggesprochen.

TAGESHEILIGE: Bruno von Kärnten, B von Würzburg, † 1045 – Dietmar (Thetmar, Theodermar) Pr zu Bremen, sel., † 1152 – Rasso, sel., Graf von Andechs, Gründer des Klosters Grafrath, † 954 – Wilhelm von Noto E – Framhilde W – Herad, Paul, Aquilin, Solochan, Adrion, Viktor, Basilla M – Restituta JM.

18. MAI *Felix von Cantalicio*

Den liebenswürdigen Bruder „Deogratias“ nannte man den heiligen Felix. Allüberall war er unter diesem Namen in Rom bekannt. Er wurde im Jahre 1515 als Sohn armer, gottesfürchtiger Eltern geboren. Als Knabe mußte er die Viehherden weiden. Gerade dieser Beruf gab ihm viel Zeit, an Gott zu denken. Andere Knaben, die mit ihm hüteten, vergnügten sich mit Spielen und Mutwillen; Felix aber wanderte lieber in den nahen Wald. Dort hatte er sich in einen Baum ein Kreuz hineingeschnitten, vor welchem er dann betete. Später kam er zu einem Bauern, bei dem er auch zunächst als Hirte sein Brot verdiente; schließlich aber, da er sich durch vorbildliche Treue auszeichnete, wurde er Oberaufseher über den ganzen Besitz. Einst hörte er die Lebensgeschichte der heiligen Einsiedler; da erfaßte ihn ein sehnsüchtiges Verlangen, auch so wie diese zu leben. Er begab sich daher im Alter von 28 Jahren in die Stadt Citta-Ducale und bat um Aufnahme in den Kapuzinerorden. Der Obere stellte ihm die ganze Strenge des Ordenslebens vor, um ihn abzuschrecken. Aber mit Freuden unterzog sich Felix dem Noviziat. Vier Jahre nach dem Eintritt in den Orden wurde er nach Rom gesandt als Almosensammler. Dieses Amt übte er 43 Jahre aus. Der demütige Kapuzinerbruder war bald überall bekannt und beliebt. Stets war sein Dank „Deo gratias“. Aber nicht bloß, wenn er Almosen erhielt, dankte er auf solche Weise, auch wenn man ihn verhöhnte und spottete. Einmal kam er beim Betteln in eine vornehme Gesellschaft. Einer der fröhlichen Kumpane gab ihm eine schallende Ohrfeige. Da sagte der Heilige: „Das war für mich. Nun bitte ich aber auch für meine Armen." Beschämt von solcher Demut gaben die Leute ihm daraufhin reichlich Almosen. Felix pflegte eine innige Andacht zur Mutter Gottes. Einst erfaßte ihn in der Nacht eine solche Sehnsucht nach Jesus, daß er vor ein Marienbild eilte und die Gottesmutter bat, sie möge ihm das Jesuskind für einen Augenblick geben. Und Maria tat es (deshalb wird der Heilige oft mit dem Jesuskind auf dem Arm abgebildet). Als ihn im späteren Leben Krankheiten befielen, ertrug er alles mit Geduld und steter Heiterkeit, daß seine Mitbrüder darüber staunten. Vor seinem Tod erschien ihm Maria mit dem Jesuskind und er entschlief lächelnd und freudig am 18. Mai 1587. An seinem Grab ereigneten sich bald zahlreiche Wunder. Im Jahre 1709 wurde Felix heiliggesprochen.

Wir wollen Gott stets Dank sagen für alles, was er schickt: Freud und Leid kommen von ihm. Daher soll unser Streben sein, wie dieser Heilige auch das Unangenehme Gott zuliebe zu ertragen.

TAGESHEILIGE: Venantius M in Camerino – Felix BM in Spoleto – Erich von Schweden KöM – Erika – Alexandra JM – Potamion BM – Dioskorus, Theodot, Thekusa, Klaudia, Faina, Euphrasia, Matrona, Julitta M – Eginhard – Arsatius B.

19. MAI *Dorothea*

Ein lieblicher Legendenkranz umrankt das Leben einer römischen Jungfrau, die mit standhaftem Mut in der Zeit der diokletianischen Verfolgung freudig ihr Leben für Christus hingab. Es ist dies die heilige Dorothea. – Im Jahre 304 stand sie vor dem Stadthalter Kapadociens, Fabricius, und hatte sich wegen ihres christlichen Glaubens zu verantworten. Dorothea war die Tochter des römischen Senators Dorus, der sich in Cäsarea eine Heimstatt suchte, da er wegen seines Glaubens verbannt war. Still und zurückgezogen hatte Dorothea nach dem Tod ihrer Eltern gelebt und sich ganz einem christlichen Leben in tätiger Nächstenliebe hingegeben. Ihre Schönheit blieb nicht verborgen und mancher junge Mann richtete sein Auge auf sie. Auch Fabricius wurde von ihrer Schönheit und Anmut angezogen. Um diese Zeit brach eine Christenverfolgung aus. Dorothea wurde verhaftet. Der Richter, der sie gerne zu seiner Gattin gemacht hätte, verlangte, daß sie ihrem Glauben abschwören solle. Als sie sich aber standhaft weigerte, führte er sie in einen mit allem Prunk ausgestatteten Saal, in dem ihre beiden Schwestern in Glanz und Wohlleben sich aufhielten, da sie aus Furcht vor Marter und Tod abgefallen waren. Dorothea war zuerst sehr erschrocken, als sie die beiden Unglücklichen sah, erst recht wurde sie von tiefem Seelenschmerz erfüllt, als diese zu ihr sagten, sie solle doch lieber ihren Glauben weggeben, als sich schrecklichen Martern auszuliefern. Dorothea aber vermochte durch die Glut ihrer Worte die beiden zu bekehren und wurde deshalb von Fabricius zum Tode verurteilt. Theophilus, der Geheimschreiber des Richters, lachte, als er sie von den paradiesischen Gärten ihres himmlischen Bräutigams reden hörte. Er sagte: „Wenn du mir aus diesen Gärten Blumen schickst, dann will ich glauben." Als das Haupt der Jungfrau gefallen war, trat ein Knabe mit einem Körblein Blumen und Obst zu Theophilus und sprach: „Dies schickt dir Dorothea." Daraufhin bekehrte sich der Heide; auch er starb bald den Martertod. So wirkte die Heilige noch über ihr Leben hinaus. Ihr Andenken blieb unvergessen in der Kirche. Noch heute werden zu Rom an ihrem Festtage, dem 6. Februar, Blumen und Obst gesegnet.

TAGESHEILIGE: Petrus Cölestinus V. P, † 1296 – Pudentiana JM – Pudens Senator M – Ivo Pr, † 1303 – Alchwin A (Alkuin), sel., † 804 – Dunstan B, † 988 – Kalozerius, Parthenius, Philoterius M – Cyriaka JM – Emilius E – Adalgar Mö.

20. MAI Bernhardin von Siena

Schlimm sah es im fünfzehnten Jahrhundert um das christliche Leben aus; grenzenlose Schlechtigkeit hatte um sich gegriffen, Haß, Streitigkeiten, Laster aller Art herrschten. Aber Gott hat seine Kirche niemals verlassen. Und so sandte er immer wieder begeisterte Jünger, die durch Wort und Beispiel das Angesicht der Erde erneuerten. – Ein solcher Mann war der demütige, unscheinbare Franziskanermönch Bernhardin, geboren 1380 zu Massa Carrara bei Siena. Gott hatte ihn von Jugend auf für seinen Stand und sein Wirken vorbereitet. Aus vornehmer Familie stammend, verlor Bernhardin schon in jungen Jahren seine Eltern. Verwandte nahmen sich seiner liebevoll an und ließen ihn studieren. Seine hohe Begabung hätte ihm glänzende Lebensstellen sichern können. Doch Bernhardin war zu anderem ausersehen. Er gewann den weltlichen Freuden keinen Geschmack ab. Die Entscheidung über sein Leben fiel im Jahr 1400, da die Pest ihre furchtbare Geißel schwang. Tag für Tag raffte der schwarze Tod Tausende von Menschen hinweg. Da zeigte sich der Feuermut des hochgelehrten Studenten. Ohne Furcht und Sorge betreute er die Kranken, half den Sterbenden und begrub die Toten. Er fürchtete keine Mühe und Ansteckungsgefahr. Als die Pest erlosch, trat Bernhardin in den Orden des heiligen Franziskus ein. Bald zeigte sich, daß er wie nur wenige die Gabe des Wortes, der Verkündigung besaß. Als Wanderprediger reiste er umher. Der Zulauf war ungeheuer, die Erfolge von Bekehrungen und Lebensänderungen unzählbar. Eine neue Welle tiefster Glaubensbegeisterung ging durch das ganze Land. Laster wurden abgelegt, viel Gutes gestiftet. (Bernhardin erfand zur Besserung des sozialen Elends die Institution der Leihhäuser.)

Kirchliche Ehrenstellen schlug er des öfteren aus. Als glühender Verehrer Jesu und Mariens ging er durchs Land. Besonders eifrig war er für die Verbreitung der Namen-Jesu-Andacht tätig.

Am 20. Mai 1444 starb der unermüdliche Seelsorger eines seligen Todes. Bereits 1450 wurde Bernhardin heiliggesprochen — ein Beweis dafür, daß er sich durch sein opferbereites Leben, seine nimmermüde Tätigkeit, sein Tugendstreben die Verehrung aller erworben hatte. Gerade dadurch hat er unzählige seiner Mitmenschen für das ewige Leben gerettet in einer Zeit voll tiefreichender Umwälzungen und schwerer sittlicher wie geistiger Gefahren. Wir sehen daraus, was das Beispiel eines vorbildlichen Menschen bewirken kann. Jeder von uns Christen hat die gleiche Aufgabe: durch Beispiel und Lehre den Menschen — gleichviel ob im Kloster oder großen Kreis — ein Zeugnis für Christus zu geben.

TAGESHEILIGE: Johanna von Arc J – Bartholomäus Holzhauser von Laugna, ehrw. Pr. in Tittmoning, St. Johann i. T. und Bingen, † 1658 – Valeria M (ihre Reliquien sind zu Neuenheerse-Paderborn) – Ulrich Mö, † 1000 – Basilla JM – Baudelius, Thalalaus, Asterius, Alexander, Aquilla M – Austregisil, Anastasius, Theodor B – Plautilla – Columba J – Franziska W – Ivo B.

21. MAI Ulrich

Alte Quellen überliefern uns die Geschichte eines heiligen Einsiedlers, der, aus Bayern stammend, ein Zeitgenosse des großen Schweizers Nikolaus von der Flüe war und von diesem in der Askese und Entbehrung des Anachoretentums unterwiesen wurde. — Ulrich war armer Leute Kind und verdingte sich als Viehhirte. Dieser Beruf gewährte ihm viel freie Zeit. Diese brachte er meist im Gebet zu. Er hatte von Nikolaus gehört und fühlte auch in sich ein starkes Verlangen, Gott in einem einsamen, zurückgezogenen Leben ganz zu dienen; er dachte, daß er die beste Anleitung zu einem solchen Leben wohl von dem verehrten Einsiedler erhalten würde. Daher machte er sich zu Fuß auf den langen Weg, bis er endlich zu Nikolaus kam. Er erbat sich die Erlaubnis, in seiner Nähe leben zu dürfen. Nikolaus wollte das eigentlich nicht, da er viel lieber ganz allein geblieben wäre. Aber Ulrich flehte so eindringlich, daß der heilige Einsiedler nachgab. Tag für Tag übte sich Ulrich in all den Tugenden, die ein Einsiedler haben muß; er betete eifrig, tat Werke der Selbstverleugnung und Abtötung und brachte es bald zu großer Vollkommenheit. Da er sah, daß Nikolaus nie etwas aß oder trank, wollte er es ihm auch nachmachen. Dreizehn Tage fastete er, ohne etwas zu genießen. Dann aber schickte ihm Nikolaus ein Brot, mit dem Befehl, es zu essen. Ulrich war schon so weit fortgeschritten, daß er wider den eigenen Willen zu gehorchen vermochte. Er aß das Brot. Daraufhin überfiel ihn ein solcher Hunger, daß er krank wurde und nicht mehr richtig fasten konnte. Auf die Frage an Nikolaus, woher das komme, sagte dieser, daß Gott es so haben wolle. Nun zog Ulrich in eine andere Gegend der Schweiz und lebte für sich allein als Einsiedler. Doch sein gottgefälliges Leben blieb nicht verborgen. Und als die Bergbauern seinen Aufenthalt entdeckt und sein beispielhaftes Tun und Streben mit Bewunderung erkannt hatten, da faßten sie Vertrauen zu diesem frommen Mann und wandten sich in ihren Anliegen an ihn. Ulrich überlebte seinen Meister noch um einige Jahre und starb am Fronleichnamsfest des Jahres 1491. Sein Leichnam wurde in der Pfarrkirche zu Kerns beigesetzt und sein Grab jahrhundertelang in hohen Ehren gehalten. Die alten Chroniken berichten, daß Gott das Gebet zu dem seligen Einsiedler durch mancherlei Erhörungen ausgezeichnet habe. Schließlich ging sein Andenken verloren. Da Ulrich aber ein Sohn unseres Vaterlandes war, ist es recht und billig, ihn der Vergessenheit zu entreißen.

TAGESHEILIGE: Ehrenfried, sel., Pfalzgraf, Stifter des Klosters Brauweiler-Köln, † 1030 – Konstantin d. Gr. K – Itisberg J, Tochter Pippin des Kleinen, † 780 – Richeza, sel., Kö von Polen, † in Saalfeld 1063 – Timotheus, Polius, Eutychius, Polyeukt, Viktorius, Donat, Sekundin, Synesius, Theopomp, Nikostrat, Antiochus M – Valens BM – Sekundus M – Hospitius Bk – Udalrike (Adalrike) – Goderich E – Theophil Mö.

22. MAI *Rita*

Ein beliebter Mädchenname unserer Zeit ist Rita. Aber die wenigsten von denen, die so heißen, wissen, welches Unmaß von Selbstüberwindung und Leidensmut die Trägerin dieses Namens kennzeichnet. Sie lebte in der Zeit des ausgehenden Mittelalters. Kirchenspaltung, beginnende Renaissance, schwere Machtkämpfe – die Verwirrung der Geister hatte auch eine Verwirrung der Sitten im Gefolge. Die sozialen Gegensätze waren riesengroß. Auf der einen Seite herrschte ein Luxus ohnegleichen und damit verband sich meist ein Leben voll Ausschweifung und Genuß; der „kleine Mann“ aber lebte in tiefster Armut und es gab Bettler auf allen Straßen. Reichtum und Macht schienen die einzig erstrebenswerten Güter dieser Welt zu sein. Aber gerade solche Zeiten brachten von jeher auch das andere Extrem zur Geltung, eine in unseren Tagen kaum mehr verständliche Hingabe an Gott und Verachtung aller irdischen Dinge. Viele Menschen hatten den Grundgedanken der Erlösung durch Christus zutiefst erfaßt. Sie wollten für die zahllosen Sünden ihrer Mitmenschen Sühne leisten. Eine solche Sühneseele war die heilige Rita. Sie wurde um das Jahr 1380 in Rocca Porrena bei Cascia in Umbrien geboren. Ihre Eltern waren Gutsbesitzer. Sie waren von dem unguten Zeitgeist nicht angesteckt und erzogen ihre Tochter zu Tugend und Frömmigkeit. Rita zeigte schon in ihrer Jugend eine große Verehrung des Leidens Christi. Sie wollte sehr früh ins Kloster eintreten. Doch gestatteten ihre Eltern es nicht. Sie heiratete einen Mann, der leider ganz und gar ein Kind seines Jahrhunderts war. In dieser Ehe, die achtzehn Jahre währte, mußte sie Opfer über Opfer und Demütigungen ohne Zahl auf sich nehmen. Ihr Gatte, den sie aber doch allmählich zu Mäßigung und geordneter Lebensweise führte, wurde ein Opfer der Blutrache. Ihre beiden Söhne, die den Vater rächen wollten, starben in jugendlichem Alter. Nun hielt Rita nichts mehr ab, ihren Jugendwunsch zu erfüllen. Nach Überwindung mancher Hindernisse konnte sie ins Augustinerinnenkloster in Cascia eintreten. Sie führte nun ein Leben, das allein der Buße und der Sühne für andere galt. Obschon von ihr keine Sünde bekannt ist, erachtete sie sich als die größte Sünderin und tat immer noch mehr Buße. Speise und Trank waren ihr fast fremd geworden. Ihr Lager war der blanke Fußboden. Die Legende berichtet, daß Gott sie vieler Gnaden teilhaftig werden ließ. Auch werden ihr mehrere Wundertaten zugezählt. Am 22. Mai 1457 starb sie gottergeben. Im Jahre 1900 wurde sie heiliggesprochen. Mögen wir ein wenig von ihrem Opfergeist, ihrer Bußgesinnung lernen!

TAGESHEILIGE: Rathard Pr, † 850 – Gerlinde J – Renate H von Bayern, sel., † 1602 – Eberhard A auf dem Georgenberg, † 1152 – Ugolin Zephirensis E aus Mantua, † 1470 – Julia M – Roman A – Faustin, Timotheus, Venust, Kastus, Ämilius, Basilisk M – Quinteria JM – Fulkus, Attho Bk – Helene J – Fulgentius E – Humilitas Ae – Marzian B.

23. MAI Engelmar

Am Predigtstuhl im Bayerischen Wald liegen Ort und Wallfahrtskirche Engelmar. Sie bewahren das Andenken an jenen Seligen, der vor mehr als 700 Jahren dort ein zurückgezogenes und armseliges, aber heiligmäßiges Leben als Einsiedler führte. Engelmar war ein Bauer aus der Passauer Gegend. Die schlichte und fromme Erziehung durch seine christlichen Eltern flößte dem heranwachsenden jungen Mann tiefe Gottesfurcht in das Herz. Als sich nun ein armenischer Bischof als Einsiedler niederließ, kamen die oft recht unbeholfenen Bauern zu ihm und baten in ihren Anliegen um Rat; sein Einsiedlerleben erfüllte sie mit Staunen. Engelmar war einer seiner eifrigsten Besucher. Gern lauschte er den klugen Worten des frommen Mannes. Eine tiefe Unruhe erfaßte ihn; seine Arbeit hinter dem Pflug befriedigte ihn nicht mehr; er fühlte sich zu etwas Besonderem hingezogen. Nach langer, unruhevoller Überlegung erkannte Engelmar seine innere Berufung zum alleinigen Dienst Gottes und beschloß, sein Leben als Einsiedler zu verbringen. Einen Freund nahm er als Gefährten in die Einsamkeit mit. In Gebet, Fasten und Betrachtung verbrachte er seine Tage. Sein tugendhaftes Leben wurde bald von dem einfachen Bauernvolk als etwas Großes erkannt und gar viele kamen zu ihm in ihren leiblichen und namentlich seelischen Anliegen, denen er mit Rat und Tat beistand. Das Volk liebte ihn — das ließ in seinem Gefährten bösen Neid aufkeimen und dieser faßte den Entschluß, wie einst Kain, seinen Bruder umzubringen. Während Engelmar, nichts Böses ahnend, sich dem Gebet hingab, schlich der falsche Freund von hinten her an ihn und erschlug den Seligen. Hernach vergrub er die Leiche im Schnee. Diese Untat geschah am 6. Januar um 1100. Erst als der Schnee schmolz, fanden die Leute, die ihren Gottesmann vermißten, dessen Leichnam und begruben ihn unter bitteren Tränen. Sein Grab wurde ein Wallfahrtsort. (Das Fest des Seligen wird meist am 14. Januar begangen.)

TAGESHEILIGE: Desiderius BM – Johannes de Rossi Bk – Euphrosyne JM – Almerida M – Andreas Bobola PrM – Epitazius, Basileus BM – Quinktian, Luzius, Julian M – Michael, Merkurial, Euphebius B – Eutychius, Florentius Bk – Anno E – Thesselin.

24. MAI *Johannes von Prado*

Der Heilige ist eigentlich der Apostel Marokkos; sein Blut sollte der Same neuen Christentums dort werden. Johannes stammte aus dem spanischen Königreich Leon. Nachdem er in seiner Jugendzeit bereits Proben der Gottesfurcht abgelegt hatte, zog ihn seine innere Neigung immer mehr zu strengster geistlicher Selbstzucht. Er trat daher in den Orden des heiligen Franziskus ein. Mit innerlicher Treue und Zufriedenheit befolgte er die strengen Satzungen und war unermüdlich in der Übung des Gehorsams, der Demut, des Gebetseifers, überhaupt aller klösterlichen Tugenden. Das helle Licht seines beispielhaften Lebens überstrahlte die dunklen Klostermauern, wenn auch Johannes selbst in seiner großen Demut und Bescheidenheit es nicht wußte. Die Kongregation zur Ausbreitung des Glaubens aber wurde auf ihn aufmerksam; er erhielt den Auftrag, im Königreich Fez und Marokko in Nordafrika den heiligen Glauben zu verkünden. Dies war dem arbeitsfreudigen Priester, der vom Eifer zur Gewinnung unsterblicher Seelen glühte, die größte Freude. Sogleich brach er auf; die vielen Beschwerden der Reise, Entbehrungen und Gefahren, ja der mit Gewißheit bevorstehende Tod durch die Hände grausamer Mohammedaner konnten seinen Mut nicht schwächen. Im Vertrauen auf Gott begann er die Glaubenspredigt. Bald zeigten sich die Früchte seines Eifers; viele kamen und ließen sich durch die Taufe in die Gemeinschaft der Kirche aufnehmen. Aber eben dies weckte den Zorn der Nichtchristen. Johannes wurde von ihnen gefangengenommen. Mit Geduld ertrug er die Pein des finsteren Kerkers; auch grausame Stockschläge konnten seinen Mut nicht beugen. Da seine Standhaftigkeit nicht zu erschüttern war, banden ihn seine Feinde an einen Pfahl und töteten ihn durch Feuer. So erreichte Johannes am 24. Mai 1636 die Krone des Martyriums, allen ein Vorbild des Eifers für den Glauben und der christlichen Standhaftigkeit.

TAGESHEILIGE: Johanna Chusa Bk (in der Begleitung Jesu) – Silvan M – Vinzenz Pr – Hildebert B von Mainz – Manachen Bk – Vinzenz, Donatian, Rogatian, Zoellus, Servilius, Felix, Diokles, Melet, Susanna, Marziana, Palladia, Robustian M – Afra M – Ägidius Sanktirensis Bk – Martha W – Esther Kö.

25. MAI *Bonifatius IV.*

Der 13. Mai des Jahres 610 war für das ganze kirchliche Leben und die Verehrung der Heiligen von großer Bedeutung, denn an diesem Tag weihte Papst Bonifaz IV. den alten Heidentempel aller griechisch-römischen Götter, das Pantheon, zu einer christlichen Kirche und ließ viele Reliquien dort beisetzen. Das Heiligtum wurde eine Kirche aller Heiligen. Der wiederkehrende Festtag, der schließlich vom 13. Mai auf den 1. November verlegt wurde, bildete sich in der Folgezeit zum Fest Allerheiligen aus. Wie der Gedanke an den Unbekannten Soldaten im weltlichen Leben jedesmal dem ganzen Volke die stille Größe mutigen Sterbens vor Augen stellt, so soll der Christ am Fest Allerheiligen an alle jene denken und sie um ihre Fürsprache anflehen, deren Namen im Himmel leuchten wie die Sterne, die uns aber gar oft nicht selber bekannt oder nicht offiziell von der Kirche heiliggesprochen sind; es gehören ja alle glücklich im Herrn Verschiedenen zu den Heiligen. Ist das nicht ein trostreicher Gedanke, daß unsere verstorbenen Lieben nach der letzten Reinigung im Fegfeuer nun als Heilige im Himmel ewig glücklich und selig sind und daß sie auch für uns bitten?

Wir müssen dem heiligen Papst Bonifaz für die Einführung dieses Festes dankbar. sein. Diese Tat entsprach seinem liebevollen Charakter. Demütig, einfach, bescheiden, liebenswürdig war er. Er entstammte einer armen Familie, lebte sehr zurückgezogen, bildete sich in der Wissenschaft aus, so daß er bald den Ruf eines Gelehrten erhielt, tat sich aber im übrigen nicht hervor. Wir hören aus seinem Leben nichts „Großes". Im Gegenteil. Er zog sich ins Kloster zurück, um Gott in stiller Treue dienen zu können. Selbst als er Bischof und Kardinal wurde, änderte er seine Lebenshaltung nicht. Im Jahr 608 berief ihn Gottes Vorsehung auf den Stuhl des heiligen Petrus. Als guter Hirte sorgte er für die Seinen.

Im Jahre 615 erlosch sein unermüdliches Leben im Dienst der Kirche.

Wir wollen von ihm die Liebe zu den Heiligen lernen. Freundschaft mit den „Freunden Gottes" wird uns Segen und Glück bringen.

TAGESHEILIGE: Urban I. P, † 230 – Magdalena Sophie Barat J – Gregor VII. P, † 1085 – Gilbert, zuerst Soldat, dann Mö, gebürtig in Lothringen, † um 1000 – Pasikrat, Valentius M – Dionys, Zenobius, Aldelm B – Leo Bk – Adilia N – Gerius Bk.

26. MAI Philipp Neri

Eines Tages begegneten sich zu Rom zwei Heilige: Philipp Neri und Felix. Felix war auf seiner tagtäglichen Bettelreise, Philipp kam vom Unterricht der Jugend. Da bat er Felix, ihm etwas zum Trinken zu geben. Diese kleine Geschichte ist bezeichnend für den Charakter dieses Liebenswürdigen unter den Heiligen. Ohne Scheu vor Verspottung und Hohn ging er seines Weges. Nichts brachte ihn aus der Fassung. Stets war er gleich liebevoll und heiter. Man konnte ihn den „lächelnden" Heiligen nennen. Dabei aber handelte Philipp nach dem Grundsatz: Streng gegen sich selber, liebevoll gegen die andern. So hatte er es zwar von Jugend auf nicht gelernt. Als Sohn vornehmer Leute wurde er 1515 in Rom geboren. Er sollte Kaufmann werden; jedoch befriedigte ihn dieser Beruf nicht. Als er in Rom Hauslehrer bei einem befreundeten Adeligen wurde und sich die Spuren des alten christlichen Roms ansah, erfaßte er den Sinn des heldenhaften Christentums, das das alte heidnische Rom überwunden hatte. Sollte es nicht möglich sein, dieses nun wiederum tief in Laster und Sünde gefallene Rom für Christus zurückzugewinnen? Dieser Aufgabe weihte er sein Leben. Zunächst arbeitete er als Laienapostel. Er verstand es meisterhaft, den Menschen die tiefe Wahrheit und den hohen Sinn der Lehre Christi zu erschließen und jedes seiner Worte kam aus urkräftiger Menschen- und Gottesliebe. Darum wurde er auch ein wahrer Kinder-Apostel: er beaufsichtigte sie und war fröhlich mit ihnen. „Sie mögen auf meinem Rücken Holz spalten", sagte er einmal, „wenn sie nur nicht sündigen."

Auch die Krankenpflege lag ihm sehr am Herzen. Deshalb baute er Spitäler und sorgte namentlich im Jubeljahr 1550 für die vielen armen und kranken Pilger.

Erst mit sechsunddreißig Jahren ließ er sich zum Priester weihen. Nun konnte er noch mehr als bisher für die geistliche Erneuerung Roms in allen seinen Ständen tun. Im Jahre 1570 gründete er die Kongregation der Oratorianer. Päpste und Kardinäle holten sich Rat bei dem einfachen Priester. Am 26. Mai 1595 starb er, achtzigjährig, eines seligen Todes. Bereits 1622 erfolgte seine Heiligsprechung.

Sicherlich, Philipp Neri war ein Mann von hohem Geist; was ihn aber unsterblich im Andenken der Menschen macht und ihn zur Ehre der Altäre hob, das waren drei auf das schönste ausgeformte Eigenschaften: Menschenliebe als Frucht der Gottesliebe, völlige innere Freiheit von allen Vorurteilen, Heiterkeit des Herzens.

TAGESHEILIGE: Eleutherius PM, † 189 – Marianne J, † im 17. Jahrhundert – Martyrius M auf dem Nonsberg (Südtirol), † 397 – Probus Pr in Mainz, † 859 – Simitrius, Quadratus M – Zacharias BM – Felizissimus, Heraklius, Paulin, Priskus M – Berengar Mö – Jambert E.

27. MAI *Lanfrank*

Auch aus einem großen Sünder kann ein Heiliger werden. Zu den Haupt- und Todsünden rechnen wir den Geiz. Lanfrank war auf dem besten Weg, ein Geizhals zu werden. Zwar hatten ihm seine Eltern tiefe Frömmigkeit ins Herz gesenkt. Lanfrank konnte aber in der Botschaft Christi nicht den Daseins-Sinn erkennen. Er vertiefte sich lieber in das Studium der Rechtswissenschaft und wurde Rechtsanwalt. Da er sehr tüchtig war, mehrte sich sein großes Vermögen. Als Klienten nahm er am liebsten reiche Leute an. Um sein Vermögen noch mehr zu vergrößern, begab er sich nach Paris.

Dort blühte sein Weizen. Er schwamm im Geld. Sein ganzes Herz gehörte dem Mammon. Aber Gott wußte diesen hartherzigen Mann zu bessern. Einst machte er von Paris aus eine Reise; in einem dichten Wald überfielen ihn Räuber, schlugen ihn halbtot, plünderten ihn aus und ließen ihn liegen. Todesnot, Verlust des mitgeführten Geldes, völlige Hilflosigkeit waren die Marksteine, die in sein Leben eine jähe Änderung bringen sollten. Ernste Gedanken drangen in seine Seele, als er wieder zu sich kam und von mitleidigen Leuten gepflegt wurde. Schaudern erfaßte ihn. Gottes Hand hatte ihn ergriffen; nicht strafend, sondern heilend. In den Stunden des Leidens erhob er seine Seele zu Gott und warf die irdischen Freuden als einen unnützen Ballast weg. Nicht leicht fiel ihm sein Entschluß, denn es ist ja so, daß der Teufel eine Seele, die er schon fast zu besitzen glaubt, nur nach hartem Kampf frei läßt. Lanfrank trat in den Benediktinerorden ein, nachdem er seine reiche Habe den Armen gegeben hatte. In bitterem Streit wider sein eigenes altes Wesen rang er um das Heil seiner Seele. Und er siegte. Als er später Abt und gar noch Bischof von Canterbury (Südengland) wurde, da hatte er die nötige Abgeklärtheit und Ruhe errungen und konnte nun andern ringenden Seelen im Kampf um ihre höchsten Güter beistehen. Im Jahre 1089 starb er hochbetagt als ein Heiliger.

Was wir aus seinem Leben lernen können: Wir brauchen nie zu verzweifeln, auch wenn Ketten der Leidenschaft uns drücken. Gott verläßt den Gutwilligen nicht.

TAGESHEILIGE: Beda Venerabilis B Kl, † 735 – Johann I. PM, † 526 – Julius, Soldat M – Friedrich B von Lüttich, † 1121 – Ranulf M – Restituta JM – Eutropius B – Limbert E.

28. MAI *Wilhelm von Aquitanien*

Zur Zeit Karls des Großen gab es zahlreiche heldenhafte Recken, die durch ihren Mut und ihre Tapferkeit bekannt wurden und in die Überlieferung des deutschen Volkes eingingen. War doch damals ein heftiger Kampf entbrannt gegen die Sarazenen, die von Spanien her das aufblühende Frankenreich zertrümmern wollten. Sieg an Sieg hefteten sie an ihre Fahnen. Erst dem kühnen Herzog Wilhelm von Toulouse und Aquitanien gelang es, mit Hilfe zahlreicher Ritter und Reisiger diese Feinde entscheidend zu schlagen. Bis Barcelona ging der Siegeszug des fränkischen Heeres unter der Führung dieses Herzogs.

Wilhelm erblickte als der Sohn des Grafen Theoderich und seiner Gattin Aldine im Jahre 754 das Licht der Welt. Seiner Abstammung nach gehörte er zum königlichen Hause der Karolinger. Daher kam er auch schon als Jüngling an den Hof des Königs und wurde diesem bald als guter Ratgeber unentbehrlich. Karl machte ihn auch zum Herzog von Aquitanien und zum Grafen von Toulouse. Schon hier zeigte sich der gute Kern in seiner Seele: dem mächtigen Mann waren Gerechtigkeit für alle und Liebe zu den Armen und Unterdrückten oberstes Gebot des Herrschers. Bereits um 800 hatte er zu Gellone in der Languedoc ein Kloster gegründet. Nachdem er durch seine Heldentaten die Sarazenengefahr gebannt hatte, erfüllte er sich den Herzenswunsch, den er schon seit seiner Jugendzeit hatte: Er entsagte der Herzogswürde und trat als einfacher Mönch in dieses Kloster ein. Hier zeigte sich nun die volle Größe dieses Mannes. Er tat die einfachsten Dienste; auf Befehl des Abtes übernahm er die niedrigsten Arbeiten. Seine Demut und sein Gehorsam offenbarten sein Heiligkeitsstreben. So lebte er noch einige Jahre in reinem Gottesdienst und völliger Hingabe und starb gottergeben am 28. Mai 812. Papst Alexander II. sprach Wilhelm um das Jahr 1070 heilig und Gregor VII. errichtete ihm kurz darauf einen Altar. Seine Grabstätte im Kloster Gellone wurde bis in die Napoleonische Zeit hinein von vielen frommen Menschen besucht. Ein Ritter, stark und mutig vor dem Feind; ein Mönch, gehorsam und demütig vor Gott bis zur Selbstentäußerung — die Gemeinsamkeit dieser Eigenschaften in *einem* Menschen ist ungemein bezeichnend für das mittelalterliche Abendland: Tapferkeit gegenüber der „Welt", Liebe zu allen Bedrängten, Verzicht auf Glanz und Größe um des Ewigen willen, das waren die Mannestugenden, die man erstrebte und verehrte. — Sie behalten in *jedem* Zeitalter ihre Gültigkeit.

TAGESHEILIGE: Ämilius, Felix, Priamus, Luzian, Karaunus, Kreszens, Dioskorides, Paul, Helladius, Hellkonis M – Senator, Justus, Podius B – Augustin B, † 604 – German B in Paris – Lanfrank B – Dietland A – Albert v. Wörleschwang, Hirte – Rodard (Ruthard) Probst in Au am Inn, † 1050.

29. MAI *Marquard*

Einer jener Männer, die im Lauf der Zeit fast gänzlicher Vergessenheit anheimgefallen sind, ist der selige Marquard, der im Franziskanerkloster zu München 1337 eines gottseligen Todes gestorben ist. Ein altes Gedicht klagt darüber, daß er, der zu Lebzeiten und gleich nach seinem Tode so viel

Gutes für die Menschen und das Vaterland gewirkt habe, nun nicht mehr wirke, und kommt zu dem Schluß, daß die Schuld daran nicht der Selige habe, sondern die Leute, deren Gebet nachgelassen, ja das ganz eingefroren sei. — Marquard wurde in alter Zeit sehr verehrt. Eine Steinplatte über seinem Grab, in das seine Gebeine im Jahre 1505 übertragen wurden, besagt in Kürze, was dieser Selige zu Lebzeiten alles gewirkt und wie er nach dem Tode noch Bedrängten geholfen habe. Es wird berichtet: Der Franziskaner Marquard des Ordens der Minderen Brüder war ein Mann von großer Geduld und tiefer Andacht. Eine lange Krankheit bannte ihn auf das Krankenbett. Und hier konnte er sich bewähren als ein Mann, wie ihn Gott haben wollte. Denn er ertrug Leid und Schmerz mit großer Geduld und erreichte eine solche Vollkommenheit, daß nach seinem Tode an seinem Grabe zahlreiche Wunder geschahen, die gut verbürgt sind. Ein Mädchen, das blind war, erlangte das Augenlicht wieder auf die Fürbitte des Seligen; drei Krumm- und Lahmgeborene wurden wunderbar geheilt. — Und so werden noch eine Reihe von Krankenheilungen geschildert.

Wenn wir auch nichts weiter von ihm wissen, so genügt doch dieses wenige vollauf, um zu erkennen, daß Marquard ein heiligmäßiges Leben geführt hat, daß er in der Erfüllung seiner Pflichten und im Ertragen seiner Leiden vorbildlich war. Denn sonst hätte ihn Gott nicht nach seinem Tod durch wunderbare Erhörungen ausgezeichnet.

Mögen wir von dem seligen Franziskaner Geduld im Ertragen des Leidens und völlige Hingabe an den Willen Gottes lernen!

TAGESHEILIGE: Magdalena von Pazzis J, † 1607 – Sisinnius M zu Trient, † 397 – Irmentraud Ae – Maximin B von Trier, † 352 – Modwin A – Erwin Kö – Restitut, Konon, Markarius, Alexander, Theodosia M – Maximus B – Eleuther Bk – Bona J.

30. MAI *Ferdinand*

Die endgültige Befreiung Spaniens aus der Hand der Mauren knüpft sich an den Namen eines seiner größten Könige. Ferdinand, König von Kastilien und Leon, geboren 1199, war ein Sohn des Königs Alfons, seine Mutter die Tante Ludwigs des Heiligen von Frankreich. Am Anfang seiner Regierung mußte er harte Kämpfe um seine Krone ausfechten. Sogar sein eigener Vater stellte sich gegen ihn. Aber Gott war mit ihm. Nach dringlichen Bitten der gesamten Bischöfe wurde der Friede hergestellt. Bei der Vermählung mit der gottesfürchtigen Tochter des Herzogs Philipp von Schwaben, Beatrix, legte der König sein Schwert auf den Altar und gelobte, es nur mehr gegen die Ungläubigen zu erheben. Im Jahre 1242 starb der Vater und Ferdinand erbte dessen großes Reich. Der König hatte keinen anderen Gedanken, als die Befreiung von Andalusien zu vollenden und die Mauren aus Spanien endgültig zu vertreiben. Als der Kalif Jusuf starb, entstanden Unruhen. An der Spitze eines kleinen Heeres drang Ferdinand in Andalusien ein. Die Christen wurden von den viel zahlreicheren Mauren eingeschlossen; sie konnten sich jedoch mit Heldenmut durchschlagen. So vergingen in steten Kämpfen einige Jahre. Schließlich gelang die Eroberung Cordovas. Ein maurischer Fürst um den andern unterwarf sich. Als endlich alle Mauren Spanien verlassen hatten, begann Ferdinand sein großes christliches Aufbauwerk, das ihn unsterblich machte. Vor allem sorgte er für Kirchen, Spitäler und Krankenhäuser. Die Kranken besuchte er selbst und pflegte sie mit eigener Hand. Überhaupt war seine Nächstenliebe allumfassend. Seiner Geisteshaltung entsprach die schöne Sitte, am Gründonnerstag den Armen die Füße zu waschen. Sehr besorgt war Ferdinand um die Ausübung der Gerechtigkeit. Jeden Tag hörte er persönlich die Klagen Unglücklicher an. Manch ungerechter Richter mußte sein Amt niederlegen. Wie sein Leben, so war auch sein Sterben: Unter dem Gesang des Tedeums hauchte er am Gründonnerstag des Jahres 1252 seine Seele aus.

Gleichviel, ob wir in die Geschichte zurückblicken oder in der Gegenwart uns umsehen: es hat den Anschein, als ob Macht, vollends große Macht, wenn sie nicht böse ist, doch zum Bösen verlockt. Aber das muß keineswegs so sein, und vollends nicht unter Christen. Wie König Ferdinand im Großen bewies, daß Macht, Herrschaft ein wunderbares Werkzeug zum Guten sein kann – so kann jeder Mensch und muß jeder Christ, der über andere gesetzt ist, diesen ein Helfer, Freund, Führer sein.

TAGESHEILIGE: Felix I. PM, † 274 – Helmtrud, sel., E in Westfalen, † 950 – Reinhildis J in Westfalen, † 1262 – Anna Maria Taigi Bk – Pilgrim B von Passau, † 991 – Gabin, Krispul, Sykus, Palatin M – Exsuperantius, Anastasius B – Basilius, Emmelia Bk – Wigard Mö.

31. MAI

Pilgrim

Wahrscheinlich stammt der Heilige aus einem adeligen Geschlecht und sein Vater war kaiserlicher Landvogt in der Ostmark. Das eine ist sicher, daß Pelegrinus (Pilgrim) von seinem Vater Rogerius eine vortreffliche Erziehung erhielt. Das bewies Pelegrin dadurch, daß er als erster versuchte, die christlichen Wahrheiten in Gestalt eines Buches zu sammeln. Sein Werk sandte er dann nach Rom und wurde vom Papste dafür sehr gelobt. Dieser ernannte ihn in Anerkennung seiner Verdienste zum Bischof von Passau. Nach kurzer Zeit erhielt er dann das Bistum Lorch. Bei der Verwaltung seiner Diözese ging er mit sehr großem Eifer an die Arbeit im Weinberg des Herrn. Der Ruf seiner Weisheit, Heiligkeit und Umsicht drang auch zu den noch heidnischen Ungarn, deren Herzog Geisa, durch göttliche Gnade angetrieben, den katholischen Glauben kennenlernen wollte. Er bat daher Pilgrim durch eine Gesandtschaft, er möge im Ungarnland den heidnischen Bewohnern den heiligen Glauben verkünden.

Frohen Mutes und voll Gottvertrauen zog er nach Ungarn. Große Erfolge waren ihm beschieden. Gleich zu Anbeginn ließen sich fast 5000 Personen taufen, auch der Herzog Geisa selbst. Damit war der Grundstock gelegt für die spätere Christianisierung Ungarns unter König Stephan. Der treue Gefährte und Freund bei dieser Bekehrungsreise war der spätere Bischof von Regensburg, Wolfgang. Auf Betreiben Pilgrims wurde Wolfgang auf den Stuhl des Bistums Regensburg berufen.

Über sein Leben ist nicht viel bekannt. Er starb gottergeben im Jahre 991.

Liegt das Wirken dieses großen Bischofs auch schon fast 1000 Jahre zurück, so sagt es uns doch viel: Unermüdliche Arbeit und Seeleneifer halfen, vereint mit Gottes Gnade, dem Heiligen in seinem schweren Werk der Glaubensverbreitung. Auch wir werden Fortschritte machen, wenn wir in unserem Vertrauen nicht nachlassen.

TAGESHEILIGE: Angela Merici J, † 1540 – Petronilla J – Roland GrE – Mechthild (Mathildis), sel., Ae von Edelstetten, † 1160 – Protus M – Kantius, Kantian, Kantianilla, Kreszentian, Hermias M – Lupizin B – Paschasius Bk – Angelika.

1. JUNI *Magdalena von Rottenburg*

Blättert man in den Martyrerakten, in den Lebensgeschichten der Heiligen und Seligen, so muß man immer wieder staunen über die vom menschlichen Verstand nicht ergründbaren Schicksalswendungen, durch die ihnen der Weg aus der Welt in die Überwelt, aus der Natur in die Übernatur gebahnt wurde. – Magdalena von Rottenburg war eine wohlhabende Witwe, die sich in ihrem Stand durch großes Tugendstreben auszeichnete. Einst machte sie eine Wallfahrt nach Tuntenhausen, einer Stätte, wo die Mutter Gottes schon viele Gebete erhört hatte. Auf dem Heimweg kam sie über München. Da es schon Abend und Magdalena vollständig unbekannt war, dachte sie bei sich, wo sie wohl eine richtige Unterkunft für die Nacht finden würde. Während sie noch nachsann, stand plötzlich ein Knabe mit ungefähr sieben Jahren vor ihr und sagte, er wisse ihr ein Haus, wo sie gut aufgehoben sei. Und er führte sie zum Riedlerischen Kloster, in dem Witwen ein gottergebenes Leben führten. Dort läutete sie an und bat um Unterkunft. Die Oberin nahm Magdalena gerne auf und führte sie zu den Schwestern, die eben beim Abendessen waren. Es gefiel ihr so gut, daß sie am liebsten gleich ganz dageblieben wäre. Allein sie hatte noch eine unmündige Tochter und ein Enkelkind, für die sie sorgen mußte; so schied sie denn schweren Herzens von der ihr liebgewordenen Stätte mit dem festen Vorsatz, wiederzukommen, wenn all ihr Zeitliches geregelt war. Kurz darauf starb ihre Tochter und ihre Enkelin konnte sie gut versorgen. Nun machte sie sich, begleitet von ihrem Schwiegersohn, auf den Weg nach München und trat in das Kloster ein. Ihr Schwiegersohn verabschiedete sich von ihr mit tiefem Schmerz, denn sie war ihm, wie er selber sagte, eine liebe Mutter, die allezeit nur sein Bestes gewollt. Er empfahl sich ihrem Gebet und ging.

Nach dem Probejahr, in dem sie auch die geringsten Arbeiten mit Freude verrichtete, blieb sie als Nonne bei den Schwestern.

So lebte sie als einfache Klosterfrau in tiefster Demut und Frömmigkeit Jahr um Jahr und starb gottergeben und friedlich anno 1534. Nichts an ihr war „auffällig" und doch ging nach dem Zeugnis ihrer Mitschwestern und des Volkes ein Schein von ihr aus. – Abglanz ihrer Gottseligkeit ... Nicht selten waren die Gebetserhörungen, die an ihrem Grab sich ereigneten. Wir sehen, daß Gott auch ein einfaches und unbekanntes Leben verherrlicht, und daß er gerade auf das Kleine mit Liebe schaut.

TAGESHEILIGE: Eneko A – Simon E in Trier, † 1053 – Kuno (Konrad) von Pfullingen, B von Trier, M, † 1066 – Blasius Schelling, gottselig, gemartert zu Ebersberg 1632 – Eislin A von Zell im Hennegau, † 681 – Theobald Bk, Patron der Schuster – Juventius M – Reverian Bk – Paul PrM – Pamphilus, Thespesius, Ischyrion, Firmus, Felin, Gratian, Prokul, Sekundus, Kreszentian M – Kaprasius A – Furtunat Pr – Wifhad – Hortensis – Regina JM.

2. JUNI *Blandina*

Die Kirche genoß unter Kaiser Marc Aurel (161 – 180) eine Zeitlang Ruhe; ihre Anhänger nahmen an Zahl zu und beschämten durch ihr tugendhaftes Leben die Heiden. Da streuten diese auf Anstiften der Götzenpriester verschiedene Lästerungen gegen sie aus. So wurden die Christen beschuldigt, bei ihrem Gottesdienst ein kleines Kind zu töten und zu essen, eine Anklage, die sich auf das Mißverständnis der heiligen Eucharistie gründete. Das heidnische Volk geriet in große Wut; man faßte den Entschluß, diese verbrecherischen Menschen, wie man sie nannte, zu vernichten. Am meisten wüteten zu Lyon das Volk, die Soldaten und der Statthalter gegen Blandina, eine arme, tapfere Dienstmagd, die aus ihrem Glauben kein Hehl machte. Gerade an diesem schwachen Mädchen aber zeigte Gott, daß jene, die schwach, unscheinbar und verachtet vor der Welt sind, von ihm der höchsten Ehren gewürdigt werden. Blandina war viel krank. Die Heiden wollten das zarte Mädchen durch die Folter zum Abfall bringen und glaubten leichtes Spiel zu haben. Blandina aber bestand die Martern vom Morgen bis zum Abend mit einem solchen Heldenmut, daß alle staunten. Auf alle Fragen der Peiniger hatte sie nur eine Antwort: „Ich bin Christin, und was bei unserem Opfer geschieht, ist nichts Böses." Sie wurde nun wieder in den Kerker geführt. Am nächsten Tag brachte man Blandina in das Amphitheater, band sie dort an einen Pfahl und ließ wilde Tiere auf sie los. Mit ausgebreiteten Armen erwartete sie den tödlichen Angriff. Allein die Löwen und Tiger legten sich ihr zu Füßen und sie blieb unversehrt. Mehrere Tage lang wurden Christen den wilden Tieren vorgeworfen und zerrissen und Blandina gezwungen, zuzusehen. Nun wurde sie gegeißelt, auf einen glühenden Stuhl gesetzt und endlich in ein Netz gewickelt und ein wütender Stier auf sie gehetzt, der sie ein paarmal umherwarf, ohne sie zu töten. Jetzt verlangte der Pöbel den sofortigen Tod des Mädchens. Da kam ein Soldat und hieb ihr mit dem Schwert das Haupt ab. So errang die Heilige, ein herrliches Beispiel der Geduld und Standhaftigkeit bis zuletzt, die ewige Krone um das Jahr 165.

Bewundern wir den Heldenmut dieses so tapferen Mädchens!

TAGESHEILIGE: Marzellin PrM – Petrus M, † 303 – Erasmus BM, † 303 – Armin M – Stephan von Helsingland, Missionar und M in Schweden, † 1072 – Gerlach E zu Valkenburg (Holland), † 1170 – Adelgis Pr – Dagobert Kö – Dagmar – Photin BM – Sanktus, Vetius, Epagath, Maturus, Pontikus, Biblides, Attalus, Alexander M – Eugen P – Nikolaus Peregrin Bk.

3. JUNI *Klothilde*

Die Bekehrung der Franken und damit des ganzen germanischen Reiches knüpft sich an den Namen Klothilde. Sie war die Tochter des Burgunderkönigs. Von thronsüchtigen Verwandten wurden ihr Vater und Mutter ermordet und das Kind mußte im Hause des Mörders heranwachsen.

Mit viel Geduld ertrug sie ihr großes Leid und suchte Trost, indem sie sich der Armen annahm. Der Frankenkönig Chlodwig hörte von ihr; er sandte einen Freund als Bettler verkleidet. Wie dieser die schöne Jungfrau liebevoll die Almosen verteilen sah, war er entzückt und gab sich zu erkennen. Dann bat er im Namen seines Königs um ihre Hand. Mit Freuden willigte Klothilde ein. Im Jahre 493 fand die Vermählung statt. Chlodwig war noch Heide, doch legte er den religiösen Übungen seiner Gattin nichts in den Weg. Als aber der erste Sohn, der getauft war, starb und der zweite auch schwer erkrankte, machte er ihr Vorwürfe. Klothilde verzagte indes nicht. Sie trug den kleinen Prinzen in die Kirche und betete innig um seine Genesung. Wirklich wurde er wieder gesund. Ihr Tugendbeispiel und ihr Gebet beeindruckten schließlich doch ihren Gemahl. Als die Alemannen einfielen und die Schlacht von Zülpich (496) stattfand, da machte Chlodwig das Gelöbnis, sich taufen zu lassen, wenn er siegen werde. Nach dem erfolgten Sieg erfüllt er sein Versprechen. Die glückliche Frau wurde nun Führerin und Beraterin ihres Gatten im geistlichen Leben. Aus eigenem Antrieb, aber auch ihr zuliebe erbaute er viele Klöster und Kirchen. Nach dem allzufrühen Tod Chlodwigs im Jahre 511 kam neues Leid über die Königin. Sie hatte sich zwar ganz zurückgezogen und den Königspurpur mit dem Kleid einer Nonne vertauscht. Aber sie mußte zusehen, wie ihre eigenen Kinder, die sie im Glauben und christlichen Leben unterrichtet hatte, sich wegen der Königskrone blutig bekämpften. Der Kummer brach Klothilde das Herz. Am Grab des heiligen Martin zu Tours hauchte sie im Jahre 545 nach einem heftigen Fieber ihre Seele aus.

Diese Gattin und Mutter wird als Patronin zur Bekehrung irregegangener Ehegatten angerufen.

TAGESHEILIGE: Paula JM – Oliva J – Hildeburg W – Morand Mö zu Altkirch im Oberelsaß, † 1115 – Liphard Pr – Pergentin, Laurentin, Luzillian, Klaudius, Hypatius, Paul, Dionys, Isaak M – Cäcilius Pr – Davin Bk.

4. JUNI *Quirinus*

Das Christentum hatte sich in den römischen Provinzen in der zweiten Hälfte des dritten Jahrhunderts während der langen Friedenspause nach der großen Verfolgung unter Kaiser Valerian (253 bis 260) ausgebreitet. Es entwickelte sich überall ein reges kirchliches Leben. Das änderte sich mit einem Schlag, als Kaiser Diokletian (284 bis 305), angestachelt durch seinen

Mitkaiser Galerius, um 303 eine große Verfolgung begann. Aus dieser Zeit wird uns manches heldenhafte Beispiel erzählt von Christen, Geistlichen und Laien, die lieber alles hingaben, als ihrem Glauben untreu zu werden. Solch ein Glaubensheld war auch der Bischof Quirin von Sisseg. Er leitete seine Diözese gewissenhaft und treu und setzte als guter Hirte auch sein Leben für die ihm Anvertrauten ein. Hören wir, was die Überlieferung berichtet:

In Sisseg in Südslavien lebte um das Jahr 300 Quirinus als Bischof. Durch seinen Seeleneifer war es ihm gelungen, den größten Teil der Bewohner zur Lehre Christi zu führen. Ein blühendes kirchliches Leben hatte sich entfaltet. Da begann unter dem Kaiser Galerius im Jahre 303 eine blutige Verfolgung der Anhänger Jesu. Der kaiserliche Statthalter erhielt den Befehl, das Christentum mit allen Mitteln auszurotten. Zuerst versicherte er sich des Hirten, um die Herde dann um so leichter zerstreuen zu können. So wurde denn Bischof Quirinus ins Gefängnis geworfen und vor den Richter gestellt. Dieser suchte zuerst durch Schmeicheleien und Versprechungen den Heiligen von seinem Glauben abwendig zu machen. Allein Quirinus entgegnete ihm, was ihm das wohl nütze, wenn er ein paar Jahre länger lebe und dann in die ewige Pein eingehe. Der ergrimmte Statthalter ließ den Bischof geißeln. Dann verurteilte er ihn zum Tod. Man führte Quirinus an das Flußufer, band ihm einen Mühlstein um den Hals und stürzte ihn die Wellen. Nun zeigte aber, wie die Legende berichtet, Gott seine Macht. Quirinus ging nicht unter. Der schwere Stein schwamm wie Holz auf dem Wasser. Das Volk staunte und begriff, daß hier eine höhere Macht eingegriffen habe. Der Heilige begann vom Wasser aus zu predigen. Dadurch stärkte er nicht nur seine Glaubensgenossen im Glauben und in der Treue zu Jesus Christus, sondern bekehrte auch viele von den noch heidnischen Zuschauern; denn sie sagten sich: Wenn der Gott der Christen ein solches Wunder zu wirken vermag — so ist er eben wirklich Gott.

Enlich erhob Quirinus seine Hände zum Himmel und bat, Gott möge ihm die Krone des Martyriums nicht weiter vorenthalten. Dann versank er in den Fluten.

TAGESHEILIGE: Franz Caracciolo Bk, † 1608 – Rutilus M zu Steinamanger (Ungarn) – Werner A – Aretius, Dazian, Quirin M – Klateus BM – Saturnina JM – Metrophan, Optat, Alexander B – Hildebrand – Martialis BM.

Bonifatius

Am heutigen Tag feiert unsere Kirche das Fest des heiligen Bonifatius, jenes Mannes, der mit Recht der Apostel Deutschlands genannt wird. Es hatten zwar schon vor ihm Glaubensboten in unser Vaterland das Licht des Evangeliums gebracht, aber meist war ihre Arbeit wieder zerstört worden oder, wo christliche Gemeinden noch bestanden, da gab es doch kaum noch ein christliches Leben. Die wirkliche Bekehrung des deutschen Volkes zum Christentum, die endgültige Sicherung christlicher Kultur und Sitte, das straffe Zusammenfassen des kirchlichen Organismus, das alles ist fast allein das Werk des heiligen Bonifatius.

Er war als der Sohn eines englischen Edelmannes im Jahre 675 geboren und erhielt den Namen Winfrid. In jungen Jahren trat er mit heiligem Eifer in den Benediktinerorden ein. Sein Glaubensmut trieb ihn zur Missionsarbeit. Das stammesverwandte Deutschland hatte es ihm angetan. Seine neue Arbeit begann er in Friesland; drei Jahre lang predigte er und suchte Seelen für den Heiland zu gewinnen, aber leider fast vergeblich. Nun ging er nach Hessen. Bei einer Romreise wurde er vom Papste zum Bischof geweiht und erhielt den Namen Bonifatius. Nach seiner Rückkehr arbeitete er nun mit aufopferndem Eifer an der Bekehrung der Germanenstämme. Die Fällung der Donareiche bei Geismar war aber nur ein symbolisches Zeichen des Erfolges. Entscheidend war, daß die Glut der Wahrheit für jeden zu spüren war, dem er begegnete. Zu Tausenden ließen sich die Einwohner taufen und lebten nun in dem für sie neuen Licht des Evangeliums. Bonifatius gründete Kirchen und Klöster als Mittelpunkte der Mission. Das berühmteste ist Fulda. Im Jahre 748 übergab ihm der Papst das Erzbistum Mainz und die Organisation der Kirche in Deutschland. Doch der Eifer hielt den Bischof nicht lange in seiner Residenz. Im Alter von fast 79 Jahren reiste er nochmals nach Friesland. Am Pfingstfest des Jahres 754 wollte er dort zahlreichen Neugetauften die Firmung spenden. Aber eine Schar Heiden überfiel die Missionare und ermordete sie. Bonifatius erhob sein Evangelienbuch wie zum Schutz. Noch heute kann man das durchbohrte Buch sehen. Die Arbeit aber, die er mit seinem Blut besiegelt hatte, trug reiche Früchte. Sein Grab zu Fulda ist eine der größten Weihestätten der deutschen Katholiken.

TAGESHEILIGE: Erban BM in den Niederlanden, ruht in Erfurt, † 755 – Gundekar PrM – Meinwerk B von Paderborn – Marzian, Nikanor, Apollonius, Florentin, Julian, Cyriak, Marzellin, Faustin M – Dorotheus PrM – Sanzius, Zenais, Cyria, Valeria, Marzia M –Reginald PrM – Hildebrand M – Winfrid.

6. JUNI Norbert

Unter der Regierung des Kaisers Heinrich V. (1106 bis 1125) gab es große Zwistigkeiten mit der Kirche durch den sogenannten Investiturstreit. Der Kaiser besetzte gegen Zahlung von Geld die Bischofsstühle des Reiches. Dadurch kam gar mancher unwürdige Mann zum Bischofsamt, was sich als großes Unheil für das kirchliche und religiöse Leben erwies. Das schlechte Beispiel des Oberhirten wirkte natürlich auch verderblich auf die übrigen Kleriker. Allenthalben herrschten Luxus und eine laue Auffassung vom Amt des Priesters. Wenn in solcher Zeit ein großer Heiliger lebt, so dürfen wir glauben, daß hier die Gnade Gottes den Menschen zu Hilfe kam. In diesem Licht erscheinen Leben und Wirken des heiligen Norbert.

Es ist eine irrige Auffassung, daß heilige Menschen ohne Fehler und Sünden gewesen wären. Gerade sie haben erst durch langes Ringen und Kämpfen sich zur Höhe aufgeschwungen. Das gilt auch vom Heiligen dieses Tages: Norbert. – Er erblickte um das Jahr 1082 in Xanten das Licht der Welt und war ein Blutsverwandter des Kaiserhauses. Die Eltern bestimmten ihn für den geistlichen Stand. Seine Fähigkeiten und seine vornehme Geburt brachten ihn schnell zu hohen Ämtern: Chorherr in Xanten, Domherr in Köln und Hofkaplan Kaiser Heinrichs V. Die reichen Einkünfte aus diesen Ämtern ermöglichten ihm nicht bloß ein sorgenloses, sondern ein glänzendes Leben. Sein Herz gehörte mehr der Welt als Gott. – Aber es sollte für ihn eine heilige Gnadenstunde schlagen. Eines Tages im Jahre 1115 ritt er über Land; da schlug der Blitz hart neben ihm ein; das Tier scheute und warf den Reiter ab, der lange bewußtlos liegen blieb. Als er wieder zu sich kam und erkannte, wie nahe er dem Tod und dem Richterstuhl Gottes war, da faßte er den Entschluß: Ich will ein anderer Mensch werden – sofort.

Er entsagte der Welt mit ihren Reichtümern und Genüssen, tat strenge Buße, legte seine Benefizien nieder, verkaufte seine Güter und Häuser, gab alles den Armen und zog als Prediger durch Frankreich und Deutschland. Überall drängten sich heilsbegierige Scharen um ihn. Mehr noch als seine Worte wirkte sein Beispiel. Geschwächt und erkrankt durch die großen Strapazen seiner Reisen, zog er sich in die Waldeinsamkeit zurück und gründete den Orden und das erste Kloster der Prämonstratenser. Die Ordensregel wurde 1125 vom Papste bestätigt. Schon ein Jahr später wurde Norbert auf den erzbischöflichen Stuhl von Mageburg erhoben. Barfuß und schlecht gekleidet zog er in seinen Palast ein. Der Pförtner, der ihn nicht kannte, wollte ihn von der Türe weisen. Als Norbert sich aber als den neuen Erzbischof auswies, da war der Mann zutiefst erschüttert von der Demut und Armut seines neuen Herrn. Als Erzbischof hielt er treu zum Heiligen Vater und sah streng auf reine Sitten beim Klerus wie beim Volk. Nicht viele Jahre waren ihm als Oberhirten gegönnt. Schon 1134 starb er.

TAGESHEILIGE: Claudius B – Bertrand B – Iphigenia JM – Gutwal B – Ilga (Hilga, Helga) E, † 1115 in Schwarzenberg i. Bregenzerwald – Philipp Bk – Kandida, Paulina, Amantius, Alexander M – Alexander BM – Johann B – Gerhard Bk – Gilbert (Giselbert) A.

7. JUNI Gottlieb

Kaiser Karl der Große war sehr wählerisch im Aussuchen seiner Freunde und Vertrauten. Er besaß aber auch ein feines Gespür für charaktervolle Menschen. So erwählte er sich zu seinem Beichtvater den tugendhaften Priester Deochar. Später entsandte er ihn auch des öfteren als Königsboten; das war eines der verantwortungsvollsten Ämter des kaiserlichen Hofes. – Gottlieb (Deochar, Dietkar) wird zwar in keinem Heiligenregister geführt, aber sein Gedächtnis lebt heute noch, besonders in der Diözese Eichstätt. Ein Teil seiner Gebeine wurde später in die Sankt-Lorenz-Kirche zu Nürnberg gebracht, wo man ihm einen eigenen Altar errichtete. Das Altarbild zeigt den Heiligen als Beichtvater Karls des Großen. Gottlieb muß im frühen Mittelalter große Verehrung genossen haben. Der Name des Heiligen ist aufs engste mit dem Städtchen Herrieden in Mittelfranken verknüpft. Dort gab ihm der Kaiser einen Platz, wo er ein Kloster erbauen konnte, dem er als Abt vorstand. Als Mönch wie als Abt führte er ein äußerst zurückgezogenes strenges Leben. Gottlieb war ein leuchtendes Vorbild seiner Mitbrüder. Sein Ruf drang bald ins Land und viele kamen, um sich in der Nähe des Klosters anzusiedeln und dem klugen und mahnenden Worte dieses heiligmäßigen Mannes zu lauschen. Die Folge davon war, daß sein Kloster sich stark bevölkerte. Gegen die Armen und Notleidenden war er sehr wohltätig und zeigte großes Mitgefühl. Gerne segnete er die Kranken, und die alten Berichte melden, daß mancher durch seinen Segen geheilt wurde. Das trug noch mehr zu seiner Verehrung bei. Nach einem langen, an Selbstzucht, Gotteseifer und Liebe reichen Leben starb der heilige Abt um das Jahr 848. Sein Grab wurde hoch in Ehren gehalten und wurde bald zum Wallfahrtsort für unzählige Kranke und Schwache. Wie die Chronik meldet, trugen sich gar viele Heilungen zu. Unter Kaiser Ludwig dem Bayern wurde das Grab 1317 geöffnet, die Gebeine wurden in einen Marmorsarg gelegt und in die Kirche überführt. Einen Teil der Reliquien erhielt die Stadt Nürnberg. Dort wurde bis zur Reformation jedes Jahr mit den Reliquien eine feierliche Prozession gehalten. Ein anderer Teil der Gebeine kam nach Eichstätt. Im Jahre 1482 wurde dort das Grab geöffnet. Man wickelte die Überreste in feine Seide und legte sie in ein neues Behältnis.

Seine Liebe zum Mitmenschen und vor allem zu den „Mühseligen und Beladenen" soll uns heutigen Christen Mahnung und Auftrag sein!

TAGESHEILIGE: Paulus BM – Gottschalk Fürst M und Eppo PrM, wurden gemartert in Lenzen (Brandenburg) 1066 – Lykarion, Valabonsus, Sabinian, Vistremund, Habentius, Jeremias M – Petrus PrM – Robert A – Columba A – Maria Antonia Gianelli Bk.

8. JUNI
Tagino

Aus Bayern stammend, gehörte Tagino zur Zeit des heiligen Wolfgang zu den Klerikern an der Domkirche zu Regensburg. Bischof Wolfgang liebte ihn ob seines trefflichen Lebenswandels wie einen Sohn und machte ihn zu seinem Hausverwalter. Als Wolfgangs letzte Stunde kam, sagte er ihm voraus, daß er zehn Jahre später zu noch hoher Würde gelangen werde. – Tagino wurde nach dem Tode Wolfgangs zum Bischof von Regensburg erwählt, allein vom Kaiser nicht bestätigt. Dafür kam er an den Hof Heinrichs des Heiligen und wurde diesem gar bald wegen seines Edelmutes und seiner christlichen Weisheit sehr lieb. Es hatten sich zwei Heilige zusammengefunden. Getreulich erfüllte Tagino seine Pflichten, die ihm der Dienst beim Kaiser vorschrieb. Als der Bischof von Merseburg starb, trennte der Kaiser das von diesem bisher verwaltete Erzbistum Magdeburg ab und übergab es Tagino. Das war genau zehn Jahre nach dem Tode Wolfgangs von Regensburg. Der päpstliche Legat, Erzbischof Willigis von Mainz, erteilte Tagino die Bischofsweihe. Das hohe Amt eines Erzbischofs verwaltete Tagino vom Jahre 1002 bis 1012 in aller Treue und Frömmigkeit als ein glückliches, glaubhaftes Vorbild gottseligen Lebens. In jenem Jahr wollte Tagino zu Merseburg, da auch der Kaiser anwesend war, das heilige Hochamt halten. Allein plötzlich wurde er von solcher Schwäche befallen, daß er glaubte, sterben zu müssen; er ließ sich daher die heiligen Sterbesakramente spenden. Dem Kaiser sagte er für all das erwiesene Gute Dank und nahm Abschied von ihm. Nun wollte er sich in sein Schloß Wittgenstein tragen lassen, starb aber unterwegs, nachdem er noch seinen Dompropst Walthard zu seinem Nachfolger bestimmt hatte, gottergeben eines seligen Todes. Bischof Dietmar von Merseburg hat ihm einen Grabstein setzen lassen, worauf die großen Verdienste des Verstorbenen erwähnt wurden.

Leben und Tod des Heiligen ermahnen uns, allzeit unserer Berufung zu einem christlichen Leben treu zu bleiben.

TAGESHEILIGE: Wilhelm B – Medard B zu Soissons – Gildard B zu Rouen – Klodulf B von Metz, † 695 – Severin B – Maximin, Heraklius B – Kalliope M – Sallustian, Viktorin Bk.

9. JUNI *Anna Maria Taigi*

Die Französische Revolution (1789) und die folgende Napoleonische Zeit hatten über ganz Europa Unordnung und Aufruhr gebracht. Dazu kam durch die Kriegsläufte allenthalben viel Not und Elend. In solchen Sturmzeiten sind Menschen, die Geist und Sinn allein auf Gott richten, wie Leuchttürme über einem wilden Meer. Bedeutsamerweise sind es meist recht stille und im Verborgenen lebende Menschen. Von dieser Art war auch Maria Taigi. Sie wurde zu Siena am 29. Mai 1769 als das Kind verarmter Apothekerseheleute geboren. Als sie sechs Jahre alt war, mußten die Eltern die Heimat verlassen und zogen nach Rom, um dort Brot und Arbeit zu finden. Sie wohnten im Armenviertel der Großstadt. Als Kind wurde dort Anna Maria der Liebling aller. Da sie sehr schön war, wollte sie sich gerne der Eitelkeit hingeben. Allein ihre fromme Mutter wußte rechtzeitig dem Übel zu steuern. Anna Maria wurde Kammerjungfer bei der Dame, bei der ihre Mutter Aufwärterin war. Hier wurde sie vom Licht der Gnade erfüllt. Sie erkannte die Gefahr, die ihr drohte und faßte den Entschluß zu heiraten. Sie bat Gott, er möge ihr einen verständigen und braven Mann geben. Wirklich erhielt sie auch einen guten Gatten, den Diener jener Dame. Dominikus Taigi. Anna Maria war ein Segen im Hause ihres Mannes. Mit regem Eifer erfüllte sie alle hausfraulichen Pflichten; liebevoll, sanftmütig, treu, wachsam und wirtschaftlich unterließ sie nichts, was zu einem guten Haushalt gehört. Ihr Gatte war rauhen Gemütes, aber ihre Sanftmut überwand die Ausbrüche des Zornes und, jede Unbill mit Schweigen ertragend, war sie beflissen, ihren Mann glücklich zu machen. Sie wurde Mutter von sieben Kindern. Inmitten der großen Aufgaben, die ihr die Erziehung ihrer Kinder auferlegte, war sie nimmermüde vom Morgen bis zum Abend und lebte ihnen ein frommes, gottergebenes Leben vor. Sie gönnte sich keine Ruhe;

unter Arbeit und Gebet verbrachte sie zurückgezogen von der Welt ihre Tage im Kreis ihrer Kinder. Man sah an ihr keine außergewöhnlichen Zeichen von Frömmigkeit. Sie lebte als Frau eines einfachen Arbeiters in häuslicher Stille dahin. Gott hatte ihr ein ungemein zartes Gewissen gegeben und machte sie dadurch auf jeden, auch den kleinsten Fehler, aufmerksam. Und Gott verlieh dieser einfachen Frau die Gabe der Krankenheilung. So befreite sie durch Gebet die Königin von Etrurien von der hinfallenden Krankheit. Nach langem, mit größter Geduld ertragenem Leiden starb Anna Maria im Jahre 1837.

TAGESHEILIGE: Primus, Felizian M, † 303 – Pelagia J M – Tagino B von Magdeburg, † 1012 – Heinrich Michael Buch, Schuhmacher in Arlon (Luxemburg), † 1666 – Vinzenz M – Maximian, Richard B – Kolumbus Pr – Julian, Adleida, Lupus Bk.

10. JUNI *Margarita*

Auch auf Königsthronen bleibt den Menschen das Elend und die Not nicht erspart. Margarita lernte es kennen. Wegen der Thronstreitigkeiten in England flüchteten ihre Eltern nach Ungarn. Dort wurde die Heilige geboren. Schließlich kehrte ihr Vater wieder zurück, um die ihm rechtlich zustehende Krone Englands zu tragen. Jedoch er mußte abermals fliehen. Auf der Flucht strandete das Schiff und wurde an die Küste Schottlands geworfen. Es gab dort langwierige Kämpfe zwischen den einzelnen Parteien. Margarita hatte sich fast ganz zurückgezogen und gab den Einwohnern in jeder Hinsicht ein leuchtendes Beispiel. Sie hatte in ihrer frühen Jugend gelernt, den trügerischen Schimmer weltlicher Pracht zu verachten und die eitlen Vergnügungen als Gift anzusehen. Nur im Besitz der göttlichen Liebe fand sie ihr Genügen. Da sie in den Armen die Brüder Christi sah, benutzte sie jede Gelegenheit, ihnen zu dienen, sie in ihrem Kummer zu trösten und für ihre Bedürfnisse zu sorgen. König Malcolm, auf den dies einen starken Eindruck machte, bat sie, seine Frau zu werden. Margarita gab ihre Einwilligung. Und so wurde sie im Jahre 1070 zur Königin von Schottland gekrönt. Margarita gewann durch ihr zuvorkommendes Wesen bald das Herz ihres Gatten. Dieses Einflusses bediente sie sich nun, um das Aufblühen von Religion und Gerechtigkeit zu fördern, zur Beglückung des Volkes zu wirken und ihrem Gemahl jene Gesinnungen einzuflößen, die ihn schließlich zu einem der besten Könige Schottlands machten. Sie milderte die Härte seines Charakters, bildete die Schärfe seines Geistes, verfeinerte mit Anmut seine Sitten und erweckte in ihm Achtung und Liebe für die Lehren des Evangeliums. Margarita wußte inmitten des Hoflebens klaren Geist zu bewahren und sich vor den Gefahren weltlicher Zerstreuung zu schützen. Der Ehe entsprossen sechs Kinder, die ihren Eltern viel Freude bereiteten. Ein Jahr vor ihrem Tode wurde Margarita von einer sehr schmerzvollen Krankheit heimgesucht. Sie ertrug Leid und Schmerz geduldig und heiter im Blick auf Gott. Am 16. November 1093 starb sie im Herrn. Vorbild einer klugen, frommen, lebenstüchtigen Frau und Mutter sei uns die Heilige!

TAGESHEILIGE: Maurinus AM in Köln – Bardo von Oppertshofen, sel., Mö in Wetterau (Oberhessen), B von Mainz, † 1051 – Landerich B – Diana J – Getulius, Corealis, Amantius, Primitivus, Basilides, Tripus, Mandal M – Timotheus BM – Zacharias, Krispul, Restitut, Aresius, Rogat M – Asterius, Maximus, Censurius B – Elmo Mö – Theophil B.

11. JUNI Barnabas

Barnabas wird von den ersten Kirchenvätern und vom heiligen Lukas Apostel genannt, obgleich er keiner der Zwölfe war. Er stammte aus Zypern, wo seine Eltern ein großes Landgut besaßen. Sankt Hieronymus berichtet, daß ihm die Apostel den Namen Barnabas gaben, was „Sohn des Trostes“ heißt, weil er Menschen im Unglück sehr liebreich und freundlich zu trösten verstand. Wahrscheinlich war er einer der ersten, die dem Heiland als Jünger nachfolgten. Die Apostelgeschichte gedenkt seiner sehr ausführlich. Die ersten Christen verteilten ihre Güter unter sich, und als deren Verwalter wird ausdrücklich Barnabas genannt, weil er selbst seine großen Reichtümer den Armen zur Verfügung gestellt hatte. Aufs engste ist Barnabas mit dem heiligen Paulus verbunden. Er war es, der drei Jahre nach der Bekehrung Pauli diesen nach Jerusalem brachte und den Aposteln empfahl. Seine Empfehlung hatte solches Gewicht, daß Petrus selbst den Paulus fünfzehn Tage bei sich behielt. Als es nun notwendig wurde, zu den Neubekehrten in Antiochien einen Mann mit höherer Gewalt zu senden, da fiel die Wahl auf Barnabas. Mit der bischöflichen Würde ausgestattet, eilte er dorthin, bestärkte die Christen im Glauben und ordnete die kirchlichen Verhältnisse. Da ihm aber die Arbeit zu schwierig wurde, holte er sich Paulus als Gehilfen. Zu Antiochien tauchte zum erstenmal der Name „Christen“ auf. Die Bibel nennt Barnabas einen Mann voll des Glaubens und des Heiligen Geistes. Auf den Missionsreisen bleibt Barnabas bescheiden immer im Hintergrund, während der wortgewaltige Paulus in das helle Licht tritt, aber er arbeitete und ertrug mit diesem die gleichen Leiden, Verfolgungen, Verhöhnungen, Verachtungen, ja sogar Steinigungen. Später trennten sich beide Glaubensboten. Barnabas eilte in seine Heimat Zypern, um auch dort das Evangelium zu verkünden. Nach anfänglichen Erfolgen wurde er von den haßerfüllten Juden ergriffen und gesteinigt.

TAGESHEILIGE: Felix, Fortunat M – Roselina JN – Rembert B von Bremen-Hamburg, † 888 – Parisius Bk – Flora J.

12. JUNI *Onuphrius*

Von diesem heiligen Einsiedler erzählte der Eremit Paphnutius ausführlich, daß er ihn eines Tages in der Wüste getroffen und Onuphrius ihm seine Lebensgeschichte erzählt habe. Er war der Sohn eines Fürsten in Abessinien. Als er sechs Jahre alt war, wurde sein Vater ermordet, Onuphrius aber durch einen Kaufmann in ein Kloster nach Aegypten gebracht. Einmal las er ein Buch über das Leben und Wirken des heiligen Johannes des Täufers. Das beeindruckte ihn tief und es erwachte in ihm der Entschluß, auch so zurückgezogen zu leben. Währen einer stillen Nacht verließ er sein Lager, nahm ein wenig Brot und Gemüse und ging fort in die Wüste, einzig auf die Hilfe Gottes vertrauend. Plötzlich sah er ein hellstrahlendes Licht vor sich. Als er sich schon zu fürchten begann, trat aus diesem Lichte sein Schutzengel, der ihm sagte, er bleibe bei ihm und begleite ihn auf der Reise. Vierzehn Tage war er gewandert, als er an eine Schlucht kam, in der ein Einsiedler hauste. Dieser nahm ihn liebevoll auf, gab ihm Unterricht im Einsiedlerleben und belehrte ihn, wie man die Nachstellungen des Teufels am besten überwinden könne. Sodann gingen beide noch weiter in die Wüste und der Einsiedler zeigte Onuphrius eine armselige Höhle, bei der sich einige Palmen und eine Quelle befanden. Hier lebte er ganz einsam. Hart waren die Prüfungen, die Gott über ihn verhängte. Aber auch höchster Trost ward ihm zuteil. Alle Sonntage brachte ihm sein Schutzengel den Leib des Herrn. Der Heilige lebte ganz anspruchslos, ein Lendenschurz aus Palmenblättern war seine Kleidung. So mußte er bei Tag die oft schreckliche Hitze der Sonne und bei Nacht die empfindliche Abkühlung erdulden. Seine Beschäftigung war das Gebet, dem er sich ganz hingab. Die Psalterschnur kam nicht von seinen Fingern, das Kreuz des Herrn konnte Onuphrius stundenlang betrachten und mit ihm Zwiesprache halten. In sechzigjährigem Einsiedlerleben wuchs Onuphrius zum großen Heiligen heran, dem Meister der Erholung des Geistes und der

Seele durch die Überwindung aller menschlichen Gelüste. Paphnutius stand ihm in seiner letzten Stunde bei. Der Leichnam wurde feierlich in einem Kloster begraben. Als Herzog Heinrich der Löwe auf einem Kreuzzug nach Aegypten kam, nahm er eine Reliquie des Heiligen mit nach München.

Selbstverleugnung ist die beste Waffe gegen den bösen Feind! In unserer Zeit, selbst in christlichen Kreisen, wird die Tugend der Enthaltsamkeit gar wenig geachtet. Und doch ist sie ein Grundpfeiler des Glückes.

TAGESHEILIGE: Johannes a Sancto Facundo Bk, † 1479 – Basilides, Cyrinus, Nabor, Nazarius Sold. M, † 305 – Odulf, Pfarrer zu Utrecht, † 865 – Adalbero B von Augsburg, sel., † 909 – Kunera JM zu Utrecht – Eskil B von Strengnäs (Schweden), † 1076 – Antonian M – Leo III. P, † 816 – Olympius, Anuphrion B – Marinus, Vimius, Zirnius E – Guido Mö.

13. JUNI *Antonius von Padua*

Mehr als 700 Jahre sind seit seinem Tod vergangen und doch bleibt er auch für uns, was er immer war: ein Volksheiliger wie wenige, geliebt und verehrt ob seiner Herzensgüte, der Kraft seines Geistes, der nie ermüdenden Liebe zum Mitmenschen und über allem – ob seiner wie das Feuer lebendigen Frömmigkeit. Er wurde in Portugal im Jahre 1195 als der Sohn eines adligen Offiziers geboren und auf den Namen Ferdinand getauft. Schon das Kind überraschte seine Eltern und Verwandten durch Klugheit, Lebhaftigkeit und schnelles Lernen. Die vornehme Geburt und die überreichen Talente hätten den Knaben eine hohe Stellung in der Welt leicht gewinnen lassen. In der Schule der Augustinerchorherren kam der feurige südländische Junge aber zum Nachdenken über den Wert und das Ziel des Lebens. So begann er mit aller Energie seinen Geist zu schulen, sein Herz zu weiten, seine Triebe zu bändigen. Diese Selbsterziehung war ihm so heilig ernst, daß er immer stiller wurde und schließlich um die Aufnahme in den Orden bat: aus freiem Entschluß wandte er sich von den Ehren und Freuden der Welt ab. In Coimbra begann er sein geistliches Leben in der Gemeinschaft der Augustinerchorherren. Eben damals wurden die Gebeine der ersten Franziskanermartyrer aus Afrika in die portugiesische Heimat herübergebracht. Dieses Ereignis ergriff ihn so sehr, daß er mit ganzer Seele danach verlangte, als Missionar nach Tunesien zu fahren. Mit der Erlaubnis seines Oberen trat er dem Orden der Franziskaner bei. Im Kloster erhielt er den Namen Antonius, ehe er die Schiffsreise nach Afrika antrat. Während der Überfahrt erkrankte er schwer und das Schiff wurde im Sturm nach Sizilien verschlagen. Dort blieb

er als Seelsorgshelfer eine Weile, aber dann trieb es ihn nach Assisi zum heiligen Franz. Diese Begegnung wurde für ihn das eigentliche große Lebensgeschenk. Er bat Franz, bei ihm bleiben zu dürfen und lernte in dieser Zeit unendlich viel für sein eigenes Denken und Tun. Zunächst fiel Antonius unter seinen Mitbrüdern nicht auf, aber da er einst bei einer Priesterweihe unvorbereitet predigen mußte, erstaunten alle über die Macht und die innere Wahrheit seines Wortes; mit diesem Tag begann sein Wirken als begnadeter Verkünder der Lehre Christi. Wo er auch predigte, kam das Volk in hellen Scharen, um ihm zu lauschen. Als Prediger durchwanderte der junge Priester Italien, Spanien, Frankreich, überall lehrend, bekehrend und durch hilfreiche Tat die Menschen zum Guten führend. Es war damals die Zeit der sogenannten Katharer-Bewegung (der Albigenser), einer Irrlehre, die alle menschliche und göttliche Ordnung bedrohte. Im Kampf gegen sie bewährte sich Antonius' Gelehrsamkeit; denn er konnte die Irrtümer von Grund auf widerlegen und Tausenden die schon gefährdete Klarheit des Geistes und des Glaubens wieder geben. Durch seine tiefgreifende Erkenntnis in der Deutung der geoffenbarten Wahrheit wurde er so auch zum Kirchenlehrer. Aber nach dem Zeugnis vieler Zeitgenossen hat er vielleicht sein Größtes im Verborgenen, im Beichtstuhl, durch Trost, Anleitung und Hilfe getan. Gott verherrlichte den Heiligen schon zu Lebzeiten durch Wunder. Erschöpft von seiner rastlosen Seelsorgetätigkeit starb er im Jahre 1231. Schon ein Jahr später wurde er heiliggesprochen. (Meist wird er mit dem Jesuskind auf den Armen abgebildet; denn nach der Legende hat ihm Maria einst das Christkind dargereicht.)

Als man den heiligen Antonius aus dem Grab hob, zeigte sich, daß seine Zunge völlig unversehrt war. Eine kostbare Reliquie besitzt die St.-Anna-Kirche zu München.

TAGESHEILIGE: Felicula JM – Aquilina JM – Rambert M bei Lyon, † 680 – Peregrin BM – Fortunat, Luzian M – Fandila PrM – Thiphyllius B.

14. JUNI Basilius der Große

Der Apfel fällt nicht weit vom Stamm. Dieses Wort kann man auf das Leben des großen Bischofs und Kirchenlehrers Basilius anwenden. Die Eltern werden als Heilige verehrt, die Großmutter hatte unter Kaiser Maximin grausame Peinigungen für den Glauben erlitten. Als er im Jahre 330 zu Cäsarea geboren wurde, war zwar dem Christentum die Freiheit gegeben, doch die Erinnerung an schreckliche Verfolgungen lag noch in aller Gemüter. Basilius erhielt von seinen Eltern ausgezeichneten Unterricht im Glauben und in den Wissenschaften. Als er die Schulen der geschicktesten Lehrer in Cäsarea durchwandert hatte, ging er nach Konstantinopel zu dem Lehrer Libanius, der einer der mächtigsten Männer des Staates war. Dieser große Meister der Beredsamkeit wußte die Anlagen des Jünglings trefflich zu fördern. Auf der Hochschule zu Athen schloß er innige Freundschaft mit dem später berühmten Gregor von Nazianz. Nach Beendigung seiner Studien kehrte er in seine Vaterstadt zurück und eröffnete eine Schule der Beredsamkeit. Da er aber merkte, daß die Gefahr, er könnte wegen seiner vielen Erfolge stolz werden, groß war, verließ er alles und zog sich in die Einsamkeit zurück. Mit Eifer widmete er sich geistlichen Übungen. Im Jahre 362 wurde Basilius in Cäsarea zum Priester geweiht. Schließlich drängte ihn das Volk zur Annahme der Bischofswürde. Nun war Basilius am richtigen Platz. Es gab in jener Zeit sehr viele, die Irrlehren anhingen und die Gottheit Christi leugneten. Auch der kaiserliche Hof suchte mit allen Mitteln den katholischen Glauben zu vernichten. Wie ein Fels stand Basilius in den brandenden Wogen der Weltmeinungen. Ja, als kaiserliche Gesandte kamen, um auch ihn zum Abfall zu bewegen, entgegnete er ihnen unerschrocken, daß ihn nichts auf Erden von der Wahrheit seines katholischen Glaubens abbringen können. Als die Gesandten mit Marter und Tod drohten, verlachte er sie. Denn, sagte er, viel Marter würde sein schwacher Leib nicht aushalten und den Himmel lasse er sich wegen ein paar Jahren Erdenlebens nicht rauben. – Im Jahre 379 starb er eines seligen Todes.

Basilius mahnt jeden Christen: Weg mit aller Menschenfurcht!

TAGESHEILIGE: Valerius M – Hartwig B, sel., von Salzburg, † 1023 – Digna M – Marzian BM – Rufin, Anastasius, Felix M – Methodius, Ätherius, Quinktian B – Botolf A – Lothar B, † 255 – Richard v. St. Vannes A.

15. JUNI *Germana*

Verkannt und verachtet von den Menschen, mißverstanden und mißhandelt von den eigenen Angehörigen, aber begnadet von Gott, so lebte Germana, ein armes Hirtenmädchen aus Toulouse (Südfrankreich). Sie stammte von armen, aber rechtschaffenen Eltern und wurde im Jahre 1579 in Pibrac geboren. Die braven Eltern erzogen das Mädchen in aller Liebe. Solange die Mutter lebte, ging es Germana gut. Aber wenige Jahre nur währte dieses Glück. Dann heiratete der Vater ein zweites Mal. Und nun begann für das arme Kind ein Leben voller Leiden. Die Stiefmutter liebte nur ihre eigenen Kinder; Germana wurde vernachlässigt und verachtet. Das arme Kind litt seit der Geburt an Ausschlägen und hatte einen verrenkten Arm. Trotz ihres Gehorsams erntete sie nur schlimme Worte und Schläge. Auch der Vater ließ sich von der Stiefmutter beeinflussen und wies das Kind aus dem Hause. Damals war Germana neun Jahre alt. Sie mußte ihr Leben auf dem Felde und in Wäldern als Hirtin zubringen. Was muß sie dabei gelitten haben, im Winter eisige Kälte, im Sommer Hitze, Stürme und Regen. Ihr Gewand war zerschlissen, ihr Essen gering. Täglich bekam sie von der Stiefmutter ein Stück Brot für den ganzen Tag. Kam sie abends todmüde nach Hause, so durfte sie nicht in die Stube zu den anderen Kindern; sie mußte im Stall in einem Winkel bleiben. Germana ertrug alles mit unbesiegbarer Geduld. Weil sie den Heiland liebte, freute sich ihr unschuldiges Herz, daß auch sie zu leiden hatte. Daher hörte man von ihr nie ein Wort der Klage; sie war ruhig, ja sogar heiter. Täglich ging sie zur heiligen Messe, mochte das Wetter noch so schlecht sein. Auf der Weide hatte sie sich einen Baum ausgesucht und daran ein

Kreuz aus zwei Holzstäbchen befestigt. Davor betete sie. Auch die Gottesmutter verehrte sie sehr. Die Kinder sammelte sie gern um sich und unterrichtete sie im Glauben und Beten. Im Jahre 1601 starb Germana. Da sich an ihrem Grab viele Wunder ereigneten, wurde sie seliggesprochen.

TAGESHEILIGE: Vitus, Modestus, Kreszentia M, † 305 – Bernhard v. Menthon, Gründer des Hospizes auf dem Sankt Bernhard, † 1008 – Isfried B von Ratzeburg, † 1204 – Lothar B von Seez, ein gebürtiger Deutscher, † 756 – Eigil A zu Fulda, † 822 – Jolanda N, † 1298 zu Gnesen – Hesychius, Dulas, Benildes, Lybia, Eutropia M – Landelin A – Abraham Bk – Edburg W N – Leonis M.

16. JUNI Benno

Es war eine arge Zeit, in der Benno lebte. Kaiser Heinrich IV. war einer der schlimmsten deutschen Kaiser. Zügellos, rachsüchtig, habgierig, nur auf seine Macht und seinen Vorteil bedacht. Dazu betrieb er die Simonie, den Verkauf geistlicher Würden, in schamloser Weise. Er mußte deshalb mit der Kirche in Konflikt kommen. Des öfteren verfiel er dem Kirchenbann. Und Benno mußte darunter leiden, da er die Partei der Gerechtigkeit ergriffen hatte und zum Papste hielt. Zweimal mußte er sein Bistum verlassen und in die Fremde ziehen. Erst das Ende seines langen Lebens war friedvoll.

Benno wurde im Jahre 1010 zu Hildesheim geboren. Sein Vater war ein sächsischer Edelmann. Schon im Alter von fünf Jahren wurde er seinem Vetter, Bischof Bernward, zur Erziehung übergeben. Als dieser während seiner letzten fünf Lebensjahre ans Krankenlager gefesselt war, wurde ihm Benno Trost und Freude. Vor seinem Tod segnete er den Jüngling und gab dem Prior Wigert den Auftrag, für ihn zu sorgen. Benno fand soviel Gefallen am Klosterleben, daß er mit achtzehn Jahren selbst das Kleid des heiligen Benedikt anzog. Seine Zeit teilte er zwischen eifrigem Studium der heiligen Schriften, Beten, Wachen und Fasten. Im fünfundzwanzigsten Jahre wurde er zum Priester geweiht. War er schon als Jüngling ein Musterbild von Unschuld und Reinheit, so vereinigte er jetzt, da sich die Gnade des Priestertums in seine Seele ergossen hatte, alle priesterlichen Tugenden in sich: Demut, Milde, Geduld, Liebe zu den Armen, Selbstzucht. Nach dem Tode des Abtes wurde Benno zu dieser Würde erhoben; kurze Zeit darauf wurde er Domherr in Goslar und kaiserlicher Hofkaplan, nach weiteren siebzehn Jahren Bischof von Meißen. Während der Feierlichkeiten im Jahre 1066 konnte Benno den Tränen nicht wehren, da er sich für ganz unwürdig hielt, ein solches Amt zu übernehmen. In der Folge aber erwies er sich in Weisheit,

Güte und Sorge als ein wahrhaft großer Seelsorger. Benno wird meist mit einem Fisch dargestellt. Die Legende berichtet: Der Kaiser Heinrich IV. war wegen seines Kampfes gegen den Papst in den Kirchenbann gefallen. Da Benno in geistlichen Dingen nicht dem Kaiser gehorchen wollte und konnte, mußte er sein Bistum verlassen. Damit nun der Kaiser nicht in die Kirche eintreten könne, warf Benno die Kirchenschlüssel in die Elbe. Nachdem aber der heldenhafte Bekennerbischof wieder zurückkehren konnte, brachte man ihm einen Fisch, in dessen Inneren sich die Schlüssel befanden. Am 16. Juni 1106 starb der greise Bischof eines seligen Todes. Sein Andenken wurde durch viele Wunder verherrlicht. 1523 wurde er heiliggesprochen. Da Sachsen vom katholischen Glauben abgefallen war, erbat sich der Herzog von Bayern den Leichnam des Heiligen und setzte ihn im Jahre 1576 feierlich in der Frauenkirche zu München bei. Seitdem gilt St. Benno als einer der Schutzpatrone Altbayerns. St. Bennos Treue zur Kirche ist für alle Zeiten beispielgebend.

TAGESHEILIGE: Ludgard (Luitgart) J von Brabant – Johannes Franz Regis Pr – Aureus B von Mainz, M – Jolenta, sel., N in Alt-Sander (Galizien), † 1298 – Gebhard B – Ferreolus, Ferrutio, Quirikus, Julitta, Aureus, Justina M – Tycho B – Similian – Mechtundis JM – Cechard B – Reineldis (Reinhilde) JM.

17. JUNI *Ramwold*

In Not und Entbehrung zeigt sich der Mann. Die Wahrheit dieses Wortes erwies sich im Leben des Priesters Ramwold. Er stammte aus einem schwäbischen Grafengeschlecht und wurde im Jahre 901 geboren. Sein nächster Verwandter war Wolfgang, Bischof von Regensburg. Seine Zeit verwendete Ramwold gut, um sich in allen Wissenschaften auszubilden; er wurde dann Kaplan zu Trier. Da zeichnete er sich schon durch seine stille Frömmigkeit und seine unübertreffliche Liebe zu den Armen aus. Almosengeben ging ihm über alles. Ramwold war zu Trier ins Kloster eingetreten. Bischof Wolfgang holte sich ihn als ersten selbständigen Abt des Klosters Sankt Emmeram. Er hatte den richtigen Mann gewählt, denn Ramwold war ebenso eifrig in der Caritas wie in der Seelsorge. Für die zahlreichen Fremden und Wanderer baute er zwei Häuser, in denen sie Unterkunft und Verpflegung erhalten konnten; ebenso sorgte er für die Kranken und Krüppel auf das liebevollste. Aber er hielt dies nicht für genügend, sondern pflegte die Elenden mit eigener Hand wie ein barmherziger Samaritan. Gott, dem er alles zuliebe tat, prüfte ihn in seinem Alter sehr hart. Ramwold bekam ein Augenleiden, das sich immer mehr verschlechterte, und schließlich erblindete er ganz. Er ertrug auch dieses harte Geschick mit großer Geduld und pries Gott dafür wie der Dulder Job. Trotz seiner Blindheit leitete er das Kloster auch weiterhin weise und liebevoll. Noch andere Bürden wurden ihm auferlegt. Der Kaiser, bei dem er verleumdet wurde und in Ungnade fiel, verwies ihn aus dem Kloster. In Trier fand er Unterkunft. Aber bei seiner Rückkehr nach Regensburg erhielt er während des Gebetes vor dem Gekreuzigten sein Augenlicht wieder. Im Alter von einhundert Jahren wurde Ramwold während der heiligen Messe plötzlich ohnmächtig; er starb an den Stufen des Altars im 17. Mai 1001. Alte Schriften erzählen, daß sich an seinem Grab zahlreiche Wunder ereigneten.

Wenn uns ein hartes Schicksal trifft, so wollen wir unseren Blick nach dem Beispiel Ramwolds auf den Gekreuzigten richten! Zugleich möge uns das Leben des Heiligen stets zu tätiger Nächstenliebe aneifern! Denn diese ist immer entscheidend für jeden wahrhaftigen Christenmenschen.

TAGESHEILIGE: Rainer Bk – Adolf B von Maastricht, † 8. Jahrhundert – Folkmar B M – Euphemia J, sel., Schwester der sel. Mechthildis von Dießen, Ae zu Altomünster – Badulf A, † 8. Jahrhundert – Batho von Andechs, sel., Statthalter in der Ostmark – Montan, Nikander, Marzian, Manuel, Sabel, Ismael, Isaurus, Innozenz, Felix, Jeremias, Peregrin M – Himer, Gundolf B – Avitus, Hypat Bk – Bessarion E – Alena J – Herväus E.

18. JUNI Ludgard

Von zartester Liebe zu ihrem Heiland durchdrungen, konnte sich Ludgard nicht genug tun in Werken der Liebe und der Selbstüberwindung: wer vom Quell lebendigen Wassers einmal getrunken, der kehrt immer wieder, dem läßt es keine Ruhe, bis seine Sehnsucht nach dem Born der Freude stets von neuem gestillt wird. – Ludgard war im Jahre 1182 geboren und allem menschlichen Ermessen nach einmal zu einem geruhsamen bürgerlichen Leben bestimmt. Ihre Eltern waren angesehene Kaufleute in den Niederlanden. Als der Vater allzufrüh starb, hinterließ er ein großes Vermögen; er hatte es einem befreundeten Kaufmann zur Verwaltung übergeben. Ludgard, ein lebensfrohes Kind, freute sich der glänzenden Zukunft und träumte vom kommenden Glück an der Seite eines geliebten Mannes. Es kam anders. Das ganze Vermögen ging verloren und damit die Aussicht auf irdisches Glück. Viele wären in einem solchen Fall verzweifelt oder doch todunglücklich gewesen. Ludgard aber besaß eine fromme Mutter. Und diese lenkte den Sinn des enttäuschten Kindes auf den, der niemals enttäuscht, auf Gott. Nicht ohne

Kampf vollzog sich die völlige innere Wendung; aber dann blieb Ludgard um so konsequenter. Nachdem sie die Augen für die Erhabenheit der ganzen Hingabe an Gott geöffnet, genügte ihr selbst die Regel des Benediktinerordens nicht; erst im Zisterzienserinnenkloster Avières bei Brüssel, in das sie 1206 eintrat, fand ihre Sehnsucht Erfüllung. Der Herr, der sie zur Heiligkeit erwählt hatte, führte sie durch den Feuerofen des Leidens. Mit Freude und Dank nahm sie die Prüfungen hin. Je mehr ihrem Geist die Herrlichkeit Gottes aufging, desto deutlicher ahnte sie das Geheimnis der Sünde. Alles opferte sie zur Bekehrung der Sünder auf. Gott lohnte ihre Hingabe mit zahlreichen Gnadenerweisen. Ludgard leuchtete als Vorbild der Geduld, Ausdauer und Frömmigkeit bis an ihr seliges Ende am 16. Juni 1246. (Ihr Fest wird am 16. Juni gefeiert.)

Der Heiland hat einmal gesagt: „Niemand verläßt um meinetwillen Haus, Bruder, Schwester, Mutter, Kind oder Acker, ohne daß er alles hundertfach wieder erhält.“ Damit ist die christliche Nachfolge des Herrn ausgedrückt. Der Lohn für die Hingabe seiner selbst an Christus aber ist immer Glück und schließlich das ewige Leben. Das mag auch uns ein Ansporn sein, dem Heiland zuliebe kleine Opfer auf uns zu nehmen.

TAGESHEILIGE: Markus, Marzellian M, † 300 – Amandus B – Elisabeth von Schönau Ae in Bingen, † 1164 – Willebrand H – Maria Dolorosa JM zu Brabant, † 1290 – Ephräm der Syrer EKl, † 343 – Gerland, Deutschordensritter, sel., † 1250 – Cyriak, Paula, Leontius, Ätherius M – Marina JM – Kalozerius E – Emil – Theodul M – Autbert (Obert) B.

19. JUNI Rasso

Kriegsheld und Ordensmann: wie stimmt das zusammen? Das Leben des heiligen Rasso zeigt, daß man auch als tapferer Streiter fromm und demütig sein kann. Rasso (oder Ratho) entstammte dem berühmten Grafengeschlecht von Andechs. Er war ein Riese von Gestalt (2,50 m groß), in allen ritterlichen Künsten sehr bewandert und namentlich im Turnier gefürchtet. Im Kampf gegen die in deutsche Lande einfallenden Ungarn zeichnete sich Rasso des öfteren aus. Aber sein Rittertum, sein Adel, seine Tapferkeit waren ihm nicht Selbstzweck, sie standen im Dienst der Gottes- und Menschenliebe. Nach einem siegreichen Kampf gegen die Ungarn griff er zum Pilgerstab und machte Wallfahrten. Rom mit seinen Apostelgräbern, Jerusalem mit den vielen Erinnerungen an den Herrn beeindruckten sein frommes Gemüt tief.

Zahlreiche Reliquien brachte er von seiner Reise mit, die dann den Grundstock für den Reliquienschatz des Klosters Andechs bildeten. Bald nach seiner Rückkehr erbaute er auf einer Insel der Amper ein Kloster. Zwölf Mönche und ein Abt wohnten dort und betreuten die vom Grafen erbaute Kirche. Rasso trat selbst in das Kloster ein. Der Kriegsheld gab sich ganz dem Dienst Gottes hin, übte Werke der Abtötung und Selbstheiligung. Er trug das ärmste Gewand des Klosters und nahm die niedrigsten Arbeiten auf sich, obwohl ihn die Mönche gerne als ihren Stifter und Wohltäter geehrt hätten. Er wollte in Demut dienen. Aber nur mehr zwei Jahre konnte er so im Kloster verbringen und Werke der Nächstenliebe tun; im Jahre 954 rief ihn der Herr von dieser Erde ab. Ein Jahr danach wurden Kloster und Kirche von den Ungarn zerstört. Die Verwandten des Grafen erbauten über seinem Grabe eine neue Kirche, und als Rasso durch Papst Innozenz II. seliggesprochen wurde, erhielt die Ansiedlung den Namen Grafrath. Auch in dem nahen Ratzenberg ist sein Name verewigt. An seinem Grab geschahen viele Gebetserhörungen. Es ist daher nicht zu verwundern, daß sich durch alle Jahrhunderte die Verehrung dieses bayerischen Ritters und Mönches im katholischen Volk erhalten hat. Erst die Zeit des Rationalismus, der Aufklärung mit ihrem allgemeinen Rückgang der Religiosität ließ die Wallfahrt einschlafen. Doch niemals ging das Andenken an den Heiligen ganz verloren. Und in der jüngsten Zeit hat die Wallfahrt zu seinem Grab wieder neues Leben erhalten. 1950 wurde ein Kind, das dem heiligen Rasso empfohlen worden war, augenblicklich von einer Knochentuberkulose befreit.

Heldenhaft steht dieser Mann vor uns und lehrt uns, daß Hingabe an Gott das Höchste ist, was der Mensch vermag.

TAGESHEILIGE: Juliana Falkonieri J, † 1341 – Gervasius, Protasius M, † 170 – Hildegrim B von Halberstadt, † 827 – Deodat E im Elsaß, † 700 – Emma, sel., Gr. v. Friesach- Zeltschach, Gründerin des Frauenklosters Gurk, † 1045 – Gaudentius BM – Kulmatius, Ursizimus, Zosimus, Bonifaz M – Michelina J.

20. JUNI *Margareta Ebner*

Vom zwölften Jahrhundert an lebte namentlich in Deutschland eine besondere Art der Frömmigkeit auf, die zu den herrlichsten Blüten im Garten Gottes gehört: die Mystik, d. h. die gnadenweise wirkliche und geschaute Erfahrung der Gegenwart und Wirksamkeit des Göttlichen. Eine der seltenen Seelen, in denen sich dieses verborgene Wunder vollzog, war Margareta Ebner. Ihr Geburtsort ist umstritten. Sowohl Nürnberg als auch Donauwörth nehmen die Ehre für sich in Anspruch, daß sie in ihren Mauern geboren sei. Ihre Eltern waren angesehene Patrizier. Das Kind erhielt eine gute katholische Erziehung; wurde als Mädchen in das Kloster Mödingen (bei Dillingen, Donau) gebracht zur weiteren wissenschaftlichen Ausbildung. Das Klosterleben gefiel ihr so gut, daß sie nicht mehr in die Welt hinaus wollte. Daher erbat sie sich schon mit 14 Jahren den Schleier. Ihr Wunsch wurde erfüllt, in der damaligen Zeit übrigens nichts Außergewöhnliches. Bereits mit 15 Jahren legte sie die ewigen Gelübde ab. Von jetzt an gab Margareta sich ganz einem mit Gott innigst verbundenen Leben hin. Und da Gott gerade an solchen Menschen großen Gefallen hat, begnadete er sie vom Jahre 1312 ab mit mystischen Trostzuständen. Aus ihren eigenen Aufzeichnungen, die sie im Auftrag ihres Beichtvaters, Heinrich von Nördlingen, machte, geht hervor, daß sie außerordentliche Gnadenerweise von Gott erhielt. Das Jesuskind erschien ihr des öftern. (Daher wird sie auch mit ihm abgebildet.) Ihre Hauptbetrachtung aber war das Leiden und Sterben Christi. In diesem ewigen Buch göttlicher Liebe las sie unentwegt und holte sich daraus die Kraft in den mannigfachen Stürmen ihres Lebens. Denn wir dürfen nicht glauben, daß ihr Dasein sorglos und ruhig verlief. Gar vieles hatte sie durch das Mißverstehen ihrer Mitschwestern, durch Neid und Eifersucht zu leiden. Gegen das Ende ihrer Tage wurde sie von zahlreichen Krankheiten heimgesucht. Am 20. Juni 1351 entschlief Margareta selig im Herrn. Ihr Leib ruht in einer schönen Seitenkapelle zu Mödingen. Zahlreiche Votivtafeln erzählen von Gebetserhörungen nach dem Anruf der seligen Margareta.

Gerade für den Menschen des zwanzigsten Jahrhunderts mit seiner Jagd nach Geld, Einfluß, Vergnügen ist dieses armselige und doch hochbegnadete Leben eine Mahnung: Wir sollen uns nicht zu sehr an das Diesseits klammern, sondern nach der Anschauung Gottes und seiner Wahrheit streben.

TAGESHEILIGE: Silverius PM, † 537 – Ludwig K – Adalbert B von Magdeburg, † 981 – Berthold von Scheda (Westfalen), Mö, † 1214 – Menrich Pr in Lübeck, † 1250 – Elias A in Trier – Paul, Cyriak M – Makarius B – Florentina J – Adelgunde.

21. JUNI *Aloisius*

Oft kann man hören, daß das Leben des heiligen Aloisius etwas Unnatürliches und Kopfhängerisches an sich habe. Das ist nicht so. Aloisius war ein aufgeweckter Junge, der gerne bei allen Streichen mittat; ein edler Hofpage, der mit Anstand und Liebe seiner Herrin diente; ein zäher

Kämpfer gegen die Versuchungen der Sinnlichkeit; ein heldenhafter Überwinder des allzu Menschlichen: so sieht das wahre Lebensbild des Heiligen aus. Er war der Sohn Ferdinands von Gonzaga und wurde am 9. März 1568 auf Schloß Castiglione geboren. Seine fromme Mutter lehrte ihn, kaum daß er zu reden begann, die ersten Gebete. Es ist wunderbar, welch herrliche Früchte diese Erziehung in dem Kind hervorbrachte. Oft betete er auf den Knien liegend so innig, daß man glaubte, einen Engel zu sehen. Daß er zu solcher Heiligkeit gelangte, ist um so bewundernswerter, da seine Zeit zu allem eher als zur Heiligkeit hinführte. Man frönte dem üppigsten Lebensgenuß; sinnliche Pracht galt als Inbegriff des Glücks. Sein Vater, dessen erstgeborener Sohn er war, hatte große Pläne mit ihm. Er ließ ihn schon als Knabe im Kriegshandwerk ausbilden. Noch nicht ganz acht Jahre alt, wurde er nach Florenz geschickt, um dort die lateinische und italienische Sprache zu studieren. In jener Zeit war es, wo er die Tugend der Keuschheit — nicht um ihrer selbst, sondern um der Gotteserkenntnis willen — so liebgewonnen, daß er zum großen heiligen Jugendpatron wurde. Im Jahre 1580 reichte ihm Bischof Karl Borromäus die erste heilige Kommunion. Von da an war sein ganzes Sehnen und Trachten der Heiland. Mit unendlicher Sorgfalt bereitete er sich jedesmal auf den Empfang der heiligen Kommunion vor. Diese innige Verbindung mit dem eucharistischen Heiland erweckte in ihm das Verlangen, sich von der Welt zurückzuziehen. Es kostete ihm schwere Kämpfe, bis sein Vater diesem Verlangen nachgab. Endlich durfte er auf sein Nachfolgerecht verzichten und trat mit 17 Jahren in den Jesuitenorden ein. Im Jahre 1588 legte er die Gelübde ab und erhielt bald nachher die niederen Weihen. Allzugern wäre er als Priester an den Altar getreten. Doch da brach im Jahre 1591 die Pest aus. Tag und Nacht pflegte Aloisius die Kranken; schließlich starb er selbst als Opfer des „Schwarzen Todes“ am 21. Juni 1591. Im Jahre 1726 wurde er heiliggesprochen.

Blicken wir auf die Verhältnisse jener Zeit, auf des Heiligen Herkunft und engere Umwelt, so erkennen wir, daß Aloisius von Gonzaga ein schweres Erbe mitbekommen hatte. Seine Familie, seine Ahnen waren oft vom Weg des Rechts und der Gottesordnung abgewichen und der Sittenlosigkeit verfallen. Aloisius hatte es nicht leicht. Für ihn gab es nur zwei Entscheidungen: Sollte er dem Erbe seiner Väter oder sollte er Gott folgen? Mit jugendlicher Begeisterung, unterstützt von seiner frommen Mutter, entscheidet er sich für Gott. Und nun gibt es kein Wanken mehr. Er nimmt den Kampf gegen seine Natur auf und siegte mit der Gnade Gottes. Aus diesem Kampf ist erst zu verstehen, daß er alles hingibt, um Gott allein zu dienen; daß ihm die Keuschheit als die wichtigste Tugend eines Jünglings gilt und daß er schließlich ins Kloster ging und in der Liebe zu Gott und dem Nächsten die eigentliche Freiheit errang — die Freiheit vom erdenschweren Ich und von der „Welt“. In

Reinheit reif und vollkommen geworden, so starb er — eine unverwelkte Blüte.

Wenn wir unseren Kindern sein Leben richtig darstellen, nicht versüßlicht, wie es leider oft geschieht, dann werden sie ein hohes Ideal vor sich sehen.

TAGESHEILIGE: Alban PrM von Mainz, † 406 – Martin B von Tongern, Missionar in Brabant, † 350 – Leutfried A – Engelmund A, Missionar in Holland, † 660 – Salmann E in Vobach-Aachen – Luise – Demetria JM – Eusebius, Terentius BM – Rufin, Martia, Cyriak, Apollinaris M – Urziszen B.

22. JUNI Eberhard

In der Zeit des Hochmittelalters entfaltete sich das religiöse und im Bund mit ihm das künstlerische Leben allenthalben zu hoher Blüte. Alle die wunderbaren gotischen Dome, die wir heute noch staunend bewundern, wurden damals begonnen oder schon vollendet: steinerne Zeugen für die tiefe Verwurzelung des Glaubens in jenen Menschen und der Taten des Geistes und der Kunst, deren solch lebendige und allumfassende Religiosität fähig ist. Es gab aber damals auch hervorragende Bischöfe, die ihren Diözesanen mit dem besten Beispiel vorangingen. Zu ihnen gehört Eberhard von Salzburg.

Die Eltern des Heiligen waren aus dem gräflichen Geschlecht von Hilpoltstein. Von seiner Mutter wird berichtet, daß sie, als in der Nähe ihres Schlosses eine Kirche zu Ehren der Mutter Gottes erbaut wurde, selbst viele Steine herbeigetragen habe. Daß einer solchen Mutter Sohn gottesfürchtig erzogen wurde, ist gewiß. Daher gab schon der Knabe Eberhard das Beispiel eines guten Jungen. Seine erste Ausbildung erhielt er an der Domschule zu Bamberg. Dort erwarb er sich eine umfassende geistliche und weltliche Gelehrsamkeit; sein Gemüt hielt er von allen niedrigen Begierden und Neigungen frei. Als er Domherr wurde, war ihm das nicht recht, denn er wollte Gott in einem entsagungsreichen Leben dienen. Daher trat er in das Benediktinerkloster Sankt Michael ein. Der Dompropst, der dies erfuhr, eilte mit vielen Klerikern zum Kloster und holte Eberhard mit Gewalt wieder heraus. Er aber wandte sich bittend an den heiligen Otto, der damals Bischof von Bamberg war, und erhielt von ihm die Erlaubnis, in ein Kloster zu gehen; Otto sandte ihn in das von ihm gegründete Kloster Prüfening. Als dann die selige Gräfin Berta von Andechs das Kloster Biburg stiftete, wurde Eberhard von Otto zum ersten Abt dieses Klosters bestellt; dieses Amt übte er dreizehn Jahre mit aller Gewissenhaftigkeit aus. Im Jahr 1147 wurde er Bischof von Salzburg. Er kam in einer schwierigen Zeit auf den Bischofsstuhl. In dem unseligen Streit zwischen Kaiser Friedrich Barbarossa und dem Papst stellte er sich freimütig auf die Seite der Kirche. Trotzdem war Friedrich mit ihm sehr befreundet und empfing ihn jederzeit mit großer Achtung. Er verehrte eben diesen schlichten Mann, der ein hervorragendes Beispiel tätiger Nachfolge Christi gab. Neben der Nächstenliebe war ihm die Demut zur zweiten Natur geworden. Im Jahre 1164 starb er, betrauert von seinen Schutzbefohlenen, nach dem Tode als Heiliger verehrt.

TAGESHEILIGE: Paulin B, † 431 – Innozenz V. P – John Fisher BM – Achatius M – Rotrud (Otrud) J, Schwester Karl d. Gr. – Christina Bruzo von Stommeln bei Köln J, † 1312 – Jarich, sel., A von Mariengaarden (Friesland), † 1242 – Viktor B von Metz – Alban (Albin) M – Nizäas, Johann B – Konsortia J – Flavius M – Julian M – Sieghilde J – Aprinzia J.

23. JUNI Edeltrud

In wessen Seele das Streben nach Heiligkeit lebendig geworden ist, den können Macht, Ansehen, Glück nicht in seiner Sehnsucht irre machen – im Gegenteil, eingedenk des Wortes „Alles Vergängliche ist nur ein Gleichnis“, wird er alle seine irdische Gewalt der Verherrlichung Gottes und dem Heil der Seelen dienen lassen. So lebte und wirkte die heilige Edeltrud (Edeltraud). Sie stammte aus königlichem Geschlechte in England. Ihre Eltern vererbten ihr tiefe christliche Gesinnung. Edeltrud war schön an Leib und Seele. Deshalb umgaben sie, kaum daß sie zur Jungfrau herangewachsen war, eine Menge Freier, die sich um sie bewarben. Besonders war es der Fürst Tombert, der sie zur Gemahlin begehrte. Ihr Vater sagte zu. In Gottesliebe und gegenseitiger Heiligung lebten die Gatten. Nach drei Jahren starb ihr Gemahl. Nun zog sie sich ganz zurück, um in der Einsamkeit völlig für Gott leben zu können. Allein König Egfried begehrte die stille Witwe zur Gattin. Der König lernte bald ihre Erhabenheit schätzen und erlaubte ihr nach zwölfjährigem Beisammensein, daß sie sich Gott ganz weihte. Zuerst ließ sich Edeltrud in dem Kloster Coldingham einkleiden, wo die heilige Ebba, eine Verwandte ihres Gemahls, Äbtissin war. Nach einem Jahr ging sie auf die Insel Ely und stiftete ein Kloster. Als dessen Äbtissin ging sie ihren Ordensschwestern mit dem denkbar besten Beispiel voran. Edeltrud führte ein äußerst strenges Leben. In der Nacht stand sie häufig auf und gab sich dem Gebet hin. Gott verherrlichte sie durch Wunder. Sie bekam die besondere Gnade, Besessene von den bösen Geistern zu befreien; auch die Gabe der Prophezeiung wurde ihr zuteil. In ihren letzten Lebenswochen wurde sie von einer argen Halsgeschwulst geplagt. Sie ertrug geduldig alle Pein und dankte Gott, daß er sie auf Erden leiden lasse. Ein Arzt suchte sie zu heilen, jedoch vergebens. Da wußte sie, daß sie sterben müsse. Sie ließ alle ihre Mitschwestern zu sich kommen, empfing mit großer Andacht die heiligen Sakramente und verschied am 23. Juni 679. Als man den Leichnam sechzehn Jahre später erhob, war er noch unversehrt. (Edeltrud wird bei Halsleiden angerufen.)

Die kurze Lebensbeschreibung dieser Heiligen aus dem siebten Jahrhundert hört sich wie ein Roman an. Aber wir erkennen daran in besonderer Weise das Walten der göttlichen Gnade. In treuester Pflichterfüllung lebte Edeltrud als Gattin und Frau, als Königin. Nie verlor sie den Blick zum Himmel. Das ist das Entscheidende. Es kommt nicht auf den Stand und Beruf an, einzig maßgebend ist unsere Einstellung zu Gott und seinen Geboten.

TAGESHEILIGE: Felix PrM – Zeno M – Hidulf, erst Herzog, dann Mö in Laubach (Hennegau), † 707 – Agrippina JM – Zenas M – Luitbert B.

24. JUNI *Johannes der Täufer*

Er ist einer der größten Heiligen, und außer Maria der einzige, dessen Geburtstag liturgisch gefeiert wird. Lukas erzählt uns, daß seinem Vater Zacharias während des Tempeldienstes der Erzengel Gabriel erschien und ihm verkündete, daß er einen Sohn bekommen werde, dem er den Namen Johannes geben solle. Da Zacharias wegen des hohen Alters seiner Frau Elisabeth daran zweifelte, wurde er stumm bis zum Tage der Geburt. Bei der Geburt ließ sich Zacharias eine Tafel bringen und schrieb darauf, das Kind solle Johannes heißen. Von diesem Augenblick an konnte er wieder reden, und er stimmte das „Benediktus" an. Der Knabe wurde zu edler Frömmigkeit erzogen. Kaum war er zum Jüngling herangereift, so begab er sich in die Wüste; er lebte dort ganz arm und ernährte sich nur mit wildem Honig und Heuschrecken. Als Kaiser Tiberius fünfzehn Jahre regiert hatte und Pilatus Landpfleger in Judäa, Herodes aber Vierfürst zu Galiläa war, erging der Ruf des Herrn an Johannes in der Wüste. Johannes kam in die Gegend des Jordan und predigte, daß die Ankunft des Messias bevorstehe. Auch Jesus kam zu ihm und ließ sich taufen. Während der Taufe geschah die erste Offenbarung der Heiligsten Dreifaltigkeit. – Weiter erzählt Markus, daß Johannes ins Gefängnis kam. Unerschrocken war er vor den König Herodes getreten und

hatte zu ihm gesagt: „Es ist dir nicht erlaubt, das Weib deines Bruders zur Gattin zu nehmen." Da ließ ihn der König in dem festen Schloß Machärus einkerkern. Bei einer Geburtstagsfeier des Königs tanzte die schöne Salome, der Königin Tochter, vor dem König und er, erfüllt mit sinnlicher Lust, versprach ihr alles zu geben, was sie von ihm wünsche. Sie aber bat den König: „Gib mir jetzt gleich auf einer Schüssel das Haupt des Johannes." Der König war bestürzt über dieses schändliche Verlangen. Aber er dachte an seinen Schwur und schickte den Henker in das Gefängnis und ließ Johannes enthaupten. So starb dieser große Mann um seiner Unerschrockenheit willen den Tod des Martyriums.

Johannes steht zwischen dem Alten und dem Neuen Bund. Viele Prophezeiungen weisen auf ihn hin, da er Wegbereiter des Messias werden sollte. Die Kirche hat diesen Heiligen stets hoch verehrt. Und durch die Sonntagsevangelien an drei Adventssonntagen werden seine Persönlichkeit und sein lauteres Wesen in das hellste Licht gerückt: er ist der große Bußprediger. Das „Metanoeite" (Wandelt euch!) des Johannes ist aber nicht bloß in der Adventszeit eine Mahnung für jeden echten Christen, es gilt für das ganze Leben.

TAGESHEILIGE: Aglibert M – Theodulf B in Laubach (Hennegau), † 776 –Geroch (Gerhoch) Pr, Propst von Reichersberg am Inn, † 1169 – Theodgar Pr aus Thüringen, dänischer Missionar, † 1050 – Faustus, Orentius, Heros, Pharnazius, Firmin, Firmus, Cyriak, Longinus, Agoard M – Simplizius B – Johann Therestus Bk – Iwan E – Raingard (Ragengard) N.

25. JUNI *Wilhelm*

Gottes Wege der Berufung eines Menschen sind oft eigenartig. Das zeigt uns auch das Leben des heiligen Wilhelm, der im Jahre 1085 zu Vercelli geboren wurde. Seine Eltern erzogen ihn sorgfältig, namentlich war es seine fromme Mutter, die ihn das Beten und die Liebe zu Gott lehrte. Als Wilhelm fünfzehn Jahre alt war, entschloß er sich, ins Heilige Land zu pilgern. Um Buße zu tun, ließ er sich zwei eiserne Ringe um seinen Leib schmieden. Auf seiner Wanderschaft traf er in der Nähe von Neapel einen heiligmäßigen Einsiedler namens Petrus. Dessen Leben gefiel ihm so, daß er gleich bei ihm blieb. Beide wetteiferten in den Werken christlicher Nächstenliebe, in der Entsagung und Gotteshingabe. Nach zwei Jahren reifte in Wilhelm erneut der Vorsatz, nach Jerusalem zu reisen. Allein diesmal wurde er von Räubern überfallen und blieb halbtot liegen. Da erkannte er, daß es Gottes Wille sei, er solle das Leben eines Einsiedlers führen. Längere Zeit blieb er bei einem Eremiten namens Johann von Genosa. Später trennte er sich von diesem und erbaute auf dem Monte Virgiliano eine Zelle für sich. Der Ruf seines asketischen Lebens drang in die Weite. Um allen zu helfen, gründete Wilhelm ein Kloster und gab den Mönchen eine Regel, nach der sie leben sollten. Sodann zog er sich wieder nach einem noch entfernteren Ort zurück, konnte aber auch da nicht unerkannt bleiben. Und siehe, es wiederholte sich das gleiche. Wilhelm mußte wieder ein Kloster bauen. So wurde er zum Ordensstifter. Seine Mönche nannten sich nach ihm Wilhelmiten und führten ein äußerst strenges Leben. Schließlich mußte der Heilige die eigentliche Leitung seiner Klöster selber übernehmen, so sehr er sich dagegen auch sträubte. Denn er verlangte in seiner Demut nicht nach Ehrenstellen. Auch als Abt blieb er der gleiche bescheidene, einfache und demütige Mann, der nichts lieber tat, als sich vor den anderen zu verbergen und sich in aller Stille dem Dienst Gottes hinzugeben. Nach einem Leben voll rastloser Arbeit im Dienst der Seelen und der Nächstenliebe starb Wilhelm am 25. Juni 1142. Sein Grab wurde durch Wunder verherrlicht.

Demut, Liebe zur Stille, Besinnung auf das eine Wesentliche können wir von ihm lernen.

TAGESHEILIGE: Luzia JM – Febronia JM – Prosper B – Adalbert Di, Mitarbeiter des heiligen Willibrord, † 750 – Burkhard A von Mallersdorf, sel., † 1122 – Heinrich Zdik, sel., B von Olmütz, † 1150 – Gerhard BM – Sosipater Bk – Antidius BM – Gallikan M – Maximus B – Junian – Amphibal PrM.

26. JUNI *Pelagius*

Aus dem Zeitalter der Kämpfe, welche die Christen gegen die Sarazenen führen mußten, leuchtet uns manches Heldenbeispiel entgegen. Besonders bewundern wir, wenn ein Knabe, dem die Freuden der Welt angeboten werden, auf alles verzichtet und seinem Glauben auch in der härtesten Folter treu bleibt. So bewährte sich Pelagius im zehnten Jahrhundert.

Die Zeit, in der er lebte, war unruhig und kriegerisch. Als er erst zehn Jahre alt war, zog sein Oheim, Bischof Hermogius, mit dem christlichen Heer gegen die Sarazenen. Aber die Christen verloren die Schlacht. Wer nicht gefallen oder geflohen war, wurde gefangengenommen. Unter den Gefangenen waren auch Hermogius und sein Neffe Pelagius. Abderrahman, der Maurenkönig, sperrte den Bischof in den Kerker zu Cordoba. Der Bischof, der seine Freiheit ersehnte, trat mit dem König in Unterhandlungen. Er bot ihm für seine Person zum Austausch mehrere gefangene maurische Soldaten an. Der König ging darauf ein, jedoch mußte Pelagius als Geisel dableiben. Aus irgendeinem Grund verzögerte sich die Ankunft der Gefangenen. Darum ließ der König Pelagius in Fesseln legen. Doch hatte er noch manche Freiheit; besonders lieb war es ihm, daß er ein geistliches Buch hatte behalten dürfen, in dem er immer eifrig las. Sowohl die Mitgefangenen wie auch die Aufsichtsbeamten wunderten sich über die Geduld des Knaben. Leider kamen die zur Auslösung bestimmten Soldaten nicht. Nun geschah es bei der königlichen Tafel, daß man auf Pelagius zu sprechen kam, und einer meinte, es sei ein schöner und geistreicher Knabe, der wohl der Gunst des Königs wert wäre, wenn er nur wenigstens den mohammedanischen Glauben annehmen wollte. Man holte Pelagius aus dem Kerker, zog ihm schöne Kleider an und stellte ihn dem König vor. Dieser ward von des Knaben Schönheit und Klugheit gefangen und versprach ihm Ehrenstellen, Reichtümer und Vergnügungen, wenn er seinen Christenglauben aufgeben würde. Pelagius dankte ihm, aber er sei ein Christ und werde auch Christ bleiben. Daß er männlich gesprochen hatte, gefiel dem König; so wollte er ihn erst recht für sich gewinnen. Pelagius aber riß sich los, zog das schöne Gewand aus und warf es dem König vor die Füße. Der König, darüber ergrimmt, gab seinen Dienern den Befehl, den Knaben zu strafen. Pelagius hielt mit größter Standhaftigkeit sechs Stunden lang furchtbare Martern aus, bis ihm endlich das Haupt abgeschlagen wurde. Das geschah im Jahre 925.

TAGESHEILIGE: Johannes, Paulus M, † 362 – Vigilius B von Trient, M, † 405 – Sunderold B von Mainz, † 891 – Giswald Bk – Salvius BM – Superius M – Anthelm B – Maxentius Pr – David E – Perseveranda J – Adeodat B von Nola – Rudolf B.

27. JUNI *Ladislaus*

König Bela von Ungarn hatte zwei Söhne, Geyza und Ladislaus. Als er starb, machte sein Bruder Salomon Ansprüche auf den Thron. Die beiden Brüder verzichteten zu dessen Gunsten auf ihre berechtigten Ansprüche, nur um den Frieden zu erhalten. Salomon aber benahm sich so ungerecht gegen sie, daß sie, ihres Lebens nicht mehr sicher, nach Böhmen flohen. Dort suchte Ladislaus Hilfe. In einer blutigen Schlacht wurde das ungarische Heer geschlagen. Als Ladislaus die vielen Toten sah, weinte er und gelobte, an dem Ort der Schlacht eine Kirche zu bauen, in der für die Gefallenen immer gebetet werde. Nun wurde Ladislaus König. Wie eine alte Geschichte Ungarns berichtet, gaben bei der Wahl die Eigenschaften dieses Mannes den Ausschlag: Gerechtigkeit, Güte, Klugheit, Tapferkeit, Heiligkeit. Dazu kam noch seine unwiderstehliche Körperkraft, seine außerordentliche Standhaltigkeit in Wort und Tat, seine Menschenfreundlichkeit. Sein Empfinden für Gerechtigkeit ging so weit, daß er sich nicht krönen ließ, da er sich nur als den Statthalter des Königs Salomon betrachtete. Stets strebte er danach, mit diesem sich wieder zu versöhnen. Zu seinem großen Leidwesen mußte er immer wieder zu den Waffen greifen, da sich Salomon unversöhnlich und rachgierig zeigte; und Ladislaus hätte doch gerne Frieden gehalten. Er wußte, daß einem Volk nichts notwendiger und nützlicher zum eigenen Glück sei als das Gut des christlichen Glaubens; daher wendete er seine ganze Macht auf, um die Religion und das kirchliche Leben in Ungarn zu festigen und zu fördern. Sein Palast glich einem Kloster. Fast täglich wohnte er dem Gottesdienst bei; allen, die mit Bitten und Sorgen zu ihm kamen, war er wie ein Vater. Er fastete jede Woche einige Tage, trank keinen Wein und schlief auf einem harten Lager. Stundenlang kniete er vor dem Tabernakel und betete. Um das kirchliche Leben zu ordnen, errichtete Ladislaus Bistümer, Klöster und Kirchen. Diesem trefflichen König wollten die Fürsten Europas den Oberbefehl über das Kreuzritterheer anvertrauen. Allein vor dem Antritt des Zuges starb der Heilige im Jahre 1095.

TAGESHEILIGE: Kreszenz BM – Luitprand Pr – Eppo A von Mallersdorf, sel., † 1143 – Clemens BM, Schüler des heiligen Paulus, hat in Köln gepredigt – Walher Pr – Harald PrM, † 1066 zu Mailand – Hemma G, † 1045 in Salzburg (Nonnberg) – Zoilus, Anekt M – Sampson, Johann Pr – Adelheid von Bergamo.

28. JUNI *Aegil*

Der Name Aegil ist niedersächsisch und heißt „Adler". Wahrlich, der Heilige machte seinem Namen alle Ehre, da er einem Adler gleich sich zu einem Leben der größten Gottesliebe aufschwang. Geboren war Aegil als Sohn eines edlen bayerischen Ritters. Nach der Sitte der Zeit übergaben seine Eltern den Kleinen dem Abt Sturmius zur Erziehung, eingedenk dessen, daß das Kloster Fulda als eine Pflanzstätte der Frömmigkeit und Wissenschaft bekannt war. Dort lernte nun der Knabe die Tiefe benediktinischen Geistes kennen, die ihn sein ganzes Leben lang nicht mehr verließ. Der Nachfolger des heiligen Sturmius, Ratgar, wurde, da er ein Leben führte, das nicht in

Einklang mit der strengen Vorschrift des heiligen Benedikt stand, von seinem Amte enthoben und Aegil an seine Stelle gesetzt. Das war der richtige Platz für den strebsamen Mann. In allem suchte er die Regel des heiligen Benedikt durchzuführen und so erzog er seine Mönche zu einem vorbildlichen Leben. Diese hingen aber auch mit ganzer Seele an ihrem geistlichen und geistigen Vater. Das Kloster war, wie der Chronist berichtet, ein Leib und eine Seele. Ja, Aegil ging sogar so weit, daß er den Kaiser Ludwig den Frommen bat, er möge doch den verstoßenen Abt Ratgar wieder in das Kloster zurücklassen. Alljährlich sorgte er auch dafür, daß für den verstorbenen Abt Sturmius ein feierlicher Gedächtnisgottesdienst abgehalten wurde. Sein Lebenswerk war sodann die Erbauung der großen und schönen Kirche zum göttlichen Erlöser in Fulda, wo er das Grab des heiligen Bonifatius in prunkvoller Weise herrichten ließ und dafür sorgte, daß dieser große Apostel der Deutschen eine würdige Grabstätte erhielt; noch heute pilgern Tausende dorthin.

Nach einem äußerst segensreichen und fruchtbaren Leben erkrankte der Heilige. Er ließ seinen Sarg in seine armselige Zelle stellen und ermahnte die Mitbrüder zur Einigkeit. Dann verschied er unter den Gebeten des Konvents im Jahre 824. Noch heute genießt der große und heilige Abt das Vertrauen des christlichen Volkes, das in vielen Anliegen an sein Grab pilgert und gar oft auch Erhörung findet. (Sein Fest wird am 31. August gefeiert.)

TAGESHEILIGE: Irenäus BM, † 202 – Paulus P – Heimrad Pr aus Meßkirch (Baden), † 1019 – Udeberga J zu Sponheim, † 1197 – Egil, sel., Mö zu Prüm (Trier), † 871 – Ekkehard A, † 1084 – Benignus BM – Plutarch, Serenus, Heraklid, Heron, Thais, Potamioena, Marzella M – Papius BM – Argymirus M – Vincenza Gerosa.

29. JUNI Petrus

Als der Herr seine Apostel berief, gab er dem Simon den Namen Petrus. „Du bist Petrus, der Fels; auf diesen Felsen will ich meine Kirche bauen, und die Pforten der Hölle werden sie nicht überwältigen.“ Mit diesen Worten wurde Petrus zum Oberhaupt der katholischen Kirche gemacht. Damit beginnt die glorreiche Geschichte jener Gemeinschaft, die unter dem beständigen Beistand des Heiligen Geistes durch den Wechsel der Jahrhunderte unbeirrt und unzerstört wandert, das Reich Gottes auf Erden, die Kirche. – Nicht von Anfang an war Petrus der unerschütterliche Felsenmann. Zwar wurde er stets von den übrigen Aposteln als ihr Erster anerkannt. Aber als die schaurige Stunde schlug, da Jesus sein bitteres Leiden begann, verließ auch Petrus seinen Herrn und Meister; ja im Vorhofe des Hohenpriesters verleugnete er ihn dreimal. Nach der Auferstehung Christi aber ist er wie umgewandelt. Als erster betritt er das Grab. Er leitet nach der Himmelfahrt des Herrn die Wahl des Apostels Matthias. Nach der Herabkunft des Heiligen Geistes tritt er als erster vor das Volk und predigt den neuen Glauben; er nimmt die ersten Neubekehrten aus Juden und Heiden in die Kirche auf, er lenkt die Geschicke der Kirche, er leitet das erste große Konzil; kurz, er übt allenthalben sein Vorsteheramt aus. Petrus eilt in die Weltstadt Rom und beginnt die geistige Eroberung des großen Reiches. Unter Kaiser Nero vollendet sich sein Geschick, das ihm Jesus vorhergesagt hatte. Frohen Mutes trat er vor seinen Richter, unerschrocken bekannte er seinen Glauben, voll Freude vernahm er sein Todesurteil und erbat sich die einzige Gnade, daß er mit dem Kopf nach unten gekreuzigt würde, da er sich nicht für würdig hielt, in der gleichen Weise wie sein Meister zu sterben. Im Zirkus des Nero fand im Jahre 67 der erste Papst den Tod am Kreuz. Heute ruhen seine Gebeine unter der sogenannten „Confessio" in der Peterskirche zu Rom.

Mit Petrus beginnt die ununterbrochene Reihe der Päpste. Und wie sich über seinem Grab die größte Kirche der Welt erhebt, so beginnt mit seinem Namen die an Leiden und Siegen reiche Geschichte unserer heiligen katholischen Kirche. Daher soll auch sein Fest der Tag sein, an dem wir den Schwur der unverbrüchlichen Treue zu unserer Kirche erneuern. Denn sie ist die Stätte des Heils, die Jesus gegründet hat, die der Heilige Geist lenkt und leitet, und die uns zum Himmel führt.

Petri Versagen, das Menschlich-Allzumenschliche selbst dieses Felsenmannes mag unsere Schwäche trösten, sein obsiegender Mut aber, sein Eifer, seine Unentwegtheit, und über allem die Glut des Glaubens in diesem Mann, der einst ein einfacher Fischer war, sie mahnen jeden Christenmenschen an das, worauf es wirklich ankommt im Leben und Sterben.

TAGESHEILIGE: Paulus Ap. – Judith, Salome E in Niederalteich, † um 1020 – Emma von Peilnstein, WN – Maria, Mutter des heiligen Markus – Heinrich Menger von Weißenburg, M im Elsaß, † 1260 – Marzellus M – Syrus, Kassius B – Benedikta J.

30. JUNI

Paulus

Die Geschichte der Konversionen, der Bekehrungen, des Offenwerdens einer gottfernen Seele für Christus und seine Kirche, ist reich an Beispielen, in denen sich diese Wandlung allmählich, Schritt um Schritt vollzieht. Pauli Bekehrung aber läßt bereits erkennen, daß er zum „auserlesenen Werk-

zeug“ in der Hand Gottes bestimmt war. Der Herr selbst erschien ihm im Glanz des Himmels. Wie schwach ist vor solchem Ereignis der Blitz, vor dessen Helle wir die Augen schließen!

Saulus wurde aus dem Stamme Benjamin in der Handelsstadt Tarsus in Zilizien als römischer Bürger etwa um die gleiche Zeit wie Jesus selbst geboren. Er erhielt die beste Ausbildung, die damals möglich war. Nach Rabbiner-Sitte erlernte er auch ein Handwerk (Zeltmacher). Als junger Mensch gehörte er zu den grimmigsten Verfolgern der Christen: denn er sah in dieser neuen „Sekte“ eine Gefahr für Staat und Religion in Israel. So wird er denn auch als eifernder Zeuge bei der Steinigung des Stephanus genannt. Dann aber kam die Stunde von Damaskus, aus Saulus wurde Paulus, der größte Christus-Herold aller Zeiten. In seinem Charakter paarten sich Tiefe und Schärfe des Geistes mit gründlichster Menschenkenntnis, Mut und Zähigkeit mit dem Willen, der jeden Widerstand für gering achtete. Diese Kräfte zwang er in die Lösung seiner Lebensaufgabe: auf unerhört mühseligen Reisen das Christentum in West und Ost auszubreiten und es zugleich getreu den Evangelien in seiner inneren Klarheit und Ordnung zu festigen. In Italien und Spanien, in Kleinasien, Griechenland und Mazedonien sprach er zu den Gelehrten wie zum einfachen Volk — und ungeheuer waren und sind bis auf unsere Tage die Folgen seiner Worte, seiner Einsichten, seiner Taten; wir lesen, ergriffen vom Glauben und der Weisheit dieses Mannes, im Neuen Testament die Briefe, die er an die ersten weit verstreuten Gemeinden schrieb. Diese Tätigkeit brachte ihn bald in Konflikt mit den Führern des jüdischen Volkes. Denn diesen war es einfach unverständlich, daß Paulus, der ehedem ein erbitterter Feind der Christen war, nun in den Synagogen überall auftrat und verkündete, daß Jesus von Nazareth der verheißene Messias sei. Als Paulus nach seinen vielen Reisen wieder einmal nach Jerusalem kam und im Tempel betete, da wollte die verhetzte Menge ihn töten. Der Römische Oberst der Burgwache, Lysias, ließ ihn den Juden entreißen und nahm ihn fest. Als er erfuhr, daß Paulus Römischer Bürger sei, übergab er ihn dem Landpfleger. Da sich die Rechtssache des Paulus infolge der Bestechlichkeit der Römischen Beamten hinauszog, appellierte Paulus an das Gericht des Kaisers in Rom. (Unser Bild zeigt uns die Begebenheit, wie Paulus vor dem Landpfleger Felix und dessen Gattin Drusilla über die Lehre Christi spricht.) Aus der jahrelangen Haft in Rom wurde er freigelassen. Wenig später aber, unter Kaiser Nero, wurde ihm als Christ der Prozeß gemacht und er zum Tode verurteilt. Im Jahre 67 wurde er ob seines Bekennertums zu Christus und seiner Lehre am Meilenstein der Straße nach Ostia (Trefontane) enthauptet.

Paulus war es, der die junge Kirche vom Judentum gelöst und sie recht eigentlich frei für alle Zukunft gemacht hat; Paulus ist der eigentliche Begründer christlicher Theologie (Christus ist das Haupt, die Kirche sein Leib, die Gläubigen ihre Glieder) – so ist dieser Mann der Inbegriff lebendig erfaßten und wirkenden Glaubens. „Nachahmen" kann man ihn kaum, wohl aber sollen wir je öfter je besser an sein Leben, sein Werk, sein Erbe denken.

TAGESHEILIGE: Adilia J in Brabant, † 850 – Otto von Riedenburg Bk, sel., †1150 – Donat M, ruht in Münstereifel – Clodesinde aus Flandern, † 714 – Arnulf von Villers, sel., Mö in Brüssel, † 1228 – Ehrentrud (Ehrentraud) N – Ernst (Arnest) B in Prag, † 1364 – Luzina, Ämiliana, Alpinian, Leo, Basilides M – Martialis B M – Austrikliman, Kajus PrM – Ostian Pr – Julitta M.

1. JULI *Theobald*

Die Verehrung der Heiligen geht oft merkwürdige Wege. So wurde in Thann im Oberelsaß im vierzehnten Jahrhundert eine herrliche gotische Kirche gebaut, weil die alte Dorfkirche das Volk nicht mehr fassen konnte. Die Thanner Wallfahrt konnte sich im Mittelalter vergleichen mit der von Compostela in Spanien. Was war die Ursache davon? Im Jahre 1310 wurde eine Reliquie des heiligen Theobald dorthin gebracht. Und die Chronik berichtet, daß sich zahlreiche Wunder und Gebetserhörungen zugetragen haben. Es ist noch ein dicker Band erhalten, in dem die wunderbaren Heilungen und Hilfeleistungen, die nach der Anrufung des Heiligen geschahen, aufgezählt sind aus den Jahren 1402 bis 1521. Die Verehrung des heiligen Theobald stellt sogar die Vierzehn heiligen Nothelfer in den Schatten. Wer war nun dieser mächtige Helfer, Sankt Theobald? Neuere Forschungen haben folgendes Bild ergeben: Theobald entstammt dem Geschlechte der Grafen von Champagne und wurde um das Jahr 1033 in Frankreich geboren. Von seinem edlen Vater wurde er standesgemäß erzogen, so daß alle Aussicht bestand, er würde das ruhmreiche Geschlecht seiner Ahnen einst ebenso ehrenvoll fortpflanzen. Doch Gott hatte anderes mit ihm vor. Vieles gefiel dem jungen Ritter nicht, was in der damaligen Zeit Brauch war. Und als sein Vater ihn zur Teilnahme an einer ungerechten Fehde veranlassen wollte, verzichtete er auf Reichtum und Titel; er ging nach Pettingen in Luxemburg und wurde Einsiedler. Mit Gebet, Betrachtung und Feldarbeit füllte er seine Tage aus. Er machte verschiedene Wallfahrten, so nach Rom und Compostela, ein Unternehmen, das in jener Zeit sehr viele Opfer und Anstrengungen forderte. Aber er empfing dadurch viel Anregung für sein geistiges Leben. Schließlich wollte er auch ins Heilige Land pilgern. Aber in Italien verließen ihn die Kräfte. Er blieb deshalb in Salanigo und setzte dort sein Einsiedlerleben fort. Mit den Kamaldulensern in Vangadizze kam er in Verbindung und trat in diesen Orden ein, durfte aber sein Einsiedlerleben mit der Erlaubnis des Obern fortsetzen. Der Prior ließ ihn zum Priester weihen. Nun eröffnete sich für den rastlosen Mann ein neues Betätigungsfeld. Er lebte fortan nur mehr dem Wohl seiner Nebenmenschen, die mit ihren Anliegen zu ihm kamen. Wohltaten spendend verbrachte er seine Tage. Immer mehr Menschen kamen zu ihm, und allen half er seelisch und leiblich. Im Jahre 1066 starb er eines seligen Todes; von Papst Alexander II. wurde er im Jahre 1073 heiliggesprochen. — Die vielen Heilungen und andere Wunder, von denen schon berichtet wurde, machen es verständlich, daß sich die Verehrung des heiligen Theobald herumsprach und die Wallfahrt zu seinem Heiligtum großen Aufschwung nahm.

Uns aber zeigt das Lebensbild dieses Mannes, daß es für das eigene Seelenheil nichts Besseres geben kann als Selbstüberwindung, Liebe zum Mitmenschen, stille Betrachtung.

TAGESHEILIGE: Martin B in Vienne, Apostelschüler – Carileph A, † 555 – Rumold BM zu Mecheln, † 775 – Theodorich (Dietrich) Pr – Regina, Gemahlin des Grafen von Ostrevant, † 800 – Alberich A von Stablo (Lüttich), † 800 – Hechard, sel., Mö in Köln, † 1170 – Kastus, Sekundis BM – Julius, Aaron M – Gallus B – Domitian, Eparch A – Simon Salus Bk – Siegmund – Franziska von Hagenau W – Pambo A.

2. JULI Otto

Eine Leuchte am deutschen Heiligenhimmel flammt vor uns auf, wenn wir das Leben des heiligen Otto betrachten. Unermüdlich war sein Streben, zur Ehre Gottes und für die Rettung unsterblicher Seelen das Beste zu leisten. Im Jahre 1060 wurde er als Sohn der reichsfreiherrlichen Familie in Mistelbach, Mittelfranken, geboren. Eine gute wissenschaftliche und religiöse Erziehung legte den Grundstock zu seiner späteren Größe. Sein Lebensweg führte ihn rasch empor. Wohl schien es, als ob er nach der Priesterweihe auf höhere Studien verzichten müßte. Denn er verlor schon sehr früh seine Eltern und verarmte. Er wanderte nach Polen aus und errichtete, um sein Leben zu fristen, eine Schule für die Kinder vornehmer Polen. Herzog Wladislaw, der ihn schätzen lernte, schenkte ihm bald sein Vertrauen und sandte ihn zu Kaiser Heinrich IV., um für ihn um die Hand von dessen Schwester Sophia zu werben. So kam Otto das erste Mal mit dem deutschen Kaiser zusammen. Dieser wurde vollends auf den jungen, strebsamen und tugendhaften Priester aufmerksam und ernannte ihn zu seinem Hofkaplan.

Kurze Zeit nachher wurde er angesichts seiner Verdienste um den Bau des Mainzer Domes kaiserlicher Kanzler; im Jahre 1102 übertrug ihm der Kaiser das Bistum Bamberg. Dort nun zeichnete sich Otto durch ein heiligmäßiges Leben aus und verstand es, die schwierigen Verhältnisse des Bistums zu meistern. Besonders sorgte er für den Bau zahlreicher Klöster, so des Klosters Prüfening bei Regensburg.

Der unselige Zwiespalt zwischen Kaiser und Papst bedrückte ihn tief. Wesentlich seinen Bemühungen gelang es, daß die Gegensätze beigelegt wurden und im Wormser Konkordat 1122 (unter Heinrich V.) zum Segen der Kirche und des Vaterlandes eine Einigung zwischen diesen beiden Mächten zustande kam.

Noch aber wartete auf ihn eine große Aufgabe. Herzog Boleslaus von Polen rief ihn zur Missionierung nach Pommern. Der heilige Bischof erkannte darin den Willen Gottes und folgte ihm. Seine Arbeit brachte Segen. Schon vor Beginn seiner Missionstätigkeit ließen sich in Pyritz 7 000 Pommern taufen. Trotz späterer Mißerfolge ließ er den Mut nicht sinken. Durch seine Missionsarbeit trug er viel dazu bei, das Deutschtum in jenen Gegenden zu verbreiten. Im Jahre 1139 starb der große Bischof und Mehrer des Reiches. Er wurde im Jahre 1189 heiliggesprochen.

Der Grundzug in seinem Leben ist die unerschütterliche Liebe zu Gott und den Nächsten. Nur so konnte er trotz aller Anfechtungen der großen Politik stets den rechten Weg wandeln und schließlich ein Heiliger werden.

TAGESHEILIGE: Martinian, M in Rom – Swithun B – Monegund, Frau in Tours – Prozessus, Ariston, Kreszentian, Eutychian, Urban, Vitalis, Justus, Felizissimus, Felix, Marzia, Symphorosa M.

3. JULI *Leo II.*

Wenige Jahre nur saß Leo II. auf dem Stuhl Petri; aber in diesem kurzen Pontifikat bewährte er sich als guter Hirte und liebevoller Samaritan. In seiner Jugend schon zeichnete er sich durch gründlichste Kenntnis der griechischen und lateinischen Sprache aus, verstand sehr viel von Musik und gab sich schließlich der theologischen Wissenschaft mit allen seinen Geistesfähigkeiten hin. Seine höchsten Eigenschaften aber waren Frömmigkeit und Gottesfurcht. Er wurde zum Priester geweiht. Als Papst Agatho 681 starb, fiel die Wahl auf ihn; er nannte sich Leo. Seine Regierung ist nicht ohne Bedeutung für die Kirche. Er bestätigte die Beschlüsse des 6. allgemeinen Konzils zu Konstantinopel, bei welchem eine Reihe von Irrlehren verurteilt wurde, die das Wesen des Christentums und die Person des Heilandes angegriffen hatten. Neben diesen wichtigen Lehrentscheidungen tat Leo sehr viel für die Hebung des kirchlichen Gesanges und zur Verschönerung des Gottesdienstes. So verbesserte er den gregorianischen Choral und war damit bahnbrechend bis in die Gegenwart. Er selbst verfaßte eine Anzahl Hymnen und andere kirchliche Gesänge.

Besonderes Lob erwarb sich Leo II. als wahrer Vater der Armen und Bedrängten. Nicht bloß, daß er unermüdlich für deren seelisches Wohl sorgte; er schenkte all sein Hab und Gut her, um der Not zu steuern. Mit eigener Hand pflegte er die Kranken und nahm sie in seinen Palast auf. Auch darin war er ein Bahnbrecher wohlüberlegter und wirksamer christlicher Caritas, daß er den Armen Arbeitsgelegenheit verschaffte. Leo war ein wirklich sozialer Papst und seiner Zeit weit voraus. Sein Leitgedanke war, die kurze Lebenszeit für das Gute auszunützen: darin ist er uns allen ein erhabenes Vorbild. Mitten in seiner Arbeit erkrankte er schwer und starb bereits am 23. Mai 683.

TAGESHEILIGE: Heliodor B – Meinhard B – Marinus BM von Schleswig – Horst (Horestes), Tryphon, Eulogius, Hyazinth, Irenäus, Mustiola, Markus, Muzian M – Anatol B – Dathus B – Hagen – Elgar E.

4. JULI Ulrich von Augsburg

In schweren Zeiten hat die göttliche Vorsehung immer wieder fast sichtbar den Gang der Ereignisse gelenkt und dem christlichen Volk geholfen. Namentlich rief Gott bedeutende Männer, die mit starker Hand ins Rad der Geschichte griffen. In der ersten Hälfte des zehnten Jahrhunderts lag wie eine schwarze Gewitterwolke die Ungarngefahr über dem ganzen christlichen Abendland. Immer wieder fielen die asiatischen Horden sengend und brennend in das deutsche Land ein und zerstörten alles, was sie vorfanden. Nur die großen, mit Wall und Mauern geschützten Städte mieden sie. Ihre endgültige Unterwerfung und Besiegung gelang vor allem den zwei bedeutendsten Männern jener Zeit: Kaiser Otto dem Großen und Bischof Ulrich von Augsburg.

Ulrich wurde im Jahre 890 als Sohn des Grafen Hupald von Dillingen geboren. Er war ein schwächliches Kind, so daß sich die Eltern seiner fast schämten. Zur Erziehung wurde er in das berühmte Kloster Sankt Gallen

gesandt. Der Jüngling bereitete sich dort mit allem Eifer auf den geistlichen Stand vor. Nach der Vollendung seiner Studien rief ihn sein Onkel, Bischof Adalbero von Augsburg, zu sich und machte ihn zu seinem Kämmerer und Küchenmeister. Als Ulrich von einer Romreise zurückkam, war der Bischof gestorben. Nun zog sich Ulrich nach Wittislingen zurück und widmete sich vierzehn Jahre lang der Verwaltung seiner Güter. Schon damals zeigte er den großen wohltätigen Sinn, der ihn auch später auszeichnete. Für die Armen tat er alles. Dabei lebte er selbst trotz seiner großen Reichtümer sehr einfach. Im Jahre 923 ernannte ihn der Papst zum Bischof von Augsburg. Nun stand Ulrich auf dem richtigen Platz. Um selber den Seinen mit bestem Beispiel voranzugehen, lebte er wie ein Mönch. Unermüdlich war Ulrich tätig, namentlich das geistige und geistliche Leben zu heben. Er erbaute Kirchen und machte viele Visitationsreisen. Seine nach außenhin größte Tat hängt mit der sogenannten Schlacht auf dem Lechfeld zusammen. Hatte er gleich nach seiner Erhebung zum Bischof mit aller Kraft dafür gesorgt, daß die verwüsteten Kirche seines Bistums wieder aufgebaut wurden, so sorgte er jetzt, in den Zeiten der Not und Gefahr dafür, daß die Stadt Augsburg neue und starke Befestigungen erhielt. Als im Jahre 955 die Ungarn mit ungeheurer Macht einfielen und die Stadt belagerten, stärkte Ulrich durch seine Ruhe und seine Sicherheit die Bürger, so daß sie in den schwersten Stunden aushielten. Er ermunterte die Männer zum Widerstand, die Frauen, Greise und Kinder sammelte er in der Kirche und ließ sie mit dem Gebet den Himmel bestürmen. Seinem persönlichen Mut, der vor keinem Opfer zurückschreckte, war es zu verdanken, daß Augsburg so lange standhielt, bis das durch Eilboten herbeigerufene deutsche Heer unter Otto ankam und den Ungarn eine vernichtende Niederlage beibrachte. Dies war am 10. August 955. In den Lechauen südlich von Augsburg wurde dann der Rest des ungarischen Heeres völlig vernichtet, so daß von da an diese Feinde niemals mehr in das deutsche Gebiet kamen. Nachdem dieser erbitterte Kampf zu Ende war, mußte Ulrich von neuem mit dem Aufbau seiner Diözese beginnen. Denn es war alles zerschlagen. Gebeugt durch die Last der Jahre starb Ulrich am 4. Juli 973. Bereits im Jahre 993 wurde er heiliggesprochen, und zwar als erster in der heute noch üblichen Form.

Ulrich wird meist mit einem Fisch abgebildet. Die Legende erzählt, daß er eines Donnerstagsabends mit seinem heiligen Freund, Bischof Konrad von Konstanz, in frommen Gesprächen beisammensaß. Es war inzwischen Freitag geworden, da kam ein Bote des bayerischen Herzogs. Da die Speisen vom Vortag her noch auf dem Tisch standen, gab ihm Ulrich, ohne an den Freitag zu denken, ein Stück Braten mit. Als der Abgesandte nun zum Herzog kam, wollte er den Bischof als Brecher des Fasttages verdächtigen. Wie er jedoch das Fleisch auswickelte, war es ein Fisch geworden.

TAGESHEILIGE: Berta Ä – Hatto, sel., Mö in Ottobeuren, † 985 – Werner von Ellerbach, A in Wiblingen bei Ulm, † 1126 – Jukundian, Innozenz, Sebastia, Namphanion M – Theodor, Elias, Flavian B – Prokop, Raymund E – Bernold Mö.

5. JULI *Wilhelm von Hirsau*

Wilhelm wird zwar nicht im römischen Heiligenverzeichnis genannt; doch ist seine Verehrung als Seliger in den Benediktinerklöstern üblich. Alte Legenden erzählen von ihm: Wilhelm stammte aus Regensburg von angesehenen Eltern, die ihn bei der Taufe dem lieben Gott schenkten und ihn später dem Kloster Sankt Emmeram zur Erziehung übergaben. Dort zeigte der Knabe großen Fleiß und überragte seine Mitschüler bald an Begabung und Weisheit. Doch nicht bloß weltliche Klugheit nahm er in sich auf, früh schon gewann er die Weisheit christlichen Lebenswandels. Deshalb ging er auch schon bald daran, seinen Willen zu schulen und den Kampf gegen die eigene sinnliche Natur mit allen Mitteln zu führen. Im Jahre 1069 wurde er zum Abt des Klosters Hirsau gewählt. Sein Vorgänger war wegen Vernachlässigung des Haushaltes abgesetzt worden. Wilhelm, der dies erst nach der Wahl erfuhr, ließ sich erst nach dem Tode des Abtes die Weihe geben und leitete dann das Kloster als ein wahrhaft guter Hirt. Aus seinem Leben werden zahlreiche wunderbare Begebenheiten erwähnt. So soll er des öfteren Brot vermehrt haben, um die zahlreichen Hungernden speisen zu können.

In dem unseligen Streit zwischen Kaiser Heinrich IV. und dem Papst stand Wilhelm unentwegt auf der Seite der Kirche. Dafür mußte er manches Leid auf sich nehmen. Einst hatten sich zahlreiche Mönche in das Kloster geflüchtet. Der Bischof von Straßburg, Werner, sollte im Auftrag des Kaisers das Kloster zerstören. Der Abt verlor den Mut nicht, inmitten der Seinigen betete er. Als der Bischof schon nah dem Kloster war, erhob sich plötzlich ein heftiges Gewitter und der Blitz erschlug ihn.

Was Wilhelm so verehrungswürdig machte, ist seine große Nächstenliebe. Selbst seine eigenen Kleider schenkte er her. Aus Liebe zu Gott und der Kirche wurde er auch zum Reformator und sorgte für gute und wahre Klosterzucht. Eine Reihe von Klöstern verdankt ihm ihr Entstehen, so Sankt Georg unweit von Hirsau, Reichenbach im Schwarzwald, Zwiefalten in Württemberg und andere.

Im Jahre 1091 starb dieser große Abt wohlvorbereitet eines sanften Todes.

TAGESHEILIGE: Antonius Maria Zaccaria Bk, † 1539 – Numerian B zu Trier, † 666 – Petrus, B von Metz, Kardinal, † 1378 – Zoa, Domitius, Athanasius, Agathon, Triphina, Marina, Theodot, Sedopha, Cyrilla M – Philomena J.

6. JULI

Mechthild von Andechs

Die Selige verdient, daß sie nicht nur in Andechs, Diessen und Edelstetten, den Orten ihres Wirkens, verehrt wird. Ihre Persönlichkeit vermag weithin als Beispiel zu leuchten. – Mechthild stammte aus dem gräflichen Geschlecht Diessen-Andechs. Das Geburtsjahr ist wohl 1125. Obwohl im Glanz des gräflichen Hofes aufgewachsen, unterrichtet in allen Wissenschaften der damaligen Zeit, wie es einer adeligen Jungfrau gebührte, war der Sinn des Mädchens doch nicht auf das Irdische, sondern auf den Himmel gerichtet. Sie folgte dem Zug ihres Herzens und begehrte nichts inniger, als sich Gott ganz hinzugeben. Daher sehen wir sie schon in ihrer Jugend in den schützenden Mauern des Frauenstiftes zu Diessen Aufnahme suchen, das einst ihre Vorfahren gegründet hatten. Hier konnte sie nun ihr Tugendleben reich entfalten. Die Hochgeborene wurde die geringste Magd aller. Gerne tat sie die niedrigsten Arbeiten, um so ihre Demut zu zeigen. Nach dem Wunsch des Bischofs von Augsburg und des Papstes Anastasius IV. nahm sie 1153 die Wahl als Äbtissin des Klosters Edelstetten an. Auch in diesem Amt hielt sie mehr vom Vorleben als vom Vorreden. Sie hatte es in Edelstetten nicht leicht. Aber mit Klugheit, ja Weisheit, leitete sie das Kloster als eine wirklich besorgte Mutter. So sehr sie für das leibliche und geistliche Wohl ihrer Anvertrauten sorgte, so sehr übte sie sich selbst in Demut und Buße. Tagelang sah man sie fasten, Wein trank sie nie. In allen Anliegen kamen die Leute zu ihr. 1159 kehrte sie krank nach Diessen zurück. Am 31. Mai 1160 starb die getreue Gottesmagd. Das Diessener Frauenstift löste sich im 14. Jahrhundert auf. Das benachbarte Augustinerchorherrenstift übernahm die Obhut über die Kirche und das Grab der Seligen; 1698 wurden ihre Gebeine in die Chorherrenkirche übertragen. Als die jetzige prachtvolle Kirche entstand (1728 bis 1755), wurden die Reliquien in einem Glasschrein auf dem Sankt-Magdalenen-Altar geborgen, wo sie noch heute verehrt werden. – Was wir von der Seligen für unser Leben lernen können, ist ihre große Gottes- und Nächstenliebe. Beide sind untrennbar verbunden; das zweite ist nicht minder wichtig als das erste.

TAGESHEILIGE: Goar Pr E bei Oberwesel, † 561 – Thomas Morus M, Kanzler von England, † 1535 – Godolewa M in Belgien, † 1070 – Sexburgis Ae – Angela von Böhmen Bk, † 1200 – Tranquillin, Luzia, Antonin, Severin, Diodor, Dion M – Romolus BM – Dominika JM.

Willibald

Bistum und Stadt Eichstätt verehren als Patron den heiligen Willibald. Die Stadt selbst wurde von ihm gegründet. Zum Dank für die unermüdliche Tätigkeit dieses Bischofs und zur Verehrung seiner Reliquien hat man im gläubigen Mittelalter einen herrlichen Dom über seinem Grab errichtet. – Willibald stammt aus königlichem Geschlecht und war ein Verwandter des heiligen Bonifatius. Groß und leuchtend steht sein Bild noch heute nach so vielen Jahrhunderten lebendig vor uns.

Heiligmäßige Eltern gaben ihm das Leben; Benediktinermönche sorgten für eine umfassende Erziehung. Macht und Prunk des königlichen Hofes konnten den jungen Prinzen nicht blenden; in heiligem Eifer legte er das schlichte Gewand eines Mönches an. Fünfzehn Jahre blieb Willibald im Kloster, dann unternahm er mit seinem Vater und etlichen Freunden eine Wallfahrt in das Heilige Land. Auf der Reise starb sein Vater. Er selbst gelangte unter vielen Mühsalen nach Jerusalem und erhielt dort das Augenlicht wieder, das er kurze Zeit vorher plötzlich verloren hatte. Nach Jahren kam er dann nach Rom und blieb dort längere Zeit, zuletzt zehn Jahre im Kloster der Benediktiner auf dem Berge Cassino unter Abt Petronax. Dort fiel er durch sein vorbildliches Leben auf. Sein Onkel, Sankt Bonifatius, nahm ihn als Hilfe bei der Missionierung des Frankenlandes mit. 745 schickte ihn Bonifatius in die Gegend des heutigen Eichstätt, wo es damals noch öde und wüst war, und beauftragte ihn, nachzusehen, ob dort eine Möglichkeit zur Missionierung sein würde. Nachdem ihn Bonifatius zum Priester geweiht hatte, blieb Willibald noch ein Jahr in dieser Gegend und rodete die dichten Eichenwälder. Er sorgte für den Bau von Wohnungen und Kirchen und legte so den Grund zum Bistum Eichstätt, das dann Bonifatius feierlich errichtete. Bonifatius weihte ihn zum ersten Bischof von Eichstätt. Für seine Schwester Walburga gründete Willibald das Kloster Heidenheim. Als eine seiner größten Aufgaben betrachtete er es, überall Klöster zu bauen: Pflanzstätten des Christentums im alten Land der Sueben und Franken, Hochschulen der Kultur in einem noch primitiven Volk, „Mustergüter" eines geregelten und ergiebigen Landbaus. Willibald starb in Eichstätt im Jahre 787.

Der Heilige ist einer jener wahrhaft Großen der germanischen Frühzeit. In einer Reihe steht er mit Bonifatius, dem Apostel der Deutschen. Wie diesen zeichnet ihn ein unerschütterliches Gottvertrauen im Bund mit bewundernswerter Energie aus: ein Priester, ein Menschenfreund, ein Mann, dessen wir verehrend und dankbar gedenken sollen.

TAGESHEILIGE: Cyrillus B, † 869 – Methodius B, † 885 – Edilburg Ae – Benedikt XI. P, † 1304 – Theodo H – Materian B, verehrt in Bremen, Hamburg, Minden, Paderborn, Verden – Vierzehn heilige Nothelfer – Klaudius, Nikostrat, Kastorius, Viktorin, Synphorian, Peregrin, Luzian, Pompejus, Hesychius, Papius, Saturnin, German M – Apollinaris, Illidius B – Odo, Hedda B – Pantan Bk.

8. JULI *Kilian*

Das Bayernland wurde auf verschiedene Weise dem Christentum gewonnen. Schon zur Römerzeit war die Frohe Botschaft, wenn auch als eine vom Staat verbotene Religion, dorthin gelangt. Namentlich waren es die ehemaligen Römerstädte und Castelle, in denen kleine christliche Gemeinden entstanden. Die das Römerreich ablösenden germanischen Stämme, namentlich die Goten, brachten den christlichen Glauben in Gestalt des Arianismus nach Bayern. Erst als das katholische Frankenreich emporkam, konnten von neuem christliche Kultur und christlicher Glaube zu den Bayern gebracht werden. Vor allem waren es dann zur Zeit des heiligen Bonifatius die Iren und Schotten, die als Missionare zu den Germanen kamen und nun mit entscheidendem Eifer Bistümer errichteten. Die Geschichte der Bekehrung Unterfrankens ist verbunden mit den Namen des heiligen Kilian und seiner Begleiter Kolonat und Totnan. Um das Jahr 685 kamen diese drei Männer nach Würzburg. Kilian hatte in Rom die Bischofsweihe empfangen, Kolonat war Priester und Totnan Diakon. – Kilian war ein Ire, aus edlem Geschlecht geboren und in einem Kloster erzogen. Seinem strebsamen Geist genügte das Leben eines stillen Mönches nicht, deshalb erbat er sich die Erlaubnis, in das noch heidnische Germanien ziehen zu dürfen. Auf einem Berge in der Rhön, dem heutigen Kreuzberg, errichtete er seinen ersten Altar. Nach seiner Weihe zum Bischof predigte er mit allem Eifer den wahren Glauben und hatte den Erfolg, daß nicht bloß ein großer Teil der Franken, sondern vor allem auch der Herzog Gosbert mit seinem ganzen Hause sich zum Christentum bekehrte. Seine liebenswürdige Güte gewann ihm bald alle Herzen; mit Ehrfurcht hingen die Menschen an seinem Mund, lauschten seinem Wort, dem Gott wunderbare Kraft verliehen hatte. Neues Leben blühte auf. Freilich galt es noch einen harten Kampf mit heidnischen und lasterhaften Sitten zu führen. So hatte der Herzog Geilana, die Witwe seines Bruders, geheiratet, was nach damaligen kirchlichen Gesetzen ungültig war. Der Herzog aber war ein tieffrommer und edler Mann, der seinen Glauben ernst nahm. Wenn auch schweren Herzens, nahm er das geforderte Opfer auf sich und sagte zu Kilian: „Schweres forderst du von mir; weil ich aber aus Liebe zu Gott alles verlassen habe, so will ich auch meine Gemahlin, so sehr ich sie liebe, entlassen." Damit hatte sich der Bischof aber eine unversöhnliche Feindin geschaffen. Sie sann auf Rache. Und als der Herzog mit König Pippin ins Feld zog, sah sie die Gelegenheit gekommen, ihr schreckliches Werk zu vollenden. Im Jahre 689 überfielen von Geilana gedungene Männer den Heiligen und seine Gefährten und ermordeten sie unter schrecklichen Qualen. Die Leichname wurden samt den heiligen Gefäßen in einem Grab verborgen, das erst um das Jahr 752 aufgefunden wurde. – Die gottlose Herzogin und die Vollstrecker des Mordes wurden wahnsinnig, das Geschlecht Gosberts erlosch; aber das Andenken des heiligen Martyrerbischofs ist lebendig geblieben bis in unsere Tage. Voll Bewunderung schauen wir auf ihn, der Gott zulieb sein Leben hingab.

TAGESHEILIGE: Elisabeth Kö von Portugal, Bk – Edgar Kö, † 975 – Landrada JN – Dissibod Bk – Vierzehn heilige Nothelfer – Kolonat PrM – Totnan DiM – Aquila, Priszilla, Prokop M – Hadrian III., P, † 885 – Auspiz B – Eugen III., P, †1153 – Balderich Bk.

9. JULI *Die Martyrer von Gorkum*

Aus der Zeit der religiösen Revolution des sechzehnten Jahrhunderts leuchtet uns ein Bild des Heldentums in dem Tod der neunzehn Martyrer von Gorkum. Es war damals, als die Niederlande von Spanien und vom katholischen Glauben abfielen. Unter dem Herzog von Oranien wurden viele feste Plätze, die die Spanier noch innehatten, erobert. Man zwang die Bewohner, ihre Religion zu wechseln. Auch das kleine Städtchen Gorkum bei Dordrecht wurde belagert. Der spanische Kommandant hatte sich in das Schloß zurückgezogen, begleitet von vielen katholischen Laien und Geistlichen, unter denen die Franziskaner sich durch ihren Glaubenseifer auszeichneten. Der Oberst der Geusen, wie sich die Kalviner nannten, forderte die Übergabe der Stadt und versprach unter Eid allen Personen freien Abzug. Darauf übergab der Hauptmann das Schloß. Sogleich aber wurde das feierliche Versprechen gebrochen, der Kommandant in Ketten geworfen, ein Bürger sogleich aufgehängt, die übrigen mußten ins Gefängnis. Die größte Wut der Feinde aber galt den Priestern. Sie wurden sämtlich in abscheuliche Kerker gesteckt. Die Soldaten kamen nach Belieben und peinigten die Gefangenen auf alle mögliche Weise. Nach tagelangen rohesten Mißhandlungen führte man sie endlich vor Gericht. Graf Lumay von der Mark sprach das Todesurteil über sie aus. Er ließ sie paarweise antreten und befahl ihnen, unter Gesang in einer Prozession dreimal um einen Galgen zu marschieren. Währendessen traf der

Befehl des Prinzen von Oranien ein, die Gefangenen vertragsgemäß freizulassen. Der Graf aber beharrte auf seinem Entschluß und ließ sämtliche Geistliche noch in der Nacht unter grausamsten Qualen aufhängen (um das Jahr 1570). Heldenmütig starben diese Männer für ihren Glauben. Im Jahre 1876 wurden sie heiliggesprochen.

Die Namen der heiligen Martyrer sind: Nikolaus, Hieronymus, Theodor, Nikasius, Willehad, Gottfried, Anton, Anton, Franz, Peter, Kornelius (Franziskaner) — Leonhard, Nikolaus, Gottfried, Andreas (Weltpriester) — Johannes (Augustiner) — Johann (Dominikaner) — Jakob, Adrian (Prämonstratenser).

TAGESHEILIGE: Zeno M – Veronika Giuliani Ae – Agilolf BM von Köln, † 752 – Leonore J – Dietrich M – Herimbert B von Minden, Sachsenmissionar, † 800 – Cyrill BM – Anatolia, Audax, Patermuthius, Kopres, Alexander M – Briktius B – Eberhild – Eusanius PrM

10. JULI Amelberga

Heute gedenken wir zweier Klosterfrauen, die den gleichen Namen führten und am gleichen Tag, wenn auch nicht im gleichen Jahr, starben.

1. Amelberga, Jungfrau und Nonne. — Die erste heilige Amelberga war der Sproß eines altfränkischen Adelsgeschlechtes und verwandt mit König Pippin. Die Legende berichtet, daß sie schon in ihrer Jugendzeit mit der Gabe der Wunder begnadet gewesen sei. Da Amelberga sehr schön war, richteten viele Jünglinge aus höchsten Kreisen ihr Augenmerk auf die edle Jungfrau. Sogar König Pippin wollte sie zu seiner Gemahlin machen. Er erbat sich die Erlaubnis ihrer Eltern, die dem mächtigen Fürsten nicht entgegentreten wollten. Seines Erfolges sicher, begab sich Pippin zu ihr und trug persönlich sein Anliegen vor. Sie aber entgegnete, daß sie nicht heiraten wolle. Darauf wollte sie der König mit Gewalt mit sich nehmen. Doch sie entriß sich ihm und floh. In aller Stille begab sie sich in ein Kloster zur heiligen Landrada. Viele Jahre blieb Amelberga dort und führte ein Leben voll äußerster Strenge und Enthaltsamkeit, bis sie ihre reine Seele im Jahre 772 in die Hände ihres Schöpfers zurückgab.

2. Amelberga, Witwe und Nonne. — Sie entstammte dem fränkischen Königshaus. Beseelt von inniger Liebe zu Gott, wollte sie ins Kloster gehen; allein es war ihr anders bestimmt. Sie wurde vom Fürsten Witger, einem tadellosen und ehrenhaften Mann, zur Ehe begehrt. Amelberga schenkte ihrem Gatten mehrere Kinder, die später als Heilige verehrt wurden, so Adelbert, der später Bischof wurde, dann Reinhilde, Ermelinde, Gudula und Far-

hilde. Allen war sie eine vorbildliche Mutter. Später gingen beide Ehegatten im gegenseitigen Einverständnis ins Kloster. Amelberga führte ein sehr strenges, entsagungsreiches Leben und übte viele Werke der Buße. In ihrer letzten Stunde wurde ihr Antlitz mit einem wundervollen Freudenhauch überzogen; mit einem Lächeln auf den Lippen starb die Heilige im Jahre 690.

TAGESHEILIGE: Amalia W, H von Lothringen, † 772 – Witgar H, † 690 – Ulrich von Zell aus Regensburg, Mö, † 1093 – Walderich Bk – Landfried A von Benediktbeuren, † 808 – Januarius, Felix, Philipp, Silvan, Alexander, Vitalis, Martialis (die sieben heiligen Brüder) M zu Rom – Engelbert Kolland, PrM – Rufina, Sekunda JM – Marin, Nabor, Leontius, Mauritius, Daniel, Bianor, Apollonius, Emanuel M – Etto B.

11. JULI *Hidulf*

Auch Hidulf ist ein Heiliger der germanischen Frühzeit. Darum sind die Angaben über sein Leben zum Teil sehr ungenügend und legendär. Aber daß sich sein Andenken im Benediktinerorden bis in unsere Zeit erhalten hat, ist ein Beweis dafür, daß er ein segensreiches Leben geführt hat und unserer Verehrung würdig ist.

Nicht das Streben nach hohen Ehrenstellen, sondern die Sehnsucht nach Stille und Besinnung bestimmten den Lebensweg des heiligen Hidulf. Aber Gott weiß am besten, wo er seine Diener hinstellen muß, damit sie zu seiner Ehre und zum Heil der Seelen wirken. Hidulf entstammte einem alten adeligen Geschlecht in Bayern, er war mit Bischof Erhard von Regensburg verwandt, von dem er zum Priester geweiht wurde. Später ging er nach Trier und trat dort in das Benediktinerkloster ein. Als einfacher Mönch wollte er zurückgezogen leben und sich ganz dem Gebet und der Buße weihen. Aber der Bischof von Trier ernannte den gelehrten und frommen Mönch zu seinem engsten Mitarbeiter. Als er starb, wurde Hidulf durch die Gunst König Chlotars auf den bischöflichen Stuhl erhoben. Er versuchte zwar zu fliehen und wollte sich in einer öden Gegend niederlassen, wurde aber bald gefunden und mit Gewalt zurückgebracht. In seinem neuen, verantwortungsvollen Amt zeigte er sich bald als ein Auserwählter. Er lebte äußerst bescheiden, aß nur wenig und kleidete sich sehr einfach. Gegen die Nebenmenschen war er voll selbstloser, erbarmender Liebe. Zur Hebung der kirchlichen Zucht tat er viel; er sorgte auch für die bessere Ordnung des Gottesdienstes und für den Bau würdiger Kirchen; dem heiligen Maximin errichtete er ein eigenes Gotteshaus. Ebenso besorgte er eine würdige Grabstätte für die dreihundert Martyrer der thebaischen Legion, die in Trier ihr Leben für den Heiland hingegeben hatten. Als er die wichtigsten Aufgaben seines Bischofsamtes erfüllt hatte, entsagte er seiner Würde und zog sich in die Einsamkeit zurück. Weit drinnen in den Vogesen, wo heute Mittelmünster steht, lebten viele Einsiedler; dorthin begab sich Hidulf. Und da ihm die einsame Gegend sehr gefiel, blieb er dort, errichtete sich eine Zelle und erbaute zwei Kirchen, die er selber weihte. Sein gottseliger Wandel wurde bald bekannt, und eine Reihe von Gleichgesinnten scharte sich um ihn, um unter seiner Leitung ein klösterliches Leben zu führen. So kam es, daß er schließlich Abt eines Klosters wurde, das er nach der Regel des heiligen Benedikt leitete. Im Jahre 707 starb er gottergeben. Sein Grab wurde durch zahlreiche Wunder verherrlicht.

TAGESHEILIGE: Pius I. PM, † 155 – Siegbert A, Gründer von Disentis (Schweiz), † 636 – Olga (Helga) W – Beatrix Atestina Kö von Ungarn, dann N in Gemula (Padua), † 1239 – Johann BM – Januarius, Pelagia, Sidron, Marzian, Kindeus, Savin, Cyprian, Abundis M – Sabin Bk.

12. JULI *Johann Gualbert*

Das Richtige erkennen und es dann mit ganzer Kraft ausführen, das kennzeichnet den charaktervollen Mann. Johannes Gualbert dachte als Jüngling mehr an Freudengelage, Jagd, Waffendienst und ähnliche Dinge als an Beten und Buße. Als aber die Stunde der Gnade schlug, verließ er ohne Zaudern die Welt und wurde ein Büßer. Ein tragisches Ereignis brachte den Wendepunkt in seinem Leben. Johannes stammte aus Florenz; sein Vater war von edlem Geschlecht. Da wurde nun ein naher Verwandter ermordet. Johannes suchte den Mord zu rächen. Eines Tages stieß er, begleitet von mehreren Bewaffneten, außerhalb der Stadt Florenz in einem Hohlweg unvermutet auf den Gesuchten. Erschrocken erwartete dieser den Todesstreich. Es war gerade der heilige Karfeitag. Er flehte Johannes an, ihm am heutigen Tag, da der Herr am Kreuz für die Sünden der ganzen Welt gestorben, doch zu verzeihen. Johannes, durch die Bitte des Mörders erschüttert, hieß ihn sich vom Boden erheben und verzieh ihm. Dann ging er in die Kirche Sankt Miniat und betete, vor einem Kruzifix kniend, innig und tief um Vergebung seiner eigenen vielen Sünden. Da geschah das Wunder, daß der Gekreuzigte sein Haupt zu Johannes hinneigte als Zeichen der Gewährung seiner Bitte. Durch dieses Wunder erschüttert, faßte Johannes den Entschluß, sich ganz von seinem bisherigen Leben freizumachen; er bat den Abt des dortigen Klosters um Aufnahme. Dann eilte er in die Kirche, legte sich eine Mönchskutte an und schnitt sich selber die Haare ab zum Zeichen seines unabänderlichen Entschlusses. Schon im Probejahr erlangte Johannes einen hohen Grad der Vollkommenheit. Durch Wachen, Fasten und andere Bußübungen, durch Gebet und Betrachtung unterwarf er seine Natur dem Geist, durch pünktlichen Gehorsam zwang er den eigenen Willen. Später verließ Johannes das Kloster und führte im Tal Vallombrosa ein strenges Einsiedlerleben. Im Jahre 1073 starb er.

„Mein ist die Rache, spricht der Herr", dieses Wort der Schrift, vereint mit dem Hinweis auf den Sühnetod des Heilandes, hat den leichtfertigen Gualbert umgewandelt. Sollen nicht auch wir daraus lernen: nicht Rache bringt Befriedigung, sondern Verzeihen? Wie oft haben wir Anlaß, über das Verhalten unserer Nebenmenschen gegen uns ungehalten zu sein! Bei solchen Gelegenheiten zeigt sich dann unser echtes Christsein, wenn wir im Gedenken an unsere eigene Schwäche unsern Beleidigern verzeihen.

TAGESHEILIGE: Nabor Felix, Sold. M, † 303 – Andreas v. Rinn, Kn M, † 1462 – Ansbald A zu Prüm (Trier), † 886 – Berta Mutter Karls des Großen, Kö, † 803 – Marinus, Vimius, Zimius, die sog. „elenden (= ausländischen) Heiligen zu Griesstetten" (Dietfurt), E, † 1160 – Jason M – Hermagoras, Paulin BM – Proklus, Hilarion M – Marziana JM – Epiphana M – Viventiol, Paternian B – Ugozo, Hirte.

13. JULI Eugen

Die Vandalen hatten im fünften Jahrhundert ganz Nordafrika besetzt. Sie waren zwar bereits christlich, hatten aber das Christentum nur in der Form des Arianismus kennengelernt. Dieser leugnete die Gottheit Christi und verehrte Jesus nur als großen Menschen. Durch den Kampf der katholischen Kirche gegen diese Irrlehre entstand bei den Arianern ein fanatischer Haß gegen die römische Kirche und ihre Anhänger. In dieser schweren Zeit wurde Eugen zum Bischof von Karthago gewählt. Schon zwanzig Jahre war dieser Bischofsstuhl verwaist gewesen. Unsägliches hatten die Katholiken unter der Verfolgung zu leiden. Eugen zeichnete sich durch seine außerordentliche Liebe zu den Armen aus. Es ist kaum zu begreifen, wie er imstande war, soviel Almosen zu geben, da doch sein eigenes Einkommen sehr gering war. Seine umfassende Liebestätigkeit machte ihn bei den Andersgläubigen verhaßt, und es begann eine wütende Verfolgung. Man verbot dem Bischof sein Amt auszuüben. Ja, schließlich wurde er in die Wüste verbannt. Mit Tränen in den Augen begleiteten die Gläubigen ihren Hirten eine lange

Strecke weit. Später holte man den Bischof wieder zu einer öffentlichen Unterredung zwischen den Katholiken und den Anhängern des Arius. Bevor diese Unterredung stattfand, ereignete sich, wie die Legende erzählt, ein großes Wunder. Eugen gab einem Blindgeborenen durch die Anrufung des Heilandes vor allem Volk das Augenlicht wieder. Die ganze Stadt geriet in Aufregung, da nun die Leute die Gottheit Christi und damit die Wahrheit des katholischen Glaubens erkennen mußten. Doch der verstockte Sinn der Irrgläubigen ließ sich nicht überzeugen. Bischof Eugen wurde wiederum in die Verbannung geschleppt. Ein andersgläubiger Bischof war ihm zur Aufsicht beigegeben, der ihn auf alle Weise quälte. Dennoch unterzog sich Eugen noch freiwilligen Abtötungen, trug ein rauhes Bußkleid, schlief auf bloßer Erde und brachte den größten Teil der Nacht im Gebet zu. Im Jahre 488 konnte er nach Karthago zurückkehren. Doch auch diesmal hatte er keine Ruhe. Zunächst wurde er zum Tode verurteilt, dann begnadigt, er mußte aber seinen Aufenthalt im Frankenreich nehmen. Er war stets bemüht, soviel er konnte, der Ausbreitung des Reiches Gottes auf Erden zu dienen. So stiftete er in Viance ein Kloster. Hier war es auch, wo Gott ihn am 13. Juli 505 zu sich rief.

Von ihm gilt das Wort des Herrn aus der Bergpredigt: „Selig seid ihr, wenn euch die Menschen schmähen und verfolgen." Der rechte Christ läßt sich auch durch Verfolgung nicht von seiner Überzeugung abbringen.

TAGESHEILIGE: Anaklet PM, † 91 – Silas, Apostelschüler – Arno B von Würzburg, † 892 – Franz Solan Bk – Mildreda Ae – Margareta JM, Nothelferin – Justina M in Tergeste (Trient), † 289 – Ernst AM, † 1148 – Salutaris, Muritta Bk – Serapion, Myrops M – Thurian B – Sara Ae – Walderich Mö.

14. JULI Bonaventura

Im Jahre 1225 kam eine arme Frau mit einem kranken Kind auf dem Arm zum heiligen Franz von Assisi und flehte inständig, er möge doch den Herrn bitten, daß er das Knäblein gesund mache. Der Heilige, von Mitleid gerührt, erhob die Augen zum Himmel und betete; sogleich ward das Kind gesund. Voll Freude ging die Frau heim. Und als Franziskus im Sterben lag, brachte sie nochmals den Knaben, den er sehr liebgewonnen hatte, zu ihm. Franziskus aber rief prophetisch aus: „O buona ventura!", das heißt: O wieviel Gutes wird von dir kommen! Von diesem Tage an nannte man den Kleinen, der auf den Namen Johann getauft war, Bonaventura. – Die Mutter hatte das Gelübde abgelegt, das Kind dem Orden des heiligen Franz zu weihen. Aus diesem Grunde erzog sie es zur Gottesfurcht. Mit zweiundzwanzig Jahren trat Bonaventura in den Orden ein, um Gott in Demut und Armut zu dienen. Seine Studien machte er in Paris. Seine Sinne hielt er in scharfer Zucht, er führte ein asketisches Leben, aber er war stets heiter und fröhlich. Er verrichtete am liebsten die geringsten Arbeiten im Kloster. Zum Priester geweiht, trat er jedesmal mit Tränen in den Augen an den Altar; so ergriffen war er von der Würde seines Amtes. Mit fünfunddreißig Jahren wurde er zum Ordensgeneral gewählt. Im Jahre 1271 konnten sich die Kardinäle bei der Papstwahl nicht einigen. Da übergaben sie die Benennung des neuen Papstes dem Heiligen, ein Zeichen, wie angesehen er war. Papst Gregor X., den er vorgeschlagen hatte, weihte Bonaventura zum Bischof von Albano und ernannte ihn zum Kardinal. Als die Gesandten ankamen, war der Heilige gerade in der Küche mit Abspülen beschäftigt. Als er hörte, daß der Papst ihn im Gehorsam zur Annahme verpflichtete, vollendete er erst seine Arbeit, ehe er sich zum Aufbruch rüstete. Bonaventura wurde die Stütze der Kirche in vielen Schwierigkeiten. (Die Kirche verlieh ihm den Titel eines Kirchenlehrers.) Am 15. Juli 1274 starb er.

Bonaventura steht als Gelehrter neben Thomas von Aquin, mit dem er befreundet war. Wie dieser war er eine Zeitlang in Paris Universitätsprofessor. Mit seinem immensen Wissen verband er innige Frömmigkeit und Demut. Als Priester wurde er ebenso verehrt wie als Lehrer seiner Studenten. Immer sprach er von Christus, dem Gekreuzigten. Daraus ist sein ganzes Leben zu verstehen.

Wir sehen an diesem Mann, wie sich Wissenschaft, Weisheit, höchste Bildung und Frömmigkeit zu einer herrlichen Harmonie vereinigen können. Je allseitig klüger ein Mensch ist, desto leichter vermag er einzudringen in die Geheimnisse des Glaubens — wenn er demütig ist!

TAGESHEILIGE: Marzellin (Marchhelm, Markhelm), Missionar in Friesland, † 700 – Dentlin Bk, † 650 – Vinzenz Madelgar Gr vom Hennegau, † 677 – Ragenufla JE in Belgien, † 670 – Justus M – Phokas BM – Heraklas, Cyrus, Felix, Optatian B – Franz Solan Bk – Hildeburg Ae.

15. JULI Heinrich II.

Als Kaiser Otto III. im jugendlichen Alter von 22 Jahren starb, hinterließ er ein in seinen Grundlagen erschüttertes Reich. Von außen her drohte im Osten ein Einfall der Wenden, im Süden standen die Mohammedaner. Im Innern erhoben sich die Fürsten und Landesherren gegen die Autorität des Kaisers. Da bedurfte es einer starken Hand, um die Ordnung im europäischen Raum wieder herzustellen. Die deutschen Fürsten wählten zum Nachfolger des verstorbenen Kaisers den bayerischen Herzog Heinrich, den Sohn Heinrichs des Zänkers; auch er entstammte dem sächsischen Königshaus. Und sie hatten gut gewählt. Denn wenn Heinrich auch nicht einer der größten Kaiser wurde, er war und blieb ein Mann von vorbildlichem Charakter und tadellosem Lebenswandel; klug und freundlich, gerecht und edel. Es gab auch vor und nach seiner Zeit kaum einen Herrscher, der so edel gesinnt war wie er. Und er ist auch der einzige, den die Kirche als Heiligen auf dem deutschen Kaiserthron verehrt. – An der mächtigen Mauer des Bamberger Domes steht die markante Steinfigur des Kaisers Heinrich II. Stark war sein Wille zum Guten, wichtig die Reihe seiner Taten.

Heinrich verdient den Titel „Der Heilige“ mit vollem Recht. Geboren wurde er im Schloß Abbach bei Regensburg am 6. Mai 972. Sein Erzieher war Wolfgang von Regensburg, der den Keim echter Gottesliebe in das jugendliche Herz pflanzte. Als sein Vater, der Herzog von Bayern, starb, vermählte sich Heinrich mit Kunigunde, einer Grafentochter aus Luxemburg, die mit ihm in einem warhaft christlichen Leben wetteiferte. Eines Tages hatte er am Grab seines heiligen Lehrers Wolfgang eine wunderbare Erscheinung. Er hörte eine Stimme, die ihm zurief: „Nach sechs!“ Heinrich glaubte, er müsse nach sechs Tagen sterben, und bereitete sich gewissenhaft vor. So tat er sechs Wochen, schließlich sechs Monate und dann sechs Jahre lang. Nach sechs Jahren aber wurde er zum deutschen König gewählt, im Jahre 1002. Das Reich brauchte einen Mann von der Energie Heinrichs. Uneinigkeit fraß im Innern, an den Grenzen des Landes standen die Feinde. Heinrich bewahrte sich aber allezeit sein seelisches Gleichgewicht. Er lebte und arbeitete mit Gott und für Gott. Neben der Gründung des Bistums Bamberg ist sein Verdienst die Wiederherstellung der Bischofsstädte Hildesheim, Magdeburg, Basel, Meißen und Merseburg. Als Heinrich im Jahre 1024 zum Sterben kam, versammelte er die Großen seines Reiches um sein Lager und sprach, indem er auf seine trauernde Gattin wies, die herrlichen Worte: „Diese ist mir von Christus angetraut worden; als reine, in Christo unversehrte Jungfrau lasse ich sie zurück.“ Seine Leiche wurde in Bamberg beigesetzt. Im Jahre 1145 wurde er heiliggesprochen.

TAGESHEILIGE: Egon (Eginhard, Egino) A zu Augsburg, † 1120 – Gumbert AB, Erbauer des Klosters Ansbach, † 795 – Plechelm (Blickhelm) B in Limburg, † 710 – Regiswinda, Markgrafentochter von Laufen (Neckar) M, † 837 – Stella (Stilla) von Abenberg J, sel., † 1141 – Ansverus M zu Ratzeburg, † 1066 – Bernhard v. Marchio Bk, † 1458 – Felix BM – Eutropius, Zosima, Bonosa, Katulin, Januarius, Florentius, Julia, Justa, Philipp, Zeno, Narseus, Abudemius, Antiochus, Cyriak M – Jakob, Athanasius B – Waldemar (Wladimir) Kö.

16. JULI Reinhilde

Wohl hat ein blühender Legendenkranz das Leben der heiligen Reinhilde umrankt. Aber auch das Tatsächliche ist groß genug, um uns zu erbauen. Opfer, Selbstentäußerung, völlige Hingabe an Gott und Besieglung ihres gottwohlgefälligen Lebens durch den Martertod zeichnen das Leben der heiligen Einsiedlerin aus. Reinhilde entstammte einem vornehmen Geschlecht. Ihr Vater war Graf Witger, ihre Mutter Amalberga aus einer der angesehensten Familien von Brabant. Beide entsagten, als ihre Kinder herangewachsen waren, allen Ehren und zogen sich in klösterliche Einsamkeit zurück. Reinhilde blieben Besitz und Reichtum. Sie war von großer Schönheit. Deshalb ist es begreiflich, daß sie von manchem Freier begehrt wurde. Ihr Herz aber war nicht irdischen Freuden zugewandt; sie wollte Gott allein dienen. Daher übte sie schon in früher Jugend Entsagung und Betrachtung. Wohl wurde sie wegen ihres stillen Lebens verspottet, aber sie machte sich nichts daraus. Die Armen liebte sie sehr und half, wo sie konnte.

Alte Berichte und Legenden erzählen von ihrem Leben Folgendes:

Mit ihrer Schwester Gudula ging sie zu einem naheliegenden Kloster, wo Benediktinermönche lebten. In heiligem Gotteseifer pochten sie dort an und baten aufgenommen zu werden, um die Regel des heiligen Benedikt zu erlernen. Nun war aber Frauen der Eintritt ins Kloster verwehrt. Ihre Schwester ging darauf wieder nach Hause. Reinhilde aber blieb vor der Kirchentüre stehen. Da legte sich Gott ins Werk. In der dritten Nacht ging die Türe selbst auf, Reinhilde trat ein; die Glocken begannen von selber zu läuten. Die erstaunten Mönche eilten herbei und fanden sie in der Kirche. Als sie Reinhilde hinausweisen wollten, erzählte sie, auf wie wunderbare Weise sie hereingekommen war. Da erkannten die Mönche den Wunsch des Himmels und gaben der Heiligen Unterricht in der Ordensregel. Nachdem sie das klösterliche Leben eingehendst kennengelernt hatte, wanderte sie zuerst ins Heilige Land. Sieben Jahre brachte sie mit Wallfahrten zu und mußte allerhand Ungemach erdulden. Sodann begab sie sich wieder in ihre Heimat und erbaute sich bei Xanten eine Zelle, in der sie als Einsiedlerin lebte. Nun fielen damals die Friesen verheerend ins Land. Alles floh. Nur Reinhilde blieb mit einem Priester und ihrem Diener. Als die Feinde kamen, ging sie in ihre Kapelle und erwartete am Altar betend den Tod. Die Eindringlinge rissen ihr den Schleier vom Kopf und schlugen ihr das Haupt ab. So errang die Heilige die Krone des Martyriums im Jahre 680.

TAGESHEILIGE: Valentin BM zu Trier, † 300 – Fulrad aus Elsaß A, Stifter der Klöster Leberau und St. Hippolyt, † 784 – Ceslaus Mö, Apostel Schlesiens, † 1242 –

Monulf B von Maastricht, † 597 – Gondulf M in Zauchte (Belgien), † 630 – Andreas Zoerardus von Ohlau a. d. Oder, E in Ungarn, † 1020 – Elvira Ae – Faustus, Sisenand, Domnio M – Athenogenes BM – Eustach B – Vitalian – Irmgard – Gebhard B – Carmen.

17. JULI

Irmingard

Mitten im Chiemsee liegt die sogenannte Fraueninsel. Ein uralter romanischer Turm erhebt sich über die dichten Bäume und kündet, daß hier ein Kloster steht. Schon seit den Zeiten des bayerischen Herzogshauses der Agilolfinger gibt es dieses Kloster, dem man auch heute noch sein ehrwürdiges Alter ansieht. Weder Ungarneinfälle, noch der Dreißigjährige Krieg, noch die Säkularisation zerstörte dieses schöne Idyll. 766 wurde es gegründet und es ist also schon bald 1200 Jahre alt. Nach dem Sturz des Herzogs Tassilo kam es in den Besitz des Bischofs von Metz und fiel allmählich dem Verfall anheim. Dort lebte und wirkte nun im neunten Jahrhundert als bedeutende Äbtissin und als eigentliche Stifterin die selige Irmingard. Sie gehörte zu den wahrhaft großen Frauen der deutschen Vergangenheit. Obwohl sie nur neun Jahre regierte und schon in jugendlichem Alter starb, blieb ihr Andenken doch durch all die Jahrhunderte erhalten.

Irmingard entstammte dem Geschlecht der Karolinger. Ihr Vater war König Ludwig der Deutsche. Dieser Enkel Karls des Großen war ein vortrefflicher Mann, der seine sechs Kinder ebenso gründlich wie gütig erzog. Um das Jahr 832 wurde Irmingard geboren. Schon in ganz jungen Jahren nahm sie den Schleier und führte das enthaltsame und an Opfern reiche Leben einer guten Nonne im Kloster Buchau am Federsee. Wegen ihrer Umsicht und Liebenswürdigkeit wurde sie um 857 zur Leitung des Klosters Frauenwörth berufen. Dort war Irmingard am richtigen Platz. Als Äbtissin wurde sie durch Sanftmut, Klugheit und Sorge um die Armen das gute Beispiel ihrer Mitschwestern. Doch nur kurze Zeit war ihr vergönnt, das Kloster zu leiten, da der Herr sie bereits im Jahre 866 abberief.

Die Verehrung Irmingards nahm bald großen Aufschwung, und heute noch, nach so vielen Jahrhunderten, ist sie die große Selige vom Chiemsee. Abt Gerhard vom Kloster Seeon nahm daher im Jahre 1004 die damals übliche Form einer Seligsprechung vor, indem er ihre Gebeine ausgraben und auf einem Altar beisetzen ließ. Und seitdem ist ihr Andenken nicht mehr verblichen.

Der Abt ließ ein Täfelchen in den Sarg legen, das heute noch im Nationalmuseum zu München aufbewahrt wird. Während des Dreißigjährigen Krieges erschien die Selige einer Äbtissin und teilte ihr mit, daß ihr Grab durch Wasser in Gefahr sei. Man grub nach, die Warnung erwies sich als richtig. Im Jahre 1803 wurde das Kloster säkularisiert. Allein der Schutz der Seligen war sichtbar über ihm. Der Convent blieb bestehen, und nach Jahren, als man schon meinte, die letzte Nonne werde sterben, wurde das Kloster von König Ludwig I. von Bayern neu errichtet. Während dieser Zeit, da nur mehr ein paar alte Klosterfrauen in den Mauern weilten, konnte man Jahre hindurch in der Nacht ein wunderbares Leuchten sehen. 1928 wurde Irmingard in das kirchliche Verzeichnis der Seligen aufgenommen.

TAGESHEILIGE: Alexius Bk – Maria Magdalena Postel Bk – Benedikt von Ungarn Mö M, † 1023 – Turnin B, Missionar in den Niederlanden, † 750 – Sturmius Mö, Missionar in Fulda, † 779 – Speratus, Narzalis, Cythin, Veturius, Felix, Akzyllin, Lätantius, Januaria, Generosa, Vestina, Donata, Sekunda, Hyazinth, Generosus, Theodota M – Leo IV. P,† 855 – Emmodius, Theodosius M – Marzellina J – Fredegard – Mariana J.

18. JULI Arnulf

Als Arnulf geboren wurde, weissagte ein frommer Priester: „Dieser Knabe wird einst im Himmel ein köstliches Kleinod sein." Arnulf stammte aus fränkischem Adelsgeschlecht, ja einige behaupten, daß er der Stammvater der Karolinger sei. Nachdem er die Schule besucht hatte, wurde er an den Hof des Frankenkönigs Theodebert gegeben. Dort diente Arnulf als Krieger und wurde bald wegen seiner großen Kenntnisse und seines Mutes an die Spitze des fränkischen Heeres gestellt, wo er mit Glück und viel Geschicklichkeit manchen Sieg über die Feinde errang. Deshalb stellte ihn der König auch über mehrere Landschaften als Statthalter und obersten Befehlshaber. Dazu war er noch Fürst über Austrasien, also über den Teil des Römischen Reiches, der Süddeutschland in sich schloß. Er heiratete eine fromme Jungfrau, die ihm in einer glücklichen Ehe zwei Söhne schenkte. Trotz seiner hohen Stellung aber vergaß Arnulf nicht den, der ihm alles gegeben hatte: Gott. Im Gegenteil, er bewahrte sich mitten im Hofleben ein gläubiges und gottergebenes Herz und übte viele Werke der Selbstzucht und der Buße. Im Einverständnis mit seiner frommen Gemahlin trat er schließlich in ein Kloster ein. Als einfacher Mönch erfüllte er willig die strengen Forderungen des Ordenslebens und tat gerne die niedrigsten Dienste, als hätte er sein Leben lang in Küche und Garten gearbeitet. Inzwischen war der Bischofsstuhl von Metz frei geworden. Nur die dringenden Vorstellungen des Königs vermochten Arnulf zu bewegen, die Bischofswürde anzunehmen. Aber auch jetzt blieb er einfach und demütig. Besonders war er den Armen zugetan und gab alles her, was er besaß. Da Arnulf fürchtete, durch das Bischofsamt in jener stürmischen Zeit die eigene Seele zu gefährden, bat er den König, er möge ihm erlauben, sein Amt niederzulegen. Erst nach langem Widerstand gab der König nach, und Arnulf zog sich nun in eine Einöde der Vogesen zurück. Im Jahre 641 starb er eines seligen Todes.

Wollen doch auch wir Gott zuliebe öfters kleine Opfer auf uns nehmen!

TAGESHEILIGE: Kamillus de Lellis Bk – Ämilian M – Friedrich BM von Utrecht, † 838 – Marina JM – Maternus B von Mailand – Bruno B – Arnold, Musiker am Hofe Karl des Großen Bk, † 800 – Symphorosa und sieben Söhne M (Kreszenz, Julian, Nemesius, Primitivus, Justin, Stakteus, Eugen) – Gundenes JM – Philastrius B – Rufillus B – Simeon.

19. JULI *Vinzenz von Paul*

Mein Reich ist nicht von dieser Welt!" sprach Christus, und sein Wort ist zugleich Feststellung und Mahnung; es steht auch unsichtbar über allem, was die Kirche ist und tut – sie ist Geleiterin zum *ewigen* Heil, nicht (das heißt nur mittelbar) zum Glück in *dieser* Welt. Aber um jenen Auftrag des Herrn erfüllen zu können, muß sie nicht nur lehren, segnen, Gute und Böse scheiden – sie muß helfen, denn *alle* Menschennot ist ihr aufgeladen: „Liebe deinen Nächsten wie dich selbst!" und „Was ihr dem Geringsten meiner Brüder getan, das habt ihr mir getan." Jene Laien und Priester, denen diese Worte mit ihrer vollen Wucht die Seele bewegten und den Lebensweg bestimmten, gehören zu den Größten der Christenheit, sie sind ihre Leuchttürme. Solch ein Genie der reinen Liebe war der Mann, dessen wir heute (und hoffentlich nicht nur heute) gedenken.

Man nennt das siebzehnte Jahrhundert Frankreichs „großes": klassische Dichtung, Ausweitung und Vertiefung von Theologie und Philosophie, ein glanzvoller Hof, barocke Musik und liebenswürdige Malerei. Aber die Schatten von soviel Licht waren erschreckend dunkel: hoffnungsloses Elend, abergläubische Unwisenheit, Sittenverfall, Korruption. In dieser Zeit lebte – und Wesentliches änderte er in ihr zum Besseren – Vinzenz von Paul. 1581 wurde er als das Kind armer Bauersleute in Pauy in der Gascogne geboren. Not und Mangel waren von Anbeginn seine Lebensbegleiter. Das erste Brot

mußte er sich als Schaf- und Schweinehirt verdienen; aber dann erkämpfte er sich mit starkem Willen und eisernem Fleiß den Priesterberuf; 1600 wurde er geweiht, wenige Jahre später nahmen ihn Seeräuber gefangen und verkauften ihn in Tunis auf dem Sklavenmarkt an einen Renegaten (abgefallenen Christen). Aber schon dieses harte Schicksal wurde ihm zur Berufung; er konnte die Gattin des Renegaten und endlich diesen selbst bekehren und flüchtete gemeinsam mit ihnen aus Afrika. Pest, Hunger und Krieg herrschten, als er Pfarrer einer kleinen Gemeinde bei Paris wurde, dann Hauslehrer bei dem Grafen Gondi und schließlich Seelsorger für die Galeerensträflinge, Schwerverbrecher, die in Ketten auf Staatsschiffen die Ruder bedienen mußten. (Unser Bild zeigt den Heiligen bei der Seelsorge für die Galeerensträflinge.) Unendlichen geistigen, seelischen und physischen Jammer sah er, der kraft seiner Bildung und der Gewalt seines Wortes doch auch in den Kreisen des höchsten Adels Eingang fand – nicht um dort selbst zu glänzen, sondern um zu mahnen, zu bitten, Verstand und Herz der Herrschenden für menschliches Elend zu öffnen. Schließlich wurde er zum königlichen Almosengeber ernannt. Hier nun vermochte er endlich in aller Breite und Tiefe nach seinem Sinn – nach dem Willen Christi – zu handeln: energisch, ausdauernd, selbstlos, klug. Um der Unwisenheit, der Sittenlosigkeit auf dem Land und in der Großstadt zu begegnen, gründete er den Orden der Lazaristen, dessen Hauptaufgabe es war, überall Missionen zu halten. Dann stiftete er einen Bund frommer Frauen, die den Auftrag hatten, Waisen- und Findelkinder zu betreuen. Sein größtes, erhabenstes Werk aber wurde (gemeinsam mit der in unserer Zeit heiliggesprochenen Luise von Marillac) die Gründung des Ordens der Barmherzigen Schwestern, betraut mit der Krankenpflege – ein hohes Amt, das sie heute wie damals erfüllen. Vinzenz wurde aber nicht nur die Seele aller Liebestaten in Frankreich, er sammelte nicht nur viele Millionen, um Armut zu lindern – als Missionar und Exerzitienmeister erwies er, daß Caritas ohne religiösen Impuls, ohne den Blick auf Christus ein halbes Tun ist ... In seinen letzten Lebensjahren konnte er vor Schwäche nicht mehr gehen, doch ließ er sich jeden Tag in die Kirche tragen oder fahren, um vor dem Altarssakrament zu beten: dort, wohin die Menschen ihren Jammer tragen sollen. Als 1660 „le bon Monsieur Vincent", der gute Herr Vinzenz, starb, war ein fast unermeßliches Lebenswerk geleistet, das über Jahrhunderte hin fortzeugend Gutes wirkt – und das ein Beispiel ist und bleibt für jeden, der den guten Willen hat.

TAGESHEILIGE: Martin BM von Trier, † 210 – Justa, Rufina, Aura JM in Spanien – Felix B von Verona – Arsenius E in Ägypten – Epaphras M – Symmachus P, † 514 – Makrina J – Wigbald.

20. JULI *Lukanus*

Als das Römische Kaiserreich bereits unter den ersten Anstürmen der Germanen zu wanken begann, war Seeben eine bedeutende Stadt. Zur Zeit des Papstes Zölestin um das Jahr 424 war Lukanus ihr Bischof. Von der Jugend, Abstammung und den Eltern dieses heiligen Bischofs ist gar nichts mehr bekannt. Doch die Kirche hat das Andenken dieses Mannes treu bewahrt. Das Buch „Das heilige Bayernland" aus dem Jahre 1612 rechnet ihn zu den bayerischen Heiligen, da er seine letzten Lebensjahre in Südtirol verbrachte. Ein großer Teil dieses Gebietes gehörte früher zum Bistum Augsburg. Es werden von Lukanus eine Reihe von wunderbaren Begebenheiten erzählt, die Legende und alte Überlieferung berichteten. Seine Demut und

Frömmigkeit wurden auch vom Papst erkannt, als er sich vor diesem rechtfertigen mußte. Er war von Neidern angeklagt, daß er in seiner Diözese die kirchlichen Fastengebote nicht beachtet habe. Doch er konnte seine Unschuld beweisen und wurde mit dem Segen und der Huld des Papstes in seine Heimat entlassen. Trotzdem ließen seine Widersacher auch nach seiner Rückkehr in das Bistum nicht nach, gegen ihn aufzutreten, so daß ihm nichts anderes übrig blieb, als aus seinem Bistum zu fliehen. Er begab sich in das Grödner Tal, wo er von einer gutherzigen Frau mit Namen Avatia aufgenommen wurde. Hochbetagt starb dort der heiligmäßige Bischof an Entkräftung im Jahre 450. Sein Leichnam wurde nach Belluno gebracht. Auch nach seinem Tode wirkte Gott durch ihn manche Wunder. Im Glauben des Volkes blieb es unvergessen, daß dieser Mann ein Bischof nach dem Herzen Gottes war, der stets nur das Beste gewollt und das Gute vollbracht hat, und es pilgerte noch viele Jahre an sein Grab. Wenn Gott auch zuließ, daß man fast nichts mehr von ihm weiß, so wurde doch der Name dieses Bischofs in das Verzeichnis der Heiligen aufgenommen.

TAGESHEILIGE: Hieronymus Aemiliani Bk, † 1537 – Margarita JM – Wilgefortis (Kümmernis) JM – Vulmar (Wolfmar) A – Anastasia Ae in Trier – Ansegis A, † 833 – Bernhard B von Hildesheim, † 1154 – Josef Justus Bk – Sabin, Julian, Maximus, Makrobius, Cassia, Paula, Paul M – Severa J – Ceslaus, Rufina, Librada Bk.

21. JULI *Arbogast*

Es ist eigenartig, wie sich das Andenken an einzelne Heilige durch die Jahrhunderte frisch erhalten hat. Freilich hat dann fromme Legende allerlei Wunderbares dazugetan, so daß mancher moderne Mensch den Kopf darüber schüttelt. Aber die religiöse Phantasie, die Legenden bildet, hat immer einen Wahrheitskern. – Oft ist es so, daß Gott die demütigen Menschen schon in diesem Leben erhöht: so auch den heiligen Bischof Arbogast. Obwohl er aus einer vornehmen fränkischen Familie stammte und ihm Reichtum und Glück zur Seite standen, verließ er schon in jungen Jahren die Welt, um sich in einem Walde bei Hagenau im Elsaß als Einsiedler niederzulassen. Jedoch sein Wunsch, ganz einsam zu bleiben, ging nicht in Erfüllung. Der Ruf seines beispielhaften Lebens drang in die Weite. Sogar König Dagobert reiste zu ihm und wollte schließlich seinen Rat nicht mehr entbehren. Um ihn in der Nähe zu haben, erhob er den Heiligen auf den Bischofsstuhl von Straßburg. Als Bischof wurde Arbogast zum Vater der Armen; jeden Tag lud er notleidende Menschen an seinen Tisch und bediente sie selber. Vor allem war Arbogast ein Mann des Gebetes; unweit der Stadt hatte er sich jenseits des Flusses eine Hütte errichtet, in die er jeden Abend wanderte und wo er einen großen Teil der Nacht im Gebet zubrachte. Zur Überfahrt bediente er sich immer eines kleinen Kahnes. Einst war dieser nicht da. Die Legende berichtet, daß Arbogast nun einfach das Wasser segnete und dann trockenen Fußes wie auf einer Brücke darübergehen konnte. Noch eine andere wunderbare Tat wird von ihm berichtet: Der König hatte einst auf der Wildschweinjagd auch seinen einzigen Sohn Siegebert mitgenommen. Dieser trennte sich während der Jagd vom Gefolge, verfolgte einen großen Eber, stürzte aber bei einem Fehltritt seines Pferdes und wurde von dem Tier gräßlich zugerichtet, so daß er starb. Nach langem Suchen fand man den Knaben tot im Walde. Der König und sein Gefolge waren trostlos. In seiner Not wandte sich der König an seinen Freund und Helfer Arbogast und bat ihn, er möge doch Gott bitten, daß sein Sohn wieder lebendig werde. „Barmherziger Gott", flehte der Heilige, „schau an das Vertrauen deines Dieners, der dich von Herzen liebt! Ich bitte dich, lasse entweder Siegebert wieder lebendig werden oder mich hier sterben!" Da schlug der Knabe die Augen wieder auf. Voll Dankbarkeit stiftete der König an der Unglücksstelle das Kloster Eberheimsmünster.

Aber trotz dieser wunderlich klingenden Geschichten ist Arbogast doch eine historisch nachweisbare, große Persönlichkeit. Als er Bischof von Straßburg wurde, lag die ehemalige Römerstadt zum größten Teil in Trümmern. Mit Umsicht und Gottvertrauen ging er an seine Aufgabe. Neben leiblicher gab es auch viel kulturelle und sittliche Not. Arbogast begann einen Wiederaufbau, der uns an die eigene jüngstvergangene Zeit erinnert. Er erkannte die Religion als Mitte und Halt des Lebens. Darum erbaute er zuerst eine Bischofskirche. Den alten Palast des römischen Prätors, dessen gewaltige Quadermauern die Stürme der Zeit überstanden hatten, baute er um in das erste Straßburger Münster und weihte diese Kirche der Mutter Gottes. Für die germanischen Siedler errichtete er die Sankt Martinskirche. Dann gründete er eine Reihe von Missionsstationen und Klöstern. Von diesen ging die Bekehrung des gesamten heutigen Elsaß und Mittelbadens aus. Gegen Ende des sechsten Jahrhunderts war durch die Tätigkeit des Bischofs Straßburg wieder zu einer bedeutenden Stadt geworden. Im ganzen Alemannenland herrschten nun bald geordnete und friedliche Verhältnisse. 678 starb Arbogast eines seligen Todes.

Sein Beispiel mahnt uns zur Nächstenliebe und zur treuen Beherzigung der Gebote Gottes. Dann ist der Segen des Höchsten mit uns.

TAGESHEILIGE: Praxedis J – Julia JM – Angelina J – Vastrada W, Mutter des heiligen Gregor von Utrecht, † 800 – Stilla (Stella) J – Zotikus BM – Viktor, Alexander, Felizian, Longinus, Klaudius, Justus, Jukundin M – Johann Mö.

22. JULI *Maria Magdalena*

Ein Wunderwerk göttlichen Erbarmens geschah an Maria Magdalena. Sie hat ihren Namen von dem Ort Magdala, wo sie als Freundin der römischen Offiziere lebte. Vom strenggläubigen jüdischen Volk wurde sie als öffentliche Sünderin verachtet. Doch mitten in ihrem Sündenleben traf sie der Gnadenblick des Heilandes. Sie erkannte plötzlich mit Schaudern ihre Schlechtigkeit und fühlte sich zu tiefster Buße angetrieben. Als Jesus bei einem Pharisäer zur Mahlzeit eingeladen war, zog Maria Magdalena ein Bußgewand an, trat in die Halle und begann die Füße des Herrn mit kostbarem Öl zu salben, so daß das ganze Haus von dem Wohlgeruch erfüllt wurde. Hierauf benetzte sie die Füße des Heilandes mit ihren Tränen und trocknete sie dann mit ihren Haaren ab. Jesus, der ihre echte Bußgesinnung erkannte, sagte zu ihr die herrlichen Worte: „Geh hin! Deine Sünden sind dir vergeben!" Von diesem Augenblick an hatte Magdalena mit ihrer Vergangenheit gebrochen und blieb nun als treueste Begleiterin beständig in der Nähe des Herrn. Als Jesu Leiden begann, blieb sie bei ihm und stand mit Maria, der Mutter des Herrn, unter dem Kreuz. Sodann salbte sie den Leichnam des Heilandes ein und half ihn in das Grab legen. Am Ostermorgen war sie eine der ersten, die in ihrem Schmerz dorthin eilten, um die Salbung zu vollenden. Der Heiland erschien ihr, sie aber hielt ihn für den Gärtner und bat ihn, er möge ihr doch sagen, wo er den heiligen Leichnam hingetragen habe. Als Jesus sie nun anrief: „Maria!", da erkannte sie den Herrn und rief voll Freude: „Rabboni", das heißt „Mein lieber Meister!" Dann eilte sie zu den Aposteln und berichtete ihnen, daß der Herr auferstanden sei und lebe. Magdalena war auch mit den frommen Frauen am Pfingstfest bei der Herabkunft des Heiligen Geistes. Die Legende berichtet, daß sie in der ersten Christenverfolgung auf ein schadhaftes Schiff gesetzt und mit Lazarus, Martha und ihren Freunden dem offenen Meer übergeben wurde. Das Schiff landete an der Küste Südfrankreichs. In einer Felsenhöhle lebte Magdalena noch 30 Jahre.

Lernen wir von Magdalena den Geist wahrer Buße! Das Leben der heiligen Büßerin zeigt, daß wir nie zu verzweifeln brauchen; denn das Erbarmen Gottes ist größer als menschliche Schuld.

TAGESHEILIGE: Wandregisil A aus merowingischem Geschlecht, † 663 – Laurentius von Brindisi Mö – Verena JM von Schönau bei Köln – Syntyche, Plato, Theophil M – Cyrill B – Menelaus A – Joseph Bk – Einhard.

Laurentius von Brindisi

Bewegte Zeiten brachten auch stets hervorragende Menschen – es ist, als ob Gott, das „unzugängliche Licht", durch solche Gestalten der bedrängten Menschheit zu Hilfe käme. – Sehr schlimm war es zur Zeit der Türkenkriege im sechzehnten und siebzehnten Jahrhundert. Wie eine düstere Wolke hing diese Gefahr über dem Osten und der Mitte Europas. Da war es nun ein einfacher Kapuzinermönch, der als großer Held sich hervortun und durch seinen Mut und sein Gottvertrauen mit zur Überwindung dieser Gefahr beitragen sollte – Laurentius von Brindisi, ein Heiliger, der in enger Beziehung zu unserem Vaterland steht. Er ist im Jahre 1559 zu Brindisi (Unteritalien) geboren. In der Taufe erhielt er den Namen Julius Cäsar. Nach dem Tode seines Vaters kam er nach Venedig und trat mit sechzehn Jahren in den Kapuzinerorden ein. In seinem vierzigsten Lebensjahr reiste er nach Deutschland, um im Auftrag des Papstes den Kapuzinerorden dorthin zu verpflanzen. In Wien gründete er ein Kloster seines Ordens. Sodann erhielt er den Auftrag, die deutschen Fürsten zur Teilnahme am Türkenkrieg aufzurufen. Man brachte wirklich ein Heer zusammen, dem sich der Heilige anschloß. Als die nur 18 000 Mann zählende christliche Armee den 80 000 Türken gegenüberstand, rieten die Generäle zum Rückzug. Laurentius aber rief: „Vorwärts! Vorwärts! Der Sieg ist unser!" Auf sein Wort hin wagte man den Angriff. Laurentius erschien in seinem Ordenskleid mit dem Kreuze in der Hand, das sich heute noch im Kapuzinerkloster zu Innsbruck befindet, an der Spitze des Heeres zu Pferd und entflammte die Soldaten durch die Kraft seiner Worte. Der Kampf war schrecklich. Aber nachdem die Türken schwere Verluste erlitten hatten, wichen sie zurück. Das war am 11. Oktober des Jahres 1601 bei Stuhlweißenburg. Nach Beendigung des Feldzuges kam Laurentius nach München. Herzog Maximilian nahm ihn ehrfurchtsvoll auf und sandte ihn nach Spanien zum König Philipp. Als Laurentius im Mai 1606 nach Donauwörth kam, wurde er von dem aufständischen Pöbel während des sogenannten Fahnengefechtes schwer mißhandelt. In München wirkte er zweieinhalb Jahre mit größtem Erfolg (1610–1612). Er war ein besonderer Verehrer der seligsten Jungfrau Maria. Bei der heiligen Messe wurde er oft bis zu Tränen gerührt. Der Ruf seiner Heiligkeit war so groß, daß das Volk, wenn er in eine Stadt kam, ihm scharenweise entgegeneilte und sich auf die Knie warf, um seinen Segen zu empfangen. Sein vielbewegtes Leben brachte ihn schließlich nach Portugal, wo er in der Nähe Lissabons am 22. Juli 1619 starb. Sein letztes Wort war „Jesus". Im Jahre 1881 wurde Laurentius heiliggesprochen.

TAGESHEILIGE: Apollinaris BM, † 75 – Liborius B, † im vierten Jahrhundert –

Romula J – Rainer M – Primitiva JM – Apollonius, Eugen, Trophimus, Theophil M – Redempta, Herundo J.

24. JULI

Christina

Christina war die Tochter des Statthalters Urban von Tyro in Toskana. Ihr Vater war Heide und ein großer Feind der Christen. Als Christina zwölf Jahre alt war, bemerkte sie mit Verwunderung, wie standhaft und geduldig die Christen für den Heiland litten und der Wut der Henker die größte Sanftmut entgegensetzten. Dies erregte ihr Erstaunen. Sie wollte Näheres über den christlichen Glauben erfahren und bat christliche Frauen um religiöse Unterweisung. Bald trug dies auch Früchte. Sie bat um die Taufe. Kaum war dies ihrem Vater berichtet worden, als er Christina zu sich kommen ließ, ihr die schwersten Vorwürfe machte und sie dann grausam schlug. Sie aber entgegenete ruhig: „Deine Götter sind tote, ohnmächtige Bilder. Es gibt nur einen Gott. Ich glaube an ihn!" Zum Ausdruck ihres Glaubens zerschlug sie die silbernen und goldenen Götterbilder in ihrem Hause und schenkte das Metall den Armen. Darauf geriet ihr Vater in Wut. Er ließ den Henker kommen und befahl, seine Tochter mit Ruten zu peitschen und ihren Leib mit eisernen Haken zu zerfleischen. Die Ruhe und Standhaftigkeit seiner Tochter erbitterte den Vater noch mehr. Er ließ nun Christina auf ein eisernes Rad flechten, ihren Körper mit Öl bestreichen und unter ihr ein großes Feuer anzünden. Allein Christina blieb unversehrt. Die Flammen schlugen gegen die Henker und verletzten diese. Ihren Vater traf des Himmels Strafe. Am nächsten Morgen fand man ihn tot im Bette liegen; ein Schlaganfall hatte seinem Leben ein jähes Ende bereitet. Für Christina brachte der Tod ihres Vaters keineswegs das Ende ihrer Pein, im Gegenteil. Die neuen Richter setzten ihr noch mehr zu als der Vater. Schließlich wurde sie an einen Pfahl gebunden und von Pfeilschützen ähnlich wie Sankt Sebastian totgeschossen (im Jahre 304). Ihr Leichnam wurde von den Christen heimlich fortgebracht und in Palermo beigesetzt, wo er in späteren Jahrhunderten samt ihrer Lebensbeschreibung wieder gefunden wurde.

TAGESHEILIGE: Bernhard von Baden H, † 1468 – Gerburga Ae von Gandersheim, † 959 – Kinga (Chunegundis) HN von Polen, † 1292 – Siglinde (Sigoline) Ae – Berthold Mö M von Lokkum (Westfalen), † 1198 – Christina Mirabilis J bei Lüttich, † 1224 – Vinzenz, Viktor, Meneus, Kapito, Niketa, Aquilina M – Ursizinus B – Arnulf.

25. JULI

Jakobus der Ältere

Es gibt zwei Apostel in den Evangelien, die den gleichen Namen Jakobus tragen; man nennt sie zur Unterscheidung Jakobus den Älteren und Jakobus den Jüngeren. Dies bezieht sich aber nicht auf das Lebensalter, sondern auf den Akt der Berufung. Und da war unser Jakobus derjenige, der früher, als einer der ersten zum Apostelamt ausersehen wurde. Jakobus der Jüngere wurde sehr alt, während Jakobus der Ältere schon ziemlich jung starb. Er war der Sohn des Zebedäus und der Salome, der Bruder des heiligen Johannes, und nahe verwandt mit dem Heiland. Sein Vaterland war Galiläa. Am See Genesareth betrieb er das Handwerk eines Fischers und arbeitete mit Petrus zusammen. Er war unter den ersten, die sich Jesus zu Aposteln auserwählte. Er bedachte weder die Schwierigkeiten dieser Nachfolge noch die Last, die er damit auf sich nahm. Jakobus war mit Petrus und Johannes Zeuge bei der Heilung der Schwiegermutter des Petrus. Ebenso durfte er die Auferweckung des Töchterleins des Jairus miterleben. Er und Johannes waren von solchem Eifer beseelt, daß ihnen Jesus den Beinamen „Boanerges", das heißt Donnersöhne, gab. Am Ölberg war er einer der drei, die Jesus mitnahm. Als der Herr gefangengenommen wurde, floh auch er. Nach der Herabkunft des Heiligen Geistes am Pfingstfeste aber erwies sich Jakobus als energisch und mutig. Alte Überlieferung berichtet, daß Jakobus außerhalb des Heiligen Landes bei den in der Diaspora lebenden Israeliten wirkte. Der heilige Hieronymus berichtet, daß Jakobus auf seinen Missionsreisen bis nach Spanien kam. Daher auch die große Verehrung des Heiligen dort: Santiago de Compostela, wo die Gebeine des Heiligen ruhen, ist einer der bedeutendsten Wallfahrtsorte der Christenheit.

Der heilige Epiphanius schreibt, daß Jakobus stets jungfräulich lebte und sehr harte Bußwerke tat; er aß nie Fleisch oder Fische.

Jakobus ist der erste Apostel, der sein Leben für den Meister hingab. Er war um das Jahr 42 nach Jerusalem gekommen. Nun hatte damals Herodes Agrippa, ein Enkel des Herodes, den Thron bestiegen. Er wollte sich bei den Juden beliebt machen und begann daher eine Christenverfolgung. Ein Verräter fand sich, der gegen den Heiligen auftrat. Jakobus wurde an Ostern verhaftet und enthauptet. Die Ruhe und Standhaftigkeit des Martyrers machten großen Eindruck auf das Volk.

TAGESHEILIGE: Christophorus M, † 250 – Magnerikus B von Trier, † 596 – Glodesind Ae – Johannes Agnus B von Maastricht, † 646 – Thomas von Kempen Bk, † 1471 – Heinrich, sel., B von Regensburg, † 1296 – Kukuphas, Paul, Florentius, Felix, Theodemir M – Valentina JM.

26. JULI *Anna*

Alte Überlieferung und ehrwürdige Legenden erzählen uns vom Leben dieser Heiligen, welcher die Ehre zuteil wurde, die Großmutter des Heilandes zu sein. Anna war als Tochter eines Priesters etwa ein halbes Jahrhundert vor Christus zu Bethlehem geboren und zeichnete sich schon als Kind durch große Tugendliebe aus. Als sie zur Jungfrau herangereift war, wurde sie mit einem ehrsamen Jüngling namens Joachim vermählt. Dieser stammte aus dem Geschlecht des Königs David. Er war ein frommer und gerechter junger Mann, las eifrig die heiligen Schriften und flehte Gott inständig an, es möchten doch die Verheißungen vom Kommen des Erlösers bald in Erfüllung gehen. Nach der Hochzeit teilten beide ihr großes Vermögen in drei Teile: ein Teil wurde dem Tempel für den Gottesdienst gegeben, einen Teil erhielten die Armen und der dritte diente den beiden Ehegatten zu ihrem Unterhalt. Gott verhängte über das Ehepaar eine harte Prüfung. Zwanzig Jahre lang empfing Anna kein Kind, was im Alten Bund als eine Schande und ein Fluch Gottes angesehen wurde. Vergeblich schienen alle Gebete und alle Opfer, die sie darbrachten. Allein Anna ließ im Beten nicht nach, da sie wußte, daß Gott das beharrliche Gebet erhört. In seinem Schmerz hatte Joachim die Gattin verlassen und war in die Wüste geflohen. Ein Engel aber sagte ihm, daß seine Frau eine Tochter bekommen werde. Daraufhin eilte er heim. Und wirklich, Anna gebar eine Tochter, der sie den Namen Maria gab. Die glücklichen Eltern weihten das Kind Gott und brachten es schon in jungen Jahren zum Tempel (daran erinnert das Fest Mariä Opferung. Unser Bild zeigt, wie Mutter Anna ihre Tochter Maria nach Jerusalem bringt und sie dem Hohenpriester für den Tempeldienst übergibt). Wenige Jahre später starb zuerst der Gatte und dann die Mutter Anna eines seligen Todes.

Die Verehrung der heiligen Anna ist in unserer Kirche schon sehr alt. Bereits im Jahre 550 wurde in Konstantinopel zu ihrer Ehre eine Kirche erbaut. Im Abendland nahm die Verehrung seit dem achten Jahrhundert großen Aufschwung. Im Jahre 1558 wurde das Fest für die ganze Kirche vorgeschrieben.

TAGESHEILIGE: Pastor Pr – Gotthalm (Gotalmus) Bk, † 1072 (in Passau verehrt) – Kamilla Verani Bk – Bartholomäa Capitano J – Erastus, Symphronius, Olympius, Theodul, Exsuperia, Hyazinth M – Valens B – Simeon E.

27. JULI **Berthold**

Gottesfurcht, Demut und Nächstenliebe zeichneten den seligen Benediktinerabt Berthold von Garsten aus. Viel Wunderbares berichtet die Legende von ihm. Berthold wurde im Jahre 1070 geboren und seinem adeligen Stande entsprechend erzogen. Als er herangewachsen war, zeigten sich die Früchte guter Erbanlage, denn Berthold legte kein größeres Verlangen an den Tag, als Gott allezeit zu dienen. Es überraschte daher nicht, daß er in ein Kloster eintrat. In Sankt Blasien im Schwarzwald lebte er als Mönch einfach und demütig und tat gerne die niedrigsten Dienste. Zum Priester geweiht, wirkte er mit großem Eifer für das Heil der Seelen. Als der Markgraf Ottokar von Steiermark im Jahre 1112 das Kloster Garsten gründete, berief er den Mönch Berthold, der mit ihm verwandt war, als Abt dorthin. Die nicht leichte Aufgabe der Leitung des neuen Klosters übernahm Berthold mit großem Eifer; auch als Abt blieb er seiner einfachen und manchmal überstrengen Lebensweise treu. Gegen die Armen war er ungemein freigebig. Er schenkte einfach alles her in dem Gedanken, was er den Armen tue, sei Christus getan. Einst ließ er eine Schüssel voll Geld und eine Menge Brot herrichten, um sie an die Armen auszuteilen. Der Bruder aber, der dies ausführen sollte, behielt alles für das Kloster zurück. Berthold empfand dies als Unrecht; er ließ Geld und Brote in die nahe am Kloster vorbeifließende Enns werfen; denn er betrachtete als unrechtes Gut, was einmal für die Armen bestimmt war. Tagelang saß er im Beichtstuhl. Auch der zum Tod Verurteilten nahm er sich liebevoll an. Ein wunderbares Geschehen wird von ihm berichtet. Einst sollten die Mönche zu Mittag Fische erhalten, aber die Fischer konnten keine fangen. Da ging Berthold selber an den Fluß und segnete das Wasser. Sogleich wimmelte es von Fischen. Darum wird er oft mit Fischen abgebildet.

Dreißig Jahre lang übte Berthold sein Amt aus und starb im Jahre 1142 während des Absingens der Litanei. In den Diözesen Linz und Passau wird der Selige hoch verehrt.

TAGESHEILIGE: Pantaleon M, † 305 – Natalia, Liliosa M – Berta Bk – Hugo Kn M – Tetta Ae, † 750 – Walto A in Wessobrunn, † 1156 – Glodesind, Ae in Metz, † 609 – Aurelius B – Maurus, Sergius, Hermolaus, Hermippus, Hermokrates, Felix, Julia, Jukunda, Georg, Aurelius M – Die heiligen Siebenschläfer: Maximian, Malchus, Martinian, Dionys, Johann, Serapion, Konstantin – Ätherius B – Anthusa J.

Walto

Walto, der große Abt von Wessobrunn, der im zwölften Jahrhundert dort segensreich wirkte, wäre schon längst völlig vergessen, wenn seine Liebe zu Gott und den Menschen nicht die Stürme der Jahrhunderte überdauert hätte. Er stammte aus vornehmem Geschlecht und trat in das Kloster Wessobrunn in Oberbayern ein. Nach alten Berichten war Walto ein Mann von untadelhaftem Lebenswandel. Im Jahre 1130 wurde er zum Abt des Klosters erwählt. Das war der richtige Platz für seinen Geist und Charakter. Nichts lag ihm ferner, als die Würde seines hohen Amtes durch Glanz und Prunk zu zeigen; im Gegenteil, er lebte einfach, aß nur wenig und übte Werke strenger Buße, als ob er ein arger Sünder wäre; so bat er denn oft auch seine Mitbrüder um ihr Gebet, damit er, der die andern lenken und leiten sollte, nicht selbst auf Abwege komme und verlorengehe. Groß war auch seine Nächstenliebe.

Walto war ein eifriger Verehrer der seligsten Jungfrau Maria. Gott verherrlichte seinen treuen Diener schon bei Lebzeiten. Ein großes Wunder wird uns aus seinem Leben berichtet: Einst waren alle Lebensmittel im Kloster wegen der großen Freigebigkeit des Abtes ausgegangen, sogar der Wein für die heilige Messe. Der heilige Mann ließ sich von einem Bruder ein großes Gefäß mit Wasser füllen und segnete es. Als man das Wasser kostete, war es reiner Wein geworden. Das Gefäß, das Walto dabei verwendete, wurde als Heiligtum lange Jahrhunderte im Kloster aufbewahrt und kam später nach Landsberg am Lech.

Walto mußte viel Drangsal mitmachen und war auch häufig krank. Allein es wird von ihm gerühmt, daß er niemals seinen Gleichmut verlor und daß er auch in Leid, Kummer und Schmerzen stets heiter blieb.

Fast dreißig Jahre lebte Walto als wahrer Vater der Seinen und starb selig im Herrn am 27. Dezember 1156. (An diesem Tag wird auch von vielen sein Fest begangen. Andere feiern es am 27. Juli.)

TAGESHEILIGE: Viktor I. PM, † 198 – Innozenz I. P, † 417 – Nazarius, Celsus M, † 68 – Botwin M – Gerand Pr – Notker Mö in Sankt Gallen, † 1022 – Eustathius, Akatius M – Sampson B – Peregrin Pr.

29. JULI

Martha

Aus den evangelischen Berichten wissen wir, daß der Heiland gerne in Bethanien weilte. Es war dieser Ort eine Art Ruhestätte für den Herrn, wenn er nach langer Wanderung und anstrengender Predigt die Stille suchte. Die Familie der drei Geschwister war vorbildlich: Religiosität, Liebe zueinander, Werke der Nächstenliebe zeichneten sie aus. Die Evangelisten, namentlich Johannes, berichten des öfteren über diese drei Freunde des Herrn.

Martha war die Schwester des Lazarus und der Maria. Als Jesus wieder einmal gekommen war, setzte sich Maria zu seinen Füßen und lauschte voll Andacht den Worten des Gottessohnes. Martha aber als die Ältere, die dem Hauswesen vorstand, war sehr geschäftig, um den Meister zu bedienen. Als sie nun sah, daß Maria ihr bei den Vorbereitungen zum Mahle nicht half, beklagte sie sich beim Herrn. Jesus aber sagte zu ihr: „Martha, Martha, du bist sehr besorgt und bekümmerst dich um viele Dinge. Eines nur ist notwendig! Maria hat den besten Teil erwählt, der ihr nicht genommen werden soll." – Als Lazarus erkrankte, sandte Martha Boten zum Herrn, der sich gerade jenseits des Jordans befand. Jesus aber blieb noch einige Tag fern. Als er endlich kam, ging ihm Martha weinend entgegen und sprach jene wunderbaren Worte, die beim Gottesdienst für Verstorbene in der heiligen Messe stets gebetet werden: „Herr, wärest du hier gewesen, so wäre mein Bruder nicht gestorben. Aber auch jetzt weiß ich, daß dir Gott alles geben wird, was du von ihm begehrst." Jesus antwortete: „Dein Bruder wird auferstehen." Martha entgegnete: „Ich weiß, daß er auferstehen wird bei der Auferstehung am Jüngsten Tage." Jesus sagte: „Ich bin die Auferstehung und das Leben. Wer an mich glaubt, wird leben, auch wenn er gestorben ist, und jeder, der da lebt und an mich glaubt, wird nicht sterben in Ewigkeit. Glaubst du dies?" Sie sprach: „Ja, Herr, ich glaube, daß du Christus der Sohn des lebendigen Gottes bist, der in diese Welt gekommen ist." Dann gingen sie an das Grab. Jesus gebot, den Stein, der das Grab verschloß, hinwegzunehmen. Martha aber sagte: „Herr, der Leichnam riecht schon." Jesus aber ermahnte sie zu glauben und erweckte den Lazarus von den Toten.

Nach dem Tode des Herrn soll Martha mit ihrem Bruder und ihrer Schwester nach Südfrankreich gekommen sein, wo sie nach langem Leben im Herrn verschied. Ihre Gebeine werden in Tarascon verehrt.

TAGESHEILIGE: Felix II. PM, † 365 – Olaf II., Kö von Norwegen M, † 1030 – Urban II. P, † 1099 – Lupus B von Troyes, † 479 – Seraphina Bk – Simplicius, Faustin, Beatrix M – Luzilla, Flora, Eugen, Antonin, Theodor, Kallinikius M – Wilhelm, Prosper B – Faustin Bk – Gerand.

Wiltrudis

Die Blindenanstalt Hohenwart bei Schrobenhausen (Obb.) hat sich aus einem ehemaligen Benediktinerinnenkloster entwickelt, dessen Stifterin und erste Äbtissin die selige Wiltrudis gewesen ist. Sie entstammte einer hochadeligen Familie der Grafen von Taur, die zu Hall und Innsbruck Güter besaßen und zugleich das Schloß Hohenwart zu ihrem Eigentum rechneten. Graf Rapatho und seine Gemahlin Hemma residierten lange Zeit dort. Der glücklichen Ehe entstammten zwei Kinder, Ortolph und Wiltrud, die von ihren Eltern in Frömmigkeit und Gottesfurcht erzogen wurden. Ortolph widmete sich dem Ritterstand und zog in heiliger Begeisterung mit Gottfried von Bouillon nach Palästina; er half als deutscher Ritter die heiligen Städte, insbesondere Jerusalem, den Mohammedanern im Jahre 1099 entreißen. Auf der Heimfahrt starb er und wurde in Hohenwart begraben. Seine Schwester Wiltrud hatte inzwischen, ihrem frommen Sinn folgend, mit Einwilligung der Eltern das Schloß Hohenwart in ein Kloster verwandelt. Sie rief Benediktinerinnen herbei und wurde selbst Nonne. Nach ihrem demütigen und bescheidenen Sinn wünschte sie ihr Leben als einfache Klosterfrau zu verbringen. Jedoch ihre Mitschwestern wählten sie zur Äbtissin. Nach langem Sträuben gab sie nach und lenkte ihr Kloster nach der Regel des heiligen Benedikt mit Umsicht und Güte. Sie veranlaßte auch verschiedene Töchter benachbarter Adelsgeschlechter einzutreten und brachte so dem Kloster bald viel Hab und Gut ein. Aber das war nicht ihr wichtigstes Streben. Ihr ganzes Sinnen und Trachten ging auf die Mehrung der Ehre Gottes, die Verherrlichung des Gottesdienstes und ihre eigene Vervollkommnung. Dem Gekreuzigten zuliebe verzichtete sie auf weltliche Ehren und auf glanzvolle Verheiratung; sie wollte in Einsamkeit leben. Demut und Einfachheit zeichneten sie auch nach ihrer Erhebung zur Äbtissin aus. Im Jahre 1074 ließ sie die herrliche Kirche zu Hohenwart erbauen. Um das Jahr 1100 starb die Selige gottergeben, betrauert von ihrem Konvent und den Armen der Gegend, denen sie eine sorgende und geistige Mutter gewesen war. Wiltrudis wurde in der Klosterkirche beigesetzt; ihr Grab soll durch viele Wunder verherrlicht worden sein.

Im Jahre 1803 fiel das Kloster der Säkularisation zum Opfer, wurde aber schon sehr bald zu einer Anstalt für Blinde und Arme eingerichtet, so daß die edle Stiftung ihrem eigentlichen Zweck nicht entfremdet wurde.

TAGESHEILIGE: Abdon, Sennen M, † 250 – Julitta M – Ingeborg Kö – Flora M – Cyrill B von Trier, † 458 – Bantus PrE in den Vogesen, † 650 – Heinrich Mö in Eichstätt, † 1346 – Rufin, Maxima, Donatilla, Sekunda M – Ursus B – Archangelus E.

31. JULI Ignatius von Loyola

Vor Gott ist alles Streben nach Vollkommenheit von gleichem Wert, ob es nun in einem Bettler oder einem Papst, einem großen Gelehrten oder einem Handwerker lebendig ist. Aber für die Menschheit und die Kirche gibt es doch Abstufungen je nach der inneren Kraft des Glaubens und seiner Wirkungen nach außen. In diesem Sinn zählt auch die Geschichte der Heiligen nur wenige „Sterne erster Ordnung", Menschen, *zugleich* von glühender Religiosität, erhabenem Geist, unbezwinglichem Mut, reiner Gesinnung und wahrer Selbstlosigkeit. Solch ein Stern war und bleibt bis an das Ende der Tage Ignatius.

1491 wurde er auf dem Schloß Loyola als Sohn eines spanischen Edelmannes geboren. Nach guter Erziehung wurde er Offizier, als der er ebenso tapfer in der Schlacht wie ungebunden im allgemeinen Leben sich erwies. Bei Pamplona wurde er im Kampf gegen die Franzosen als Befehlshaber der spanischen Truppen schwer verwundet; zweimal ließ er sich das Bein brechen, damit es nicht kürzer werden sollte; doch alle Qualen halfen nichts. Auf dem Krankenlager las er ein Buch über das Leben der Heiligen. Dies machte einen so großen Eindruck auf ihn, daß er beschloß, sich von seinem Soldatenleben abzuwenden und sich ganz Gott hinzugeben. Zum äußeren Zeichen seiner Umkehr hängte er seine Waffen in der Kirche zu Manresa auf und begann als Einsiedler zu leben. In dieser Zeit entstand als Frucht der Kämpfe im eigenen Wesen und mancher Erleuchtung das heute weltberühmte „Exerzitienbüchlein": die klügste und wirksamste Anleitung zum geistlichen Leben. Über zehn Jahre lang studierte Ignatius dann auf berühmten Universitäten, vor allem in Paris, wo er gleichgesinnte Freunde fand, mit denen er sich 1534 auf dem Montmartre durch Gelübde zu Armut, Keuschheit und treuer Seelsorge verpflichtete. Aus diesem kleinen Bund entstand (nachdem Ignatius 1537 Priester geworden war) die Gesellschaft Jesu, deren erster Generaloberer Ignatius wurde. 1556 starb er in Rom. 1622 wurde er heiliggesprochen.

Der Ausdruck „Gegenreformation" ist wohl politisch-historisch richtig, religiös und geistig aber doch falsch, denn es handelt sich in jener Bewegung wesentlich um eine echte und bis in unsere Tage nachwirkende innere Erneuerung der katholischen Kirche, ihrer Hierarchie, des Klerus wie der Laien. Und die mächtigste Gestalt in dieser Erneuerung war Ignatius, dieser große Erzieher der Menschheit. Kein Zweifel, er war ein Mann, aufs höchste begabt und von Gott gerufen zu einer Leistung, die fast ohnegleichen ist in der Geschichte. Zurecht durfte dieser Heilige über sein Leben den Wahlspruch schreiben, der zum Leitsatz des Jesuitenordens wurde: Alles zur größeren Ehre Gottes!

TAGESHEILIGE: German B – Batho Pr in Freising, † 1100 – Gosselin B von Metz, † 640 – Beatus Pr in Trier, † 650 – Helena WM – Kalimerius BM – Fabius, Demokrit, Sekundus, Dionys M – Firmus B – Johann Colombini Bk.

1 AUGUST Ethelwold

Begeisterung für das Reich Gottes war es, was den Heiligen trieb, auf alles irdische Glück zu verzichten und Gott allein zu dienen. Aber es genügte ihm nicht, ein frommes Leben zu führen; sein Idealismus zielte höher. Hinter Klostermauern suchte und fand Ethelwold heilige Seelenruhe und inneren Frieden. Harte Selbsterziehung und Entsagung waren ihm liebgewordene Opfer, so daß der oft leidensreiche Weg des Priesters und Mönches ihm herrlich erschien gemäß dem Worte Christi: „Mein Joch ist süß und meine Bürde leicht."

Zu Beginn des zehnten Jahrhunderts erblickte Ethelwold in Winchester das Licht der Welt. Religiöse Eltern förderten das Streben des jugendlichen Herzens nach Vollkommenheit; ein großer Erzieher, der Lieblingsheilige Irlands, Abt Dunstan, vollendete das Werk. So kam es, daß Ethelwold schon sehr bald das Wort der Schrift erfüllte: „Ich will hintreten zum Altare Gottes, zu Gott, der mich erfreut von Jugend auf." Und doch sollte er kein ruhiges, nach Innen gewendetes Leben in seiner stillen Zelle führen können. Im Jahre 947 baute König Edret die Abtei Abingdon aus ihren Trümmern wieder auf und ernannte Ethelwold zu deren Abt. Hier zeigte sich der Heilige als wahrer Vater seiner Mitbrüder. Strenge gegen sich, Milde gegen die andern waren die Grundzüge seines Charakters. Unerschütterlicher Eifer für die Ehre Gottes und die Verschönerung des Gotteshauses zeichneten ihn aus. Diesen herrlichen Eigenschaften blieb Ethelwold auch treu, als er in schlimmen Zeiten Bischof von Manchester wurde. Es waren bitterharte Jahre, die er und seine Diözesanen mitmachen mußten. Kriege, feindliche Einfälle, Zerstörungen und der damit verbundene Zerfall der Sitten standen wie ein grausiges Fanal über seiner Amtszeit als Bischof. Soviel er konnte, tat er zur Linderung der allgemeinen Not; selbst davor scheute er nicht zurück, Kelche, Leuchter und anderes Kirchengut für die Armen zu verwenden. Die Mitra war für den Heiligen eine harte Dornenkrone. Aber als Ethelwold am 1. August 984 verschied, konnte er seinem Nachfolger ein blühendes kirchliches Leben hinterlassen.

Sein Bild steht vor uns als das eines großen Mannes, der stets tat, was recht war, und der nur *einen* Lebenssinn kannte: Menschenliebe als Abglanz der Gottesliebe.

TAGESHEILIGE: Spes, Fides, Caritas JM – Petrus Faber Bk – Spinulus A in Sankt Blasien, † 650 – Richbert, sel., B in Säben, † 975 – Haziga Gr von Scheyern, † 1103 – Bonus, Faustus, Maurus, Cyrill, Aquila, Petrus, Domitian, Rufus, Menander, Leontius, Attus, Alexander, Felix, Justin M – Verus B – Nemesius Bk – Sophia

2. AUGUST *Alfons von Liguori*

Die bedeutendsten Bücher über katholische Moral stammen aus der Feder des heiligen Alfons von Liguori. Mit einer immensen Gewissenhaftigkeit zieht er darin die Grenzen zwischen „erlaubt" und „unerlaubt". Sein Streben war, den Priestern bei der Verwaltung des Bußsakramentes und den Sündern bei dessen Empfang zu helfen. Dieses sein Werk brachte ihm bis in die Gegenwart zahlreiche Gegner und Feinde. Es entsprang seiner eigenen Gewissenhaftigkeit und seinem feinen Empfinden für Gerechtigkeit. Dadurch ist Alfons einer jener Männer geworden, die sehr viel zum Ansehen der Kirche im achtzehnten Jahrhundert beigetragen haben. Durch sein bewundernswürdiges Beispiel, seine überzeugende Beredsamkeit, seine lebendige Glaubenskraft erinnert er uns an die Apostel des Herrn.

Alfons wurde am 27. September 1696 zu Marianella, einer Vorstadt Neapels, geboren. Er erhielt eine vortreffliche Erziehung. Sein Vater, Josef von Liguori, war Offizier und stammte aus altadeliger Familie; Vater und Mutter waren sehr fromm. Mit zehn Jahren trat Alfons der Kongregation adeliger Jünglinge bei. Hier zeichnete er sich durch Sanftmut und Bescheidenheit aus und ward bald Vorbild in dieser frommen Genossenschaft. Alfons hatte vortreffliche Lehrer. Mit sechzehn Jahren bereits promovierte er zum Doktor beider Rechte; mit siebzehn Jahren war er Rechtsanwalt. Über all diesen staunenswerten Erfolgen vergaß Alfons nicht das Heil seiner Seele. Mit seinem Vater machte er jedes Jahr Exerzitien. Die Vorträge, die er dabei anhörte, ergriffen seine Seele zutiefst, und er beschloß, ganz auf die Welt und ihre Freuden zu verzichten und nur Gott zu leben. Er studierte daher auch Theologie und wurde Doktor dieser Wissenschaft. Noch mehrere Jahre übte er als angesehener Rechtsanwalt seine Tätigkeit aus. Einst erkannte er, daß er bei einer Verhandlung infolge eines Mißverständnisses das Unrecht verteidigt hatte. Dies erschütterte ihn so sehr, daß er sich entschloß, sein Amt aufzugeben und sich allein der Seelsorge und der Gotteswissenschaft zu widmen. 1724 wurde er dann zum Priester geweiht; nun ergriff ihn ein heiliger Eifer für die Seelen. Er hielt oft Missionen und konnte viele von einem falschen Lebenswandel zum Guten führen. Diese unermüdliche Tätigkeit schwächte seine Gesundheit so arg, daß er in Amalfi Erholung suchen mußte. Aber auch dort wurde sein Beispiel die beste Predigt. Von einigen eifrigen Priestern unterstützt, lehrte er die Arbeiter und Hirten die Katechismuswahrheiten. Im Jahre 1733 gründete er den Redemptoristenorden. Auf Befehl des Papstes nahm er 1763 das verantwortungsvolle Amt des Bischofs von Sankt Agatha im Königreich Neapel an. Innig und groß war seine Liebe zu den Armen. – Im Alter von einundneunzig Jahren hauchte er im Jahre 1787 seine Seele aus. Bald wurde er heiliggesprochen und erhielt den Ehrentitel „Kirchenlehrer".

TAGESHEILIGE: Stephan I. PM, † 257 – Gundekar B von Eichstätt, † 1075 – Alfreda E – Gaudentius M in Graubünden, † 366 – Theodota, Evodius, Rutilius M – Maximus B – Gustav – Serenus B – Johannes Grande Mö – Fiard Mö E.

3. AUGUST *Radegund*

In der ersten Hälfte des sechsten Jahrhunderts war das Thüringische Reich durch die Franken zerschlagen worden. König Bathachar und seine Söhne kamen bei den Kämpfen ums Leben. Die einzig Überlebende des Herrscherhauses war die Königstochter Radegund. Der Sieger Chlothar, der spätere Frankenkönig, nahm sie mit sich ins Frankenreich. Sie war damals etwa zehn Jahre alt. Erst dort lernte Radegund das Christentum kennen und ließ sich taufen. Fortunat, Bischof von Poitiers, hat ihr Leben bereits gegen Ende des sechsten Jahrhunderts aufgezeichnet. So können wir uns ein ziemlich genaues Bild dieser heiligmäßigen Frau machen. Sankt Medardus war ihr Lehrer. Neben ihren fraulichen Arbeiten las sie eifrig die Heilige Schrift und die Kirchenväter; dies flößte ihr eine große Liebe zu ihrem Glauben ein und führte sie zu einem entsagungsreichen Leben. Frühzeitig erkannte sie, daß die wahre Tugend sich durch Werke der Nächstenliebe auszeichnen müsse. Oft sammelte sie die Kinder armer Leute um sich, unterrichtete sie in den Glaubenswahrheiten, gab ihnen zu essen und kleidete sie. Nachdem Radegund zur Jungfrau herangereift war, erkannte sie mit innerem Erschrecken, daß der König, der doch ihr Vaterland verwüstet hatte, sie zur Gemahlin begehren würde. Als sie vernahm, daß die Vorbereitungen zur Hochzeit schon getroffen würden, floh sie. Allein sie wurde wieder eingefangen und mit königlicher Pracht nach Soissons geholt. Im Jahre 538 wurde sie dem König angetraut. Als Königin führte sie ein stilles zurückgezogenes Leben und hielt sich nach Möglichkeit von den Freuden des Hofes fern. Sie bete und fastete viel. Im Schloß zu

Peronne, das sie in eine Anstalt der Barmherzigkeit verwandelt hatte, pflegte sie die Kranken mit eigener Hand und verrichtete die niedrigsten Dienste an ihnen. Obwohl nun schon sechs Jahre Königin, hatte sie die Hoffnung nicht aufgegeben, doch noch ins Kloster eintreten zu dürfen. Der König aber, der sie sehr liebte, wollte davon nichts wissen. Endlich aber gab er doch ihren Bitten nach; sie eilte nach Poitiers und ging dort in das von ihr gegründete Kloster. Nun war sie nicht mehr Königin, sondern einfache Magd und nahm mit Vorliebe jene Dienste auf sich, die den anderen zuviel waren. Gott, der jede ihm zuliebe getane Überwindung tausendfach vergilt, schenkte ihr große innere Gnade und Beglückung. Ihr Biograph berichtet, daß ihr vor ihrem Hinscheiden Jesus selbst erschienen sei; am 13. August 587 durfte sie in das himmlische Reich eingehen.

Das ereignisreiche Leben Radegunds mutet wie eine Heldensage an. Und doch ist es reale Wirklichkeit. Mit Staunen sehen wir ihren Kampf um ihr Seelenheil und ihr Ideal. In einer Zeit, da noch gar viele unseres Volkes das Christentum nicht kannten, da auch im fränkischen Reich Sittenlosigkeit und Aberglauben herrschten, gab sie das beste Beispiel eines Menschen, der ganz und gar vom Glauben durchdrungen ist.

Was Radegund durch ihr Streben errang, den inneren Frieden, das können auch wir gewinnen, wenn wir mit Selbstüberwindung und Nächstenliebe unser Leben ausfüllen. Immer wieder wird uns durch das Leben dieser Heiligen der große Wert wahrer Nachfolge Christi beispielhaft vor Augen gehalten.

TAGESHEILIGE: Petrus B – Lydia Bk – Peter Julian Gymard Pr – Gustav B – Theodorich A – Hermellus M – Aspren B - Marana, Cyra Bk - Gamaliel - Euphronius B.

4. AUGUST *Dominikus*

Was Vorsehung ist, sehen wir am deutlichsten im Leben vieler Heiligen: wie St. Franziskus war Dominikus zum Retter der Kirche in einer Zeit berufen, da mehr geistige und sittliche Gefahren als politische das Gottesreich auf Erden bedrohten. – Dominikus wurde 1170 zu Caleruega, einem kleinen Dorfe in Spanien, geboren. Noch heute steht ein alter Turm als Überrest des einstigen Stammschlosses seiner Familie. Vor seiner Geburt hatte die Mutter einen Traum. Sie sah ihr kommendes Kind als Hund mit einer brennenden Fackel die ganze Welt anzündend. (Wegen dieses Traumes wird Dominikus oft mit einem Hund abgebildet, der eine Fackel im Maul trägt.)

Mit sieben Jahren wurde er seinem geistlichen Onkel zur Erziehung übergeben und kam mit fünfzehn Jahren schon auf die Hochschule nach Valencia. Er studierte mit großem Eifer zehn Jahre lang Philosophie und Theologie. Schon als Student waren ihm Denken, Erkennen, Anbeten wichtiger als billige Freuden. Er fastete häufig, schlief wenig, und dann nur auf dem harten Boden seiner Kammer. Als eine große Hungersnot ausbrach, verkaufte er all sein Hab und Gut, sogar die teuren Bücher, um mit dem Erlös den Armen zu helfen. Im Alter von 25 Jahren rief ihn der Bischof Martin von Osma, dem man von der Kraft und der Reinheit seines Wesens berichtet hatte, zu sich und bat ihn, er möge doch in seinem Kapitel dem Orden der regulierten Chorherren beitreten, um dann für die Verbesserung der Sitten und der Wiederherstellung des Glaubens wirken zu können. Dies tat Dominikus; er lebte nun als Priester demütig und bescheiden. Im Jahre 1203 lernte er auf einer Reise, die er mit dem Bischof Diego unternehmen mußte, in Frankreich die Irrlehre der Albigenser genau kennen. Diese Irrlehre leugnete jegliche Autorität der Kirche und des Staates. Damit begann die Auflösung aller Ordnung. Auch das Ehe- und Familienleben galt ihnen nichts. Es war sehr schwer, diese Leute wieder zur Vernunft zu bringen und sie von der Wahrheit des katholischen Glaubens und seiner Sittenlehre zu überzeugen. Für Dominikus war es ein Herzensbedürfnis, ein innerer Zwang, diesen armen Menschen zu helfen. Deshalb faßte er den Entschluß, sich ganz der Verteidigung des heiligen Glaubens zu widmen. Er begann im Verein mit Bischof Diego als Prediger umherzuwandern. Als er noch einige gleichgesinnte Geistliche fand, gründete er den Orden der Prediger, den Dominikanerorden. Dieser nahm einen ungeahnten Aufschwung; nach fünf Jahren gab es schon sechzig Klöster. Unermüdlich zogen nun die „ersten" Prediger umher und konnten viele bekehren. Es wird dem heiligen Dominikus auch die Einführung des Rosenkranzgebetes zugeschrieben. Maria selbst soll ihm bei einer Erscheinung einen Rosenkranz gegeben und ihm das Gebet gelehrt haben. Wie dem auch sei, jedenfalls beginnt in jener Zeit das Rosenkranzgebet zu einem allgemeinen Gebet der Christenheit zu werden. Im Jahre 1221 entschlief er zu Bologna; 1234 wurde er heiliggesprochen.

Was Dominikus groß als Menschen, verehrungswürdig als Heiligen und beispielhaft für alle Zeiten machte, das ist die innige Vermählung von Gottesliebe, Klugheit, Menschenkenntnis und selbstloser Tatkraft in seinem Wesen.

TAGESHEILIGE: Aristarch M – Protasius M in Köln – Valentin B von Passau – Justin Bk – Bernhard von Ottobeuren Mö, † 1050 – Hermann von Kappenberg Pr in Scheida (Westfalen), † 1210 – Sigrada (Sigrid) Ae – Tertullin PrM – Eleuther M – Rainer BM, † 1180 in Split (Dalmatien) – IA M – Agab, Euphronius B – Perpetua Bk.

5. AUGUST *Oswald*

Legende und Dichtung verklären das Bild des heiligen Oswald. Doch hat Beda Venerabilis in späteren Zeiten sein Leben und Tun aufgezeichnet und so der Nachwelt wenigstens einige historische Daten überliefert. – Obwohl die Lebenszeit des heiligen Königs Oswald weit über 1000 Jahre zurückliegt, war seine Verehrung doch in vergangenen Zeiten in unserem Vaterland so groß, daß er unter die Vierzehn heiligen Nothelfer gezählt wurde.

Oswald, König von England, war im Jahre 604 geboren worden. Nach einer unglücklichen Schlacht, in der sein Vater fiel, floh er nach Schottland und kam in das Kloster Jona. Dort lernte er den christlichen Glauben kennen und lieben und ließ sich taufen. Nach dem Tode des Königs Redewald wurde Oswald vom englischen Adel zum König gewählt. In diesem Amt war seine Hauptsorge, mit den Feinden des Vaterlandes und des Glaubens aufzuräumen. Dem Tyrannen Ceadwella, der ein riesiges Heer besaß, zog er mit wenigen Truppen entgegen, errichtete vor der Schlacht ein Kreuz und kniete mit seinen Soldaten davor nieder, um zu zeigen, daß er alles Vertrauen auf Jesus Christus setze. Die Schlacht wurde zu einem großen Sieg für Oswald. Er wandte nun seinen ganzen Einfluß daran, dem christlichen Glauben in seinem Land zum Siege zu verhelfen. Entscheidend war, daß der König selbst seinen Untertanen mit dem besten Beispiel voranging. Täglich kniete er in der heiligen Messe vor Gott, und trotz seiner vielen Arbeit widmete er mehrere Stunden dem Gebet und der Betrachtung. Ebenso las er viel in geistlichen Büchern. Seine Regierung war gerecht und mild; allgemein wurde er geliebt. Den Armen war er ein echter Freund. In seinem Palast hatte er eine Glocke anbringen lassen, die nur die Armen läuten durften. Wer sie läutete, dessen Bitten wurden erhört. Täglich speiste er eine Anzahl Bedürftiger an seiner eigenen Tafel. Im neunten Jahr seiner segensreichen Regierung wurde sein Reich durch einen schweren Krieg heimgesucht. In der Schlacht bei Maserfield am 5. August 642 wurde das Heer Oswalds geschlagen und er selbst getötet. Der siegreiche Feind ließ ihm das Haupt und die Hände abschlagen und an Pfählen annageln. Untertanen, die dem toten König treu ergeben waren, setzten sie bei; viele Jahrhunderte später war seine rechte Hand, mit der er so viele Wohltaten gespendet hatte, noch unverwest. Gott verherrlichte sein Grab durch zahlreiche Wunder.

Durch die im folgenden Jahrhundert nach Germanien reisenden Glaubensboten wurde die Verehrung des Heiligen auch im Frankenreich weit verbreitet. Heldentum, Glaubenstreue und Menschenfreundlichkeit, diese Haupttugenden eines christlichen Lebens, haben das Andenken an diesen frühgeschichtlichen Heiligen bis in unsere Zeit erhalten.

TAGESHEILIGE: Paris B – Nonna Bk – Isolde J – Emygdius B M – Eusignius, Cantidus, Cantidian, Sobel M – Memmius, Kassian B.

6. AUGUST Berta von Biburg

Das zwölfte Jahrhundert war eine Zeit regsten christlichen Lebens. Nach außen hin zeigte sich dies in den ritterlichen Kämpfen gegen die Mohammedaner im Heiligen Land und die heidnischen Stämme im Norden. Im Innern wetteiferten Fürsten und Edelinge um die Vertiefung des religiösen Lebens: es war die Zeit der großen Klostergründungen. In diesem Jahrhundert entstand das ehemalige Benediktinerkloster Biburg.

Graf Heinrich von Hilpoltstein hatte unter elf Kindern ein einziges Mädchen, dem er in der Taufe den Namen Berta gab. Das Kind wurde gottesfürchtig erzogen und wuchs zu einer braven Jungfrau heran. Als die Eltern starben, wurden die Güter unter die Kinder verteilt. Berta und ihr Bruder Konrad erhielten die Besitzung in Biburg. Beide pflegten innige Freundschaft mit Otto, dem heiligen Bischof von Bamberg. Diesem trugen sie ihr Anliegen vor, sie möchten zur Ehre Gottes gerne etwas tun, was dauernden Wert hätte, da sie entschlossen waren, ihr Leben in Enthaltsamkeit und Jungfräulichkeit miteinander zu verbringen. Bischof Otto riet ihnen, ein Kloster für die Söhne des heiligen Benedikt zu gründen, da gerade diese wie nicht leicht andere sowohl zur Ehre Gottes und zur Schönheit des Gottesdienstes beitrugen als auch zur allgemeinen Bildung des Volkes. Durch diesen Wunsch des heiligen Bischofs angeregt, stifteten Berta und ihr Bruder das Kloster zu Biburg. Ebenso ließen sie ein Spital für arme und kranke Wanderer errichten. Ungeachtet ihrer hohen Abstammung, und obwohl sie doch sehr zart war, half Berta mit eigener Hand beim Bau des Klosters. Durch ihr Beispiel angespornt, kamen auch die anderen Frauen des Ortes und wetteiferten mit ihr, bis das Gotteshaus nach siebenjähriger Bauzeit endlich fertig wurde. Berta selber zog sich nun in die Einsamkeit zurück und lebte ausschließlich der tätigen Nächstenliebe. Kein Armer ging ohne Gabe von ihr, kein Kranker, der das Spital aufsuchte, wurde übersehen. Sie wirkte als wahre Seelsorgshilfe für die Mönche, die hier einzogen. Selbst als sie schon alt und gebrechlich wurde, ließ sie in ihren guten Werken nicht nach. Und die Beschwerden des Alters trug sie mit nachahmungswürdiger Geduld. Eine Grabplatte bezeugt mit wenigen Worten, daß Berta durch die Verehrung des Volkes zu den Heiligen gerechnet wird; auf dieser heißt es: „Im Jahre des Herrn 1151 ist verschieden die heilige Berta, seligen Gedenkens, Stifterin dieses Ortes."

So hat sich das Andenken an diese edle Frau durch die Jahrhunderte hin erhalten; sie steht vor uns als ein Beispiel der Gottes- und Nächstenliebe.

TAGESHEILIGE: Xystus (Sixtus) II. PM, † 258 – Felizissimus, Agapit DiM, † 258 – Eigil A in Fulda, † 822 – Florentia Ae – Godram B – Gezzelin E in Altmünster (Luxemburg), † 1138 – Kunigundis, sel., H. von Bayern, † 1520 – Januarius, Magnus, Vinzenz, Stephan, Justus, Pastor M – Hormisdas P, † 523 – Jakob E – Achard Mö.

7. AUGUST *Afra*

Eine der großen und bedeutenden Städte des Römischen Reiches in Germanien war Augusta Vindelicorum, das heutige Augsburg. Es war der Regierungssitz des Prätors für Rhätien. Mag sein, daß der eine oder andere Soldat schon christlich war; aber eine Gemeinde gab es damals noch nicht. Die Gründung der ersten Christengemeinde und die Einweihung der ersten

christlichen Kirche knüpft an den Namen Afra an. Was von ihrer Lebensbeschreibung historisch ist, läßt sich schwer sagen, da die Quellenangaben aus dem beginnenden vierten Jahrhundert äußerst spärlich sind. Wir können uns nur auf die Überlieferung verlassen. Sicher ist der Martertod der Heiligen um das Jahr 304.

Die Legende berichtet: Um das Jahr 300 begann unter Kaiser Diokletian eine blutige Christenverfolgung. Auf der Flucht vor seinen Feinden war Bischof Narzissus aus Gerona (Spanien) nach Augsburg gelangt. In einem vornehmen Hause außerhalb der Stadt fand er Unterkunft. Gastfreundlich wurde er von der Besitzerin, namens Hilaria, aufgenommen. Afra war deren Tochter. Bald merkten die beiden an dem Verhalten und am Gebet des Bischofs, daß er ein Christ sei. Da sie selbst religiöse Menschen waren, kamen sie mit dem Gast ins Gespräch über Glaubensfragen. Und es dauerte nicht lange, so ließen sie sich taufen. Nun fanden sich auch andere Christen dort ein. Das Haus wurde die erste christliche Kirche in Augsburg. Als dann die Verfolgungsdekrete auch nach Augsburg kamen, wurde als erste Afra, die sich mit Begeisterung als Christin hervortat, vor den heidnischen Richter geführt. Da dieser mit Versprechungen und Drohungen nichts erreichte, verurteilte er Afra zum Tode auf dem Scheiterhaufen. Auf einer Lechinsel (heute steht dort eine Kirche) erlitt Afra als erste Martyrerin Augsburgs den Tod für Christus. Ihr Leichnam wurde zuerst in ihrem Hause beigesetzt; in späteren Zeiten brachte man die Gebeine in das jetzige Ulrichsmünster, wo Afra als Patronin der Diözese Augsburg verehrt wird.

TAGESHEILIGE: Kajetan Bk, † 1547 – Donat BM, † 362 – Konrad (Nantwein) von Wolfratshausen PrM, † 1286 – Sigebert MöM – Ulrich B von Passau, † 1121 – Siegbert Kö – Petrus, Julian, Faustus, Karpophor, Exanthus, Kassius, Severin, Sekundus, Lizinius, Dometius M – Viktrizius B – Albert von Sizilien Bk – Richard E – Jordan A.

8. AUGUST *Johann Baptist Maria Vianney*

Gewiß ist Priestersein ein Beruf, mehr noch aber ist es Berufung, ein tagtägliches Gerufensein von Gott, zum Dienst an der leidenden, sündigen, hoffenden oder verzweifelnden Menschheit – wohl der schwerste Beruf auf Erden für den, der in bitterernst nimmt und ihn in seiner vollen Bedeutung erfaßt. In einer Zeit wie der unsrigen, da den meisten Menschen – auch vielen Christen – Glück, Wohlstand, Sicherheit als höchste Güter erscheinen, kann es nicht wundernehmen, daß die Kirche eine große Sorge zu tragen und zu überwinden hat: den Priestermangel. So notwendig also gerade heute die Gespräche und Gedanken über den Sinn des Priestertums sind, überzeugender ist doch auch hier das Beispiel, das Vorbild eines wahrhaft vollkommenen Priesters, Seelsorgers, Gottesmannes — Jean Baptiste-Marie Vianney.

1786, am Vorabend der großen Revolution, wurde er in der Nähe der Seidenstadt Lyon als der Sohn sehr armer Bauersleute geboren. In der folgenden Schreckenszeit hielten vertriebene Priester des öfteren in der Scheune des Vaters heimlich Gottesdienst. Gerade diese Erlebnisse förderten schon im Knaben den Wunsch, selbst einmal Priester zu werden; aber zunächst mußte er seinem Vater als Knecht dienen. Als er mit zwanzig Jahren sich endlich zum Studium der Theologie melden konnte, wollte man ihn zuerst nicht annehmen, denn sein Verstand war ungeformt, sein Wissen gering, sein Gedächtnis schlecht. Dennoch gelangte er durch Ausdauer und durch die Kraft seines Wollens zum Ziel: mit 29 Jahren wurde er Priester — zunächst ohne die Erlaubnis zum Beichthören. Nach einigen Kaplanjahren kam er als Pfarrer nach Ars, ein Dorf, das berüchtigt war ob seiner Zuchtlosigkeit. Er lebte als völlig Armer, denn alles, was er bekam und besaß, verschenkte er. Diese Selbstlosigkeit ließ die längst dem Himmel entfremdeten Dörfler zuerst aufmerken; wenigstens am Sonntag waren wieder Menschen in der Kirche, und einige fanden auch in den Beichtstuhl. Und dann fingen die echten Bekehrungen an, die Menschen kamen zu den Predigten des Pfarrers von Ars. In wenigen Jahren war er weitum im Land geliebt von den einen, gehaßt von den andern. Unablässiges Gebet und ein erbärmlich armseliges Leben, das waren die „Waffen", mit denen er Seelen für den Himmel eroberte und sich selbst gegen die vielen Heimsuchungen des Satans wehrte. Er war ein Mann, geprüft, ja gemartert wie wenige, aber auch gesegnet wie nicht viele; nicht durch Geist und Wissen, allein durch die Macht des Herzens wurde er zu einem Menschenkenner und -führer ohnegleichen. Und die wahrlich geschenkte Macht seiner Liebe rief selbst Wunder herbei. Sehr genau untersuchten seine Gegner, ob es zum Beispiel wirklich Heilungen durch sein Gebet gab, ob wirklich einmal der leere Kornboden sich aus dem „Nichts" füllte, um die Hungernden zu speisen — es blieb kein Zweifel. Vierzig Jahre war Vianney Pfarrer im kleinen Ars. Man hatte ihn schließlich zum Ehrendomherrn und zum Ritter der Ehrenlegion ernannt (den Domherrnmantel verkaufte er um fünfzig Franken und verschenkte das Geld); doch das alles galt ihm wenig. Als kleiner Landpfarrer starb der große Priester 1859.

Man muß daran denken, wie das neunzehnte Jahrhundert beschaffen war: reich an Entdeckungen, imposant im wissenschaftlichen Fortschritt, stolz auf seine großen Dichter, durch die beginnende Technik das gesamte Sozialgefüge umwälzend — zukunftsgläubig und gottvergessen . . . Und mitten in ihm als ein Fremdling dieser „weltferne“ und die Welt doch bis auf den Grund kennende heilige Priester: wahrlich ein Menetekel auch für unsere Zeit und eine Mahnung zum steten Gebet um gute Priester. Es ist nicht notwendig, daß der gute Priester wie unser Heiliger lebt. Denn die Zeitverhältnisse bedingen andere Menschen. Aber das Beispiel der Entsagung, der Hinopferung für die Nebenmenschen, das ist es, was diesen schweren Beruf zu einem begehrenswerten macht.

TAGESHEILIGE: Cyriakus Di, Largus, Smaragdus M, † 309 – Hartwig A, Apostel von Tegernsee, † 982 – Altmann, sel., B von Passau, † 1091 – Hildebert, sel., BM von Köln, † 753 – Rathard, Gr. v. Andechs, Gründer des Klosters St. Georgen (Ammersee), † 850 – Famian E aus Köln, † 1150 – Hermann von Schildesche E in Würzburg, † 1357 – Kolonat PrM in Würzburg, † 689 – Marin, Eleuther, Leonides, Hormisdas M – Ämilian, Myron B – Severus Pr.

9. AUGUST *Konrad von Wolfratshausen*

In Wolfratshausen, südlich von München, wird ein Mann als Heiliger verehrt, der bekannt ist unter dem Namen Konrad Nantowin. Er kam als Fremdling im Jahre 1286 dorthin. Man wußte nicht, woher er stammte und was er wollte. Sicher ist, daß er ein frommer Pilger war; er besuchte eifrig den Gottesdienst. Zugleich gab er ein sehr gutes Beispiel, nicht bloß durch sein Gebetsleben, sondern auch durch viele Werke der Buße. Nach dem Brauch jener Zeit sammelte er unter den Einwohnern Lebensmittel und Geld für eine Reise nach Rom. Es scheint, wie die alten Legenden berichten, daß er ziemlich viel von den Leuten erhalten hatte. Dies erregte nun die Habgier des dortigen herzoglichen Pflegers. Er dichtete dem frommen Pilger ein öffentliches Verbrechen an und fand auch einige willige Männer, die um Geld falsches Zeugnis ablegten. Konrad wurde eingekerkert, durch die falschen Zeugen belastet und zum Tode verurteilt. Der Heilige, der bis zuletzt seine Unschuld bezeugte, mußte elend in den Flammen umkommen. Nach der Hinrichtung gingen die Leute auseinander und Ganter, der ungerechte Richter, nahm das Pilgergeld an sich. Gott aber verherrlichte den Heiligen schon gleich nach dessen Tode. Als der Richter am nächsten Tag an der Hinrichtungsstätte vorbeireiten wollte, blieb sein Pferd plötzlich stehen. Es war erblindet. Einer der Diener nahm aber eine Reliquie des Heiligen und hielt sie dem Pferd an die Augen, worauf es sogleich wieder sehend wurde. Dies Ereignis machte viel von sich reden. Man sammelte nun die Gebeine und trug sie in die Kirche. Bald kamen zahlreiche Kranke und beteten an dem Grab.

Es wird von manchen Wundern, namentlich Blindenheilungen, erzählt. Dies veranlaßte Papst Bonifaz VIII., schon im Jahre 1298 die Verehrung Konrads als eines Heiligen gutzuheißen und sogar einen Ablaß für die Kirchenbesucher zu verleihen. (Das Fest des Heiligen wird am 7. August gefeiert.)

Wenn auch manches Legendäre an der Lebensbeschreibung dieses Mannes ist, so gibt doch die Bestätigung seiner Verehrung durch den Papst die Berechtigung, der frommen Erzählung Glauben zu schenken: Gott greift manchmal auf wunderbare Weise ein, um die Unschuld eines Menschen zu bestätigen. Verzagen wir nicht, wenn wir schuldlos angeklagt und verleumdet werden! Gott verläßt uns nicht!

TAGESHEILIGE: Hatumar B von Paderborn † 815 – Badurad B von Paderborn, † 862 – Petrus Faber, SJ Apostel von Köln, † 1546 – Roman Verian, Firmus, Rustikus, Julian, Marzian, Sekundian, Marzellian M – Domition B – August.

10. AUGUST *Laurentius*

Die Martyrerakten des dritten Jahrhunderts erzählen uns manch herrliches Beispiel von Heldenmut und christlicher Standhaftigkeit. Bewunderungswürdig und im gläubigen Volk seit jeher in hohem Ansehen ist das Leben des Diakons Laurentius. Er wurde der Vertraute Papst Sixtus' II. (257 bis 258) und schon sehr bald Erzdiakon. Mit diesem Amt war die gesamte Verwaltung der kirchlichen Besitztümer verbunden. Im Jahre 258 begann nun unter Kaiser Valerian eine grausame Christenverfolgung. Der Papst wurde als einer der ersten verhaftet und zum Tod verurteilt. Als Laurentius dies hörte und man den Papst zum Tode führte, eilte er ihm entgegen und sprach: „Wohin gehst du, mein Vater, ohne deinen Diener? Wohin, heiliger Bischof, ohne Diakon?" Diese Worte der Liebe ergriffen den Verurteilten sehr. Er tröstete Laurentius und sprach: „Ich verlasse dich nicht, mein Sohn, eine größere Prüfung und ein noch schönerer Triumph steht dir bevor. Du wirst mir sehr bald folgen." Er ermahnte ihn sodann, den Kirchenschatz den Armen zu geben, damit er nicht in die Hände der Heiden falle. Laurentius tat sogleich, wie ihm Sixtus befohlen, verkaufte alles Gold, selbst die heiligen Meßgeräte, und gab das Geld den Armen. Nach drei Tagen wurde er gefangengenommen. Der Richter ermahnte ihn, er solle die Kirchenschätze herausgeben. Laurentius führte den Statthalter anderntags vor die Kirche, wo eine große Zahl armer Menschen versammelt war und sagte: „Sieh hier, das sind die Schätze der Kirche!" Der Statthalter geriet in Wut, daß er um das Geld gekommen war. Er ließ den Heiligen vor das Tribunal führen. Man brachte einen großen Feuerrost herbei, machte ihn glühend und legte Laurentius darauf. Des Laurentius Kraft der Liebe zu Gott aber war so groß, daß er keine körperlichen Schmerzen zu empfinden schien. Nach einiger Zeit rief er dem Statthalter zu: „Nun hast du mich auf der einen Seite genügend gebraten, wende mich auf die andere!" Bald nach diesem Scherzwort wider die menschliche Bosheit starb der große Gottesfreund.

Viele Städte haben ihn zum Patron ernannt, so Nürnberg, Merseburg, Kulm. Für das deutsche Volk wurde der Tag des heiligen Laurentius von besonderer Bedeutung: am 10. August des Jahres 955 wurden die seit Jahrzehnten immer wieder ins Reich plündernd und sengend einfallenden Ungarn bei Augsburg auf dem Lechfeld entscheidend geschlagen.

TAGESHEILIGE: Asteria, Paula JM – Amadeus Mö – Erluin (Erlwin) A in Lüttich, † 987 – Auktor B von Metz – Bassa, Agathonika JM – Deusdedit Bk – Trudmar – Wallen A.

11. AUGUST *Philomena*

Die Katakomben in Rom bergen zahlreiche Leiber jener, die in den ersten drei Jahrhunderten ihr Leben für Christus hingaben. Es waren diese unterirdischen Gänge und Gemächer der Zufluchtsort der Verfolgten – sie sind der Heldenfriedhof des ersten Christentums. In den Wänden sind in Nischen die Gestorbenen eingemauert, und nur ein Name und das Christuszeichen weisen auf den Inhalt hin.

So fand man im Jahre 1802 eine Steinplatte mit Palmen und Schwert und den Worten: Pax tecum, Filemena. Man nahm die Gebeine heraus und übertrug sie in die Kirche nach Mugnano (Diözese Nola). Die Verehrung dieser heiligen Philomena nahm dort ihren Ausgang; sie verbreitete sich bald über den katholischen Erdkreis. Man weiß von ihr nichts, was sich historisch beweisen ließe. Aber im Laufe der Zeit hat sich, beeinflußt von privaten Visionen (die von der Kirche als nicht authentisch anerkannt werden), folgende Legende gebildet: Philomena wurde im dritten Jahrhundert in Griechenland geboren. Ihre Eltern waren fürstlichen Blutes und Heiden. Lange Zeit hatten sie vergeblich den Göttern geopfert, um ein Kind zu bekommen. Ihr Hausarzt war ein Christ. Dieser riet ihnen, sie sollten sich Christus zuwenden und sich taufen lassen. So geschah es, und bald wurde ihnen ein Töchterlein geschenkt, dem sie den Namen Philomena gaben. Ihr Vater kam, nachdem das Kind zu einem schönen Mädchen herangewachsen war, nach Rom in den Dienst des Kaisers Diokletian. Als dieser die schöngestaltete Jungfrau sah, begehrte er sie zu seiner Gemahlin. Philomena aber wollte keinen Mann heiraten, der nicht Christ war. Diokletian überhäufte das Mädchen mit glänzenden Versprechungen und sandte ihr zahlreiche kostbare Geschenke. Sie aber blieb bei ihrem Nein. Nun ließ der Herrscher Philomena als Christin verhaften und vor das Gericht stellen. Als sie trotz aller Drohungen nicht nachgab, wurde sie mit Ruten blutig geschlagen. In der dunklen Kerkernacht aber erschienen der Heiligen zwei Engel und machten sie gesund. Als der Richter sie am anderen Tag wieder vorführen ließ, war sie ganz heil, worüber er nicht wenig erstaunt war. Nun band man ihr einen eisernen Anker um den Hals und warf sie in den Tiber. Allein plötzlich löste sich der Anker. Diokletian meinte, die Jungfrau vermöge all dies durch die Hilfe böser Geister. Ergrimmt ließ er sie abermals martern und dann enthaupten. Dies geschah im Jahre 303.

So hat sich in der frommen Überlieferung das Andenken an diese heldenhafte Christin erhalten. Viele Mädchen wurden und werden auf ihren Namen getauft.

TAGESHEILIGE: Tiburtius, Susanna M – Gaugerich, Di in Trier dann B von Arras, † 625 – Plektrudis, Fürstin von Austrasien, dann N in Köln, † 725 – Johann Justus Landsberger Mö – Agilberta Ae – Goderannus (Godran) B – Alexander, Carbonarius, Rufin BM – Taurin B – Equitius A – Digna J.

12. AUGUST *Klara*

Das beginnende dreizehnte Jahrhundert brachte einen gewaltigen seelischen und geistigen Umsturz. Die Reichen und Mächtigen waren einem Leben voll Luxus und Ausschweifung ergeben, selbst manche Klöster schwelgten in Besitz und Geld. Da trat, von der Gnade Gottes berührt, der heilige Franziskus mit seinem Ideal der völligen Armut dieser Welt des Glanzes, der Verschwendung, der Genußsucht entgegen. Es war dies fast eine soziale Revolution. Seine Lehre von der vollkommenen Armut wurde auch zuerst so aufgefaßt. Aber ihm ging es nur darum, zu zeigen, daß der Mensch, der sich ganz Gott hingibt, völlig auf alles irdische Hab und Gut verzichten kann: Franziskus predigte und lebte Armut und Entsagen als „Mittel zum Zweck" der Annäherung an Gott. Vielleicht noch schwieriger war es, auch Frauen dieses Ideal zu erschließen. Mit dem Beispiel äußerster

Entsagung stiftete Sankt Klara den Orden, der ohne alle irdische Habe, als reiner Bettelorden, unendlich viel Heil in die Welt bringen sollte.

Als die Mutter der Heiligen, Hortulana von Assisi, in gesegneten Umständen war und Gott um eine gute Entbindung anflehte, vernahm sie innerlich die Worte: „Weib, fürchte dich nicht, du wirst ohne Gefahr von einem Licht entbunden werden, welches die Welt erleuchten wird." Das Kind kam 1194 zur Welt; es wurde auf den Namen Klara getauft. Seine Jugendzeit war beständige Übung von Demut, Nächstenliebe und Reinheit. Als Klara das Glück gehabt hatte, den heiligen Franziskus von Assisi zu hören, wünschte sie unter seiner Leitung den Weg der Vollkommenheit zu gehen. An einem Palmsonntag ging sie prächtig gekleidet in die Kirche; beim feierlichen Gottesdienst schnitt ihr Franziskus die Haare ab und bekleidete sie mit einem Bußgewand. Dann führte er sie in das Benediktinerkloster von Assisi; bald darauf aber nach Sankt Damian. Dort verschloß sich die Braut Christi ganz in die Einsamkeit. Ihre Schwestern und die eigene Mutter folgten ihr nach und verlangten das Bußgewand. Während weniger Jahre wuchs die Gemeinschaft zu stattlicher Größe. Klara unterwies die Nonnen durch das Wort und mehr noch durch ihr leuchtendes Beispiel. Dabei war sie äußerst bescheiden. Als Äbtissin tat sie die niedrigsten Dienste und lebte im Kloster wie eine Magd. Auch pflegte sie sehr gerne die Kranken. Ihre Selbstzucht war außerordentlich. Nie trug sie Schuhe, sie hatte ein rauhes Gewand und schlief nur wenige Stunden. Gott suchte sie durch langwierige Krankheit heim, um sie noch mehr zu prüfen. Achtundzwanzig Jahre lang war sie fast immer bettlägerig und konnte nur beten und Handarbeiten verrichten. Und gerade in dieser Zeit kam eine arge Heimsuchung über das Kloster: die Sarazenen drangen ein. Kurz entschlossen stand die Heilige von ihrem Schmerzenslager auf, eilte in die Kirche, nahm die Monstranz mit dem Allerheiligsten in die Hände und ging an der Spitze ihrer Schwestern den Eindringlingen entgegen. Und siehe, diese wurden von diesem Anblick so ergriffen, daß sie eilends das Kloster verließen. Im Jahre 1253 entschlief sie; wenige Jahre nach ihrem Tod wurde sie heiliggesprochen.

Was können wir von dieser Heiligen lernen? Auch bei uns haben nach der Zeit des Kriegselends Genußsucht und Habgier ohne Grenzen überhandgenommen. Da sollen wenigstens wir Christen zeigen, daß uns nicht die Güter dieser vergänglichen Welt das Höchste sind, sondern das Streben nach Vollkommenheit: Entsagung und Überwindung schaffen echtes Glück.

TAGESHEILIGE: Hilaria, Juliana, Quiriak M in Augsburg, † 304 – Udevolda N zu Walberberg (Köln) – Eberhard von Breisach Bk, † 1158 – Prokar AM – Euplius, Largio, Kreszentian, Nimmia, Makarius, Julian, Anizet, Photin, Grazilian, Felizissima M – Eusebius, Herkulan B.

Cassian

Zu den wichtigsten Ständen in jedem Kulturvolk gehört der des Lehrers: ist er gut, klug und selbstlos, so wird hundertfacher Segen von ihm ausgehen; denn wie ein Mensch in seiner Jugend geformt, erzogen, belehrt wird, ist mit entscheidend für sein ganzes Leben. Die Kirche gab den Lehrern einen Schutzheiligen, dessen Leben und Sterben zu vielen Gedanken anregt, mag auch manches Legendäre an diesem Bericht sein.

Cassian entstammte einem ritterlichen römischen Geschlecht und wurde in seiner Jugend trefflich unterrichtet. Seine Eltern waren Christen. Sie erzogen den Knaben in der Ehrfurcht vor dem Heiligen und in der Liebe zu Christus. So kam es, daß der heranwachsende Jüngling schließlich Priester wurde, ja daß er gar bald als Bischof nach Seeben kam, um dort die noch größtenteils heidnische Bevölkerung zu bekehren. Allein er hatte nur wenig Erfolg. So ging er wieder fort und kam auf seinen Wanderungen sogar bis in die Stadt Regensburg. Dann wandte er sich wieder nach dem Süden. Als er durch Imola reiste, sah er, daß dort ein fruchtbarer Boden für die Ausbreitung des Christentums wäre. Da er zugleich erkannte, daß es am wichtigsten ist, die Kinder für Christus zu gewinnen, so übernahm er die Unterweisung der Jugend als Lehrer. In seinen Unterricht ließ er die Lehren des Christentums miteinfließen. Auf diese Weise hoffte er, die Seelen dem Glauben zuführen zu können. Ob die Knaben über seine manchmal notwendige Strenge aufgebracht waren, oder ob sie ihren Eltern erzählten, daß dieser Mann von den Göttern des heidnischen Roms nicht ehrerbietig rede; kurz, er wurde von dem heidnischen Statthalter als ein Verächter der Staatsreligion angeklagt und eingekerkert. Auf die Frage des Richters, wozu er eigentlich nach Imola gekommen sei, sagte Cassian, daß er der Jugend die Augen für Christus öffnen wolle. Nach der herrschenden Meinung jener Zeit war es ein fluchwürdiges Verbrechen, Christ zu sein; und vollends, andere zum Christentum zu „verführen". Also verurteilte der Richter den Heiligen zu einem qualvollen Tod: Seine Schüler zerfleischten ihn mit ihren Griffeln, bis ihn der große Blutverlust von seiner Pein erlöste. Der Tod des heiligen Cassian fällt wahrscheinlich in die Zeit des Kaisers Diokletian, also in das Jahr 303. – Die Verehrung des Heiligen ist heute noch lebendig. Die Stadt Regensburg besitzt eine ehrwürdige Cassianskirche. Das Cassianeum in Donauwörth, das für die Förderung der katholischen Erziehung in Schule und Schrifttum arbeitet, trägt seinen Namen.

TAGESHEILIGE: Hippolyt M – Wigbert A zu Fritzlar, † 737 – Radegund Kö der Franken, † 587 – Johann Berchmans Bk, † 1621 – Hariolf A von Ellwangen, † 750 –

Ludolf v. Corvey A, † 983 – Gertrudis von Altenburg a. d. Lahn, Ae, † 1297 – Radegundis, Dienstmagd zu Wellenburg (Augsburg), † 1300 – Dietmar (Theotmar) A v. Corvey, † 1045 – Konkordia, Zentolla, Helma M – Maximus Bk – Herulf B.

14. AUGUST *Alfred*

Es kam im Mittelalter des öfteren vor, daß die Bischöfe unserer Kirche auch als Berater des Deutschen Kaisers, als Kanzler des Reiches eine große und oft segensreiche Rolle spielten. Solange Staat und Kirche miteinander harmonierten, entsprang daraus Segen für das christliche Volk und das Reich. So war es auch im neunten Jahrhundert. Das Reich Karls des Großen fiel auseinander. Durch den Vertrag von Verdun (843) wurde es in drei Teile getrennt: Frankreich, Lothringen und Deutschland. Da nun der Inhaber des Mittelreiches, Lothar, schon bald starb, begann ein Kampf zwischen den beiden anderen Reichen, der sich weit über 100 Jahre hinziehen sollte. Unter Kaiser Ludwig dem Deutschen war diese Auseinandersetzung wiederum entbrannt. Da war es sein Berater, der Bischof Altfried (Alfred) von Hildesheim, der wesentlich mithalf, den Vertrag von Mersen (870) zustandezubringen, der wenigstens für einige Jahre wieder Frieden herstellte.

Wer war nun dieser Bischof Altfried? Er stammte aus Köln und wurde im Kloster Fulda, das vom heiligen Bonifatius gestiftet war, erzogen. Später trat er als Mönch im Kloster Corvey ein. Es wird ihm nachgerühmt, daß er klug und edlen Herzens war. Sein inneres Leben und Streben konnte sich aber erst richtig entfalten, als er durch Kaiser Ludwig II. im Jahre 851 zum Bischof von Hildesheim ernannt wurde. Hier war er am rechten Platz. Mit großem Eifer ging er daran, sein Bistum vorbildlich zu leiten. Er gründete auch mehrere Klöster, so in Essen und Seligenstadt, zu Lamspringe und Gandersheim, das später besonders berühmt wurde durch die erste deutsche Dichterin Hroswitha von Gandersheim. Als Mittelpunkt der Gottesverehrung seines Bistums erbaute er den ersten Dom in Hildesheim. Im Jahre 872 konnte er ihn einweihen. Mit dem Kaiser verband ihn edle Freundschaft und beständiges Streben nach Ordnung und Gerechtigkeit. Im Jahre 874 starb Altfried eines seligen Todes, aber die Verehrung dieses edlen und hochgemuten Mannes überlebt ihn selbst nun schon über ein Jahrtausend; seine Bauwerke und seine politischen Gebäude sind zerfallen im Lauf der Weltgeschichte, sein Andenken blieb erhalten. Der heilige Bischof zeigt deutlich, wie fruchtbar Staat und Kirche zusammenwirken können. (Das Fest des heiligen Alfred wird am 15. August gefeiert.)

TAGESHEILIGE: **Eusebius Bk – Athanasia Ae – Werenfried Pr, † 760 – Eberhard A von Einsiedeln, † 958 – Meinhard B von Livland, † 1196 – Karlmann F, † 754 – Marzell, Kallist BM – Ursizius, Demetrius M.**

15. AUGUST *Arnulf*

Das Hochmittelalter brachte einen blühenden Ritterstand hervor. Aber leider gab es auch viele Auswüchse. Die kleinen Landesherren hatten oft Streit miteinander, die Kleinkriege und Fehden rissen nicht ab. Viel Unrecht, ja viele Mordtaten wurden begangen. Die Kirche tat das mögliche, diesem Unwesen Einhalt zu gebieten. Es wurde immer wieder versucht, wenigstens für einige Tage der Woche, die durch das Leiden des Herrn geheiligt sind, eines Gottesfrieden (Treuga dei) zu erwirken. Doch hatten diese Bemühungen sehr wenig Erfolg. Es mußten schon ganz hervorragende und heiligmäßige Menschen sein, die durch ihr Beispiel der Tugendkraft und der Menschenliebe diesen Gottesfrieden wirklich zu stiften vermochten. Solch ein Mann war der heilige Arnulf. Er entstammte der vornehmen Familie de Paméle in Frankreich und wurde um das Jahr 1040 geboren. Der Knabe wurde so stark und kräftig, daß fünf Männer ihn nicht zu überwältigen vermochten. Als junger Mann wurde er wie die Söhne anderer Adeliger in den Künsten eines Ritters ausgebildet. Aus den Turnieren konnte er sich viele Ehrenpreise holen. Aber den blutigen Fehdekampf mit seinem Unrecht und seinen Gewalttaten liebte er nicht. Gott hatte ihn zu etwas ganz anderem berufen. Und er hörte auf diesen Ruf. Der reiche und schöne Jüngling trat, was seine Angehörigen und Freunde nicht verstehen konnten und wollten, in das Kloster des heiligen Medard zu Soissons ein. Arnulf, der gewohnt war, als Ritter und Herr behandelt zu werden, legte alles ab, was ihn mit der Welt verband, und wurde ein armer Mönch in Bescheidenheit und Tugendstreben. Lange Zeit übte er im Kloster das Amt eines Armenpflegers aus. Es wird manch schöne Legende von ihm erzählt. So hatte er auch einen armen Klausner namens Erbold in seiner Fürsorge. Als dieser starb, erschien er dem Mönch und sagte ihm, er müsse noch schwer im Fegfeuer leiden, weil er mit dem Brot gespeist worden sei, das eigentlich nur den Armen gehört hätte. Dies ergriff den Heiligen heftig und er bat seinen Obern, sich in die Klause zurückziehen zu dürfen. Drei Jahre führte er nun das Leben eines darbenden Einsiedlers. Als der Abt des Klosters starb, wurde Arnulf zum Abte erwählt. Er aber wollte dieser Würde entfliehen. Im Walde verirrte er sich. Da sei ihm ein Wolf in den Weg gekommen, der ganz zahm zu sein schien, und habe ihn wunderbarerweise geradewegs zu seinem Kloster zurückgeführt. (Daher wird er manchmal mit einem Wolf abgebildet.) So konnte er der Würde des Abtes nicht mehr entgehen. Er sorgte für das Kloster in jeder Beziehung. Aber nach zwei Jahren legte er sein Amt nieder; er hoffte nun ein ruhiges Leben im Kloster führen zu können. Allein der Papst ernannte ihn im Jahre 1081 zum Bischof von Soissons. Schweren Herzens übernahm Arnulf das Amt. Denn die Verhältnisse der Diözese lagen sehr im argen. Namentlich gab es unter der zahlreichen Ritterschaft beständig Fehden. Mit allem Eifer suchte er den Gottesfrieden herzustellen. Und es gelang ihm endlich. Er erreichte, daß stets vom Mittwoch bis zum Montag jeder Woche, dann im Advent und in der Fastenzeit aller Streit schweigen mußte. Dadurch stiftete er viel Glück und Segen für Ritterschaft und Volk. Als dauerndes Wahrzeichen dieses Friedens errichtete er das Kloster Oudenburg bei Brügge. Als er im Jahre 1087 starb, trauerte nicht bloß seine Diözese um ihn. Zu Altenburg in Flandern wurde er in der Kirche des heiligen Petrus, den er zeitlebens hoch verehrt hatte, beigesetzt und gar bald als Wundertäter verehrt. Seine Heiligsprechung erfolgte im Jahre 1121.

Es geht nichts über den Frieden — das fühlen wir Menschen des zwanzigsten Jahrhunderts stärker als andere Generationen. Immer hat das Wort des Herrn Gültigkeit: „Selig sind die Friedfertigen!“

TAGESHEILIGE: Tharsizius KnM – Altfried (Alfred) B von Hildesheim, † 874 – Baltram A von Kallenberg (Elsaß), † 960 – Rupert von Ottobeuren, sel., A, † 1145 – Assumpta – Alipius B – Ludolf – Napoleon M † 303.

16. AUGUST Rochus

Das Leben manches Heiligen mutet wie ein Roman an. Wenn wir uns aber an das oft wunderbare Walten der göttlichen Gnade und Barmherzigkeit aus unserem eigenen Leben erinnern, dann verstehen wir, wie der Herr als lebendiges Feuer ihr Leben durchglüht und sie ansport zu Werken voll höchster Selbstaufopferung. Dies gilt auch vom heiligen Rochus, einem der berühmtesten Heiligen des vierzehnten Jahrhunderts. Sein Vater war ein Graf von Montpellier, seine Ahnen hatten als Kreuzritter für die Befreiung des Heiligen Landes gekämpft. Im Jahre 1295 wurde er geboren. Die gütige und wachsame Mutter verwandte auf seine Erziehung die äußerste Sorgfalt; so schöpfte er in seiner Jugend aus dem mütterlichen Herzen heilsame Lehren. Er hatte das Unglück, die Eltern zu verlieren, als er noch nicht zwanzig Jahre alt war. Nun zeigten sich die Früchte seiner guten Erziehung. Das beträchtliche Vermögen, das er geerbt hatte, verteilte er unter die Armen, die Herrschaft überließ er einem Verwandten, nahm Pilgerkleid und Stab (mit denen er auch immer abgebildet wird) und reiste nach Rom. Dort herrschte gerade die Pest. Die Spitäler waren überfüllt. Voll Eifer und Aufopferung widmete er sich diesen Unglücklichen. Rom, Cesena und Rimini waren seines Lobes voll. Um den Dankesbezeigungen zu entgegen, wanderte er fort. Zu Piacenza wurde er aber selbst von dieser furchtbaren Krankheit befallen. Die Bewohner jagten ihn aus der Stadt. Entblößt von allen Mitteln floh er in einen Wald, wo er sich von Kräutern nährte. Nun sorgte Gott auf wunderbare Weise für ihn. Täglich kam ein Hund, der ihm Brot brachte und seine Wunden leckte. Ein vornehmer Herr, dem der Hund gehörte, wurde eines Tages auf dessen Tun aufmerksam und fand den verlassenen Kranken im Wald. Von Mitleid gerührt, wollte er ihn auf sein Schloß mitnehmen. Rochus aber bat, er möge ihm eine Hütte geben, bis er wieder gesund sei. Nach seiner Genesung entschloß er sich, in seine Heimat zurückzukehren. Durch Krankheit und Darben war er so entstellt, daß ihn niemand mehr erkannte. Er wurde sogar als Spion verhaftet und mußte fünf Jahre im Kerker zubringen. Schließlich erfaßte ihn nochmals die Pest. Dem Priester, der ihm die heiligen Sakramente spendete, offenbarte er, wer er sei. So starb der Heilige am 16. August 1327 und wurde zu Montpellier begraben. — Lernen wir von seinem Leben Güte und Mitleid gegenüber Armen und Kranken!

TAGESHEILIGE: Joachim, Vater Mariens – Serena M – Frambald, Theodul B – Arnulf B, Gründer der Abtei Oudenburg (Brügge), † 1087 – Margareta venerabilis Ae – Titus, Diomed, Ambrosius M – Simplizian, Eleuther B – Arsazius Bk.

17. AUGUST *Hyazinth*

Wenn Gott an die Herzenstür des Menschen klopft und ihm zuruft: „Folge mir nach!", dann flieht ihn alle Ruhe, bis er diesem Ruf Folge leistet. Von da an bringt die göttliche Gnade aber auch reiche Früchte in einem solchen Menschen hervor. Dies sehen wir deutlich im Leben des heiligen Hyazinth, des ersten Dominikaners aus Schlesien.

Der Heilige, den die Kirchenschriftsteller den Apostel des Nordens und Wundertäter seiner Zeit nennen, stammte aus dem Hause der Grafen Ordrovas, einem der ältesten und berühmtesten Geschlechter Schlesiens. Auf dem Schlosse Stein im Bistum Breslau wurde er im Jahre 1183 geboren. Auf der Universität zu Bologna erwarb er sich den Doktorgrad in der Rechtswissenschaft und der Theologie. Er war also ein hochgebildeter Mann. Nach seiner Rückkehr in die Heimat schloß er sich dem Bischof von Krakau an. Dieser gab ihm ein Kanonikat an der Domkirche und ließ ihn an der Leitung der Diözese teilnehmen. Er hatte sich den richtigen Mann erwählt, denn Hyazinth war äußerst gewissenhaft und dabei demütig und einfach. Er hätte sich in seiner einträglichen Pfründe ein angenehmes Leben machen können und wäre ein Durchschnittsgeistlicher geworden, wie es so manchen zu seiner Zeit gab. Doch Gott hatte Besonderes mit ihm vor. Anläßlich einer Reise nach Rom mit seinem Bischof begegnete Hyazinth dem heiligen Dominikus, hörte seine Predigten und wurde von dem Leben und Streben dieses Ordensstifters zutiefst ergriffen. Auch der Bischof wünschte sich solche Ordensmänner für seine Diözese. Hyazinth und noch einige Männer des Krakauer Bischofs unterzogen sich einem mehrmonatigen Noviziat und erhielten das heilige Gewand. Dies war im Jahre 1219. Nun reisten die neuen Dominikaner unter der Führung unseres Heiligen wieder in die Heimat; aber nicht mehr mit Roß und Wagen, sondern zu Fuß und ihren Lebensunterhalt erbettelnd. Überall, wo sie hinkamen, predigten sie das Wort Gottes, und viele hörten auf sie. Vor allem die herzbewegenden Mahnungen des Mönches Hyazinth erregten in Krakau Aufsehen, und er konnte viele bekehren. Bald sah man von den Lastern nichts mehr, die einst in dieser Stadt geherrscht hatten. Der häufige Empfang der heiligen Sakramente wurde wieder eingeführt, der Geist des Gebetes ergriff weite Kreise. Der Heilige gründete überall, wo er hinkam, Klöster seines Ordens. Hyazinth predigte in Preußen, Pommern, Danzig und an vielen anderen Orten mit größtem Erfolg. Aus seinem Leben wird ein großes Wunder berichtet. Es war zu Kiew; die Stadt wurde von den Tataren eingenommen, und alles floh. Der Heilige folgte seinen Genossen. Als er an einer Madonnenstatue vorbeikam, hörte er diese zu ihm sagen: „Wie, mein Sohn, du willst mich den Feinden überlassen?" Da faßte er das schwere Bild an; es war leicht geworden, und er schritt trockenen Fußes über den Fluß. Als der Tatarensturm vorüber war, begann Hyazinth mit dem Neuaufbau des Zerstörten. So lebte und wirkte dieser Mann segensreich jahrzehntelang; er starb am Mariä-Himmelfahrtstag 1275. 1504 wurde er heiliggesprochen.

Hyazinth hat aus Liebe zu Gott und zum Seelenheil seiner Mitmenschen auf alle Bequemlichkeiten des Lebens verzichtet. Aber etwas Besseres fand er dafür: den inneren Frieden. Ohne Gottesliebe und Opfer für den Nächsten ist er nicht zu erringen.

TAGESHEILIGE: Liberat AM – Amor A, Missionar des Odenwaldes, † 767 – Karlmann FMö, † 754 – Maria von Österreich Kö – Bonifaz, Servus, Rustikus, Rogat, Septim, Maximus, Mamaus M – Myron PrM – Strato, Philipp, Eutychian, Paul, Juliana M – Anastasius B.

Helena

In allen katholischen Kirchen wird vom 3. Mai bis zum 14. September der Wettersegen gegeben. Diese Wettersegenmonstranz enthält meist eine kleine Partikel des echten Kreuzes Christi oder ein Holzteilchen, das an einem echten Kreuzteilchen berührt wurde. Mit der Auffindung des echten Kreuzes ist der Namen der großen Kaiserin Helena engstens verbunden. Sie stammte aus Kleinasien und soll der Legende nach dort eine Gastwirtin gewesen sein. Während eines seiner Feldzüge lernte der tapfere Offizier des römischen Heeres Constantius Chlorus diese einfache Frau kennen und lieben und machte sie zu seiner Gattin. Kurze Zeit nachher wurde er wegen seiner Tapferkeit und Klugheit vom Heer zum römischen Kaiser ausgerufen. Nun erschien ihm seine Gattin als nicht ebenbürtig und er verstieß sie. Erst als beider Sohn, der später berühmte Kaiser Konstantin der Große, der dem Christentum zum endgültigen Sieg verhalf, auf den Kaiserthron gelangt war, konnte die schon betagte Mutter zurückkehren. Konstantin nahm sie in allen Ehren auf, verlieh ihr den Titel Kaiserin und ließ sogar Münzen mit ihrem Bilde prägen. Hochbetagt machte sie noch Wallfahrten zu den heiligen Stätten, um all die Orte kennenzulernen, wo der Heiland einst geweilt hatte. Der Bischof Makarius war in Jerusalem ihr Begleiter. Sie fühlte in sich das Verlangen, das echte Kreuz Christi zu suchen. Auf der ehemaligen Kreuzigungsstätte lagen die Trümmer eines Venustempels. Bei Nachgrabungen entdeckte man drei Kreuze aus Zedernholz. Aber man wußte nicht, welches das Kreuz des Herrn sei. Bischof Makarius versenkte sich ins Gebet, um den Himmel um Erleuchtung anzuflehen. Man versammelte sich des anderen Tages wieder vor den Kreuzen und der Bischof ließ eine schwerkranke Person auf die Kreuze legen. Als sie mit dem dritten in Berührung kam, wurde sie gesund. So erkannte man, daß dies das echte Kreuz sei. Voll Freude brachte Helena einen großen Teil des Kreuzes zu ihrem Sohn nach Konstantinopel. Bald erhielten alle größeren Kirchen Teilchen dieses heiligen Kreuzes, die man Kreuzpartikel nennt. Helena kehrte nach Italien zurück und starb zu Rom im Jahre 328 eines heiligmäßigen Todes. Ihre Gebeine kamen später nach Hautvillers in der Diözese Reims. Helena war eine große und liebenswerte Frau. Ihre Hingabe an den Gatten, ihr geduldiges Ertragen des Verstoßenwerdens, als dieser Kaiser wurde, ihre innige Verehrung des Kreuzes, als sie mit zweiundsechzig Jahren die Taufe empfangen hatte: all das ist vorbildlich für die christliche Frau. Darum hat sie Gott auch erhöht und ihr die Gnade zuteil werden lassen, den Anstoß für die seit jener Zeit nicht mehr aussetzende Verehrung des heiligen Kreuzes zu geben.

„Im Kreuz ist Heil." Das wird unser Trost im Leben und Sterben sein.

TAGESHEILIGE: Florus M – Firmin B von Metz. † 496 – Wendelgard Gr – Junian A – Agapit M – Johann, Krispus PrM – Hermas, Serapion, Polyan, Laurus, Leo, Juliana M – Charlotte NM der Franz. Revolution.

19. AUGUST *Sebald*

Im zweiten Weltkrieg wurde unendlich viel zerstört. Herrliche Dome und Bauwerke fielen in Schutt und Asche. Besonders hatte die alte, berühmte Reichsstadt Nürnberg zu leiden. Fast alle ihre Kirchen lagen in Trümmern. Eine der schönsten war die Sebalduskirche. Nur dadurch, daß man das von Peter Vischer († 1521) wundervoll gegossene Grabdenkmal des Stadtheiligen fest ummauert hatte, ist es erhalten geblieben. Der in diesem Grabe ruht, wurde in den vergangenen Jahrhunderten hoch verehrt. Es ereigneten sich zahlreiche beglaubigte Wunder, daher wurde die Verehrung des heiligen Sebald schon um das Jahr 1072 gutgeheißen, er selbst durch Papst Martin V. 1425 heiliggesprochen.

Wer war Sankt Sebald? Historisch ist nur die Tatsache seiner Wirksamkeit in der Nürnberger Gegend und sein Grab. Von seinem Leben weiß man gar nichts. Fromme Legende, die ja immer einen wahren Kern birgt, vermag einiges aus seinem Leben zu erhellen: Sebald entstammte einem vornehmen Geschlecht. Seine Eltern hatten ihn im späten Alter nach langer, kinderloser Ehe erhalten. Sie erzogen den Knaben sorgfältig und sandten ihn auf die berühmte Schule in Paris. Später suchten sie ihm eine königliche Prinzessin als Braut. Allein Sebald war schon so weit in Tugend und Vollkommenheit vorgeschritten, daß er ein jungfräuliches Leben führen wollte. Er besprach sich mit seiner Braut, und diese verzichtete großmütig. Sebald zog sich nun in der Nähe von Paris fünfzehn Jahre lang in die Einöde zurück und lebte dort allein dem Gebet und dem Studium. Nach dieser Zeit erhielt er die Eingebung, er solle nach Rom wandern und den dort eben weilenden Missionaren, namentlich dem heiligen Bonifatius, bei der Ausbreitung des Glaubens helfen. Mit Freuden ging er dann mit diesem den beschwerlichen Weg über die Alpen nach Deutschland. Hier gesellte er sich zuerst zum heiligen Bischof Willibald und half eifrig mit, das Evangelium den noch heidnischen Bewohnern zu verkünden. Später zog er nach Regensburg und führte dort ein Leben der Heiligkeit und Vollkommenheit, so daß sein Ruf bald überallhin drang. Zuletzt kam er nach Nürnberg. Auch dort lebte er als Einsiedler, predigte aber unermüdlich das Evangelium. Doch nicht allzulange mehr dauerte sein Wirken. Gott rief den treuen Diener aus dieser Zeitlichkeit, um ihm den ewigen Lohn zu verleihen. Er starb im Jahre 740. Da man nicht wußte, wo man den Leichnam beisetzen sollte, lud man den Sarg auf einen Wagen, den zwei ungezähmte Ochsen ziehen sollten. Diese blieben denn auch an einer gewissen Stelle stehen. Hier begrub man Sebald und erbaute über seinem Grab die in ihrer späteren Gestaltung berühmte Sankt-Sebaldus-Kirche.

Die Reformation setzte der Verehrung des Sebaldusgrabes fast ein Ende. „Seine" Kirche wurde evangelisch. Die Kunstfreunde, die nun vor dem Grabmal stehen, sehen nur seine Schönheit und denken nicht an den heiligen Mann, der hier ruht. Aber im Heiligenverzeichnis unserer Kirche lebt er weiter und wird, nachdem Papst Gregor XVI. seine Verehrung 1845 neuerdings guthieß, oft um Fürbitte angefleht.

TAGESHEILIGE: Johannes Eudes Pr – Ludwig B – Marian, Rufin Bk – Wericho (Querikus) A – Bertulf Mö – Julius, Andreas, Timotheus, Thekla, Agapius M – Magnus BM – Donat Pr.

20. AUGUST *Bernhard von Clairvaux*

Das zwölfte Jahrhundert brachte eine Reihe höchst bedeutender Persönlichkeiten hervor. Es war ja auch eine Zeit größter religiöser und sittlicher Spannung. Durch den ersten Kreuzzug und die Eroberung des Heiligen Landes waren schon zu Ende des elften Jahrhunderts die Augen der ganzen Christenheit auf jene Stätte gerichtet, wo Christus einst gelebt und gewirkt hatte. Diese Besinnung auf das Heilige Land gab auch dem religiösen Leben neuen Auftrieb. Freilich herrschte damals auch sehr viel religiöse Zerfahrenheit und schlechtes Beispiel. Beide Übel zu vermeiden, wurde der Zisterzienserorden gegründet: gegen Genußsucht und Ausschweifung stellte er ein völlig enthaltsames und armes Leben. Und der Größte in jenem jungen Orden wurde Bernhard von Clairvaux.

Bernhard wurde im Jahre 1091 auf dem Schloß Fontaines bei Dijon in Frankreich geboren. Sein Vater stammte aus einer der ersten Familien der Provinz. Kaum war Bernhard geboren, da weihte ihn seine fromme Mutter Aletha schon dem lieben Gott, hoffend, ihr Sohn möge einst als Priester am Altare stehen. Sie schickte ihn nach Chatillon, damit er dort seine Studien vollende. Schon der Jüngling liebte die Einsamkeit; er war gesammelt, klug, leutselig und gefällig gegen jedermann. Bernhard bat vor allem um die Gnade, stets seine Unschuld bewahren zu können. Den Armen gab er alles Geld, das er von seinen Eltern erhielt. Seine Lehrer waren erstaunt über seinen lebhaften und durchdringenden Geist. Als Bernhard neunzehn Jahre alt geworden, starb seine gute Mutter. Sein Vater mußte viele Reisen machen, und so blieb der junge Mann auf seinem Schloß sich selber überlassen. Den großen Reichtum, der ihm zur Verfügung stand, erkannte er als eine Gefahr, und so faßte er den Entschluß, sich ganz von der Welt zurückzuziehen. Seine Familie entsetzte sich zuerst über seine Pläne, dann aber gingen sogar seine sämtlichen Brüder mit. Dreißig junge Edelleute machten sich auf nach Citeaux, um dort in den neuen Orden einzutreten. Kaum drei Jahre war Bernhard Mönch, da wurde er zum Abt des neuerrichteten Klosters Clairvaux gewählt. Er führte ein äußerst strenges Leben; der Ruf seiner Heiligkeit drang in die Weite. Papst und Kaiser baten um seinen Rat. Was Bernhard unternahm, glückte. Ein Schisma wurde beigelegt, Feinde versöhnten sich. Das welterschütternde Ereignis seines Lebens aber war der zweite Kreuzzug, dessen Zustandekommen ihm zu verdanken war. Im Auftrag des Papstes übernahm Bernhard das schwierige Amt des Kreuzzugspredigers. Mit ungeheurem Eifer trat er überall auf die Kanzeln. Die Menschen waren begeistert von seinen Worten und ließen sich das Kreuz geben. Selbst König Konrad III. stellte sich für den Kreuzzug zur Verfügung. Tausende und Abertausende von Rittern und Reisigen zogen ins Heilige Land. Daß der Kreuzzug schließlich mißlang, ist nicht Schuld des Heiligen. Zwietracht unter den Fürsten, Bestechlichkeit unter den Rittern, wovor Bernhard besonders gewarnt hatte, führten zu Niederlagen. Schwer trug Bernhard an diesem Mißerfolg. Er zog sich wieder in seine geliebte Einsamkeit zurück und widmete sich ganz dem Gebet und der Betrachtung. Insbesondere war er ein glühender Verehrer der seligsten Jungfrau.

Mögen auch die herrlichen Gebete „Gegrüßt seist du, Königin" und „Gedenke, o gütigste Jungfrau", wie die neueste Forschung meint, nicht in ihrem vollen heutigen Wortlaut von ihm stammen, so gehen sie doch ihrem Sinn nach bestimmt auf ihn zurück: Zeugnis seines reinen und tiefen Glaubens. Im Alter von zweiundsechzig Jahren starb der Heilige zu Clairvaux im Jahre 1153. Sein Geist der Abtötung und Enthaltsamkeit sei uns Ansporn zu einem echten christlichen Leben!

TAGESHEILIGE: Luzius, Leovigild M – Philibert A – Oswin Kö M – Burkhard, sel., B von Worms, † 1025 – Burkhard von Brinwill (Schweiz) Pr, † im vierzehnten Jahrhundert – Auktor B von Trier, † 450 – Severus, Memnon, Christof, Prophyrius M – Maximus Bk.

21. AUGUST

Johanna Franziska von Chantal

Inmitten von Reichtum und Glanz ein selbstlos-armes, aber geistig fruchtbares Leben zu führen, dazu bedarf es besonderer Gaben. Bis in den Grund aufgewühlt war die Zeit, da Franziska von Chantal lebte – die Epoche der Reformation im sechzehnten und siebzehnten Jahrhundert.

Sie war die Tochter des Grafen Frémyot und wurde zu Dijon im Jahre 1572 geboren. Damals war große Unruhe in Frankreich, da gar viele sich der Lehre Calvins zugewendet hatten.

Frémyot aber war ein unerschrockener Anhänger seiner Kirche. Daher wurde das Kind in heiliger Liebe zu seinem Glauben erzogen. Leider starb die fromme Mutter, als die Kleine erst eineinhalb Jahre alt war. Aber der Vater wachte mit äußerster Sorgfalt über die sittliche und religiöse Erziehung seiner Kinder. Und er konnte wahrlich Erfolg erleben, besonders bei Johanna Franziska. Gottes Segen ruhte auf ihrer Ehe mit dem Baron von Chantal, einem Mann, der untadelig, ehrenhaft und sehr religiös war. Ihr Gemahl mußte freilich viel abwesend sein. Die ganze Sorge des großen Haushaltes lastete auf der Gattin. Sie aber nahm die Bürde gerne auf sich und sorgte für die Ihren. Sie betete täglich mit allen Hausbewohnern und gab sorgfältig acht, daß die Gebote Gottes gehalten würden. Ihrem Gatten schenkte sie in der leider nur neunjährigen Ehe, die sehr glücklich war, sechs Kinder, die sie sorgfältig und fromm erzog. Wie sie als Jungfrau ein Vorbild war, so war sie es auch als Gattin und Mutter. Wie groß ihre Seelenstärke war, zeigte sich, als ihr Gatte durch einen unglücklichen Schuß auf der Jagd den Tod fand. Sie blieb aufrecht, doch zog sie sich immer mehr und schließlich, trotz des Widerstrebens ihrer Familie, endgültig von der Welt zurück. Der heilige Franz von Sales war ihr Beichtvater. Unter dessen Leitung entfaltete sich ihr Tugendstreben. Mit ihm gründete sie für Frauen vorgerückten Alters den Orden von der Heimsuchung Mariens. Freilich kostete es sie noch harte seelische Kämpfe, bis sie sich ganz von ihrem geliebten Vater und ihren Kindern trennen konnte. Sie wurde erste Leiterin dieser neuen Genossenschaft. Hauptzweck dieses Ordens war die Erziehung der weiblichen Jugend. 35 Jahre lang stand sie ihrem Werk vor. 1641 starb sie zu Moulins mit dem Rufe: „Ich gehe zu Jesus!" Zu Annecy wurde sie begraben.

Johanna Franziska gehört zu den bedeutendsten heiligen Frauen der Neuzeit. Ihr Briefwechsel mit Franz von Sales ist ein wunderbares Dokument ihres tiefen Seelenlebens und ihrer Liebe zum Heiland. Das Buch „Philothea" ist die Antwort des Heiligen auf ihre Anliegen; es gehört zu den schönsten mystischen Büchern. Jungfrau, Gattin, Mutter, Nonne – das alles war Franziska von Chantal in Vollkommenheit; was die christliche Frau in Liebe, Opfer, Sorge, Gottesfreudigkeit zu sein vermag, diese Heilige hat es vorgelebt.

TAGESHEILIGE: Privatus BM in Gallien – Fidelis M – Balduin (Baldwin) A – Christoph MöM – Cyriaka, Anastasius, Luxorius, Cesellus, Kamerin, Bonosus, Maximian, Paternus, Bassa, Theogon, Agapius M – Euprepius, Quadratus B – Bernhard, Ptolämeus Bk.

22. AUGUST *Radegund*

Es kommt wenig darauf an, was für einen Beruf ein Mensch ausübt, wesentlich ist, daß er ihn in der rechten Weise ausfüllt und im Blick auf Gott seine Pflicht tut. Darum gibt es auch in jedem Stand heilige Menschen. Ob einer eine irdische Krone trägt und Reichtum besitzt, oder ob er niedrige Dienste verrichtet, immer ist sein innerer Wert ausschlaggebend. Das sehen wir gerade bei der heiligen Dienstmagd Radegund.

Aus ihrem Leben ist nicht viel Bemerkenswertes zu verzeichnen. Aber die Überlieferung und die Verehrung dieser Heiligen bis in unsere Tage hat ihr Andenken erhalten. Über ihrem Grab erhebt sich eine schöne Kirche, und ihre Gebeine wurden im Jahre 1772 feierlich in einen gläsernen Reliquienschrein gebettet.

Radegund stammt aus Wulfertshausen bei Haberskirch (Augsburg). Ihre Eltern waren einfache Bauersleute. Um das Jahr 1330 kam sie als Dienstmagd nach Schloß Wellenburg. Leicht war das Leben einer Dienstmagd nie, besonders hart aber war es in der Zeit, da es noch keine Maschinen gab für den Ackerbau. Als Stall- und Feldmagd mußte sie ihr schweres Tagewerk verrichten. Radegund widmete ihre freie Zeit der Nächstenliebe. Nahe beim Schloß Wellenburg war ein Siechenhaus. Die armen Kranken erhielten dort einfache Pflege. Was Radegund sich am Munde absparte, das trug sie treulich zu den Kranken hinaus. Wie es aber immer geht, sie wurde wegen ihrer Mildtätigkeit bei ihrer Herrschaft verdächtigt. Der Schloßherr Portner aus Augsburg ging diesem Gerede nach, erkannte aber seine Dienstmagd als einen Engel der Nächstenliebe und ließ sie unbehelligt ihrer Liebestätigkeit nachgehen.

Eines Tages wurde Radegund auf ihrem Weg zu den Kranken, der durch den Wald führte, von Wölfen angegriffen und schwer verletzt. Nach dreitägigem schwerem Leiden starb sie. Das gläubige Volk, besonders die Notleidenden und Kranken, vergaßen sie nicht. Ihre Verehrung wurde bald allgemein. Man erbaute neben dem Siechenhaus eine Kapelle über ihrem Grab. Hilfesuchende aller Art pilgerten dorthin und fanden Erhörung. Im Jahre 1496 wurden ihre Gebeine erhoben, was in der damaligen Zeit einer Heiligsprechung gleichkam. Eine arme, geplagte, im Verborgenen lebende Dienstmagd – groß und verehrungswürdig, weil sie täglich des Herrenwortes gedachte: „Was ihr dem Geringsten meiner Brüder tut, das habt ihr mir getan!"

TAGESHEILIGE: Timotheus M, † 311 – Symphorian M, † 180 – Hippolyt BM, † 235 – Gumfort (Gunifort) M – Richildis E in Hohenwart, † 1100 – Siegfried B – Philibert B, † 684 – Antonin, Athanasius, Anthusa, Martialis, Saturnin, Epiktet, Maprilis, Felix, Agathonikus, Zotikus, Maurus, Fabrizian, Philibert M.

23. AUGUST Elmar

Über das Leben dieses Heiligen etwas zu berichten, ist sehr schwer. Denn es fehlen die geschichtlichen Zahlen über ihn. Nur ein noch erhaltenes altes Gebet gibt ihm Ehrennamen, aus denen wir uns ein Bild seines segensreichen Wirkens machen können. Die Zeit seiner Tätigkeit birgt jene Jahre in sich, da das aufblühende junge Frankenreich, im Bewußtsein seiner Kraft, im Verein mit dem eben erst übernommenen Christenglauben sich dehnte und reckte und die noch heidnischen Nachbarn unterwarf. Wenn nun jenes alte Gebet den Heiligen „einen eifrigen Verkünder der christlichen Wahrheit" nennt, so können wir uns St. Elmar vorstellen als einen mit frohem Gottvertrauen und unerschütterlichem Mut ausgerüsteten Wanderbischof, der zu den Heiden ging und ihnen erzählte vom Einen Gott und seinem Sohn Jesus Christus: „Siehe, ich verkünde euch eine große Freude!" Er tat dies mit allem Eifer, wenn auch manches Samenkorn auf steinigen Boden fiel. Um feste Stätten des Glaubens und des christlichen Lebens zu bekommen, gründete Elmar zahlreiche Männer- und Frauenklöster, die ja immer auch Träger der Kultur waren. Deshalb nennt ihn das alte Gebet „einen Vater von Mönchen und Ordensfrauen". Daß Elmar weder Angst noch Furcht kannte, geht aus den Worten hervor, daß er ein „ausgezeichneter Bekenner" war.

Um das Jahr 700 starb der Heilige und wurde zu Melhan (Moha) in Belgien begraben. Sein Grab war früher eine vielbesuchte Wallfahrtsstätte. (Sein Fest fällt auf den 28. August, auch am 23. oder 25. August wird es gefeiert.) Elmar teilt das Schicksal gar vieler: sie werden von den Menschen vergessen. Nicht vergessen aber werden die Guten von Gott. Denn ihre Namen sind im

Buche des Lebens aufgezeichnet. Das mag uns ein Trost sein: Gott vergißt auch uns niemals!

TAGESHEILIGE: Philippus Benitius Bk, † 1285 – Donat M – Viktor, Flavian B – Hesperus (Sperus) B von Metz, † 538 – Quiriak, Maximus, Archelaus, Restitut, Valerian, Fruktuosa, Klaudius, Asterius, Neon, Timotheus, Apollinaris, Minervus, Eleazar, Luppus M – Zachäus BM – Theonas, Sidonius B – Richildis E.

24. AUGUST *Bartholomäus*

Es ist oft sehr schwer, das genaue Lebensbild eines Heiligen zu geben: wenig beglaubigte Tatsachen und viel Legendenhaftes, so daß man die historische Wirklichkeit nur schwer zu erkennen vermag. So ist es auch mit dem Lebensbild des heiligen Apostels Bartholomäus.

Er wird im Neuen Testament nur in den Apostelverzeichnissen erwähnt. Aber es darf als sicher angenommen werden, daß er jener Nathanael aus Kana war, den eines Tages Philippus zum Heiland führte, und den dieser mit den Worten willkommen hieß: „Siehe da, ein wahrer Israelit, an dem kein Falsch ist." Mit den übrigen Aposteln nahm er an dem öffentlichen Wirken Jesu teil, sah seine Wunder und hörte seine unsterblichen Worte. Als der Heilige Geist am Pfingstfest auf die Apostel herabgekommen war, begann auch Bartholomäus das Evangelium zu verkünden. Der Kirchenschriftsteller Eusebius sagt, daß Bartholomäus bis nach Indien gekommen sei. Denn als im dritten Jahrhundert der heilige Pantänus dorthin fuhr, fand er schon Spuren des Christentums, und die Brahmanen zeigten ihm eine Abschrift des Matthäusevangeliums, das Bartholomäus ins Land gebracht habe. Von Indien aus wanderte Bartholomäus weiter nördlich und traf in Hierapolis in Phrygien mit seinem Bruder Philippus zusammen. Dann ging er nach Lykaonien und schließlich nach Armenien. Dort sollte er den Martertod für Christus erleiden. Als er in der Hauptstadt des Landes ankam, begab er sich gleich in den Tempel des Astarte und heilte dort viele der Blinden und Lahmen. Des Königs Tochter befreite er von der Besessenheit. Die Folge war, daß der König und viele in seiner Umgebung die Lehre Christi annahmen. Trotz alledem blieben die heidnischen Priester bei ihrem Unglauben, und sie fürchteten auch für ihren eigenen Götzendienst. Der Bruder des Königs, Astyages, der die Hälfte des Reiches innehatte, half ihnen. Unter dem Vorwand, er wolle die neue Lehre hören, ließ er den Apostel zu sich kommen. Kaum war Bartholomäus bei ihm angelangt, nahm er ihn gefangen und drohte ihm mit den härtesten Strafen, wenn er nicht aufhöre, Christus zu predigen. Bartholomäus aber ließ sich nicht einschüchtern. So wurde er den Henkern übergeben. Auf grausamste Weise wurde Bartholomäus gemartert. Man zog ihm die Haut Stück für Stück ab und enthauptete ihn dann. Dies geschah um das Jahr 80. Die Geschichte seines Wirkens in Armenien und seines Todes entstammt zum größten Teil den apokryphen Schriften, die zu jener Zeit entstanden sind. Sicher ist, daß er als auserwählter Apostel viel heidnischen Widerstand überwand und schließlich den Martertod starb.

Die Kunst vergangener Jahrhunderte hat die Tatsache seines grauenhaften Todes festgehalten und den Heiligen meist mit einer menschlichen Haut im Arm abgebildet. Für uns ist die Tatsache seines Wirkens und seines Todes wichtig und, daß er in allen Jahrhunderten unserer christlichen Geschichte zu Recht verehrt wurde.

(Bartholomäus wird als Patron der Gerber und Fleischer verehrt.)

TAGESHEILIGE: Georg von Lemnos M – Aurea JM – Dietrich A von Sankt Hubert (Ardennen), † 1086 – Maria Agnes Steiner J – Rigomer Pr – Ptolemäus, Roman BM – Tatio M – Eutychius, Audoen B – Patrik A.

25. AUGUST *Ludwig*

Zuverlässig und ausführlich ist die Lebensgeschichte Ludwigs IX. von Frankreich, des heiligen Königs, auf uns gekommen – die Geschichte eines erhabenen, ebenso bewunderungswürdigen wie liebenswerten Mannes. Heilig wurde er nach den Worten eines seiner Lebensbeschreiber, weil er zugleich König, Christ und Held war.

Geboren wurde Ludwig im Jahre 1215 zu Poissy. Als er zwölf Jahre alt war, verlor er seinen Vater. Seine kluge und energische Mutter Blanka führte für ihn die Regierung mit aller Umsicht und Festigkeit. Zugleich erzog sie den heranwachsenden Knaben zu heiliger Gottesfurcht und tiefster Frömmigkeit. Bekannt ist das Wort, das sie einst zu ihrem Sohne sagte: „Lieber sehe ich dich tot, als daß ich höre, du habest eine schwere Sünde begangen.“ Dies nahm sich Ludwig sehr zu Herzen. Selten mag ein künftiger König als Jüngling all sein Trachten so sehr dem inneren Reich der Seele zugewandt haben wie dieser. Dabei versäumte er nicht seine körperliche und geistige Ausbildung, wie es seinem hohen Stande entsprach. Im Jahre 1234 vermählte er sich mit Margareta von Provence. Dieser überaus glücklichen Ehe entsprossen elf Kinder, die er vortrefflich zu erziehen suchte. Ludwig war ein

großer Freund des Friedens. Und doch mußte er jahrzehntelang gegen die vielen machtsüchtigen Gegner im Inneren seines Landes kämpfen. Aber er war ein maßvoller Sieger und gewann die Besiegten für sich durch Milde und Großherzigkeit. In seinem Eifer für das Gute wurde er nie müde. Sinnvoll war es, als ihm der Kaiser von Konstantinopel die Dornenkrone Christi zum Geschenk machte. Als die Gesandtschaft mit der Dornenkrone kam, zog er ihr entgegen. Er selbst trug die Krone und brachte sie unbedeckten Hauptes nach Notre-Dame. Ludwig verrichtete viele Werke der Nächstenliebe; täglich speiste er 120 Arme an seinem Tisch. Er berief die Dominikaner und Franziskaner nach Frankreich, erbaute ihnen zahlreiche Kirchen und Klöster und ließ sich in den Dritten Orden des heiligen Franziskus aufnehmen. Die Regel übte er so gewissenhaft, daß er zu einem der Hauptpatrone des Dritten Ordens ernannt wurde. Sehr besorgt war er für das leibliche und seelische Heil seiner Untertanen. Eifer für das Gottesreich auf Erden war ein Hauptmerkmal seines Herrscherlebens; darum nahm er auch an zwei Kreuzzügen teil.

Der erste führte ihn nach Damiette (Ägypten). Durch unglückliche Umstände geriet er in die Gefangenschaft der Sarazenen und mußte mit einem riesigen Lösegeld freigekauft werden (1250). Nach wenigen Jahren Ruhe und segensvoller Regierung in Frankreich ergriff er wiederum die Waffen für die Christen in Nordafrika. Nach günstigen Anfangserfolgen in Tunis erlag der edle Held der Pest. Er ließ sich die heiligen Sakramente reichen und gab seinem Sohne Philipp noch herzliche Ermahnungen. Dann starb er in seinem Zelt in Tunis am 25. August 1270. Bereits im Jahre 1297 wurde er heiliggesprochen. (Der heilige König wird als Patron der Buchbinder und Buchdrucker, als Schutzherr der Pilger und der Blinden verehrt.)

Ludwig gehört zu den schönsten Gestalten auf dem französischen Königsthron: ein Held im Kampf, ein friedliebender Ritter, ein zärtlicher und aufmerksamer Gatte, ein liebender Vater, ein Wohltäter der Armen, großzügig gegen seine Feinde, ein demütig Büßender. So leuchtet sein Lebensbild wie ein heller Stern.

TAGESHEILIGE: Gregor B von Trier, † 776 – Elvira (Alvera) M – Hunegundis Ae – Ludovika – Elmar B in Lüttich, † 700 – Gaudentius B von Gnesen, † 1006 – Eusebius, Pontian, Vinzenz, Peregrin, Nemesius, Luzilla, Genesius, Julian, Magin M – Gerunz, Mennas B – Patrizia.

26. AUGUST *Hunegundis*

Die Legende erzählt, wie Hunegundis aus Liebe zu Christus aus einer reichen Braut eine arme Klosterfrau wurde. Sie kam im siebten Jahrhundert im Frankenreich zur Welt. Ihre Eltern erzogen sie sorgfältig und gaben sich besondere Mühe, ihr ein frommes und reines Gemüt zu bewahren. Doch wurde sie schon als junges Mädchen nach der Zeitsitte einem vornehmen Jüngling verlobt. Schon war alles zur Hochzeit bereit, da bat Hunegundis ihren Bräutigam, er möge doch mit ihr nach Rom wallfahren. Während ihr zukünftiger Gemahl Eudald die vielen Herrlichkeiten der Ewigen Stadt betrachtete, ging sie von einer Kirche zur anderen, beseelt von dem Wunsch, den Heiligen Vater zu sprechen. Endlich glückte es ihr auch. Sie warf sich ihm zu Füßen, zog einen Schleier aus ihrem Gepäck heraus, erzählte dem Heiligen Vater die Umstände der Fahrt und trug ihren Wunsch vor, er möge ihr den Schleier verleihen und sie auf diese Art allein Gott weihen. Der Papst, gerührt von solch überirdischer Liebe, willfuhr ihrer Bitte. Als ihr Bräutigam dies vernahm, wurde er zornig; er nahm alle Reisemittel an sich und verließ sie.

Sie eilte nun zu Fuß auf Umwegen, um Eudald nicht mehr in die Hände zu fallen, heim. Dieser benutzte die schnellste Gelegenheit, um vor ihr heimzukommen und ihr Vermögen zu erringen, bevor sie es einem Kloster geben konnte. Es geschah aber, daß Hunegundis viel früher in das Vaterland gelangte als Eudald. Dieser erkannte nun, daß der Himmel ihm zuvorgekommen war. Daher bereute er seinen Zorn und entschloß sich, selber ledig zu bleiben und dem Kloster, in dem seine Liebste weilte, zu dienen. Er wurde dort wirklich ein wahrer Vater der Armen, bis er eines seligen Todes starb. Hunegundis betete viel für ihn. Manches Jahr überlebte sie ihren Bräutigam. Krankheiten und Widerwärtigkeiten mußte sie durchmachen, hielt aber alles mit Engelsgeduld aus. Im Jahre 690 verschied sie selig im Herrn. Als man dreihundert Jahre später ihren Leichnam ausgrub, war er unverwest. Ihr Fest wird am 25. August begangen.

Als Kern der frommen Legende erkennen wir die alles besiegende, innige Liebe dieser Heiligen zu Christus. Ihm opferte sie Reichtum, irdisches Glück, Ehe, Liebe. Gott aber hat sie bestimmt reich belohnt. Sein Segen ruht immer auf Opfer und Verzicht.

TAGESHEILIGE: Zephyrin PM, † 217 – Alexander M – Felix Pr – Egbert, sel. A in Schwarzbach, † 1075 – Theodor B von Sitten (Schweiz), † 390 – Irenäus Abundius, Sekundus, Simplizius, Konstanz, Viktorian, Hadrian, Viktor M – Rufin B.

27. AUGUST *Margareta von Lothringen*

Edle Frauen haben sich stets auch durch innige Religiosität ausgezeichnet. Ihr Andenken blieb daher erhalten und hat alle Stürme der Jahrhunderte überdauert. So ist es auch mit der Herzogin Margareta von Lothringen, die in dem Buch „Das heilige Bayernland" als eine wahrhaft tugendreiche und heiligmäßige Gattin und Landesmutter gezeichnet ist. Sie steht zwar in keinem Heiligenverzeichnis, doch wird in alten Chroniken viel Schönes aus ihrem Leben berichtet.

Margareta wurde als die Tochter Ruprechts von der Pfalz geboren, der in den Jahren 1400 bis 1410 auf dem deutschen Kaiserthron saß. Sie erhielt eine treffliche Erziehung, ehe sie dem Herzog Karl von Lothringen vermählt wurde. Solange sie am väterlichen Hof weilte, war sie sehr der Eitelkeit ergeben und schmückte sich gern mit Edelsteinen. Bald jedoch erkannte sie die Nichtigkeit der Weltdinge und begann ein Leben der Stille und der Besinnung. Ihr Hauskaplan Adolf berichtet darüber. Sie leuchtete nun, schreibt er, mit nicht weniger Tugenden hervor als zuvor mit Gold und Geschmeide. Bald fing man an, die Herzogin wie eine Heilige zu verehren. Namentlich waren es die Kartäusermönche, die sie sich zu Seelenführern erkor. Sie kämpfte vor allem gegen die sieben Haupt- und Todsünden, weil sie wußte, daß man zu einem heiligen Leben bei den Grundübeln anfangen müsse. Die Demut war ihre Lieblingstugend. Große Sanftmut setzte sie dem Zorn entgegen; die Reinheit ihrer Sitten war bewunderswert; Müßiggang gab es weder bei ihr noch bei ihren Dienstleuten; Geiz und Neid beschämte sie durch überreichliches Almosengeben. Der Genußsucht des Hofes stellte sie ein entsagungsreiches Leben entgegen; bewundernswert war ihre Liebe zu den Armen und Kranken. Mit ihren Hofdamen und dem Kaplan ging sie in die Spitäler und pflegte dort mit eigener Hand die oft mit übelriechenden Wunden Daliegenden.

Ihr Lebensbeschreiber berichtet von zahlreichen wunderbaren Heilungen, die sie vom Himmel erflehte. Ihrem Gemahl, dem sie in heiliger Liebe anhing, half sie durch ihr Gebet zu einem Sieg über seine Feinde. Als ihr Gatte starb, gab sie sich noch mehr den Werken christlicher Nächstenliebe hin, bis sie am 27. August 1434 eines seligen Todes starb, vom ganzen Volk beweint und verehrt. Zu Nancy, in der Kirche des heiligen Georg, wurde ihre sterbliche Hülle beigesetzt.

TAGESHEILIGE: Joseph von Kalasanz Bk, † 1648 – Rufus BM – Gebhard B von Konstanz, † 995 – Sixtus V. P, † 1590 – Karpophor, Marzellin, Mannea, Johann, Serapion, Petrus M – Euthalia, Anthusa JM – Narnus Bk – Cäsarius, Syagrius, Johann, Lizerius B – Pömon E – Warnfried – Dekuman EM.

28. AUGUST *Augustinus*

Wieder halten wir inne auf dem Weg durch das Jahr der Heiligen; denn das Gedenken dieses Tages gilt einem der größten Menschen, einem der größten Heiligen, die je gelebt haben – einem Mann, der in sich das Genie des Denkens, die Gnade der Erleuchtung zur Gotteserkenntnis, die schier unversiegbare Kraft des Überzeugens, den Willen und die Fähigkeit zur Bändigung aller Widersprüche des Daseins in einem Bild voll erhabener Ordnung vereinigte. Staunend, ja eigentlich eingeschüchtert betrachten wir das Leben und das hinterlassene Werk des Aurelius Augustinus: wie kann *ein* Mensch die tiefsten Schichten unseres Daseins mit dem Licht seines Geistes erhellen und zugleich unsere höchsten Zwecke, die Beziehungen zwischen Mensch und Mensch, das Wirken der Gnade und die Versuchung zum Bösen . . . dies alles in ein klares Bild der Schöpfung bändigen?

Im Jahre 354 wurde er zu Tagaste in Nordafrika als der Sohn eines römischen Bürgers und Beamten geboren: der Sohn hatte mehr vom Vater als von der Mutter. Monika hieß diese. Wir kennen sie alle als die heilige Monika und wissen, daß sie Augustinus mit Sorge und Gebet, mit Opfern und Tränen den Weg zur geistigen Größe und zur Heiligkeit gebahnt hat. In aller Begabung, bei allem kritischen Verstand, war Augustinus „ein wilder Junge“, der in vielerlei Auschweifungen außer Rand und Band geraten schien, bis er zunächst durch die großen Schriftsteller des Altertums, dann aber durch den heiligen Ambrosius in Mailand recht eigentlich zu sich selber fand: Ambrosius taufte ihn zu Ostern 387, und nach seiner Rückkehr in das heimatliche Afrika wurde Augustinus 391 zum Priester geweiht; 396 folgte er dem Bischof Valerius im Amt, nachdem er eine lange Zeit unter kärglichsten Umständen in der Einsamkeit allein im Gebet und in der Betrachtung des Weltlaufs verbracht hatte. Jene Epoche war zerwühlt von kriegerischen und geistigen Auseinandersetzungen. Nordafrika wurde immer aufs neue in politische Händel verwickelt, und dem Bischof von Hippo blieben inmitten seiner Verantwortung für die Diözese Drangsal und Bedrohung nicht erspart. Und dennoch entstanden in jenen Jahren die allerwichtigsten der dreiundneunzig Schriften des Augustinus, seine „Bekenntnisse“, sein Buch „Vom Gottesstaat“ und das Werk „Von der Dreieinigkeit“. Immer hineinwirkend in die Dinge der Welt, und doch erhaben über sie, seinem Kirchenvolk ein wahrer Vater, und zugleich Himmel und Erde erforschend, so lebte Augustinus und so starb er am 28. August des Jahres 430. (Seine Gebeine kamen später nach Pavia, wo sie in der Peterskirche ruhen.)

Sankt Augustinus ist bis auf unsere Tage der einflußreichste Theologe der katholischen Kirche. Seine religiöse Gesamtdeutung der Weltgeschichte wird immer gültig und wichtig bleiben, seine Ideen und Einsichten haben das Denken aller Philosophen und Gottesmänner befruchtet; die offenherzige Schilderung, die er von sich selbst in den „Bekenntnissen“ gibt, zeigt ihn als einen Mann voll der höchsten Gaben, der sich doch erst frei machen mußte von der Sünde und Schwäche, ehe er jene Höhe erreichte, von der aus sein Bild über die Jahrhunderte leuchtet. Geist, Wille, Gnade, Demut und die unstillbare Sehnsucht nach Erkenntnis und Anbetung — das waren die Kräfte, die wir liebend in ihm verehren sollen und um die jeder Christ nach seinem Maß sich mühen muß. Über die Zeiten hinaus aber mahnt uns sein Wort: „Unruhig ist unser Herz, bis es ruht in dir, o Gott!“

TAGESHEILIGE: Hermes M – Alexander B – Elmar B – Gustav – Adelindis Ae in Buchau am Federsee – Hermann AM – Julian, Pelagius, Fortunat, Kajus, Anthes M – Vivian B – Moyses E.

29. AUGUST *Adelindis*

Aus dem Grafengeschlecht zu Andechs gingen viele Heilige und Selige hervor. Es scheint über diesem Hause ein besonderer Segen gewirkt zu haben: Gottesfurcht und Nächstenliebe waren sein oberstes Gesetz. Eine dieser hehren Gestalten ist Adelindis, die zu Andechs im neunten Jahrhundert geboren wurde. Graf Hatto von Kaltern heiratete die Jungfrau. Sie schenkte ihm drei Söhne und eine Tochter. Adelindis suchte ihre Kinder gottwohlgefällig zu erziehen. Doch scheiterten all ihre Bemühungen bei ihren Söhnen. Diese wurden streitsüchtige Ritter, die sich sogar an ihrer Mutter vergriffen, als diese sich einem Einsiedlerleben hingegeben hatte. Die Strafe des Himmels folgte gar bald. In einem Wiesental wurden alle drei bei einem Streit mit persönlichen Feinden erschlagen (902). Später nannte man den Ort Planktal. Ihr Gatte war im Kampf gegen die Ungarn gefallen. Nun hielt sie nichts mehr zurück in der Welt und sie trat als Nonne in das Kloster Buchau am Federsee ein. Bald wurde sie Äbtissin und übte ihr verantwortungsvolles Amt lange Jahre mit aller Liebe und Geduld. (Das Todesjahr der Seligen fällt in die Zeit um 926). Berühmt wurde sie durch die große Mildtätigkeit, die sie entfaltete. So still ihr Wirken war, so laut wurde ihr Lob allenthalben verkündet. Zu ihrem Andenken wurde der fromme Brauch des Schenkens, der Armenpflege und der Mildtätigkeit auch später beibehalten, als das Kloster Damenstift wurde. Noch viele Jahrhunderte lang gab es für die Armen am Augustinusfest die von Adelindis eingeführten Spendbrote. Wenn auch im Lauf der Zeit das Andenken an diese erhabene Frau in Vergessenheit geriet und die Kirche sie nicht in die Schar der Heiligen aufnahm, so hat doch das Volk in seinem Glaube diese mildtätige Klosterfrau zur Verehrung erhoben, verehrt sie heute noch und ruft sie um ihre Fürbitte an. Allezeit hilft die große Selige gerne, wie sie einst Notleidenden geholfen hat.

Aus ihrem Leben können wir lernen, daß sich der leidgeprüfte Mensch am besten an Gott anschließen soll; denn dieser vermag ihm wahren inneren Trost zu geben. Zugleich sehen wir, daß echte Nächstenliebe schon bei den Menschen hochgeschätzt ist; wie sollte sie nicht erst recht Gott belohnen?

TAGESHEILIGE: Sabina M, † 126 – Adelphus B von Metz – Verona, Tochter Ludwigs II. des Deutschen, zu Mainz, † 840 – Ero A – Kandida JM – Hypatius BM – Andreas PrM – Nikäas, Paul M – Euthymius Bk – Mederich Pr – Sebbus Kö – Basilla Bk.

30. AUGUST *Rosa von Lima*

In den ersten Jahrzehnten des sechzehnten Jahrhunderts wurde Südamerika von den spanischen Konquistadoren erobert. Was Kolumbus, dem Entdecker Amerikas, ein edles Herzensbedürfnis war: die Menschen dieser „neuen Welt“ für Christus zu gewinnen, das war diesen macht- und goldgierigen Abenteurern ein Nichts. Dabei gingen sie mit solcher Grausamkeit und Ungerechtigkeit gegen die Eingeborenen vor, daß das Christentum bei diesen in schwersten Mißkredit kommen mußte. Es war daher kein Wunder, wenn die Lehre Christi nur sehr wenig Fortschritte machen konnte. Und doch brachte gerade Peru, das Land der Inkas, wenige Jahrzehnte später, eine herrliche Blume christlicher Mystik und völliger Hingabe an den Heiland hervor, Rosa von Lima.

Sie ist die Patronin Südamerikas. In der Hauptstadt von Peru wurde sie am 20. April 1586 geboren. In der Taufe erhielt sie den Namen Isabella. Einst sah ihre Mutter über ihrem Bett eine herrliche Rose schweben; sie nannte ihr Kind von da ab Rosa. Als das Mädchen das Leben der heiligen Katharina von Siena las, erwachte in ihr der Wunsch, diese Heilige nachzuahmen. Sie trat daher in den Dritten Orden des heiligen Dominikus ein.

Als Kind spielte sie einst mit ihrem Bruder, der sie zerzauste. Darüber war sie sehr erzürnt, da sie ein wunderschönes Haar besaß. Da fragte sie der Bruder, ob sie nicht wisse, daß schönes Haar leicht für eine Jungfrau Anlaß zur Sünde werden könne. Seit diesem Wort mied sie alle Eitelkeit und schnitt sich kurzerhand das Haar ab. Schon früh gelobte sie vollständige Jungfräulichkeit. Sie fastete sehr oft und erzog ihren Willen durch pünktlichen Gehorsam gegen ihre Eltern. Die Einsamkeit liebte sie sehr und tat viel Bußwerke, die sie aber auf Befehl ihres Beichtvaters wieder unterließ. In einer kleinen Zelle ihres Hauses, die sie mit Erlaubnis der Eltern bezog, lebte sie ganz dem Gebet, soweit ihr dazu Zeit blieb. Denn Rosa war keineswegs müßig, sondern arbeitete gerne und fleißig. Wenn sie aber betete, hatte sie öfters Erscheinungen des heiligen Schutzengels und der Mutter Gottes. Ja, Jesus selbst kam zu ihr und tröstete sie. Diese außerordentlichen Gnaden aber machten sie nicht selbstgefällig oder stolz. Im Gegenteil: sie wurde nur noch mehr zum Guten angespornt. Sie war häufig krank und mußte viele Schmerzen aushalten. Alles ertrug sie mit größter Geduld. Man hörte niemals irgendeine Klage aus ihrem Mund. Sie erhielt deshalb den Namen „Leidensbraut Christi“. Je näher die Stunde ihres Todes kam, desto größere Freude empfand sie. Mit einem Lächeln im Antlitz hauchte sie ihre Seele am 26. August 1617 aus. Bereits 1671 wurde sie heiliggesprochen.

Leben, Leiden und Gottesliebe dieses Mädchens sind in die geheimnisreiche Geschichte der geistlichen Mystik eingegangen. Was aber jeder von uns an Rosa von Lima zu verstehen und zu bewundern vermag, das ist die stille Entschiedenheit, mit der sie erkannte, was zuletzt allein wichtig ist, und mit der sie ihm zustrebte: dem Gottesreich.

TAGESHEILIGE: Felix PrM, Adauktus M, † 304 – Ameltrud J – Ingeberga (Ingeborg) Kö in Frankreich, † 550 – Ritza J in Koblenz, † 1000 – Sigilinde J, verehrt in Köln – Agil Pr in Bayern, † 650 – Gaudentia JM – Bononius A – Pammach Pr – Bonifaz, Thekla M – Faustin Bk – Fiakrius Mö – Petrus Bk – Amadeus Mö – Severa M.

31. AUGUST *Isabella*

Wie eine gute christliche, ja heiligmäßige Mutter auf ihre Kinder wirken kann, das zeigt besonders das Leben der heiligen Blanca, Königin von Frankreich. Nicht bloß ihr Sohn, König Ludwig IX., wurde ein Heiliger, auch eine ihrer Töchter, Isabella. Als sie im Jahre 1228 zur Welt kam, erlebte die ganze Kirche den reinigenden und heiligen Sturm, den Franz von Assisi entfacht hatte. Sein Armutsideal fand überall willige Aufnahme bei den Gutgesinnten. Franz war sehr weitschauend. Da viele von den Menschen, die gezwungen waren, in der Welt zu leben, nicht ins Kloster eintreten konnten, gründete er den sogenannten Dritten Orden. Die Menschen, die sich diesem Orden anschlossen, lebten gar oft inmitten von Glanz und Reichtum entsagungsvoll und arm um Christi willen. So wissen wir, wie sich König Ludwig IX. kasteite, wie er fastete, wie er selbst, hätte es seine Lebensaufgabe zugelassen, gerne das Kleid des heiligen Franziskus angezogen hätte. Ebenso ging es Isabella. Schon in jungen Jahren trat sie dem Dritten Orden bei. Alles, was in Paris Rang und Namen hatte und sich den Idealen des großen heiligen Franz erschloß, verkehrte im Hause Isabellas. Ihr ganzes Leben galt dem Wohltun und der geistlichen Selbsterziehung. Jeder glaubte, daß sie schließlich doch ins Kloster gehen würde. Dem war aber nicht so. Und das war gut. Denn in ihrer hohen Stellung, als königliche Prinzessin, konnte sie viel besser und mehr für die Frohe Botschaft wirken. Wie ihr Bruder die Franziskaner und Dominikaner nach Frankreich rief, so rief sie die Klarissinnen. Sie erbaut ihnen ein Kloster und sich selbst eine Wohnung danêben. Stets wachte sie, daß die Regel der heiligen Klara beachtet werde; sie selbst lebte genau nach dieser Regel.

Die letzten sieben Jahres des Lebens war sie schwerkrank und bettlägerig. Aber mit himmlischer Geduld ertrug sie ihr Leiden und starb gottergeben am 22. Februar 1270. Papst Leo X. hat Isabella im Jahre 1520 heiliggesprochen und ihren Festtag auf den 31. August festgesetzt.

Auch in königlichem Glanz und im Reichtum kann man heilig werden, wenn man die rechte Ordnung der Werte kennt und im eigenen Leben damit Ernst macht.

TAGESHEILIGE: Raymund Nonnatus, Kardinal, † 1240 – Paulin B von Trier, † 358 – Albertin Bk – Wala Mö, Gründer von Corvey, † 836 – Sumberga N – Aidan B von Lindisfarne, † 651 – Robustian, Markus, Theodot, Rufina, Ammia M – Cäsidius PrM – Aristid Bk – Oplat B – Amatus – Cuthburg – Aegil A.

1. SEPTEMBER *Gerold*

Schon vor dem Jahr 800 begannen aus dem Südostraum Europas asiatische Völker ins Germanenreich vorzudringen. Wenn auch die Gefahr noch nicht so groß war wie hundert Jahre später, so wurde doch schon die Grenze des damaligen bayerischen Herzogtums hie und da zum Kampfplatz. Hier herrschte und starb ein Mann, desen Name zwar nicht im offiziellen Verzeichnis der Heiligen steht, der jedoch seit jener Zeit vom Volk noch viele Jahrhunderte hoch verehrt wurde, der Statthalter Gerold. Jedenfalls war er ein Mann von ausgezeichnetem Charakter und großer Frömmigkeit. Er entstammte einer der ersten Familien Schwabens. Seine Schwester war Hildegard, die Mutter des Königs Ludwig. Die Chroniken berichten von ihm, daß er zur Zeit Karls des Großen zum Vogt über das einstige Herzogtum Bayern eingesetzt wurde. Die Angaben über sein Wirken verdanken wir dem Abt Walafrid von Reichenau, dessen Kloster der Selige reich beschenkte und wo er auch seine letzte Ruhestätte fand. Gerold scheint sich um das kirchliche Leben eifrig angenommen zu haben, wie er überhaupt sehr religiös gewesen ist. Auch zu Paderborn stand einst eine Kirche, die ihn als seligen Stifter verehrte. Walafrid schreibt über ihn: „Er war in unserem schwäbischen Vaterland seiner Frömmigkeit wegen sehr berühmt, von besten Sitten, wahrhaftig, sanftmütig und aller Ehrbarkeit beflissen."

Da er keine Kinder hatte, sorgte er dafür, daß sein Vermögen zu guten Zwecken, namentlich für Kirchen und Klöster, verwendet wurde. Über seine kinderlose Ehe tröstete er sich mit den Worten: „Gibt mir Gott auch keine Erben, so bleibt er selber mir übrig. Was er mir gegeben, das soll er wieder von mir erhalten." Seinen Heldentod fand er im Jahr 799. Die Ungarn waren ins Reich eingefallen. Voll Eifer für die Sache des Kaisers, stellte sich Gerold sofort mit einer ansehnlichen Heeresabteilung zur Verfügung und ritt gegen den Feind. In diesem Kampf wurde er von einem Pfeil getroffen und mit einer Lanze durchbohrt. Seine Leiche wurde in das Kloster Reichenau übergeführt und dort feierlich beigesetzt. Eine schlichte Grabplatte zeugt von seinem Ruhm. Die Legende berichtet, daß er wenige Jahre nach seinem Tod einem Mönch dort im Traum erschien und ihm sagte, daß er in die Schar der heiligen Martyrer aufgenommen sei.

TAGESHEILIGE: Ägid A – Augustus Bk – Verena J zu Solothurn, † 300 – Isabella J – Barbara, Prinz., N, † 1242 zu München – Ruth – Priskus – Ammon, Vinzenz, Lätus, Regulus M – Xystus, Terentian BM – Lupus B – Priskus, Kastrensis, Tammarus, Rosius Heraklius, Sekundin, Adjutor, Markus, Elpid, Kanion, Vindon Bk – Viktorius B – Nivara – Konstantius B.

2. SEPTEMBER

Stephan

Die Schlacht am Lechfeld im Jahre 955 hatte die Ungarngefahr für das Reich endgültig gebannt. Diese furchtbare Katastrophe aber sollte für das gesamte, insbesondere das religiöse Leben dieses begabten Volkes große, fruchtbare Folgen haben. Denn wenige Jahrzehnte später konnte das Christentum dort einen glänzenden Aufschwung nehmen und wirklich das Antlitz dieses Landes von Grund auf erneuern. Und mit diesem gewaltigen Geschehen ist für immer der Name des ersten ungarischen Königs Stephan verbunden. Noch heute wird Stephan als der Patron seines Landes verehrt, und trotz der bolschewistischen Diktatur hat kaum ein Land mehr heldenhafte Bekenner und Martyrer in unserer Zeit aufzuweisen als Ungarn. Was die Ahnen einst frohgemut übernahmen, verteidigen die Nachkommen mit zähem Eifer und glaubensstarker Treue.

Stephan wurde zu Gran im Jahre 979 als der Sohn des Ungarnfürsten Geisa geboren. Während seine Mutter in guter Hoffnung war, erschien ihr im Traum der heilige Stephanus und verkündete ihr, daß der Sohn, den sie gebären werde, das Christentum in Ungarn einführen werde. Darum nannte sie den Knaben Stephan. Als er im Alter von achtzehn Jahren den Thron bestieg, faßte der gottesfürchtige Jüngling den Entschluß, alles zu tun, um seinem Volk das Glück des christlichen Glaubens zu bringen. Damit ihm dies leichter gelinge, schloß er mit den umliegenden Staaten Friedensbündnisse. Als einige der ungarischen Großen es aber doch wagten, gegen seine Friedensabsichten zu opponieren und gegen ihn ins Feld zu ziehen, besiegte er sie mit der Hilfe Gottes. Die große und reiche Beute, die ihm dieser Krieg eintrug, verwendete er hauptsächlich zur Erbauung von christlichen Gotteshäusern. Sodann rief der König zahlreiche Priester aus den benachbarten Ländern in sein Reich. Die Zahl der Christen nahm, besonders dank dem herrlichen Beispiel, das der König selbst gab, so rasch zu, daß er bald zehn Bistümer errichten konnte, die er mit glaubenseifrigen Bischöfen besetzen ließ. Papst Silvester II. war hocherfreut über die Ausbreitung des Christentums in Ungarn, bestätigte alles, was Stephan bisher getan, und sandte ihm eine goldene Krone, mit der er feierlich zum König gekrönt wurde. Dies geschah im Jahre 1000. Hierauf vermählte er sich mit Gisela, der Schwester des deutschen Königs Heinrich II. – eine Gemahlin, die ihn in seinem Tugendstreben selbstlos unterstützte. Gegen die Armen zeigte Stephan stets große Liebe. Er gab oft seine eigenen Kleider hin, um ihnen zu helfen. Zu Maria zeigte er große Verehrung und erwählte sie zur Schutzherrin seines Landes. Gott prüfte ihn mit körperlichen und seelischen Leiden, die er alle mit stiller Geduld ertrug. Besonders schmerzhaft war es für ihn, daß ihm sein einziger Sohn, Emerich, in jugendlichem Alter entrissen wurde. Am 15. August des Jahres 1038 entschlief er. Seine rechte Hand ist heute noch unversehrt.

Wir müssen hoffen und beten, daß dieser große christliche König seinem Volke den inneren Frieden und der Kirche seines Landes die Freiheit erflehen möge.

TAGESHEILIGE: Maxima M – Nonnosus A zu Freising, † 570 – Wolfsindis (Wolflinde) JM zu Reisbach in Niederbayern, † 800 – Margareta von Löwen JM, † 1225 – Antonin, Julian, Diomed, Philipp, Eutychian, Hesychius, Leonides, Philadelph, Menalipp, Pantagap, Zeno, Konkordius, Theodor, Evod, Hermogen, Kallista M – Elpid A – Agrikolus B – Ingrid WN.

3. SEPTEMBER *Pius X.*

In der umstrittenen Weissagung des heiligen Malachias über die Päpste wird Pius X. „ignis ardens" genannt, das heißt „Brennendes Feuer": eine vortreffliche Kennzeichnung! Sein Herz brannte wirklich in aufopfernder Liebe zu Gott und der Menschheit. Er wußte, wie notwendig die Menschen des Himmelsbrotes bedürfen, um im harten Lebenskrampf aushalten zu können; er wußte aber auch um die glühende Liebe Jesu, der um der Menschen willen das heiligste Sakrament des Altares eingesetzt hat. Auf diesem Wissen und Empfinden gründen die beiden Kommuniondekrete (1905 über die oftmalige heilige Kommunion, 1910 über die Kinderfrühkommunion). Unendlichen Segen hat Pius damit gestiftet.

Aus diesem eucharistischen Geist ist auch das eigene Leben des heiligen Papstes zu einem Seelsorgerleben geformt: er wollte den Christen zu Hilfe kommen. Gerade seine Zeit war ja erfüllt von dem Streben des Materialismus, alles und alle Gott zu entziehen. Die Erfindungen der Neuzeit hatten die Menschen stolz gemacht. Sie glaubten, mit ihrem Verstand alles durchdringen und gestalten zu können — Gott war ihnen fremd geworden. Wir aber haben es in unseren Jahren erlebt, wieweit der Mensch ohne Gott kommt; das Ende ist immer ein Chaos. In weiser Voraussicht verwies Pius die Menschen seiner Epoche und die zukünftigen Generationen auf das Erbarmen Gottes und seine Gnade, als die einzige wirkliche Hilfe in einer außer Rand und Band geratenen Zeit. Zum Teil ist ihm dies auch gelungen. Denn eine neue Welle der Religiösität erhob die Herzen der Katholiken. Dazu tat Pius auch alles, um treue und eifrige Priester heranzubilden. Er hatte es ja selbst erlebt in den Jahren seiner Seelsorgetätigkeit, wie arm die Menschen ohne Gott sind. Und als er im Jahre 1903, gegen alles Erwarten, sein hohes Amt übernehmen mußte, da kam ein Seelsorger auf den Stuhl des heiligen Petrus.

Sein Lebensweg führte steil empor. Am 2. Juni 1835 wurde er zu Riese geboren und auf den Namen Josef getauft. Seine Eltern waren einfache Leute, arm an irdischen Gütern, reich an echtem Christentum. So war es nicht verwunderlich, daß Josef Sarto sich zum Priestertum hingezogen fühlte. 1858 erhielt er die Priesterweihe. Neun Jahre wirkte er vorbildlich als Kaplan, neun Jahre als Pfarrer. Dann ernannte ihn Papst Leo XIII. 1886 zum Bischof von Mantua. 1893 wurde er Patriarch von Venedig und Kardinal. Überall zeichnete er sich durch seinen Seelsorgseifer und durch persönliche Heiligkeit aus. Am 3. August 1903 wurde er zum Papst gewählt. Er nannte sich Pius: „der Fromme". Der neue Papst verdiente wirklich diesen Namen. Auch als Vater der katholischen Christenheit lebte er einfach und gottergeben. Liebe zu Jesus und Maria erfüllte all sein Tun in der Leitung der Kirche. Als er am 20. August 1914, kurz nach dem Ausbruch des ersten Weltkrieges starb, war das allgemeine Urteil: Er war ein Heiliger.

Auf seine Fürbitte hin geschahen schon mehrere wunderbare Krankenheilungen. Am 3. Juni 1951 wurde Pius unter dem Jubel einer unzähligen Menge seliggesprochen, im Marianischen Jahr 1954 erfolgte seine Heiligsprechung.

Uns mahnt dieser Heilige des zwanzigsten Jahrhunderts zur besonderen Verehrung des heiligsten Altarssakramentes und zum eifrigen Empfang der heiligen Kommunion.

TAGESHEILIGE: Phöbe Bk – Simeon Stylites Mö – Serapia (Seraphine) JM – Degenhard E zu Bischofsmais, † 1374 – Ida W – Hermann von Niederalteich A,

† 1275 – Archan, Haindrit, Gardan E zu Etting (Ingolstadt), † 550 – Aristaus B – Antonin, Sandalus, Euphemia, Dorothea, Thekla M – Aigulf AM – Erasma, Basilissa JM – Mansuet, Auxan B – Emerich Prinz Bk, † 1031 – Aristion BM – Remaklus B.

4. SEPTEMBER *Rosalia*

Ein ergreifendes Bild der Liebe zu Gott gab die heilige Rosalia. Sie stammte von vornehmen Eltern ab. Ihr Vater Sinibald war Herr von Quisquina und stand in Hofdiensten des Königs von Sizilien. Ihre Mutter, die beständig bei der Königin weilte, nahm auch ihre Tochter mit und ließ sie in dieser vornehmen Umgebung vortrefflich erziehen. So konnte man glauben, daß Rosalia einmal ihr Glück in einer guten Heirat machen würde. Allein Gott, der diese reine und heilige Seele sich selber auserwählt hatte, flößte Rosalia schon recht bald einen Ekel vor dem Hofleben ein und gab ihr die Begierde ins Herz, die Welt ganz zu verlassen. Sie entfernte sich von ihren Eltern und zog sich in eine schaurige, weit entfernt gelegene Höhle zurück. Diese lag auf einem Berg in der Nähe von Palermo, hatte zwei Eingänge und in der Mitte einen flachen Stein. Dieser diente der Heiligen als Lagerstätte. Das Tageslicht fiel nur durch eine schmale Spalte in die armselige Behausung. Rosalia hatte mit eigener Hand die Inschrift angebracht: „Ich, Rosalia, Tochter des Sinibald, Herrn von Quisquina, und der Rosa, habe in dieser Höhle zu wohnen beschlossen aus Liebe zu Jesus." Diese Höhle verließ die Heilige später und zog noch weiter in die bergige Wildnis. Wir können uns vorstellen, welche Kämpfe Rosalia wegen der ausgeschlagenen Annehmlichkeit des Hoflebens und des erwählten Bußlebens auszustehen hatte, was für heldenmütige Tugend sie übte, welch himmlischen Trost sie aber auch empfing.

Ihre Eltern ließen lange Zeit nach ihr suchen und wurden durch die Inschrift in der ersten Höhle mit neuer Hoffnung erfüllt, sie doch noch lebend zu finden. Allein die göttliche Vorsehung fügte es, daß sie in der anderen Höhle nicht mehr am Leben war. Ihr Todesjahr war 1160. Als man sie fand, lag sie wie eine Schlafende auf der Erde. Unter Papst Urban VIII. wurden ihre Reliquien neu erhoben und es ereignete sich damals im Jahre 1624 ein großes Wunder. In Sizilien war nämlich die Pest ausgebrochen und wütete schrecklich. Als man die Reliquien der Heiligen durch die Straßen führte, hörte die furchtbare Krankheit mit einem Schlage auf. Auch bis nach dem Norden drang die Kunde hiervon. Und so wurde Rosalia bald im deutschen Reich als Heilige angerufen. – Wenn ihr Leben auch mit mancherlei Legenden verziert wurde, so zeigt es im Kern doch den Geist der Entsagung um Christi willen, der Hingabe an den Herrn.

TAGESHEILIGE: Marzell B – Rosa von Viterbo J – Ida von Herzfeld W, † 825 – Hermione (Hermine) JM – Irmgard Gr von Süchteln, † 1082, E – Ehrentraud Ae zu Nonnberg, † 700 – Rufin, Silvan, Maximus, Marzell, Thamel, Theodor, Ozeanus, Aumian, Julian M – Marin Bk – Kandida J – Grata J – Vitalikus, Kastus, Magnus M.

5. SEPTEMBER *Bertin*

Immer wieder geschah und geschieht es, daß gerade Menschen von vornehmsten Stand, denen das Leben alle Tore zu Glück und Reichtum geöffnet hätte, alles verlassen haben, um Christus zu dienen. So auch der heilige Bertin, von dem die fromme Überlieferung viele wunderbare Dinge erzählt. Er wurde zu Konstanz am Bodensee im Jahre 597 als das Kind adeliger Eltern geboren. In seiner Jugendzeit tat er sich mit zwei vornehmen Freunden zusammen; alle drei eiferten in Gebet und Bußwerken. Der Abt von Sithion in Frankreich wurde auf die drei Jünglinge aufmerksam und machte ihnen den Vorschlag, sie sollten unter seiner Leitung einem heiligmäßigen Leben nachstreben. Gerne taten dies Bertin und seine Gefährten. Der Abt sandte den Ordensmann mit mehreren Genossen in die französischen Niederlande, wo Bertin ein Kloster erbaute und von wo aus er die Missionierung mit großen Erfolgen aufnahm. Er verstand es durch seine Sanftmut und Demut, auch die Großen und Reichen des Landes zu begeistern, so daß sie die Mönche mit allem, was nötig war, stets reichlich versahen. Bertin wurde später Abt zu Sithion; herzliche Freundschaft verband ihn mit dem dortigen Grafen Walbert. Sooft dieser fortreiten mußte, ging er zuerst zu Bertin und ließ sich von ihm segnen. Eines Tages ritt Walbert ohne Segen fort. Auf dem Weg stürzte er vom Pferd und blieb schwerverletzt liegen. Die Freunde des Grafen meldeten das Unglück schleunigst dem Abt und baten, er möge kommen, um den Grafen für das Sterben vorzubereiten. Bertin aber gab einem Mönch den Befehl, das Weinkrüglein, in dem sich sonst der Meßwein befand, mitzunehmen und den Grafen trinken zu lassen. Der Mönch tat, wie ihm befohlen, und der Graf wurde sofort wieder völlig gesund. Aus Dankbarkeit traten der Graf und sein Sohn dann später selber in das Kloster ein. Der Ruf der Heiligkeit des Abtes drang in die Weite und es kamen viele vornehme Jünglinge, um unter seiner Leitung sich Gott zu weihen. Bertin starb im Jahre 709, fast 112 Jahre alt.

Auch bei Bertin sehen wir wiederum, daß die völlige Hingabe an Gott und seinen Dienst inneren Frieden und tiefe Seelenfreude bringt.

TAGESHEILIGE: Laurentius Justiniani B, † 1455 – Romulus M – Gondulf B von Metz, † 822 – Ingenuin B von Seeben – Viktorin BM – Herkulan, Quinktius, Arkontius, Donat, Eudoxius, Zeno, Makarius, Urban, Theodor, Menedem M – Obdulia – Babea M.

6. SEPTEMBER

Magnus

Sankt Mang, wie der Allgäuer Volksmund seinen großen Patron nennt, steht vor uns als ein gewaltiger Wundertäter, der sich durch Gebet, geistliche Selbsterziehung und unerschrockenes Gottvertrauen auszeichnete. Viel Wunderbares berichtet die Legende. Er war ein Rätoromane. Der innere Drang, das Reich Gottes auszubreiten, ließ ihn Heimat und Wohlergehen verlassen. Er wanderte zuerst nach St. Gallen und bat um Aufnahme. Freundlich wurde ihm diese gewährt und er unterzog sich mit allem Eifer den oft harten Prüfungen, die man ihm auferlegte, um zu erkennen, ob er auch wirklich für den Ordensstand geeignet wäre. Die Legende erzählt, daß einst ein Priester namens Tozzo (Tosso) aus der Gegend des oberen Lechs in das Kloster kam. Dieser erzählte wohl im Auftrag des Augsburger Bischofs Wicterp, daß es in den unwirtlichen Gegenden des Oberlandes noch viele Menschen gäbe, die nichts von Christus und seiner Lehre wüßten. Ergriffen lauschten die Mönche diesen Worten. Zwei von ihnen erklärten sich sofort bereit, dorthin als Missionäre zu gehen, Magnus und sein Freund Theodor. Geleitet von Tozzo machten sie sich auf den Weg und wanderten zum Bodensee. In Bregenz soll Magnus einen Blinden geheilt haben. Dieser schloß sich den Männern an. Endlich gelangten sie an die Iller nach Cambodunum (Kempten). Diese ehemalige römische Siedlung lag seit der Völkerwanderung in Trümmern. Es soll sich auch niemand mehr dorthin gewagt haben, weil sich gefährliche Tiere eingenistet hatten. Magnus soll diese durch sein Gebet und seinen Segen verjagt haben. Auch auf dem weiteren Zug ins Allgäu soll er manche Wundertaten vollbracht haben. Man erzählt auch von einem Drachen, den er tötete. (Dieser Ereignisse wegen wird St. Mang gegen Mäuse, wilde Tiere und Schlangen angerufen und mit einem Drachen abgebildet.) Später predigte und lehrte er in Füssen, wo das berühmte Kloster Sankt Mang entstand. So wurde Magnus der große Apostel des Allgäus, der den christlichen Glauben dort festigte. Im Jahre 772 entschlief er. – Mehr als tausend Jahre sind seit dem Leben und Wirken des Heiligen vergangen. Aber im dankbaren christlichen Volk ist sein Andenken lebendig geblieben. Allenthalben stehen, besonders im Allgäu, Kirchen und Kapellen, die ihm geweiht sind – ein Beweis dafür, daß Magnus einst sehr segensreich für die Ausbreitung des Christentums gewirkt hat. Unermüdlich wie er sollen auch wir im Glauben leben und den Mitmenschen helfen.

Das Gottvertrauen, das uns die Lebensbeschreibung des heiligen Magnus lehrt, ist eine für jeden Christen höchst notwendige aber auch nützliche Tugend. Denn, wenn wir wissen, daß Gottes Hand uns hält, gehen wir leichter durch das Leben.

TAGESHEILIGE: Petronius B – Eleutherius A – Lätus BM – Eugen M – Beata M, † 274 – Onesiphor, Donatian, Prasidius, Mansuet, German M – Fuskul BM – Faustus, Makarius, Kottidus M – Dagobert.

7. SEPTEMBER *Margarita*

Dem bayerischen Herzogshaus entstammen viele Männer und Frauen, die sich durch Adel der Gesinnung und Frömmigkeit auszeichneten. Manche von ihnen folgten dem Drang des Herzens, legten Würde und Amt nieder, verzichteten auf Reichtum und Wohlleben und gaben sich im Ordensstand ganz Gott hin. Solch ein großes Beispiel gab die Prinzessin Margarita, Tochter des Bayernherzogs Georg des Reichen. Sie wurde sorgfältig erzogen und sollte einmal eine vornehme Heirat machen. Allein schon sehr bald empfand sie Überdruß an den Lustbarkeiten der Welt und trat am 7. September 1494 in das Dominikanerinnenkloster Altenhohenau bei Wasserburg am Inn als einfache Klosterfrau ein. Es wird von ihrem Leben dort berichtet, daß sie ungeachtet ihrer hohen Abkunft die gewöhnlichsten Arbeiten mit Vorliebe verrichtete: sie wußte eben, daß im Dienst Gottes keine Arbeit gering ist, wenn sie in der Liebe getan wird. So gab sie das Beispiel tiefer Demut und Geduld und leuchtete ihren Mitschwestern durch Frömmigkeit und Gottesliebe voran. Sie wurde wie eine liebe Mutter von allen verehrt. Als nach dem Tod ihres Vaters ein verheerender Krieg zwischen den Erben ausbrach, da sah sie das Kloster gefährdet und begab sich mit ihren Mitschwestern in das feste Neuburg an der Donau. Dort wurde sie im Jahre 1519 zur Priorin gewählt. Ihre Wohltätigkeit war so groß, daß sie lieber selber hungerte und Mangel litt, um den Armen etwas geben zu können. Zwölf Jahre lang stand Margarita dem Kloster vor. Dann legte sie freiwillig ihr schweres Amt nieder, um den Rest ihres Lebens ganz in Zurückgezogenheit und Gebet verbringen zu können. Nach einem Leben voll Gottergebenheit starb die Selige am 6. Januar 1530 und wurde in Neuburg an der Donau, nicht weit vom Grabe des heiligen Hilarius, beigesetzt.

Die Reformation, während der die Stadt Neuburg sich zeitweilig fast ganz dem evangelischen Glauben zuwandte, ließ diese heiligmäßige Klosterfrau ziemlich in Vergessenheit geraten. Aber ihr Andenken blieb in den alten Klosterchroniken erhalten. Daß Margarita trozt hoher Abstammung den Beruf einer einfachen Klosterfrau wählte und ihn in Vollkommenheit ausübte: demütig, geduldig, ausdauernd, stark in der Nächstenliebe – das ist es, was sie uns Christen bewunderungswürdig macht.

Das Beispiel dieser Heiligen ist, wenn auch der modernen Zeit angemessen, immer nachahmenswert.

TAGESHEILIGE: Regina JM – Melchior Grodecz M in Schlesien, † 1619 – Malberta (Madelberta) Ae von Maubeuge, † 705 – Dietrich B von Metz, † 984 – Mercherdach E zu Obermünster (Regensburg), † 1075 – Tilbert B – Johann, Eupsychius, Sozon, Anastasius, Nemorius M – Evortius, Augustalis, Pamphilus – Klodoald Pr – Gratus B.

8. SEPTEMBER Korbinian

Vierzig Jahre nach dem Tode Korbinians schrieb sein Nachfolger, Bischof Arbeo, seine Lebensgeschichte nieder. So sind uns die historischen Daten dieses großen Glaubensboten zuverlässig überliefert. Freilich hat Arbeo, dem Brauch der Zeit entsprechend, das Leben des Heiligen mit manchen Legenden und Wundern ausgeschmückt. Doch der Kern des Berichtes zeigt uns Korbinian als aufrechten Bischof, durchglüht vom Feuer des Glaubens und erfüllt mit dem Heiligen Geist. Korbinian war der Gründer der Erzdiözese München-Freising. Um das Jahr 670 wurde er in der Nähe von Paris geboren. Schon in frühester Jugend entwickelte er treffliche Gaben des Verstandes und Gemütes; sein frommer Sinn zeigte große Neigung zu den Übungen eines stillen und gottseligen Lebens. Er erbaute sich unfern seines Geburtsortes eine Zelle und lebte dort wie ein Einsiedler. Bald meldeten sich viele Schüler, die unter seiner Leitung sich dem geistlichen Stand weihten. Sein weises und frommes Leben wurde rings im Lande bekannt. Korbinian aber wollte von dieser Verehrung nichts wissen und wanderte nach Rom, um dort abermals die Stille zu suchen. Allein der Papst erfüllte seinen Wunsch nicht, sondern weihte ihn zum Bischof und sandte ihm wieder in seine Heimat. Er kehrte zurück, doch der Lärm der Welt und die Händel der Zeit bedrängten den frommen Mann sehr – so zog er aber-

mals nach Rom, um dem Papst sein Amt zurückzugeben. Auf dieser Reise wurde — nach der Legende — sein Saumpferd von einem Bären zerrissen; Korbinian befahl dem Bären im Namen Gottes, nun sein Gepäck zu tragen, was dieser auch tat.

Der Papst willfuhr auch diesmal nicht seinem Willen, sondern sandte ihn in das Bayernland. Dort mußte er vor allem dem Herzog Vorwürfe machen wegen seines ehebrecherischen Verhältnisses zu der Witwe des Bruders. Freimütig tat dies Korbinian. Da der Herzog nicht hören wollte, verließ der Heilige das Land und reiste nach Mais in Südtirol. Den Herzog traf die Strafe Gottes; er starb plötzlich. Nun kehrte Korbinian zurück und errichtete zu Freising seinen Bischofssitz. Fast zwölf Jahre lang verwaltete er mit allem Eifer sein hohes Amt, allen ein Vorbild jeglicher Tugend. Der christliche Glaube nahm einen gewaltigen Aufschwung. Im Jahre 730 entschlief der unermüdliche Heilige. Sein Leichnam ruht in Freising. (Sein Fest wird am 9. September gefeiert.)

Überall und ausschließlich Gottes Willen tun: das macht den Heiligen aus.

TAGESHEILIGE: Hadrian (Adrian) M, † 303 – Zeno, Nestor M – Ammon, Theophil, Neoterius, Timotheus, Faustus, Eusebius, Nestab M – Disibod A – Bertwin – Didymus EM.

9. SEPTEMBER *Alfred Delp*

Nicht bloß vergangene Zeiten haben der Kirche Märtyrer geschenkt, die wir heute noch ob ihres Mutes und ihrer Standhaftigkeit bewundern. Gerade unser zwanzigstes Jahrhundert mit seinen mörderischen Kriegen und den gewaltigen politischen Umwälzungen hat Männer und Frauen auf den Plan gerufen, die für ihren Christenglauben — für die gottgegebene Freiheit des Menschen — in den Tod gingen und dadurch bewiesen, daß unser Glaube in jeder Epoche und in jeder Umwelt lebendig zu sein und den Menschen auf den rechten Weg zu führen vermag. Zu diesen im höchsten Sinn Großen der Gegenwart gehört der Jesuitenpater Alfred Delp, der in der Zeit des nationalsozialistischen Gewaltregimes das Opfer seines Lebens darbringen mußte. Wenn er auch noch nicht in das Verzeichnis der Seligen und Heiligen der Kirche aufgenommen ist, so soll sein Beispiel doch jedem echten Christen Ansporn und Ermunterung sein.

Alfred Delp wurde am 15. September 1907 in Mannheim geboren, verlebte eine durchaus normale Jugendzeit und trat nach seinem Abitur in die Societas

Jesu ein. Von diesem Augenblick an war sein Leben bestimmt durch die tiefe christliche Unruhe über die Gottesferne des modernen Menschen. Diese Unruhe machte ihn wachsam und argwöhnisch gegenüber dem politischen Verbrechertum seiner Zeit; sie ist zu spüren in seinen theologischen Schriften, sie bewegte und bestimmte ihn dazu, eine Begegnung von Sozialismus und Christentum, von Revolution der materiellen Umwelt und geistiger Evolution im Glauben zu suchen und zu lehren. Weil er seinen Glauben und seine Gedanken nicht nur sprach und schrieb, sondern auch durch sein Leben bewies und in seinem Leben verwirklichte, kam er, nachdem er das Verbrechen erkannt und die Notwendigkeit es zu beseitigen gespürt hatte, zur Kreisauer Widerstandsgruppe. Zusammen mit anderen Männern dieser Gruppe wurde er im Juli 1944 verhaftet. Trotz Mißhandlungen, trotz der Atmosphäre des Hasses und der Gemeinheit, die ihn umgab, glaubte er nicht, daß man ihn verurteilen könnte, denn er fühlte sich ja unschuldig. Als sich der Prozeß immer länger hinzog, als der Ausgang so gut wie sicher war, als ihn Selbstvorwürfe wegen der Dinge, die er zu tun versäumt hatte, plagten, als er den Tod vor Augen sah, sagte er zu einem protestantischen Pfarrer, der gleich ihm im Zuchthaus saß und der ihm geholfen hatte, Wein und Hostien ins Gefängnis zu schmuggeln, daß in diesen Mauern das Kreuzesopfer gefeiert werden müsse, und daß derjenige, der überlebe, dieses Gemeinsame der Welt verkünden möge. Am 2. Februar 1945 wurde ihm das Todesurteil verkündet; am Abend des gleichen Tages wurde er hingerichtet, nachdem er zum letztenmal die Messe zelebriert und in einem Brief an seine Mitbrüder die Welt, seine Schuldner und seine Gläubigen gesegnet hatte. So ist Pater Alfred Delp einer der Männer, die in unserer Zeit das Christentum gelebt und in der Nachfolge Christi wirklich ihr Kreuz auf sich genommen haben.

TAGESHEILIGE: Otmar (Audomar) B von Auxerre, † 670 – Gorgonius M, † 303 – Sergius P, † 701 – Petrus Claver Bk – Franz H – Wilfrida Ae – Engelram Mö zu Gorze (Lothringen) – Otgar Pr, Missionar bei den Friesen, † 713 – Korbinian B von Freising, † 725 – Dorotheus, Hyazinth, Alexander, Tiburtius, Severian, Straton, Rufin, Rufinian M – Queran A – Seraphina Ae – Osmana J.

10. SEPTEMBER Diethard

Im deutsch-belgischen Grenzgebiet wird seit alters ein Bischof als Heiliger verehrt, der zur Zeit der Frankenkönige dort segensreich wirkte. Es ist dies Diethard (Theodard). Er wurde im Frankenreiche als Kind vornehmer und angesehener Eltern geboren. Kaum war der Knabe erwachsen, da keimte in seinem Herzen der Wunsch, sich Gott zu weihen. So ging er denn mit der Erlaubnis seiner Eltern in das Kloster Stablo; dort wurde der heilige Remaklus sein Lehrer. Doch nicht allein im Glauben und in Bußwerken wurde er erzogen und unterrichtet, als ein kluger und wacher Jüngling nahm er das ganze Wissen seiner Zeit in sich auf und übertraf bald seine Mitstudenten an Weisheit und Einsicht. Als Abt Remaklus Bischof von Utrecht geworden war, übertrug er dem Mönch Diethard die Abtwürde nicht bloß über Stablo, sondern auch über das Kloster Malmedy. Mit heiligem Eifer nahm der Heilige das verantwortungsvolle Amt auf sich und wurde seinen Mitbrüdern ein guter Hirte und Vater. Doch nicht allzulange sollte die Wirksamkeit dauern. Er wurde im Auftrag des Königs zum Bischof von Maastricht bestimmt. Demütig wollte Diethard dieses Amt von sich weisen, doch es wurde ihm nicht gestattet. Seine besondere Aufmerksamkeit als Bischof galt der Erziehung guter Priester, da er wohl den Wert erkannte, den ein rechter Seelsorger für die „Kinder der Welt" hat. Es kamen über den Heiligen aber auch schwere Tage. Die Großen des Landes hatten sich über die Güter der Kirche hergemacht, die ausgedehnten Ländereien eingezogen und die Einkünfte geschmälert. Diethard versuchte sie mit Güte zur Wiedergutmachung zu bewegen. Doch sie verlachten ihn nur. Schließlich blieb dem Bischof nichts anderes übrig, als sich an den König zu wenden, der ihm wohlgewogen war. Da dieser sich im Kriege befand, glaubte Diethard, es wäre am besten, persönlich zu ihm zu reisen. Dies erfuhren seine Widersacher, und da sie fürchteten, daß der König dem Bischof zu seinem Recht verhelfen werde, dingten sie einige Männer, die den Heiligen im Wald in der Nähe von Speyer überfielen und ihn (im Jahre 671) auf das grausamste ermordeten. Fromme Leute, die von der Untat erfahren hatten, brachten den Leichnam nach Lüttich, wo er feierlich beigesetzt wurde.

Diethard bezahlte seine Sorge für das Recht der Kirche mit dem Leben. Er zeigte damit, daß es zwischen Recht und Unrecht keinen Kompromiß geben kann und darf. In allen Lebensfragen muß stets das Wort gelten: „Man muß Gott mehr gehorchen als den Menschen."

TAGESHEILIGE: Nikolaus von Tolentino Bk, † 1306 – Otger (Ottokar) Mö – Richard Mö und M in Lüttich, † 1622 – Hilarius P – Pulcheria JK – Dagobert Kö, † 678 – Nemesian, Felix, Luzius, Litteus, Polyan, Viktor, Jaderes, Dativus, Sosthenes, Apellius, Lukas, Klemens M – Menodora, Metrodora, Nymphodora JM – Petrus, Salvius, Agapius B.

11. SEPTEMBER *Johann Gabriel Perboyre*

Der Selige gehört zu den Martyrern der neueren Zeit, die durch ihr Blut und Leben den Samen des Christentums in das ferne China einpflanzten. Er war in Frankreich im Jahre 1802 geboren. Da er sehr begabt war, durfte er studieren und kam in das Seminar nach Montauban. Mit seinem Bruder eiferte er im Lernen und Beten. Schließlich keimte in ihm der Wunsch, Missionar zu werden, und er ging in das Lazaristenseminar zu Montdidier, um sich auf die ersehnte Lebensarbeit vorzubereiten. Als er zum Priester geweiht worden war, wollten ihn seine Obern nicht in die Mission lassen, da Pater Johann Gabriel einer der talentvollsten Patres war und als Professor, Novizenmeister und Seminaroberer trefflich wirkte. Endlich aber gaben sie seinem Drängen nach und er konnte im Jahre 1835 das Schiff besteigen, das ihn in das ferne China tragen sollte. Auf der Fahrt bereitete er sich sehr gut vor, erwarb sich große Sprachkenntnisse und suchte die chinesischen Sitten und Gebräuche zu studieren. Es war damals von der chinesischen Regierung für Europäer strengstens verboten, in China einzudringen. Todesstrafe stand darauf. Darum mußte der Selige die äußerste Vorsicht anwenden, um überhaupt über die Grenzen zu kommen. Zu Honan und Hupe arbeitete er mit heiligem Eifer für die Sache Christi und konnte ihr manches Herz erschließen. Schon freute er sich darüber und dankte Gott innig dafür, als der Sturm über die Mission hereinbrach. Dies geschah am 15. September 1839. Ein treuloser Christ hatte den Priester um Judaslohn an die Behörde verraten. Er wurde gefangengesetzt und einem langen und entsetzlichen Martyrium übergeben. Es gleicht den Qualen, die einst Nero den Christen zudachte. Er wurde geschlagen, daß ihm das Kinn zertrümmert war; man hing ihn an den Daumen und Haaren auf und peitschte ihn schrecklich; man brannte ihm Zeichen auf die Stirne; monatelang schleifte man ihn von Stadt zu Stadt und wiederholte überall die furchtbaren Qualen. Endlich, am 11. September 1840, wurde er an einem Balken in Kreuzesform angebunden und langsam erdrosselt.

Wer denkt angesichts dieses Martertodes nicht an die Ereignisse im modernen China? War es damals vor mehr als hundert Jahren hauptsächlich der Haß gegen alle Ausländer, so ist es heute der Haß gegen Gott und die Kirche überhaupt. Aber wie damals das Christentum dennoch Wurzel schlug, so kann man heute hoffen und muß beten, daß auch der neue Sturm sich zum Besten der leidenden Kirche in China wenden möge.

TAGESHEILIGE: Protus, Hyazinth M, † 250 – Felix, Regula, Exuperantius M in Zürich, † 303 – Marbold HE zu Bregenz, † 1120 – Vinziana J, Missionshelferin in Limburg (Belgien), † 650 – Hilta (Hilga) E zu Schwarzenberg (Bregenzerwald), † 1115 – Diodor, Diomed, Didimus M – Vinzentius AM – Patiens, Ämilian B – Theodora.

12. SEPTEMBER

Maria, die Gottesmutter

Am 12. September gedenkt die Kirche jenes Namens, der uns Menschen nach dem Namen Jesus der heiligste ist, und dessen Trägerin die größte aller Würden innehat. Wenn auch zahlreiche Feste zur Ehre Mariens gefeiert werden, der heutige Tag hat doch einen besonderen Rang. Und darum soll ihr Lob und ihr Ruhm in die Herzen dringen und dort froh und festlich klingen. Durch einen wunderbaren Akt vorauswirkender Gnade war Maria schon vor dem Erlösungstod des Heilandes von aller Schuld frei und makellos. Keinen Augenblick sollte sie unter der Herrschaft des Satans stehen – sie wurde ohne Erbsünde empfangen. Als Tempeljungfrau diente sie dem Herrn in Treue, und der Erzengel Gabriel konnte mit vollem Recht zu ihr sagen: „Gegrüßest seist du, voll der Gnade!" Mit heiliger Freude nahm Maria die Botschaft entgegen und sprach das Wort, das die Erlösung der Menschheit einleitete: „Siehe, ich bin eine Magd des Herrn, mir geschehe nach deinem Worte." In ihrem sündelosen Schoß vollzog sich das wunderbare Geheimnis der Menschwerdung des Sohnes Gottes, und sie gab zu Bethlehem Jesus Christus, unserem Herrn und Gott, das menschliche Leben. Daher nennen wir sie mit Recht „Mutter Gottes". Ihr war der Gottessohn während seiner Kindheit anvertraut; sie lebte für ihn und ging schließlich mit ihm den bitteren Kreuzweg. Sie erlebte den Triumph der Auferstehung, die Herrlichkeit der Himmelfahrt, die Herabkunft des Heiligen Geistes – und sie blieb die verehrungswürdige Mutter, an die sich die Apostel oft vertrauensvoll wandten. Als Maria die Augen zum ewigen Schlummer schloß, da nahm sie Gott mit Leib und Seele in seinen Himmel auf. Die Verehrung Mariens geht bis in die apostolische Zeit zurück, und auf dem Konzil von Ephesus im Jahre 431 wurde Maria feierlich der Titel „Gottesgebärerin" beigelegt. Die Feier des Namensfestes aber begann im Jahre 1513. Nach der Niederlage der Türken vor Wien am 12. September 1683 wurde dieses Fest für die ganze Kirche eingeführt.

Herrliche Worte findet der heilige Bernhard in seiner Homilie zum heutigen Fest: „Wenn die Stürme der Versuchungen dich bedrängen, wenn geistige Verwirrung dich bedrückt, rufe Maria! Wenn dein Gemüt von Rachsucht, von Habgier, von unerlaubtem sinnlichem Begehren erschüttert wird, schaue auf Maria! Wenn dich die Unzahl deiner Fehler erschreckt, wenn du durch das Bewußtsein deiner Armseligkeit bedrängt wirst, wenn du aus Angst vor dem Gericht bebst, denke an Maria!"

TAGESHEILIGE: Juventius BM – Silvin B – Guido von Anderlecht Bk, Patron der Mesner, † 1012 – Quenburg J – Autonomus, Kuronotus BM – Hieronides, Leontius, Serapion, Selesius, Valerian, Straton, Mazedonius, Theodul, Tatian M – Sacerdos B – Mariophil – Syrus E – Marbod B.

Notburga

Bei Jenbach in Tirol kann man noch heute jenseits des Inn die Trümmer einer ehemaligen Burg sehen. Und eine kleine Kapelle bezeichnet dort den Ort, an dem vor mehr als 600 Jahren eine arme, heiligmäßige Dienstmagd gebetet und gewirkt hat: Notburga: – Im Jahre 1266 wurde sie braven, einfachen Eltern zu Rattenberg geboren. Als sie achtzehn Jahre alt war, kam sie als Dienstmagd auf die Rottenburg, wo sie treu und ehrlich ihre Pflichten erfüllte. Es wird ihr schon aus dieser Zeit nachgerühmt, daß sie sehr viel Gutes tat und namentlich gerne die Armen speiste. Solange der Ritter Heinrich und seine Gattin Jutta lebten, konnte die Heilige diese Liebestätigkeit ungestört ausüben. Das wurde anders, als eine neue Herrin, Ottilie, auf dem Schlosse einzog. Diese war sehr geizig und konnte es nicht sehen, daß Notburga den Armen Essen und manches Kleidungsstück gab. Notburga verließ daher den Dienst und zog in das kleine Dörflein Eben, das vierhundert Meter hoch über Jenbach nahe beim Achensee liegt, verdingte sich einem Bauern und tat nun recht und schlicht die Feldarbeit. Noch heute zeigt man in Eben das alte stattliche Bauernhaus und das Zimmer, das Notburga einst bewohnte. Dort ereignete sich nun jenes Wunder, dessen tiefer Sinn uns heute noch rührt. Sie hatte es sich ausbedungen, daß sie nach dem abendlichen Feiertagsläuten stets die Arbeit beenden und sich in die nahe Rupertskapelle begeben durfte. Eines Tages aber wollte dies der Bauer nicht, da noch viel Getreide zu mähen war. Notburga flehte ihn an, ihr doch ihr Recht zu lassen. Als der Bauer aber auf seinem Willen bestand, da schaute Notburga zum Himmel und warf die Sichel in die Luft, die über ihr hängen blieb. (Daher wird sie mit einer Sichel in der Hand dargestellt.) Als die Gräfin Ottilie von Rottenburg zum Sterben kam, ließ man Notburga rufen, und sie half ihr mit viel Liebe und Geduld zu einem guten Tod. Sie blieb noch neunzehn Jahre auf dem Schloß, in welchem sie im Jahre 1313 selig im Herrn verstarb. Man legte die Leiche auf einen mit Kühen bespannten Wagen und ließ die Tiere laufen, wohin sie wollten. Sie gingen, so berichtet die Legende, trockenen Fußes durch den Inn und führten die kostbare Last bis nach Eben hinauf und in die Sankt-Ruperts-Kapelle. Dort steht sie, prachtvoll gekleidet, auf dem Hochaltar.

Notburgas Mahnung an uns: Alle Stände, alle Arbeiten – in der Liebe getan – sind vor Gott ebenbürtig.

TAGESHEILIGE: Amatus A – Aurelius M, Patron von Hirsau a. d. Nagold (Württemberg) – Flerich Pr – Philipp, Makrob, Julian, Ligorius M – Eulogius, Maurilius, Amatus B – Venerius E – Luitberta – Mauritius B.

14. SEPTEMBER *Amatus*

Das Frankenreich hat als erstes in Germanien das Christentum angenommen und darum mit allem Eifer versucht, die Lehre Christi weiter zu verbreiten. So geschah es, daß schon im fünften Jahrhundert manch begnadeter Mann aus jenem Land sich als Missionar, als Zeuge hervortat und später von der Kirche zur Ehre der Altäre erhoben wurde. Freilich, die langen Jahrhunderte, die inzwischen vergangen sind, haben manches der Lebensbeschreibung dieser Heiligen hinzugefügt, das uns heute als fromme Legende erscheinen mag. So ist dies auch mit dem Leben des heiligen Amatus, der als Einsiedler und Abt in jener Zeit lebte.

Der Vater des Heiligen – ein Nachkomme der Römer –, der im Frankenland im sechsten Jahrhundert lebte, hieß Theodor, ein edler Mann von großer Frömmigkeit. Als ihm seine Frau sagte, daß er Vater werden würde, weihte er dies Kind schon im Mutterschoß dem Herrgott. Denn er hatte erkannt, daß Weltlust und Ruhm eitel sind, und wollte für sein Kind den besseren Teil erwählen. Als ihm nun ein Sohn geboren wurde, dem er den Namen Amatus gab, wurde dieser, kaum daß er den Kinderschuhen entwachsen war, zur Erziehung einem Kloster anvertraut. Die Mönche gaben sich alle Mühe, um den Kleinen nicht bloß im religiösen Leben fortzubilden, sondern ihm auch alles Wissen seiner Zeit zu erschließen. So wurde Amatus zu einem Jüngling voll Geist herangebildet. Die Liebe zu Gott aber hatte so starke Wurzeln in seiner Seele gefaßt, daß er den Entschluß kundgab, sich ganz von der Welt zurückzuziehen und ein Einsiedler zu werden. Der Abt willigte ein und ließ ihm eine kleine Zelle bauen. Jeden dritten Tag kam ein Bruder und brachte ihm ein Gerstenbrot. Da die Gegend, wo sich Amatus aufhielt, ohne Wasser war, mußten ihm seine Mitbrüder das nötige Wasser zutragen. Das schmerzte ihn; er wollte nicht, daß er bedient werde. Er bat daher den Abt um das Gebet in seinem Anliegen. Nach einigen Tagen, an denen er eifrig gefastet, gewacht und gebetet hatte, nahm er einen Stab und schlug an einen nahen Felsen, aus dem sogleich eine klare Quelle hervordrang. Nun brauchte er keine Hilfe von seinen Mitbrüdern mehr, sondern konnte neben seiner Zelle Getreide und Gemüse anbauen. In seiner Einsiedelei hatte er oft und viel unter den Angriffen des Teufels zu leiden. Es wird erzählt, daß der Satan einst einen großen Fels gegen seine Hütte herabrollen wollte. Der Heilige kniete nieder und betete. Da blieb der Fels hängen. Der Abt Eustasius von Luxeuil suchte ihn eines Tages auf und meinte, er solle aus seiner Einsamkeit zurückkehren und für seine Mitbrüder sorgen. Amatus ließ sich überreden und übte mit aller Sorgfalt das Amt eines Abtes aus. Er starb am 2. September 617.

Was uns dieses einfache und gradlinige Leben lehrt, das ist die Macht des Gebetes..Gebet ist Sprechen mit Gott, ist Atmen der Seele. Wer aber in steter Anbetung vor dem Angesicht Gottes lebt, dem ist vieles möglich, was der nichtbetende Mensch für unmöglich hält. „Wenn ihr in mir bleibt und meine Worte in euch bleiben, so mögt ihr bitten, um was ihr wollt, es wird euch zuteil werden" (Joh. 15, 7).

TAGESHEILIGE: Maternus B von Trier, † 315 – Kreszentian, Viktor, Rosula M – Kreszentius, Generalis M.

15. SEPTEMBER Eckhard

Das Frankenland erlebte im siebten Jahrhundert einen mächtigen Aufschwung der christlichen Lehre. Das dort noch verhältnismäßig junge Christentum zeitigte Früchte großer Heiligkeit. Besonders blühten die Klöster auf unter der weltumspannenden Regel des heiligen Benedikt. Einer dieser großen Mönche, von dem Geschichte und Legende erzählt, ist der Abt Eckhard (Aichard). Seine Eltern waren fromme Leute in Poitiers. Sein Vater Ansgar war in Kriegsdiensten beim fränkischen König und hätte es sehr gerne gesehen, wenn sein Sohn auch Soldat geworden wäre. Eckhard aber empfand schon als Knabe Abscheu davor, da er sah, wie roh die Soldaten oft waren und welche große Gefahren dieses unstete Leben mit sich brachte. Daher durfte er die Schule besuchen und machte gute Fortschritte. Kaum war er zehn Jahre alt, da zeigte er schon seinen empfänglichen Sinn für das Gute. Er bat seinen Vater, da dieser sehr mit irdischen Gütern gesegnet war, er solle auch dem Himmel etwas davon geben. Der Vater, durch dieses Wort des Kindes ergriffen, stiftete ein Kloster. Als Eckhard zwölf Jahre alt war, verlangte er sehnlichst das Ordensgewand. Die Eltern meinten, es sei noch zu früh und er würde wohl die Strenge des Ordenslebens nicht aushalten können, da seine Gesundheit zu wünschen übrig ließ. Eckhard aber ließ nicht nach mit seinen Bitten und erhielt vom Abt die Erlaubnis, probeweise in das Kloster Jouin einzutreten. Dort zeigte er sich wirklich den strengen Forderungen durchaus gewachsen. Er bete, wachte, studierte – kurz: er lebte getreulich nach der Regel, so daß seinem wirklichen Eintritt als Mönch nichts mehr im Wege stand. Ja er übertraf selbst die ältesten seiner Mitbrüder bald durch sein Streben nach Vollkommenheit. Gott liebte er über alles und suchte nur dessen Ehre. Wie die Legende berichtet, verherrlichte ihn Gott schon bald durch Wunderkraft, indem er ihm die Macht gab, Kranke zu heilen. Schließlich wurde er noch in jugendlichem Alter Abt des Klosters. Sein Eifer verdoppelte sich. Ganze Nächte lang wachte und betete er. Sein Kloster entfaltete sich unter ihm zu großer Blüte und hatte zeitweise 900 Mönche. Ob wohl alle unter seiner Leitung den Himmel erreichen würden, fragte sich der demütige Abt gar oft. Aber Gott zeigte ihm zum Trost eine große Schar der Seinigen als Heilige. Als es mit ihm zum Sterben kam, ließ er sich auf Asche legen und verschied betend im Jahre 695.

Auch der moderne Mensch kann — ist seine Seele nicht taub und sein Verstand hell geworden — sich versenken in ein solches Leben der Abtötung und Buße. Denn der Christ weiß ja, daß alle Herrlichkeit der Welt, aller irdischer Ruhm, alle Lust des Lebens vergänglich sind, und daß nur die geistigen Werke bleiben.

TAGESHEILIGE: Nikomedes, PrM – Notburga von Franken Kö – Katharina von Genua W – Luithard Gr von Cleve, † 890 – Oranda (Oranna) J in Lothringen – Roland E, † 1386 – Valerian, Maximus, Theodor, Asklepiodot, Porphyrius, Niketas, Emilas, Jeremias, Melitina M – Leobin, Albin B – Eutropia W – Imelda J.

16. SEPTEMBER *Ludmilla*

Durch Kaiser Karl den Großen war das Gebiet von Böhmen und Mähren unter deutsche Oberhoheit gekommen. Die Bewohner, aus dem Fernen Osten eingewandert, waren noch heidnisch. Das Bündnis mit dem fränkischen Reich jedoch ließ zunächst die Großen des Landes bald mit dem Christentum vertraut werden. So kam es, daß im Jahr 845 vierzehn böhmische Fürsten zu Regensburg sich taufen ließen. Doch das Volk verharrte noch im alten Götzendienst. Erst als Swatopluk von Mähren eine Tochter des böhmischen Fürsten Borziwoj heiratete (871) und dieser sich taufen ließ, fand die Lehre Christi größere Verbreitung. Und nun brachte der Glaube an Christus eine edle Blume hervor, die Gattin des Fürsten Swatopluk: Ludmilla. Sie entstammte einem edlen böhmischen Grafengeschlecht und wurde der Sitte ihrer Zeit und ihrem Stande entsprechend erzogen. Als sie zur Jungfrau herangereift war, wurde sie mit dem Sohn des regierenden Herzogs von Böhmen vermählt. Beide, Ludmilla und ihr Gemahl, wußten noch nichts vom Christentum, sondern dienten den heidnischen Göttern ihrer Väter. Um jene Zeit kamen die beiden Glaubensboten Cyrill und Methodius in dieses Land und predigten als erste dem Slavenvolk die Lehre Jesu Christi. Auch der Gatte Ludmillas hörte sich die Predigten an. Am meisten machte auf den Herzog Eindruck, daß die beiden Glaubensboten nicht nur zum Herzen sprachen, sondern auch nach ihrer Lehre lebten. Er ließ sich daher mit großem Interesse im Christentum unterrichten und konnte bald die heilige Taufe empfangen. Und nun ereignete sich etwas, was sonst meistens umgekehrt zu geschehen pflegte: daß nämlich der Gatte seine Gattin zum wahren Glauben bekehrte. Für Ludmilla begann ein ganz neues Leben. Sie übte eifrig im Verein mit dem Herzog die Werke der christlichen Nächstenliebe. Arme und Kranke gingen nie ungetröstet von ihrem Schloß. Schließlich regte sich in ihr immer stärker der Gedanke, Gott allein in der Einsamkeit zu dienen. Als sie dies ihrem Gatten mitteilte, erlebte sie die Freude, daß er auch darin mit ihr eines Sinnes war: mit Freude willigte er ein. Er übergab daher die Regierung seinem Sohn Wratislaw. Das heilige Ehepaar zog in die Einöde und lebte dort unter der Leitung eines Priesters ganz zurückgezogen. Aber es sollte für Ludmilla noch eine harte Prüfung kommen. Ihr Sohn hatte sich mit der Prinzessin Drahomira vermählt, die noch Heidin war. Mit fanatischem Eifer suchte diese das aufkeimende Christentum zu unterdrücken. Besonders stand ihr in diesem Bestreben ihr zweiter Sohn Boleslaw zur Seite, während ihr erster Sohn Wenzeslaus mit seiner Großmutter für die Verbreitung des Christentums wetteiferte. Um nun das Gebäude, das ihr Gemahl und sie aufgerichtet hatten, nicht zerstören zu lassen, übernahm Ludmilla mit dem Willen der meisten Großen des Reiches nochmals in ihrem Alter die Regierung. Bald schon starb der junge König. Ludmilla mußte für den kleinen Enkel Herrin des Landes bleiben. Ihre Schwiegertochter verfolgte sie deswegen mit großem Haß. In einer Nacht des Jahres 937 drangen zwei gedungene Mörder bei Ludmilla ein und erdrosselten sie.

So starb diese große Dienerin Christi als Opfer ihres Glaubens, ihrer Liebe, ihres Pflichtgefühls. Ihr Tod brachte aber Segen über das Land: bald hernach war ganz Böhmen für das Christentum gewonnen.

TAGESHEILIGE: Kornelius PM, † 253 – Cyprian BM, † 258 – Euphemia JM, † 303 – Luzia M – Geminian M – Edith J – Einbeta (Eginberta) J zu Straßburg, † 454 – Eugenia Ae von Hohenburg, † 735 – Einhild Ae zu Niedermünster (Elsaß), † 750 – Ludwig der Deutsche, B von Arles, † 1448 – Bruno A von Scheyern, † 1127 – Andreas von Lechhausen, sel., Kn, † 1606 – Abundius, Abundantius, Marzian, Johann, Rogellus, Servusdei, Sebastiana M – Niman B.

17. SEPTEMBER *Hildegard*

Die Regierungszeit Kaiser Friedrich Barbarossas war für das Reich eine Epoche größter Machtentfaltung. Das Rittertum erlebte seinen Höhepunkt. Reichtum und Pracht aber bargen auch viele Gefahren in sich. Die luxuriöse Lebenshaltung ließ die Mächtigen vielfach den Geber aller guten

Gaben vergessen. Da bediente sich die göttliche Vorsehung einer Frau – ausgezeichnet durch Geist und Bildung, im einfachen Gewand der Benediktinernonnen, begnadet mit mystischer Schau –, um der Welt ein Vorbild christlichen Lebens zu zeigen: die heilige Äbtissin Hildegard von Bingen. Sie entsproß einem reichen Adelsgeschlecht. Damit das Kind vor dem Einfluß eines weltlichen Lebens behütet würde, gaben es die Eltern in die Obsorge ihrer Base Jutta, die Äbtissin des Klosters auf dem Disibodenberg bei Trier war. Als Hildegard herangewachsen war, hatte sie keinen größeren Wunsch, als sich im Ordensstande Gott zu weihen. Sie unterzog sich den harten Prüfungen mit Ernst und Freude und wurde eine gute Klosterfrau. Schon bald wurde sie von Gott durch zahlreiche Eingebungen und Erscheinungen ausgezeichnet. Auf Befehl ihrer Oberen mußte sie alle diese Eingebungen aufzeichnen, die von kirchlicher Seite geprüft und anerkannt wurden. Sie schrieb alles in lateinischer Sprache nieder. Mit den Jahren wurde sie eine Leuchte der Wissenschaft und schrieb über die geheimsten und höchsten Dinge nieder, was ihr der Geist Gottes eingab. Die Folge war, daß sie von vielen um Rat gefragt wurde. Kaiser und Könige und Päpste wandten sich an sie. Ja, als sie schließlich Äbtissin geworden, da verließ sie ihre einsame Zelle und ging auf die großen Plätze der Städte, um dort den Geistlichen und dem Volk von Gott und seinem Werk zu sprechen. Das war für die damalige Zeit etwas Ungeheures: eine Klosterfrau als Bußpredigerin!

Bald war das Kloster auf dem Disibodenberg zu klein: so viele kamen zu ihr. Daher gründete sie das Kloster Sankt Rupert in Bingen und später noch das Kloster Eibingen bei Rüdesheim. Trotz der vielen Arbeit, die ihr die Verwaltung und Leitung dieser drei Klöster brachte, litten ihr Gebetseifer und ihr Streben nach Heiligkeit keinen Schaden.

Die tiefe Kenntnis der Natur und ihrer Kräfte ließ sie das erste medizinische Buch schreiben und selbst als Ärztin auftreten. Viele Kranke fanden Heilung und verkündeten ihren Ruhm weiter. Sie forschte sehr gründlich nach dem Wesen der Krankheiten und wurde so zur Begründerin der wissenschaftlichen Naturheilkunde. Im Jahre 1179 starb sie, 82 Jahre alt. Sie fand ihre Ruhestätte in Sankt Rupert und später in Eibingen, wo sie heute noch verehrt wird. Im Jahre 1940 wurde ihre Verehrung als Heilige von Papst Pius XII. feierlich anerkannt.

Durch ihr Wissen, ihre Natur-Erkenntnis, ihre Gottes-Weisheit, ihre literarischen Werke gehört St. Hildegard zu den bewunderungswürdigsten Frauen. Das aber, was sie am größten und allen Frauen zu einem Vorbild machte, ist ihr tiefes Sichhineinleben in den Geist Christi und in die Wahrheiten unseres Glaubens.

TAGESHEILIGE: Lambert B von Maastricht M, † 705 – Kolumba JM – Ariadne M – Theodora Bk – Emmanuel PrM – Desiderius BM im Oberelsaß, † 730 – Justin PrM –

Narziß, Kreszention, Sokrates, Stephan, Valerian, Makrin, Gordian, Flozellus, Petrus de Arbues, Agatholika M – Satyr Bk – Gandulf Mö.

18. SEPTEMBER Andreas von Lechhausen

Von der christlichen Frühzeit an hat es auch heilige Kinder gegeben. Gottes Gnade und gute Erziehung haben herrliche Früchte hervorgebracht. Und Gott schenkt solche Beispiele besonders in Zeiten großer Umwälzungen und seelischer Not. Die alte Reichsstadt Augsburg hatte sich im sechzehnten Jahrhundert fast vollständig vom katholischen Glauben losgesagt. Daß in solcher Zeit das Leben und Sterben eines armen Kindes aufleuchtete wie ein helles Licht im Sturm, war besondere Gnade. Jenseits des Lechs, außerhalb der stolzen Stadtmauern, strahlte, freilich nur von wenigen erkannt, dieses Licht. Andreas hieß der Knabe, der auch späteren Generationen ein Beispiel gab. Man könnte ihn den Patron der Frühkommunion nennen. Dank seiner großen Frömmigkeit war es ihm nämlich vergönnt, schon in jugendlichem Alter das Brot des Lebens zu empfangen.

Andreas war der Sohn armer Taglöhnerseheleute zu Lechhausen (Augsburg), das damals ein recht unansehnliches Dörflein war. Die fromme Mutter lehrte den Kleinen, der schon bald geistig reif wurde, innige Liebe zu Gott und Abscheu von allem Bösen. Wunderbarerweise wurde Andreas durch seinen Schutzengel als kleines Kind vor dem sicheren Tode gerettet. Im Alter von zwei Jahren stürzte er vom ersten Stockwerk auf die Straße, ohne daß ihm etwas geschah; ebenso fiel er einmal in den reißenden Lech, ohne zu ertrinken. Ein weit über sein Alter hinausgehendes Verständnis zeigte Andreas allen religiösen Dingen gegenüber. Bald konnte er Predigten und Christenlehren wortgetreu wiedergeben. Sein Hauptstreben war, in den Himmel zu kommen, Gott zu gefallen, den Menschen seiner kleinen Umwelt zu helfen.

Solch eine edle Blüte inniger Gottesliebe wollte Gott nicht im Rauhreif des Lebens verdorren lassen. Als Andreas schwer krank wurde, verlangte er zu beichten. Der Priester konnte nicht die geringste Sünde an ihm finden und spendete dem glücklichen Knaben die erste und zugleich die letzte heilige Kommunion. Während seiner Krankheit erschienen ihm mehrmals die Gottesmutter und andere Heilige. Mit einem hellen Lächeln hauchte Andreas am 16. September 1606 im Alter von etwa acht Jahren seine Seele aus. Die Frühkommunion hat auch in unserer Zeit viele heiligmäßige Kinder erweckt:

Guido Fontgalland, Maria Filippetto, Anna Guigné, Bertl Baumann, Andreas Lehner ...

TAGESHEILIGE: Joseph von Cupertino Bk, † 1663 – Sophia, Irene M – Eustorgius B – Richardis K, † (893) – Lantpert B von Freising, † 957 – Methodius BM – Eumenes B – Ferreolus M.

19. SEPTEMBER

Lantpert

Im zehnten Jahrhundert zogen fast Jahr für Jahr die Horden der Ungarn nach Westen in das Reichsgebiet und verheerten es. Besonders hatte auch die Diözese Freising, die vor den durchziehenden Massen offen dalag, zu leiden. In diesen schweren Zeiten saß Sankt Lantpert auf dem Bischofsstuhl von Freising. Von seinem Leben wissen wir leider nur sehr wenig. Alte Chroniken erzählen, daß er ein Mann voll religiösen Eifers und wahren Christengeistes war. Ernstes Streben nach Vollkommenheit zeichneten ihn aus. Wir dürfen aber sicher glauben, daß auch ihm der Weg zur Vollendung nicht leicht fiel. Wie fast alle Heiligen, so mußte auch er um die höchsten Güter hart ringen, bis innere Klarheit und seine von den Eltern ererbte Charakterfestigkeit ihm die Siegeskrone über das Allzumenschliche verliehen. Erleben wir es nicht allzuoft an uns selbst, daß unser guter Wille durch mancherlei Umstände beeinträchtigt wird? Das sind die Folgen der Erbsünde. Und nur dem gehört der Preis, der Gottes Gnade demütig in sich wirken läßt und das Seine dazutut, um das Böse im eigenen Ich und die Versuchungen von außen niederzukämpfen. Sich dabei ganz hingeben in den Willen Gottes, das macht den Christen aus und erst recht den Heiligen. Das Bild dieses Bischofs weist all diese Züge eines edlen und gottvertrauenden Mannes auf, als ein hinreißendes Beispiel von Treue zu Gott. Diese wurde auch augenscheinlich belohnt. Es war ein Jahr vor dem Untergang des Ungarnheeres auf dem Lechfelde. Wieder waren die Feinde sengend und plündernd in das Bayernland eingebrochen. Blut und Rauch zeichneten ihre schaurige Fährte. Auch die Stadt Freising fiel ihnen zum Opfer. Überall legten sie die Brandfackel, und bald sank ein Haus nach dem andern in Schutt und Asche. Bischof Lantpert aber verzweifelte trotz allem nicht. Selbst als die Kirche zum heiligen Vitus und Stephanus in Flammen aufging, floh er nicht, sondern versenkte sich noch inniger in sein Gebet um göttliche Hilfe. Und siehe! Als auch der Dom angezündet wurde, da senkte sich dichter Nebel herab und löschte das Feuer. Das Gotteshaus blieb erhalten. Lantpert regierte noch ein paar Jahre, verehrt von allem Volk, und starb im Jahre 957. (Sein Fest wird gewöhnlich am 18. September gefeiert.)

TAGESHEILIGE: Januarius BM, † 305 – Milet B von Trier – Goerikus B von Metz – Luzia vom Berge J in Lothringen, † 1090 – Pomposa JM – Arnulf B – Festus, Desiderius, Sosius, Prokul, Eutychius, Akutius M – Peleus, Nilus, Elias BM – Felix, Konstantia, Trophimus, Sabbatius, Dorymedon M – Theodor, Eustochius B – Sequan Pr – Maria v. Cervellione J – Sigwald.

20. SEPTEMBER Eustach

Das Leben des heiligen Eustach birgt viel Legendenhaftes in sich. Eustach war unter Kaiser Trajan (98 bis 117) römischer Feldherr, er wurde seinem Herrn wegen unerschrockener Tapferkeit und großer Erfolge unentbehrlich. Vor seiner Taufe hieß er Plazidus. Seine Gattin Trojana, die in der Taufe den Namen Theopista erhielt, war auch als Heidin schon wohltätig und tat, wie ihr Gemahl, den Armen viel Gutes. Die äußerst glückliche Ehe war mit zwei Knaben gesegnet. Einst soll nun Eustach, der ein leidenschaftlicher Jäger war, einen Hirsch verfolgt haben. Als er ihn im tiefsten Walde erreichte, sah er zwischen dessen Geweih ein Kreuz und vernahm eine Stimme, die ihm befahl, er solle zum Bischof der Stadt Rom gehen und sich taufen lassen. Eustach tat es; er und seine ganze Familie wurden nach einer langen Vorbereitungszeit in die Kirche aufgenommen. Gott prüfte nun seinen Diener auf furchtbare Weise. Er verlor all sein Hab und Gut. Ja, als er nach Ägypten reiste, wurden ihm seine Gattin und seine beiden Söhne geraubt. Bei einem Bauern verdingte er sich als Knecht. Fünfzehn Jahre erarbeitete er sich fern der Welt sein tägliches Brot. Inzwischen war ein Ereignis eingetreten, das den Heiligen wieder in das hellste Licht stellen sollte. Der Kaiser mußte gegen mächtige Feinde Krieg führen. Er erinnerte sich seines tapferen Feldherrn und schrieb einen Befehl, wonach Eustach aufgefordert wurde, schleunigst heimzukehren. Die Soldaten fanden ihn bei der Arbeit. Da das Vaterland ihn rief, gehorchte er. Während des Feldzuges fand er – und es erschien ihm wie ein Wunder – seine Frau und seine Söhne wieder. Als der Krieg beendet war, war Kaiser Trajan gestorben und Hadrian (117 bis 138) auf den Thron gekommen. Zur Siegesfeier wurde ein großes Dankfest veranstaltet, an dem auch Eustach teilnehmen sollte. Da er sich weigerte, den Götzen zu opfern, wurde er samt seiner Familie verhaftet, zum Tode verurteilt und in einem eisernen Ofen verbrannt. Das geschah im

Jahre 118. Eustach wurde hoch verehrt und den Vierzehn heiligen Nothelfern zugerechnet.

TAGESHEILIGE: Theopist (Traugott), Theopista Ehefrau M – Agapit M – Fausta M – Kandida JM – Quiriak B von Trier – Evilasius, Dionys, Privatus, Priskus, Theodor, Philippa, Susanna M – Agapitus P, † 536 – Klizerius B – Anno B.

21. SEPTEMBER *Matthäus*

Es gab für die Juden zur Zeit Christi kaum einen Stand, den sie mehr haßten und verachteten als den der römischen Zöllner. Meist suchten sich die Römer, die ja damals die Herren des Landes waren, gefügige und habsüchtige Männer, die dann nicht bloß für den Staat, sondern auch für sich selber die Zölle und Steuern, oft mit Gewalt und Unrecht, einhoben. Und gerade einen Menschen aus dieser verächtlichen „Klasse" hat Jesus als Apostel auserwählt, den späteren Evangelisten Matthäus. Lukas und Markus nennen ihn Levi. Sein vollständiger Name war jedenfalls Levi Matthäus.

Er hat das erste Evangelium geschrieben. Darin erzählt er die Geschichte seiner Berufung. Es war in Kapharnaum. Nach der Heilung eines Gelähmten sah Jesus einen Mann an der Zollstätte sitzen, Matthäus mit Namen. Und er sprach zu ihm: „Folge mir!" Da stand er auf und folgte ihm. Und es geschah, als er im Hause zu Tische war, siehe, da kamen viele Zöllner und Sünder und setzten sich mit Jesus und seinen Jüngern zu Tische. Da die Pharisäer dies sahen, sprachen sie zu seinen Jüngern: „Warum ißt euer Meister mit den Zöllnern und Sündern?" Jesus aber hörte es und sprach: „Nicht die Gesunden bedürfen des Arztes, sondern die Kranken. Geht aber hin und lernet, was es heißt: Barmherzigkeit will ich und nicht Opfer". Wie demütig spricht da der Apostel von seiner Vergangenheit, wie dankbar für die Gnade seiner Berufung! Nach dem Pfingstfest begann er den Befehl der Herrn zu vollziehen und den Menschen das Wort Gottes zu predigen. Zuerst aber schrieb er in aramäischer Sprache sein Evangelium nieder, um den Juden zu beweisen, daß Jesus der verheißene Messias gewesen sei. Sein Missionsgebiet wurde Afrika und er wanderte nach Äthiopien (heute Abessinien). Der Erfolg seiner Predigt war sehr groß, und viele nahmen die Lehre Christi an. Eines der größten Wunder, das von ihm erzählt wird, war die Auferwekkung einer königlichen Prinzessin vom Tode. Im Namen Jesu befahl er der Toten, sich zu erheben; sogleich stand das Mägdlein auf und war völlig gesund. Dieses Wunder bewirkte, daß der König die heilige Taufe empfing. Damit war der Sieg des Christentums in Äthiopien besiegelt. Jedoch der Nachfolger des Königs, ein Heide, hatte sich in eine Prinzessin verliebt, die sich zu steter Jungfräulichkeit entschlossen hatte. Da sie nicht nachgeben wollte und der König wußte, daß dies nur unter dem Einfluß des Christentums geschehen sein konnte, ließ er den Heiligen eines Tages während der heiligen Messe von seinen Knechten ermorden. Dies geschah um das Jahr 69.

Matthäus wird abgebildet mit einem Menschen, der Engelsflügel trägt, weil sein Evangelium mit dem Stammbaum Christi beginnt.

TAGESHEILIGE: Alexander BM – Iphigenie J – Maria Carminolla W – Gerulf Kn M zu Merendre bei Gent, † 750 – Pamphilus, Eusebius M – Isazius BM – Meletius B – Landelin E – Maura E.

22. SEPTEMBER Emmeram

Schon oft sind Menschen zu Opfern der Verleumdung, der üblen Nachrede geworden. Bischof Arbeo schrieb 772 die Lebensgeschichte des heiligen Emmeram nieder, der solch ein schreckliches Opfer wurde. – Emmeram stammte aus dem Frankenreich. In der später berühmt gewordenen Stadt Poitiers verbrachte er seine Jugend. Dort übte er sich schon in all jenen Tugenden, die ihn zum großen Heiligen und Dulder werden ließen. In seiner Seele brannte die Sehnsucht, Gott viele Seelen zu gewinnen. Nachdem er zum Priester und Bischof geweiht war, machte er sich auf die Wanderschaft und kam in das Bayernland nach Regensburg. Von dort wollte er zu den heidnischen Ungarn. Herzog Theodo, der in Bayern regierte, bat den Bischof, er möge doch bei ihm in Regensburg bleiben und die Bewohner, die noch sehr dem Götzendienst ergeben waren, bekehren. Emmeram willigte ein – er predigte und lehrte wiederum im Land, und viele hörten auf ihn und ließen sich dankbar taufen. Doch jene, die mit allen Fasern ihres Herzens an Götzendienst und Sünde hingen, haßten den Prediger und die christliche Lehre um so mehr. Sie verfielen auf einen teuflischen Gedanken. Des Herzogs Tochter hatte ein Liebesverhältnis mit einem lasterhaften, adeligen Manne namens Sigebald, das nicht ohne Folge blieb. Als das dem Vater bekannt wurde, schwur er dem Verführer seiner Tochter einen schimpflichen und schmählichen Tod. Da brachten die Höflinge das Mädchen auf den Gedanken, es solle als Übeltäter den Bischof Emmeram angeben, der gerade auf einer Reise nach Rom begriffen war. Der Herzog glaubte der Beschuldigung und gab den Befehl, den Bischof zu bestrafen. Sein Sohn Lantbert, der selber dem Bischof feindlich gesinnt war, übernahm den Auftrag, reiste mit Knechten ab und holte Emmeram, der nichts Böses ahnte, in Helfendorf ein. Dort schrie er ihm die schlimmsten Schimpfnamen ins Gesicht, ließ ihn an eine Leiter binden und befahl den Henkersknechten, ihm Glied um Glied abzuschneiden und den Verstümmelten in seinem Blut liegen zu lassen. Dies geschah im Jahre 716. Der Herzog aber hatte durch das Geständnis seiner Tochter die Unschuld des Heiligen erkannt und seine Tat bitter bereut. Zur Sühne stiftete er das Kloster Sankt Emmeram und ließ den heiligen Leib des Martyrers dort feierlich beisetzen.

TAGESHEILIGE: Thomas von Villanova B, † 1555 – Moritz (Mauritius), Viktor M, † 297 – Salaberga Ae – Landolin (Landelin) E bei Ettenheimmünster, † 690 – Otto B von Freising, † 1158 – Exsuperius, Kandidus, Innozenz, Vitalis M – Digna, Emerita JM – Jonas PrM – Iraides JM – Sanktin, Lauto B – Florenz Pr – Silvan Bk – Gunthilde – Constanz, Phokas M.

23. SEPTEMBER Luitraud

Nachdem der Frankenkönig Chlodwig sich aus Dankbarkeit für seinen Sieg bei Zülpich 496 hatte taufen lassen, begann das Christentum dort seinen Siegeszug. Und gar bald hören wir auch von heiligmäßigen Frauen und Männern, die die Botschaft Christi zutiefst erfaßt haben und sich ganz Gott hingaben. Dies wird uns auch berichtet von der Grafentochter Luitraud.

Sie stammt aus einem angesehenen fränkischen Grafengeschlecht an der Marne in Frankreich und wurde dort im sechsten Jahrhundert geboren. Ihre Eltern waren Sigmar und Luitgard. Die sieben Töchter, die aus dieser wahrhaft glücklichen Ehe hervorgingen, werden sämtlich als Heilige verehrt, ein Zeugnis dafür, daß die Erziehung der Kinder in guten Händen ruhte. Wie es damals in adeligen Familien der Brauch war, hatten die Eltern einen frommen Priester als Hauskaplan, der die Kinder unterrichten mußte. Sie hatten eine gute Wahl getroffen. Denn Kaplan Eugen war ein Priester nach dem Herzen Gottes, der auch in den Wissenschaften wohl zu Hause war. Schon früh zeigte sich bei Luitgard ein eifriges Streben nach Vollkommenheit und Tugend und die Sehnsucht, Gott allein zu dienen. Sie erbat sich daher von ihrem Vater eines der zahlreichen Güter in der Nähe ihrer Heimat. Dieser erfüllte gerne ihren Wunsch. Dort ließ sie sich als Einsiedlerin nieder und suchte nun im Gebet und in kärglichstem Leben ihr ewiges Glück zu erwirken. Nach reiflicher Überlegung und gründlicher Prüfung gab ihr der Bischof den Schleier, wie es damals Sitte war, wenn ein Mädchen sich Gott weihen wollte.

Luitraud aber erkannte bald, daß nicht jeder und jede zu einem ausschließlich der Betrachtung und dem Gebet gewidmeten Leben berufen und fähig ist — und daß der große „Durcheinanderwerfer", der Satan, um so hartnäckiger einen Menschen bedrängt, je angstvoll-abwehrender dieser an ihn denkt. Luitraud wußte, wie sinnlich und weltfreudig ihre Natur war, und sie fand den rechten Weg aus Versuchung, Grübelei und Zweifel an sich selbst: die Nächstenliebe. Bis zur Erschöpfung sorgte sie für die Kranken und Armen, pflegte sie, rief die Wohlhabenden zu Hilfe — lange bevor es diesen Orden gab, war sie eine überallhin segenbringende „barmherzige Schwester" geplagter Menschen. Frei und glücklich konnte ihre Seele am Ende des sechsten Jahrhunderts in die ewige Heimat gehen. Die Menschen aber erkannten, was für ein edles Wesen von ihnen gegangen war, und darum ist ihr Andenken erhalten geblieben.

TAGESHEILIGE: Linus PM, † 79 – Thekla JM – Viktor B von Metz, † 350 – Nutrud Ae zu Neuburg a. d. D., † 1020 – Paternus BM – Andreas, Johann, Petrus, Antonius M – Konstanz, Xantippa, Polyxena Bk – Sosius M – Liberius P, † 366.

24. SEPTEMBER

Gerhard

Das elfte Jahrhundert brachte gerade für den Osten eine umfassende Periode der Christianisierung. Besonders waren es die Ungarn, die nach der Schlacht am Lechfeld endlich ansässig und darum auch der Kultur zugänglicher wurden, die sich dem Christentum zuwendeten, namentlich unter ihrem König Stephan, dem Heiligen. Neben ihm zählt auch Bischof Gerhard zu den Aposteln Ungarns. Er war in Venedig im Anfang jenes Jahrhunderts geboren. Früh trat er in ein Kloster ein. Nach einigen Jahren ergriff ihn das Verlangen, die heiligen Stätten in Palästina zu besuchen, und er erhielt auf inständiges Bitten die Erlaubnis seiner Oberen dazu. Auf der Reise kam er durch Ungarn, wo Stephan regierte. Dieser ließ ihn an seinen Hof kommen und bat ihn, in Ungarn zu bleiben; denn Gott habe ihm sicherlich das Verlangen, ins Heilige Land zu reisen, nur deshalb eingegeben, damit er in Stephans Land für Christus zeuge und sein Wort verkünde. Gerhard war damit einverstanden. Jedoch wollte er nicht im Glanz des königlichen Hofes leben, sondern zog in die Einöde. Zu Beel baute er sich im Jahre 1030 eine Einsiedelei und brachte dort mit einem Gefährten sieben Jahre im Gebet und Arbeit zu. Als König Stephan seine Feinde überwunden hatte, bat er Gerhard zu sich an den Hof, damit er dem Ungarnvolk das Evangelium predige. Dies tat Gerhard, und viele hörten auf ihn und erkannten die Wahrheit. Schließlich wurde er zum Bischof von Csanad geweiht. Diese neue Würde legte ihm eine schwere Bürde auf, denn die meisten seiner Diözesanen waren noch Heiden. Unermüdlich arbeitete der Bischof in Gottes Weinberg und nach knapp einem Jahre schweren Wirkens hatte er viele Einwohner bekehrt. Neben der Verwaltung seines hohen Amtes nutzte er seine Zeit namentlich im Dienst der Armen, denen er ein großer Wohltäter war. Solange König Stephan lebte, ging alles gut. Dann aber setzte sich ein Adeliger, namens Aba, unberechtigterweise auf den Königsthron. Er befahl dem Bischof, ihn zu salben und zu krönen. Gerhard konnte und wollte dies dem Thronräuber nicht zugestehen. Deshalb ließ ihn Aba von seinen Soldaten auf der Reise überfallen und in einem Wald nahe der Donau im Jahre 1064 ermorden. Seine Gebeine kamen später nach Venedig.

TAGESHEILIGE: Rupert B – Hermann Contraktus Mö – Gislar, Kunibald (Kunold), Missionspriester zu Salzburg, † 700 – Pazifikus von St. Severino Bk – Mercedes – Andochius PrM – Thyrsus, Felix, Paphnutius M – Rustikus B – Geremar A.

25. SEPTEMBER *Nikolaus v. d. Flüe*

Wo die Schweizer Berge wie mit unzähligen Fingern zum Himmel weisen, da ist die Heimat des Heiligen. Nikolaus Löwengruber hieß er, aber man nannte ihn für gewöhnlich nach seinem Heim: Klaus von der Flüe. In einer abgelegenen Bauernhütte bei Sachseln im Kanton Unterwalden stand seine Wiege. Es wird berichtet, daß er von Jugend auf lieber gebetet als gerauft habe.

Zeitlebens hat er weder Lesen noch Schreiben gelernt. Dagegen erzogen ihn seine Eltern in einem tiefen, unerschütterlichen Glauben. Als Jüngling zeichnete sich Klaus durch Fleiß und Eingezogenheit aus. Gern versenkte er sich in Gott und freute sich, in der Einsamkeit der Felder tagelang ungestört über die vielen Werke der Schöpfung nachdenken und den Schöpfer loben zu können. – Zum Mann herangereift, nahm er ein tugendsames Mädchen zur Frau, die ihm fünf Söhne und fünf Töchter schenkte. Wohl mußte auch er im Schweiße seines Angesichts dem steinigen Boden das Brot abringen: jedes Kind aber war ihm ein Geschenk Gottes.

Klaus war wegen seines Mutes, seiner Klugheit und Gerechtigkeit allgemein geachtet und geliebt. Seine Mitbürger wählten ihn daher auch zum Richter und Ratsherrn von Obwalden; neunzehn Jahre lang versah er dieses Amt mit unbestechlichem Gerechtigkeitssinn. Als er fünfzig Jahre alt war, vernahm er deutlich eine Stimme in seinem Herzen, die zu ihm sprach: „Verlaß alles, was du lieb hast!“ So zog er sich als Einsiedler in eine Bergschlucht zurück. Zwanzig Jahre lebte er hier in großer Strenge und Enthaltsamkeit und genoß weder Speis noch Trank. Nur alle Monate und an Festtagen empfing er die heilige Kommunion. Doch bald strömten die Leute zu ihm. Sein Beispiel war eine laute Predigt an die in vielerlei Streit verwickelte Umwelt. Als Gottesmann achtete und ehrte man ihn; ohne Widerrede nahm man seine Entscheidungen an. Ihm verdankt die Schweiz einen günstigen Frieden mit Oesterreich, sein Dazwischentreten verhinderte das Unglück eines Bürgerkrieges in seinem Vaterland. – Als der große Beter, Büßer und Zwietrachttilger im Jahre 1487 seine Augen für diese Welt schloß, trauerte das ganze Schweizerland um ihn.

Das Leben des heiligen Nikolaus von der Flüe ist ein deutlicher Beweis für die Wahrheit des Heilandwortes: „Selig sind die Friedfertigen!“ Sollte in unserer unruhigen Zeit nicht gerade dieser Heilige uns zum Herzen sprechen? Wir sehen aber auch, was ein Mensch vermag, der ganz aus dem Glauben lebt und für seine Mitmenschen Sühne leistet. Es war für Klaus ein sehr großes Opfer, sein glückliches Eheleben und seine Familie zu verlassen. Aber eines stärkte ihn: Er wußte, daß seine Frau die Erziehung der Kinder im richtigen Geist weiterführen und die Heimat für sie erhalten würde. Beide Ehegatten waren wirklich eins. Nur so ist es zu verstehen, daß auch seine Gattin durchaus bereit war, ihn für sein großes Werk ziehen zu lassen, als der Ruf Gottes an ihn erging. Gott aber hatte diese Bereitschaft gesegnet. – Heute wird Klaus von der Flüe als der große Friedensstifter hoch verehrt.

TAGESHEILIGE: Kleophas, Herkulan M – Roding A bei Trier, † 680 – Emmeram BM von Regensburg, † 716 – Firmin BM – Paul, Tatta, Sabinian, Maximus, Rufus, Eugen, Bardomian, Eukarp M – Anathalon, Lupus, Anacharius, Solemnis, Prinzipius B – Pazifikus Bk – Eugenia M – Vinzenz Maria Strambi B, † 1824.

26. SEPTEMBER *Nilus*

Hochberühmt und geehrt von Päpsten und Kaisern war der heilige Abt Nilus, dessen Leben zwei Eigenschaften vor anderen prägten: weltüberlegene Frömmigkeit und wahrhaftige Demut. Er wurde in Süditalien geboren. Zu Rossano in Kalabrien ging er in die Schule. Seine Eltern verlor er schon sehr bald; die ältere Schwester erzog ihn. So wuchs er zum Jüngling heran. Seine Gestalt, seine Stimme, seine Geschicklichkeit wußten manches Mädchen zu fesseln. Eine Jungfrau aus einfachem Stande hatte das Glück, ihn zum Gatten zu bekommen. Die Ehe war sehr glücklich. Doch wurde das Band durch den raschen Tod der Frau allzufrüh zerrissen. Das jähe Ende seiner Lebensgefährtin machte Nilus noch ernster, als er schon war. Stets sah er den Tod und das Gericht Gottes vor Augen. Als er schließlich noch heftig erkrankte, reifte sein Entschluß. Obschon leidend, machte er sich auf den Weg in ein Kloster und wurde vom Fieber plötzlich geheilt, als er einen Fluß durchschreiten mußte. Im Kloster des heiligen Johannes zu Rossano empfing er das Ordenskleid der Basilianer, zog sich aber bald mit Erlaubnis seiner Oberen auf den Berg Gargano zurück, um als Einsiedler zu leben. Er führte ein außerordentlich strenges Leben, fastete und betete viel. Allmählich drang sein Ruf in die Weite und es kamen gar manche, die unter seiner Leitung ein gleiches Leben führen wollten. Anfangs war dies dem Heiligen gar nicht recht, denn er wäre viel lieber allein geblieben. Aber er erkannte Gottes Willen in der Aufgabe, die Lehre Christi in ihrer ganzen Tiefe anderen Menschen zu erschließen. Doch als man ihn zum Bischof von Rossano machen wollte, versteckte er sich im Gebirge und kehrte erst wieder zurück, als ein Bischof gewählt war; seine Demut scheute das hohe Amt.

Einst wurde seine Einsiedelei von Räubern heimgesucht und zerstört. Nun machte er sich mit all seinen Genossen auf die Wanderschaft nach Monte Cassino und trat dort in den Benendiktinerorden ein. Im Jahre 1005 starb er. Er wird mit einer Öllampe abgebildet, da er Kranke mit dem Öl der Ewigen Lampe seiner Kirche heilte. (Dieser Heilige heißt Nilus der Jüngere, zum Unterschied von dem Abt Nilus von Ankyra, † 426, dessen Fest auf den 12. November trifft.)

Wer auch im Glück Gott nicht vergißt und immer des jenseitigen Lebens eingedenk bleibt, der wandelt den Weg der Gerechtigkeit. Sowohl das Eheleben, das nach Gottes Gesetz gestaltet wird, wie auch das Leben der Askese wird dann ein Weg zum Himmel.

TAGESHEILIGE: Cyprian BM, Justina JM, † 304 – Warin Pr von Corvey, † 856 – Meginhard A von Hersfeld, † 1059 – Kallistrat M – Eusebius P, † 309 – Eusebius B – Vigilius Bk – Senator Bk – Amantius Pr – Egmond.

27. SEPTEMBER

Thiemo

Heilige sind jene Menschen, die das zur Erfüllung bringen, was nach Gottes Wunsch alle Christen erreichen sollten. Im gläubigen Volk hat man dies zu allen Zeiten gewußt, und eben darum schmückt oft die Phantasie wie ein Rankenwerk von Rosen die schlichte Tatsachenüberlieferung. Wir sollen uns darüber freuen, denn oft enthält die Legende (im engeren Sinn des Wortes) tiefere Wahrheit als ein nüchterner Bericht. – Wie ein Roman von Glaube, Liebe und Opfer mutet die Geschichte vom Leben und Sterben des Salzburger Erzbischofs Thiemo an, der am Beginn des zwölften Jahrhunderts sein Dasein, das ganz Gottesdienst war, mit einem martervollen Tod krönte.

Thiemo entstammte dem Grafengeschlecht von Megling-Frontenhausen. Die Jugend verbrachte er im Kloster Altaich, wo er zu einem gottesfürchtigen und treuen Mönch erzogen wurde. Er hatte viel unter Versuchungen zu leiden. Da er glaubte, allein besser fertig zu werden, verließ er das Kloster, bereute dies aber und kehrte zur Freude seiner Mitbrüder wieder zurück. Gott befreite ihn von den lästigen Nachstellungen des bösen Feindes, und er konnte nun sein Leben in heiliger Ruhe, in Gebet und Arbeit führen. Sein Ruf verbreitete sich weit; bald wurde er zum Abt von Sankt Peter in Salzburg geweiht. Es war damals die bittere Zeit des Kampfes zwischen Kaiser und Papst. Wegen dieser Zwistigkeiten, in die auch Kloster und Stadt verwickelt waren, verließ Thiemo die Stadt und begab sich in das Schwabenland. Längere Zeit weilte er in Schaffhausen und Hirsau, wo er mitten unter den Leuten unerkannt lebte. Als die Zeiten wieder etwas ruhiger wurden, kehrte er nach Salzburg zurück und wurde zum Erzbischof geweiht. Seine Widersacher jedoch legten Hand an ihn und sperrten ihn fünf Jahre lang in den Kerker. Endlich wurde er zum Tode verurteilt und sollte wie einst Johannes der Täufer im Kerker enthauptet werden. Allein dem Scharfrichter gelang es nicht, die Tat zu vollbringen: im Gegenteil, das Schwert zersprang. Da erkannte der Mann, daß dieser Gefangene ein Heiliger sei, warf sich ihm zu Füßen und bat um Verzeihung. Hierauf ließ man den Bischof wieder frei. Einige Jahre später zog er ins Heilige Land. In der Nähe von Korozain fiel er den Feinden in die Hände. Diese merkten, daß er ein bedeutender Mann sein müsse, und auf die Frage, was er eigentlich sei, gab er freimütig zu, ein Verkünder des wahren Glaubens zu sein. Da zogen sie ihm die Kleider aus und geißelten ihn aufs grausamste. Dann schnitten sie ihm den Leib auf und zogen mit einer Haspel die Gedärme heraus. So starb der Martyrer im Jahre 1102.

TAGESHEILIGE: Kosmas, Damian M, † 303 – Hiltrudis J im Hennegau, † 790 – Theobald B von Verona, † 1331 – Epicharides, Fidentius, Terentius, Adulf, Johann, Florentin M – Markus, Kajus, Aderit, Amadeus B – Eleazar Bk.

28. SEPTEMBER *Lioba*

Zwölfhundert Jahre sind vergangen, seit Lioba lebte; aber dank der Verbindung mit Bonifatius ist uns ihre Lebensgeschichte genau überliefert worden. Sogar Briefe von ihr an den großen Apostel der Deutschen sind noch vorhanden. Diese bezeugen ihre hohe Bildung und zugleich ihre tiefe Demut und ihren hochgemuten Geist. Und da sie sich besonders um die Erziehung der Jugend in dem nach Christus drängenden Germanenreich annahm, blieb ihr Andenken lebendig und in hohen Ehren. Die Eltern der Heiligen waren Dimo und Ebba, aus einem alten englischen Grafengeschlecht. Beide waren schon hochbetagt und hatten keine Kinder. Da versprach die Frau dem Herrgott, wenn er ihr ein Kind schenke, werde sie es für ihn erziehen. Wirklich wurde sie guter Hoffnung und gebar eine Tochter. Sobald das Mägdlein zum Vernunftsgebrauch gekommen war, gaben die Eltern es in ein Frauenkloster zur Erziehung. Lioba war sehr klug und fleißig. Selten kamen die Bücher aus ihrer Hand. Insonderheit war es die Heilige Schrift, die sie mit großem Eifer studierte. Sie weihte sich Gott und nahm voll Freude und Begeisterung den Schleier. – Um diese Zeit begann der heilige Bonifatius sein großes Missionswerk in unserem Vaterland. Als er Bischof geworden war und sein Werk festen Fuß gefaßt hatte, errichtete er sogleich auch Klöster als Mittelpunkte der Kultur. Und nicht bloß Männerkloster; er dachte auch auf die religiöse Unterweisung der weiblichen Jugend und stiftete Frauenklöster. Um diese richtig leiten zu können, holte er fromme und tüchtige Kräfte aus seinem Heimatland. Dem neugegründeten Kloster Tauberbischofsheim gab er Lioba als erste Äbtissin. Das liebenswürdige Wesen dieser Nonne, ihr heiligmäßiges Leben, ihr herrliches Beispiel bewirkten, daß das Kloster schnell wuchs und großes Ansehen gewann. Karl der Große wandte ihm seine ganze wohlwollende Gesinnung zu; seine Gattin Hildegard kam in allen Anliegen zu ihrer Freundin Lioba und ging nie ungetröstet von ihr fort. Lioba war eine große Wohltäterin für die Fremden und Notleidenden. Und noch als Äbtissin blieb sie so demütig, daß sie gerne die niedrigsten Dienste verrichtete. Sankt Bonifatius wußte den Wert dieser großen Frau zu schätzen. Als er zu seiner letzten Missionsreise fortzog, ließ er Lioba noch nach Mainz kommen und nahm Abschied von ihr, in der Vorahnung seines Todes. Auch gab er seinen Nachfolgern den Auftrag, wenn Lioba gestorben sei, möge man sie in seinem Grab beisetzen. Als Bonifatius gestorben und in Fulda begraben war, durfte Lioba als einzige Frau in das Kloster kommen und an seinem Grabe beten. Im Alter, da sie ihre Kräfte verließen, zog sie sich auf das königliche Hofgut zu Schornsheim bei Mainz zurück. Dort starb sie am

28. September des Jahres 782. Ihr Grab fand sie an der Seite des heiligen Bonifatius, ihres Vetters, zu Fulda, wo sie heute noch verehrt wird.

Aus weiter Ferne leuchtet das Leben der heiligen Lioba wie ein heller Stern. Diese erhabene Frau ist auch heute noch durch ihr wahrhaft christliches Leben vorbildhaft.

TAGESHEILIGE: Wenzel HM, † 935 – Thiemo BM von Salzburg, † 1102 – Eberhard von Tüntenhausen bei Freising, Hirte, † im neunten Jahrhundert – Gunthilde J. von Biberbach, Viehmagd in Suffesheim bei Sollnhofen, † 1050 – Privatus, Martialis, Laurentius, Markus, Alphius, Alexander, Zosimus, Nikon, Neon, Heliodor, Maximus M – Exsuperius, Salomon, Silvin B – Eustochium J – Simon v. Roxas Bk – Doda JM.

29. SEPTEMBER *Michael*

Viel zu selten denken wir daran, daß jeder von uns „Mitspieler" in dem ungeheuren und bis an den Jüngsten Tag währenden Drama zwischen dem Himmel und der Hölle, zwischen Gott und Satan ist. Und dieses Drama vollzieht sich in jeder Generation, in jedem Jahrhundert, in jedes einzelnen Menschen Herz und Seele. Der böse Feind, Satan, belagert das Menschenherz mit Egoismus, Geistesträgheit, Stumpfsinn, Genußsucht. Gott und seine Engel wollen des Menschen Seele frei machen schon in dieser Welt — für die andere. Liebe, Anbetung, Vertrauen, Glaube heißen hier die Waffen. Und der Tag des heiligen Michael mag uns daran erinnern, daß es Engel gibt, und daß sie auf des Menschen Notruf zur Hilfe bereit sind. Freilich, zunächst muß der Christ erst einmal wissen, was Engel sind: Unsterbliche, am Beginn der Zeit von Gott geschaffene Geistwesen, körperlos, selig in der Anschauung Gottes, jeder eine aufs höchste entfaltete Persönlichkeit, jeder ein Inbild dessen, was der erlöste Mensch im Jenseits werden kann. Es ist dem Christen wahrlich zu raten, oft an diese Thronschar Gottes zu denken, denn die Vorstellung dieser reinen und großen Geschöpfe hat für den in tausend allzu irdischen Banden liegenden Menschen eine Fülle von Trost in sich. — Einer von ihnen ist Michael, der Erzengel, der Überwinder des Satans, der Beschützer des Gottesvolkes der Kirche und der Wegbegleiter der Sterbenden ins Jenseits. Und seit vielen Jahrhunderten wird er in unserem Volk auch als dessen Beschützer geehrt. Er, der wie alle Engel geprüft und für treu, rein, demütig befunden worden war — er wurde zum großen Kämpfer gegen den einst höchsten der Engel, Luzifer, der seinem Schöpfer gleich werden wollte, und der ob dieser schrecklichsten Sünde des Hochmutes wider Gott in den

tiefsten Abgrund fiel und aus ihm nun seit der Erschaffung der Menschen nach ihren Seelen greift. Ja, Himmel und Hölle im Widerstreit, und des Menschen Seele der Kampfplatz! Und erst wer die Riesenmacht des Durcheinanderwerfers, des Entzweiers (Satan) aus der Betrachtung der Weltläufte und aus eigener bitterer Erfahrung voll ermißt, erst der wird auch die rechte Ehrfurcht vor dem Hilfsvermögen der Engel — und der Heiligen — gewinnen. Gewiß, alle Engel sind Schutzengel, aber es ist gut, wenn der Mensch an einen vor anderen sich in seiner Not, in seiner Sehnsucht bittend wendet. Warum soll es nicht Sankt Michael sein, der seit Karls des Großen Krönung die Hand über unser Volk als Schutzpatron hält? (Der Name Michael heißt auf deutsch: „Wer ist wie Gott?")

TAGESHEILIGE: Grimoald Pr – Adelrich, HMö in Maria-Einsiedeln, † 973 – Lothar Kö – Winthir E – Fraternus BM – Eutychius, Plautus, Heraklea, Dadas, Kasdoa, Gabdelas, Gudelia M – Ripsimis JM.

30. SEPTEMBER *Hieronymus*

Im Jahre 382 beauftragte Papst Damasus den Priester Hieronymus mit der textkritischen Bearbeitung und Übersetzung der gesamten Heiligen Schrift ins Lateinische. Wer war dieser gelehrte und fromme Priester, dem die Kirche später den Ehrentitel „Kirchenlehrer" gab? Sein Lebensweg war steinig und hart, er ging durch Wüsten der Sünde bis zur höchsten Vollendung: ein erhabenes Beispiel des Zusammenwirkens von göttlicher Gnade und menschlichem Streben.

Zu Recht berühmt ist Dürers Kupferstich, der „Hieronymus im Gehäus" zeigt, schreibend von Büchern umgeben, zu Füßen den zahmen Löwen — er mahnt den nachdenklichen Betrachter an den gewaltigen und heldenhaften Kampf, den dieser Mann gegen seine fast übermäßig sinnliche Natur führte und siegreich beendete. Hieronymus wurde in Dalmatien (nahe der Adria) um das Jahr 345 geboren. Da er sehr begabt war, sandten ihn seine wohlhabenden Eltern zum Studium nach Rom. Er kam dort in schlechte Gesellschaft und begann bald allen sittlichen Halt zu verlieren. Dazu war er auch sehr stolz. Nicht ohne „menschlichen" Grund; denn er war klug, überlegen, gelehrt. Eben diese Weltkenntnis trug dazu bei, daß er sich immer mehr von den ihm wohlbekannten Lehren des Christentums entfernte, zumal er noch nicht einmal getauft war. Von Rom aus wanderte er nach Trier an die kaiserliche Schule. Dort trat in seinem Denken und Handeln die große Wendung ein. Er besann sich auf sein besseres Ich und wandte sich der Gotteswissenschaft zu, in die er sich tief versenkte. Als ein Geläuterter ging er wieder nach Rom und begehrte die heilige Taufe. Dann entschloß er sich, ganz zurückgezogen zu leben und durch Buße gutzumachen, was er ehedem gesündigt hatte. In einer Wüste lebte er einsam — studierend, nachdenkend, in Gebet und Selbstzucht, im Kampf gegen die niederen Kräfte seiner Natur. Und Gott segnete ihn dafür. Nach jahrelanger Vorbereitung erhielt er zu Antiochien die Priesterweihe. Um seine biblischen Studien zu vervollkommnen, begab er sich nach Palästina. Der damals regierende Papst Damasus wurde auf den gelehrten und frommen Mann aufmerksam und berief ihn zu sich nach Rom, wo er ihn zu einem Geheimsekretär machte. Und nun übertrug er ihm die ehrenvolle, aber auch dornen- und arbeitsreiche Aufgabe, die gesamten Heiligen Schriften des Alten und Neuen Testamentes ins Lateinische zu übersetzen. So entstand die „Vulgata", die kirchliche Ausgabe der Bibel. Nach dem Tode des Papstes ging Hieronymus wieder zurück ins Heilige Land und nahm seinen dauernden Aufenthalt in Bethlehem. Er baute ein Hospiz für Pilger, dessen Leitung die heilige Paula übernahm. Dort starb er im Jahre 420. Durch seine unsterblichen Verdienste für die Kirche ist sein Name auch unvergessen geblieben. Hieronymus zählt daher zu den großen abendländischen Kirchenvätern.

TAGESHEILIGE: Leopard, Ursus M zu Solothurn, † 297 — Hedwig von Kappenberg N, † 1200 — Konrad v. Zähringen B von Trier, † 1217 — Wilhelm von Brüssel A, † 1243 — Viktor, Antonin M — Gregor, Honorius B — Sophia W — Otto E.

1. OKTOBER *Remigius*

Das Leben des heiligen Bischofs Remigius vollzog sich vor mehr als 1400 Jahren, in der Zeit des untergehenden Römerreiches und des aufkommenden Frankenreiches. Gallien war der letzte Stützpunkt des einstigen Weltreiches. In dieses Gebiet drangen in der Völkerwanderung Germanenstämme aus dem Osten, die der Irrlehre des Arius anhingen. Dieser lehrte, daß Jesus Christus nur Mensch aber nicht Gott sei. Ihnen folgten dann die Franken. Es ging also lange Zeit alles drüber und drunter. Daß in solcher Zeit ein Bischof unendlich viel Geduld und Mühe aufbringen mußte, ist begreiflich. Remigius war solch ein Mann, der aus der Kraft der Liebe auch den Mut zu unablässigem Streben schöpfte — so ist er als ein Großer in die Geschichte eingegangen: Dieser Bischof von Reims (das seinen Namen trägt) hat entscheidend viel dazu getan, daß das wahre Christentum wieder in die Seelen der Menschen im nördlichen Frankenreich einziehen konnte.

Um 440 wurde Remigius im Gebiete von Laon als Kind adeliger und frommer Eltern geboren. Von Jugend auf in den weltlichen Wissenschaften unterrichtet, drang Remigius als Jüngling auch in die Wissenschaft von den göttlichen Dingen ein und lebte von seinem zweiundzwanzigsten Lebensjahre ab als Einsiedler auf einem Berg in der Nähe seiner Heimatstadt. Als der Bischof von Reims starb, richteten sich aller Augen auf den frommen Mann. Umsonst suchte er in seiner Demut und Bescheidenheit die Wahl auszuschlagen. Erst auf ein besonderes Zeichen vom Himmel nahm er das verantwortungsvolle Amt an. Von jetzt ab schien Gott durch augenscheinliche Wunder die Zukunft seines Dieners anzudeuten. Im Reims brach ein großer Brand aus. Remigius trat zu dem Feuer und zwang es im Namen Jesu zum Tore hinaus. Das Feuer war gelöscht. — Ein weltlich wichtiges Ereignis brachte den Höhepunkt im seelsorgerischen Wirken des heiligen Mannes: Zwischen den Römern (unter dem Feldherrn Syagrius), die ihre Oberherrschaft halten wollten, und dem Frankenvolk (unter König Chlodwig), das seine Freiheit suchte, brach der Krieg aus. Des Königs getaufte Gattin Chlothilde hatte ihm schon oft vom Gottessohn und seiner frohen Botschaft erzählt; nun beschwor sie ihn, vor und in der Schlacht die Hilfe Gottes für die gerechte Sache zu erflehen. Chlodwig dachte daran, als sich der Sieg schon auf die Seite des Feindes neigte — er bat Christus um seinen Beistand in diesem Kampf, in dem es um Sein und Nichtsein des Volkes ging. Chlodwig siegte wider alle Hoffnung! Nun rief er den heiligen Bischof zu sich und ließ sich samt einer großen Menge Adeliger von ihm taufen. Damit war das Frankenvolk dem christlichen Glauben gewonnen. Nach der Taufe des Königs begann für den Heiligen das große Werk der Bekehrung des ganzen Volkes. Siebzig Jahre wirkte Remigius im Weinberg des Herrn, bis er im Jahre 532 zur ewigen Ruhe kam.

TAGESHEILIGE: Bavo (Allovin), zuerst Gr im Haspengau, dann Mö, † 660 — Arsenius von Loheac Bk — Ludwin B von Trier, † 713 — Aretas, Priskus, Kreszens, Evagrius, Verissimus, Maxima, Julia M — Plato PrM — Dominus M — Severus Pr.

2. OKTOBER *Utho*

Eine Zeitspanne von zwölfhundert Jahren läßt am Lebensbild eines Mannes, der im Reich Gottes segensvoll gearbeitet, manches bis zur Unerkennbarkeit nachdunkeln. So ist es sehr schwer, aus jener Zeit, da Karl der Große herrschte und durch seine Autorität und Weisheit für die Ausbreitung des Christentums und der Kultur unermeßlich viel tat, zuverlässige Kunde über eine historische Persönlichkeit zu gewinnen. Doch es gibt neben der frommen Überlieferung, der Legende, auch wertvolle Urkunden. Aus diesen kann man in genauer Forschung die Lebensgeschichte manches Heiligen aus jener Zeit wiedererstehen lassen. So ist es mit Utho, dem ersten Abt und Erbauer des Klosters Metten. In einem kleinen Dorf an der Grenze zwischen Italien und Deutschland wurde er in der Mitte des achten Jahrhunderts geboren. Der Priester Gamelbert, der selber später den Heiligen zugerechnet wurde, kam auf einer Reise dorthin und taufte den Knaben. Und Gott gab ihm dabei die Ahnung ein, daß er mit diesem Kinde Großes vorhabe. Er bat daher die Eltern, sie sollten auf den Kleinen recht achtgeben, ihn gut erziehen und ihn dann später studieren lassen. Wirklich nahm er mit dem Alter auch an Weisheit zu – er zeigte sich bald als ebenso liebenswert wie klug. So schwer es den Eltern fiel, da sie nicht mit Glücksgütern gesegnet waren, sie brachten ihn doch zum Studium. Er machte glänzende Fortschritte und überflügelte bald alle seine Mitschüler. Besonders war er darauf bedacht, stets rein und gehorsam und voll Rücksicht für andere zu sein. Als er zum Priester geweiht worden war, nahm ihn Gamelbert, der Pfarrer in Michelsbuch war, zu sich. Als dieser starb, wurde Utho selbst Pfarrer dieser Gemeinde. Doch sollte seine Seelsorge in dieser Form nicht allzulange dauern. Es war die Zeit, da die Ungarn ihre Einfälle in die deutschen Lande unternahmen und alles verwüsteten. Utho floh auf das linke Donauufer und verbarg sich in den riesigen Wäldern. Die Stille und die Abgelegenheit der Gegend gefielen ihm. Er baute sich eine Einsiedelei und führte ein bußfertiges, zurückgezogenes Leben, ganz dem Betrachten und Beten sich widmend. Gott aber wollte von ihm mehr. Einst kam Karl der Große auf der Jagd in jene Gegend und fand den Klausner. Der einfache Mann gefiel dem mächtigen Kaiser, und dieser erbot sich, ihm bei der Gründung eines Klosters zu helfen: Utho bekam den riesigen Wald zum Geschenk. In dessen Mitte begann im Jahre 792 der Bau des Klosters Metten. Trotz all seines Widerstrebens wurde Utho Abt, und er sammelte bald viele Mönche um sich. Vom Papst erhielt er einen Elfenbeinstab, der heute noch gezeigt wird. Im Jahre 829 starb der Heilige.

TAGESHEILIGE: Leodegar BM – Berga JM zu Köln, † 386 – Beregisus A und Stifter des Klosters St. Hubert im Ardennenwald, † 742 – Hildebald B von Köln, † 819 – Gottfried Pachom Mö in Köln, † 1162 – Gerin, Eleuther, Primus, Cyrill, Sekundarius M – Theophil Bk – Thomas B – Amandus E.

3. OKTOBER *Theresia vom Kinde Jesu*

Man spricht von den „Kindern der Welt" und meint damit die nie an Gott denkenden, weder Christus noch die Kirche kennenden Menschen. Aber sind nicht auch viele Christen solche „Kinder"? Auch darum, weil sie überhaupt keinen rechten Begriff von dem haben, was heilig ist, Gottnähe, Abstand vom Irdischen. Und da steht nun dieses Mädchen vor uns, Maria Franziska Theresia Martin, wie sie vor ihrem Eintritt ins Kloster hieß, eine Heilige unserer Tage mit ihrem stillen und demütigen Wesen.

Am 2. Januar 1873 wurde sie als Kind angesehener Eltern in dem Städtchen Alençon (Normandie) geboren. Mit kaum vier Jahren verlor sie die Mutter. Die älteste Schwester übernahm deren Stelle. Die beiden Mädchen sprachen viel von Gott und seiner Schöpfung. – Als Therese fünfzehn Jahre alt war, erhielt sie trotz ihrer Jugend die Erlaubnis zum Eintritt ins Kloster. Nichts Auffälliges, nichts Besonderes geschah, und sie lebte still, bescheiden, zu jedem niedrigen Dienst bereit. Wie es bei einem deutschen Dichter heißt: „Alles Große geschieht in der Stille – eine Blume, die sich öffnet, macht keinen Lärm." Und diese Blume öffnete sich – Gott, der sie mit seiner Gnade erfüllte und tausendfachen Segen von ihr ausgehen ließ. Ein einziger schlichter Gedanke erfüllte das Leben dieser jungen Nonne: Alles aus Gottesliebe zu tun – nichts weiter. Theresia nannte dieses Leben den „Kleinen Weg", und sie schrieb darüber ein erst später, nach ihrem Tod, hochberühmtes Buch: „Die Geschichte einer Seele". Es ist in den einfachsten Worten ein Bericht über all das, was der Mensch mit starkem Willen – im steten Gebet vermag.

Geduld, Selbsterkenntnis, Überwindung von Eitelkeit und Egoismus, Selbstentäußerung, das sind die Meilensteine auf der Straße von der Geburt bis zur Vollendung eines Christenmenschen. Theresia nannte ihr Leben eine bittere Medizin. Unverstanden von den Mitschwestern, einsam unter den Menschen, oft sogar in der Finsternis der Gottverlassenheit, wie in einer Schlucht ohne Ausgang – immer dienend, helfend, dankend, betend – so verbrachte dieses zarte Mädchen mit dem Charakter eines wahrhaftigen Helden seine Tage, geplagt von körperlichem und noch viel mehr von geistig-seelischem Leiden. Und erst kurz vor dem Tod bekannte sie: sie hätte nie geglaubt, daß ein Mensch so viel leiden könne – und sie danke dem Himmel dafür. Am 30. September 1897 starb sie, vierundzwanzig Jahre alt, mit den Worten: „Ich liebe dich, mein Gott!" . . . Kaum achtundzwanzig Jahre später, 1925, wurde sie heiliggesprochen, denn viele unleugbare Wunder hatte sie erwirkt nach dem Wort, das sie einst gesagt: „Weil ich doch nur für Gott da bin und nur für ihn lebe – wie soll er mir einst nicht erfüllen, um was ich ihn bitte?“ – Das war, das ist die „kleine“ Heilige unserer Tage. Ihr Lebensbild wurde fast immer verzeichnet ins Süßliche, „Innige“, „Gemütvolle“ – welch ein Mißverständnis! Wer wie sie die Sünden der Mitmenschen in voller Freiwilligkeit büßend auf sich nimmt, wer kraft einer fast übermenschlichen anbetenden Liebe zum Schöpfer und zum Erlöser die ganze Spannung zwischen Natur und Übernatur in sich austragen muß: in dem sind heilige Nüchternheit, klares Erkennen, stetes Wollen die bewegende Mächte . . . „Wer es fassen kann, der fasse es“, daß Theresia vom Kinde Jesu eine der wenigen, seltenen Seele ist, die aus der großen geistigen und sittlichen Verwirrung und Not der Gegenwart heraushelfen können – durch ihr Beispiel des „kleinen Wegs“, durch ihre Fürbitte; wir brauchen sie nötiger als das tägliche Brot. Darum wollen wir die Heilige stets innig verehren!

TAGESHEILIGE: Kandidus M – Gerard A – Utho A von Metten, † 829 – Adalgott B von Chur, † 1160 – Ewald, Missionar in Sachsen, M, † 690 – Dionys, Faustus, Kajus, Petrus, Paul M – Maximian BM – Hesychius Bk.

4. OKTOBER *Franz von Assisi*

Wo liegt wohl der Grund dafür, daß er nicht nur von der Gemeinschaft der katholischen Kirche, sondern weit über sie hinaus geliebt und verehrt wird? Nun, er war ein unvergleichbares religiöses Genie, wie etwa Beethoven ein musikalisches, ebenso tief und weit im Glauben, in der Erkenntnis, im Wissen um die Beschaffenheit der Menschen, wie voll demütiger Liebe der seelenlosen Kreatur zugewandt – so wuchs er, der verwöhnte Sohn eines reichen Tuchhändlers, zu zeitüberdauernder Größe heran. 1182 wurde er geboren. Erfüllt von Spiel und allerlei Freuden, wie ein heiteres Fest, vergingen die Kinder- und Jugendtage. 1201 geriet er in ritterliche Gefangenschaft (in einem der vielen oberitalienischen Städte-Kriege); da bahnte sich jene Wende an, die dann im vollen christlichen Ernst vollzogen wurde: Abschied vom Vater, Verzicht auf allen Besitz, äußerste Armut, zwei Jahre Einsiedlerleben, Aufbau dreier zerfallener Kirchlein, Wanderschaft des Predigers kreuz und quer durch Italien, die ersten Jünger, für sie die erste Regel, Missionsreisen nach Südfrankreich, nach Spanien. Krankheit und manche Auseinandersetzung mit den Brüdern ließen ihn 1220 die Leitung seines Ordens in andere Hände legen. Und am 14. September 1224 empfing er auf dem Berg Alverno die Wundmale Christi.

Wie wenig aber sagt solch kurzer Bericht von dem, was Franz war und was er vollbrachte – von diesem Mann, der in einer Hütte aus Holz und Blättern,

in einer armseligen Kutte, von erbetteltem Essen lebte! Gegen den Widerstand der Welt, die auch damals Wohlstand und Sicherheit liebte, ja, gegen den Widerstand hoher kirchlicher Stellen predigte und verwirklichte er „mit den Augen Gottes sehend" ein „unmittelbares" Christentum – ein Revolutionär inmitten der katholischen Christenheit, von den einen mit Argwohn, von anderen höhnisch betrachtet, nach den Begriffen der Welt machtlos und ein wenig lächerlich. Aber es entstand der Orden der „Minderen Brüder" (später Minoriten, Franziskaner, Kapuziner), es fanden sich doch viele, die aufhorchten, sich besannen, ihm folgten, die zu Gott förmlich hingerissen wurden vom Beispiel dieses einen Mannes, der in sich Eigenschaften vereinigte, die höchst selten zusammengehen: Einfalt – Klugheit, Heiterkeit – tiefer Ernst, Willenskraft – Demut, Freude an der völligen Hingabe an Gott. Am 3. Oktober 1226 starb er – und schon nach zwei Jahren wurde er heiliggesprochen.

TAGESHEILIGE: Aura J – Edwin KöM – Tyrsus M, Führer der thebaischen Legion in Trier, † 287 – Krispus, Kajus, Markus, Marzian M – Petrus BM – Faustus, Eusebius, Chäremon, Luzius, Hierotheus M – Petronius B – Ammon E.

Heinrich III.

Unter jenen Herrschern, die sich durch wahre Gottesfurcht und ernsthaftes Streben nach Vollkommenheit auszeichneten, strahlt hervor die Person des deutschen Kaisers Heinrich III. Er wurde im Jahre 1017 als Sohn des Kaisers Konrad geboren. Als Heinrich der Heilige im Jahre 1024 starb und Konrad zum deutschen Kaiser erwählt wurde, erhielt Heinrich im jugendlichen Alter den Herzogshut von Bayern und vermählte sich im Jahre 1036 mit der Tochter des englischen Königs Cutho. Leider blieb die Ehe kinderlos. Als im Jahre 1039 Kaiser Konrad allzufrüh starb, erwies Heinrich seine Kindesliebe in der schönsten Weise; er brachte den Leichnam des Kaisers voll Ehrerbietung persönlich von Maastricht nach Speyer und trug auf seinen eigenen Schultern den toten Vater in die Kirche. Bei seiner Wahl zum König gab er ein Beispiel rechten Christentums, indem er erklärte, es möge ein jeder sagen, was er gegen ihn habe, er werde alles in Ordnung bringen und verzeihe gerne einem jeden, der irgendwie sich gegen ihn verfehlt habe. Und wirklich lebten die Deutschen während seiner Herrschaft einig und im Frieden. Als seine Gattin bald starb, vermählte er sich mit einer Prinzessin namens Agnes und ließ diese feierlich in Ingelheim zur Kaiserin krönen. König Petrus von Ungarn rief ihn gegen seine heidnischen Widersacher zu Hilfe. Heinrich folgte gerne dem Ruf und errang gegen eine große Übermacht einen herrlichen Sieg. Da legte er Krone und Schwert ab, kniete angesichts seines ganzen Heeres vor einem Kreuze nieder und dankte Gott. Sehr groß waren seine Verdienste um die Kirche in Deutschland. Er sorgte, daß die Bischofsstühle mit würdigen Hirten besetzt wurden. Ja selbst in Rom griff er mit mächtiger Hand ein; seiner Energie war es zu verdanken, daß in der Person des Bischofs Suitger von Bamberg ein würdiger und edler Nachfolger Petri gewählt wurde, der sich Klemens II. nannte. Dieser krönte den deutschen König im Jahr 1046 zum Römischen Kaiser. Nach dem raschen Tod des Papstes wurde auf Vorschlag des Kaisers Bischof Bruno von Toul zum Papste gewählt. Er nannte sich Leo IX. Er war einer der wenigen Päpste, die unser Vaterland besuchten. So hatte Heinrich durch Gottes Fügung in die Geschicke der Kirche eingegriffen, aber es war damals nur zum Segen geschehen. – Nach einem gottwohlgefälligen Leben verschied der Kaiser am 5. Oktober 1056. Sein Leichnam ruht im Dom zu Speyer.

TAGESHEILIGE: Plazidus M – Galla W – Meinulf Di zu Paderborn, † 857 – Gerwich E, sel., zu Waldsassen, † 1151 – Peregrina JM (Reliquien sind in Laibach) – Raimund v. Capua Mö, † 1399 – Eutychius, Viktorin, Flavia, Donat, Firmat, Faustus, Palmatius M – Thraseas BM – Charitina JM – Firmat, Flaviana Bk – Marzellin, Apollinaris, Attilan, Froilan B.

Adalbero

Zu den eifrigsten Bischöfen des Frankenlandes gehört der heilige Adalbero, der 1045 bis 1090 auf dem Bischofsstuhl von Würzburg saß. Adalbero wurde im Jahre 1010 zu Lambach bei Wels in Oberösterreich geboren. Seine Eltern entstammten einem vornehmen Grafengeschlecht der dortigen Gegend. Der Knabe wurde zum Studium nach Würzburg an die berühmte Domschule gesandt. Dann ging er an die Sorbonne, die Pariser Universität, und studierte mit größtem Eifer Philosophie, Theologie und kirchliches Recht. Nach dem jähen Tod seines Oheims Bruno, der als Bischof von Würzburg im Jahre 1045 starb, wurde Adalbero selbst Bischof. Das Bistum befand sich damals in blühendem Zustand. Das war für einen jungen Menschen immerhin eine gewisse Gefahr. Schreibt doch schon der heilige Paulus in seinem Brief an Timotheus, man solle keinen Neubekehrten, also zu jungen Mann, zum Bischof machen, damit er nicht hochmütig werde. Doch sein schneller Aufstieg und die glänzenden Umstände konnten dem gottesfürchtigen Mann keinen Schaden bringen, denn sein Sinn war nicht auf das irdische Wohlergehen, sondern auf die Förderung des geistlichen Lebens gerichtet. Es war damals die Zeit des kirchlichen Emporblühens durch den Benediktinerorden, ausgehend von Cluny, Vallombrosa und Hirsau. Adalbero hatte den guten Geist dieser Mönche in Paris kennengelernt. Deshalb war es eines seiner ersten Werke, das Domherrenstift in ein Benediktinerkloster zu verwandeln. In dem leider nun bald ausbrechenden Streit zwischen dem Papst und Kaiser Heinrich IV. mußte Adalbero sein Bistum verlassen und in die Verbannung gehen, da er sich auf die Seite des Papstes gestellt hatte. Ja, im Jahre 1088 wurde er vom Kaiser gefangengenommen. Schließlich mußte er sich in seine Heimat Lambach zurückziehen, wo er seine Stammburg zu einem Kloster gemacht hatte. Am 6. Oktober 1090 starb Adalbero.

Was ihm besonders nachgerühmt wird, ist sein asketisches Streben. Gebet, Arbeit, Menschenliebe waren die drei Grundpfeiler seines Lebens. So ist es begreiflich, daß die Verehrung des Bischofs als eines Heiligen schon bald nach seinem Tode begann. Zahlreiche Krankenheilungen an seinem Grabe werden berichtet. Im Jahre 1883 fand die feierliche Erhebung seiner Gebeine statt. Seit dieser Zeit hat seine Verehrung, die namentlich in der Aufklärungszeit darniederlag, wieder mächtigen Aufschwung genommen. In Würzburg ist ihm eine eigene Kirche geweiht.

TAGESHEILIGE: Bruno, Stifter des Kartäuserordens zu Köln, † 1101 – Fides JM – Maria Franz v. d. heiligen fünf Wunren J – Tuto, sel., B zu Regensburg, † 930 – Sagaris BM – Roman, Marzell, Kastus, Ämilius, Saturnin, Erotis M – Magnus B.

7. OKTOBER

Justina

Wer die Geschichte unserer Kirche in den ersten drei Jahrhunderten liest, in jener Zeit, da das Heidentum mit Feuer und Schwert gegen die Anhänger Jesu vorging, den erfassen Bewunderung und Staunen. Wie war es möglich, daß Christi Lehre — die doch damals nur wenige, sozial und politisch schwache, Anhänger hatte — den Sieg erringen konnte? Doch wer fest an Christus glaubt und an seine Gründung, der weiß, daß die Wurzeln übernatürlicher Macht und Gnade mächtiger sind als alle irdische Gewalt. So konnte es auch geschehen, daß Christus sich aus der Reihe der Götzenpriester Nachfolger gerufen hat. Und gerade diese Menschen, die aus innerem Drang und ganz gegen ihre „Interessen" sich bekehrten, haben in den Zeiten der Verfolgung treu zu Christus gestanden und für ihn ihr Leben gegeben. Solch ein Lebensbild ersteht uns aus den Martyrerakten, wenn wir das Fest der heiligen Justina feiern. Sie lebte zur Zeit des Kaisers Diokletian, der von 284 bis 305 regierte.

Justina stammte aus Antiochien in Pisidien. Ihr Vater Edusius war heidnischer Priester. Die Tochter wurde von den Eltern sorgfältig erzogen und zu einer eifrigen Dienerin der Götter herangebildet. Mit Freuden nahm sie an den Gottesdiensten teil, sang gerne die religiösen Lieder und beteiligte sich an den Tänzen zu Ehren der Götter. In der Nähe ihrer Wohnung befand sich eine christliche Kirche; in dieser Zeit der Ruhe hatten sich die Christen aus den Katakomben herausgewagt. Von ihrem Fenster aus vernahm Justina den liturgischen Gesang beim christlichen Gottesdienst. Durch dessen Schönheit wurde sie zutiefst ergriffen. Ebenso erging es ihren Eltern. In einer Nacht erschien der Heiland dem Priester Edusius und ermahnte ihn, Christ zu werden. Das war für Edusius wie ein Erwachen nach langem Schlaf. Er und sein ganzes Haus begaben sich zum christlichen Bischof.

Justina war inzwischen zu einer blühenden Jungfrau herangereift. Viele Jünglinge bewarben sich um sie. Doch sie wollte nur Christus angehören. Einer der jungen Männer wollte sie unbedingt, im Guten oder Bösen, erringen. Als er mit seiner Werbung nichts erreichte, wandte er sich an den Zauberer Cyprian; dieser brachte der Göttin Venus Opfer dar und bereitete Zaubertränke. Aber es war alles vergebens. Ja, als Cyprian die Jungfrau in ihrer Schönheit und Reinheit sah, da erfaßte ihn ein Grauen über sein bisheriges Leben; er trat zum Christentum über. Selbst jener junge Mann, Agladius, der geglaubt hatte, durch „Schwarze Kunst" die Jungfrau gewinnen zu können, bekehrte sich. Groß war die Freude der Christen zu Antiochien, vor allem aber Justinas, denn ihr Gebet, ihr Beispiel hatten zwei besonders wichtige Männer zum Christentum bekehrt. Doch bald brach eine heftige Christenverfolgung aus. Justina wurde als Christin angeklagt. Nach vielen, mit Standhaftigkeit erduldeten Martern wurde die Jungfrau in Nikomedien im Jahre 303 enthauptet.

TAGESHEILIGE: Markus P, † 336 – Sergius, Bacchus, Soldaten M, † 303 – Marzell, Apulejus M – Julia JM – Gerold von Köln, Wallfahrer, † 1250 – Osgith JM – Goswin A, † 1166 – August Pr – Helan Pr.

8. OKTOBER

Birgitta

Es brach für die Kirche eine schlimme Zeit an, als Papst Klemens V. (1305 bis 1314) im Jahre 1309 zu seiner Residenz die Stadt Avignon (Südfrankreich) bestimmte. Damit begann einerseits das sogenannte Babylonische Exil (bis 1378), anderseits eine verhängnisvolle Abhängigkeit des Papstes vom französischen König. Rom, Mittelpunkt der christlichen Welt, wurde eine Stätte des Streites zwischen den Adelsgeschlechtern. Für eine kurze Zeit wurde der Kirchenstaat durch eine Volksrevolution Republik. Die Kirchen begannen zu verfallen; so wird einige Jahrzehnte später berichtet, daß in der Peterskirche das Gras wuchs und Kühe darin weideten. In dieser argen Zeit sandte Gottes Vorsehung eine Frau, die in 29jährigem Aufenthalt in Rom durch Werke der christlichen Nächstenliebe als „die Witwe Roms" bekannt und geehrt wurde, Birgitta von Schweden.

Immer wieder bat sie den Papst, er solle doch zurückkehren in die Hauptstadt der Christenheit.

Wenn sie es auch nicht mehr erlebte, daß die Residenz der Päpste wieder und endgültig nach Rom verlegt wurde, so war es doch ihrem Drängen und Bitten zu danken, daß der Inhaber der höchsten kirchlichen Gewalt keine Ruhe mehr fand, bis er dieser Frau innigsten Wunsch erfüllt – zum Wohl für die Kirche und die Menschheit.

Warum tat sie das? Die Antwort ist einfach: Der Glaube an den Herrn und seine Lehre prägte ihr ganzes Leben.

Birgitta wurde um das Jahr 1303 in Schweden geboren. Ihr Vater war Landvogt. Als die Mutter viel zu früh starb – Birgitta war erst elf Jahre alt –, wurde das Kind einer frommen Verwandten anvertraut. Mit sieben Jahren schon empfing sie die ersten Offenbarungen; es erschien ihr der leidende Heiland. Dies blieb bedeutsam für ihr ganzes Leben. Sie empfand seitdem eine unergründliche Andacht und Liebe zum Gekreuzigten. Noch viele andere

Gnadenerweise erhielt sie. Aber sie wurde nicht weltfremd; ja sie verheiratete sich im Alter von 14 Jahren auf Befehl ihres Vaters mit dem schwedischen Fürsten Ulf Gudmarson. Trotz ihrer Jugend gewann sie das ganze Herz ihres Gatten und erzog ihn mehr durch das Beispiel als durch das Wort zu einem beispielhaften Leben. Sie schenkte ihm in glücklicher Ehe acht Kinder, vier Söhne und vier Töchter. Eine Tochter, Katharina, wird von der Kirche als Heilige verehrt. Birgitta lehrte ihre Kinder schon in frühester Jugend das Wohltun aus Nächstenliebe. Selber gab sie das beste Beispiel. Mit der Erlaubnis ihres Gatten erbaute sie ein Spital und pflegte die Kranken. Auf einer Wallfahrt nach Compostela erkrankte ihr Gatte schwer, wurde aber wieder gesund. Danach trat er als Mönch in ein Kloster ein. Er starb bereits im Jahr 1344. Jetzt war auch für Birgitta der Augenblick gekommen, da sie ihren Lieblingswunsch erfüllen konnte. Sie reiste nach Rom und ließ sich dort nieder. Fast dreißig Jahre lang war nun ihr Leben *allein* dem mystischen Gebet, der Anbetung Gottes und der tätigen Menschenliebe geweiht. Den Armen zuliebe stiftete sie den Doppelorden der Birgittiner und Birgittinerinnen. Das berühmte Kloster Wadstena gründete sie selbst. Mit ihrer Tochter Katharina unternahm sie im Jahre 1372 eine Wallfahrt ins Heilige Land; auf der Rückreise erkrankte sie zu Rom und starb dort am 23. Juli 1373. Bereits 1391 wurde sie heiliggesprochen. Ihr Leib wurde in das Kloster Wadstena überführt. Sie ist die Patronin Schwedens. Ihre Offenbarungen wurden niedergeschrieben. Birgitta erwies sich durch ihr Leben und durch ihre Schriften als göttliches Werkzeug zur religiösen Erneuerung ihrer Mitwelt.

TAGESHEILIGE: Ragenfridis Ae im Hennegau, † 805 – Amor von Aquitanien E und Klostergründer zu Lüttich, † im neunten Jahrhundert – Laura (Laurentia) M – Demetrius, Nestor, Petrus, Palatias M – Artemon PrM – Reparata, Benedikta JM – Evodius B – Pelagia von Thais Bk – Dietfried.

9. OKTOBER Günther

Günther stammte aus dem fürstlichen Hause Kevernburg-Schwarzburg in Thüringen (geboren 955). In seiner Jugendzeit war er nicht fromm, sondern verwendete seinen großen Reichtum sehr oft zu Ausschweifungen aller Art. Doch bald erwachte sein Gewissen, und mitten in seinen Vergnügungen und Lustbarkeiten empfand er brennende Unruhe und Unfrieden. So bat er den ihm befreundeten Abt Gotthard von Altaich, der von 1005 bis 1016 im nahen Hersfeld wirkte, um seinen Rat. Dieser sagte ihm, er möge sich in die Einsamkeit des Klosters zurückziehen, um dort den inneren Frieden zu finden. Günther tat dies. Allein die Versuchungen ließen nicht nach, und soviel auch der Abt beredete, er blieb nicht im Kloster. Er wandte sich nun an seinen Verwandten, den Kaiser Heinrich den Heiligen, der ihm die Vergänglichkeit alles Irdischen vor Augen stellte und ihm empfahl, sich doch ganz der Barmherzigkeit und Güte Gottes zu überlassen. Und dem Kaiser gelang es, Günther zu überzeugen, daß nur Beständigkeit im Guten wirklich zum Erfolg führen könne. Mit Eifer und Mut begab sich Günther an die Arbeit und erlangte auch wirklich innere Festigkeit und Frieden. Sein fester Sinn und die Innigkeit seines geistlichen Lebens bestimmten seinen Vetter, König Stephan von Ungarn, ihn zu bitten, er möge doch zu ihm kommen und ihn in der christlichen Lehre unterweisen. Als sein Abt es ihm erlaubte, reiste er zum König. Später zog er in den Böhmerwald und lebte mit gleichgesinnten Gefährten als Einsiedler in der noch von Urwald bedeckten Gegend. Dort errichtete er das Kloster Ringnach und stand diesem sieben Jahre mit allem Eifer vor. Sodann zog er sich in eine noch ödere Gegend zurück. In dieser Wildnis fand ihn eines Tages der Polenfürst Bretislaw, dem er sagte, daß er anderntags sterben werde. Darauf holte der Fürst den Bischof Severus, der dem Heiligen die letzte Wegzehrung gab, worauf Günther dann am 9. Oktober 1045 in hohem Alter eines gottseligen Todes starb. Sein Leichnam wurde nach Böhmisch-Braunau überführt und dort bestattet. –

Uns ist Günther ein Beispiel dafür, daß man nur durch ernstes Ringen und Streben über die Versuchungen der Welt und der eigenen Natur Herr werden kann.

TAGESHEILIGE: Dionysius Areopagita BM – Rustikus, Eleutherius M – Gislin A von Zell im Hennegau, † 681 – Nidgar, sel., B von Augsburg, † 822 – Arnold B von Metz, † 600 – Johann von Lobedau, sel., Mö in Westpreußen, † 1264 – Goswin, sel., A im Hennegau, † 1155 – Domninus, Athanasia, Andronikus M – Deusdedit AM – Ludwig Bertrand Mö – Puplia Ae – Sibylla.

10. OKTOBER *Franz Borgia*

Daß ein Mensch trotz hoher Lebensstellung und großen Reichtums ein Leben in Vollkommenheit und Tugend zu führen vermag, wenn er mit Weisheit und Demut die Gnade Gottes willig in sich aufnimmt, das beweist das Leben des Herzogs Franz Borgia. 1510 wurde er als Sohn des Herzogs von Gandia (Spanien) geboren. Seine Erziehung war seiner hohen Abstammung würdig. Schon als Knabe zeigte Franz große Liebe zur Frömmigkeit und Tugend. Mit siebzehn Jahren kam er an den Hof des deutschen Kaisers Karl V. Hier, mitten in den Gefahren des Hoflebens mit seiner Pracht und Lust, bewahrte er sein Herz rein, namentlich dank seiner steten Andacht zur Gottesmutter und weil er oft zu den heiligen Sakramenten ging. Sein lauterer Lebenswandel machte auf den Kaiser großen Eindruck. Mit einer tugendhaften Hofdame der Kaiserin Isabella wurde er vermählt und mußte nun als Vizekönig von Catalonien eine eigene Hofhaltung führen. Diese richtete er einfach und bescheiden ein. Seine Untergebenen erzog er auf das beste und sorgte dafür, daß sie viel in klugen und guten Büchern lasen. Wohl nahm er stets an den Hoffesten teil, doch vergaß er nie seine Vorsätze. Die Ehe war gesegnet, seine Gattin schenkte ihm acht Kinder. Der Kaiserin Isabella war der Herzog in besonderer Verehrung zugetan. Als sie starb, mußte er die Leiche nach Granada überführen. Dort ließ er den Sarg nochmals öffnen. Entsetzt wandte sich alles ab. Der Tod hatte das edle Antlitz, das von vollendeter Schönheit gewesen war, furchtbar entstellt. Franz begab sich nach der Bestattung in sein Zimmer und gelobte tief ergriffen, keinem irdischen Herrn mehr zu dienen.

Nach dem allzufrühen Tode seiner treuen Lebensgefährtin begab er sich nach Rom und trat dort in den Jesuitenorden ein. Er wurde zum Priester geweiht und erwarb sich bald als Prediger einen großen Ruf. Doch nicht allzulange dauerte dies: Franz Borgia wurde 1556 zum Ordensgeneral ernannt. In diesem Amt tat er ungemein viel für die Mission in den neuentdeckten Ländern Amerikas. Auch errichtete er viele Kollegien und Schulen. Auf der Rückkehr von einer Reise nach Spanien erkrankte er und starb eines seligen Todes am 30. September 1572. Im Jahre 1671 wurde dieser große Mann heiliggesprochen.

TAGESHEILIGE: Gereon, Viktor und Genossen M der thebaischen Legion zu Köln, † 304 – Tuto B – Tancha JM – Techildis Ae – Giselbert A von St. Blasien, † 1086 – Kassius, Florentius, Eulampius, Eulampia M – Pinytus, Paulin v. York, Cerbonius B – Leonard Bk – Angelus – Leo, MöM – Samuel M.

11. OKTOBER *Alexander Sauli*

Auf der wildzerklüfteten Insel Korsika war das Christentum schon sehr früh heimisch geworden. Aber im Lauf der Zeit ließ der Eifer nach, und gar viele „Christen“ führten kein christliches Leben mehr. Besonders schlimm wurde dies im sechzehnten Jahrhundert. Da erwuchs den Korsen dank der göttlichen Vorsehung ein Mann als Bischof, der im schönsten Sinn des Wortes ein guter Hirt – zugleich Bruder und Vater der Seinen – sein sollte, der Barnabitenpater Alexander Sauli. Er wurde 1534 zu Mailand geboren. Seine Eltern gaben ihm gewissenhafte Lehrer, unter deren Leitung er große Fortschritte machte. Schon sehr bald empfand er Abscheu gegen rauschende Feste und sündhafte Vergnügungen. So trat er einst als Jüngling mit einem Kreuz in der Hand mitten unter die Leute, die gerade einem schamlosen Theaterstück zuschauten, und sprach zu ihnen; viele verließen daraufhin die Vorstellung.

Sein Lebensideal fand er im Orden der Barnabiten. Härteste Bußwerke übte er zur Überwindung seiner Neigungen; großer Eifer im Predigeramt und im Beichtstuhl zeichneten ihn aus. Wegen seiner Gelehrsamkeit wurde er Hochschulprofessor zu Padua. Mit 32 Jahren schon war er Ordensgeneral. Gott aber wollte diesen Mann des Glaubens und der Wissenschaft noch heller leuchten lassen. Anno 1569 wurde er Bischof von Aleria auf Korsika – eine große Last wurde ihm damit auf die Schultern gelegt. Denn Glaube, Recht und Ordnung schienen in Korsika für immer dahin. Aleria hatte nur dem Namen nach noch eine Kirche. Auf der ganzen Insel war kaum ein Ort, wo man mit Anstand den Gottesdienst feiern konnte. Die Dörfer waren entvölkert, die meisten Leute wohnten in den zerklüfteten Bergen und hausten wie Wilde. Barbarische Unwissenheit und Aberglaube statt des Glaubens an Gott gingen Hand in Hand. Doch mutig und voll Eifer ging der Bischof an sein hartes Werk. Er bereiste seine ganze Diözese und sprach jedem, dem er begegnete, ins Herz. Bald kamen die Menschen in Scharen zu ihm und hörten auf sein Wort. Überall rottete er Mißbräuche aus, baute Kirchen und las die heilige Messe. Da seine Mitarbeiter unter der Last der Arbeit zusammenbrachen, mußte er das meiste allein tun. Und siehe, es gelang! Im Verlauf weniger Jahre blühte das Leben in seiner Diözese auf. Im Jahre 1591 ernannte ihn der Papst zum Bischof von Pavia. Doch nur kurze Zeit war es ihm vergönnt, dort zu arbeiten, denn bereits 1593 starb er auf einer Visitationsreise. 1904 wurde Alexander heiliggesprochen.

TAGESHEILIGE: German BM – Agilbert B – Bruno B von Köln, † 965 – Daniel von Grimberg, sel., Mö in Brabant, † 1532 – Tharakus, Probus, Andronikus, Skubikulus M – Nikasius BM – Quirin PrM – Pientia JM – Anastasius PrM – Plazidus, Genesius, Sarmatas M – Firmin B – Kanik A – Gummar, Ämilian Bk – Zenaides, Philonilla M – Placidia J – Ethelburg Ae.

12. OKTOBER *Maximilian*

Seit mehr als einem Jahrtausend wird, besonders in Bayern und Österreich, der heilige Bischof und Martyrer Maximilian verehrt. Schon Bischof Rupert von Salzburg erlebte im achten Jahrhundert die Verehrung des Heiligen im Alpengebiet. In Bischofshofen im Pongau erbaute er daher ihm zu Ehren eine Kirche. König Karlmann (882 – 884) brachte den Leichnam Maximilians nach Altötting. Von dort übertrug ihn Bischof Pilgrim nach Passau, wo noch heute Reliquien von ihm erhalten sind.

Diese historischen Tatsachen bezeugen die Echtheit der Lebensbeschreibung, die sich als Überlieferung durch mehr als dreißig Generationen erhalten hat.

Maximilian lebte in der zweiten Hälfte des dritten Jahrhunderts, also in einer Zeit, da das Christentum noch in seiner ersten Entwicklung stand und erst langsam im Römischen Reiche Boden gewann. Er war geboren in Cilli in Ungarn als das Kind edler und vermögender Eltern, die bereits Christen waren. Ein heiligmäßiger Priester, Oranius, unterrichtete den Knaben. Er legte in die junge Seele den Keim zur späteren Größe, zum Heldentum. Besonders zeichnete sich Maximilian durch große Freigebigkeit gegen die Armen aus. Als seine Eltern starben, verschenkte er sein bedeutendes Vermögen und lebte von nun an ganz dem Dienst Gottes. Er wurde zum Priester geweiht und schließlich als Bischof über die Stadt Lorch gesetzt. Hier übte er das verantwortungsvolle Amt mit Eifer aus und förderte das Reich Gottes mit allen ihm zur Verfügung stehenden Mitteln. Da brach über die Kirche in Ungarn eine Verfolgung unter Kaiser Dezius herein. Die Christen wurden des Landes verwiesen. Maximilian begab sich nach Rom zu Papst Xystus II. Dieser empfing ihn liebevoll, sandte ihn aber dann wieder in seine Heimat zurück, damit er dort den schwerbedrängten Christen in ihrer Not beistehe. Maximilian begab sich in seine Vaterstadt, um dort für die Wahrheit des Evangeliums zu zeugen. Als der kaiserliche Statthalter Ejulasius den Befehl erließ, daß alle dem Mars opfern müßten, und viele Christen sich einschüchtern ließen, da trat Maximilian offen vor den Statthalter und sprach zu ihm von Christus und seiner Lehre. Der Beamte ließ den Heiligen ergreifen und verurteilte ihn zum Tode. Am 12. Oktober des Jahres 284 wurde Maximilian außerhalb der Mauern seiner Vaterstadt enthauptet. Mit Freuden hatte Maximilian das Urteil angenommen und starb des Lohnes gewiß, den Gott jenen verheißen hat, die ihn lieben.

TAGESHEILIGE: Walfried B – Seraphin Bk – Pantalus BM von Basel, † 451 – Herlindis Ae, † 745 (Belgien) – Jakob Griesinger aus Ulm Mö, † 1491 – Priszian, Evagrius, Edistius, Domnina M – Monas, Salvin B Eustach Pr – Edwin KöM.

13. OKTOBER Sintpert

Das Augsburger Bischofverzeichnis nennt mit der Jahreszahl 802 einen Bischof namens Sintpert, den Heiligen des heutigen Tages. Er lebte also als Zeitgenosse Karls des Großen. Wir wissen nur wenige Tatsachen von ihm, doch berichtet die christliche Überlieferung immerhin so viel, daß sich sein Dasein und sein Wirken wenigstens in etwa erkennen lassen. Seine Regierungszeit fällt mit der Besetzung Bayerns durch Karl den Großen zusammen: eine Zeit der Wirrnisse. Und daß der mächtige Kaiser gerade diesen Mann als Bischof von Augsburg sehen wollte, hatte seinen Hauptgrund gewiß darin, daß die Mutter Sintperts eine Schwester des Frankenkönigs, sein Vater Ambert Herr in Lothringen war. Zur Erziehung wurde er in das Kloster Murbach gegeben, das damals wegen der trefflichen Zucht in seiner Schule hochberühmt war. Er blieb im Kloster und wurde bald vom Kaiser zum Abt ernannt. In dieser Stellung zeichnete er sich durch Frömmigkeit, Wohltätigkeit und eine äußerst strenge Selbsterziehung aus. Karl der Große, der den Bayernherzog Tassilo abgesetzt hatte und das ganze Bayernland neu ordnete, übergab Sintpert das Bistum Augsburg. Auch als Bischof lebte Sintpert in der gleichen einfachen Weise wie als Mönch. Strenge gegen sich und Milde gegen andere waren seine Grundregeln. Sein ganzes Streben war, das Volk zu wahrer Frömmigkeit, zu umfassend christlichem Leben zu erziehen. Er selbst ging ja mit dem besten Beispiel voran. Bei der Liebfrauenkirche, dem heutigen Dom, errichtete er nach dem Vorbild des Klosters Murbach eine Schule, in der die Kinder der Augsburger Bürger im Glauben und Wissen unterrichtet wurden. Die Liebfrauenkirche weihte er selbst ein. Freilich mußte er auch manchmal fern von seinem Bistum weilen, wenn des Kaisers Befehl ihn an dessen Pfalz rief. Aber auch im Hofleben, das ihm in der Seele zuwider war, bewahrte er seine Einfachheit und Heiligkeit und sehnte sich in die Seelsorge zurück. Dreißig Jahre lang verwaltete er zum Heil von Tausenden, zum Segen für die Stadt das Bistum; er starb um das Jahr 802, beklagt von seinen Schutzbefohlenen. Sein Grab wurde bald durch zahlreiche Wunder verherrlicht. So bat ihn einmal eine fromme Frau, deren Kind von einer Wölfin geraubt worden war, um seine Fürbitte. Und siehe da, während sie noch betete, brachte die Wölfin das Kind unversehrt zurück und entfloh. Papst Nikolaus V. sprach ihn heilig. Sintpert ist der zweite Patron des Bistums Augsburg.

TAGESHEILIGE: Eduard Kö, † 1066 – Coloman von Stockerau (Wien), Pilger-M, † 1012 – Hugolin Mö M – Reginbald, sel., B von Speyer, † 1039 – Lubentius Pr in Cobern-Köln, † 369 – Karpus, Faustus, Januarius, Martialis, Florentius, Daniel, Samuel, Angelus, Nikolaus M – Theophil BM – Venantius AB – Cheledonia J.

Reginbald

An den Namen dieses Heiligen knüpft sich die Erbauung des herrlichen Domes zu Speyer. – Der gottselige Reginbald entstammte einem vornehmen adeligen Geschlechte Schwabens. Als Knabe wurde er nach St. Gallen gebracht; dieses Kloster war damals als Erziehungsstätte von höchstem geistigem Rang berühmt. Da er große Neigung für den Ordensstand zeigte, bat er im Kloster St. Gallen um Aufnahme. So begann Reginbald das Leben eines einfachen Mönches. Bald aber wurde er in das Kloster Tegernsee beordert. Dort zeigte sich seine Klugheit und Frömmigkeit in so hellem Licht, daß er ausersehen wurde, das neuerrichtete Kloster St. Afra in Augsburg zu leiten. Sein Abtsstab, der noch vorhanden ist, trägt die Inschrift, die für sein ganzes Leben und Denken kennzeichnend war: „Sammle, was zerstreut, schütze, was schwach, eifre an, was langsam ist!" Sein Kloster wurde eine Pflanzstätte der Weisheit, der Frömmigkeit, der Tugend. Daher wurde der Selige auch berufen, die Klöster Ebersberg und Lorsch zu reformieren. Kaiser Konrad wurde auf den tüchtigen Abt aufmerksam. Er erhob ihn auf den verwaisten Bischofsstuhl von Speyer und Limburg. Der Kaiser hatte den richtigen Mann gefunden. Denn Reginbald zeichnete sich auch als Bischof ebenso durch Tugendstreben wie durch große Energie aus. Speyer wurde unter seiner Leitung eine Musterdiözese. Zugleich sammelten sich dort Handwerker und Künstler, die durch den Baueifer des Bischofs und des Kaisers angezogen wurden. Es begann 1030 der Bau des Speyerer Domes. Reginbald wollte dem Herrgott ein herrliches Haus errichten, und der Kaiser unterstützte ihn bei diesem Werk nach Kräften mit allen Mitteln. Leider erlebten beide nicht mehr die Vollendung. Als Reginbald im Jahre 1039 starb, wurde seine Leiche in dem unvollendeten Dom beigesetzt.

An vielen Orten hat dieser große Mann Zeugnisse seines segensvollen Wirkens hinterlassen. Was erzählen die Stationen unseres Lebensweges von uns? Kann jemand sich ein schöneres Denkmal setzen als ein Gotteshaus? In einem solchen Haus aus Holz und Steinen erblüht das christliche Leben und trägt seine reichen Früchte in die Welt hinein. Das Beispiel des großen, heiligmäßigen Bischofs mag uns anspornen, mit unserm Scherflein beizutragen zur Erhaltung alter und zum Bau neuer Kirchen, zur Ehre und Verherrlichung Gottes.

TAGESHEILIGE: Kallistus PM, † 222 – Burkhard B von Würzburg, † 754 – Rustikus B von Trier, † 574 – Hildegard von Höchstadt J, † 1100 – Cölestis B von Metz, † 320 – Karponius, Evarist, Priszian, Saturnin, Lupus M – Gaudentius BM – Fortunata JM – Fortunat, Donatian, Justus B – Dominikus Lorikatus, Bernard B – Alan-Chrysanthus.

15. OKTOBER *Theresia*

Es gibt Frauen, die durch Werke der Dichtung oder der Wissenschaft in die Kulturgeschichte eingegangen sind. Daß die Welt aber mit Hochachtung von Frauen spricht, die nicht nur literarisch bedeutend, sondern auch weithin leuchtende Zeugen des Glaubens waren, das ist eine Seltenheit. Auf die heilige Theresia von Avila aber blickt die ganze Kulturwelt, die ihre Schriften und ihr Leben kennt, mit Achtung und Verehrung und nennt sie „die Große". Ihre Schriften „Weg zur Vollkommenheit", „Gedanken über die Liebe Gottes" und besonders ihr Meisterwerk „Die Seelenburg" wurden in viele Sprachen übersetzt. Das Leben dieser heiligen Klosterfrau ist nicht ein leichtes Hingleiten in gefühlvoller Frömmigkeit oder übertriebener Askese. Im Gegenteil!

Zu Avila in Spanien erblickte sie im Jahre 1515 das Licht der Welt. Zeitlebens war ihr der Geburtstag von großer Wichtigkeit, da sie an diesem nicht bloß das Licht der Welt, sondern auch das Licht des Glaubens durch die Taufe erblickte. Sie war von adeliger Herkunft. Ritterlich wurde sie auch erzogen und in allen Wissenschaften unterrichtet. Als Kind glühte sie in heiliger Begeisterung für Gott und wollte in fremde Länder fahren, um den Martertod für den Heiland zu erleiden. Als sie zwölf Jahre alt war, verlor sie ihre Mutter. Da bat sie Maria, ihr Mutter zu sein. Diesen Schutz brauchte Theresia sehr notwendig. Denn sie war von schöner Gestalt, dazu feurigen Gemütes und sehr eitel. Zudem las sie viele der damaligen Romane und phantasierte sich so in eine Scheinwelt hinein, die ihr gefährlich werden konnte. Doch mit zwanzig Jahren besann sie sich und trat in den Orden der Karmeliterinnen ein. Ihr Gebetseifer beschämte bald ihre Mitschwestern. Auch jetzt hatte sie schwerste Versuchungen zur Selbstliebe und Eitelkeit durchzukämpfen. Nur so wurde sie Herr darüber, daß sie sich ganz dem Willen Gottes hingab. Mit aller Energie ging sie daran, die ehrwürdige, aber ungemein strenge Regel des Karmeliterordens wieder herzustellen. Es hatte damals in vielen Klöstern eine große Laxheit um sich gegriffen. Im Verein mit dem Ordensgeneral Johannes Rossi und der Zustimmung des Papstes gelang ihr großes Werk, das für das innerliche religiöse Leben der Kirche gerade in jener Zeit, da Europa von der Reformation durchpflügt wurde, von größter Bedeutung war. Denn viele lernten erst durch Theresia wieder, wie wichtig Askese und Mystik für das Seelenleben sind. So konnte sie zweiunddreißig Klöster ihres strengen Ordens gründen. Sie selbst blieb bescheiden und demütig. Gott belohnte sie nach Jahren innerster Trockenheit mit herrlichen Gnadenbeweisen, Tröstungen und Erleuchtungen: sie gelangte bis zur höchsten Stufe des beschaulichen, mystischen Gebetes. Zu all ihrer Arbeit, ihren Seelenkämpfen wurde sie von vielen körperlichen Leiden heimgesucht. Am 4. Oktober 1582 starb Theresia. Ihr Leben und ihre Schriften sind und bleiben von ungeheurer Bedeutung für die Erneuerung des katholischen Lebens.

TAGESHEILIGE: Severus B von Trier, † 499 – Aurelia J, Klausnerin zu Regensburg, † 1027 – Thekla Ae zu Tauberbischofsheim und Kitzingen, † 790 – Bosolus E zu Trier, † 499 – Bonifaz von Querfurt, MöM, † 1009 – Leopold, Markgraf von Österreich, † 1136 – Fortunat, Agilejus M – Bruno BM – Antiochus B – Leonhard A.

16. OKTOBER *Hedwig*

Solange man die alten Ordnungen noch recht verstand, war ein Landesherr nicht so sehr Machthaber als herrschender Vater seines Volkes, verantwortlich für das leibliche und seelische Wohl seiner Untertanen. Solche, die diese Lebensaufgabe nicht erfüllten, führten ihr Volk meist ins Unglück. Solche aber, die wirklich ihren Rang als Auftrag Gottes betrachteten, haben Glück und Segen über ihr Volk gebracht, haben sich der Erinnerung eingeprägt, die noch nach Jahrhunderten lebendig ist. Das gilt auch von der heiligen Herzogin Hedwig von Schlesien. Sie wurde 1174 als Tochter des Grafen Berthold IV. von Andechs geboren und war eine Tante der heiligen Elisabeth von Thüringen. Deren großer Geist und die einzigartige Liebe zum Nächsten waren auch ihr gegeben. Sie wurde sorgsam erzogen und später mit Herzog Heinrich dem Bärtigen von Polen und Schlesien vermählt. Dieser überaus glücklichen Ehe, die auf dem Fundament der gegenseitigen Heiligung aufgebaut war, entsprossen sechs Kinder, die Hedwig zu guten und getreuen Christen erzog. Als ihr Gatte starb, nahm sie den Schleier und wurde Nonne zu Trebnitz im Zisterzienserinnenkloster. Dort zeigte sich ihre große Seele. Nicht bloß, daß sie die geringsten Arbeiten mit Freuden auf sich nahm, die strenge Ordensregel aufs gewissenhafteste befolgte: sie übte auch Werke der Abtötung, der Selbstkasteiung, der Überwindung und bewährte die so errungene Glaubenskraft in der Nächstenliebe. Jeden Tag hatte sie dreizehn Arme an ihrem Tisch, die sie selber bediente. Sogar Aussätzige pflegte sie mit eigener Hand. Gott zeichnete sie durch Wunderkraft aus. Sie war zutiefst ergriffen von der wahren Gegenwart ihres göttlichen Meisters auf dem Altar. Aus dem Besuch der heiligen Messe und dem oftmaligen Empfang der heiligen Kommunion gewann sie überirdische Einsicht. Als ihr Sohn im Kampf fiel, da vergoß sie keine Tränen, sondern pries Gott wie der Dulder Job: „Der Herr hat's gegeben, der Herr hat's genommen, der Name des Herrn sei gebenedeit!" Am 15. Oktober des Jahres 1243 starb die Heilige; nach ihrem Tode wurde sie durch zahlreiche Wunder verherrlicht. Im Jahre 1267 hat Papst Klemens IV. sie in das Verzeichnis der Heiligen aufgenommen — von den Gläubigen wird sie auch noch in unseren Tagen verehrt als ein Vorbild reines Glaubens und nieermüdender Hilfe für die Armen. Zum Kloster Andechs, ihrem Stammschloß, wallfahrten Tausende und Abertausende von heimatvertriebenen Schlesiern und beten für ihre verlorene Heimat.

TAGESHEILIGE: Gallus A von St. Gallen, † 645 – Lullus B von Mainz, † 786 – Gerard Majella Mö – Heriburg Ae zu Nottuln (Westfalen), † 845 – Luitgardis J von Wittichen im Schwarzwald, † 1347 – Martinian, Saturnin, Nereus, Eliphius M – Berchar AM – Ambrosius, Florentin B – Bertrand B – Longinus – Saturian M.

17. OKTOBER *Gallus*

Der Heilige des alemannischen (schwäbischen) Raumes ist Abt Gallus. Viele Kirchen sind ihm geweiht, namentlich in der Schweiz und in Schwaben. Es ist dies eigentlich merkwürdig, wenn man bedenkt, daß seit seinem Leben mehr als dreizehnhundert Jahre vergangen sind. Aber im Glaubensleben der Völker geht das Andenken an große Glaubensboten selten ganz verloren — vollends dann nicht, wenn ihr Dasein von Legenden umkränzt wurde. Christliche Überlieferung berichtet über den heiligen Gallus: Er wurde um 550 in Irland geboren und trat schon in jugendlichem Alter in den Benediktinerorden ein. Ein sehnlicher Wunsch erfüllte ihn: er wollte nach Germanien ziehen, dessen Missionierung um diese Zeit begann. Im Jahre 585 reiste er gemeinsam mit Kolumban ins Frankenreich. König Theoderich nahm die Mönche freundlich auf und ließ ihnen einen Ort anweisen, wo sie ein Kloster bauen sollten. Doch nicht allzu lange konnten sie dort arbeiten und beten. Die Intrigen der Königin zwangen sie, das Land zu verlassen. Auch am Bodensee war ihres Bleibens nicht lange. Herzog Gunzo, dem die Gegend gehörte, wollte vom Christentum nichts wissen und vertrieb sie. Kolumban ging nach Italien. Gallus wollte ihm folgen, wurde aber von einem heftigen Fieber ergriffen und mußte bleiben. Als er genesen war, ging er mit dem Priester Willimar noch weiter in die Einsamkeit der Berge jenseits des Bodensees und erbaute sich dort eine Kapelle. Das war die Grundsteinlegung des späteren Klosters Sankt Gallen. Dort gab es noch viele wilde Tiere, namentlich Bären. Einst kam ein Bär und raubte die wenigen Lebensmittel der Mönche. Da redete ihn Gallus im Namen Gottes an und gebot ihm, das Geraubte wieder herzugeben. Sogleich tat es der Bär, ja er diente dann dem Heiligen als Lasttier und half ihm, das Holz von den Wäldern herbeitragen. Darum der Bär auf vielen Gallusbildern.

Kurz vor seinem Lebensende bat ihn der Priester Willimar, in Arbon eine Predigt zu halten. Trotz seines hohen Alters erfüllte er die Bitte. Nach dem Gottesdienst wurde er vom Fieber ergriffen und starb am 16. Oktober 645 im Alter von 95 Jahren. (Sein Fest wird am 16. Oktober gefeiert.)

TAGESHEILIGE: Margareta Maria Alacoque N – Heron BM – Florentius B von Trier, † 300 – Viktor, Nothelm B. – Viktor, Alexander, Marian, Mamelta, Andreas v. Kreta M – Austrudis

18. OKTOBER

Lukas

Lukas hat uns das dritte Evangelium und die Apostelgeschichte geschenkt. Er entstammte einer angesehenen Familie in Antiochien und war von Beruf Arzt. Wir wissen, daß er der vertraute Begleiter des Völkerapostels Paulus war. Daß er „sein“ Evangelium niederschrieb, ging so zu: In Antiochien waren unter den Christen Spaltungen aufgetreten. Viele hatten sich von der wahren Lehre des Heilandes entfernt. Um nun den treuen Christen dieser Stadt einen Rückhalt zu geben, schrieb Lukas, der sich bei den Augen- und Ohrenzeugen der Taten Jesu auf das genaueste unterrichtet hatte, an einen vornehmen Christen, namens Theophilus, in genauer Zeitfolge den Bericht über alles, was da geschehen war. Inzwischen hatte er auch Maria, die Gottesmutter, kennengelernt und von ihr die wunderbare Menschwerdung des Heilandes erfahren. Daher konnte Lukas aus erster Quelle alles erzählen, was wir am Anfang seines Evangeliums mit heiliger Scheu lesen. Weil sein Bericht mit dem Opfer des Zacharias anfängt, wird er mit einem Stier abgebildet. Man erzählt, daß er auch die Mutter Gottes gemalt habe. Lukas war hochangesehen in allen Christengemeinden. Der Völkerapostel nahm diesen gelehrten und schreibkundigen Mann auf seine weiten Missionsreisen mit. Was hier Lukas erlebte, die Ausbreitung des Gottesreiches unter Mühen und Gefahren, das schildert er in der Apostelgeschichte. Als Paulus in der ersten Gefangenschaft zwei Jahre in Rom zubrachte, blieb Lukas bei ihm. Diese Gefangenschaft war nicht streng; Paulus durfte als römischer Bürger sogar in einer eigenen Wohnung hausen, wobei er eine Wache hatte. Lukas half ihm in dem regen Verkehr mit den Christen. Mit dem Bericht über diese erste Gefangenschaft schließt die Apostelgeschichte. Sehr wahrscheinlich sandte Paulus seinen treuen Begleiter nach Griechenland, nachdem er ihn zum Bischof geweiht hatte. Als Bischof von Theben soll er um das Jahr 63 im Alter von 84 Jahren gestorben sein. Lukas wird seit Jahrhunderten als Patron der Ärzte und Künstler verehrt.

TAGESHEILIGE: Athenodor BM – Tryphonia M – Olbert Bk – Monon EM in den Ardennen, † 645 – Leopold von Pöttmes, Mö in Würzburg, † 1631 – Asklepiades BM – Justus M – Berthilde – Julian E.

19. OKTOBER *Vitalis*

Als der Heilige Rupert von Salzburg um das Jahr 628 starb, konnte man in der Tat keinen würdigeren Nachfolger finden als den Priester Vitalis. Aus edlem Geschlecht geboren, hatte sich Vitalis schon von frühester Jugend an um ein beispielhaftes Leben bemüht. Als er nun zum Bischof geweiht war, konnte er zeigen, daß ihm Rupert ein guter Lehrmeister gewesen war. Vitalis zeichnete sich insbesondere durch seine große Güte und Freigebigkeit gegen die Armen aus. Die Liebe zum Heiland, den er in den Armen und Leidenden sah, spornte ihn an, alles hinzugeben und zu opfern, wenn es galt, fremde Not zu lindern und das Elend leidender Mitmenschen zu stillen: ein Lebenszug, den wir bei allen wahrhaft heiligen Menschen zu sehen pflegen. Verbürgt ist auch, daß Vitalis für sich ein äußerst einfaches Leben führte. Selbst seine Kleidung schenkte er her, wenn es nottat. Bewunderungswürdig ist auch seine große Geduld in allen Widerwärtigkeiten, die sein Leben bedrängten. Niemals, selbst nicht in den schlimmsten Verhältnissen und in größten persönlichen Leiden verließ ihn diese Geduld, wodurch er seine Mitbrüder zur Nachahmung, zum stillen Ertragen von Ungemach anspornte. Sein besonderer Eifer galt der völligen Überwindung heidnischen Sinnes, der noch in manchen Herzen wurzelte. Als eifriger Prediger zog er umher und ließ nicht nach, das Wort Gottes und das Evangelium des Heiles zu verkünden. Gott verherrlichte ihn durch ein großes Wunder nach seinem Tode. Als viele Leute an sein Grab pilgerten und ihn um seine Fürbitte baten, da wuchs aus dem Stein an der Stelle, wo im darunter gebetteten Leichnam das Herz war, eine schneeweiße Lilie heraus. Dieses Wunder und viele Krankenheilungen, die sich an seinem Grabe zutrugen, waren der Grund, daß Vitalis sehr bald in das Verzeichnis der Heiligen aufgenommen wurde.

TAGESHEILIGE: Petrus von Alkantara Bk, † 1562 – Pelagia M – Fredeswind J – Dietfried A – Ptolemaeus, Luzius, Beronikus, Varus M – Aquilin, Veran, Eusterius B – Ethbin A – Laura.

20. OKTOBER *Wendelin*

Der Sohn Gottes war Mensch geworden, um „allen alles“ zu sein. Die Kirche war und ist dieses Wortes eingedenk – ein Zeugnis dafür ist auch die Geschichte ihrer Heiligen. Da begegnen wir Menschen von erhabener Geistigkeit und anderen voll stiller, gottesfroher Einfalt, Königen und Bettlern, Kämpfern und Duldern. Und sie alle, die auf Erden durch Herkunft, Begabung, Lebenslauf, Zeit und Raum weit voneinander getrennt waren, sind nun als die Freunde Gottes für immer in Herrlichkeit vereint – neben dem einstigen Kaiser der einstige Schweinehirt . . . Schon um das Jahr Tausend wird in einem Kalender des Klosters Stablo Wendelins Grabstätte erwähnt und die Verehrung, die das Volk ihm widmete. Noch heute gibt es über fünfhundert Kirchen, die ihm geweiht sind – und hundert Wallfahrtsorte zu ihm. Er ist der Patron des Saargebietes. Die Stadt St. Wendel hat ihren Namen von ihm.

Über den Heiligen ist geschichtlich nur wenig bekannt, wohl deshalb, weil er ein zurückgezogenes Leben geführt hat. Die Legende berichtet: Wendelin war in Island als der Sohn eines Königs geboren. Er erhielt eine sorgfältige Erziehung, ebenso wurde er für das höfische Leben herangebildet. Seine Gestalt war die eines Hünen, der wohl einmal in Turnier und Kampf seinen Mann gestellt haben würde. Es erfaßte den königlichen Prinzen eine tiefe Sehnsucht, alles, was mit der Welt zusammenhing, zu meiden und sich ganz Gott zu weihen. Um diese Zeit starb sein Vater, und Wendelin sollte den Thron besteigen. Da verließ er heimlich und unerkannt sein Vaterland und begab sich mit den ersten angelsächsischen Missionaren ins Frankenreich. In der Gegend von Trier ließ er sich in der Einöde nieder und lebte als Einsiedler äußerst einfach. Einst kam der Graf von Tholey auf der Jagd an seine Einsiedelei und Wendelin, der großen Hunger litt, bat ihn um ein Almosen. Der Graf machte ihm den Vorschlag, er solle ihm dienen. Mit Freuden nahm Wendelin dieses Anerbieten an und wurde nun zuerst Schweinehirt und sodann auch Hirte über die übrigen Tiere. Demütig und gewissenhaft tat er seine Arbeit. Als die Mitbediensteten, die sich an seiner Frömmigkeit und Ehrlichkeit ärgerten, ihn bei ihrem Herrn gröblich verleumdeten, verließ Wendelin seinen Dienst und zog sich wieder in seine Einsiedelei zurück.

Doch war es mit dem ruhigen Leben zu Ende. Die Bauern kamen in hellen Scharen zu ihm, wenn sie Unglück im Stall hatten, da Wendelin es verstand, das Vieh zu heilen. Schließlich wurde er zum Abt des Klosters Tholey ernannt; in diesem Amt bewährte er sich auf das allerbeste, bis der Heiland den heiligen Mann im Jahre 617 zu sich holte. St. Wendelin wird als Viehpatron hoch verehrt. Es ist nicht zu verwundern, daß gerade das einfache Volk mit großer Verehrung an diesem „seinem" Heiligen hängt. Denn gerade der Bauer hat oft viel Sorge um das Wohl seines Viehbestandes. Hängt doch sehr viel davon ab, daß sein Stall vor Unglück oder Seuchen bewahrt bleibt. Und der wahrhaft fromme Bauer weiß, daß zu allem menschlichen Bemühen der Segen von oben dazukommen muß.

TAGESHEILIGE: Johannes Kantius Pr, † 1473 – Artemius (Artur) – Martha, Saula JM zu Köln, † 450 – Irene JM – Vitalis B von Salzburg – Ivo B – Edmund Kö M, † 870 – Felizian BM – Maximus, Kaprasius, Georg, Aurelius M – Sindulf E – Adelindis Ae – Kunibald.

21. OKTOBER

Ursula

Über das Leben dieser in deutschen Landen viel verehrten Heiligen sind die Berichte sehr unbestimmt, doch die Grundtatsachen sind klar. Und bei Ausgrabungen in Köln auf dem Ursulafeld fand man eine Unmenge Gebeine, die wohl von ihren Begleiterinnen stammen. Ursula war die Tochter eines vornehmen Mannes in England und kam im fünften Jahrhundert auf der Reise ins Frankenland in die Gegend des heutigen Köln. – (Hier setzt nun die Lesung im Brevier ein.) Um die Mitte des fünften Jahrhunderts war der Hunnenkönig Attila von seinem Einmarsch in Gallien, wo er 451 bei Catalaunum besiegt wurde, auf dem Rückmarsch nach Ungarn. Bevor er über den Rhein ging, griff er noch die Stadt Köln an und verwüstete sie bis auf die Grundmauern. Das war die Zeit, da Ursula mit ihren Begleiterinnen dort ankam. Die feindlichen Horden fielen über sie her und wollten ihnen Böses antun. Aber Ursula setzte größten Widerstand entgegen, ermahnte ihre Genossinnen, standhaft zu bleiben und lieber alle Pein, ja selbst den Tod zu erleiden, als die Unschuld zu verlieren. Daraufhin wurden die Jungfrauen von den Feinden getötet. Die einen fielen durch das Schwert, die andern, darunter auch Ursula, wurden mit Pfeilen erschossen. Nachdem die Hunnen abgezogen waren, sammelten die wenigen übriggebliebenen Bewohner der verwüsteten Stadt die Gebeine der heldenhaften Jungfrauen und begruben sie ehrenvoll.

Auf dem Felde, wo man die Toten begraben hatte, wurde im siebten Jahrhundert eine Kirche erbaut. Später entstand ein Kloster, das der heiligen Ursula geweiht wurde. Auch wurden die Reliquien stets hoch verehrt. In der Sankt-Ursula-Kirche kann man noch Sarkophage sehen, die in den Mauern eingelassen sind; die Gebeine weisen unverkennbare Zeichen eines gewaltsamen Todes auf.

Als erhabenes Beispiel steht St. Ursula am Himmel unserer Heiligen, da sie das Leben hingab, um ihren Glauben nicht zu verleugnen.

TAGESHEILIGE: Hilarion A – Uni (Wino) B von Hamburg-Bremen, † 936 – Euphrosyne, Clementina JM in Köln – Wendelin A in Tholey, † 617 – Wulfilaikus E, † 594 – Ebizo Mö aus Köln, † 1080 – Irmtrud JM – Asterius PrM – Dasius, Zotikus, Kajus M – Viador, Ciliana Bk – Agathon M – Lisa JM.

22. OKTOBER *Hilarion*

Kaum war der Kirche nach den Verfolgungszeiten die Freiheit gegeben, da gingen viele fromme Menschen in die Einöde der Wüste und lebten dem Armutsideal. So entstand im vierten Jahrhundert das Anachoretentum, die Lebensform des Einsiedlers. Es war der Anfang des Mönchtums. Derjenige, der diese Ideale von Ägypten nach Palästina verpflanzte, war Hilarion.

Er stammte von heidnischen Eltern in Alexandrien (Ägypten) ab und wurde auch heidnisch erzogen. Allein schon als Knabe von elf Jahren wurde er mit der Lehre Christi bekannt und begeisterte sich so dafür, daß er seine Eltern und seinen Reichtum verließ und in die ägyptische Wüste wanderte, um nur Gott zu leben. Dort traf er den heiligen Einsiedler Antonius. Als er dessen Abtötung, Frömmigkeit und Demut sah, faßte er den Entschluß, auch in seinem Vaterland ein gleiches Leben zu führen. Von einigen Jüngern des heiligen Antonius begleitet, kehrte er in seine Vaterstadt zurück. Seine Eltern waren inzwischen gestorben. Er verschenkte seinen ganzen Reichtum an die Armen und wanderte mit seinen Freunden in die Wüste zwischen Ägypten und Palästina. Hier, wo nur wilde Tiere und Räuber hausten, baute er sich eine Zelle aus Lehm, die einem Grabe glich. Und da nun führte er ein Leben von äußerster Strenge. Seine zahlreichen Schüler, die sich bald um ihn sammelten, wetteiferten mit ihm in Selbstzucht und Verehrung Gottes. Bald stand der heiligmäßige Mann im Mittelpunkt des religiösen Lebens. Er hatte viel unter Versuchungen zu leiden. Diese überwand er durch Gebet und Abtötung. Aber der immer größere Zulauf der Menschen, die Ehren, mit denen man ihn zu überhäufen suchte, waren seiner Demut zuwider. Deshalb verließ er seine Brüder, denen er wie ein Abt lange Jahre vorgestanden, und floh. Er begab sich zunächst auf den Berg, wo St. Antonius gelebt hatte. Als er auch da keine Ruhe finden konnte, wanderte er mit ein paar Genossen nach Sizilien und noch weiter übers Meer nach Dalmatien. Dort lebte er in tiefster Zurückgezogenheit. Allein sein Ruf drang auch dorthin. Als es drei Jahre nicht geregnet hatte, kamen die Leute zu ihm und baten ihn, er möge ihnen durch sein Gebet helfen. Hilarion erhob betend die Hände zum Himmel, gerührt durch das Elend der Leute, und siehe, alsogleich kam der ersehnte Regen. Da ihm die Menschen ihren Dank bezeugen wollten, verließ er auch diese Gegend. Schließlich starb er auf Cypern im Jahre 372 im Alter von 84 Jahren inmitten der wenigen Schüler, die mit ihm gewandert waren.

TAGESHEILIGE: Alodia, Kordula JM zu Köln – Ingbert E – Witta B von Buraburg, † 742 – Wigard Mö zu Waldsassen, † 1133 – Candida, Sibylla JM – Ulbert M, Arbeiter in Holland – Markus BM – Philipp, Salome Bk – Severus Pr – Eusebius, Hermes, Heraklius M – Alexander, Philipp BM – Nunilo JM – Abercius, Melanius, Donatus Skotus, Verekund B – Helmtrud.

23. OKTOBER

Heinrich von Bozen

Es mag manchem sonderbar erscheinen, daß unter den Heiligen und Seligen unserer Kirche meist Männer und Frauen des geistlichen Standes oder hochgeborene Menschen aufgezählt werden, die sich durch ein besonderes Tugendleben hervortaten. Aber es gibt auch viele ganz einfache Menschen, die ihr Leben lang kein Aufsehen erregt haben, die sich aber durch ihr vorbildliches Leben so auszeichneten, daß ihr Andenken nicht verblich. Zu diesen gehört ein Seliger aus den Tiroler Bergen, der heiligmäßige Arbeiter Heinrich. – Er war zu Bozen in Südtirol geboren. Noch in seiner Jugend verließ er die Vaterstadt und ging nach Italien in die Stadt Treviso. Dort verdiente er sich sein Brot als einfacher Arbeiter. Gerade dieser Stand war es, der ihn zu einem heiligmäßigen Leben führte. So unauffällig er auch die Werke der Frömmigkeit und Buße übte, so fiel er doch durch seinen Lebenswandel den Bewohnern der Stadt auf. Besonders groß war die unterschütterliche Geduld, womit er alles ertrug. An den Wochentagen schaffte er fleißig, an den Sonn- und Feiertagen oblag er dem Gebet. Überaus eifrig war er im Empfang der heiligen Sakramente. Er wußte eben, wo er sich die Kraft für ein wahrhaft christliches Leben holen mußte, beim Altarssakrament. Man könnte ihn getrost den Apostel der oftmaligen Kommunion nennen. Es war dies etwas Besonderes, da man seinerzeit nicht gewohnt war, oft die heiligen Sakramente zu empfangen. Seine Wohltätigkeit kannte keine Grenzen. Obwohl er selbst arm war, legte er sich Abbruch und Enthaltsamkeit auf, damit er den noch Ärmeren Gutes tun konnte. So führte er ein äußerst strenges Leben. Bei einem Kirchenbesuch ereignete sich einst, wie die Legende erzählt, eine wunderbare Begebenheit, wodurch Gott seinen treuen Diener auszeichnete. Während er auf dem Friedhof bei den Gräbern für die Verstorbenen betete, trat plötzlich ein Wolkenbruch mit elementarer Kraft ein. Seine Begleiter liefen, so schnell sie konnten, in die Kirche. Er aber blieb ruhig stehen und betete weiter. Und siehe, er wurde von keinem Tröpflein naß. – Um das Jahr 1315 starb er hochbetagt in völliger Armut. Gott verherrlichte den Seligen nach dem Tode durch zahlreiche Wunder. Sein heiliger Leichnam wurde im Jahre 1407 erhoben und im Dom von Treviso beigesetzt. Der Dom wurde als Heimat der Reliquien dieses Taglöhners in der Folgezeit ein berühmter Wallfahrtsort.

TAGESHEILIGE: Severin B von Köln, † 399 – Josephine Leroux NM (in der Französischen Revolution) – Maria Natalia NM – Oda W zu Metz, † 640 – Richmundis N – Pompejus, sel., Pr. in Lüttich, † 720 – Heinrich Mö zu Köln, † 1222 – Servand, German, Gratian M – Theodor PrM – Ignatius, Roman, Verus B – Domitius Pr – Benedikt Bk.

24. OKTOBER *Raphael*

Vom Erzengel Raphael lesen wir im Buche Tobias, wie ihn Gott zu Menschen sendet, um ihnen zu helfen. (Zu deutsch heißt Raphael: „die Heilkraft Gottes".) – In Babylon lebte während der Gefangenschaft des Israelitischen Volkes ein frommer Mann namens Tobias. Er tat viel Gutes und war aller Menschen Freund. In seinem Alter verlor er das Augenlicht. Als sein Sohn, auch Tobias genannt, für eine lange Reise zu einem Verwandten einen zuverlässigen Begleiter suchte, da ließ Gott den Erzengel Raphael Menschengestalt annehmen. Er nannte sich Azarias und bot sich dem jungen Tobias als Gefährte an. Am Tigrisfluß wusch sich Tobias die Füße. Da kam ein großer Fisch und schnappte nach ihm. Auf das Geheiß seines Begleiters zog Tobias den Fisch ans Land und nahm in aus. Galle, Leber und das Herz sollte er aufbewahren. Anderntags kamen beide in das Haus eines Verwandten namens Raguel. Dieser hatte eine sehr schöne Tochter. Der Erzengel befahl dem Tobias, sie zur Gattin zu begehren. Tobias aber

fürchtete sich, weil schon sieben Männer, die mit ihr vermählt gewesen waren, in der ersten Nacht von einem bösen Geist erwürgt worden waren. Raphael aber sagte zu Tobias, er solle drei Nächte lang mit seiner Gattin im Gebet verharren, sodann die Leber des Fisches verbrennen; damit werde der böse Geist gebannt. Raphael ging inzwischen in das Haus jenes anderen Verwandten, der von Tobias Geld entlehnt hatte, und brachte die große Summe mit. – Voll Sorge hatte die Mutter jeden Tag nach ihrem Sohne Ausschau gehalten. Als sie ihn erblickte, eilte sie mit dem alten Vater ihm freudig entgegen und alle dankten Gott für die glückliche Rückkehr. Raphael aber ließ den jungen Tobias mit der Galle des Fisches die Augen seines Vaters bestreichen. Dadurch wurde dieser wieder sehend. Tobias wollte nun dem treuen Begleiter die Hälfte der Summe als Lohn geben. Da offenbarte sich Azarias als Erzengel Raphael und entschwand ihren Augen.

Diese Geschichte aus dem Alten Testament ist der Grund dafür, daß der heilige Erzengel Raphael als Schutzherr aller Reisenden angerufen wird. Wenn man aber im übertragenen Sinn unser Leben als die große Reise in die ewige Heimat betrachtet, so gilt Sankt Raphael erst recht als Behüter und Beschützer auf dieser Reise. Denn es heißt in der Heiligen Schrift: „Gott hat den Engeln deinetwegen befohlen, daß sie dich behüten.“

TAGESHEILIGE: Evergislus BM von Köln, † 418, Patron der Glaser – Armella Nikolas J – Antonius Maria Claret Bk – Klara Hortulana von Embach – Fromund B – Gisbert (Gilbert) A, 1152 – Felix BM – Adauktus, Fortunat, Septimius, Aretas M – Januarius PrM – Proklus, Maglorius B – Martin A – Markus, Malchus E.

25. OKTOBER *Hermann Contraktus*

Wen der Herr liebhat, den züchtigt er. Dieses Bibelwort kann man auf das Leben des heiligen Hermann anwenden. Er entstammte dem edlen Geschlecht der schwäbischen Grafen von Altshausen, und so stand dem Knaben ein herrliches Leben offen. Allein Gott hatte ihn gezeichnet. Hermann war verwachsen, lahm, und er schien einen sehr unzulänglichen Geist zu haben. Die Eltern brachten den Kleinen deshalb schon mit sieben Jahren in das Kloster Reichenau, damit er dort, erzogen in Frömmigkeit und Gottergebenheit, sein schweres Los ertragen lerne. In seiner leiblichen und seelischen Not bat der junge Mönch die Gottesmutter, ihm doch zu helfen, damit er kein ganz unnützes Mitglied des Ordens sei. Maria erschien ihm und stellte ihn vor die Entscheidung: entweder ein gesunder Körper mit einem schwachen

Kopf oder ein gesunder Kopf mit einem schwachen Leib. Hermann wählte ohne Zaudern den kranken Leib und den heilen Geist. Er wurde ein Gelehrter, der sich durch umfassendes Wissen, Sprachen- und namentlich Sternenkenntnis auszeichnete. Der kranke Mönch, der sich nur mühsam mit Krücken fortbewegen konnte, vergaß nicht den Dank für die Hilfe der Gottesmutter. Gedanken, seiner tiefempfindenden Seele entsprossen, formte er zu wundervollen Gedichten, die er auch in Musik setzte. Mögen manche dem Seligen zugeschriebene Lieder nicht von ihm, sondern nur aus seiner Zeit stammen, so bezeugt doch die neuere Forschung, daß das Salve Regina und Alma Redemptoris („In Demut betend, Herr, vor dir lag der Jungfrauen schönste Zier“) sehr wahrscheinlich von ihm sind. So blieb sein Andenken unsterblich. Im Jahre 1054 starb Hermann. (Sein Fest wird meist am 19. Juli gefeiert.)

Sein Leben erinnert sehr an das des seligen Notker Balbulus von St. Gallen (840 bis 912). Auch dieser war behindert (schmächtig und ein Stammler), aber ungemein fromm und hochgebildet, der „erste Komponist deutscher Abstammung“.

TAGESHEILIGE: Chrysanthus, Daria M, † 283 – Krispin, Krispinian M – Bonifaz P – Fronto, Gaudentius B – Ludwig von Arnstein Mö, Gründer des Klosters Arnstein bei Nassau, † 1185 – Theodosius, Luzius, Markus, Petrus, Minias, Protus, Jannuarius, Martyrius, Marzian M – Hilarius B – Meinulf – Ruthard (Rathard).

26. OKTOBER Bernward

Zu den bedeutendsten Bischöfen Deutschlands gehört der heilige Bernward. Sein Lehrer und Erzieher Thankmar hat über ihn eine ergreifende Biographie geschrieben, sein Landsmann Benno, der heilige Bischof von Meißen, auf seinen Grabstein die Worte schreiben lassen: „Angenehm war er dem Herrn. Vom Volke war er geliebt. Denn als überaus kräftiger Hirte regierte er die Kirche.“

Bernward stammte aus einer bedeutenden Grafenfamilie. Da er seine Eltern schon bald verlor, nahm sich der Großvater, Pfalzgraf zu Sommerschenburg bei Helmstedt, in wahrer väterlicher Liebe seiner an und gab ihn zum Studium zu seinem Oheim Volkmar, dem Bischof von Utrecht. Schließlich wurde er von diesem an die Domschule nach Hildesheim gesandt, um sich dort auf das geistliche Studium vorzubereiten, denn er zeigte schon als Knabe Anlagen zu tiefer Frömmigkeit. In Hildesheim fand Bernward in der Person des Priesters Thankmar einen liebevollen Freund und gütigen Seelenführer. Kraft seiner Begabung und seines unverdrossenen Eifers auf allen Gebieten des Wissens wurde Bernward einer der gelehrtesten und vielseitigsten Männer seiner Zeit. Er war ein Meister im Bereich der Theologie, in der Philosophie, der Mathematik, der Alchimie und Medizin. Und er war erfahren in der Ölmalerei, der Architektur, Erzgießerei und Goldschmiedekunst: ein Künstler unter den Heiligen! Viele seiner Werke sind noch erhalten, so das berühmte Bernwardskreuz, die Bernwardsleuchter, die ehernen Türen des Domes, die eherne Christussäule und viele wundervolle Handschriften.

Als Bernward zum Priester geweiht war, wollte ihn sein Oheim zum Propst in Deventer machen. Allein Bernward schlug voll Bescheidenheit diese Würde ab, kehrte zu seinem Großvater zurück und pflegte ihn bis zum Tode mit großer Liebe und Sorgfalt. Nach kurzer Tätigkeit als Erzieher des erst sechsjährigen Kaisers Otto III. wurde Bernward im Jahre 993 Bischof von Hildesheim. Um sein Bistum vor den Einfällen der heidnischen Normannen zu schützen, erbaute er die Burgen Werinholt und Mundburg und befestigte Hildesheim. Er stiftete die berühmte Abtei Sankt Michael, die als das schönste romanische Bauwerk Sachsens gilt. Doch war der Künstler ein ebenso getreuer Seelsorger und Armenvater. Am 20. November 1022 starb er eines heiligmäßigen Todes.

TAGESHEILIGE: Evarist PM, † 105 – Albuin B von Brixen – Sigisbald B von Metz, † 741 – Amand B von Straßburg, † 350 – Plazidus M, Mitbegründer des Klosters Disentis (Schweiz), † 630 – Magingaud, sel., B von Würzburg, † 794 – Rogatian, Felizissimus, Luzian, Florius M – Guodvultdeus, Gaudiosus, Fulkus B – Quadragesimus Bk – Rustikus B.

27. OKTOBER *Wolfhard*

Die Kapuzinerkirche Sankt Sebastian in Augsburg besitzt Reliquien des heiligen Wolfhard, der, ein einfaches Augsburger Kind, es in Italien zu einem bewunderswerten Stand von Vollkommenheit gebracht hat. — Im Jahre 1070 erblickte er als Sohn bescheidener Handwerkerseheleute das Licht der Welt. Im Alter von vierzehn Jahren erlernte er bei seinem Vater das Sattlerhandwerk. Fleiß und Ausdauer zeichneten ihn aus. Dazu war er von einer tiefen, stillen Frömmigkeit beseelt. Als seine Eltern starben, hielt er es nicht mehr zu Hause aus, sondern wanderte mit einem Gesellen nach Verona. Dort gefiel es ihm. Er arbeitete bei einem Meister in Treue und Beharrlichkeit. Es herrschte in jener Zeit auch unter Handwerkern gar oft ein zügelloser Geist; Verschwendung und Ausschweifung waren an der Tagesordnung. Von all dem hielt sich Wolfhard frei. Seinen Lohn verteilte er an die Armen. Daher ist es nicht erstaunlich, daß er bald in den Ruf eines Heiligen kam. Das bedrückte ihn. Er wollte einsam und demütig Gott dienen. Deshalb zog er sich in die Einöde hoch über dem Tal der Etsch zurück. Nach vielen Jahren in tiefster Frömmigkeit zugebrachten Einsiedlerlebens wurde er von Leuten der Stadt entdeckt und wieder nach Verona gebracht. In der Nähe einer der großen Kirchen wurde ihm eine Zelle erbaut; in allen Nöten kamen Menschen zu ihm und keiner ging ungetröstet fort. Am 30. April 1127 starb Wolfhard. In seiner Demut hatte er gebeten, man sollte seine Leiche inmitten der Straße beisetzen, damit alle Welt über ihn hinweggehe. Das taten aber seine Mitbürger nicht. Feierlich wurde er, von der ganzen Stadt als Heiliger verehrt, in einem Marmorsarg in der Sankt-Salvator-Kirche beigesetzt. Seit am 27. Oktober 1602 einige Reliquien nach Augsburg kamen, wird sein Fest an diesem Tag gefeiert. Die Sattlerzünfte vieler italienischer Städte erkoren den Heiligen zu ihrem Standespatron.

TAGESHEILIGE: Sabina, Christeta M – Frumentius, Fior B – Vinzentius, Florentius, Kapitolina, Erotheides M – Elesbaan Kö – Ivo Pr.

28. OKTOBER *Simon und Judas Thaddäus*

Der Apostel Simon, der den Beinamen Zelotes, d. h. Eiferer, trägt, stammte aus Galiläa. Er war der Sohn eines Purpurfärbers und übte dieses Handwerk auch selber aus. Deshalb wird er als der Patron der Färber und Rotgerber verehrt. Das Evangelium sagt von ihm nichts. Er soll später gemeinsam mit Judas Thaddäus in die Mission gegangen sein und zwar nach Persien, wo sein Leben im Martyrium für seinen Glauben endete. Er wurde mit einer großen Säge mitten entzweigeschnitten.

Über Judas ist etwas mehr bekannt. Den Beinamen Thaddäus, der Beherzte, soll er durch viele Proben geistigen und moralischen Mutes gewonnen haben. Mütterlicherseits war er mit dem Heiland verwandt und soll diesem sehr ähnlich gesehen haben. Drei Jahre lang war Judas der Vertraute des Herrn und der Augen- und Ohrenzeuge seiner Worte, Taten und Wunder. Beim letzten Abendmahl fragte er den Heiland: „Herr, wie kommt es, daß du dich uns offenbaren willst, und nicht der Welt?“ Jesus antwortete: „Wenn jemand mich liebt, wird er meine Lehre halten und mein Vater wird ihn lieben; und wir werden zu ihm kommen und Wohnung bei ihm nehmen.“ Nach der Ausgießung des Heiligen Geistes am Pfingstfest predigte Judas Thaddäus zunächst in Palästina. Als sich dort Irrlehrer breit zu machen suchten und die Christen von dem rechten Weg abbringen wollten, schrieb Judas einen kurzen, aber eindringlichen Brief, der in den Kanon der Heiligen Schrift aufgenommen ist. In diesem ermahnt er die Christen, sie sollen sich nicht von Irrlehren anstecken lassen. Der Legende nach soll der Apostel später nach Arabien, Syrien, Mesopotamien, Persien und Edessa gegangen und eines Tages mit einer Keule erschlagen worden sein. Wegen seines Namens wurde der Heilige lange Zeit nur sehr selten verehrt. In neuerer Zeit ist das anders geworden, man baut ihm zu Ehren sogar Kirchen. Besonders gern wird er in aussichtslos erscheinenden Anliegen angerufen; es wird berichtet daß er fast immer geholfen habe. Gott wollte eben, daß dieser Heilige, der den gleichen Namen trägt wie der Verräter, zu besonderer Ehre gelange.

TAGESHEILIGE: Anastasia JM (Reliquien in Benediktbeuren) – Alfred Kö – Terentius B von Metz, † 440 – Ferrutius M in Mainz, † im dritten Jahrhundert – Cyrilla JM – Fidelis M – Faro, Gaudiosus, Honorat B – Cyrill M.

29. OKTOBER *Pirmin*

Es ist unbekannt, aus welcher Gegend der Heilige stammt. Dagegen ist sein Leben durch die alte Chronik des Stiftes Weingarten sehr gut bezeugt. Pirmin trat in das Kloster des heiligen Maurus ein. Er gab sich alle Mühe, ein guter Mönch zu werden. Insbesondere zeichnete er sich als Prediger aus. Um diese Zeit kam in die Gegend der fränkische Statthalter Sindeslaus, ein gottesfürchtiger Mann, dem vor allem das seelische Wohl seiner Untergebenen am Herzen lag. Als dieser nun den Heiligen predigen hörte, war er ergriffen von dem edlen und erhabenen Geist des Mannes und bat ihn hernach, er möge doch mit ihm gehen, um seinen Untergebenen, die in Abgötterei und Gottlosigkeit versunken waren, das Licht des Evangeliums zu verkünden und sie zu bekehren. Pirmin sagte ihm, daß er dazu einen Auftrag vom Heiligen Vater brauche. Also pilgerten beide nach Rom, wo sie liebevoll aufgenommen wurden. Der Papst weihte Pirmin zum Bischof. Mit päpstlichen Geleitbriefen ausgerüstet, begab sich Pirmin an den Hof des Frankenkönigs und erhielt hier die Erlaubnis, im Frankenreich zu missionieren. Später kam Pirmin in die Gegend des Bodensees. Dort schenkte ihm Sindeslaus eine Insel, auf der Pirmin das Kloster Reichenau gründete. Gar bald zeigte sich, daß auf seinem Wirken Gottes Segen lag. Die Bewohner nahmen das Evangelium an und begannen auch nach ihm zu leben. Sehr eifrig betrieb Pirmin den Bau von Gotteshäusern und die Gründung von Klöstern in Gengenbach, Schuttern, Schwarzach, Murbach, Maaßmünster und Neuweiler. Aber eben diese kraftvolle Arbeit im Weinberg Christi machte ihn den Bayernherzog Theobald zum Feind, und Pirmin mußte die Gegend verlassen. Er ging in das Kloster Hornbach bei Zweibrücken, wo er mit Bonifatius zusammentraf. Dort starb der Heilige hochbetagt um das Jahr 753. Sein Leichnam wurde später nach Innsbruck überführt wo er heute noch in der Jesuitenkirche liegt und verehrt wird. Schon fünfzig Jahre nach seinem Tod nannte ihn die Pfalz und das Elsaß ihren Landesapostel.

TAGESHEILIGE: Eusebia JM – Narzissus B – Theodor A – Irmenlinde (Ermelinde) JM – Hermeline JE in Belgien, † 590 – Margareta von Bingen, † im zwölften Jahrhundert – Hyazinth, Quinktus, Felizian, Luzius, Zenobius M – Maximilian BM – Valentin, Johann, Donat B.

30. OKTOBER *Rupert Mayer*

In der Krypta der Bürgersaal-Kirche zu München brennen Tag und Nacht die Kerzen am Grab dieses Mannes, und zu allen Stunden knien Beter davor, denn Pater Rupert Mayer gilt den gläubigen Menschen weit über Bayerns und Deutschlands Grenzen hinaus als ein Heiliger. — Geboren wurde er am 23. Januar 1876 in Stuttgart. Früh schon faßte er den Entschluß, Priester zu werden. 1899 empfing er die Weihe. Bald darauf trat er in die Gesellschaft Jesu ein. 1912 kam er nach München, wo er sich alsogleich der Armen, der sozial Niedrigstehenden annahm. Und im Lauf weniger Jahre wurde er der Männerapostel von München. Als aber der erste Weltkrieg ausbrach, meldete er sich sogleich als Feldseelsorger. Und hier, wo er immer in den vordersten Reihen zu finden war, ging sein Name zum erstenmal von Mund zu Mund. 1916 verlor er in diesem gefährlichen Liebesdienst ein Bein. Nach dem Krieg war er es vor anderen, der die bayrische Hauptstadt nach der zerrütteten Räteherrschaft wieder zur Besinnung brachte; nie ermüdend in Wort und Tat, war er immer dort zur Stelle, wo die Not am größten war. Am höchsten bewährte er sich aber im Dritten Reich. Wo andere zauderten oder Umwege gingen oder schwiegen, da schritt er geradeaus, sprach geradeheraus, und immer war es seine Stimme die die Mächtigen mahnte: „Tuet Recht, Gott über euch!" Zuerst wurde ein Predigtverbot über ihn verhängt, dann wurde er in München und in Landsberg ins Gefängnis geworfen, und schließlich kam er ins Konzentrationslager Sachsenhausen. Als der Hunger ihn todkrank gemacht hatte, wurde er im Kloster Ettal interniert. Nach dem Krieg wollte er

mit dem alten Mut, dem alten Schwung von neuem beginnen, aber die lange Internierungshaft hatte das Lebensmark aufgezehrt: am Allerheiligentag 1945, als er predigend am Altar stand, holte ihn Gott heim, seine letzten Worte waren: „Der Herr . . ."

Was uns zwingt, Pater Rupert Mayer zu lieben und zu verehren, das ist die innige Harmonie in seinem Wesen, die ihn zur Vollkommenheit führte: einfachste Lebensart, Klarheit des Geistes, ein untrüglicher Sinn für die Not und die Trostbedürftigkeit des Volkes, ein männlicher, ja heroischer Mut im Bekennen – und als Quelle all dieser Eigenschaften die starke und nie enttäuschte Liebe zu den Menschen aus Liebe zu Gott. Ohne Selbstmitleid entsagen, leiden, opfern, mit Entschiedenheit glauben und denken, in der Wahrheit und in der Liebe leben: darin ist und bleibt er uns ein Beispiel voll Kraft.

TAGESHEILIGE: Theonest BM, kam während der Verfolgung nach Mainz, † 295 – Alfons Rodriquez Bk – Zenobia M – Marzellus Hptm. M – Saturnin, Maximus, Klaudius, Luperk, Viktorius, Lukan. Eutropia M – Zenobius BM – Serapion, German, Gerard B – Alwin (Albuin) E.

31. OKTOBER

Wolfgang

Wenige Jahrzehnte nach der Ungarnschlacht auf dem Lechfeld erhielt das Bistum Regensburg einen der bedeutendsten Männer jener Zeit als Hirten, den heiligen Wolfgang. Die Verehrung dieses großen Mannes hat sich durch alle Jahrhunderte erhalten; sein herrliches Beispiel wird auch in aller Zukunft ein Ansporn für Priester und Laien bleiben. – Wolfgang stammte aus dem schwäbischen Geschlecht der Grafen von Pfullingen und erblickte im Jahre 924 das Licht der Welt. Die Eltern gaben ihr Kind zur Ausbildung und Vorbereitung auf den Priesterstand in das berühmte Kloster Reichenau bei Konstanz. Wolfgang zeichnete sich durch Fleiß und Begabung so sehr aus, daß er bald seine Lehrer in Kenntnissen und Einsicht übertraf. Sein Studienfreund, Heinrich von Bamberg, Erzbischof von Trier, rief ihn zu sich und bestellte ihn zum Lehrer an seiner Domschule. Nach dem Tode des Freundes legte Wolfgang im Kloster Maria-Einsiedeln in der Schweiz die Ordensgelübde ab. Bischof Ulrich von Augsburg erteilte ihm die Priesterweihe. Jahrelang widmete sich Wolfgang in frommer und emsiger Arbeit den Wissenschaften. Da erbat Bischof Pilgrim von Passau den gelehrten Mönch als Missionar für die Ungarn; die Verwilderung des Volkes durch Kriege und Raubzüge war kein guter Boden für Missionsarbeit und brachte manche Enttäuschung. Nach einem Jahr wurde er trotz aller Einwendungen und Tränen auf den erledigten Bischofsstuhl von Regensburg erhoben. Auch als Bischof lebte er in äußerster Einfachheit. In einem außerordentlichen Gebetsleben holte er sich den Segen für sein erfolgreiches Wirken. Um eine segensreiche Seelsorge möglich zu machen, trennte er Böhmen von seinem Bistum ab. Mit dem größten Eifer förderte er das Ordensleben und die Jugenderziehung in den Schulen. Ebenso war er um die Heranbildung eines guten Priesterstandes bemüht. Sein Leben galt den Armen und Kranken. So nahm Sankt Wolfgang großen und segensreichen Einfluß auf seine Zeit. Der Bayernherzog übertrug ihm die Erziehung seiner Kinder; darunter war auch der spätere Kaiser Heinrich II., der Heilige. Vielen Leidtragenden wurde der Heilige durch sein Gebet und seine Wunderkraft zum Helfer. Zweiundzwanzig Jahre führte er den Bischofsstab. Auf einer Reise ins Ostmarkgebiet schlug ihm in Pupping zwischen Linz und Passau das letzte Stündlein. In der Kapelle des heiligen Otmar auf dem Boden liegend, empfing er die heilige Wegzehrung. 994 hauchte er dort seine Seele aus. Sein Leichnam wurde in feierlicher Prozession nach Regensburg gebracht und in St. Emmeram beigesetzt.

TAGESHEILIGE: Urban M – Antonin B – Luzilla M – Notburga von Baden J – Notburga von Köln, † 700 – Ampliat, Narziss, Quinktin, Nemesius M – Stachis B.

1. NOVEMBER *Allerheiligen*

Die meisten Menschen sind zufrieden, wenn sie gesund sind, ihr Auskommen haben, wenn es in Beruf und Familie nicht zuviel Ärger gibt, und wenn ihre Eitelkeit, ihr Ehrgeiz ein wenig Futter bekommen; Todsünden sind die Ausnahmen und läßliche Sünden die Regel; viel öfter erbitten sie vom Herrgott eine „Gnade“ für ihr irdisches Dasein als – um *jeden* Preis, auch den des Leides, des Opfers! – den Himmel ...

Und die Heiligen? All jene, die längst gelebt haben und nun in Ewigkeit die Herrlichkeit Gottes schauen, und jene, die noch mitten unter uns leben und die wir nicht erkennen? Wie das Reich Christi war und ist ihr Leben „nicht von dieser Welt“. Gewiß, sie essen und trinken und schlafen, und haben ihre Alltagsschwierigkeiten wie jedermann. Aber das Beste im Menschen: seine Seele, das Bewußtsein, daß er Geschöpf des Schöpfers ist, seine Sehnsucht nach Wahrheit und reiner Liebe, nach Anbetung – dieses Beste ist in ihnen nicht schläfrig und vom Welt-Denken überdeckt, es ist die Kraft und Macht ihres Lebens. Wenn man die Geschichte vieler Heiligen überdenkt, so erkennt man bald, daß da auf tausend verschiedenen Wegen die gleiche Entwicklung erlebt, durchlitten, vollzogen wurde: Demutsvolle Ahnung von der Erhabenheit Gottes, inniger Wunsch, seiner Gnade würdig zu werden, alles andere ausschließlicher Wille zur wirklichen Gotteskindschaft, Überwindung vieler Mängel im eigenen Wesen (= Selbstzucht), Menschenliebe als Frucht der Gottesliebe, und gleichsam als Siegel von oben und Lohn für so viel eigenes, uneigennütziges Mühen und Opfern, die Gnade Gott Vaters, die erleuchtende Freude Christi, die Erkenntniskraft vom Heiligen Geist.

Und dies ist der Sinn der katholischen Heiligenverehrung: uns Menschen zu zeigen, „fallsüchtig“ geboren wie wir, die gegen noch so viele Widerstände in sich und in der Umwelt schon auf dieser Erde wahrhaftige Freunde Gottes wurden – Vorbilder, Ausprägungen dessen, wozu wir alle geschaffen und bestimmt sind. Im Gedanken an sie, in der Betrachtung ihres Lebens, soll und kann sich unser Sinn auf das „Eine“ lenken, „was nottut“. Und er soll sich, nach dem Willen Christi und seiner Kirche, auch auf jenen Zustand vollendeter und übernatürlicher Seligkeit richten, den wir Himmel nennen. Mögen auch uns – wie jedem Heiligen – die Worte des heiligen Paulus wie ein Licht voranglänzen: „Kein Auge hat es gesehen, und kein Ohr es gehört, was Gott denen verheißen hat, die ihn lieben.“ Denn der Himmel ist ja nicht ein Ort im irdischen Sinn, er ist viel wirklicher als unsere Erde: Die „reale Geisteswelt“ in Ewigkeit, die Fülle der Weisheit, der Freude, der Schönheit.

TAGESHEILIGE: Boso, sel., B von Merseburg, † 970 – Wolfhold, sel., zuerst Dompropst in Freising, dann A in Admont, † 1137 – Berthold, sel., A in Engelberg (Schweiz), † 1197 – Harald Kö – Luitpold Bk – Vierzig heilige Martyrer von Lorch – Cäsarius, Benignus, Maria, Dazius, Cyrenia, Juliana M – Johann BM – Jakob PrM – Austremon, Marzell, Vigor B – Severin Bk – Maturin.

2. NOVEMBER *Maximus*

Salzburg war eine der großen Römerstädte. Und durch römische Soldaten kam auch schon früh das Christentum dorthin. Es waren aber nur wenige, die an Christus glaubten. Erst, als dann der Apostel der Ostmark, der heilige Severin, predigend und lehrend durch ganz Norikum zog, faßte der Glaube festen Fuß, bis die Völkerwanderung schließlich alles in ihren Wirbel hineinzog und das meiste zerstörte. Aus dieser Zeit der Bedrängnis stammen die sogenannten Salzburger Katakomben, in den Fels gehauene Gänge bei Sankt Peter, in die sich die wenigen Christen in ihrer Not zurückzogen. Aber auch hier waren sie nicht sicher, wie die gut überlieferte Geschichte des heiligen Maximus zeigt. Dieser lebte zur Zeit der Völkerwanderung in Salzburg. Er war ein Schüler des heiligen Severin. Dieser große Mann, der den Stürmen der Völkerwanderung standhielt, hatte den Untergang des christlichen Glaubens in jenen Gegenden vorausgesehen und seinen Genossen noch vor seinem Tode die Weisung gegeben, sie sollten sich rechtzeitig fortbegeben. Als nun die Notzeit hereinbrach, kam ein Schüler Severins zu Maximus und ermahnte ihn im Auftrag des Meisters, auf seine Rettung bedacht zu sein. Maximus wollte den Boten noch bewirten. Allein dieser sagte, es sei höchste Zeit, denn die Feinde seien ihm schon auf den Fersen, und verließ eilends die Gegend. Der Priester, dem der Eifer für die Seelen über alles ging, wollte wenigstens noch am nächsten Morgen das heilige Opfer feiern. Diese Verzögerung wurde sein Verderben. In der Nacht kamen die Feinde und besetzten die Stadt. Maximus wurde gefangen, und da er den Glauben an Jesus Christus nicht preisgeben wollte, hängten sie ihn an einem Baume auf. So errang der Heilige im Jahre 476 die Krone des Martyriums, nach der er sich Zeit seines Lebens gesehnt hatte.

Nach älteren Berichten ist Maximus Bischof gewesen; daher wird er mit den bischöflichen Insignien, Hirtenstab und Mitra abgebildet.

Zugleich mit Maximus wurden noch fünfundfünfzig Christen ums Leben gebracht, die als die Salzburger Martyrer verehrt werden. Noch heute kann man die Höhlen sehen, wo sie sich verborgen hatten, und den Altar aus Stein, auf dem Maximus das heilige Opfer darbrachte. Hier empfingen die Getreuen den letzten Segen des Hirten, von hier aus stürzte man sie die steilen Felsen hinab, weil sie Jesus nicht verleugnen wollten. Der Heiland sagt: „Wer sein Leben um meinetwillen verliert, der wird es retten" (Luk. 9, 24).

TAGESHEILIGE: Viktorin BM von Pettau (Steiermark), † 304 – Justus M – Marzian Bk – Rathold, sel., E in St. Georgenberg bei Schwaz, † 850 – Margareta von Lothringen N, † 1521 – Kartesius, Styriakus, Tobias, Eudoxius, Agapius, Akindyn, Pegasius, Aphthonius, Elpidephor, Anempodist, Publius, Viktor, Hermes, Papias, M – Eustochium JM – Theodat, Georg B – Ambrosius A – Adelgott.

3. NOVEMBER *Ida*

Manche Menschenschicksale haben sich dem Gedächtnis des Volkes besonders tief eingeprägt. Sage und Legende umrankten im Lauf der Zeit ein Geschehen so reich, daß man nur mehr mit großer Mühe den historischen Kern herausfinden kann. So verhält es sich mit der Lebensbeschreibung der heiligmäßigen Gräfin Ida von Toggenburg. In der Überlieferung wird von ihr berichtet: Die selige Ida war zu Kirchberg bei Memmingen als Tochter des reichen Grafen Hartmann um 1156 geboren. Sie wurde sehr sorgfältig im Elternhaus erzogen. Als Ida zur Jungfrau herangewachsen war, half sie gerne den Armen. Die Kunde von ihrer Liebestätigkeit erreichte im Jahre 1197 den Grafen Heinrich von Toggenburg, der damals nach Kirchberg kam. Er war von der Schönheit und der Charakterfestigkeit des Mädchens so eingenommen, daß er sie zu seiner Gattin begehrte. Bald fand mit großem Gepränge die Hochzeit statt. Anfangs schien es, als hätte die junge Frau wirklich das Glück erlangt. Aber bald kamen schwere Wolken über ihre Ehe. Viel hatte Ida unter der unsinnigen Eifersucht ihres Gatten zu leiden. Diese Leidenschaft wurde noch geschürt durch den Knappen Dominiko, der selber die schöne Frau liebte. Eines Tages wollte die Gräfin ihren Hochzeitsschmuck reinigen und legte dabei ihren Brautring an das Fenster. Als sie nach einiger

Zeit wieder ins Zimmer trat, war der Ring verschwunden. Ein anderer Knappe namens Kuno, der der Gräfin treu geblieben war, fand ihn in einem Rabennest und steckte ihn an seinen Finger, da er nicht wußte, wem er gehörte. Dominiko sah dies, erkannte den Ring und berichtete es dem Grafen. Daraufhin geriet der Graf in Wut und, ohne die beiden Beschuldigten anzuhören, ließ er den Knappen zu Tode schleifen, seine Gattin stürzte er zum Fenster hinaus in den Abgrund. Wunderbarerweise blieb Ida unversehrt und rettete sich in einen tiefen Wald. In einer Höhle hauste sie siebzehn Jahre betend und hungernd. Den Grafen hatte gleich nach der Tat tiefe Reue ergriffen und er trauerte um seine Gattin. Eines Tages fand ein Knappe die Gräfin und berichtete dies dem Grafen. Voll Reue kam er zu Ida und bat fußfällig um Verzeihung. Sie verzieh ihm gerne, bat aber, sie in der Einsamkeit zu lassen. Der Graf erbaute ihr nun in der Nähe der Burg eine Klause. Da sie aber bald von vielen Leuten besucht wurde, bat sie um Aufnahme in das Kloster Fischingen, wo sie dann um 1236 starb.

TAGESHEILIGE: Hubert B von Maastricht, † 727 – Pirmin B, Gründer von Reichenau (Bodensee), † 753 – Marian DiM zu Lüneburg, † 782 – Odrada J in Brabant, † 800 – Wilhelm B in Belmont (Vogesen), † 850 – Volkuin A in Sittichenberg (Thüringen), † 1154 – Quartus, German, Theophil, Caesarius, Vitalis M – Valentin PrM – Hilarius M – Wenefrida JM – Malachias, Domnus, Hermengaudius B – Sylvia Bk – Berthold A – Florus B.

4. NOVEMBER *Karl Borromäus*

Die Zeit, in der Karl Borromäus lebte und wirkte, war schwierig und verwirrend. Die revolutionierenden Ideen der Reformation, der Streit um die kirchliche Autorität drangen auch nach Italien. In Mailand aber stand wie ein Fels in der Brandung der jugendliche Bischof und gab durch sein Leben und seine Taten das Beispiel eines wahren „guten" Hirten. An ihm erkannte das Volk, was Verantwortung und Treue bedeuten. Mit viel Energie sorgte er für einen guten Klerus, kämpfte er gegen Mißbräuche und führte wirklich eine echte Reform an Haupt und Gliedern durch. So wurde dieser Oberhirte zu einer der schönsten und hellsten Leuchten unserer Kirche in besonders schwerer Zeit. Im Jahre 1538 erblickte er das Licht der Welt. Seine Familie gehörte zum ersten Adel. Karl wurde in den Wissenschaften trefflich unterrichtet, lenkte aber bereits als Kind seinen Sinn ausschließlich auf Gott und weihte sich dem Herrn im Priesterstand. Er wurde im jugendlichen Alter von zweiundzwanzig Jahren schon Erzbischof von Mailand und zugleich

Kardinal der römischen Kirche. Wenn der heilige Paulus einst schrieb, man solle keinen zu jungen Mann zum Bischof machen, da er leicht stolz werden könne, so galt dies bei Karl nicht; denn trotz seiner hohen Würde blieb er einfach und bescheiden. Die Weisheit eines vollkommenen Mannes leuchtete aus allen seinen Unternehmungen. Während seiner Regierungszeit als Bischof kam das Konzil von Trient in sein letztes Stadium. In seiner Diözese sorgte Karl dafür, daß Mißbräuche abgestellt wurden. Hauptsächlich war es aber sein eignes Beispiel, das ihn fähig machte, die Reform in Geistlichkeit und Volk durchzusetzen. Neues religiöses und sittliches Leben begann zu blühen. Groß war seine Nächstenliebe. Als die furchtbare Gottesgeißel, die Pest, in Mailand hauste und innerhalb eines halben Jahres über dreißigtausend Menschen starben, da war der heilige Bischof unermüdlich tätig. Er fürchtete keine Ansteckungsgefahr, sondern eilte Tag und Nacht zu den Kranken und Sterbenden und spendete ihnen die heiligen Sakramente. Auch schenkte er zur Linderung der Not alles her, was er besaß. Es ist klar, daß diese mutige Mühe ihm die Verehrung des ganzen Volkes brachte. Aber mit sechsundvierzig Jahren war Karl bereits ein gebrochener Mann. Als er bei den Franziskanern zu Varalla Exerzitien machte, erkrankte er schwer und ließ sich nach Mailand tragen. Dort starb er dann im Jahre 1584. Sein Leichnam ruht im Mailänder Dom. Über dem Grab des Heiligen könnten die Worte der Schrift stehen: „Sehet den Hohenpriester, der dem Herrn gefiel und als gerecht befunden wurde."

TAGESHEILIGE: Vitalis, Agricola M, † 304 – Emerich, Prinz – Modesta Ae zu Trier, † 659 – Gregor von Cerchiara, sel., A und Gründer von Burtscheid (Aachen), † 999 – Heinrich von Zwiefalten Mö in Ochsenhausen (Schwaben), † 1240 – Johann der Deutsche Pr zu Straßburg (Kreuzzugsprediger), † 1252 – Philologus, Patrobas, Prokul, Porphyrius M – Klarus EM – Nikander BM – Hermas PrM – Amantius B – Joannicius A – Pierius Pr – Ottokar – Berthilla (Berthilde) Ae.

5. NOVEMBER *Richardis*

Eine jener seltenen Frauen, die auf der höchsten Stufe menschlicher Macht und Würde unversehrt ihre Reinheit und Heiligkeit bewahrten und nicht bloß in glücklichen Tagen gottergeben lebten, sondern auch im Unglück, war Richardis. Sie entstammte einem vornehmen Geschlecht aus dem Elsaß. Nach einer sorgfältigen Erziehung zu Frömmigkeit und Gottesfurcht wurde sie im Jahre 875 mit dem nachmaligen Kaiser Karl, der den Beinamen „der Dicke" in der Geschichte führt, vermählt. Im Februar des Jahres 881 wurde sie gemeinsam mit ihrem Gemahl zu Rom vom Papst Johann VIII. gekrönt. Es gibt viele Menschen, die glauben, daß einer, je höher er im Leben steht, um so glücklicher sein müsse. Sie bedenken nicht, daß auch gekrönte Häupter Menschen bleiben. Die Ehe zwischen Richardis und Karl war für diese Frau ein Leidensweg. Karl war keineswegs ein würdiger Nachfahre seines großen Ahnherrn; er war kleinlich und unbeherrscht, schwankend in seinem Charakter und schwach. Und gerade jene Zeit, da das karolingische Reich zusammenbrach, hätte eine starke Persönlichkeit gebraucht. Karl aber ließ sich lieber schieben, als daß er selbst entschieden aufgetreten wäre. Und wie er als Herrscher war, so war er auch als Ehegatte. Seine Gemahlin, die sich als junges Mädchen einst ein gemeinsames Leben in Glück und Freude erträumt hatte, mußte bittere Enttäuschungen erleben; die Kaiserkrone wurde für sie eine Dornenkrone. Statt Liebe erntete sie Mißtrauen, statt Verständnis Hochmut. Dies ging so weit, daß sie ihr Gemahl zeitweise verstieß.

Als Berater in allen Reichsgeschäften hatte Karl den Bischof Luithard, der darauf bedacht war, zum Besten des Reiches seine Kraft einzusetzen. Aber er ging manchmal sehr schroff vor und erregte damit Neid und Haß der Großen. Da er sah, daß die Kaiserin in den Regierungsgeschäften eine einsichtsvolle und kluge Beraterin ihres schwachen Gatten war, suchte er im besonderen mit ihr für das Wohl des Reiches zusammenzuarbeiten. Das nahmen ehrsüchtige und neidische Hofbeamte zum Anlaß, um dem Kaiser, der jähzornig und argwöhnisch war, ins Ohr zu flüstern, daß die Kaiserin mit dem Bischof ein Verhältnis habe. Karl entließ den Bischof sofort, ohne ihn zu hören. Auch seine Gattin verstieß er, nachdem er sie öffentlich als Ehebrecherin bezeichnet hatte. Sie wurde in das Kloster Andlau, das sie selbst gestiftet hatte, verwiesen. Mit diesem Schritt aber hatte der Kaiser sein eigenes Glück aus dem Hause gewiesen, und es dauerte nicht lange, bis er selbst von den Großen abgesetzt und in die bitterste Not versetzt wurde. Richardis ertrug das ihr zugefügte Unrecht mit wunderbarer Geduld. Im Kloster oblag sie gottergeben und getreu ihren neuen Pflichten. Ja sie wurde sogar zur Äbtissin gewählt und lebte ihren Mitschwestern ein Leben voll Frömmigkeit und Gottergebenheit vor. Sie mußte noch den Untergang ihres Gemahls erleben, der aber in seiner Not sich doch wieder ernstlich bekehrte und eines gottseligen Todes starb. Im Jahre 893 starb sie, betrauert von der Klostergemeinschaft und verehrt vom ganzen Volk.

Papst Leo IX. hat im Jahr 1049 auf seiner Fahrt durch das Schwabenland die Kirche, in der Richardis ruhte, feierlich geweiht und ihre Gebeine erhoben. Damit wurde die Verehrung dieser großen, erhabenen Frau und demütigen Dulderin von der Kirche gutgeheißen. (Ihr Fest wird am 18. September gefeiert.)

TAGESHEILIGE: Zacharias und Elisabeth, Eltern des heiligen Johannes des Täufers – Fibitius B von Trier, † 511 – Lätus Pr – Gerrich, sel., A von Gerresheim (Rhein), † 850 – Silvia, Mutter des Papstes Gregor d. Gr., † 572 – Felix PM – Eusebius MöM – Galation, Epistemis, Domninus, Theotimus, Philotheus, Silvan M – Magnus, Dominator, Malachias B – Rainer.

6. NOVEMBER *Leonhard*

Das Kloster Noblac (später Sankt Leonhard im Departement Haute-Vienne, Frankreich) verdankt seine Entstehung einem Heiligen der christlichen Frühzeit des Frankenreiches: Leonhard. Dort wurde auch zum erstenmal im elften Jahrhundert die Lebensgeschichte des Heiligen niedergeschrieben. Auf einer Synode zu Saint Jean d' Angély, die der fromme Herzog Wilhelm V. von Aquitanien im Jahr 1017 abhielt, wurden die Gebeine des Gründers ausgestellt. Es waren dann besonders die Mönche von Cluny, die viel für seine Verehrung taten und seine Lebensbeschreibung unter das Volk brachten. Namentlich hat sich Jordan, seit 1021 Bischof von Limoges, vorher Propst von Noblac, um die Aufzeichnung der Wundertaten Leonhards bemüht. Bereits unter Kaiser Heinrich III. (1039 – 1056) kam die Kunde von diesem Heiligen auch in die deutschen Länder. Und im fünfzehnten Jahrhundert war er schon der große Volksheilige und Nothelfer geworden. – Hören wir, was die Überlieferung über ihn berichtet: Leonhard entstammte einem edlen fränkischen Geschlecht und wurde am Beginn des sechsten Jahrhunderts geboren. Seine Eltern standen am Hofe des Königs Chlodwig in hohem Ansehen. Der Knabe wurde ritterlich erzogen und zeigte anfangs große Neigung und Gefallen an weltlichen Dingen. Als der heilige Remigius an den Königshof kam, gelang es ihm, den edlen Sinn des jungen Ritters zu wecken und zu fördern. Leonhard wurde bald von der Lehre Christi so tief ergriffen, daß er auf alle Vorteile adliger Abstammung und des Reichtums verzichtete, um Priester zu werden. Remigius erteilte ihm selber die Weihe und sandte ihn zur Glaubenspredigt unter die heidnische Bevölkerung. Mit Eifer trat Leonhard sein Amt an und konnte manchen Erfolg verzeichnen. Schließlich erteilte ihm Remigius auch die Bischofsweihe. Der König, der großen Gefallen an dem kraftvollen Prediger und frommen Bischof hatte, wollte ihn gerne an seinem Hof haben. Aber Leonhard wollte nur der Seelsorge leben. Um sich seinem erhabenen Beruf hingeben zu können, ohne menschliche Ehren zu erringen, trat er in ein Kloster ein. Doch Gott wollte, daß er sein Licht nicht unter den Schemel stelle. Der Ruf seines tugendhaften

Lebens zog immer mehr Leute an, die zu ihm um Rat und Tat kamen. Namentlich waren es die Bauern, denen er durch seine Naturkenntnis großen Nutzen brachte; viele Wunder, die er durch die Gnade Gottes wirken durfte, werden bezeugt. Als er durch sein Gebet der Gemahlin des Königs bei einer schweren Geburt beistand, schenkte ihm der König einen Wald, in den der Heilige das Kloster Noblac baute, das Amt eines Abtes in aller Vollkommenheit ausübte und seine Gemeinde zu einer edlen Gottesgemeinschaft machte. Dort starb Leonhard im Jahre 559.

Leonhard ist ein Volksheiliger. Insbesondere die Menschen auf dem Land verehrten ihn zu allen Zeiten. Die sogenannten Leonhardiritte, bei denen die Pferde gesegnet werden, finden heute noch statt. In allen Nöten wird Sankt Leonhard angerufen. Da er auch Besessene aus den Fesseln des Teufels befreite und sich besonders der Gefangenen annahm, wird er oft mit einer Kette abgebildet. Darauf geht der Brauch zurück, daß man in früheren Zeiten die Leonhardskapellen außen mit einer eisernen Kette umschloß.

TAGESHEILIGE: Winok A – Erlafried Mö – Simon, sel., Mö in Aulne-Lüttich, † 1229 – Felix, Attikus M – Severus BM – Felix Mö.

7. NOVEMBER

Willibrord

Das Frankenreich war seit König Chlodwig zu Ende des fünften Jahrhunderts christlich geworden. Die Macht des Evangeliums ergriff von da ab diesen Germanenstamm, und von ihm aus drang das Wort Gottes zu den noch heidnischen Völkern Europas. Der Männer, die sich um die Ausbreitung des Christentums in jener frühen Zeit besonders verdient machten, erinnert sich das Volk noch heute. So auch des heiligen Bischofs Willibrord.

Pippin von Heristal, der Ahnherr Karls des Großen, hatte als Hausmaier der fränkischen Könige schwere Kämpfe mit den Friesen zu bestehen, die immer wieder verwüstend in das Frankenland einfielen. Da er die Macht des Christentums erkannte, wollte er versuchen, sie zu bekehren, um so dann Frieden zwischen ihnen und den Franken zu stiften. Er wandte sich deshalb an den frommen englischen König Ina um christliche Missionare. Dieser willfuhr der Bitte gerne und sandte zwölf Männer, an deren Spitze der Mönch Willibrord stand. – Willibrord entstammte einer vornehmen Familie. Fromm erzogen, hatte er sich mit zwanzig Jahren in das Kloster Ripon bei York begeben. Seine Demut, Bescheidenheit, Leutseligkeit und Sanftmut wurden allgemein bewundert. Im Alter von dreißig Jahren wurde er zum

Priester geweiht. Nun wollte er die schwere Last der Mission auf sich nehmen. Bevor er aber das Werk begann, reiste er nach Rom und erbat sich den Segen des Papstes. Dieser weihte Willibrord zum Bischof. Im Jahre 689 landete er mit seinen Mönchen an der Rheinmündung. Von da aus zog er nach Wiltaburg, dem heutigen Utrecht. Überall begann er mit Feuereifer das Evangelium zu verkünden. Bald blühten Christengemeinden auf. Willibrord wurde vom Papst zum Erzbischof von Utrecht ernannt. Dann aber begann der schwierigere Teil seiner Arbeit. Er wanderte in jene Gegenden Frieslands, wo man noch nichts vom Christentum wußte. Dort herrschte der Fürst Radbod, ein grimmiger Gegner der Franken. 714 vertrieb er Willibrord aus Utrecht, und dieser konnte erst nach Radbods Tod (719) dorthin zurückkehren. Drei Jahre hatte er dann den heiligen Bonifatius an seiner Seite. Bald konnte an vielen Stellen das Kreuz aufgerichtet werden. Entscheidend trug zum Erfolg sein heiliges Beispiel bei und die Wundergabe, die ihm Gott verliehen hatte. Zuletzt, als er schon hochbetagt war, begab er sich in das von ihm gestiftete Kloster Echternach und starb dort am 6. November 739.

TAGESHEILIGE: Engelbert BM in Köln, † 1225 – Rufus B von Metz, † 375 – Florentius, erst E in Haslach, dann B von Straßburg, † 693 – Ernst A von Zwiefalten – Leopard B von Osimo, ein Deutscher, † 650 – Gebtrud Ae in den Vogesen, † 675 – Prosdokim B – Herkulan BM – Amaranth, Hieron, Nikander, Hesychius, Auktus, Taurio, Thessalonika, Melasipp, Anton, Karina M – Achillas B – Brunhilde Kö.

8. NOVEMBER *Eduard*

Auch die Geschichte Europas, des Abendlandes, ist kein Erbauungsbuch – Kriege über Kriege, eine Fülle von Unrecht, Gewalttaten und Elend. Und England hat im Mittelalter und bis an die Schwelle der Neuzeit ein gewaltiges Stück dieser abendländischen Drangsale mit Unrechttun und Unrechterleiden erleben müssen. Betrug, Verrat und Mord waren an der Tagesordnung. So ist es denn verständlich und liebenswert, daß sich im Gedächtnis der Briten der Name und das Andenken des heiligen Eduard durch so viele Jahrhunderte lebendig erhalten hat. Denn er war ein Mann von hoher Tugend, voll echter Liebe, erfüllt vom Bewußtsein der großen Pflichten eines Königs.

Eduard entstammte dem englischen Königsgeschlecht, mußte aber beim Einfall der Dänen fliehen und wurde in Frankreich erzogen. Er lebte dort rein und unschuldig, so daß man ihn den Engel am Hof nannte. Als er, großjährig geworden, aufgefordert wurde, mit Waffengewalt sein Reich zu erobern, sagte er: „Ich will kein Königreich, das mit Menschenblut erkauft werden muß." Er kam auch wirklich auf friedliche Weise zu seinem Recht. Im Jahre 1042 wurde Eduard zum König gekrönt und konnte nun sein großes Friedenswerk beginnen. Er regierte nach dem Grundsatz: Der Wohlstand des Landes hängt wesentlich vom Verhältnis der Menschen zu Gott ab. Darum stellte er das kirchliche Leben in seinem Reiche wieder her und ging seinem Volk mit dem besten Beispiel voran. Nach dem Wunsch seiner Edlen heiratete er die tugendhafte Prinzessin Edith. Die Ehe blieb kinderlos. Eduard widmete sich nun ganz einem wohltätigen Leben. Die Armen hatten an ihm einen liebevollen Helfer. Besonders nahm er sich der Kranken an. Als er eines Tages einen lahmen Mann auf der Straße sah, nahm er ihn ungeachtet der Volksscharen auf den Rücken und trug ihn in sein Schloß. Der Kranke aber wurde sofort geheilt. Der König verehrte auf das innigste die Mutter Gottes und den heiligen Johannes. Wer ihn in deren Namen um etwas bat, konnte sicher sein, daß er niemals abgewiesen wurde. Eduard wurde des öfteren wunderbarer Gesichte gewürdigt. Auch sein Todestag wurde ihm geoffenbart. Er bereitete sich mit allem Eifer auf das Sterben vor und ging im Jahre 1066 in die himmlische Heimat ein. Sein Leichnam wurde viele Jahre später unversehrt aufgefunden. Bereits hundert Jahre nach seinem Tode wurde er heiliggesprochen. (Sein Fest ist am 13. Oktober).

TAGESHEILIGE: Gottfried B, † 1118 – Severus, Severian, Karpophor, Viktorin M (die sogenannten bekränzten M) – Willehad B von Bremen, † 789 – Weomad B von Trier, † 791 – Gregor A von Einsiedeln, † 996 – Maurus B – Klaudius, Nikostrat, Symphorian, Kastorius, Simplizius M – Deusdedit P, † 618 – Klarus Pr – Theodor M – Erpho B.

9. NOVEMBER *Theodor*

Schon seit ältesten Zeiten verehrt und gepriesen wurde der Soldat und Martyrer Theodor (eigentlich Tero oder Tiro). Der heilige Bischof Gregor von Nyssa († 395) zeichnete in einer Gedenkrede das Leben und Martyrium des Heiligen. Alle späteren Darstellungen und Dichtungen, mit denen seine Lebensbeschreibung umbrämt wurde, haben jene Gedenkrede, die uns heute noch überliefert ist, zur Grundlage. Daß das gläubige Volk im Lauf der Zeit manches Legendenhafte ausgedacht und hinzugefügt hat, ist begreiflich, und es ist ein Zeichen der Hochschätzung und Verehrung.

Theodor wurde in Syrien als Sohn vornehmer, aber armer christlicher Eltern geboren. Noch sehr jung trat er ins kaiserliche Heer als einfacher Soldat ein. Es war gerade jene Zeit, in der die ersten Verfolgungsedikte durch die Kaiser Maximian, Galerius und Diokletian erlassen wurden. Theodor war ein tapferer Soldat und deshalb sehr geachtet. Und er war auch ein aufrechter Christ. Wenn seine Kameraden, die Heiden waren, zu den Götzenopfern gingen, begab er sich zu den Versammlungen der Christen und erlebte den Gottesdienst mit tiefer Andacht. Freilich bekannte er Christus nicht öffentlich, um nicht aufzufallen. Als aber im Jahre 306 ein grausamer Verfolgungsbefehl des Kaisers kam, wonach allen Christen geboten wurde, entweder ihrem Glauben abzuschwören oder sich zu den schrecklichsten Martern zu entschließen, da konnte und wollte auch Theodor seinen Glauben nicht verheimlichen, sondern erklärte feierlich und öffentlich, daß er ein Christ sei. Er wurde daher vor den Statthalter geführt. Diesem flößten die redliche Art und der Freimut des Soldaten tiefes Mitgefühl ein, und er wollte ihn gerne retten. Er gab ihm daher drei Tage Bedenkzeit. Theodor aber sagte, er brauche keine Bedenkzeit, da er an seinem Vorsatz festhalten wolle, einzig nur Christus zu dienen und ihn anzubeten. Nach drei Tagen wurde er wieder vor den Richter gestellt, der ihn nochmals fragte, ob er sich entschlossen habe, dem Befehl des Kaisers zu gehorchen. Da Theodor aber standhaft blieb, ließ der Richter ihn peinigen und dann in einen dunklen Kerker werfen, der voll Unrat war. Mitten in der Nacht erschien dem Martyrer Christus und tröstete ihn. Wieder vor den Richter geführt, begann für Theodor das eigentliche Martyrium; er wurde auf die Folter gespannt, mit eisernen Haken zerfleischt und sodann mit Fackeln gebrannt. Endlich wurde er zum Scheiterhaufen geführt und starb so den Martertod. Es geschah zu Amasea (Pontus) am 17. Februar 306.

TAGESHEILIGE: Orestes, Alexander M – Erpho B von Münster, † 1097 – Ursin, Agrippin B – Eustolia, Sopatra J – Reinulf.

10. NOVEMBER *Wolfhold*

Zu Hohenwart in Oberbayern wird bis in die heutige Zeit ein seliger Priester verehrt, der um das Jahr 1100 dort sanft entschlafen ist. Alte Chroniken berichten über sein Leben fast nichts. Anderseits aber ist sicher, daß sich nach seinem Tode manche Wunder ereignet haben. Was wir alten Berichten entnehmen können, ist dies: Wolfhold, vornehmer Familie entstammend, gab sich dem Studium der Theologie hin. Nach langer Vorbereitung wurde er zum Priester geweiht und zeichnete sich durch große Frömmigkeit aus. An der Marktkirche von Hohenwart oblag er seinem Seelsorgsamt mit größtem Eifer, ein Priester nach dem Herzen Gottes. Er lebte gleichzeitig mit der seligen Richildis, die als Reklusin bei der Klosterkirche auf dem Hohenwarter Berge Gott diente, im nämlichen Jahre wie er starb und im Grabe der von beiden verehrten Juliana bestattet wurde. Seine Gottesliebe war so groß, daß er viele Nächte betend in seiner Marktkirche zubrachte. Einen Schlüssel besaß er nicht. Doch wurde ihm stets von Engeln die Türe geöffnet und hernach wieder verschlossen. Nach seinem Tode wurde er in der Marktkirche beigesetzt und auf einer Grabplatte diese Wundertat göttlichen Erbarmens festgehalten.

Von einer wunderbaren Heilung auf seine Fürbitte berichtet die Chronik: Im Jahre 1492 lag ein Schneider namens Stephan todkrank danieder Er litt an Blasenstein und hatte fürchterliche Schmerzen. Die Ärzte wollten ihn operieren, auch auf die Gefahr hin, daß er sterben müsse. In seiner Angst machte der Schneider das Versprechen, wenn ihm Gott helfe, wolle er auf den Knien den Hohenwarter Berg hinaufrutschen. Während er so betete, senkte sich ein tiefer Schlaf über ihn; der Priester Wolfhold erschien, nahm ihm den Stein und legte ihn dem Kranken in die Hand. Er erwachte geheilt, den Stein in Händen. Gerade diese Begebenheit trug viel dazu bei, die Verehrung des Seligen weiterzuverbreiten.

Möge das Beispiel dieses gottseligen Priesters uns mit Andacht zum heiligsten Altarssakrament erfüllen! Wahrhaft und wirklich ist der Sohn Gottes im Tabernakel zugegen: oft sollten wir vor ihm knien.

Man mag sich zu den in der Legende berichteten wunderbaren Geschehnissen stellen, wie man will: Eines erleben wir beispielhaft aus dieser Darstellung und Überlieferung — die große und innige Frömmigkeit des Seligen.

TAGESHEILIGE: Andreas Avellinus Bk, † 1608 – Tryphon, Respizius, Nympha M – Verembald Mö in Hirsau – Johann Skotus B von Ratzeburg M, † 1066 – Hiera J – Tiberius, Modest, Florentia, Anian, Eustosius, M – Probus, Monitor, Justus B – Leo M – Tryphenna, Tryphosa Bk – Theoktistes J – Demetrius BM.

11. NOVEMBER *Martin*

Einer der volkstümlichsten Heiligen ist St. Martin von Tours. Dichtung und Musik verherrlichen sein Leben. Volksbräuche haben sich um sein Andenken entwickelt — ein Zeichen dafür, daß seine Persönlichkeit so stark und sein beispielhaftes Leben so klar geprägt waren, daß nicht einmal die

Stürme der Völkerwanderung das Bild verwischen konnten. Seiner Lebenszeit nach gehört er zum Altertum – er wurde 316 in Sabaria (heute Szent Marton) in Ungarn geboren und starb 397 –, seiner Haltung nach ist er zeitlos. Sein Streben nach christlicher Vollkommenheit, seine tiefgreifende Askese, sein Seeleneifer als Bischof und seine unbezweifelbare Wundergabe haben sein Andenken über alle Zeiten erhalten. Sein Schüler und Freund Sulpizius Severus hat die erste Lebensbeschreibung verfaßt; er berichtet von vielen Wundern und bringt Zeugnisse für ihre Wirklichkeit und Wahrheit. Sogar Tote habe Martin auferweckt. Aber alles, was er war und wirkte, kam aus seinem die ganze Seele erfüllenden Vertrauen auf Gottes Hilfe. So steht Martin vor uns: ein Mann und Bischof von christlicher Vollkommenheit, ein Heiliger.

Vom Geist christlicher Nächstenliebe war schon der tüchtige römische Offizier Martin erfüllt, bevor noch das Wasser der Taufe seinen Scheitel benetzt hatte. Daß aber tiefe Menschenliebe eine Hauptforderung der Lehre Christi sei, das wußte er. Im strengen Winter ritt er von einer Übung heim. Da sah er einen armen, alten Mann am Wege, der nur Lumpen hatte, um sich vor der Kälte zu schützen. Sogleich zerschnitt Martin mit dem Schwert seinen Mantel und gab ihm die Hälfte. Ungeachtet des Lächelns seiner Kameraden ritt er mit dem zerrissenen Mantel heim. Fürwahr eine furchtlose und eine gute Tat! Herrlicher Lohn sollte ihm dafür zuteil werden. Denn in der Nacht erschien ihm Christus und sagte: „Mit diesem Gewand hat mich Martin bekleidet." Nun zögerte der Soldat nicht mehr, sich taufen zu lassen. Zwei Jahre später nahm er seinen Abschied vom Militär, begab sich nach Poitiers zu Bischof Hilarius und ließ sich zum Exorzisten weihen. Denn sein Eifer trieb ihn dazu, auch andern das Glück der christlichen Lehre zu vermitteln. Martin wollte, nachdem er Priester geworden, gerne ein zurückgezogenes Leben führen und gründete mit mehreren Gesinnungsgenossen eine Art Kloster, das erste in Frankreich. Gott aber hatte anderes mit ihm vor. Der Bischof von Tours war gestorben. Und weil die Bewohner Martin ob seines guten Beispieles schätzten, verlangten sie ihn als dessen Nachfolger. Martin suchte sich in seiner Bescheidenheit zu verbergen. Die Legende erzählt, daß er sich in einem Gänsestall versteckte; aber durch ihr Geschrei verrieten ihn die Tiere. (Daher wird St. Martin oftmals mit einer Gans abgebildet.) Als Bischof suchte Martin die heidnischen Bewohner der Stadt für Christus zu gewinnen. Dies gelang ihm nach vielen Mühen. Als Martin nach fast dreißigjähriger Tätigkeit starb, betete er: „Herr, wenn ich meinem Volke notwendig bin, so verweigere ich die Arbeit nicht. In allem aber geschehe dein Wille." Er verschied im Jahre 397.

Sein Grab wurde ein vielbesuchter Wallfahrtsort. Der heilige Eligius baute später für den Leichnam des Heiligen einen Reliquienkasten aus schweren

Goldplatten – König Ludwig XI. von Frankreich ließ das Grabmal mit einem silbernen Gitter umgeben. Wohl plünderten und verwüsteten die Hugenotten das Grab im Jahre 1562; die Verehrung des Heiligen aber konnten sie nicht hemmen. Und so ist St. Martin auch heute noch lebendig im Gedenken der Christen.

TAGESHEILIGE: Mennas M, † 295 – Hademunda, Gr von Ebersberg, † 1029 – Agnes, Prinz. – Bruno Mö in Lübeck, † 1325 – Valentin, Felizian, Viktorin, Athenodor M – Veran, Sergius B – Bartholomäus A – Berthuin (Bertwin) B.

12. NOVEMBER *Martin I.*

Papst Martin wird als Martyrer in der Kirche verehrt, obgleich er nicht eines blutigen Todes für Christus starb. Aber er hat um Christi willen so viel erduldet, daß ihm die Kirche diesen Ehrentitel mit Recht gab. Er stammte aus Todi in Toskana. Nach einer in Frömmigkeit und edlem Streben verbrachten Jugend wurde er in Rom unter die Kleriker aufgenommen und glänzte bald vor allen anderen durch seine Weisheit. Als Papst Theodor im Jahre 649 starb, wurde Martin zu seinem Nachfolger gewählt. Mit diesem Amt übernahm er eine schwere Bürde. Er mußte sogleich gegen gefährliche Irrlehren kämpfen, die sich im Morgenland breitgemacht hatten. Martin berief ein allgemeines Konzil im Lateran zusammen, wo die Irrlehre verurteilt wurde. Der griechische Kaiser aber, der den Irrglauben begünstigte, ging mit allen Mitteln gegen den glaubenstreuen Papst vor. Ein vom Kaiser gesandter Exarch nahm Martin gefangen und führte ihn nach Porto. Auf der Fahrt nach Konstantinopel wurde er auf der Insel Naxos drei Monate lang von grausamen Wärtern gepeinigt. Schließlich kam er am 17. September 654 in der Hauptstadt an und wurde in ein abscheuliches Gefängnis geworfen. Am 17. Dezember wurde er auf den Marktplatz geführt; dort wurden ihm im Angesicht des ganzen Volkes die Papstkleider vom Leibe gerissen und er fast ganz nackt bei grimmiger Kälte durch die Straßen geführt. Seine Füße sprangen vor Kälte auf, und der Weg war von seinem Blut gerötet. Ohne zu murren und zu klagen, ertrug er die Schmach. Auf Befehl des Kaisers wurde er dann verbannt. In der Fremde wartete neues Elend auf ihn. Aber so sehr man ihn auch peinigte, er verlor niemals das Gottvertrauen, die beste Stütze, die ein Mensch in Kummer und Leiden haben kann. Auf der Halbinsel Krim wurde er am 16. September 655 endlich durch den Tod von seinen Qualen erlöst.

TAGESHEILIGE: Arsatius E, † 358 (sein Leib ruht in Ilmmünster) – Himer A, Glaubensbote in der Schweiz, † 615 – Astrizius Mö in Ungarn, † 1056 – Gertrud JN in Magdeburg-Mansfeld, † 1315 – Adelheid Langmann N in Engelthal, † 1375 – Kunibert B von Köln, † 663 – Ämilian (Emil) A, † 574 – Aurelius, Publius, Livin BM – Paternus M – Benedikt, Johann, Matthäus, Isaak, Christin EM – Rufus B – Nilus A – Theodor Studita Bk – Renatus B.

13. NOVEMBER *Stanislaus Kostka*

Ein heiliger Jüngling tritt an diesem Tag in lieblicher Anmut vor uns hin. Stanislaus Kostka wird mit gutem Recht „ein Engel im Fleische" genannt. Aber Gott gibt auch seinen Auserwählten nichts ohne Kampf. Am 28. Oktober 1550 erblickte Stanislaus zu Rostkow in Polen das Licht der Welt. Polen wurde damals durch böse politische Zerwürfnisse erschüttert. Zudem herrschten ein unsagbarer Luxus und große Sittenlosigkeit. Hier durchzuhalten im Guten, ja sogar Vollkommenheit, innere Heiligkeit zu erlangen, dazu bedurfte es einer starken Liebe, eines zähen Willens und der allmächtigen Gnade Gottes.

Treue zur katholischen Kirche, die gerade in der Zeit der Reformation verachtet und geschmäht wurde, lernte der Knabe von seinen Eltern. Er hütete daher seine Seele wie einen Edelkristall. Stanislaus kam zum Studium nach Wien. Er und sein Bruder Paul wohnten damals in einem Haus, das den Jesuiten gehörte. Bei den Mitschülern war Stanislaus ob seiner großen Liebenswürdigkeit und zarten Zurückgezogenheit sehr beliebt. Niemals wagte einer, wenn Stanislaus in der Nähe war, ein schlechtes Wort in den Mund zu nehmen. So wurde er für seine Mitschüler das lebendige gute Beispiel. Als aber das Haus den Jesuiten genommen wurde, begann für Stanislaus eine Zeit der Prüfung. Er mußte mit seinem Bruder bei einem Andersgläubigen wohnen. Als er dort schwer erkrankte und dem Tode nahe war, ließ der Hausbesitzer den katholischen Priester, der den Schwerkranken versehen wollte, nicht in das Haus. In seiner Seelennot nahm Stanislaus zur Patronin der Sterbenden, der heiligen Barbara, seine Zuflucht. Und siehe! Gott erhörte sein Flehen. In der Nacht erschien ein Engel und reichte ihm die heilige Kommunion. Nach seiner Genesung wollte er in den Jesuitenorden eintreten. Sein Vater aber gab ihm die Erlaubnis nicht. Da entfloh er heimlich, entkam den Nachstellungen seines Bruders und gelangte nach Dillingen (Donau), wo damals Petrus Canisius weilte. Diesem trug er seinen Wunsch vor. Canisius schickte ihn nach Rom. Zu seiner großen Freude fand er dort die ersehnte

Aufnahme in den Orden. Aber bereits nach kurzer Zeit erkrankte er schwer und starb am 15. August 1568. Mit dem heiligen Aloisius wurde er heiliggesprochen.

St. Stanislaus ist einer der großen Patrone Polens; er leuchtet als herrliches Vorbild unserer Jugend voran.

TAGESHEILIGE: Didakus Bk, † 1463 – Nikolaus P – Eugen, Homobon B – Volkuin (Volkwin) A von Sittichenbach (Thüringen), † 1154 – Siardus A in Maria Gaarden (Friesland), † 1230 – Valentin, Solutor, Viktor, Mitrius, Antonin, Zebinas, German, Ematha, Arkadius, Paschasius, Probus, Eutychian M – Britius B – Quinktian B.

14. NOVEMBER *Elisabeth von Reute*

Eine besondere Zierde des oberschwäbischen Landes ist die selige Elisabeth von Reute, die „gute Betha". Sie wurde am 25. November 1386 zu Waldsee, einem Städtchen Oberschwabens, geboren. Ihre Eltern waren achtbare und reiche Weberseheleute. Das Kind wurde sehr gut erzogen und sollte später einmal durch eine gute Heirat den Wohlstand vermehren. Allein Elisabeth war zu anderem bestimmt. Gott nahm sie in seine Schule und schenkte ihr schon bald reiche innere Begnadung. Dazu hatte sie das große Glück, einen ausgezeichneten Beichtvater in der Person des Stiftsherrn Konrad Kügelin zu besitzen. Da er den hohen Wert ihres inneren Lebens erkannte, gab er ihr den Rat, sich aus der Welt zurückzuziehen und ein klösterliches Leben zu führen. Denn im Elternhaus bestanden doch manche Gefahren für das Mädchen. Die Eltern sträubten sich lange, gaben aber doch schließlich nach. Elisabeth ging nun nach Reute, trat dort in die klösterliche Gemeinschaft des dritten Ordens des heiligen Franziskus ein und lebte als arme, aber glückliche Klosterfrau. Doch sollte sich in ihrem Lebensweg Außerordentliches ereignen: Elisabeth erfüllte ihre große Seele ganz mit der Betrachtung des Leidens und Sterbens Christi; das war die Mitte ihres Daseins, hier entsprangen die Quellen eines vollkommenen, reinen, innerlichen Lebens – das sichtbar begnadet wurde, als die Wundmale des Herrn an ihr erschienen.

Alles, was sie deshalb leiden mußte, auch die Verdächtigungen der Menschen, ertrug sie mit Geduld; sie wollte nichts anderes, als dem Heiland immer ähnlicher werden. In den letzten zwölf Jahren ihres Daseins lebte sie nur mehr von der täglichen heiligen Kommunion. Im Jahre 1423 wurde ihre Sehnsucht nach Vereinigung mit Gott gestillt; der Herr nahm diese reine Seele zu sich in den Himmel. Zu Reute wurde sie begraben und gar bald als

Selige verehrt. Die Kirche hat diese Verehrung im Jahre 1766 gutgeheißen. Elisabeth von Reute ist eine der letzten Blüten des reichen mystischen Lebens im Mittelalter. In der Wallfahrtskirche zu Reute wurden alte Bilder aufgedeckt, die ihr Leben genau nach den Angaben ihres Beichtvaters Konrad Kügelin darstellen.

TAGESHEILIGE: Josaphat BM, † 1623 – Veneranda JM – Laurentius B – Alberich B von Utrecht, † 784 – Wladimir (Waldemar) Kö – Klementin, Theodot, Philomen, Serapion, Venerand M – Hypatius BM – Serapion MöM – Jukundus B.

15. NOVEMBER Albert der Große

Das kulturelle, geistige, wissenschaftliche Erbe des Altertums übernahm das christliche Abendland, führte es fort, erweiterte es. Und dies alles geschah in den Klöstern, in den christlichen Universitäten. Wir vermögen uns heute kaum eine rechte Vorstellung davon zu machen, welch eine Einheit und Fülle von Glaube und Wissen den gebildeten Menschen jener Epoche gegeben war – dank dieser Einheit und Kraft konnte das an sich kleine Europa über die ganze Erde hin wirken. Ohne diese Begegnung und Verbindung von Glaube und Naturwissenschaft aber vermag die Menschheit nicht die rechte, gottgewollte Ordnung in Geist und Leben zu finden, wiederzufinden; denn so ungeheuer und ungeheuerlich auch die Erfindungen und Entdeckungen – von der ersten Dampfmaschine bis zum Atomkraftwerk – waren und sind: zum Heil aller können sie sich erst voll auswirken, wenn die Religion die gesamte technische Zivilisation durchdringt, wenn auch die Wissenschaft den göttlichen Sinn in dem Wort wieder verstehen lernt: „Machet euch die Erde untertan!“

Zu den großen Menschen, in denen Glaube und Wissenschaft sich gegenseitig befruchtend und fördernd lebendig waren, gehört Albertus Magnus, zugleich Gottesfreund, Gelehrter, genialer Denker, Naturforscher – in dieser Vielfalt seines Lebens und Wirkens ein Beispiel und Vorbild für unsere Zeit! – In Lauingen an der Donau kam er im Jahre 1193 als Sproß des berühmten Grafengeschlechts derer von Bollstatt zur Welt, ein heiterer und kluger Junge, der gern durch Wald und Feld streifte. Mit sieben Jahren konnte er schon lesen und schreiben und lernte Latein; seine hohe Begabung ließ erkennen, daß er zum Gelehrten „geboren“ war. Zehn Jahre studierte er an der Universität zu Padua, dann lernte er den Ordensgeneral der Dominikaner, Jordan von Sachsen, kennen. Dessen Predigten wirkten auf den jungen Albertus so stark, daß er sich zum Eintritt in den Orden entschloß (1223). Als Novize nahm er willig niedrigste Arbeiten auf sich; doch bald erkannten die Oberen seinen mächtigen Geist und machten ihn zum Lehrer. In diesem Amt kam er nach Hildesheim, Freiburg, Regensburg, Straßburg, Köln. Auf der Kölner Hochschule war Thomas von Aquin sein Schüler — Albert war der erste, der Thomas' Genie erkannte. 1254 wurde Albert Ordensoberer, 1260 Bischof von Regensburg. Nach zwei Jahren schwerer Seelsorgsarbeit erlaubte ihm der Papst das Amt niederzulegen, damit er als einfacher Mönch wieder ganz der Theologie und der Naturwissenschaft leben konnte. Fürsten und Bischöfe drangen freilich oft in die Stille des Studiums und des Lehrens ein, um den Heiligen um Rat zu bitten. Im Herbst 1280 starb er in Köln, verehrt vom Volk, bewundert von allen Gebildeten seiner Zeit.

Albertus war ohne Zweifel in Erkenntnis und Weisheit, in Frömmigkeit und Gottesschau, im Verständnis der Natur und der natürlichen Lebensbedingungen des Menschen die höchste Ausprägung dessen, was wir im guten Sinn christliches Mittelalter nennen. Er ist das beste Beispiel dafür, daß Glaube und Wissenschaft sich innig verbinden können.

TAGESHEILIGE: Eugen BM – Leopold, Markgraf von Österreich, † 1136 – Marinus BM, Anianus Di in Wilparting, † 697 – Findan E in Rheinau-Schaffhausen, † 878 – David von Augsburg, sel., Franziskaner, † 1272 – Felix BM – Gurias, Samonas, Abibus, Sekundus, Fidentian, Varikus M – Machatus, Luperius B.

16. NOVEMBER *Gertrud von Helfta*

Sie wird heute noch oft mit ihrer gleichnamigen Äbtissin verwechselt. Diese lebte von 1232 bis 1292 und machte Helfta zu einem Blumengarten Gottes, in dem ihre jüngere Schwester Mechthild sowie die andere Mechthild, die von Magdeburg, sich als Blüten der Heiligkeit entfalten konnten. Und die vierte im Bunde war unsere Gertrud, deren Fest die Kirche am heutigen Tag feiert. Alle vier dürfen sich in den Beinamen „die Große" teilen, der unserer Heiligen gewöhnlich gegeben wird. Sie ist am Dreikönigstag 1256 in Thüringen geboren und gegen Ende des Jahres 1302 gestorben. Mit fünf Jahren kam sie nach Helfta und wurde dort als Klosterschülerin und dann als Nonne gründlich und klug erzogen. Mechthild von Hackeborn, die Schwester ihrer heiligen Äbtissin, war die vortreffliche Lehrerin. Gertrud zeigte einen ihr Alter weit überragenden Verstand und einen erstaunlichen Lerneifer. Die Heilige Schrift konnte sie bald auswendig. Trotz ihrer hohen Gelehrsamkeit war sie voll aufrichtiger, wenn auch anfangs ziemlich hart erkämpfter Bescheidenheit: sie wollte nur Gott gehören und dienen. Vom sechsundzwanzigsten Lebensjahr an ging das Tugendstreben der von vielfältigen Leiden Gemarterten in innige mystische Gottverbundenheit über. Im Geschehen der kirchlichen Liturgie durfte ihre reine und kindlich fröhliche Seele wunderbare Herrlichkeiten der göttlichen Gnade erleben, wovon das fünfbändige Werk „Gesandter der göttlichen Liebe“ ergreifend Zeugnis ablegt. Lange vor der heiligen Margareta Alacoque war sie Wegbereiterin der Herz-Jesu-Verehrung. Sie war es auch, die als Überlebende kundig und liebreich die Schriften der beiden Mechthilden und der Äbtissin Gertrud ergänzt und so ihr Andenken der Nachwelt überliefert hat. Gegen Ende ihres Lebens lag sie zweiundzwanzig Wochen lang in Geduld und völliger Gottergebenheit an den Folgen eines Schlaganfalls darnieder. Einmal wurde sie gefragt, ob sie sich nicht vor einem plötzlichen Tod fürchte: „Von ganzem Herzen sehne ich mich, mit den heiligen Sakramenten gestärkt zu werden. Aber der Wille meines Herrn ist die beste Vorbereitung. Auf welche Weise er will – gern werde ich zu ihm auswandern.“

Ihr Buch „Gesandter der göttlichen Liebe“ hat hohen Rang in der Weltliteratur. Ihre Lebenserkenntnis und ihre Schau der Geheimnisse Gottes sprechen daraus in wahrhaft erschütternder Weise auch zu den Menschen unserer Tage.

TAGESHEILIGE: Otmar A von St. Gallen, † 759 – Walter Gr., Gründer des Klosters Herford, † 825 – Agnes, Prinz. – Answald B von Straßburg, † 614 – Balsamine Ehefrau – Edmund B von Canterbury, † 1242 – Rufin, Valerius, Markus, Elpidius, Marzell, Eustochius M – Eucherius, Fidentius B.

17. NOVEMBER *Gregor*

Gregor wird „der Wundertäter“ genannt ob des vielen Großen, das er vollbrachte. Mag manches mehr Legende als Geschichte sein – das Entscheidende ist bezeugt. Gregor war von vornehmer und reicher Abstammung. An verschiedenen Hochschulen studierte er mit großem Erfolg. Der reiche und begabte Jüngling, der noch Heide war, fand aber in der Beherrschung der klassischen Wissenschaft kein inneres Genüge und suchte nach höherer Wahrheit. Da lernte er den christlichen Lehrer und Weisen Origenes kennen, bei dem er zum erstenmal den Namen Jesu hörte. Nun wurde sein Geist vom Licht des Evangeliums ergriffen. Als Origenes Cäsarea im Jahre

235 verließ, ging auch Gregor mit ihm nach Alexandrien. Mitten in einer entarteten Welt blieb er rein. Sein lauterer Lebenswandel war den anderen eine eindringliche und unliebsame Predigt. Sie suchten ihn daher zu verderben, und Gregor mußte manches Ungemach auf sich nehmen. Dann wollten ihn die Leute von Cäsarea als Lehrer und Prediger gewinnen. Er aber zog sich in die Einöde zurück. Zur selben Zeit lebte in Amasea der Erzbischof Phädimus, der die Tugend Gregors sehr hoch schätzte. Dieser weihte ihn zum Bischof von Neo-Cäsarea. Die Stadt war noch großenteils dem Heidentum ergeben. Um aber die Menschen zu retten, gab Gott seinem getreuen Diener die Gabe der Wunder. Zahlreiche Kranke heilte er durch die Anrufung des Namens Jesu. Als man eine Kirche bauen wollte, aber der Platz dazu durch einen Hügel sehr beschränkt war, befahl Gregor im festen Vertrauen auf Gott dem Berg, er solle weichen. Die Legende berichtet, daß dies geschah. Unter Kaiser Dezius brach im Jahre 249 eine schreckliche Verfolgung aus. Da der Bischof fürchtete, seine Gemeinde könnte abtrünnig werden, befahl er den Gläubigen zu fliehen. Gregor floh in die Berge und entging wunderbarerweise den Nachstellungen seiner Feinde. Als er im Jahre 270 zum Sterben kam, konnte er ein an guten Werken reiches Leben beschließen.

TAGESHEILIGE: Hugo B – Hilda Ae – Florin Pr im Engadin, † 856 (geb. im Vintschgau) – Garimund B – Alphäus, Zachäus, Acisklus, Viktoria M – Dionys, Anian B – Eugen Bk – Disibod.

18. NOVEMBER Mechthild

Die neuere Forschung unterscheidet zwei mystisch hochbegnadete Zisterzienserinnen dieses Namens aus dem berühmten Kloster Helfta in Thüringen, einander herzlich zugetan und miteinander nach höchster Vollkommenheit strebend. – Die eine ist Mechthild aus dem edlen Geschlecht von Hackeborn, 1241 geboren und am 19. 11. 1299 nach einem reichen Gnadenleben zu ihrem geliebten Meister heimgegangen. Sie war eine jüngere Schwester der heiligen Äbtissin Gertrud von Hackeborn, die 1258 das Kloster Rodersdorf nach Helfta verlegt hatte. Im siebten Lebensjahr kam Mechthild ins Kloster nach Rodersdorf, zog mit nach Helfta und wirkte als Lehrerin an der Schule und als Vorsängerin im Chor. Ihr liebenswürdiges Wesen gewann alle Herzen. In ihrer tiefen und innigen Gottversunkenheit und Lebenstreue wurde sie erhabener Erleuchtungen gewürdigt, von denen das umfassende Werk „Buch der besonderen Gnade“ kündet.

Die andere, Mechthild von Magdeburg genannt, ist 1210 aus ritterlichem Geschlecht geboren und um 1283 gestorben. Schon mit zwölf Jahren war sie mystisch hochbegnadet. Von 1230 bis 1272 lebte sie unter der Leitung von Dominikanerinnen in strenger Abtötung als Begine zu Magdeburg und trat dann in das Zisterzienserinnenkloster zu Helfta ein. Von ihr stammt das siebenbändige Werk „Ein fließendes Licht meiner Gottheit, in allen Herzen, die da leben ohne Falsch". Ist Mechthild von Hackeborn in ihrem Wesen und in ihren Schriften bei allem Ernst und aller Tiefe mehr das still-glückliche Kind Gottes, ähnlich wie Theresia vom Kinde Jesu, so spricht aus Mechthild von Magdeburg ein energischer und strenger Geist, verwandt dem der heiligen Theresia von Avila; sie redet den geistlichen und weltlichen Ständen von damals ernsthaft und voll Klugheit ins Gewissen.

Helfta mit seinen zwei heiligen Mechthilden und den zwei heiligen Gertruden (vgl. 16 November) war eine wahrhaft heilige Stätte. Eine alte Chronik berichtet darüber: „Es ist da fast neunzig Jahre gewesen ein inniglich Leben. Der Herr Jesus Christus ist Personen dieses Klosters so vertraut gewesen, daß sie mit ihm als mit ihrem geliebten Herrn und Bräutigam wie ein guter Freund mit dem andern geredet haben."

TAGESHEILIGE: Roman M – Barula KnM – Maximus B von Mainz, † 400 – Odo A – Hesychius, Orikulus M – Thomas Mö – Frigdian B.

19. NOVEMBER *Elisabeth*

Das Leben der heiligen Landgräfin Elisabeth dauerte nicht lange, aber, was sie Gutes gewirkt als Jungfrau, Gattin und Witwe, macht sie zum liebenswürdigen Beispiel für jede christliche Frau auch in unserem Jahrhundert. Mit Recht verehrt man sie als eine der größten Heiligen unseres deutschen Vaterlandes. Elisabeth war die Tochter des Ungarnkönigs Andreas II. Ihre Mutter war Gertrud von Andechs, eine Schwester der heiligen Hedwig. Als sie vier Jahre alt war, wurde sie mit dem elfjährigen Landgrafen Ludwig von Thüringen verlobt und zur gemeinsamen Erziehung an den landgräflichen Hof nach Eisenach gebracht. Außergewöhnliche Frömmigkeit, Einfachheit und Liebe zu den Armen zeichneten schon das Kind aus. Als Elisabeth vierzehn Jahre alt war, wurde sie mit ihrem Gatten vermählt. Ihre Ehe war äußerst glücklich. Vier Kinder gingen aus ihr hervor. Doch blieb auch dieser Ehe das Leid nicht erspart. Dafür sorgte ihre hochmütige Schwiegermutter und die oft sehr leichtfertige Hofgesellschaft, die es nicht verwinden konnten, daß Elisabeth so viel herschenkte. Von der Liebe des Gatten aber vermochte sie erst sein Tod auf einem Kreuzzug zu trennen. In bitterem Leid schien Elisabeth zusammenzubrechen. Aber der Aufblick zum Kreuz riß sie aus ihrem Schmerz und half in den tausendfachen Schwierigkeiten, den Ungerechtigkeiten, die sie von Verwandten zu erleiden hatte. Ihr habsüchtiger Schwager wollte die Wohltätigkeit der Gräfin nicht verstehen, und es kam so weit, daß sie bei Nacht und Nebel mitten im Winter ihr Schloß verlassen und um Unterkunft betteln mußte. Der Bischof von Bamberg nahm sie in sein Schloß Pottenstein auf. Dort stellten sich vornehme Freier ein, sogar Kaiser Friedrich II. bat um ihre Hand. Sie aber wollte nichts mehr von der Welt wissen. Die Freunde ihres Gatten verhalfen ihr wieder zu ihrem Recht, und sie lebte fortan in Marburg. Als Wohnung diente ihr ein armseliges Häuslein. Am Karfreitag des Jahres 1230 nahm sie den Schleier des Dritten Ordens und lebte wie eine Nonne. Gott begnadete sie mit vielen innerlichen Tröstungen. Ihre Liebe gehörte Gott, ihren Kindern, den Armen und Kranken. Im Alter von vierundzwanzig Jahren starb Elisabeth im Jahre 1231; bereits 1235 wurde sie heiliggesprochen.

TAGESHEILIGE: Pontian PM, † 235 – Totto A von Ottobeuren, † 815 – Ermenburg Ae – Maximus PrM – Krispin BM – Barlaam, Severin, Exsuperius, Felizian, Faustus, Aza M – Wardo – Mechthild von Hackeborn N.

20. NOVEMBER *Maria Goretti*

Leben um jeden Preis! ist gleichsam das Leitwort dieser Zeit. Und gemeint ist: gut leben, genußreich, ausgiebig. Wie kann da Reinheit als eine hohe Tugend im Bewußtsein der Menschen bestehen? Vielleicht hat es Gott deswegen zugelassen, daß ein armes Mädchen um seiner Reinheit willen zur Martyrerin wurde: damit die Welt aufhorche und erkenne, daß alles andere weniger wichtig ist als die Erhaltung, Bewahrung der Gnade Gottes – „um jeden Preis!"

Am 24. Juni 1950 wurde Maria Goretti heiliggesprochen. Dieses zwölfjährige Mädchen starb als Opfer ihrer Unschuld. Am 16. Oktober 1890 erblickte Maria zu Corinaldo (einer kleinen Stadt am Adriatischen Meer) das Licht der Welt. Ihre Eltern waren arme Pächterseheleute. 1899 zog die Familie nach Ferriere (bei Nettuno). Der Vater starb früh. Die Mutter erzog ihr Kind zu tiefer, inniger Frömmigkeit. Im Alter von sechs Jahren empfing Maria das heilige Sakrament der Firmung. Ihre Sehnsucht war, recht bald zur heiligen

Kommunion gehen zu dürfen. Maria mußte aber noch lange warten. Erst im elften Lebensjahr durfte sie die erste heilige Kommunion empfangen. Von da ab lebte sie in inniger Vereinigung mit Jesus. Nur im Licht seiner Gnade fühlte sie sich glücklich. Und sie brauchte göttlichen Beistand; denn es drohte ihrer Unschuld große Gefahr. In dem Hause der Goretti lebte noch eine Familie, deren Sohn Alexander Maria nachstellte. In ihrer Angst begab sie sich besonders in den Schutz Mariens. Am 5. Juli 1902 gelang es Alexander, Maria allein zu treffen. Er zerrte sie in sein Zimmer und suchte ihr Gewalt anzutun. Maria bat ihn, doch keine Sünde zu begehen, und wehrte sich mit allen Kräften. In seiner Wut verwundete sie der junge Mann mit einem Messer schwer. Am Morgen, nach einer Nacht voll furchtbarer Schmerzen, starb Maria; sie hatte ihrem Mörder verziehen. Bald wurde ihre Verehrung allgemein, und es geschahen viele Erhörungen. Sogar Alexander, der zu dreißig Jahren Kerker verurteilt worden war, bekehrte sich.

Selbst unsere moderne Welt ergreift es tief, wenn sie von solchem Heldenmut und Tugendstreben hört.

Maria Goretti, die Heldin der Reinheit, möge besonders unserer Jugend die Liebe zur Unschuld erflehen! In der Heiligen Schrift lesen wir: „Wie schön ist ein keusches Geschlecht!"

TAGESHEILIGE: Felix von Valois Bk, † 1212 – Silvester B – Maria Dominika Mazzarello N – Papolus B von Metz, † 611 – Humbert BM – Edmund Kö, † 870 – Nersas BM – Ampelus, Kajus, Oktavius, Solutor, Adventor, Agapius, Dasius, Eustach, Thespesius, Anatol, Bassus, Dionys, Agapit M – Gregor v. Dekapolis Bk – Benignus, Simplizius, Bernward B.

21. NOVEMBER *Leopold*

Österreichs Landespatron ist der heilige Markgraf Leopold III. Er stammt aus dem Hause der Babenberger und wurde im Jahre 1073 zu Melk an der Donau geboren. Von Kindheit an zeigte er einen sanften Geist und einen zu allen Kenntnissen und Geschäften fähigen Verstand. Seine fromme Mutter Itha, die Tochter des Kaisers Heinrich III., gab ihm durch ihr Leben das beste Beispiel. So bewahrte sich der heranwachsende Jüngling trotz der großen Gefahren des Hoflebens ein klares Gemüt und eine reine Seele. Als sein Vater im Jahre 1096 starb, mußte Leopold die Nachfolge antreten. Und bald erwies er sich als ein Fürst von hoher Begabung und voll edlen Wollens. Getreulich erfüllte er den Auftrag, der seinem Land schon von Karl dem Großen gegeben worden war: Schutzwall des Reiches und Verteidiger der Christenheit gegen den Osten zu sein. Aber nicht mit Krieg nach außen und mit Gewaltherrschaft im Innern, sondern mit Klugheit, Glaubenskraft, Menschenliebe und Gerechtigkeit führte er sein hohes Amt. Denn nach seiner Überzeugung konnte ein Staatswesen nur auf diesen vier Säulen bestehen und gedeihen.

Im Jahre 1106 vermählte sich Leopold mit Agnes, der Tochter Heinrichs IV. Der glücklichen Ehe entsprossen achtzehn Kinder, deren Erziehung zum großen Teil in den Händen seiner Gemahlin lag. Elf der Kinder überlebten die Eltern. Seine Hauptsorge war, das noch kleine Land zu einem Bollwerk des Gottesfriedens zu machen, die Frömmigkeit des Volkes zu vertiefen. So gründete er — nachdem er seine Residenz von Melk nach Wien verlegt hatte — viele Klöster und Gelehrten-Schulen: Mariazell, Heiligenkreuz, Klosterneuburg usw.

1125 wollten ihn die deutschen Kurfürsten zum Kaiser wählen. Dreimal schlug er die Wahl aus und bat unter Tränen, einen Würdigeren zu wählen. Die Fürsten willfuhren ihm. Vierzig Jahre regierte Leopold mit großem Glück. Dann erkrankte er schwer. Gestärkt durch den Empfang der heiligen Sakramente starb er am 15. November 1136, von seinem Volk tief betrauert. Im Jahre 1485 erfolgte die Heiligsprechung. (Die Kirche feiert sein Fest am 15. November.)

Das Große an diesem Leben ist die Macht der Gnade, mit der Leopold sich vervollkommnete. Ihm war sein Amt eine heilige Aufgabe; und so war er ein wahrer „Vater des Vaterlandes". Fremd war ihm alle Sucht nach Macht und Reichtum. Wieviel Elend diese ungezügelte Sucht nach Ruhm und Macht schon über die Menschen gebracht hat, wissen wir alle. Er war sich bewußt, daß nur eines notwendig ist: die Sorge für die eigene Seele und für das Wohlergehen der ihm Anvertrauten. Dadurch ist der heilige Leopold, obwohl seine Lebenszeit schon mehr als achthundert Jahre zurückliegt, noch immer ein Vorbild für alle, denen andere anvertraut sind.

TAGESHEILIGE: Albert (Adalbert) von Lüttich BM, † 1192 – Gelasius I. P, † 496 – Kolumban A, Missionar am Bodensee, † 615 – Rufus, Celsus, Klemens, Demetrius, Honorius, Eutychius, Stephan, Heliodor M – Maurus B.

22. NOVEMBER *Cäcilia*

Seit dem vierten Jahrhundert wird der Name der heiligen Cäcilia im Kanon der Messe erwähnt, ein Zeugnis für die Verehrung dieser jungfräulichen Martyrerin. Wenn auch die Geschichte weniger meldet von ihrem Leben und Sterben als die Legende, so haben doch die Martyrerakten einige Einzelheiten festgehalten. Und als Kardinal Sfondrato in der Kirche des Trastevereviertels, die über ihrem Grab aufgebaut wurde, im Jahr 1599 ihren Leichnam unverwest auffand, sah er die Berichte über ihren Tod bestätigt. Man konnte die drei schweren Halswunden sehen die ihr der Henker beigebracht hatte. Die rechte Hand spreizte drei Finger als Zeichen des Glaubens an die Heiligste Dreifaltigkeit. Im vorigen Jahrhundert fand man auch das ursprüngliche Grab in der Kalixtuskatakombe. Papst Paschalis I. hatte dort im Jahre 821 den Leichnam gefunden und übertrug diesen in ihr ehemaliges Haus. Daß Cäcilia als Patronin der Musik gilt, kommt daher, daß in den Martyrerakten ein Satz wörtlich genommen wurde, der lautet: „Während die Musikinstrumente erklangen (anläßlich ihrer Hochzeitsfeier), bat Cäcilia

ihren Herrn, er möge ihr doch ein unbeflecktes Herz verleihen." Sie stammte aus altadeliger römischer Familie. Frühzeitig lernte sie das Christentum kennen und machte in jugendlicher Begeisterung in zartem Alter schon das Gelübde ewiger Jungfräulichkeit. Ihre Eltern wußten von diesem Entschluß nichts. Als Cäcilia eine blühende Jungfrau war, verlobten sie die Eltern einem vornehmen jungen Mann namens Valerian. So ungern Cäcilia diesen Schritt auch tat, so konnte sie sich doch nicht verweigern, ohne Aufsehen und Ärgernis zu erregen. Valerian liebte seine Braut aus ganzem Herzen und sehnte den Tag des Eheschlusses herbei. Endlich fand die Hochzeit statt. Und nun ereignete sich etwas, das uns die Martyrerakten jener Zeit zur Erinnerung aufbewahrt haben. Am Abend vor der Vermählung sagte Cäcilia zu ihrem Bräutigam, sie möchte ihm ein Geheimnis anvertrauen, wenn er ihr zusichere, daß er es nicht verraten werde. Valerian versprach dies. Da erklärte ihm seine Braut, daß sie beständig von einem Engel beschützt werde, der immer bei ihr sei und der ihren Leib, den sie ganz und gar dem Heiland versprochen habe, schütze. Valerian war zuerst entsetzt darüber, dann aber verlangte er zum Beweis der Wahrheit diesen Engel zu sehen. Cäcilia sagte, das könne geschehen, wenn er sich taufen lasse. Valerian, begierig den Engel zu sehen, begab sich zum Papste und empfing bald die Taufe. Als er hernach zu Cäcilia kam, sah er den Engel. (Diese Szene zeigt unser Bild.) Er führte fortan ein enthaltsames, echt christliches Leben. Als die Verfolgung kam, starb er als Martyrer. Auch für Cäcilia schlug bald diese Stunde. Sie wurde als Christin angezeigt und vor den Richter geführt. Dieser verurteilte sie zum Tode. In ihrer Villa sollte sie durch heiße Dämpfe im Bade erstickt werden. Sie aber ging unversehrt daraus hervor. Nun wollte der Henker sie enthaupten. Aber trotz dreier Streiche (soviele waren den Scharfrichtern nach Römischem Recht erlaubt) konnte er das Haupt nicht trennen und ließ die Heilige in ihrem Blut liegen. Drei Tage lebte Cäcilia noch. Ihr Martyrium war um 229.

TAGESHEILIGE: Philemon, Apphias M – Pragmatius B – Maurus, Markus M – Stephan M.

23. NOVEMBER *Michael August Pro*

Der Martyrer Pater Michael August Pro ist zwar noch nicht zur Ehre der Altäre erhoben, aber der Heldenmut, mit dem er für Christus, den König, starb, ist so bewunderswert und sein Martyrium so erhaben, wie das der heiligen Martyrer in den ersten Jahrhunderten. Michael wurde 1891 als der Sohn eines reichen Großgrundbesitzers in Mexiko geboren. Er war ein fröhlicher und tatenlustiger Junge und machte jeden Streich mit, den seine Kameraden verübten. Bei all dem war er redlich und fromm und hatte immer ein Herz für seine Mitmenschen. Später studierte er und wurde Bergwerksinspektor. In diesem Amt offenbarte er eine große Liebe zu den Arbeitern und ein ausgeprägtes soziales Empfinden. Als er sah, daß seine Arbeiter meist unter einer großen religiösen Unwissenheit litten, begann sich in ihm der Wunsch zu regen, Priester zu werden. Er trat in den Jesuitenorden ein. Im Jahre 1926 kam er von Europa zurück, gerade als Präsident Calles eine Kirchenverfolgung begann, die mit der eines Nero und Diokletian wetteifern konnte. Nun sah Pater August Pro seine Lebensaufgabe in der religiösen Betreuung seiner bedrängten Landsleute. Verkleidet als Arbeiter erteilte Pro Religionsunterricht, las die heilige Messe, spendete die heiligen Sakramente und hielt sogar mehrtägige Exerzitien ab. Immer wieder gelang es ihm, den Häschern zu entkommen. Am 17. November 1927 aber wurde er von der Polizei gefangengenommen und ohne jedes Verhör zum Tode verurteilt – einfach weil er Priester war. Freudig nahm Pater Pro das Urteil hin. Gemeinsam mit seinem Bruder und noch ein paar Arbeitern wurde er auf den Richtplatz geführt. Hier zeigte er sich als Held, der im Augenblick des Todes mit keiner Wimper zuckt. Er bat den Offizier, der die Hinrichtung leitete, daß er noch beten dürfe. Dann stellte er sich vor die Soldaten und rief: „Es lebe Christus, der König!“ Nun trafen ihn die Kugeln. Sein Begräbnis wurde eine Riesenkundgebung; Tausende begleiteten die Leiche. Der Tag seiner Hinrichtung und seines Triumphes war der 23. November 1927. Seine Beerdigung glich einem Triumphzug; und die Tausende, die mitgingen, sangen feierlich das Tedeum „Großer Gott, wir loben dich!“

Die Feinde der Kirche versuchen zu allen Zeiten, den Glauben an Christus und die Verkündigung seiner Lehre zu unterdrücken. Mit List und Gewalt, mit Folter und Mord glauben sie, ihr Ziel erreichen zu können. Sie bedenken nicht, daß Gott mächtiger ist als sie. Zuletzt bleibt das Gute Sieger, wenn es auch manche Niederlage erleiden muß: auch Christi Triumph ging durch das Grab des Karfreitags. Das ist und bleibt der Trost eines aufrechten Christen. Heldentum und Heldentod für Christus und seine Kirche geben auch manchen lauen Christen neuen Auftrieb – Martyrerblut ist der kostbarste Samen des Glaubens.

TAGESHEILIGE: Klemens I. PM, † 101 – Felizitas, Lukretia JM – Trudo Pr aus fränkischer Familie, † 695 – Wolftrudis Ae in Brabant, † 669 – Clemens B von Metz, † 250 – Adam von Köln A zu Ebrach, sel, † 1164 – Bachhilde E – Sisimus M – Amphilochius, Gregor B – Johann Bonus Bk.

24. NOVEMBER *Johannes vom Kreuz*

Was ist Mystik? (Das Wort kommt von myein = die Augen schließen, sich versenken.) Es ist eine besondere Erfahrung des Göttlichen im Innersten, dem rein Geistigen der Seele. Nach der Überzeugung der Kirche ist sie das Höchste, wessen der Mensch auf Erden teilhaftig werden kann – der gnadenhafte Lohn für ein in der strengsten Askese, im Opfer und in der Gottes- wie der Menschenliebe erprobtes Leben. In der Geschichte der Kirche Christi begegnen wir vielen Männern und Frauen, die dieses Höchsten gewürdigt wurden – sie sind die unmittelbaren, die auserwählten Zeugen der Wirklichkeit und der Wirkmacht Gottes.

In Deutschland hat die christliche Mystik im vierzehnten Jahrhundert ihren Höhepunkt erreicht, in Spanien kam sie durch den heiligen Johannes vom Kreuz im sechzehnten Jahrhundert zur höchsten Entfaltung. Er war nicht allein der gelehrteste, der weiseste, sondern auch der an Erleuchtung reichste aller mystischen Theologen. Seine Schriften „Das Aufsteigen zum Berge Karmel", „Die dunkle Nacht der Seele", „Geistige Dornen", „Lebendige Lebensflamme" bergen eine Fülle der Gottesweisheit, der Einsicht in Natur und Übernatur, der Wegweisung zu einem wahrhaft religiösen Leben.

Johannes wurde 1542 in Fontiveros in Spanien geboren; seine Eltern, verarmte Adelige, waren Leinenweber. Bald starb der Vater, und die Mutter zog nach Medina del Campo, um durch ihrer Hände Arbeit sich und den drei Kindern das Brot zu verdienen. Das jüngste, eben Johannes, erwies früh seine hohe Begabung, doch fehlte der Mutter das Geld zum Studium. Johannes sollte Handwerker werden, aber er zeigte dafür wenig Geschick. Da nahm sich ein Edelmann seiner an und holte ihn als Krankenpfleger in ein Spital. Mit achtzehn Jahren trat Johannes dann in den Orden der Karmeliter ein, 1567 empfing er in Salamanca die Priesterweihe. Bald wollte er in einen noch strengeren Orden, doch die große heilige Theresia gab ihm den Rat, in dem Karmeliter-Orden zu bleiben und diesen zu reformieren. In einem Bauernhof errichtete er zusammen mit einem Ordensgenossen ein Karmeliterkloster, in dem allerstrengste Regeln galten. (Man nannte diese Mönche später „Die unbeschuhten Karmeliter", weil sie selbst im Winter barfuß gingen.) Viele Verfolgungen, Verleumdungen mußte er auch von seinen Ordensbrüdern ob dieser geistlichen Strenge und Entschiedenheit auf sich nehmen. Er trug sie mit Geduld, in verzeihender Liebe und vertiefte sich immer mehr in das Gebet. Leid und Opfer, inbrünstiges Denken an Gott und seine Geheimnisse waren die Staffeln zu jener Höhe, auf der er mystischer Einsicht – wie kaum ein Mensch vor und nach ihm – gewürdigt wurde. Alle Erdenschwere hatte Johannes überwunden, als er 1591 starb. Papst Benedikt XIII. sprach ihn 1726 heilig: 1925 wurde ihm der seltene und auszeichnende Titel eines Kirchenlehrers verliehen.

Reich und unsterblich ist die Ernte aus diesem unscheinbaren Leben!

TAGESHEILIGE: Chrysogon M, † 304 – Firmina, Flora, Maria JM in Spanien, † 850 – Roman Pr – Enfleda W – Kreszentian, Alexander, Felizissimus M – Protasius B – Portian A.

25. NOVEMBER *Katharina*

Im Lauf der Jahrhunderte hat sich viel Legendenhaftes um das Lebensbild der heiligen Katharina gerankt. Wie dem auch sein mag, gewiß war sie eine mit Weisheit und Klugheit erfüllte Jungfrau, in der der Heilige Geist wohnte. Verständlich wird ihr Leben und Tun, wenn wir bedenken, daß in jener Zeit des ausgehenden dritten Jahrhunderts Alexandria in Ägypten eine Metropole der Geisteswissenschaft war, und daß sich dort zahlreiche Gelehrte, christliche wie heidnische, trafen.

Die Verehrung der heiligen Katharina beginnt schon bald nach ihrem Tod und nahm immer mehr Aufschwung. Ihr Heldentum, ihr Gott hingegebenes Leben haben die Christen zur Nachahmung aufgerufen. So ist es gekommen, daß die Heilige den Vierzehn heiligen Nothelfern beigezählt und schließlich zur Patronin der Wissenschaften erwählt wurde.

Es wird erzählt, daß Katharina von königlicher Abstammung war, daß sie in allen Wissenschaften unterrichtet wurde und sich sehr bald durch ihre große und umfassende Weisheit auszeichnete. Auch von der christlichen Religion hatte Katharina vernommen und sich darin unterrichtet, jedoch die Taufe noch nicht empfangen. Eines Nachts erschien ihr Maria mit dem Jesuskind, das sich aber von ihr abwandte und sagte, daß sie nicht schön sei, da sie nicht getauft sei. Lange dachte Katharina über diesen Traum nach und ließ sich dann die Taufe spenden. In der folgenden Nacht kam wiederum Maria und diesmal lächelte das Jesuskind. Ja, es steckte Katharina einen Ring an den Finger zum Ausdruck, daß die Jungfrau nun ganz dem Heiland gehöre. Bald sollte ihr Glaube die Feuerprobe bestehen. Kaiser Maximin, der in Alexandrien residierte, ließ viele Christen verhaften und hinrichten und befahl, daß alle Einwohner den Göttern opfern müßten. Es war die Zeit, da das Heidentum einen letzten schrecklichen Ansturm gegen die Lehre Christi unternahm. Man machte den Christen die Verleugnung ihres Glaubens verhältnismäßig leicht. Sie brauchten sich nur in die Opferliste eintragen. Damit erreichten die Verfolger, daß viele Schwachgewordene und Laue abfielen. Katharina konnte und wollte dies nicht mehr mit ansehen, und so trat sie selbst dem Kaiser offen entgegen, erleuchtet vom Heiligen Geist, und sprach zu ihm von der Schändlichkeit des Götzendienstes. Da Katharina von großer Schönheit war, wollte der Kaiser sie schonen. So ließ er fünfzig Gelehrte kommen, die mit Katharina disputierten, um sie von der Wahrheit des Heidenglaubens zu überzeugen. Allein Katharina besiegte durch ihre Weisheit fast alle, so daß sie sich taufen ließen. Der ergrimmte Kaiser ließ sie nun grausam geißeln und in den Kerker werfen. In der Nacht wurde sie von Maria geheilt. Am andern Tag sollte Katharina auf ein Rad geflochten werden, das mit scharfen Spitzen besetzt war. Doch das schwere Rad zerbrach wunderbarerweise. Viele Zuschauer bekehrten sich. Da befahl der Kaiser, sie zu enthaupten. Dies geschah im Jahre 305. Kaum war ihr Haupt gefallen, da erschienen Engel und trugen ihren heiligen Leib auf den Berg Sinai. Später wurde dort über ihrem Grabe das berühmte Sinaikloster erbaut.

TAGESHEILIGE: Erasmus M – Jukunda J – Bernold von Ottobeuren Mö, † 1050 – Moses PrM – Merkurius M.

26. NOVEMBER *Konrad*

Konrad stammt aus hochedlem Geschlecht. Sein Vater war Graf Heinrich von Altdorf, seine Mutter eine geborene Gräfin von Hohenwart. Die Eltern erzogen das Kind in heiliger Gottesfurcht und gaben es dann zur Ausbildung zuerst nach Sankt Gallen und dann nach Konstanz zu Bischof Nothing. Der rege Knabe zeigte eine frohe Hingabe an Gott und kannte keinen größeren Wunsch als das Priestertum. Bischof Nothing weihte ihn in jungen Jahren und nahm ihn in die Verwaltung seiner großen Diözese auf. Zugleich übertrug er ihm das Amt des Dompropstes, das Konrad mit allem Eifer und großer Hingabe verwaltete. Als Bischof Nothing im Jahr 934 starb, kam Bischof Ulrich von Augsburg nach Konstanz und schlug Konrad für das Bischofsamt vor. Kirchenmänner und Volk stimmten dankbar zu. Gegen seinen Willen wurde also Konrad zum Bischof geweiht. Seitdem verband eine innige Freundschaft die beiden größten Bischöfe des zehnten Jahrhunderts. Auch in dem neuen Amt lebte Konrad einfach und gottergeben und scheute keine Mühe und Arbeit. Den Kirchenbau förderte er in besonderer Weise. In Konstanz allein errichtete er die Gotteshäuser von St. Paul, St. Johann und St. Moritz; dazu stiftete er auch ein Hospital.

Dreimal wanderte er ins Heilige Land, um die Stätten zu besuchen, wo der eingeborene Sohn Gottes einst geweilt hatte. Gott zeichnete Konrad schon bei Lebzeiten durch manche wunderbare Begebenheit aus. Bei der Feier der heiligen Messe kam einmal eine große Spinne in seinen Kelch, nachdem er bereits die Konsekrationsworte gesprochen hatte. Um nun das heilige Blut nicht zu verunehren, trank er das abscheuliche Tier mit. Noch etwas Besonderes wird berichtet und bezeugt. Er wurde einst nach Einsiedeln gerufen, um am 14. September 948 das neue Kirchlein (jetzt Gnadenkapelle) einzuweihen. Nach seiner Gewohnheit begab er sich nachts zum Gebet in die Kirche; da sah er, wie Christus selber, angetan mit bischöflichen Gewändern, umgeben von einer großen Schar von Engeln und Heiligen, die Weihe vornahm. Er selbst hat das getreu aufgeschrieben. Als man ihn nun am andern Tage bat, er möge doch die Weihe vornehmen, da wollte er lange nicht dem Drängen nachgeben. Endlich aber, als er das Erlebnis der Nacht berichtete und meinte, daß Gott die Kirche selbst geweiht habe, und ihn die Leute auslachten, ging er doch ans Werk. Da vernahmen aber alle Anwesenden eine laute Stimme, die rief: „Höre auf, Bruder, die Kapelle ist von Gott selbst geweiht." (Nach einem päpstlichen Erlaß von 964 wird noch heute das „Engelweihfest" hochfeierlich begangen.)

Mit Kaiser Otto I. verband ihn eine herzliche Freundschaft. Konrad war dem Kaiser stets treu ergeben, er begleitete ihn auf seinem Zug nach Italien im Jahr 962. Regen Anteil nahm er auch an den Synoden in Ingelheim, Augsburg und Mainz und erhob immer wieder seine Stimme für Verinnerlichung und Heiligung des Klerus, für die Verbesserung der Kirchendisziplin und für die Vertiefung des religiösen Lebens im Volk. Gerade darin hat er in seiner Zeit weit und gut gewirkt. Zweiundvierzig Jahre verwaltete Konrad sein Bistum Konstanz; er starb gottergeben im Jahre 975.

TAGESHEILIGE: Silvester A, † 1267 – Petrus BM, † 311 – Leonhard von Porto Maurizio Bk – Albert (Adalbert) von Oberaltaich Mö – Sebald B von Trier, † 650 – Willibald, Pilger zu Berkheim (Oberschwaben) – Berengar A von Hersfeld (Westfalen), † 930 – Ida von Herzfeld H, † 825 – Faustus, Marzellus PrM – Didius, Ammonius, Phileas, Hesychius, Pachomius M – Theodor, Bellin BM – Sirizius P, † 399 – Amator B – Basolus Bk – Stylian E – Nikon Mö.

27. NOVEMBER *Virgilius*

Aus Irland kam Virgilius ins Frankenland, um in dem noch heidnischen Germanien den wahren Glauben zu verkünden. König Pippin sandte den frommen Mann sodann zu Herzog Odilo nach Bayern, der ihn sehr bald zum Bischof von Salzburg ernannte. Allein Virgilius wollte dieses verantwortungsvolle Amt durchaus nicht annehmen, sondern lieber als einfacher Seelsorger wirken. Erst dem drängenden Bitten des Volkes gab er nach. In diesem Amt sah er es als seine vornehmste Aufgabe an, für das Seelenheil seiner Untergebenen zu sorgen. Er baute die Sankt-Peters-Kirche neu auf und sorgte für eine würdige Grabstätte des heiligen Rupert und seiner Helfer Chuniald und Gislar, damit Hirte und Herde stets an das Wirken dieser großen Männer erinnert würden. Der Ruf seines Gotteswortes drang in die Weite. Daher kam es, daß die Kärntner eine Abordnung an ihn schickten und ihn baten, er möge doch in ihr Land kommen und dort für die Wiederherstellung des christlichen Glaubens, der sehr im argen lag, Sorge tragen. Gerne willfuhr Virgilius diesem Wunsch. Zuerst sandte er einige Priester und Diakone und schließlich machte er sich selbst auf die Reise, durchzog das Kärtnerland nach allen Richtungen, predigte und lehrte und suchte die Herzen des Volkes der Lehre Christi zu öffnen. Dieses Ziel erreichte er auch mit dem sichtbaren Segen Gottes. Ja, selbst bis nach Ungarn führte ihn seine Mission. Nachdem Virgilius zwanzig Jahre segensreich als Bischof in Salzburg und als Apostel Kärntens gewirkt hatte, berief Gott seinen treuen Diener zu sich im Jahre 784. Der Wechsel der Weltgeschichte ließ das Andenken an diesen Heiligen bald in Vergessenheit geraten. Erst als die Kirche in den Wirren des zwölften Jahrhunderts zerstört und später durch den Bischof Konrad von Wittelsbach wieder neu erbaut wurde, stieß man auf sein Grab, dessen Inschrift bezeugt, daß Bischof Virgilius diese Kirche gebaut habe. Sogleich gab man ihm eine würdige Grabstätte; bald pilgerte das fromme Volk von nah und ferne an sein Grab. Heute noch wird Virgilius in Kärnten verehrt.

TAGESHEILIGE: Jakob der Zerschnittene M – Severin E – Bilhildis H Ae, Stifterin des Klosters Altmünster in Mainz, † 700 – Basileus BM – Auxilius, Saturnin, Hirenarchus, Akazius, Fakundus, Primitivus M – Valerian, Maximus B – Barlaam, Josaphat M.

28. NOVEMBER *Jakob von der Mark*

Jakob wurde zu Montebrande in der Mark Ancona, die damals dem Kirchenstaat gehörte, geboren; daher sein Beiname. Waren seine Eltern an irdischem Gut auch arm, so waren sie doch reich an Schätzen des Glaubens, die sie ihrem Sohn mitteilten. Ein Priester des Ortes nahm sich des talentvollen Knaben an und lehrte ihn Latein. Schließlich konnte er sogar die Hochschule in Perugia besuchen und machte große Fortschritte. Ein Edelmann nahm ihn als Erzieher seiner Kinder an. Jakob fühlte sich aber nicht befriedigt.

Er wollte ein vollkommenes Leben führen. Als er nun einst auf einer Reise nach Assisi der heiligen Messe beiwohnte, faßte er den Entschluß, Franziskaner zu werden und bat um Aufnahme. Nach vollendeter Probezeit kam er in das Kloster Portiunkula und begann nun ein äußerst strenges Leben. Er schlief nur drei Stunden, die übrige Zeit der Nacht brachte er im Gebet und in Betrachtung zu. Auch aß er nur einmal am Tag, und da nur sehr wenig, so daß alle erstaunt waren, wie er überhaupt bestehen konnte. Zudem arbeitete er mit unermüdlicher Kraft und großem Erfolg in der Seelsorge. Besonders rüttelten seine Predigten das Volk auf. Die Stadt Mailand wählte diesen frommen Mann zum Erzbischof. Als Jakob dies erfuhr, floh er und hörte nicht auf, seine Oberen zu bitten, bis er auf diese große Ehre verzichten durfte. Als einfacher bescheidener Ordensmann arbeitete er weiter am Heile der Seelen. Es wird von ihm erzählt, daß er mehr als 50 000 Sünder bekehrt habe. Sein Wirken im päpstlichen Auftrag erstreckte sich auch über Deutschland, Ungarn, Böhmen und Polen.

Gott verherrlichte diesen tugendhaften Priester schon zu Lebzeiten durch die Gabe der Wunder. So heilte er den Herzog von Kalabrien und den König von Neapel durch sein Gebet von einer tödlichen Krankheit. Schließlich zog er sich, gebrochen durch die vielen Arbeiten und harten Abtötungen, in hohem Alter in das Dreifaltigkeitskloster bei Neapel zurück. Dort starb er am 28. November 1467, neunzig Jahre alt. Im Jahre 1726 wurde er heilig gesprochen.

TAGESHEILIGE: Gregor III. P, † 741 – Edmund Kampian M – Hortulan B – Lukretia J – Sosthenes, Stephan, Basilius, Rufus, Petrus, Andreas M – Papinian, Mansuet BM – Edwald – Hadmoda (Hadumod) Ae.

29. NOVEMBER Friedrich

Es gibt auch Heilige, die im christlichen Denken vergessen werden. Und doch, wenn man das Leben eines solchen „Vergessenen" liest und betrachtet, sieht man, wie Gott gerade die Kleinen und Unscheinbaren, die sich im Leben gar nicht nach außen hervortun, oft in besonderer Weise begünstigt. So auch den heiligmäßigen Laienbruder Friedrich von Regensburg. Er hat vieles mit dem heiligen Bruder Konrad gemein.

Nach einer gutverbrachten Jugendzeit war er als Laienbruder zu den Augustinern nach Regensburg gegangen und widmete sich dort in der Verborgenheit still und ruhig dem Dienste Gottes und des Nächsten. In allen Tugendübungen war er ein Vorbild seiner Mitbrüder. Besonders lag ihm das Wohl der Armen und Notleidenden am Herzen. Wenn in der Küche etwas übrigblieb, trug er es an die Pforte, wo die Hungrigen auf ihn warteten. Groß war sein Gehorsam. Auf den ersten Wink seines Obern eilte er herbei, gleich welche Arbeit er gerade machte. So war er einst im Keller beschäftigt, Wein abzuziehen. Da rief ihn der Obere. Eilig folgte Friedrich dem Ruf, vergaß aber den Hahn zuzudrehen, ja, er nahm diesen sogar mit. Der Obere erschrak, als er dies wahrnahm, und eilte mit Friedrich in den Keller. Da zeigte sich das Wunder: nicht ein Tröpflein war aus dem Faß herausgelaufen. Seine Frömmigkeit und Hingabe an Gott kannten keine Grenzen. Einst war er mit Aufschichten von Holz beschäftigt. Es war dies die Zeit, da einer der Patres die heilige Messe las. Da erfaßte ihn so große Sehnsucht nach dem Empfang des heiligsten Sakramentes, daß er niederkniete und zu beten begann. In diesem Augenblick merkte der Priester am Altar, daß ein Teil der konsekrierten Hostie verschwand. Zu Friedrich aber kam ein Engel und reichte ihm die Kommunion. Auch als Krankenpfleger gab er sich alle Mühe. Im Jahre 1329 starb der fromme Bruder gottergeben und wurde in einem einfachen Grabe beigesetzt. Nicht wenige Kranke, die seinen Leichnam berührten, und auch solche, die später an sein Grab pilgerten, wurden wieder gesund. Er wurde lange Zeit hoch verehrt. Im Lauf der Jahrhunderte aber geriet sein Grab in Vergessenheit. Nur die Chronik des Augustinerklosters zu Regensburg und einige Bilder berichten noch von ihm.

TAGESHEILIGE: Saturnin M, † 306 – Hadbod B zu Utrecht, † 917 – Hadmoda (Hadumod) sel., Ae in Gandersheim, † 874 – Brando A – Illuminata J – Waldrich, sel., E bei Murrhard (Schwaben), † 817 – Saturnin, Sisinius Paramon, Philomen, Blasius, Demetrius M.

30. NOVEMBER *Andreas*

Andreas wurde zu Bethsaida in der Provinz Galiläa geboren. Er war der Bruder des heiligen Petrus und wie dieser Fischer. Als Johannes der Täufer auftrat, wurde Andreas ein eifriger Schüler des Vorläufers. Als Johannes vor und nach der Taufe Jesu auf den Heiland hinweisend die Worte sprach: „Sehet das Lamm Gottes, das hinwegnimmt die Sünden der Welt!", eilte Andreas mit noch einem andern Jünger dem Herrn nach. Auf dessen Frage, was sie wollten, antworteten sie mit der Gegenfrage: „Meister, wo wohnst du?" Jesus aber sagte zu ihnen: „Kommt und sehet!" Andreas holte sogleich auch seinen Bruder Simon, dem Jesus den Namen Petrus gab. Zunächst ging Andreas wieder an sein Handwerk zurück; als dann Jesus an den See Genesareth kam und ihn nebst Petrus aufforderte, mit ihm zu gehen, damit sie Menschenfischer würden, verließen sie alles und blieben beim Heiland. Nach der Ausgießung des Heiligen Geistes begab sich Andreas in das unwirtliche Scythien am Schwarzen Meer. Zuletzt lehrte er in der Hauptstadt Patras und blieb als Bischof dort. Von Patras aus (der Hauptstadt Achaias in Griechenland) missionierte er das ganze Land und konnte viele Menschen für Christus gewinnen. Dorthin kam als Statthalter ein gewisser Ageas; dieser war ein erbitterter Feind der Christen und wütete gegen die Anhänger des Kreuzes. Andreas ging zum Statthalter und hielt ihm die Schändlichkeit seines Tuns vor. Zugleich ließ er sich in ein Gespräch mit Ageas ein, um auch ihn von der Wahrheit des christlichen Glaubens zu überzeugen. Allein seine Worte drangen nicht in des anderen Seele. Das Volk, das anwesend war, hätte beinahe den Richter getötet: so erbittert war es über ihn und so sehr liebte es seinen Bischof. Ja, es wollte Andreas aus dem Kerker befreien; er aber ging nicht mit, sondern freute sich auf den Martertod. Am nächsten Tag ließ Ageas den Heiligen zuerst geißeln und dann an ein Kreuz binden, das die Form eines X hatte: Andreaskreuz. Freudig empfing Andreas das Kreuzesholz, weil er des gleichen Todes sterben durfte wie sein Meister. Zwei Tage hing er lebend am Kreuze und predigte den Leuten vom Heiland; am dritten Tage starb er endlich an Ermattung. Dies geschah im Jahre 62. Seine Gebeine ruhen in Amalfi.

TAGESHEILIGE: Maura, Justina JM – Hunna W – Attroban PrM, Glaubensprediger in Norddeutschland – Benjamin PrM in Sachsen, † 782 – Kastul, Euprepis M – Trojan B – Konstantius, Zosimus Bk – Giselinde.

1. DEZEMBER *Marinus*

Die christliche Frühzeit unseres Vaterlandes ist reich an Männern, die in heiligem Eifer der Ausbreitung des Gottesreiches dienten. Auch nachdem Bonifatius der deutschen Kirche eine feste Bistumsordnung gegeben hatte, war das Feld der Arbeit noch weit. Und so ist es verständlich, daß gleich ihm noch viele Missionare aus Irland kamen, um ihm zu helfen. Einer von ihnen, der namentlich im Bayernland viel Gutes und Segensreiches wirkte, ist Bischof Marinus. In seiner Begleitung befand sich der Diakon Deklan, der ihm treu zur Seite stand. Marinus hatte vor Beginn seiner Tätigkeit die Bischofsweihe empfangen. In der Nähe von Freising ließ er sich nieder. Er unternahm große Wanderungen in den Alpenländern, so in Steiermark, Kärnten und dem südlichen Bayern. Zuerst hatten sich beide, Marinus und Deklan, als Pilger und Einsiedler niedergelassen, erbauten ein Kirchlein und lebten den Bewohnern das Beispiel der Enthaltsamkeit und Nächstenliebe, der Gottesfurcht und Frömmigkeit vor. Ihr heiligmäßiges Leben machte allmählich von sich reden. Die Bewohner der Umgebung kamen scharenweise und ließen sich im Glauben und in der christlichen Sitte unterrichten. Die Legende, noch nach Jahrhunderten lebendig, berichtet, daß Gott den heiligmäßigen Bischof mit der Gabe des Wunderwirkens ausgezeichnet habe, damit er unter dem noch zum großen Teil heidnischen Volke die Wahrheit des großen Gottes bezeugen könne. So soll einst eine Frau zu ihm gekommen sein, deren Kind gestorben war. In ihrem Schmerz brachte sie es zu Marinus, der gerade in der Kirche weilte. Er nahm sein Gebetbuch, las den Krankensegen und legte dem Kind die Hand auf. Da schlug es wieder die Augen auf und lebte. Marinus rühmte sich aber seiner Wundertaten nicht; er lehrte die Leute, daß ihm diese Kraft nur als Bischof der heiligen Kirche anvertraut worden sei, die Jesus Christus gegründet habe. So lebte er als geistlicher Lehrer und großer Wohltäter seiner Mitmenschen, streute den Samen des Evangeliums unermüdlich aus und suchte das Reich Gottes unter den Bewohnern des Landes immer weiter auszubauen und zu festigen. Um 784 starb Marinus, ungefähr im nämlichen Jahr wie Bischof Virgilius von Salzburg, mit dem er und Deklan einst Irland verlassen hatten. Im Kloster Neustift bei Freising fanden die Freunde ihre letzte Ruhestatt, von dankbarer und vertrauensvoller Verehrung umgeben und noch heute unvergessen. Das Wesentliche am Leben des Heiligen ist sein gutes Beispiel: Durch Frömmigkeit und Tugendstreben erlangte er große Gnaden.

TAGESHEILIGE: Agerikus B – Natalia W – Edmund KöM – Theklan Di (Deklan) – Diodor PrM – Marian, Luzius, Rogat, Kassian, Kandida, Ansan, Olympiades. Ananias M – Prokul, Evasius BM – Kastritian, Ursizin B – Eligius, Goldschmied Bk, † 660 in Frankreich – Otwin.

2. DEZEMBER *Bibiana*

Auf dem Esquilin in Rom erhebt sich die herrliche Kirche der heiligen Bibiana. Den ursprünglichen Bau hat Papst Simplicius während seiner Regierungszeit (468—483) über dem Grab der Heiligen zu ihrer Ehre errichtet, und im Jahre 1625 erhielt das Gotteshaus von Meisterhand die heutige, bewundernswerte Form. Dies beweist, daß Bibiana schon bald nach ihrem heldenhaften Sterben für Christus in der Kirche hoch verehrt wurde. Bibianas Leben liegt klar und deutlich vor uns, wenn auch aus ihrer Jugendzeit nicht viel bekannt ist. Ihr Vater Flavian war kaiserlicher Prätor, also einer der höchsten Beamten zu Rom. Er und seine Gattin Dafrosa erzogen ihre beiden Töchter, Demetria und Bibiana, von Kindheit an in echter und tief empfundener Religiosität. Dadurch legten sie das Fundament für das beispielhafte Leben der Heiligen. Aus ihm erwuchs der Wille zu einem völlig reinen und Gott hingegebenen Leben. Es war nur die Konsequenz aus einem intensiven Leben in Christus, als Bibiana lieber Besitz und Leben hingab, als Glauben und Unschuld zu verlieren. Ihr Lebensende fällt in die Zeit Kaiser Julians des Abtrünnigen (361–363). Julian, der letzte Nachkomme Konstantins des Großen, verbittert und verängstigt durch Verwandtenmorde, verhetzt von falschen Freunden, wollte den seit fast fünfzig Jahren unterdrückten Götterkult wieder ins Leben rufen. Er ließ die geschlossenen Göttertempel neu eröffnen und versuchte, den als Staatsreligion anerkannten christlichen Glauben auszurotten. Die aufrechten Christen widerstanden ihm, doch viele laue und feige schworen ihrem Glauben ab.

Als Kaiser Julian die Verfolgung der christlichen Religion begann, wurde Bibianas Vater Flavian der Mittelpunkt des Widerstandes gegen die Feinde der Kirche. Die reiche Villa in Rom, in der die Familie wohnte, war ein Zufluchtsort für die verfolgten Christen. Einst waren die Kinder wieder mit ihren Eltern beisammen und beteten, als die Gerichtsdiener kamen und Flavian verhafteten. Schrecken und Angst überfielen die Familie. Aber Flavian tröstete sie und ging heiteren Mutes in den Tod. Nun kam die Mutter an die Reihe. Nach dem Verhör ließ der Richter sie zu Hause einsperren, damit sie mit den Töchtern verhungere. Gott aber erhielt sie. Deshalb nahm sich der Statthalter Apronian selbst der Sache an; er ließ die Mutter Dafrosa verhaften und im Kerker enthaupten. Nun waren die Mädchen Waisen. Um sie gefügiger zu machen, schloß Apronian beide in den Kerker. Fünf Monate blieben sie dort und Gott erhielt sie am Leben. Als Apronian sah, daß er nichts ausrichtete, berief er sie vor seinen Richterstuhl. Zuerst machte er Versprechungen und schmeichelte ihnen. Sodann, als dies nicht half, ließ er den Henker herkommen, der ihnen die Marterwerkzeuge zeigte. Bei deren Anblick fiel die durch das lange Leid geschwächte Demetria tot zu Boden. Bibiana war nun allein. Gegen sie wandte sich die Wut Apronians. Er ließ ihr die Kleider vom Leibe reißen und sie mit Ruten totschlagen. So errang sich Bibiana die Krone der Jungfräulichkeit und des Martyriums.

TAGESHEILIGE: Adria, Paulina, Maria, Martana, Aurelia M – Siegram A – Richalm sel., A in Schönthal, † 1219 – Eusebius PrM – Hippolyt, Maximus, Neon, Pontian, Severus, Sekurus, Januarius, Viktorin, Marzell M – Chromatius, Lupus, Nonnus, Silvan, Evasius B – Planka.

3. DEZEMBER *Franz Xaver*

Am 15. August 1534 knieten in der Sankt-Dionys-Kirche am Montmartre in Paris acht gottbegeisterte Männer unter der Führung des ehemaligen Offiziers und Edelmannes Ignatius von Loyola vor dem Altar und verbanden sich durch ein feierliches Gelübde zu einer Freundesgemeinschaft im Dienste Jesu. Es war die Gründungsstunde des Jesuitenordens. Einer dieser acht Männer war der Edelmann und Professor Franz Xaver. Bis für ihn diese Gnadenstunde kam, hatte er einen langen und beschwerlichen Weg zu gehen. Er wurde am 7. April 1506 auf dem Schlosse Xavier in Navarra geboren. Seine väterliche Burg war das letzte Bollwerk des freien Baskenreiches im Kampf gegen Spaniens Herrschaft. Sein Vater war Großkanzler des letzten Baskenkönigs und deshalb fiel die Ungnade des spanischen Königshauses auf das Geschlecht der Xavier. Franz, der die Ohnmacht des Schwertes erkennen mußte, wandte sich nun ganz wissenschaftlichen Studien an der Universität in Paris zu. Dort erwarb er sich die Doktorwürde. Hier lernte er einen nicht mehr jungen Studenten kennen, der in der spanischen Armee gekämpft hatte und schwer verwundet worden war: Ignatius von Loyola. Die beiden Männer freundeten sich an. Anfangs hatte Franz für das geistliche Leben des Ignatius nur Spott und Hohn. Aber steter Tropfen höhlt den Stein. Immer wieder hielt ihm Ignatius das Wort der Schrift vor: „Was nützt es dem Menschen, wenn er die ganze Welt gewinnt, an seiner Seele aber Schaden leidet?" Und schließlich kam die große Wende. Aus dem noch jungen Gelehrten, dem eifrigen Sportsmann und lustigen Kameraden wurde der große Jesuit, der nun mit dem gleichen Feuereifer an seine Missionsarbeit ging, wie er ehedem die Wissenschaften gepflegt hatte. Er hielt sich dem Denken der Welt ferne; das kostete ihn einen schweren Kampf, da er von Natur aus sehr zu Eitelkeit und Stolz neigte. Aber mit der Gnade Gottes schaffte er es. Im Jahr 1537 wurde er zum Priester geweiht. Seine erfolgreichen Predigten in Rom veranlaßten den Heiligen Vater, Franz als Missionar nach Indien zu senden. Im Jahre 1542 landete er in Goa, der Hauptstadt der Portugiesenkolonie in Ostindien. Die Ungläubigen machten ihm weniger Mühe als die Portugiesen, die durch ihr unsittliches Leben das denkbar schlechteste Beispiel gaben. Von Goa aus begann Franz sein ungeheures Missionswerk, das an die Tätigkeit des heiligen Paulus erinnert. Zu Fuß und zu Schiff durchzog er Länder und Meere und predigte das Evangelium. Überall entstanden blühende Christengemeinden. Auch in Japan wirkte Franz Xaver erfolgreich. In den zehn Jahren seines Schaffens spendete er gegen dreißigtausend Taufen. Gott war sichtlich mit ihm. Schließlich wollte er auch nach China gehen. Allein seine Versuche, dorthin zu kommen, scheiterten und Franz erkrankte schwer. Man ließ ihn, da er die Seefahrt nicht mehr vertragen konnte, auf der einsamen Insel Sancian zurück, wo er gottergeben, allein und verlassen, am 3. Dezember 1552 starb. Nach einem Jahr grub man seinen Leichnam aus und brachte ihn nach Malakka. Bei seiner Ankunft erlosch die eben herrschende Pest sofort. Zu Goa wurde er beigesetzt. Franz Xaver ist der Apostel Indiens und Japans, der Vater moderner Missionsarbeit (Studium der Einheimischen und ihrer Sprache, Gewinnung von Helfern unter ihnen usw.). Aber wenn wir Kinder des zwanzigsten Jahrhunderts an den Fernen Osten denken, und an alles, was dort geschah und geschieht — wie wird uns da zumute? Mitbetroffen vom grimmigen Haß gegen alles Europäische, gegen die alte Kolonialherrschaft wird auch das Christentum, und Jahr für Jahr vermindert sich die Zahl der Gläubigen und ihrer Priester: unschuldig büßt so die Kirche für Unterdrückung und Ausbeutung, die an jenen riesigen Völkern vollzogen wurden — von europäischen, „christlichen" Mächten. Die heutige ungeheure Wandlung in Asien mindert aber den Ruhm Franz Xavers nicht, sie erhöht ihn; vor dem dunklen Hintergrund der Zeit nach ihm erhebt sich sein Bild um so heller — das eines wahrhaft heiligen Mannes, der in reiner Selbstlosigkeit, erfüllt und getrieben von Gottes- und Menschenliebe, Gutes schaffend und Heil stiftend sich verzehrte. *Solche* Saat *kann* nicht absterben!

TAGESHEILIGE: Luzius Kö in England, dann Missionar in der Schweiz, Gründer und B des Bistums Chur, † 180 – Sola E, Gründer des Klosters Solnhofen, † 794 – Wanfred (Waldefried) M – Radfried M bei Gröningen (Holland), † 850 – Attala (Athalia) Ae zu Straßburg, † 741 – Konrad B, sel., von Würzburg, † 1202 – Klaudius, Hilaria, Jason, Marus, Kassian, Krispin, Magina, Johann, Stephan, Agrikola, Ambikus, Viktor, Julius M – Mirokles, Berin B – Galgan E – Gundelinde Ae.

4. DEZEMBER Barbara

Auf dem weltberühmten Bild Raffaels „Die Sixtinische Madonna" kniet neben dem Papst Sixtus II. die heilige Barbara. Das beweist die große Verehrung der Heiligen. Diese Verehrung begann schon in der ältesten Zeit des Christentums. Die Überlieferung sagt, daß Barbara durch den berühmten Gelehrten Origenes (185 bis 254) zum Glauben an Christus geführt worden sei. So wissen wir wenigstens ungefähr die Zeit ihrer Erdenpilgerfahrt. Sie wird unter Kaiser Dezius (249 bis 251) den Martertod erlitten haben. Fast alles, was wir von ihrem Leben wissen, ist Legende: das Volk ersinnt dies und jenes Schöne, um sich selbst in seiner Verehrung eines bewunderungswürdigen Menschen zu bestärken. Bekannt sind die Darstellungen der Heiligen mit einem Turm (was übrigens dazu beigetragen hat, daß sie zur Patronin der Artillerie erwählt wurde). Barbara stammte aus Nikomedien in Kleinasien. Ihr Vater Dioskur, ein vornehmer Heide, wollte um jeden Preis verhindern, daß seine Tochter mit dem Christentum in Berührung komme. Deshalb baute er ihr neben seinem Palast einen großen Turm, in dem sie wohnen sollte, und ließ sie sorgfältig erziehen. In dieser Einsamkeit gab sie sich ganz dem Gebete hin und lebte rein und gut nach ihrem Gewissen. Da ließ es die Gnade Gottes zu, daß Origenes sie besuchen konnte. Er unterrichtete sie im christlichen Glauben. Voll heiligem Eifer nahm Barbara die Wahrheit in sich auf und ließ sich im geheimen taufen. Zugleich faßte sie den Entschluß, allein Christus zu leben und machte das Gelöbnis ewiger Jungfräulichkeit. Da begehrte ein edler, heidnischer Jüngling sie zur Ehe. Der Vater war erfreut. Allein Barbara bat um Bedenkzeit. Endlich wollte ihr Vater wissen, wie sie sich entschieden habe. Barbara, gestärkt durch das Gebet, gab ihm zur Antwort, daß sie eine Christin sei und niemals heiraten werde. Der Vater stellte Barbara vor die Wahl: entweder dem Christenglauben zu entsagen oder sich auf den schrecklichsten Tod gefaßt zu machen. Barbara blieb standhaft. Da übergab sie Dioskur dem Richter. Die Jungfrau wurde zuerst so geschlagen, daß ihr Leib eine einzige Wunde war. Im Kerker aber heilte sie wunderbarerweise während der Nacht ein Engel. Am anderen Tage wurde sie noch ärger mißhandelt, man brannte ihr Wunden, schnitt ihr die Brust ab und jagte sie dann völlig entkleidet durch die Straßen der Stadt. Schweigend und mutig ertrug Barbara Schmerz und Schmach, gestärkt durch die Gnade Gottes. Am dritten Tag wurde sie zum Tode verurteilt, auf einem nahen Berge empfing Barbara von ihrem eigenen Vater den Todesstreich.

Es ist historische Wahrheit, daß dieses als sehr schön beschriebene Mädchen mit einer Standhaftigkeit und Liebe in den Tod ging, welche die Menschen ihrer Zeit und des folgenden Jahrhunderts tief ergriff. Denn gerade in der Zeit der dezischen Verfolgung wurde es den Christen eigentlich leicht gemacht, vom Glauben abzufallen. Man brauchte nur eine „Kleinigkeit" tun – sich in die Staatsliste eintragen; dann war man frei von aller Ächtung. Es gab damals viele sogenannte „lapsi" (Abgefallene). Daß jenes zarte Mädchen lieber ihr Leben dem Herker preisgab, als sich in die Liste einzutragen, das ging den Menschen zu Herzen. Wem Gott und sein Glauben das Größte sind, der wird St. Barbara verehren und sie in eigener Not um Beistand bitten; sie gehört ja seit alter Zeit zu den Vierzehn heiligen Nothelfern.

TAGESHEILIGE: Petrus Chrysologus B Kl – Osmund B – Anno B von Köln, † 1075 – Emerita M – Adolf Kolping Pr – Maurus, sel., B von Fünfkirchen, † 1070 – Odilia W in Lüttich, † 1220 – Christian, sel., B von Preußen, † 1245 – Theophan M – Meletius, Felix, Marutha, Bernhard B.

Gerard

Im Mittelalter war es in Deutschland Brauch und Sitte, daß die Bischofsstühle vom Kaiser vergeben wurden, was dann durch Rom anerkannt wurde. Dies kam daher, daß die Bischöfe zugleich Reichsfürsten und damit Vasallen des Herrschers waren. Dieser Brauch war so lange gut, als glaubens- und sittenstrenge Kaiser herrschten. Schlimm wurde es aber unter Kaiser Heinrich IV. (1056 – 1106). Dieser gewiß hochbegabte aber auch machtgierige Mann brachte durch seinen Streit mit dem Papst viel Unruhe in das Abendland. Besonders gefährlich für den Bestand des Reiches war, daß er gegen Geld die Bistümer vergab. Da wurde manch unwürdiger, aber reicher Mann Bischof. Die Kirche versuchte, diesem unwürdigen Tun durch Verhandlungen ein Ende zu bereiten. Es kam zum Investiturstreit. Der Kampf nahm solche Formen an, daß Papst Gregor VII. über den Kaiser den Bann verhängte und ihn seines Thrones für unwürdig erklärte. Dies brachte natürlich offenen Kampf. In dieser Zeit mußte ein edler deutscher Bischof, Kardinal Gerard, viel leiden. Das Buch „Das heilige Bayernland" erzählt aus seinem Leben, von dem sonst nur wenig bekannt ist. Gerard stammte aus Regensburg. Seine Eltern waren wohlhabende Patrizier. Sie gaben ihren Sohn in die Domschule, in der er trefflich unterrichtet wurde. Gerard standen alle Türen zu einem erfolgreichen Leben offen. Allein sein Sinn war nicht auf die Welt und ihre Ehren gerichtet. Er wollte sich ganz Gott schenken und faßte den Entschluß, in ein strenges Kloster einzutreten. Damals hatte das Benediktinerkloster Cluny in Frankreich unter seinem heiligen Abt Hugo Weltruf erlangt. Dorthin zog es den Jüngling. Mit seinem Freund Walderich machte er sich auf die Reise. Der Abschied von den Eltern fiel ihm schwer. Allein das Ziel, das er sich gesteckt, ließ ihn über die Gefühle des Heimwehs Herr werden. Nach überstandener Probezeit wurde Gerard zum Priester geweiht. Als Mönch zeichnete er sich durch Klugheit und Selbstzucht aus, so daß der Ruf seiner Gelehrsamkeit und Tugend bis an den päpstlichen Hof nach Rom drang. Papst Alexander II. (1061 – 1073) ließ den trefflichen Mann zu sich kommen, und als er dessen Würdigkeit und großes Wissen erkannt hatte, weihte er ihn zum Bischof von Ostia und machte ihn zum Kardinal. Trotz dieser hohen Würde blieb Gerard einfach und bescheiden. Gerade durch seine Demut war er fähig, das Amt eines päpstlichen Legaten auszuführen; es oblag ihm der Auftrag, dafür zu sorgen, daß überall würdige Priester und Mönche zum Segen der Kirche arbeiteten. Als Legat kam Gerard nach Frankreich, Spanien und schließlich auch nach Deutschland. Inzwischen war Papst Alexander gestorben und Gregor VII. regierte die Kirche. Unter ihm entbrannte der erbitterte Streit mit dem Kaiser Heinrich IV. Als Gerard in

Deutschland gegen die Simonie (Kauf geistlicher Ämter) auftrat, wurde er vom Kaiser gefangengenommen. Gebrochen von Leid und Entbehrung kehrte Gerard nach langer Kerkerhaft nach Rom zurück, wo er um das Jahr 1100 starb.

TAGESHEILIGE: Sabbas A, † 552 – Nicetius B von Trier, † 566 – Ragner B von Basel, † 618 – Reginard B von Lüttich, † 1037 – Bassus, Dalmatius, Pelin BM – Anastasius, Julius, Potamia, Krispin, Felix, Gratus, Krispina M – Anno B.

6. DEZEMBER Nikolaus

Jedes Jahr am 6. Dezember kommt in vielen Gegenden unseres Vaterlandes zu den Kindern der „heilige Nikolaus", eine ehrwürdige Bischofsgestalt, und teilt an die Guten Geschenke aus; die Bösen tadelt er. Gab es diesen heiligen Kinderfreund wirklich? Gewiß! Es war der Bischof Nikolaus von Myra. Viel Legendenhaftes wird von ihm erzählt, aber sein Leben und Wirken ist doch historisch beglaubigt. – Es war eine gefährliche Zeit; die römische Staatsautorität beanspruchte göttliche Verehrung und sie kämpfte mit Folter und Schwert gegen das mächtig aufkeimende Christentum. Nikolaus stammte aus Patras. Seine Eltern waren vornehme und reiche Christen. Ihre Ehe war lange Zeit ohne Kinder. Als ihnen Gott nun ein Knäblein schenkte, waren sie voll dankbarer Freude und erzogen den Kleinen in Gottesfurcht und Frömmigkeit. Mit den zunehmenden Jahren widmete sich Nikolaus den wissenschaftlichen Studien und verband damit ein eifriges Streben nach Vollkommenheit. So erreichte er durch sein vorbildliches Leben und sein inbrünstiges Gebet, daß er sich rein und brav erhielt. Sein Onkel, der Bischof war, weihte ihn dann zum Priester. Um diese Zeit wurden seine Eltern von der Pest hinweggerafft. Das große Vermögen, das er erbte, verbrauchte er völlig für die Armen. Die Bescherung durch „Sankt Nikolaus" aber hat folgendes Geschehnis zum Grunde: Ein verarmter Edelmann hatte drei Töchter; sie waren in großer Gefahr, wegen ihrer Armut in ein lasterhaftes Leben zu fallen. Als Nikolaus davon hörte, ging er in drei Nächten hintereinander zum Hause des Edelmannes und warf jedesmal einen Beutel voll Geld durch das Fenster. Dadurch erhielten die Mädchen das nötige Geld für ihre Aussteuer und konnten ehrenhafte Männer heiraten. (Diese Begebenheit zeigt unser Bild.) Obwohl Nikolaus das Gute im Dunkel der Nacht vollbrachte, um es vor der Welt zu verbergen, wurde doch bekannt, welch ein großer Wohltäter der Armen er war. Um der Volksverehrung zu entgehen, wollte er ein Ein-

siedlerleben führen. Er leitete auch einige Zeit ein stilles Kloster; doch bald erwarteten ihn andere Aufgaben. Als der Bischof von Myra gestorben war, konnte sich das Volk über die Neuwahl nicht einigen. Da beschlossen sie, daß derjenige Priester Bischof werden sollte, der am nächsten Tag als erster die Kirche betreten würde. Es war Nikolaus, der stets schon nach Mitternacht aufstand und zur Anbetung in die Kirche eilte. Er wollte die Wahl nicht annehmen, weil er sich unwürdig für ein so hohes Amt fühlte. Allein sein Widerstand half nichts. Und so wurde Nikolaus Bischof von Myra, das damals noch fast ganz heidnisch war. Es gehörte viel Mut und Klugheit dazu, in einer Zeit, da schwere düstere Wolken der Verfolgung am Himmel standen, Bischof zu sein. Nikolaus munterte die Christen zum Standhalten im Glauben auf. Als auch er in den Kerker geworfen wurde, ertrug er Schmach und Pein mit Gleichmut und Geduld. Sein sehnlichster Wunsch, für Christus sein Leben hingeben zu dürfen, ging nicht in Erfüllung. Bald wurde Konstantin der Große Kaiser, und er gab der Kirche den Frieden. So konnte Nikolaus den Aufstieg der Kirche noch erleben. Am Konzil in Nizäa nahm er teil und verurteilte mit den anderen Bischöfen die Lehre des Arius, der die Gottheit Christi leugnete. In hohem Alter starb er am 6. Dezember 327.

An seinem Grab ereigneten sich bald zahlreiche Wunder. Viele Stände haben den Heiligen als ihren Patron erwählt, so die Schiffahrer, Schneider, Tuchmacher, Weber, Metzger, Notare, Advokaten. Als im Jahre 1087 die Gebeine des Heiligen von Myra nach Bari (Italien) gebracht worden waren, entstanden im Abendland zahlreiche Nikolauskirchen. Es war ein gerader und stetig zur Vollkommenheit steigender Weg, den Nikolaus ging — Ziel war von Jugend auf die Verherrlichung Gottes, Mittel die selbstlose opferfreudige Nächstenliebe. Darin vor allem sei der liebenswerte „Heilige der Kinder“ uns Vorbild!

TAGESHEILIGE: Dionysia – Petrus Paschasius M – Asella J – Dativa, Leontia, Tertius, Ämilian, Bonifaz, Majorik M – Polychron PrM – Ratfried.

7. DEZEMBER *Ambrosius*

In der zweiten Hälfte des vierten Jahrhunderts wurde der Zerfall des Römischen Reiches deutlich. Schon drängten die Germanen über die Grenzen. Wahnwitziger Luxus und bittere Armut höhlten den Staat von innen aus. Auch die Rivalität zwischen Ost- und Westrom brachte Verwirrung und Unsicherheit. Dazu kam der Einfluß des Arianismus im religiösen Leben; die Germanen hatten das Christentum in der Gestalt dieser Irrlehre angenommen, nach der Christus nur ein großer Prophet, aber nicht Gott sei. Kurzum, es war eine Epoche voll Wirrsal, Unsicherheit und Streit; die göttliche Ordnung wurde verkannt, die irdische war fürs erste dahin — der riesige Schatten der Völkerwanderung lag schon über Europa. Da erstand der Christenheit ein Mann, desgleichen es nicht viele in der gesamten Weltgeschichte gibt: ein Universal-Genie des Guten, zugleich Gelehrter, Philosoph, Prediger, Wohltäter, Asket, Reformator und Dichter. Ambrosius wurde um 333 als der Sohn des römischen Präfekten von Gallien in Trier geboren. Als der Vater starb, zog die Mutter mit dem Knaben nach Rom. Dort bildete sich Ambrosius für die Laufbahn eines Staatsmannes aus. Die mütterliche Erziehung ließ ihn an Leib und Seele erstarken, so daß Ambrosius den geistigen und moralischen Wirren seiner Zeit zu widerstehen vermochte und sich schon als Jüngling hohe Bildung aneignete. Wegen seiner Tüchtigkeit wurde er vom Kaiser Valentinian (364 bis 375) zum Statthalter für Oberitalien ernannt und nahm seinen Sitz in Mailand. Dort waltete er nach dem Wort des Kaisers nicht wie ein Richter, sondern wie ein Bischof. Kaum war er zwei Jahre in Mailand, als der dortige arianische Bischof (374) starb. Um die bei der Neuwahl entstandenen Streitigkeiten zu schlichten, kam Ambrosius in den Dom. Da rief eine Kinderstimme: „Ambrosius soll unser Bischof werden!" Ambrosius erschrak heftig; sogleich aber wählte ihn das christliche Volk. Zuerst bereitete er sich auf die Taufe vor und empfing dann die heiligen Weihen. Er war der richtige Mann! Durch Seeleneifer, Freigebigkeit, Klugheit und weises Regieren wurde er zu einer Zierde der ganzen Kirche. Berühmt war seine Beredsamkeit. Seine Predigten bekehrten zahllose Irrgläubige. Unter ihnen war Augustinus, den er selber taufte. Unbeugsam und ohne Menschenfurcht verteidigte er die Rechte der Kirche. Sogar Kaiser Theodosius der Große (379 bis 395) unterzog sich einer achtmonatigen Kirchenbuße, als ihm Ambrosius wegen der grausamen Hinmordung einiger Tausend Thessaloniker den Eintritt in die Kirche wehrte. Ambrosius war ein eifriger Förderer des Kirchengesanges. Vierzehn uns erhaltene geistliche Hymnen sind von ihm gedichtet; drei von ihnen werden heute noch im Brevier verwendet. Nach 25jähriger Wirksamkeit starb er am 4. April 397. Sein Leib ruht in der von ihm erbauten und später nach ihm benannten Basilika. Dieser gewaltige Bischof wurde der erste unter den vier großen abendländischen Kirchenlehrern. Seiner geistigen Kraft und der Macht seiner Liebe ist der Sieg des wahren Glaubens über den Arianismus wesentlich zu danken. Seine Klugheit und sein Rechtsbewußtsein sorgten zu einem guten Teil dafür, daß Staat und Kirche in ein richtiges Verhältnis zueinander fanden. Was Ambrosius darüber lehrte und in seinem eigenen Zeitalter verwirklichte, das ist, weil es in der Gottes- und Naturordnung seine Fundamente hat, bis auf unsere Tage gültig. Nur durch das schiedlich-friedliche Zusammenwirken der beiden „Gewalten" ist ein gutes und menschenwürdiges Dasein in Freiheit möglich. Es gilt immer das Wort des Herrn: „Gebet dem Kaiser, was des Kaisers ist, und Gott, was Gottes ist!"

TAGESHEILIGE: Urban B – Martin A – Pharo (Burgundofara) Ae, Klosterstifterin in Frankreich, † 657 – Agathon, Polykarp, Theodor, Servus M – Sigitrud N.

8. DEZEMBER *Luzius*

Im Dom zu Chur (Schweiz) befinden sich die Reliquien des ersten Bischofs dieser Stadt, des heiligen Luzius. Seine Lebenszeit liegt schon sehr weit zurück. Denn er soll um das Jahr 180 dort den Martyrertod gefunden haben. Es ist begreiflich, daß die Berichte aus jener Zeit nur sehr spärlich und legendenhaft sind. Aber da Luzius einer der ersten Glaubensboten in diesem deutschen Sprachgebiet war, soll sein Wirken doch nicht in Vergessenheit geraten. Die Chronik des „Heiligen Bayernlandes“ hat sein Andenken nach vielen Jahrhunderten wieder aufgefrischt und in seiner Lebensbeschreibung reichen sich Wahrheit und Legende die Hand. Luzius soll der Sohn eines nordgermanischen Stammesfürsten, namens Coillus, gewesen sein. In jener Zeit gelangte durch römische Soldaten die christliche Lehre auch nach dem nördlichen Germanien. Dadurch kam auch Luzius mit dem neu aufkeimenden Christentum in Berührung. Er suchte nun mit Eifer die heiligen Geheimnisse des christlichen Glaubens zu erforschen, übergab die Herrschaft seines Stammes einem Verwandten und begab sich auf Wanderschaft nach Süden, wo in den größeren Garnisonsorten bestimmt auch christliche Priester anzutreffen waren. Schließlich ließ er sich taufen. Wahrscheinlich erhielt er auch die Weihe eines Wanderbischofs. Als solcher kam er bis ins heutige Bayern und Schwaben. In Augsburg (Augusta Vindelicorum), dieser bedeutendsten Stadt Südgermaniens, mußte er jedoch die Flucht ergreifen. Die Heiden legten Hand an ihn, schlugen ihn und warfen ihn in einen tiefen Brunnen, wo er zugrunde gehen sollte. Allein Gott errettete seinen treuen Diener. Hierauf zog Luzius in die heutige Schweiz. In Chur wirkte er zuletzt als der erste Bischof dieser Stadt und starb als Martyrer durch Steinigung um das Jahr 180. Seine Schwester Emerita (Fest am 4. Dezember) wurde zu Trimmis bei Chur gemartert. Reliquien des Heiligen sind im Dom zu Chur. Was wir an dem Heiligen bewundern, ist sein froher, nieversagender Glaube, seine Hingabe an den Herrn, die ihn antrieb, in die weite Welt zu wandern, um auch andern das Glück des Glaubens zu bringen.

TAGESHEILIGE: Eucharius B M von Trier M – Romarich A – Gunthilde (Kunihild) N, Begleiterin der heiligen Lioba, † 760 – Conception – Immakulata – Eutychian PrM – Makarius, Theodul M – Sophronius B – Patapius A.

9. DEZEMBER *Sola*

Solnhofen bei Eichstätt führt seinen Namen und seine Gründung auf den heiligen Priester und Einsiedler Sola zurück, der sich im achten Jahrhundert in dieser Gegend niederließ. – Sola stammte aus England. Er folgte dem Drang seines Herzens und trat in den Benediktinerorden ein, und zwar in das gleiche Kloster, in dem der heilige Bonifatius mit seinen Gefährten lebte. Mit heiligem Eifer erfüllte er die Vorschriften seines Ordens und zeigte ein solches Streben nach Frömmigkeit und Gottesfurcht, daß er ausersehen wurde, Bonifatius auf seinen weiten Missionsreisen nach Deutschland zu folgen. Er blieb lange Zeit bei dem großen Bischof und hatte redlich Teil an den Missionserfolgen. Doch dann zog es ihn in die Einsamkeit. Mit der Erlaubnis des heiligen Bonifatius blieb er an jenem Ort zurück, den er sich ausgesucht hatte. Hier baute er sich eine Zelle und diente Gott durch ein erbauliches Leben. Dieser Ort lag an der Altmühl mitten in den dichten Urwäldern des Jura. Nur wenige Menschen lebten dort, die noch dem Heidentum ergeben waren. Sola begann den Wald zu roden und das Feld zu bebauen. Die Bewohner, die ihn anfangs mißtrauisch beobachtet hatten, sahen bald, daß dieser fromme Mann, der neben harter Arbeit dem Gebet oblag, das Beste für sie wollte. Sie siedelten sich neben ihm an und schauten ihm zuerst bei der Arbeit zu. Als er aber das Ernten anfing, erkannten sie, daß die zähe, fleißige Arbeit Erfolg zeitigte, und begannen, es ihm nachzumachen. Nun sprach Sola zu den Leuten von Jesus Christus und es gelang ihm, allmählich eine christliche Gemeinde zu bilden. Bald entfaltete sich das religiöse Leben zur ersten Blüte. Schließlich errichtete Sola sogar ein Klösterlein, in das ein paar gleichgesinnte Männer eintraten. Der Ruf seines Wirkens drang bis an den Hof Karls des Großen. Dieser schenkte dem Heiligen die ganze Gegend. Nach einem langen, erfolgreichen Leben starb Sola am 3. Dezember 794. Bischof Gundekar II. von Eichstätt weihte über seinem Grab eine Kirche und erhob ihn neben Sankt Willibald zum Mitpatron des Bistums.

Mehr als ein Jahrtausend ist seit dem Leben des heiligen Sola vergangen; was er war und was er vollbrachte, ist zum größten Teil in Vergessenheit geraten. Doch lebte sein Name fort in dem Ort, dessen Gründer er ist. Und mit seinem Namen hat sich in der christlichen Überlieferung sein Wirken erhalten: Wir sehen einen charaktervollen, gottesfürchtigen und gottliebenden Mann, demütig, fleißig, selbstlos, einen jener liebenswürdigen Menschen, die im Kleinen, im Unscheinbaren, in der Stille vielleicht das meiste für das Reich Gottes auf Erden tun.

TAGESHEILIGE: Leokadia, Valeria JM – Petrus Ferrerius, Augustinerchorherr aus Lothringen, † 1640 – Gorgonia Bk – Delphina W – Rustikus BM – Petrus, Sukzeß, Bassian, Primitivus M – Prokul, Syrus, Julian B – Cyprian A – Abel.

10. DEZEMBER *Richildis*

Im zehnten und elften Jahrhundert ging ein eigenartiger mystischer Zug durch das religiöse Leben des Volkes. Wie einst in Ägypten und Palästina fromme Männer sich ganz in die Einsamkeit zurückgezogen, um allein dem Gebet, der Versenkung in die Geheimnisse der Übernatur zu leben; das begannen in dieser Zeit viele Frauen und Jungfrauen. Es war dies eine Art klösterlichen Lebens. Während man aber im Kloster mit anderen Gleichgesinnten einem gemeinsamen Ideal nachlebte, das durch die Ordensregel verwirklicht werden sollte, zogen sich hier einzelne für sich aus der Welt zurück. Ja, sie gingen sogar so weit, daß sie sich selbst jeder Bewegungsfreiheit beraubten, sich einmauern ließen, so daß sie ihr ganzes Leben nicht mehr aus diesem freiwilligen Kerker heraus konnten. Meist wählten sich solche Reklusen oder Klausnerinnen eine Zelle, die an eine Kirche gebaut war, so daß sie durch ein kleines Fenster in den heiligen Raum blicken und dem Gottesdienst beiwohnen konnten, um so in beständiger Gegenwart des Allerheiligsten ihr zurückgezogenes Leben zu vollenden. Durch ein kleines Fenster erhielten sie die nötigen Lebensmittel. Der Ritus einer solchen Einschließung war sehr schön. Die Jungfrau oder Frau empfing den Segen des Bischofs; sodann erhielt sie den Schleier wie eine Nonne, und unter Gebet und Psalmengesang zog sie in die Klause, deren Türe nun zugemauert wurde. Eine solche Klause befand sich auch seinerzeit bei dem ehemaligen Benediktinerkloster Hohenwart. Dort ließ sich Ende des elften Jahrhunderts eine fromme Jungfrau namens Richildis einmauern und lebte viele Jahre in dem von ihr gewählten freiwilligen Kerker. Es ist von ihr nur wenig bekannt; daß sie aber ein heiligmäßiges Leben geführt, beweisen zahlreiche Votivtafeln, die aus Dankbarkeit für Hilfe in ihrer Kirche angebracht waren. Um das Jahr 1100 starb Richildis.

Freilich schickt sich eines nicht für alle. Aber der Geist jener Reklusen soll uns beseelen: tiefinnige Gottverbundenheit.

TAGESHEILIGE: Melchiades P, † 314 – Julia, Eulalia JM – Witgar B von Augsburg – Immina (Imma), sel., Herzogstochter von Thüringen, † 750 zu Karlsburg (Franken) – Karpophor PrM – Abundius, Mennas, Hermogen, Eugraph, Merkurius, Gemellus M – Sindulph B – Deusdedit – Meinhard.

11. DEZEMBER *Damasus*

Das Konzil von Nizäa (325) hatte zwar die Lehre des Arius, der die Gottheit Christi leugnete, als Irrlehre verurteilt. Aber bis die Anhänger dieser Lehre ihren Irrtum einsahen, vergingen noch Jahrzehnte. Denn der oströmische Staat und sein Kaiser unterstützten den Arianismus. So war es möglich, daß bis in die höchsten Stellen der Kirche die Irrlehre drang und Verwirrung stiftete. Ja es gab eine Zeit, da nur noch der Papst in Rom und wenige Bischöfe zum katholischen Glauben standen. Das Schlimmste geschah, als im vierten Jahrhundert in Rom durch eine zwiespältige Papstwahl ein Schisma, eine Zerreißung der höchsten kirchlichen Macht, entstand. Doch damals – wie noch oft in der Geschichte – half der Heilige Geist der Kirche Christi auf vielerlei Weisen; auch dadurch, daß in der Stunde der Not in der Person des Papstes Damasus ein Retter entstand. Zwar hatte die Kirche Freiheit und Frieden von außen, im Innern aber wüteten die Stürme der Glaubensspaltung. Damasus wurde um das Jahr 304 in Rom als Kind spanischer Eltern geboren. Von Jugend auf bereitete er sich auf den geistlichen Stand vor und wurde sehr früh schon Priester. Bald wurde er vom Papst zum Erzdiakon der römischen Kirche ernannt und mußte ihn als Privatsekretär beständig begleiten. Als Papst Liberius 355 verbannt wurde, ging Damasus mit. Im Jahre 366 starb der Papst und Damasus wurde sein Nachfolger. Seine Wahl führte zu einem Schisma, da ein gewisser Ursizinus durch einen Teil der Bischöfe zum Bischof von Rom gewählt wurde. Die dadurch entstandenen Aufregungen und Unruhen überwand Damasus durch seine engelgleiche Geduld und Sanftmut. Schließlich unterwarf sich Ursizinus. Damasus' Hauptanliegen war, die Seelsorge in Stadt und Land zu fördern. Auch erbaute er mehrere Kirchen. Mit größtem Eifer kämpfte er gegen die Irrlehren, und es gelang ihm durch seine mit Sanftmut gepaarte Energie, den Kampf zum guten Ende zu führen. Was den heiligmäßigen Papst außerdem berühmt machte, ist die Berufung des späteren großen Kirchenlehrers Hieronymus zu seinem Geheimsekretär. Er beauftragte diesen Gelehrten mit der Übersetzung der Heiligen Schrift aus dem Aramäischen und Griechischen ins Latein. Mit großer Liebe ließ Papst Damasus die Grabstätten der Martyrer in den Katakomben herstellen, vergrößern und ausschmücken und verfaßte Denkverse auf sie, die er auf Marmorplatten einmeißeln ließ. Am 10. Dezember 384 starb der Papst. Zuerst neben seiner Mutter und seiner Schwester Irene in einer Grabkapelle bestattet, kamen seine Gebeine später in die von ihm erbaute Laurentiuskirche. Die verhältnismäßig lange Regierungszeit des Papstes Damasus war ein großer Segen für die Entwicklung der Kirche. Er zeigte sich als ein wahrer Hirte, der den verirrten Schäflein nachging und alles tat, um sie zu retten. Seine Hauptcharakterzüge, Herzensfreudigkeit und Milde, sind für jeden Menschen beispielhaft. Von ihm gilt das Wort der Bergpredigt: „Selig sind die Sanftmütigen!"

TAGESHEILIGE: Adelmann B – Dietrich Mö – Wilburgis JE zu Sankt Florian (Oberösterreich), † 1289 – David von Himmerod Mö, † 1179 – Hildemann B – Trason, Viktorikus, Fuszian, Barsabas, Eutychius, Gentian M – Sabin B – Daniel Stylites Bk.

Ottilia

Sage und Legende haben sich des Lebens der heiligen Ottilia bemächtigt. Es werden wunderbare Dinge von ihr berichtet. Historisch sicher ist, daß sie als Klostergründerin und Äbtissin so viel Gutes tat, daß ihr Name und ihre Verehrung sich durch die Jahrhunderte erhalten haben. Sankt Ottilia ist eine Heilige der fränkischen Kirche. Sie war die Tochter des Alemannenfürsten Ethico im Elsaß und kam zu Hohenburg im Jahre 657 auf die Welt. Leider war sie blind. Der Herzog, der dies als eine Schande ansah, wollte das Kind töten lassen. Die Mutter Berswinda aber übergab das blinde, noch nicht getaufte Mädchen einer treuen Amme und ließ es heimlich zu einer Verwandten ins Kloster Palma bringen, um das Mädchen zu taufen. Dabei erhielt Ottilia das Augenlicht. Da sie aber der Vater nicht als sein Kind anerkennen wollte, blieb Ottilia im Kloster; und sie gewann eine solche Liebe zum Ordensleben, daß sie nicht mehr fort wollte. Das Kloster war sehr arm. Deshalb bat Ottilia ihren Vater demütig, er möge ihr doch eine Mitgift geben, wenn sie jetzt in das Kloster eintrete. Zunächst wollte der Herzog nichts davon wissen. Endlich aber trat eine völlige Umwandlung seines Sinnes ein. Er nahm Ottilia wieder ins Schloß auf; ja er bat sie sogar um Verzeihung für das Unrecht, das er ihr getan, und übergab ihr alle seine Güter. Er bat nur um das eine, sie möge bei Gott für ihn beten, damit er einmal eines guten Todes sterben könne. Ihr Schloß machte sie dann um das Jahr 700 zu einem Kloster. Hundertdreißig gleichgesinnte Jungfrauen, meist aus den vornehmen Ständen, bildeten unter ihrer Leitung eine treffliche Klostergemeinde. In späteren Zeiten wurde dieses Kloster Odilienberg genannt. Ottilia lebte in äußerster Strenge gegen sich selbst. Zu Füßen des Berges erbaute sie ein Spital und ein zweites Kloster, das später den Namen Niedermünster erhielt. Dort entsprang auf das Gebet der Heiligen eine heilbringende Quelle. Im Jahr 720 starb Ottilia. Heute noch wird sie hoch verehrt und namentlich bei Augenleiden angerufen. Zahlreiche Ottiliakapellen, meistens an Quellen und auf Bergen, sind zu Ehren der Heiligen entstanden und werden noch jetzt als Wallfahrtsstätten besucht. Ottilias Leben, geprägt von Gottes- und Nächstenliebe, zeigt klar das Wirken der Gnade Gottes und seiner Vorsehung. Ihr Tugendstreben und Wirken ist beispielhaft für unsere Zeit. Nächstenliebe, Gott zu Ehren geübt, ruft die Gnade herbei.

TAGESHEILIGE: Walarich A – Vizelin (Witzelin, Wetzel) B von Oldenburg, † 1154 – Karl de Foucauld E – Endburga Ae, † 751 – Synesius, Epimach, Alexander, Hermogen, Donat, Kreszentius, Konstantius, Maxentius, Justin, Ammonaria, Merkuria, Dionysia M – Berthold.

Luzia

Luzia ist eine der wenigen Jungfrauen, die nach der heiligen Wandlung jeden Tag im Kanon der Messe erwähnt werden, Zeugnis der großen Verehrung, die man ihr schon im vierten Jahrhundert erwies. Bereits der Kirchenlehrer Hieronymus († 420) hat ihren Namen in sein Verzeichnis der Martyrer, das Martyrologium, aufgenommen. Papst Honorius (625 bis 638) erbaute zu Rom eine Sankt-Luzia-Kirche, und seit dieser Zeit kommt die Lebensbeschreibung der Heiligen in allen großen Martyrerakten des Abendlandes vor. Die Persönlichkeit der Heiligen und ihr heldenhaftes Sterben sind geschichtlich verbürgt. Voll Bewunderung gedenkt die Christenheit ihres Mutes und der Kraft, die sie beseelte. Durch ihr unerschrockenes Bekenntnis zu Christus und die Besiegelung dieses Bekenntnisses mit dem Opfertod hat sie unsterbliche Ehre gewonnen. Die alten Berichte schreiben über sie: Luzia stammte aus einer reichen Familie zu Syrakus. Ihren Vater hatte sie schon sehr früh verloren. Ihre Mutter Eutychia sorgte für eine vortreffliche christliche Erziehung. So wuchs das Mädchen in Gottesfurcht und Weisheit heran, und gerade ihre Jugendzeit brachte ihr jene Kräfte, die sie für den bitteren Kampf um ihr ewiges Heil brauchen sollte. Luzia hatte in heiliger Begeisterung das Gelübde ewiger Jungfräulichkeit gemacht, ohne indes ihrer Mutter davon etwas zu sagen. Als nun ein edler junger Römer um ihre Hand anhielt, da sagte die Mutter zu. Luzia aber suchte mit allen Mitteln die Hochzeit hinauszuschieben. Da die Mutter erkrankte, konnte Luzia den Tag ihrer Hochzeit um vier Jahre verzögern. So lange mußte sie ihre Mutter pflegen. Nach dem Rat der Tochter machten beide eine Wallfahrt an das Grab der heiligen Agatha, wo die Mutter wirklich Heilung fand. Nun machte Luzia die Mutter mit ihrem Gelübde bekannt. Sie erbat sich die Herausgabe ihres Heiratsgutes und verteilte alles unter die Armen. Als der junge Mann, der sie freien wollte, davon Kenntnis erhielt, zeigte er sie dem Richter als Christin an. Es war die Zeit der Verfolgung unter Kaiser Diokletian, Luzia wurde verhaftet. Als der Richter ihr befahl, zu opfern, da nannte Luzia die Götter Erfindungen von Menschen. Und als man sie in ein Sündenhaus schleppen wollte, betete sie voll Vertrauen. Die Henkersknechte vermochten sie nicht von der Stelle zu bewegen. Als man rings um das Mädchen Feuer anzündete und sie selber mit Öl übergoß, prasselten wohl die Flammen, aber Luzia blieb unversehrt. Da der Richter die Erfolglosigkeit seines Tuns einsah, befahl er, die standhafte Jungfrau zu enthaupten. Ein Henkersknecht stieß ihr das Schwert in die Kehle und ließ Luzia für tot liegen. Abends kamen fromme Christen, um sie zu begraben. Da zeigte es sich, daß Luzia noch lebte.

Ein Priester brachte ihr alsbald die heiligen Sakramente, und unter den Gebeten der Umstehenden gab die Jungfrau ihre reine Seele in die Hand ihres Schöpfers zurück. Dies geschah im Jahre 304.

TAGESHEILIGE: Authbert B – Jodok E, † 669 – Ottilia (Odilia) Ae, † 720 – Hariolf B, Reliquien in Ellwangen, † 769 – Eustratius, Auxentius, Eugen, Mardarius, Orestes, Antiochus, M.

14. DEZEMBER Berthold

Die Worte Johannes des Täufers: „Ich bin die Stimme des Rufenden in der Wüste" gelten auch von dem wohl bedeutendsten Prediger des dreizehnten Jahrhundert, Berthold von Regensburg. Die Zeit, in der er segensreich wirkte, war das Interregnum, die „kaiserlose, die schreckliche Zeit". Gewalt und Unrecht herrschten, sittlicher Verfall und alle denkbaren menschlichen Laster zeigten frech ihre Stirn. In solcher Stunde den Menschen mit der Gewalt eines Johannes die Wahrheit zu sagen, den Wucherern, den Geizigen, den Genußsüchtigen das Strafgericht Gottes zu verkünden, die Sünder und Irrenden aber auf die unendliche Barmherzigkeit Gottes hinzuweisen, dazu bedurfte es ebenso der Gnade wie eines heiligstarken Geistes. Berthold besaß die Macht des „Wortes". Er verstand es, den Hochgeborenen und den Niedrigen zu fassen, zu packen, jedem auf die ihm gemäße Weise ins Herz zu reden — und er war auch in der eigenen Reinheit und Gottinnigkeit jedem ein Beispiel. Große Forscher und Denker haben geurteilt, daß sein Wort wie eine Fackel in den deutschen Landen leuchtete.

Berthold erblickte in Regensburg um das Jahr 1210 das Licht der Welt. Von den Eltern wurde er den Franziskanern zur Erziehung übergeben. Sein Lehrmeister war der heiligmäßige Franziskaner David von Augsburg, der sich durch zahlreiche Schriftwerke einen Namen machte. Der Selige zeichnete sich durch ein vorbildliches Ordensleben aus. Er beobachtete nicht nur die Ordensregeln auf das gewissenhafteste und war seinen Obern in allem gehorsam, sondern er strebte auch mit allen Kräften nach Vollkommenheit. Er legte sich schwerste Bußübungen auf und übte Werke der Abtötung, die fast ohnegleichen waren. Berthold wurde als Prediger weit bekannt. Aber es war nicht so sehr die Schönheit der Sprache, die die Menschen zu vielen Tausenden anzog, seinen Worten zu lauschen, als vielmehr ihr tiefer Ernst, die überzeugende Gewalt. Bertholds Predigertätigkeit begann im Jahre 1246. Die Chroniken berichteten von riesigen Menschen-Mengen, die ihm zugehört haben. Manchmal lohnte Gott sein inniges Wort auf sichtbare Weise. So sprach er einmal über das Laster des Ehebruches. Eine Frau, die sich betroffen fühlte, wurde so von Reueschmerz ergriffen, daß sie tot umsank. Der Heilige aber rief sie durch sein Gebet wieder ins Leben. Da erzählte sie vor allen, daß ihre Seele vor dem Richterstuhl Gottes gestanden und daß sie es nur ihrer bitteren Reue zu verdanken habe, daß sie nicht verdammt worden sei. Dagegen habe sie gesehen, wie eine unübersehbare Schar, die die gleichen Sünden wie sie begangen hatte, von einem Abgrund verschlungen worden sei. – Der Selige starb gottergeben und freudig im Jahre 1272 und wurde zu Regensburg bei den Franziskanern begraben. Auch nach dem Tode verherrlichte Gott sein Grab durch wunderbare Heilungen und Bekehrungen.

Hat unsere Zeit nicht manches Gemeinsame mit jenen Tagen der Seligen? Sein gottbegnadetes Leben möge uns mahnen, eifrig um gute Priester und Prediger zu beten – und uns selbst anspornen, von dem Weg des Bösen uns fernzuhalten oder, wenn wir gestrauchelt, an der Gnade Gottes nicht zu verzweifeln, sondern aufzustehen und den rechten Weg von neuem zu suchen!

TAGESHEILIGE: Nikasius BM – Eutropia JM – Spiridion BM – Agnellus A – Agnes Kö – Arsenius, Heron, Isidor, Dioskur, Drusus, Zosimus, Theodor, Justus, Abundius M – Viator, Pompejus B – Matronian E.

15. DEZEMBER

Marinus

Zu den Heiligen des Bayernlandes, die heute noch verehrt werden, gehören Bischof Marinus und sein Diakon Anian. Beide werden zu Wilparting bei Miesbach gefeiert. Sie stammten aus Irland und waren mit noch vielen Glaubenspredigern nach Germanien gekommen. Bevor sie ihr Amt antraten, pilgerten sie erst nach Rom und ließen sich vom Papst die Erlaubnis zum Missionieren geben. Dort wurde Marinus zum Bischof geweiht, während sein Neffe Anian die Diakonatsweihe erhielt. Auf der Rückreise kamen sie ins Bayernland und ließen sich am Abhang des Irschenberges nieder. Durch ihr freundliches Wesen errangen sie bald die Liebe der Bevölkerung und konnten mit Erfolg das Evangelium Jesu Christi predigen. Die Bewohner waren meist Hirten und Landleute, die in ihrem einfachen Sinn die Wohltat der christlichen Lehre rasch erfaßten und liebgewannen. Die beiden Missionare trennten sich nun, um besser wirken zu können. Marinus ließ sich in Wilparting nieder, während Anian in Alb eine Zelle baute. Beide wollten das Leben der heiligen Einsiedler nachahmen. Nach vierzig Jahren wurden sie durch eine innere Stimme gemahnt, wieder zusammenzukommen, da das Ende ihres Lebens nahe sei. So wanderte denn Anian zu seinem bischöflichen Oheim nach Wilparting. Mit Freude erzählten sie einander von Mühen und Erfolgen. Da erkrankte Anian schwer und mußte sich in der armselige Hütte niederlegen. Er empfing die heiligen Sterbesakramente und bereitete sich auf den Tod vor. Gerade um diese Zeit, im Jahre 697, kamen slawische Horden und verheerten das ganze Land. Auch zu der abgelegenen Zelle des Marinus gelangten sie. Dieser war gerade ins Gebet vertieft. Die Plünderer faßten den Bischof und verlangten von ihm Gold und Silber; das hatte er aber nicht. Dann peinigten sie ihn auf schauerliche Weise und verbrannten ihn schließlich am gleichen Tage. Die Leiber der beiden wurden in Wilparting in einem gemeinsamen Grabe beigesetzt, das in früheren Zeiten eine oft besuchte Wallfahrtsstätte war.

Gerade solch vergessener Heiligen sollten wir gedenken, denn sie waren die Wegbereiter für ihre Nachfolger, die dann weiterbauend auf ihrem Glaubens- und Liebeswerk das Christentum in die Herzen der Menschen tiefer verankern. Es ist nun einmal so: Die einen säen, andere ernten. Es kommt nur darauf an, wie ein Mensch den Auftrag Gottes erfüllt. Ob mit oder ohne Erfolg — ausschlaggebend sind der innere Wert, das reine Wollen.

TAGESHEILIGE: Valerian B – Maximin Bk – Notker Benignus Mö in St. Gallen, † 1228 – Anianus Di, † 697 in Wilparting – Irenäus, Anton, Theodor, Saturnin, Viktor, Faustin, Luzius, Kandidus, Cälian, Markus, Januarius, Fortunat M – Christiana J – Rainald.

16. DEZEMBER *Adelheid*

Ohne Zweifel ist die heilige Adelheid eine der größten und edelsten Frauen, die je aus unserem Volk hervorgegangen sind. Es gibt nur wenige, deren Leben von soviel natürlichem und übernatürlichem Glanz umgeben war, und das auf solchen Höhenpfaden verlief wie das ihre. Eine alte Chronik sagt von ihr, sie sei aller Kaiserinnen kaiserlichste gewesen. Aber sie konnte es nur werden und sein, weil sie in ihrer Seele, in ihrem Schicksal auch der ganzen Menschheit Jammer — und nicht nur ihre Größe — erfahren mußte. Adelheid wurde 931 als Tochter des Burgunderkönigs Rudolf II. geboren. Ihr schönes Vaterland war direkt im Geisteszentrum zwischen den einzelnen europäischen Völkerstaaten. Germanische und römische Kultur reichten sich hier die Hände. Ihrem hohen Rang entsprechend wurde Adelheid von den

besten Lehrern erzogen und gebildet; so vermochte sie schon in ihrer Jugendzeit das Fundament zu ihrer späteren Weisheit und Klugheit zu legen. Bereits mit sechzehn Jahren wurde sie mit Lothar, dem Königssohn von Italien, vermählt. Die überaus glückliche Ehe trennte nach drei Jahren der gewaltsame Tod des Gatten. Eine einzige Tochter blieb Adelheid von ihrem Glück. Der Herzog von Ivrea, Berengar, Mündel ihres Gatten, bemächtigte sich des Thrones und warb um die Hand Adelheids für seinen Sohn. Sie jedoch wies den Räuber ihres Landes ab und entfloh aus Pavia. Sie wurde aber eingeholt und auf eine Burg am Comersee gebracht. Hier wiederholte Berengar seine Werbung, und als Adelheid wieder ablehnte, riß er sie an den Haaren zu Boden. Sodann ließ er sie in ein finsteres Verlies bringen. Adelheid aber verlor ihr Gottvertrauen nicht; bald kam Hilfe: der treue Burgkaplan Martin verhalf ihr zur Flucht. (Diese Begebenheit zeigt unser Bild). Man verfolgte sie. Aber Graf Azzo brachte Adelheid auf sein Schloß Canossa. Als Berengar davon Kunde erhielt, erschien er mit seinen Soldaten vor der Burg und forderte Adelheid von Azzo. In ihrer Not wandte sie sich an den deutschen König Otto. Der ritterliche und hochherzige König schlug Berengar und befreite Adelheid. Dies geschah im Jahr 951. Ja, er erbat sich ihre Hand. Und so kam Adelheid auf die höchste Stufe der Macht im gesamteuropäischen Raum. Mit ihrem Gemahl zog sie elf Jahre später nach Rom und erhielt 962 durch Papst Johann XII. die kaiserliche Weihe. Hochherzig, klug, menschenfreundlich, den Armen zugetan, voll Verständnis für die Regierungssorgen ihres Mannes, erfüllt von Gottesliebe – so wurde Adelheid zum geistigen Mittelpunkt des königlichen Hofes und als Frau von edelster Bildung zum Vorbild aller Gleichgesinnten.

Zweiundzwanzig Jahre konnte sie in Glück und Liebe mit ihrem Gemahl verbringen. Das Jahr 973 brachte eine große Wende in ihr Leben. Ihr treuer und edler Gemahl Otto starb. Für den noch unmündigen Sohn Otto II. übernahm sie mit Weisheit die Regierung, bis er volljährig wurde. Neues Leid kam über sie durch die griechische Gemahlin Ottos, Theophano. Deren Intrigen bewirkten, daß Adelheid den Hof verließ und nach Italien wanderte. Doch politisch war das ein großes Glück. Denn dank ihrer Klugheit erhielt sie Italien für das Reich und ihren Sohn. Nach zehnjähriger Regierung starb Otto II. im Jahr 983. Wiederum reiste Adelheid nach Deutschland und übernahm für den Enkel, Otto III., die Herrschaft. Aber auch diesmal erhoben sich Ehrgeiz und Machtstreben gegen sie, und so verließ die edle Großmutter den Hof. Nun zog Adelheid in das Kloster Selz im Elsaß, das sie selbst gegründet hatte, und lebte dort ganz ihrer Selbstheiligung. Gottergeben starb sie im Jahre 999. Wie ein Roman mutet uns diese an Licht und Schatten reiche Lebensgeschichte an. Was Adelheid aber groß und unserer Verehrung würdig macht, das ist ihr christlicher Gleichmut und ihre zugleich heiter-freundliche und tiefgründige Frömmigkeit, die Reinheit ihres Charakters – wahrhaftig eine Königin von Geblüt und von Gottes Gnaden! (Ihr Fest wird am 15. Dezember gefeiert.)

TAGESHEILIGE: Eusebius BM, † 370 – Valentin M – Albina JM – Ado B – Konkordius, Navalis, Agrikola M – Bean, Irenion B – Helmward – Maria de Angelis – Eulalius Bk.

17. DEZEMBER Sturmius

Bonifatius hatte zu seiner großen Missionsarbeit in Germanien treue Helfer aus seiner irischen Heimat mitgebracht. Aber auch aus den schon christlichen Ländern Nord- und Mitteleuropas stellten sich ihm edle junge Männer zur Verfügung. Einer der bekanntesten war Sturmius, dessen Leben sein Nachfolger, der Abt Eigid, genau aufschrieb und so der Nachwelt überlieferte. Er stammte aus einem adeligen Geschlecht in Bayern. Seine Eltern sandten ihn zu Bonifatius nach Mainz. Dieser unterrichtete ihn in der Theologie. Abt Wigbert lehrte ihn die schönen Künste und Wissenschaften. Bonifatius weihte ihn zum Priester. Er erbat sich dann vom Bischof die Erlaubnis, mit einigen Genossen in die Einsamkeit des weiten Urwaldes ziehen zu dürfen. Nach dem Rat des heiligen Bonifatius bestieg Sturmius ein Pferd und ließ sich von diesem durch die tiefen Wälder und Sümpfe tragen, bis es stehenblieb. Die Gegend gefiel ihm, und er kehrte zu Bonifatius zurück, der dann am fränkischen Hof die Erlaubnis erhielt, daß Sturmius dort eine Niederlassung gründete. So entstanden Kloster und Stadt Fulda. In der Folgezeit wurde Fulda das geistige Zentrum der Missionierung Deutschlands. Zugleich war es der Lieblingsaufenthalt des heiligen Bonifatius, dessen Herzenswunsch es war, einst dort begraben zu werden. Und als er 754 in Friesland als Martyrer für Christus gestorben war, erfüllte Sturmius diesen Wunsch; er erbat sich vom Frankenkönig Pippin den Leib des Heiligen. Seitdem ist Fulda mit den Gebeinen des Apostels der Deutschen ein Mittelpunkt der Heiligenverehrung. Und seit Jahrzehnten versammeln sich immer im August die deutschen Bischöfe an der Gruft des Heiligen und erwägen ihre gemeinsamen Sorgen und Aufgaben. Es sammelten sich allmählich viele strebsame und fromme Männer um Sturmius. Er gab ihnen eine Regel, nach der sie leben sollten. Um sich aber über das Klosterwesen besser zu unterrichten, ging er nach Italien und lernte dort die Regel des heiligen Benedikt kennen. In der allerstrengsten Form wurde ein Leben der Abtötung und Enthaltsamkeit geführt. Niemals durften die Mönche Fleisch essen oder Wein trinken. Erst nach dringendem Bitten König Pippins milderte Sturmius die Regel etwas.

Er selbst aber legte sich äußerste Strenge auf. In die segensreiche Tätigkeit des Heiligen fiel eine harte Prüfung. Er wurde am Königshof verleumdet und abgesetzt. Still und ergeben trug er lange Jahre dieses Ungemach, bis Pippin einsah, daß er ungerecht gehandelt, und Sturmius wieder in das Kloster zurückrief. Gott verherrlichte den Heiligen schon bei Lebzeiten durch zahlreiche Wundertaten, namentlich durch Krankenheilungen. Am 16. Dezember 779 starb Sturmius, der erste Abt von Fulda. Nach seinem Tod geschahen viele Wunder an seinem Grab. Papst Innozenz II. hat ihn im Jahr 1139 heiliggesprochen.

Wäre Sturmius der Überlieferung seiner Familie gefolgt, so wäre er als irgendeiner der Großen dieser Welt in die politische Geschichte eingegangen und wahrscheinlich würde niemand mehr von ihm sprechen. Er aber erwarb sich ein besseres Erbe. Denn der Heiligen Namen leuchten von Geschlecht zu Geschlecht. Sein Beispiel möge uns zu gottgefälligem Leben anspornen, damit auch unsere Namen einmal im Buch des Lebens leuchten!

TAGESHEILIGE: Vivina, sel., J bei Brüssel, † 1170 – Begga, Gemahlin des heiligen Arnulf von Metz, † 693 – Jolanda N in Marienthal (Luxemburg), † 1283 – Florian, Kalanik M – Lazarus BM – Olympiades W.

18. DEZEMBER

Wunibald

Das Sualafeld, ein Teil des Bistums Eichstätt, darf mit gutem Recht als seinen Apostel und Glaubensboten den heiligen Abt Wunibald feiern. Denn nur die Kraft seines Glaubens vermochte es mit der Gnade Gottes, dieses Gebiet, das zum größten Teil noch heidnisch war und in dem das einst eingepflanzte Christentum jämmerlich dahinsiechte, zu einer lebenskräftigen Oase des Christenglaubens zu machen. Wunibald ist der Bruder des großen Eichstätter Bischofs Willibald. Geboren wurde er um das Jahr 700 in England aus hochadeligem Geschlecht. Als sein Vater Richard sich gemeinsam mit Willibald auf eine Reise ins Heilige Land aufmachte, ging auch Wunibald mit. Jedoch seine schwache Gesundheit zwang ihn bereits in Rom, sich von Vater und Bruder zu trennen. Zwanzig Jahre sahen sich die Brüder nicht mehr. In Rom hatte Bonifatius, der den großherzigen Sinn und die edle Seele Wunibalds erkannte, diesen gebeten, er möge ihm bei der Missionierung in Thüringen helfen. Gerne folgte Wunibald diesem Ruf und zog mit nach Deutschland. Dort weihte ihn Bonifatius zum Priester und übergab seiner Obhut sieben Kirchen. Später kam Wunibald zum Bayernherzog Odilo, der ihm ein weites Gelände zur Gründung eines Klosters schenkte. Wunibald zeichnete sich durch große Strenge gegen sich selbst aus. Fast niemals trank er Wein und er aß auch kein Fleisch. Da er fürchtete, die geschenkte Weingegend am Rhein könnte seine Mitbrüder leicht zur Trunksucht verführen, zog er wieder fort und ging nach Eichstätt. Willibald übergab ihm das Kloster Heidenheim. Hier unterrichtete Wunibald die Bewohner, fast durchwegs Heiden, in der christlichen Wahrheit. Dies erregte den Haß vieler Stammeshäuptlinge, und sie versuchten ihm das Leben zu verbittern; ja sie schreckten nicht vor Mordversuchen zurück. Allein der Heilige entging durch Gottes Hilfe allen Nachstellungen und arbeitete mit um so größerem Eifer für das Heil der Seelen. Seine schwache Gesundheit litt allmählich unter der Überlast an Arbeit, so daß er sich nur mehr mit äußerster Energie aufrechterhalten konnte. Bald mußte er sich auf das Sterbebett legen. Willibald kam an sein Lager und stärkte ihn mit den heiligen Sterbesakramenten. Er bat alle seine Untergebenen um Verzeihung und während sie die Psalmen beteten, verschied der Heilige bei den Worten: „In deine Hände, Herr, empfehle ich meinen Geist." Es war der 20. Dezember des Jahres 761. An seinem Grab geschahen zahlreiche Wunder. Als man ihn fünzehn Jahre später ausgrub, war sein Leichnam noch völlig unversehrt. Nach Wunibalds Tod übernahm seine heilige Schwester Walburga die Leitung des Klosters.

Was Wunibalds Leben beispielhaft macht, das ist seine Willensstärke. Nur ihr verdankt er es, daß er der große Asket und Glaubensbote werden konnte. Es war für den jungen Edelmann kein Leichtes, Elternhaus, Heimat, Wohlstand, Sicherheit zu verlassen und das karge Klosterleben in der Fremde, die Mühen der Missionsarbeit zu erwählen. — Von jedem Menschen wird ein gewisser Grad von Willensstärke verlangt; sonst kann er über die Versuchungen nicht Herr werden und nichts wirklich Wichtiges — nichts vor Gottes Angesicht Gültiges in sich und um sich schaffen.

TAGESHEILIGE: Viktor, Viktorin M – Gratian B – Irmina Ae – Rufus, Zosimus, Theotimus, Basilian, Quinktus, Simplizius, Moysetus, Vikturus, Quartus M – Auxentius B.

19. DEZEMBER *Gerhard Majella*

Unscheinbar und einfach war das Leben des heiligen Gerhard, der als Laienbruder im achtzehnten Jahrhundert in den damals neugegründeten Redemptoristenorden eintreten durfte. Und doch geht von ihm ein helles Licht aus. Seine edle Menschlichkeit, seine schließlich erreichte geistliche Vollkommenheit waren so kristallklar, daß er schon ziemlich bald seliggesprochen wurde. Die Lebensgeschichte dieses Laienbruders, Asketen und tieffrommen Mannes liegt deutlich vor uns. Er gehört zu jenen begnadeten Seelen, die in aller Einfachheit und Demut Gott dienen und dafür Erkenntnisse empfangen, ja die Nähe Gottes spüren dürfen. Er wurde als Sohn braver armer Eltern zu Muro bei Neapel 1726 geboren. Zuerst erlernte er das Schneiderhandwerk. Von Jugend auf lebte er fromm und zurückgezogen. Schon als Knabe übte er strenge Enthaltsamkeit, so daß er von seinen Schulkameraden verkannt und ausgelacht wurde. Allgemein hielt man ihn für einen gutmütigen Narren. Allmählich erkannten die Menschen aber, daß diese „Wunderlichkeit" nichts anderes war als weltabgewandter, Gott suchender Sinn, und sie bekamen Respekt vor dem freundlichen, stillen Jüngling. Von seinem Nähtisch weg zog ihn die Sehnsucht nach einem vollkommenen Leben ins Kloster. Da er aber oft kränkelte, wollte man ihn nicht aufnehmen. Erst der große heilige Alfons von Liguori nahm sich seiner an und empfahl ihn zur Aufnahme bei den Redemptoristen in Iliceto. Der Rektor war zuerst nicht sehr erbaut. Allein er sollte die Aufnahme nicht zu bereuen haben. Bruder Gerhard erwies sich nicht bloß als tüchtiger Arbeiter, der für zwei schaffte, sondern er wurde auch ein wahrer Segen für das Kloster und für das ganze Land. Dieser demütige Bruder führte ein hochbegnadetes Innenleben. Seine Liebe zum Heiligsten Altarssakrament war so groß, daß er oft des Nachts betend an den Stufen des Altars kniete. In den Betrachtungsstunden vor dem Tabernakel wurden ihm innerliche Kenntnisse zuteil, die das Erstaunen aller erregten. Er besaß auch die Gnade der Herzenserkenntnis. Dazu kam noch die Gabe der Krankenheilung. Sein Segen wurde von allen begehrt, denen er begegnete. Vor der Kraft seiner Worte schmolzen die Feindschaften. Alt und jung gaben freudig, wenn er zum Almosensammeln kam. Ein roher Geselle — wütend, weil Gerhard friedlich blieb — stieß ihm einst ein paar Rippen ein. Von dieser Zeit an verfiel er einer schleichenden Krankheit, der er am 16. Oktober 1755 im Alter von 29 Jahren erlag. Papst Pius X. hat ihn im Jahre 1904 heiliggesprochen. Unbeschreibliche Geduld und Demut adelten diese Seele. Gott aber hat den Heiligen schon zu Lebzeiten hoch begnadet, und so ist sein Leben ein Zeugnis mehr für das Wort: „Die Niedrigen erhebt Gott, die Hohen stößt er vom Thron!" (Sein Fest ist am 16. Oktober.)

TAGESHEILIGE: Thea M – Gregor B – Fausta Bk – Urban V. P, † 1370 – Megingoz Gr in Geldern, sel., † 950 – Makarius A in Würzburg, † 1153 – Nemesius, Darius, Zosimus, Paul, Sekundus, Zyriak, Paulillus, Anastasius, Sindimius, Timotheus, Meuris M – Adjutus A – Fuidbert.

20. DEZEMBER *Adalbert*

Ein Mann, der durch die Gnade Gottes aus seinem Sündenleben zu geistiger und geistlicher Höhe emporwuchs, war der selige Adalbert von Oberaltaich. Er stammte aus der gräflichen Familie von Haigerloch. Nach dem Wunsch seiner Eltern sollte er studieren, um einmal Priester zu werden. Allein das Studium behagte ihm nicht. Er trieb lose Streiche und wurde schließlich der Verführer seiner Kameraden, so daß er aus der Schule entlassen wurde. Aus Kummer über ihren mißratenen Sohn starben die Eltern innerhalb eines Jahres. Dieses Ereignis griff dem jungen Mann in die Seele. Er beschloß, sein liederliches Leben von Grund auf zu ändern. So klopfte er bei vielen Klöstern an und bat um Aufnahme. Aber sein schlechter Leumund verschloß ihm alle Türen. Endlich kam er nach Oberaltaich. Der Abt dachte daran, daß Christus keinen Reumütigen von sich stößt, und nahm ihn auf. Unter der Leitung des Novizenmeisters Poppo mußte Adalbert ein sehr strenges Noviziat durchmachen. Man wollte sehen, ob sein guter Wille nicht bloß ein Strohfeuer sei. Doch wenn Adalbert ehedem immer im Sündigen voran war, so wurde er jetzt auch im Tugendstreben der erste. Er zeigte, was ein starker Wille, gefördert von der Gnade, zu leisten vermag. Sein Gehorsam war vorbildlich. Keine Arbeit war ihm zu gering. Dem Gebet oblag er mit großem Eifer und schöpfte aus ihm die Kraft zur Herrschaft über seine unbändige Natur. Er schlief sehr wenig und fastete viel. Schließlich wurde er Lehrer für die Jugend des Ortes und endlich Prior seiner Ordensbrüder. Auch erhielt er die Pfarrseelsorge von Oberaltaich. Gerne hörten die Leute sein Wort, denn es kam aus der Erfahrung, aus der Kraft des Sieges über alles Schwache im eigenen Ich. Es werden von dem Seligen manche Wundertaten erzählt, namentlich Krankenheilungen. Die größten Wunder aber wirkte er durch die Bekehrung ganz verstockter Sünder. So brachte Adalbert fast fünfzig Jahre seines Lebens im Kloster zu. Am 27. November 1311 starb er.

Es ist nach dem Wort des Heilands im Himmel mehr Freude über einen Sünder, der sich bekehrt, als über neunundneunzig Gerechte. Diese Gottesweisheit können wir gar nicht oft genug bedenken.

TAGESHEILIGE: Christian B – Ildaura WN – Severa Ae in Trier † 660 – Hoger B in Hamburg-Bremen, † 917 – Liberat, Bajulus, Ammon, Zeno, Ptolemäus, Ingenes, Theophil, Julius, Eugen, Makarius M – Philogon, Dominikus B – Dominikus von Sylos A – Irmine W.

Thomas

Laßt auch uns gehen und mit ihm sterben!" rief Thomas, erfüllt von seiner Liebe zum Herrn. Und doch ist er bekannt als „der Zweifler". Als Jesus glorreich von den Toten auferstanden war und seinen Aposteln erschien, war Thomas nicht dabei; und weil er den Herrn nicht selbst gesehen, darum glaubte er den andern nicht. Nach acht Tagen kam Jesus wieder zu ihnen. Diesmal war Thomas da. Und der Meister sagte zu ihm: „Lege deinen Finger hierher und sieh meine Hände, und reiche deine Hand her und lege sie in meine Seite: und sei nicht ungläubig, sondern gläubig!" Thomas, überwältigt von der Erscheinung Christi, konnte nur stammeln: „Mein Herr und Gott!" So berichtet das Evangelium. Sollen, dürfen wir den Zweifler — den Zweifel — verurteilen? Nicht „blind" ist der rechte Glaube: Demut, Erkenntnis, Liebe und Gnade erschaffen ihn. So mögen wir es verstehen, daß der Zweifler Thomas zum unbezweifelbarsten Zeugen der Auferstehung Jesu Christi von den Toten wurde. — Nach dem Pfingstfest zog Thomas in die weite Welt. Die Liebe zum Heiland trieb ihn über Land und Meer. Bis ins ferne Indien kam er. Man hat lange Zeit geglaubt, daß diese Indienreise eine fromme Legende sei. Als aber Franz Xaver im Jahre 1542 nach Indien kam, fand er überraschenderweise Spuren christlicher Überlieferung; er fand Tempel, in denen neben den Götterstatuen das Kreuz aufgerichtet war. Wunderbar war es, daß sich diese Reste christlichen Lebens und Glaubens der Christenheit durch 1500 Jahre erhalten konnten. Nach der wissenschaftlichen Forschung stimmt es, daß zu der Zeit, da Thomas in Indien weilte, ein König namens Gundaphar lebte, da man Münzen mit dessen Bild und Namen fand. Es bestand auch zur Zeit Jesu ein reger Verkehr zwischen dem Römerreich und Indien. Jedenfalls gelangte Thomas mit römischen oder jüdischen Kaufleuten zuerst in die Fremde; und er verkündete mit sichtbarem Erfolg das Wort seines Meisters. Der Abschluß und die Krönung seines Missionswerkes war der etwa um das Jahr 50 geschehene Martertod durch Lanzenstiche. Seine Gebeine ruhen zu Edessa in Mesopotamien, dem heutigen Irak.

Die Kirche hat den Festtag des heiligen Apostels Thomas ganz nahe an das Weihnachtsfest gesetzt. Vielleicht will sie damit sagen, daß gerade dieser Apostel durch seinen Zweifel mehr als andere auf den in der Heiligen Nacht so unscheinbar geborenen Gottessohn als den wahren Messias hinweist. Sein Glaube mag auch uns stärken!

TAGESHEILIGE: Anastasius BM — Severin B von Trier, † 250 — Severin B von Trier, † 618 — Hermann der Lahme, Mö in Reichenau, † 1054 — Hinkmar B — Johann, Festus, Themistokles M — Glycerius PrM — Bardolf.

22. DEZEMBER

Hartmann

Salzburg und namentlich Südtirol verehren seit vielen Jahrhunderten einen heiligen Bischof, der im zwölften Jahrhundert lebte und dessen Wohltaten und Wunder im Gedächtnis des Volkes fortleben: Hartmann von Brixen. In Polling (Oberbayern) stand das Vaterhaus des Heiligen. Die Eltern übergaben das Kind zur Erziehung den Augustinerchorherrn im Ort und dann denen in Passau. Dort wuchs Hartmann heran zu einem tugendhaften Ordensmann. Bald zeichnete er sich durch sein Streben nach Heiligkeit aus. Da der damalige Bischof von Salzburg seine Domherrn nach der Regel des heiligen Augustinus reformieren wollte, machte er den Mönch Hartmann zu seinem Domdekan. Als Propst von Herrenchiemsee reformierte er auch dieses Kloster, und dem Ruf des Herzogs Leopold von Österreich folgend auch Klosterneuburg. Als er einst beim Gebet war, während einige seiner Leute in einem Haus außerhalb des Klosters beschäftigt waren, stand er plötzlich auf, ging hinaus und rief die Leute zu sich. Kaum waren sie gekommen, da stürzte das Haus ein. So zeigte Hartmann bereits damals, daß er von Gott begnadet war, Bedrängten Hilfe zu leisten; Armen und Notleidenden war er ein aufrichtiger und hilfsbereiter Freund. Als Bischof Reinhard von Brixen starb, wählten die Domherren 1140 einstimmig Hartmann zum Bischof. Mit nicht weniger Sorgfalt als seine bisherigen Aufgaben betreute Hartmann auch dieses so verantwortungsvolle Amt. Bewundernswert war seine Askese, die er auch als Bischof übte. Mit der geringsten Kleidung umgab er seinen Leib. Zur Buße für seine und seiner Untergebenen Sünden geißelte er sich täglich. Die Weisheit, die Liebe, die Kraft, mit denen er für seine Diözese sorgte, machten ihn Kaiser Friedrich Barbarossa zum Freund. Gott verherrlichte den treuen Diener schon bei Lebzeiten durch zahlreiche Wunder. So heilte er durch sein Gebet einen Knaben, der einen Knochen verschluckt hatte und am Ersticken war. Eine Frau, die fast erblindet war, erhielt ihr Augenlicht wieder, als sie mit Wasser, das der Bischof bei der heiligen Messe gesegnet hatte, die Augen wusch. Der Heilige sah sein Ende voraus. Zwei Tage, bevor er starb, ließ er sich die heiligen Sakramente spenden. Am 23. Dezember des Jahres 1164 gab er seinen Geist auf.

Es mag manch Legendenhaftes an dieser Lebensbeschreibung sein. Doch wir sehen den Heiligen als einen Mann und Bischof, dem das Seelenheil der ihm anvertrauten Christen über alles ging; selbstlos im Sinn seines Herrn lebte und wirkte er für andere — und darum gedenkt seiner das Volk noch heute ehrfürchtig und dankbar.

TAGESHEILIGE: Demetrius M – Zeno M – Jutta von Disibodenberg, sel., Ae,

† 1136 – Bertheide Ae – Marian E in Mainz, † 1082 – Jutta von Heiligenthal, Ae, † 1240 – Flavian, Honorat, Florus, Ischyrion M – Chäremon BM.

23. DEZEMBER *Viktoria*

Wozu Freundschaft fähig ist und wie sie im richtigen Geist einen Menschen zum Guten beeinflussen kann, zeigt das Lebensbild der heiligen Viktoria. Die Aufzeichnungen der Martyrerakten berichten es ziemlich deutlich. Viktoria, eine gebürtige Römerin, war von Jugend an christlich erzogen worden, da auch ihre Eltern bereits dem Christentum anhingen. Als sie zu einer schönen Jungfrau herangewachsen war, warb ein edler heidnischer Römer, Eugenius, um sie, und die Eltern versprachen ihm ihre Hand. Viktoria vermeinte zunächst, daß sie ohne Gefahr für ihre Seele diesen Heiden heiraten dürfe. Ja, sie glaubte, sie könne ihn wohl zum Christentum führen und dadurch sein Heil erwirken. Viktoria besaß eine Freundin namens Anatolia. Auch diese, ein schönes und reiches Mädchen, war von einem heidnischen jungen Menschen umworben worden, hatte ihn aber aus Glaubenstreue abgewiesen. Es gelang nun ihren überzeugenden Worten, auch der Freundin die Gefahr einer glaubensverschiedenen Ehe zu beweisen. Viktoria, erschüttert durch diese Argumente, wies daraufhin Eugenius ab und gelobte dem Heiland ewige Jungfräulichkeit. – Ein schwerer und folgenreicher Entschluß für ihr weiteres Leben. Denn nun mußte sie in Konflikt mit dem damaligen Staat kommen, der die Christen verfolgte. Doch gestärkt durch die heiligen Gnadenmittel ging sie den nun einmal festgelegten Weg ohne Zaudern und Zagen. Eugenius ließ kein Mittel unversucht, um doch noch zum Ziel zu gelangen. Mit Bitten und Drohungen wandte er sich an Viktorias Eltern; jedoch auch diese konnten ihm keinen anderen Bescheid über ihre Tochter geben als den, welchen sie ihm selbst gegeben hatte. Der Entschluß der Jungfrau war durch nichts zu erschüttern. Eugenius' Leidenschaft für sie verwandelte sich nun in Haß, und er rächte sich, wie es zu jenen traurigen Zeiten der Christenverfolgung recht oft geschah: durch eine Klage gegen Viktoria beim Stadtpräfekten wegen ihres Glaubens. Der Richter suchte sie nun vor allem dahin zu bringen, daß sie den Göttern opfere; doch wollte er nebenbei auch dem Eugenius zu seinem Ziel verhelfen und bemühte sich, sie zur Heirat zu bewegen. Doch weder das eine noch das andere gelang ihm, da Viktoria es ebensosehr verabscheute, den Götzen zu opfern, wie in eine eheliche Verbindung mit einem Heiden einzuwilligen. Nun ließ der Richter die heilige Jungfrau auf grausame Weise martern. Unter Gebet und Lobgesang ertrug Viktoria die Pein; schließlich brachte ihr ein Stoß mit dem Schwert die Krone des Martyriums. So geschehen im Jahre 250. Zugleich mit der Heiligen starb die Jungfrau Anatolia, ihre Freundin, als Blutzeugin für Christus. Der Ort Trebula Mutueska im Bistum Sabina, heute Monteleone, bewahrt das Andenken der beiden Heldinnen. Der Name Viktoria bedeutet Sieg!

TAGESHEILIGE: Servulus Bk – Hartmann B von Brixen, † 1164 – Dagobert Kö in Frankreich, † 678 – Eckenbert Pr, Gründer von Frankenthal, Hönningen und Lobenfeld, † 1132 – Migdon, Mardonius, Theodul, Saturnin, Eupor, Gelasius, Eunikian, Zelikus, Kleomen, Agathop, Basilides, Evarist M.

24. DEZEMBER *Franz vom Christkind*

Am Vorabend des hochheiligen Weihnachtsfestes, wenn überall die Christbäume geschmückt werden und Lichterglanz Weihnachtsgedanken in den Menschen erweckt, gedenken wir eines armen, vergessenen Heiligen: des Laienbruders Franz vom Christkind. Er hat jenes Wort vom Heiland befolgt, das innig an unser Herz rührt: „Wenn ihr nicht werdet wie die Kinder, so könnt ihr nicht ins Himmelreich eingehen." – Arm und unansehnlich verlief das Leben dieses Mannes. Seine Eltern waren arm, sie starben schon bald und ließen den Knaben einsam und verlassen in der rauhen Welt zurück. Seine Stiefmutter behandelte ihn sehr schlecht und Franz erhielt mehr Schläge als zu essen. In Alcala (Spanien) trat er in den Dienst des Spitalmeisters; dort mußte er viel Übles ausstehen. Franz war von Natur aus linkisch. So geschah es oft, daß er Geschirr fallen ließ. Dafür erntete er meist Schläge. Da man ihn seiner Ungeschicklichkeit wegen nicht gebrauchen konnte, übertrug man ihm die einfachsten und niedrigsten Arbeiten. Aber in diesem ungelenken und schüchternen jungen Menschen lebte eine reine und zur höchsten Liebe fähige Seele, die ihn zu dem machte, was er später wurde. Alles Ungemach ertrug er um Gottes willen. Er empfand eine so starke Liebe namentlich zum Christkind in der Krippe, daß er später den Ehrennamen Franz vom Christkind erhielt. Wenn er für das Spital Lebensmittel betteln mußte, trug er die erhaltenen Bissen erst an die Krippe, in der eine Figur des Christkindleins lag, und dankte diesem für die Gaben. Erst dann gab er sie dem Spitalmeister. Geläutert durch all das Ungemach, das er als Opfer erlebte und auf sich nahm, geheiligt durch seine tiefe und innige Frömmigkeit trat er später als Laienbruder bei den Karmeliten in Madrid ein – er blieb der einfache, unansehnliche, bescheidene und tieffromme Mensch, der er von Anbeginn war. Am 26. Dezember 1604 holte ihn das Christkind zu sich in den Himmel.

TAGESHEILIGE: Tharsilla J – Irmina (Hermine) Ae – Adela Ae zu Pfalzel bei Trier, † 728 – Stammeltern Adam und Eva – Amon B von Worms, † 874 – Gregor PrM – Luzian, Metrobius, Paul, Zenobius, Theotimus, Drusus, Enthymius M – Delphin B.

25. DEZEMBER *Anastasia*

Jeden Tag im Kanon der heiligen Messe und in den Gebeten der zweiten heiligen Messe am hochheiligen Weihnachtsfest wird der Name der heiligen Anastasia genannt. Diese große Ehre verdankt die Heilige ihrem an Opfern und Leiden reichen Leben, das durchglüht war von inniger Liebe zu ihrem Herrn und Meister Jesus Christus. Anastasia vermag gerade Frauen, die unter dem Ungemach einer unglücklichen Ehe schmachten, viel zu sagen. Die Heilige stammte aus einer vornehmen, reichen, römischen Familie. Gemäß dem Willen ihres Vaters trat sie mit einem vornehmen Römer in den Ehestand. Ihr Eheleben sollte der harte und ernste Prüfstein ihrer Läuterung und ihres guten Willens werden. Denn ihr Ehegatte war das gerade Gegenteil eines guten und treuen Hausvaters. Er führte ein zügelloses, lasterhaftes und verschwenderisches Leben. Das Schlimmste für die Gattin aber war, daß er einen bitteren Haß gegen den christlichen Glauben seiner Frau in sich nährte. Es verging kaum ein Tag, an dem Anastasia nicht den abscheulichsten Beschimpfungen ihres Glaubens und ihrer Lebensideale ausgesetzt war. Mit großer Geduld ertrug sie dieses Ungemach und suchte den Sinn ihres Daseins in Werken der christlichen Nächstenliebe und Barmherzigkeit. Arme und Kranke pflegte und versorgte sie mit dem Nötigsten. Dafür aber ließ sie der gottlose Gemahl einsperren und mißhandeln; er hoffte, daß sie bald sterben und ihm dann ihr ganzes Vermögen zufallen würde. Doch traf den Ruchlosen die Strafe Gottes. Nach seinem jähen Tode wurde Anastasia frei und zog von Rom fort nach Aquileja. Als im Jahre 304 Kaiser Diokletian eine grausame Christenverfolgung begann, wurde sie gefangengenommen und dem Feuertode überliefert. Ohne Furcht ging sie zum Sterben, denn sie wußte, daß nach kurzer Todesnot die ewige Seligkeit auf sie wartete für all das Unrecht, das ihr auf Erden zugefügt worden war. So steht diese heilige Frau und Dulderin vor uns, ein Beispiel der Geduld und Ausdauer und der nie ermüdenden Hilfsbereitschaft für andere. Sie wird gerne allen, denen eine ähnliche Schicksalslast auferlegt ist, von Gott die Gnade der Ausdauer und Geduld erflehen.

TAGESHEILIGE: Eugenia MJ – Nikodemus Bk – Adelsinde, sel., N, † 678 – Adelhard, sel., Mö in Hirsau, † 924 – Natalis.

26. DEZEMBER *Stephanus*

Am zweiten Weihnachtsfeiertag gedenkt unsere Kirche jenes Mannes, der als erster sein Leben für Christus hingab, des heiligen Stephanus. Ein wunderbares Bild enthüllt sich vor unserem Auge, wenn wir die Apostelgeschichte lesen: Stephanus, voll Gnade und Kraft, wirkte große Wunder und Zeichen unter dem Volke. Da erhoben sich einige von der sogenannten Synagoge der Libertiner, der Cyrenäer, der Alexandriner und aus Zilizien und Asien und stritten mit Stephanus. Aber sie vermochten nicht standzuhalten der Weisheit und dem Geist, die aus ihm sprachen. Da stifteten sie Männer an, die aussagen mußten: „Wir haben ihn Lästerworte gegen Moses und gegen Gott führen hören." So wiegelten sie das Volk, die Ältesten und die Schriftgelehrten auf. Dann überfielen sie ihn und schleppten ihn gewaltsam vor den Hohen Rat (Apostelgeschichte 6). Da hielt nun Stephanus eine wundervolle Rede, worin er den Glauben an Christus, als den verheißenen Messias, bezeugte und verteidigte. Er wies an Hand der Geschichte des israelitischen Volkes nach, daß Jesus von Nazareth der von den Propheten verheißene Messias sei. Zum Schluß seiner ganzen Rede rief er aus: „Ich sehe den Himmel offen und den Menschensohn zur Rechten Gottes stehen." Da schrien alle laut auf, stürmten auf ihn ein, stießen ihn zur Stadt hinaus und steinigten ihn als Gotteslästerer. Die Kleider legten die Peiniger zu Füßen eines Jünglings namens Saulus nieder. Dies war das erste Mal, daß der spätere Völkerapostel Paulus mit dem christlichen Glauben in Berührung kam. Unter der Pein der Steinigung rief Stephanus laut: „Herr Jesus, nimm meinen Geist auf!" Als er schon im Sterben lag, betete er noch für seine Peiniger: „Herr, rechne ihnen diese Sünde nicht an!" Dann entschlief er. So berichtet die Apostelgeschichte in dramatischer Knappheit über das heldenhafte Sterben des ersten Martyrers. Bewundernd und ergriffen gedenken wir dieses mutigen Mannes – erkennend: Unser Glaube fordert von uns das freimütige Bekenntnis und er ist es wert, daß wir Zeugnis für ihn ablegen. Der heilige Stephanus möge uns in allen Gefahren Kraft und Treue erbitten!

TAGESHEILIGE: Dionysius P, † 218 – Zosimus P, † 468 – Zeno B – Theodor Bk – Richlinde (Richhildis), sel., Ae zu Odilienberg, † 1150 – Marin M – Archelaus B.

27. DEZEMBER

Johannes

Alsbald nach dem Weihnachtsfest begehen wir das Fest des Lieblingsjüngers Johannes. Er war der jüngere Sohn des Zebedäus. Sein Bruder, der wie er ein Fischer war, ist der Apostel Jakobus der Ältere. Das Sehnen nach Gotteserkenntnis und Erlösung hatte ihn schon zum Täufer an den Jordan geführt. Dann aber folgte er als einer der ersten dem Messias mit Freude und Aufopferung nach. Nie wankend in seiner Treue und in seiner Liebe hing Johannes dem Herrn an. Da alle Apostel ihn verlassen hatten, hielt Johannes bei ihm aus; er stand neben der Gottesmutter unter dem Kreuze. Hier vertraute der sterbende Heiland seinem Lieblingsjünger die Mutter an, als er sprach: „Weib, siehe da, deinen Sohn! Sohn, siehe da, deine Mutter!" Und so nahm Johannes die Gottesmutter zu sich. Mit eigenen Augen sah er den Tod Jesu, und so konnte er mit Recht am Schluß seines Evangeliums die Worte niederschreiben: „Das ist der Jünger, der dies bezeugt und dies geschrieben hat; und wir wissen, daß sein Zeugnis wahr ist." Für die Wahrheit seines Glaubens war Johannes auch bereit, sein Leben hinzugeben. Unter der Verfolgung des Kaisers Domitian sollte er den Martertod sterben. Vor der Lateinischen Pforte in Rom warf man ihn in einen Kessel siedenden Öles (im Jahr 95). Aber Johannes blieb unversehrt. Dieses Wunder ergriff selbst die Heiden, und sie verbannten Johannes auf die einsame Insel Patmos. Dort, in der Stille und dem Menschengewimmel entrückt, empfing Johannes die wunderbaren Gesichte, die er in der Geheimen Offenbarung über die Geschicke des Gottesreiches auf Erden und Christi Sieg niederschrieb. Wieder zurückgerufen und frei, lebte er zuletzt in Ephesus. Als der Irrlehrer Cerinth auftrat und die Gottheit Christi leugnete, schrieb Johannes sein Evangelium. Adlergleich erhoben sich seine Gedanken über alle Wolken und Übel des Erdenlebens – es liegt ein tiefer Sinn darin, daß Johannes meist mit einem Adler abgebildet wird. Auch drei Briefe hat Johannes geschrieben. In seinen letzten Jahren war er Bischof in Ephesus. Es wird berichtet, daß er, als er nicht mehr selbst das heilige Opfer darbringen konnte, sich wenigstens zu seiner Gemeinde tragen ließ, um ihr zu predigen. Aber er sagte nichts als den einen Satz: „Kindlein, liebet einander!" Seine Schüler und Zuhörer fragten ihn deshalb: „Vater, warum sagst du denn gar nichts anderes zu uns?" Johannes aber erwiderte: „Weil dies der Auftrag Jesu ist. Wenn ihr ihn erfüllt, dann erfüllt ihr auch die Gebote und tut, was Jesus wollte und lehrte."

An seinem Festtag wird in der Kirche der sogenannte Johanniswein den Gläubigen gereicht. Es ist ein Symbol, und die Worte des Priesters: „Trinkt die Liebe des heiligen Johannes" sollen uns an des großen Jüngers letztes Wort erinnern: „Kindlein, liebet einander!"

TAGESHEILIGE: Hesso (Esso) A in Beinwill, Basel, † 1133 – Walto (Balto), sel., A von Wessobrunn, † 1156 – Alruna E zu Niederaltaich, † 1040 – Fabiola W – Christina Ebner von Nürnberg, sel., Ae zu Engelthal, † 1356 – Maximus B – Theodor, Theophan Bk – Nikeras J – Begga KöAe.

28. DEZEMBER

Eberhard

Ungefähr drei Viertelstunden von Freising entfernt liegt der Ort Tüntenhausen, in alten Urkunden auch Dunkelhausen benannt. Dort lebte vor vielen Jahrhunderten, die Überlieferung spricht vom neunten Jahrhundert, ein gottseliger Mann, der noch heute vom christlichen Volk als ein wundertätiger Heiliger und Viehpatron verehrt wird. Es war dies Eberhard, ein frommer Hirte. Aus seinem Leben ist fast nichts bekannt. Aber aus der Verehrung, die ihm im Laufe der Jahrhunderte zuteil wurde, geht hervor, daß sein einfaches und bescheidenes Leben vorbildlich und ein Ansporn für viele war. Ein Hirte hat immer viel Zeit zum Nachdenken, ist er doch allein mit den ihm anvertrauten Tieren. Wird er nicht immer von neuem dessen gedenken, der sich selbst einen Hirten, den Guten Hirten nannte? Eberhard wird wie St. Wendelin seine Zeit zu eifrigem Gebet verwendet haben. Als er eines seligen Todes starb, wurde er in einem einfachen Grab beigesetzt, das aber bald eine vielbesuchte Wallfahrtsstätte wurde. Von nah und fern kamen die Leute, namentlich die Landbevölkerung, mit ihren Anliegen und flehten zu Eberhard wie zu einem Heiligen. Man nahm Erde von seinem Grab und gab sie den Tieren, wenn sie krank waren. Jedenfalls verdankte man ihm manche Erhörung und augenscheinliche Hilfe; denn die Verehrung erlahmte nicht. Als man später eine herrliche Kirche in Tüntenhausen erbaute, erhob man den Leichnam und setzte ihn die der Kirche bei (1728). Durch bischöflichen Prozeß (1729 bis 1734) wurde seine Verehrung als uralt festgestellt. 1728 und zuletzt 1938 wurden seine Gebeine in einem kunstvollen Schrein geborgen und unter einem ihm geweihten Altare beigesetzt. Uns ist der Heilige ein Vorbild der Demut und der Herzenseinfalt. Heißt es doch schon in der Heiligen Schrift: „Den Demütigen gibt Gott seine Gnade." Möge uns der heilige Eberhard ein gutes christliches Leben und ein seliges Ende erflehen!

TAGESHEILIGE: Unschuldige Kinder – Kastor, Agape, Theophila M – Antonius Mö zu Lérin, E im Veltlin, † 500 – Julius Kn M – Kaspar von Bufalo, Pr – Theodor H von Bayern, † 717 – Entychius PrM – Domitian, Viktor, Rogatian, Indes, Domna, Troadius, Casdrius M – Domnio Pr.

29. DEZEMBER

Thomas Becket

Mein Reich ist nicht von dieser Welt", sagte Christus, denn er war Mensch geworden, um die Menschen zu erlösen, sie in sein ewiges „Reich" zu holen. Aber eben darum stiftete er in dieser Welt als „Heilsmacht" die Kirche, und sie muß hier seinen Auftrag erfüllen: die Lehre Christi verkünden, die ihr anvertrauten Sakramente spenden, die Gottesordnung wahren oder wiederherstellen. Kein Wunder, daß fast seit ihrem ersten Tag die Auseinandersetzung zwischen den jeweiligen politischen Machthabern und ihr nicht verstummten, denn groß ist immer die Versuchung zum Mißbrauch der Macht („totaler Staat") und schwieriger als in vielen anderen Bereichen ist hier die genaue Trennung von Gut und Böse.

Heute gedenkt die Kirche eines heiligen Mannes, der zu hohen politischen Rang aufgestiegen war und doch nicht nur auf ihn verzichtete, sondern als Opfer der Wahrheit und des Rechtes starb: Thomas Becket. König Heinrich II. von England hatte ihn zu seinem Kanzler gemacht, er wurde Erzbischof von Canterbury und Primas (erster Bischof des Landes) — der nächste Vertraute des Herrschers. Aber als dieser die Macht des Staates absolut setzen und eine „Nationalkirche" (mit sich selbst als ihrem Herrn) bilden wollte, da widerstand ihm Thomas Becket, widerrief seine Nachgiebigkeit von früher und wandelte sich selber aus einem gewaltigen Fürsten der Kirche und der Welt in strenger geistlicher Selbstzucht zu einem Menschen voll reiner Glaubensinnigkeit und sittlicher Größe Der König, dem dies Verhalten des Erzbischofs ein Dorn im Auge war, suchte ihn zu verderben. Offen wagte er nicht Hand an ihn zu legen. So beeinflußte er ihm ergebene Adelige, seine gekränkte Ehre zu rächen. Vier Ritter, in der Hoffnung auf großen Lohn von Seiten des Königs, drangen während eines feierlichen Gottesdienstes in die Kathedrale ein und ermordeten den Erzbischof auf den Stufen des Altares (am 29. Dezember 1170). Später bereute der König diesen Mord und tat öffentliche Buße. Vor uns aber steht Thomas da als ein Mann unerschütterlicher Treue zu Gott und Kirche. Von ihm gilt das Wort der Apostel: „Man muß Gott mehr gehorchen als den Menschen."

TAGESHEILIGE: Winthir E in München-Neuhausen, † 780 – Viktor, Kreszenz M – Ebrulph A – Hildewart B – Reginbert A, Gründer von St. Blasien, † 963 – Trophimus, Kallist, Felix, Bonifatius, Dominikus, Primian, Lybosus, Saturnin, Kreszentius, Sekundus, Honorat M – Marzell A.

Gunther

Im Jahre 940, als König Otto der Große mit mächtiger Hand die deutschen Stämme einte und als Schutzherr der Kirche überall darauf sah, daß wirklich gute Hirten zu Bischöfen geweiht würden, war das Bistum Regensburg durch den Tod seines Bischofs Konrad verwaist. Über die wundersame Auserwählung des neuen Bischofs berichtet die Legende: Der König, der gerade zu Regensburg weilte, machte sich Sorgen, den rechten Hirten für die große Diözese zu finden. Müde von seiner Arbeit schlief er ein und hatte einen Traum. Er sah sich selbst zum Kloster St. Emmeram gehen und erblickte einen Mönch, der die Türe aufmachte. Eine Stimme aber sagte zu ihm, daß dieser der neue Bischof werden solle, denn er sei fromm und gut und auch durch Klugheit für dieses Amt geeignet. Als der König erwachte, begab er sich mit seinem Gefolge nach St. Emmeram. Gunther öffnete ihm. Otto sah ihn lange an und erkannte in ihm den Mann, den er im Traum gesehen hatte. Er fragte Gunther, was er ihm dafür geben wolle, wenn er ihn zum Bischof von Regensburg mache. Gunther, der vermeinte, daß dies ein Scherz sei, zog den Schuh vom Fuße, reichte ihn dem König und sagte lächelnd: „Nicht mehr als diesen Schuh." Dem König gefiel die Antwort, denn sie bezeugte, daß dieser Mönch weder stolz noch ehrsüchtig war. Er versammelte die Geistlichkeit der Stadt und erzählte den wundersamen Traum. Gunther wurde nun wirklich zum Bischof geweiht. Voll heiligem Eifer trat er sein verantwortungsvolles Amt an. Leider war es ihm nicht vergönnt, das Bistum lange zu verwalten. Nach sechs Monaten schon erkrankte er schwer und hauchte unter den Gebeten des Volkes und der Geistlichkeit seine Seele aus. Trotz seiner kurzen Regierungszeit blieb das Andenken an diesen heiligmäßigen Bischof durch alle Jahrhunderte erhalten: Gunther hatte sich durch Weisheit, selbstloses Sorgen um andere und christliche Menschenfreundlichkeit die Verehrung aller erworben. Nach dem Tode Gunthers folgte Bischof Michael und ihm der große heilige Wolfgang (972 bis 994), Freund des heiligen Ulrich und Erzieher des heiligen Kaisers Heinrich II. und dessen seliger Schwester Gisela, die die Gemahlin Stephans des Heiligen und die Mutter des heiligen Königssohnes Emerich wurde. Welch ein Jahrhundert, in dem Heilige einander die Händ reichten!

Vorbild und Beispiel aber bleibt Gunther für alle Zeiten durch seine Demut und Bescheidenheit und seinen tieffrommen Sinn.

TAGESHEILIGE: Donat M – Eugen, Liberius, Rainer, Egwin B – Radulf A –Landberga (Ludbirga) E – Gertrud Ae in Trebnitz, † 1269 – Alfred E – Sabin BM – Exsuperantius, Marzell, Venustian, Mansuet, Severus, Appian, Honorius, Anysia M – Anysius B – Lothar – Walimbert E – Matthia Ae.

31. DEZEMBER *Silvester*

Am Anfang des bürgerlichen Jahres steht ein heiliger Mönch, imponierend durch seine Tatkraft, begeisternd durch seine Liebe zum Heiland und zu den Nebenmenschen. Am Ende des Jahres steht die herrliche Gestalt eines Papstes, des heiligen Silvester. Mit seinem Namen unzertrennlich vereint ist der endgültige Sieg des Christentums über das alte Heidentum. Unter ihm zerbrach die Macht des Götterglaubens und neues geistiges und geistliches Leben, das Christentum, sproßte hervor aus den Trümmern einer alt gewordenen Welt. – Silvester stammte aus einer angesehenen römischen Familie. Heiligmäßige Eltern behüteten seine Jugend sorgfältig. Dem inneren Herzensdrang folgend, bereitete sich Silvester auf den Priesterstand vor. Unter sehr traurigen Umständen mußte er seinen hohen Beruf antreten: es war die Zeit der Christenverfolgung unter Diokletian. Silvester aber entging seinen Händen und erlebte den Sieg der Lehre Christi und seiner Kirche unter Kaiser Konstantin dem Großen. Im Jahre 314 wurde er auf den päpstlichen Stuhl erhoben. Damit war ihm eine große Last auferlegt. Denn der plötzliche Umschwung im Leben der Kirche gab vieles zu ändern und noch mehr neu zu gestalten. Dazu kam noch, daß Silvester den heftigsten Kampf gegen die Irrlehre des Arius ausfechten mußte, der durch die Leugnung der Gottheit Christi die Grundlagen des Christentums zu zertrümmern drohte. Der Sieg aber war auf der Seite des Papstes. Das Konzil von Nizäa im Jahre 325 brachte die Entscheidung. Silvester konnte wegen Krankheit nicht teilnehmen. Er erlebte noch, daß Kaiser Konstantin, der der Kirche die Freiheit gegeben, sich taufen ließ. 21 Jahre lang lenkte Silvester das Schiff der Kirche; am 31. Dezember 355 starb er eines seligen Todes.

Sein Beispiel möge uns am Ende des Jahres mahnen, mit frischem Mut ins neue Jahr zu gehen, treu dem Heiland und seiner Kirche! Denn der Herr hat ihr verkündet: „Die Pforten der Hölle werden sie nicht überwältigen!“

TAGESHEILIGE: Melania Bk – Flodebert A – Gunther B von Regensburg – Liebhard A von Mauersmünster, † 618 – Notburga N in Köln, † 714 – Beringer sel., A in Formbach, † 1108 – Walembert A in Wulpen (Belgien), † 1141 – Margareta Gr von Sponheim N, † 1190 – Ida von Leeuwen, N in Brabant, † 1260 – Dorothea von Montau, E in Marienwerder, † 1394 – Donata, Paulina, Rustika, Nominanda, Serotina, Hilaria, Stephan, Pontian, Attalus, Fabian, Kornelius, Sextus, Flos, Quinktian, Minervin, Simplizian M – Sabinian, Potentian BM – Kolumba JM – Zotikus Pr – Barbatian E – Hermes Bk.

ALPHABETISCHES VERZEICHNIS

A =Abt; Ae = Aebtissin; Ap = Apostel; B = Bischof; Bk = Bekenner; Di = Diakon; E = Einsiedler; F = Fürst; Gr = Graf, Gräfin; H = Herzog, Herzogin; Hptm = Hauptmann; J = Jungfrau; K = Kaiser, Kaiserin; Kard = Kardinal; Kl = Kirchenlehrer; Kn = Knabe; Kö = König, Königin; Laienbr = Laienbruder; M = Martyrer, Martyrerin; Mö = Mönch; N = Nonne; OSt = Ordensstifter; P = Papst; Pr = Priester; R = Ritter; W = Witwe.

* bedeutet, daß es sich um den Tagesheiligen handelt, wovon Text gebracht wurde.

A

Agathonika JM 10. 8.
Agathonika M 13. 4.
Agathonikus M 22. 8.
Agathop M 25. 4., 25. 12.
Agerikus B 1. 12.
Aggäus M 4. 1.
Agil Pr 30. 8.
Agilbert B 11. 10.
Agilberta Ae 11. 8.
Agilolf 31. 3.
Agilolf BM 9. 7.
Aglibert M 24. 6.
Agnellus A 14. 12.
Agnellus B 5. 2.
*Agnes JM 21. 1.
Agnes Kö 14. 12.
Agnes v. Böhmen Ae 2. 3., 6. 3.
Agnes v. Montepulciano J 20. 4.
Agnes Prinz 11. 11., 16. 11.
*Agnes v. Wittelsbach Prinz 2. 3.
Agoard M 24. 6.
Agrikola B 17. 3.
Agrikola M 4. 11., 3. 12., 16. 12.
Agrikolus B 2. 9.
Agrippin B 9. 11.
Agrippina JM 23. 6.
Agritius B 13. 1.
Aidan B 31. 1., 31. 8.
Aigulf AM 3. 9.
Ailrad A 12. 1.
Akathius M 8. 5.
Akatius B 9. 4.
Akatius M 28. 4., 28. 7.
Akazius M 27. 11.
Akindyn M 2. 11.
Akkursius M 16. 1.
Akutius M 19. 9.
Akyndin M 20. 4.
Akzyllin M 17. 7.
Alan 14. 10.
Alban PrM 21. 6.
Alban (Albin) M 22. 6.
Alberich A 1. 7.
Alberich B 14. 11.
Albert B 8. 4.
Albert (Adalbert) BM 21. 11.
*Albert d. Große BKl 15. 11.
Albert (Adalbert) v. Oberaltaich Mö 26. 11.
Albert v. Ogna Bk 7. 5.
Albert v. Siena E 7. 1.
Albert v. Sizilien Bk 7. 8.
Albert v. Wörleschwang Hirte 23. 1., 28. 5.
Albertin Bk 31. 8.
Albin B 5. 2., 1. 3., 15. 9.
Albin (Alban) M 22. 6.
Albina JM 16. 12.
Albuin B 26. 10.
Albuin (Alwin) E 30. 10.
Alchwin (Alkuin) A 19. 5.
Aldelm B 25. 5.
Alderich Bk 6. 2.
Alexander B 4. 6., 28. 8.
Alexander BM 11. 1., 18. 3., 6. 6., 11. 8., 21. 9., 22. 10.
Alexander Bk 15. 1.
Alexander M 30. 1., 9. 2., 18. 2., 27. 2., 17. 3., 24. 3., 27. 3., 28. 3., 24. 4., 3. 5., 20. 5., 29. 5., 2. 6., 6. 6., 9. 7., 10. 7., 21. 7., 1. 8., 26. 8., 9. 9., 28. 9., 17. 10., 9. 11., 24. 11., 12. 12.
Alexander I. PM 3. 5.
*Alexander Sauli B 11. 10.
Alexandra JM 18. 5.
Alexandra M 20. 3.
Alexandrina E 3. 3.
Alexius Bk 17. 7.
Alfons v. St. Joseph Mö 3. 3.
*Alfons v. Liguori BKl 2. 8.
Alfons Rodriquez Bk 30. 10.
Alfred Bk 14. 3.
*Alfred (Altfried) B 14. 8. (15. 8.)
Alfred E 30. 12.
Alfred Kö 28. 10.
*Alfred Delp PrM 9. 9.
Alfreda E 2. 8.
Alipius B 15. 8.
Alkuin (Alchwin) A 19. 5.
Allovin (Bavo) GrMö 1. 10.
Alma J 17. 6.
Almachius M 1. 1.
Almarich B 1. 3.
Almerida M 23. 5.
Alnot E 27. 2.
Alodia JM 22. 10.
*Alois Grozde M 8. 1.
*Aloisius Bk 21. 6.
Alphäus M 10. 5., 17. 11.
Alphius M 28. 9.
Alpinian M 30. 6.
Alrachin B 5. 1.
Alruna E 27. 12.
Altfried (Alfred) B 14. 8., 15. 8.
Altmann B 8. 8.
*Alto A 11. 2. (9. 2.)
Alvera (Elvira) M 25. 8.
Alwin (Albuin) E 30. 10.
Amadeus B 28. 1., 27. 9.
Amadeus H 30. 3.
Amadeus Mö 10. 8., 30. 8.
Amalia H 10. 7.
Amand B 6. 2., 26. 10.
Amanda J 6. 2.
*Amandus B 6. 2.
Amandus B 18. 6.
Amandus E 2. 10.
Amantius B 19. 3., 8. 4., 4. 11.
Amantius M 10. 2., 6. 6., 10. 6.
Amantius Pr 26. 9.
Amaranth M 7. 11.
Amata Ae 5. 1.
Amata N 20. 2.
Amator B 1. 5., 26. 11.
Amator M 30. 4.
Amatus 31. 8.
Amatus A 13. 9.
Amatus B 13. 9.
*Amatus E 14. 9.
Ambikus M 3. 12.
Ambrosius A 2. 11.
Ambrosius B 16. 10.
*Ambrosius BKl 7. 12.
Ambrosius M 16. 8.
Ambrosius Mö 20. 3.
Amelberga N 10. 7.
*Amelberga WN 10. 7.
Amelius M 12. 10.
Ameltrud J 30. 8.
Amicus M 12. 10.
Ammia M 31. 8.
Ammon E 4. 10.
Ammon M 9. 2., 12. 2., 14. 2., 1. 9., 8. 9., 20. 12.
Ammonaria M 12. 12
Ammonius M 26. 3., 26. 11.
Ammonius Sold M 18. 1.
Amon B 24. 12.
Amor A 17. 8.
Amor E 8. 10.
Ampelus M 20. 11.
Amphibal PrM 25. 6.
Amphilochius B 23. 11.
Ampliat M 31. 10.
Amulwin A 7. 2.
Anacharius B 25. 9.
Anaklet PM 13. 7.
Ananias 25. 1.
Ananias M 1. 12.
Anastasia Ae 20. 7.
Anastasia JM 28. 10.
Anastasia M 15. 4.
*Anastasia WM 25. 12
Anastasius B 20. 5., 30. 5., 17. 8.
Anastasius BM 21. 12.
Anastasius Bk 11. 1.
Anastasius M 22. 1., 11. 5., 14. 6., 21. 8., 7. 9., 5. 12., 19. 12.,
Anastasius P 27. 4.
Anastasius PrM 11. 10.
Anastasius d. Sinaite 21. 4.
Anathalon B 25. 9.
Anatol B 3. 7.
Anatol M 20. 3., 20. 11.
Anatolia M 9. 7.
Ancilla 25. 3.
Andeol M 1. 5.
Andochius PrM 24. 9.
*Andreas Ap 30. 11.
Andreas B 26. 2.
Andreas M 19. 8., 23. 9., 28. 11.
Andreas PrM 9. 7., 29. 8.
Andreas Avellinus Bk 10. 11.
Andreas Bobola M 21. 2., 23. 5.
Andreas Corsini B 30. 1., 4. 2.
Andreas v. Kreta M 17. 10.
*Andreas v. Lechhausen Kn 18. 9. (16. 9.)
Andreas v. Rinn KnM 12. 7.
Andreas Zoerardus E 16. 7.
Andronikus M 9. 10., 11. 10.

B

C

*Eberhard Hirte 28. 12. (28. 9.)
Eberhard v. Breisach Bk 12. 8.
Eberhard v. Wolfegg A 17. 4.
Eberhild 9. 7.
Ebizo Mö 21. 10.
Ebrulph A 29. 12.
Eckenbert Pr 23. 12.
*Eckhard A 15. 9.
Edbert (Eadbert) B 6. 5.
Edburg WN 15. 6.
*Edeltraud (Edeltrud) Kö 23. 6.
Edeltrud (Edeltraud) Kö 23. 6.
Edelwald Mö 23. 3.
Edgar Kö 8. 7.
*Edigna EJ 26. 2. (22. 2.)
Edilbert Kö 24. 2.
Edilburg Ae 7. 7.
Edistius M 12. 10.
Edith J 16. 9.
Edmar B 6. 5.
Edmund B 16. 11.
Edmund Kö 20. 11.
Edmund KöM 20. 10.
Edmund PrM 1. 12.
Edmund Kampian M 28. 11.
*Eduard Kö 8. 11., (13. 10.)
Eduard KöM 18. 3.
Edwald 28. 11.
Edward 5. 1.
Edwin KöM 4. 10., 12. 10.
Eelko A 22. 3.
Egbert A 26. 8.
Egbert Pr 24. 4.
Egdun M 12. 3.
Egebert MöE 7. 4.
Egil (Ägil) A 31. 3.
Egil Mö 28. 6.
Egilfried A 9. 1.
Eginberta (Einbetha) J 16. 9.
Eginhard 18. 5.
Eginhard (Egino, Egon) A 15. 7.
Egino (Eginhard, Egon) A 15. 7.
Egmond 26. 9.
Egon (Egino, Eginhard) A 15. 7.
Egwin B 30. 12.
Egwin Bk 11. 1.
Ehrengard 13. 5.
*Ehrentraud Ae 13. 5. (4. 9.)
Ehrentraud (Ehrentrud) N 30. 6.
Ehrentrud (Ehrentraud) N 30. 6.
Eigil A 15. 6., 6. 8.
Einbetha (Eginberta) J 16. 9.
Einhard 22. 7.
Einhild Ae 16. 7.
Einhildis Ae 28. 3.
Eisentrud JM 24. 1.
Eislin A 1. 6.
Ekkehard A 28. 6.
Eleazar Bk 27. 9.
Eleazar M 23. 8.
Eleonora K 21.2.
Elesbaan Kö 27. 10.
Eleuchad Bk 14. 2.
Eleusippus M 17. 1.
Eleuther B 20. 2., 18. 4., 16. 8.
Eleuther BM 20. 2.
Eleuther Bk 29. 5.
Eleuther M 4. 8., 8. 8., 2. 10.
Eleutherius A 6. 9.
Eleutherius M 9. 10.
Eleutherius PM 26. 5.
Elfleda N 8. 2.
Elias A 20. 6.
Elias B 4. 7.
Elias BM 19. 9.
Elias M 16. 2., 17. 4.
Eligius Bk 1. 12.
Eliphius M 16. 10.
Elisabeth Kö 8. 7.
Elisabeth N 6. 5.
*Elisabeth Landgr. 19. 11.
Elisabeth Mutter des hl. Joh. d. T. 5. 11.
*Elisabeth v. Reutte N 14. 11.
Elisabeth v. Schönau Ae 18. 6.
Ellengar (Ellinger) A 12. 5., 13. 5.
Ellinger (Ellengar) A 12. 5., 13. 5.
*Elmar B 23. 8. (25. 8., 28. 8.)
Elmo Mö 10. 6.
Elphegus PrM 19. 4.
Elpid A 2. 9.
Elpid Bk 1. 9.
Elpid M 4. 3.
Elpidephor M 2. 11.
Elpidius M 16. 11.
Elvira Ae 16. 7.
Elvira (Alvera) M 25. 8.
Emanuel M 10. 7.
Ematha M 13. 11.
Emerentiana JM 23. 1.
Emerich Prinz 3. 9., 4. 11.
Emerita JM 22. 9.
Emerita M 4. 12.
Emil 18. 6.
Emil (Ämilian) A 12. 11.
Emilas M 15. 9.
Emilie Schneider N 21. 3., 24. 3.
Emilius E 19. 5.
Emma Ae 31. 1.
Emma Gr 19. 6.
*Emma Kö 19. 4.
Emma v. Peilstein WN 29. 6.
Emmanuel M 26. 3.
Emmanuel MöM 15. 2.
Emmanuel PrM 17. 9.
Emmelia Bk 30. 5.
*Emmeram BM 22. 9. (25. 9.)
Emmodius M 17. 7.
Emydius BM 5. 8.
Endburga Ae 12. 12.
Eneko A 1. 6.
Enfleda W 24. 11.
Engelbert BM 7. 11.
Engelbert Kolland PrM 10. 7.
Engelhard Mö 12. 3.
*Engelmar E 23. 5.
Engelmar EM 14. 1.
Engelmund A 21. 6.
Engelram Mö 9. 9.
Enkratis JM 16. 4.
Epagath M 2. 6.
Epaphras M 19. 7.
Epaphrodit B 22. 3.
Eparch A 1. 7.
Ephebus M 14. 2.
Ephisius M 15. 1.
Ephräm Bk 1. 2.
Ephräm M 4. 3.
Ephräm d. Syrer EKl 18. 6.
Epian 11. 2.
Epicharides M 27. 9.
Epigmen M 24. 3.
Epiktet M 9. 1., 22. 8.
Epimach M 10. 5., 12. 12.
Epiphana M 12. 7.
Epiphanius B 21. 1., 12. 5.
Epiphanius Bk 7. 4.
Epipodius M 22. 4.
Epistemis M 5. 11.
Epitazius BM 23. 5.
Eppo A 27. 6.
Eppo PrM 7. 6.
Equitius A 11. 8.
Erasma JM 3. 9.
Erasmus BM 2. 6.
Erasmus M 25. 11.
Erastus M 26. 7.
Erban BM 5. 6.
Erembert (Irmbert) B 14. 5.
Erenfried Gr 21. 5.
*Erhard B 9. 1. (8. 1.)
Erich Kö 18. 5.
Erika 18. 5.
Erkonvald 30. 4.
Erlafried Mö 6. 11.
Erluin (Erlwin) A 10. 8.
Erlwin (Erluin) A 10. 8.
Ermelinde (Irmenlinde) JM 29. 10.
Ermenburg Ae 19. 11
Ermenhild AeKö 13. 2.
Ermine (Hermine) JM 28. 2.
Erminold A 6. 1., 25. 1.
Erminus (Erwin) B 25. 4.
Ernst 12. 1., 13. 3.
Ernst A 7. 11.
Ernst AM 13. 7.
Ernst (Arnest) B 30. 6.
Erotheides M 27. 10.
Erotis M 6. 10.
Erpho B 8. 11., 9. 11.
Erwin Kö 29. 5.
Erwin (Erminus) B 25. 4.
Eskil B 12. 6.
Esso (Hesso) A 27. 12.
Esther Kö 24. 5.
Ethbin A 19. 10.
Ethelburg Ae 11. 10.
*Ethelwold B 1. 8.

F

G

H

L

M

N

O

P

Pomposa JM 19. 9.
Pontian M 19. 1., 25. 8., 2. 12., 31. 12.
Pontian PM 19. 11.
Pontikus M 2. 6.
Pontius M 8. 3., 14. 5.
Poppo A 25. 1.
Porphyr M 4. 5.
Porphyrius BM 26. 2.
Porphyrius M 20. 8., 15. 9., 4. 11.
Portian A 24. 11.
Possidius B 16. 5.
Potamia M 5. 12.
Potamiöna M 28. 6.
Potamion BM 18. 5.
Potentian BM 31. 12
Pothamius M 20. 2.
Potitus M 13. 1.
Präpedigna M 18. 2.
Pragmatius B 22. 11.
Prasidius M 6. 9.
Praxedis J 21. 7.
Priamus M 28. 5.
Primian M 29. 12.
Primitiva JM 23. 7.
Primitiva M 24. 2.
Primitivus M 16. 4., 10. 6., 18. 7., 27. 11., 9. 12.
Primus M 3. 1., 9. 2., 9. 6., 2. 10.
Prinzipius B 25. 9.
Priska JM 18. 1.
Priskus Bk 1. 9.
Priskus M 4. 1., 28. 3., 26. 5., 1. 9., 20. 9., 1. 10.
Priszian M 12. 10., 14. 10.
Priszilla 13. 2.
Priszilla M 16. 1., 8. 7.
Priszillian M 4. 1.
Privatus BM 21. 8.
Privatus M 20. 9., 28. 9.
Probus B 12. 1., 15. 3., 10. 11.
Probus M 11. 10., 13. 11.
Probus Pr 26. 5.
Projektus B 25. 1.
Projektus M 24. 1.
Prokar AM 12. 8.
Proklus B 24. 10.
Proklus M 12. 7.
Prokop Bk 27. 2.
Prokop E 4. 7.
Prokop M 8. 7.
Prokul B 9. 12.
Prokul BM 14. 4., 1. 12.
Prokul M 14. 2., 1. 6., 19. 9., 4. 11.
Prophorus M 9. 4.
Prosdokim B 7. 11.
Prosper B 25. 6., 29. 7.
Protasius B 24. 11.
Protasius M 19. 6., 4. 8.
Protogen B 6. 5.
Protolikus M 14. 2.
Protus M 31. 5., 11. 9., 25. 10.
Prozessus M 2. 7.
Prudentius B 28. 4.
Ptolemäus BM 24. 8.
Ptolemäus M 19. 10., 20. 12.
Publius BM 21. 1., 12. 11.
Publius M 19. 2., 16. 4., 2. 11.
Pudeus M 19. 5.
Pudentiana JM 19. 5.
Pulcheria JK 10. 9.
Puplia Ae 9. 10.
Pupulus M 28. 2.
Pusinna J 23. 4.

Qu

Quadragesimus Bk 26. 10.
Quadratus B 21. 8.
Quadratus M 7. 5., 26. 5.
Quartilla M 19. 3.
Quartus M 10. 5., 3. 11., 18. 12.
Quenburg J 12. 9.
Queran A 9. 9.
Querikus (Wericho) A 19. 8.
Quinidius B 15. 2.
Quinktian B 14. 6., 13. 11.
Quinktian M 1. 4., 23. 5., 31. 12.
Quinktilian M 13. 4., 16. 4.
Quinktilis BM 8. 3.
Quinktilla M 19. 3.
Quinktin M 31. 10.
Quinktius M 5. 9.
Quinktus M 4. 1., 19. 3., 10. 5., 29. 10., 18. 12.
Quinteria JM 22. 5.
Quiriak B 20. 9.
Quiriak M 12. 8., 23. 8.
Quiriakus Pr 6. 3.
Quirikus M 16. 6.
Quirin M 25. 3., 30. 3., 4. 6.
Quirin PrM 11. 10.
*Quirinus BM 4. 6.
Quodvultdeus B 26. 10.

R

Rachildis JE 2. 5.
Radegund Kö 13. 8.
*Radegunde Kö 3. 8.
*Radegundis Diestmagd 22. 8. (13. 8.)
Radfried M 3. 12.
Radulf A 30. 12.
Radulph B 22. 4.
Ragenfridis Ae 8. 10.
Ragengard (Raingard) N 24. 6.
Ragenufla JE 14. 7.
Ragner B 5. 12.
Raimund v. Kapua Mö 5. 10.
*Raimund v. Pennaforte Bk 23. 1.
Rainald 15. 12.
Rainald (Reginbald) E 9. 2.
Rainer 5. 11.
Rainer B 30. 12.
Rainer BM 4. 8.
Rainer Bk 17. 6.
Rainer E 11. 4.
Rainer M 23. 7.
Raingard (Ragengard) N 24. 6.
Rambert M 13. 6.
Rambold Mö 21. 2.
*Ramwold A 17. 6.
Ranulf M 27. 5.
*Raphael Erzengel 24. 10.
*Rasso Gr 19. 5. (17. 6.)
Ratfried 6. 12.
Rathard (Ruthard) 25. 10.
Rathard Gr 8. 8.
Rathard Pr 22. 5.
Rathold E 2. 11.
Raymund E 4. 7.
Raymund Nonnatus Kard 31.8.
Reatus M 27. 1.
Redempta J 23. 7.
Redemptus B 8. 4.
Regina Gr 1. 7.
Regina JM 1. 6., 7. 9.
Reginald PrM 5. 6.
Reginard B 5. 12.
*Reginbald B 14. 10. (13. 10.)
Reginbald (Rainald) E 9. 2.
Reginbert A 29. 12.
Regiswinda M 15. 7.
Regula JM 11. 2.
Regula M 11. 9.
Regulus B 30. 3.
Regulus M 1. 9.
Reineldis (Reinhilde) JM 16. 6.
Reinhard A 7. 3., 9. 3.
Reinhild NM 16. 7.
*Reinhilde (Reineldis) JM 16. 6.
Reinhilde (Herlinde, Gerlinde, Harlinde, Reinula) Ae 22. 3.
Reinhildis J 30.5.
Reinhold MöM 7. 1.
Reinold E 19. 2.
Reinula (Herlinde, Harlinde, Gerlinde, Reinhilde) Ae 22. 3.
Reinulf 9. 11.
Remaklus B 3. 9.
Rembert B 4. 2., 11. 6.
Remedius B 3. 2.
*Remigius B 1. 10.
Remigius Mö 4. 4.
Renate H 22. 5.
Renatus B 12. 11.
Reparata JM 8. 10.
Respizius M 10. 11.
Restitut M 29. 5., 10. 6., 23. 8.
Restituta JM 17. 5., 27. 5.
Reverian Bk 1. 6.
Revokata M 6. 2.
Revokatus M 9. 1.
Rhabanus Maurus B 4. 2.
Richalm A 2. 12.
Richard B 3. 4., 9. 6.
Richard E 7. 8.
Richard Kö 7. 2.
Richard MöM 10. 9.
Richard (Richarius) Pr 26. 4.
Richard v. St. Vannes A 14. 6.
Richardis Gr 23. 4.
*Richardis K 5. 11. (18. 9.)
Richarius (Richard) Pr 26. 4.

T

Trudbert E 16. 4., 26. 4.
Trudmar 10. 8.
Trudo Pr 23. 11.
Tryphenna Bk 10. 11.
Tryphon M 4. 1., 3. 7., 10. 11.
Tryphonia M 18. 10.
Tryphusa Bk 10. 11.
Turibius B 23. 3., 16. 4.
Turnin B 17. 7.
Tutilo Mö 28. 3.
Tutilo (Tuto) Mö 27. 4.
*Tuto B 14. 5.
Tuto B 6. 10., 10. 10.
Tuto (Tutilo) Mö 27. 4.
Tychikus M 29. 4.
Tycho B 16. 6.
Tyrsus M 4. 10.

U

Ubald (Hugbald) B 16. 5.
Udalrike (Adalrike) 21. 5.
Udeberga J 28. 6.
Udevolda N 12. 8.
Ugolin Zephirensis E 22. 5.
Ugozo Hirte 12. 7.
Ulbert M 22. 10.
Ulbold Mo 27. 2.
Ulrich A 11. 4.
*Ulrich B 4. 7.
Ulrich B 7. 8.
*Ulrich E 21. 5.
Ulrich Mö 20. 5.
Ulrich v. Zell 10. 7.
Uni (Wino) B 21.10.
Unschuldige Kinder 28. 12.
Urban B 22. 2., 2. 4., 19. 4., 7. 12.
Urban M 8. 3., 16. 4., 2. 7., 5. 9., 31. 10.
Urban I. P 25. 5.
Urban II. P 29. 7.
Urban V. P 19. 12.
Urbikus B 20. 3.
Ursin B 9. 11.
Ursizimus B 24. 7.
Ursizimus M 19. 6.
Ursinin B 1. 10.
Ursizius M 14. 8.
Ursmar B 18. 4.
*Ursula M 21. 10.
Ursula Haider Ae 20. 1.
Ursula Pöck 18. 1.
Ursus B 13. 4., 30. 7.
Ursus M 30. 9.
Urziszen B 21. 6.
*Utho A 2. 10. (3. 10.)

V

Valabonsus M 7. 6.
Valens B 26. 7.
Valens BM 21. 5.
*Valentin B 7. 1.
Valentin B 4. 8., 29. 10.
Valentin BM 14. 2.
Valentin BM 16. 7.
Valentin M 11. 11., 13. 11., 16. 12.
*Valentin PrM 14. 2.
Valentina JM 25. 7.
Valentinian B 13. 1.
Valentius M 25. 5.
Valeria JM 9. 12.
Valeria M 28. 4., 20. 5., 5. 6.
Valerian B 27. 11., 15. 12.
Valerian M 14. 4., 23. 8., 12. 9., 15. 9., 17. 9.
Valerius B 28. 1., 29. 1.
Valerius M 14. 6., 16. 11.
Varikus M 15. 11.
Varus M 19. 10.
Vastrada W 21. 7.
Vedastus B 6. 2.
Venantius AB 13. 10.
Venantius BM 1. 4.
Venantius M 18. 5.
Venerand M 14. 11.
Veneranda JM 14. 11.
Veneria M 6. 5.
Venerius B 4. 5.
Venerius E 13. 9.
Venust M 6. 5., 22. 5.
Venustian M 30. 12.
Vera W 24. 1.
Veran B 19. 10., 11. 11.
Verekund B 22. 10.
Verembald Mö 10. 11.
Verena J 1. 9.
Verena JM 22. 7.
Veridiana JE 1. 2.
Verissimus M 1. 10.
Verona 29. 8.
*Veronika J 4. 2.
Veronika M 15. 4.
Veronika v. Binasko J 13. 1.
Veronika Guiliani Ae 9. 7.
Veronus Bk 30. 3.
Verul M 21. 2.
Verus B 1. 8., 23. 10.
Vestina M 17. 7.
Vetius M 2. 6.
Veturius M 17. 7.
Viador Bk 21. 10.
Viator B 14. 12.
Vierzehn heilige Nothelfer 7. 7., 8. 7.
Vierzig Martyrer 10. 3.
Vigilius B 26. 6.
Vigilius Bk 26. 9.
Vigor B 1. 11.
Vikterp (Wigo) B 18. 4.
Viktor B 22. 6., 23. 8., 23. 9., 17. 10.
Viktor Bk 26. 2.
Viktor M 22. 1., 31. 1., 25. 2., 6. 3., 10. 3., 20. 3., 30. 3., 1. 4., 12. 4., 20. 4., 8. 5., 14. 5., 17. 5., 21. 7., 24. 7., 26. 8., 10. 9., 14. 9., 22. 9., 30. 9., 10. 10., 17. 10., 2. 11., 13. 11., 3. 12., 15. 12., 18. 12., 28. 12., 29. 12.
Viktor I. PM 28. 7.
Viktor Überkomm Bk 29. 3.
*Viktoria JM 23. 12.
Viktoria M 15. 4., 17. 11.
Viktorian Bk 8. 6.
Viktorian M 23. 3., 16. 5., 26. 8.
Viktorikus M 24. 2., 11. 12.
Viktorin BM 5. 9., 2. 11.
Viktorin M 25. 2., 6. 3., 29. 3., 15. 5., 7. 7., 5. 10., 8. 11., 11. 11., 2. 12., 18. 12.
Viktorius B 1. 9.
Viktorius M 21. 5., 30. 10.
Viktrizius B 7. 8.
Vikturus M 18. 12.
Vilana M 28. 2.
Vilikus B 27. 4.
Vimius E 12. 6., 12. 7.
Vincenza Gerosa 28. 6.
Vindemialis BM 2. 5.
Vindon Bk 1. 9.
Vinzentia Sabater J 14. 1.
Vinzentius AM 11. 9.
Vinzentius M 22. 1., 27. 1., 27. 10.
Vinzentius Kadlubeck B 16. 3.
Vinzenz M 19. 4., 24. 5., 9. 6., 24. 7., 6. 8., 1. 9.
Vinzenz Pr 24. 5.
Vinzenz Ferr. Bk 5. 4.
Vinzenz Madelgar Gr 14. 7.
Vinzenz Maria Strambi B 25. 9.
Vinzenz Pallotti OSt 22. 1.
*Vinzenz v. Paul OSt 19. 7.
Vinziana J 11. 9.
*Virgilius B 27. 11.
Vissia JM 12. 4.
Vistremund M 7. 6.
Vitalian 16. 7.
Vitalianus P 27. 1.
Vitalikus M 4. 9.
*Vitalis B 19. 10.
Vitalis B 20. 10.
Vitalis M 9. 1., 14. 2., 21. 4., 2. 7., 10. 7., 22. 9., 3. 11., 4. 11.
Vitalis PrM 3. 11.
Vitalis (Helmut) M 28. 4.
Vitus M 15. 6.
Viventiana JM 17. 3.
Viventiol B 12. 7.
Viventius B 13. 1.
Vivian B 28. 8.
Viviana J 17. 12.
Vizelin (Witzelin, Wetzel) B 12. 12.
Voldebert (Walbert) A 2. 5.
Volker PrM 7. 3.
Volkold E 12. 1.
Volkuin (Volkwin) A 3. 11., 13. 11.
Volkwin (Volkuin) A 3. 11., 13. 11.
Volusian B 18. 1.
Vulpian M 3. 4.

Dann sah ich einen neuen Himmel und eine neue Erde. Der erste Himmel und die erste Erde sind dahin, und auch das Meer ist nicht mehr. Darauf sah ich die Heilige Stadt, das neue Jerusalem, aus dem Himmel von Gott so herrlich wie eine Braut herniedersteigen, die sich für ihren Bräutigam geschmückt hat. Vom Throne her hörte ich eine laute Stimme sagen: „Sieh da das Zelt Gottes unter den Menschen! Er wird bei ihnen wohnen. Sie werden sein Volk sein, und er, Gott, wird bei ihnen sein.

Er wird von ihren Augen wegwischen jede Träne. Es wird kein Tod mehr sein, keine Trauer, keine Klage und kein Schmerz. Denn was einst war, ist vergangen." Der auf dem Throne saß, sprach: „Siehe, ich mache alles neu."

Offb. 21, 1-5